本书受首都经济贸易大学出版基金资助

本书为国家社科基金项目（项目号：13CJY111）研究成果

WOGUO CAISHUI ZHENGCE DE
FULI XIAOYING SHIZHENG YANJIU

我国财税政策的福利效应实证研究

何　辉◎著

中国财经出版传媒集团

经济科学出版社

Economic Science Press

图书在版编目（CIP）数据

我国财税政策的福利效应实证研究/何辉著．—北京：经济科学出版社，2020.4

ISBN 978 - 7 - 5218 - 1504 - 7

Ⅰ．①我…　Ⅱ．①何…　Ⅲ．①财政政策-研究-中国②税收政策-研究-中国　Ⅳ．①F812.0　②F812.422

中国版本图书馆 CIP 数据核字（2020）第 066444 号

责任编辑：顾瑞兰
责任校对：王肖楠
责任印制：邱　天

我国财税政策的福利效应实证研究

何辉　著

经济科学出版社出版、发行　新华书店经销

社址：北京市海淀区阜成路甲 28 号　邮编：100142

总编部电话：010-88191217　发行部电话：010-88191522

网址：www.esp.com.cn

电子邮件：esp@esp.com.cn

天猫网店：经济科学出版社旗舰店

网址：http://jjkxcbs.tmall.com

固安华明印业有限公司印装

787×1092　16 开　26.75 印张　600 000 字

2020 年 6 月第 1 版　2020 年 6 月第 1 次印刷

ISBN 978 - 7 - 5218 - 1504 - 7　定价：98.00 元

前 言
preface

"增进民生福祉是发展的根本目的"，正如党的十九大报告提出的，增进民生福祉、提升居民幸福感、提高居民福利是新时代发展的根本目标。财税政策是政府调控经济发展的重要工具，在提高经济效率、促进社会公平方面发挥着举足轻重的作用。随着居民福利意识的提升，我国在脱贫、就业、教育、医疗等方面不断攻坚克难。近年来，为促进经济健康稳定增长、缩小贫富差距、提高人们福祉，我国采取了减税降费、扩大民生财政支出等措施。在实践中，税收与财政支出有何福利效应呢？基于此，本书从全国整体视角及城乡居民视角分别研究财政支出和税收的福利分配效应、经济福利效应以及社会福利效应，以期为我国政府提供优化财税政策的参考依据。

本书共分为 15 章，由理论分析、现状分析、实证分析及问题与建议四个部分构成。第 1 章为导论。第 2 章从理论上分析财税政策对居民福利影响的作用机制。第 3~4 章分别介绍居民收入的现状以及财政支出与税收收入的现状。第 5~7 章分别阐释福利分配、经济福利以及社会福利的测算及结果。第 8~13 章分别实证检验财税政策的福利分配效应、经济福利效应以及社会福利效应。第 14~15 章从福利层面提出财税政策的不足之处，并提出提高居民福利的财税政策建议。

第 1 章，导论。首先，本章介绍了研究背景和研究意义，包括理论意义和实际意义。其次，从福利的内涵与衡量、财政支出的福利效应及税收的福利效应三个方面，对国内外学者的研究进行综述，并指出已有文献的不足。再次，对相关概念进行界定，并介绍了本书的研究思路和研究方法。最后，提出本书可能的创新与不足之处。

第 2 章，财税政策福利效应的理论分析。首先，依据相关文献，梳理了影响福利的因素，为实证检验财税政策的福利效应奠定基础。其次，从理论上剖析了财政支出和税收影响居民福利的作用机理，并揭示其传导机制，为实证分析提供理论依据。

第 3 章，我国居民收入现状。从全国与省际两个不同的视角，分别对城镇居民与农村居民的收入现状进行详细分析。在全国视角下，重点分析城乡居民的总收入现状、收入来源现状与不同收入群体的收入现状。在省际视角下，重点分析各省城乡居民人均可支配收入以及东部地区、中部地区和西部地区城乡居民人均可支配收入。

第 4 章，财政支出与税收收入的现状分析。通过横向和纵向对比的方式，将不同类型的财政支出数据进行比较，同时，将不同税制、不同税类和不同税种的税收收入数据进行比较，总结我国财政支出和税收收入的特点以及发展规律，为政策建议提供现实依据。此外，从全国和各省份两个视角对我国财政支出和税收收入的数据现状进行分析，为本书分视角实证研究提供了数据支撑。

第5章，福利分配的测算及其结果分析。首先，根据第1章导论中的福利分配界定，在学术前辈研究的基础上分别从全国居民、城镇居民、农村居民三个不同视角对福利分配进行测算。其次，分别从上述三个视角，并结合第3章我国居民收入的现状进行分析，揭示目前我国居民福利分配状况。

第6章，经济福利的测算及其结果分析。本章在阿玛蒂亚森福利函数的基础上，以第5章衡量福利分配的函数为基础，构建衡量经济福利的测算模型，分别从全国整体居民、城镇居民以及农村居民三个不同的视角，测算出经济福利的数据，为后续实证检验税收与财政支出的经济福利效应提供实证检验数据支撑。首先，将全国居民、全国城镇居民以及全国农村居民的经济福利按照年份划分为三个阶段，即缓慢上升阶段、快速上升阶段和高速增长阶段，对不同阶段的经济福利绝对额、增长率以及影响因素作简要分析。其次，从纵向与横向两个不同的视角对各省份城镇居民与各省份农村居民的经济福利进行分析，包括各省份自身的经济福利现状与不同省份之间经济福利现状的差异。

第7章，社会福利的测算及其结果分析。从全国和省际两个不同的视角对社会福利进行分析。在全国视角下，由于联合国开发计划署每年公布各国的社会福利指数，因此直接引用联合国开发计划署公布的我国社会福利指数值，对其绝对额、增长率以及影响因素作简要分析。在省际视角下，因各省份经济发展状况不同、区位优势不同等原因，社会福利指数也不同，基于此，以联合国开发计划署的人类发展指数（HDI）为基础，通过构建衡量社会福利的模型，重点测算各省份的社会福利指数，为运用面板数据，实证检验财税政策的社会福利效应奠定数据基础，并从纵向与横向两个不同的视角对各省份自身的社会福利现状与不同省份之间的社会福利现状差异进行分析。

第8章，财政支出的福利分配效应实证分析。从财政支出角度揭示财政支出福利分配效应的规律。首先，从全国整体视角、城镇居民视角、农村居民视角分别构建财政支出的福利分配效应实证检验模型。其次，在实证检验模型基础上，利用第5章测算的福利分配数据和中国经验数据，分别就非民生财政支出、民生财政支出、民生财政支出结构对福利分配的影响进行实证检验，揭示财政支出对福利分配影响的规律。

第9章，税收的福利分配效应实证分析。从全国居民、城镇居民、农村居民三个视角，就宏观税负、税制结构、税类结构、主要税种对福利分配的影响进行实证检验。根据不同视角，构建相应的实证模型，利用有关经验数据，实证检验税收的福利分配效应，从而揭示我国税收对福利分配的影响规律。

第10章，财政支出的经济福利效应实证分析。从不同居民维度实证检验财政支出的经济福利效应。首先，从全国整体居民的角度实证检验财政支出的经济福利效应，初步判断财政支出的经济福利效应。其次，鉴于我国的城乡二元化结构，财政支出的经济福利效应可能存在城乡差异，本章分别从城镇居民视角及农村居民视角考察财政支出的经济福利效应。不同财政支出对福利影响机制不同，所以分别就非民生财政支出、民生财政支出以及民生财政支出结构对经济福利的影响进行实证检验，进而揭示财政支出经济福利效应的规律。

第11章，税收的经济福利效应实证分析。从全国整体视角、城镇居民视角和农村居民视角，实证研究税收对经济福利的影响，即就宏观税负、税制结构、税类结构、主要税种对经济福利的影响进行实证检验。根据不同视角，构建相应的实证模型，利用有关经验数据，实证检验税收的经济福利效应，从而揭示我国税收对经济福利的影响规律。

第12章，财政支出的社会福利效应实证分析。运用全国时间序列数据和省级面板数据，实证检验财政支出对社会福利的影响。沿着财政支出变化→居民可支配收入变化→居民收入差距变化→经济福利变化→社会福利变化的思路，实证考察财政支出对社会福利的影响。选用人类发展指数作为衡量社会福利的指标，利用第7章测算的社会福利数据，建立多元回归和静态面板数据模型，分别就非民生财政支出、民生财政支出以及民生财政支出结构对社会福利影响进行实证分析，揭示财政支出社会福利效应的规律。

第13章，税收的社会福利效应实证分析。运用全国时间序列数据和省级面板数据，分别从宏观税负、税制结构、税类结构以及主要税种的角度，实证检验税收的社会福利效应。根据实证检验结果，对比分析税制结构、不同税类、不同税种对社会福利的影响程度，揭示我国税收对社会福利影响的规律。

第14章，基于福利视角：财税政策的不足之处。在第8~13章实证检验的基础上，分别剖析财政支出及税收政策在促进居民福利改善方面的不足之处。首先，财政支出存在民生财政支出规模有待提高、民生财政支出内部结构有待进一步调整等问题。其次，就税收而言，主要存在宏观税负有待进一步降低、税制结构不合理以及各税种需进一步优化等问题。

第15章，提高居民福利的财税政策建议。基于第14章财政支出及税收政策的不足之处，依据第8~13章财税政策福利效应的实证检验结果，结合目前我国财政支出及税收政策改革的方向，提出进一步优化我国财税政策的建议。

何辉

2020年1月

目 录
contents

1

导　论

本章以研究背景和研究意义为逻辑起点，通过梳理前人的研究成果，为本书研究奠定基础，尽所能及发现其不足，进而在研究中予以完善；为更好地进行研究，避免模糊不清，对相关概念进行界定，并就研究思路和研究方法予以说明。

1.1　研究背景与研究意义

1.1.1　研究背景

改革开放以来，我国经济发展取得新的成就。2018 年，国内生产总值突破 90 万亿元，相比 2017 年增长 6.6%，居民人均可支配收入增长 6.5%。虽然经济高速发展，人均可支配收入增加，但居民收入分配差距却不降反增。根据国家统计局公布的数据显示，2017年，我国的基尼系数为 0.467，相比 2016 年增长了 0.02。收入差距的扩大让我们更加反思经济发展与收入分配和福利的关系。正如党的十九大报告中所提出，"坚持在发展中保障和改善民生，增进民生福祉是发展的根本目的"。经济发展固然重要，民生福祉更应关注。在这种格局下，如何提高居民福利值得我们深思。

近年来，为了缩小居民收入差距、提高居民福利，我国政府从脱贫、就业、教育、医疗等方面做出了努力。脱贫方面，2013 年 11 月，习近平总书记首次提出"精准脱贫"，多年来，我国贫困人口不断减少，2018 年，农村贫困人口减少 1386 万人，脱贫攻坚战取得一定成果，但居民收入差距依旧在扩大。就业方面，2018 年，城镇就业人员新增 1361 万人，在保障城镇居民就业率的同时，农村居民就业也趋于稳定。教育方面，我国秉持"综合国力竞争说到底是人才竞争"的思想，一直高度关注教育水平的提高，不断改善农村办学条件，大力支持人才培养。医疗方面，政府调整医疗报销比例，降低大病医疗起付标准，保障居民基本医疗，不断优化就医条件。从多方面来看，国家一直注重民生福祉的增进，但如何缩小居民收入差距、进一步提高居民福利应引起一定的关注。

党的十八大以来，政府高度重视供给侧结构性改革，通过不断的减税降费、扩大财政支出来缩小居民收入差距、提高居民福利。2018 年，伴随着积极财政政策的实施，从增值税税率调整到个人所得税改革，减税效果进一步凸显。然而，我国整体税负的累退性也是造成居民收入差距不断扩大的原因之一。虽然减税能减轻居民负担、改善福利，但仅靠减税并不能解决收入差距问题，其根本原因在于税制结构不合理。我国直接税与间接税的比重严重失调，使得"双主体"税制结构难以实现。直接税的调节作用更多地被间接税所取代，难以调节居民收入差距。如何进一步完善税制，充分发挥税收的调节作用，在促进经济增长的同时保障居民福利，值得我们关注。除了税制结构的完善，财政支出对福利的影响也不容忽视。发挥财政支出的福利分配效应是政府宏观调控的一部分，合理的财政支出有利于增进人民福祉、保障民生事业的发展、缩小贫富差距、促进社会公平。但政府在减税降费的同时，如何优化财政支出结构、协调税收和财政支出的配比、保证居民负担不增、民生福祉不减，是我们当前面临的又一迫切问题。

基于此，本书通过实证研究我国财税政策的福利效应，从财政支出和税收影响居民福利的作用机制入手，通过分别测算财政支出和税收的福利分配、经济福利和社会福利效应，对我国现行的财税政策进行评价，并提出政策建议，为完善和发展我国的财税政策提供方向。

1.1.2 研究意义

1.1.2.1 理论意义

从理论层面看，减税、免税等税收政策和财政支出都是改善社会福利的重要政策工具，而税收又是财政支出资金的重要来源，政府提高社会福利需在财政支出政策与税收政策之间权衡与选择。究竟是通过财政支出还是税收或者二者组合来提高社会福利是当今公共财政面临的挑战之一。本书利用财政支出和税收的关系，从全国整体视角、城镇居民视角、农村居民视角，围绕财政支出和税收实证分析其福利效应，探索城乡二元结构下我国财税政策对社会福利影响的内在机理和规律。这是对我国公共财政在社会福利领域研究的有益理论探索，对提高我国社会福利、解决民生问题具有重要的理论指导意义。

1.1.2.2 实际意义

第一，促进我国社会福利政策体系建设。公共财政是社会福利体系发展的重要基础（贾康、王敏，2009），发达国家充分利用公共财政提高社会福利，而我国现实的公共财政在社会福利体系发展上存在缺失，比如财政社会保障支出覆盖面有限、税收政策调节收入差距力度较弱等，本书通过对我国财税政策福利效应全面评估，为政府制定社会福利政策提供参考依据。

第二，有利于实现财税政策的福利分配公平化。福利分配的不足是当前重要的民生问题之一。本书第8章和第9章分别从不同角度，论证财政支出和税收的福利分配效应，揭示我国财税政策福利分配效应的规律，对促进财税政策的福利分配公平化具有重要指导意义和参考价值。

第三，澄清当前关于我国财税政策福利效应的一些认识误区。目前，一些社会民众认为征税会导致纳税人的福利减少而反对征税，但又要求政府加大福利性支出，造成财政收支矛盾，缺乏从社会整体福利角度看待财政支出政策与税收政策关系的意识。本书拟从财政支出和税收的关系出发，在理论分析的基础上，利用相关经验数据，就财政支出的福利影响以及税收对福利的影响双向实证检验，更好地说明财政支出和税收各自在提高福利方面的作用，较为全面、系统地解析我国财税政策的福利效应。

第四，本书从不同角度实证检验财政支出和税收的福利效应，为后续研究奠定良好的基础。财政支出和税收都是政府宏观调控的政策工具。随着经济社会的发展，人们对提高生活质量、提高幸福感指数、提高生活便利度、提高经济社会发展满意度等有了更高的要求，如何发挥财税政策提高社会福利的作用，是一项系统性的重大研究课题。随着经济社会的发展，财税政策应顺应其变化，更好地促进民生福利的改善，财税政策的研究空间不是局限在一个既定时间领域，而是需要顺应变化进行优化调整。因此，本书的研究为后续系统性研究奠定了良好的基础。

1.2 文献综述

国内外学界就如何提高社会福利形成了一定研究成果，但社会福利内涵、衡量等问题一直存在争论。西方学界较早研究了福利的内涵、社会政策等，尤其就经济福利而言，西方较早提出并产生了福利经济学，我国一些学者在福利经济学理论基础上提出测算福利的模型，并提出了提高福利的政策建议。本节从福利内涵、税收的福利效应以及财政支出的福利效应三个层面进行文献梳理。

1.2.1 福利内涵与衡量

福利的界定一直具有争议，不同视角下福利的内涵不同、福利的衡量指标及福利函数等也不同。

1.2.1.1 福利内涵的文献综述

福利内涵主要从个人生存与社会发展两个角度研究，表现在以下两个方面（见表1-1）。

表1-1　　　　　　　　　　福利内涵研究主要内容和代表性文献

主要内容	代表性文献
个人生存角度：福利内涵	汉德尔（Handel），1982；乔治和拜吉（Gorge & Page），1995；江亮演，2004；杨缅昆，2008；马广海、许英，2008；王延辉，2016
社会发展角度：福利内涵	雷蒙德和哈里（Raymond & Harry），1980；巴克和罗伯特（Barker & Robert），1991；米德格利（Midgley），1997；迪尼托（Dinitto），2005；张世雄，1996；陈红霞，2002；叶至诚，2002；王冰，2011

（1）个人生存角度的福利内涵。

古希腊最早对经济福利展开探讨，经济活动成果对人的效用属于福利内涵的一部分（王延辉，2016），但福利在本质上是指个人的幸福或健康状态，包括人的健康、经济状况、快乐和生活质量（Gorge & page，1995），以满足人的基本需求为目的（马广海、许英，2008），为社会弱者、落伍者提供必要帮助（江亮演，2004）。福利能够反映人的存在状况，是个人感觉满足的一种心理反应，目的是帮助人们过上更加满意的生活（杨缅昆，2008）。除此以外，关注个体生活的情绪、困扰以及社会工作者帮助人们解决令人痛苦的问题，也属于福利的内涵（Handel，1982）。

（2）社会发展角度的福利内涵。

福利是一个国家的方案、给付与服务体系，用来协助人们满足社会、经济、教育与健康的需求，使社会得以维系（Barker & Robert，1991），通过政府出资来改善人民物质和文化、卫生、教育等生活（陈红霞，2002），其重要性在于促进社会的效率、公正、秩序与和谐（叶至诚，2002），是国家提供的客观效用（王冰，2011）。当社会冲突产生时，福利是解决社会冲突的努力，政府通过制定福利政策管理社会冲突（Dinitto，2005），当社会问题得到控制时，福利为人类需要的满足与人类的正常存在提供社会条件（Midgley，1997），福利的核心问题是社会需要的存在，以及如何来满足社会需要的问题（张世雄，1996），因此，认识社会需要的概念是理解福利的重要基石（Raymond & Harry，1980）。

1.2.1.2 福利衡量研究综述

福利衡量起源于西方，庇古在《福利经济学》中首次将福利引入经济学，西方学者不断继承发展，我国学者也在西方研究的基础上结合国情拓展对福利的研究，研究表现在以下几个方面（见表1-2）。

表1-2　　　　　　　　　　福利衡量主要内容和代表性文献

主要内容	代表性文献
福利函数理论	埃奇沃思，1881；马歇尔，1890；帕累托，1906；庇古，1920；维克里，1945；豪尔绍尼，1953；纳什，1963；罗尔斯，1971；阿玛蒂亚森，1974
福利指标体系	理查德·埃斯特（Richard Estes），1974；莫里斯（Morris），1979；福特汉姆（Fordham），1985；阿玛蒂亚森，1990；王桂胜，2007；戴建兵，2009；武康平，2012；杨晓荣，2012；逯进，2012
福利模型构建	拉姆齐，1928；威廉姆森，1963；张运峰、叶灵祥，2007；赵昕东，2013；杨天宇、张品一，2015；吴远霖，2016

（1）福利函数。

从福利理论衡量角度，存在两种观点：一是以物质作为福利的衡量标准，包括无差异曲线（埃奇沃思，1881）、偏好（帕累托，1906）以及消费者剩余（马歇尔，1890）；二是以个人能力作为福利的衡量标准，福利本身与商品或服务无关，而是个人能力在商品或服务消费过程中的发挥程度（阿玛蒂亚森，1974）。从福利函数构成角度，存在多种构成形式：一是单纯地以社会所有成员的福利或效用的加总（$W = U1 + U2 + \cdots + Un$）或者乘积（$W = U1 \times U2 \times \cdots \times Un$）作为福利函数的构成形式，代表人物分别是庇古（1920）和纳什（1963）；二是在庇古提出的福利函数的基础上，考虑赋予社会成员不同的非负效用权重（$W = \sum ai \times ui$），以维克里（1945）和豪尔绍尼（1953）为代表；三是基于社会福利的目标提出的福利函数，包括精英者社会福利函数（$W = Max (U1，U2，\cdots，Un)$）

和罗尔斯福利函数（W = Min（U1，U2，…，Un））（罗尔斯，1971）；四是把收入分配公平因素作为福利函数的构成部分（W = Y（1 – G）），以阿玛蒂亚森（1974）为代表。大部分学者基于以上福利函数构成形式，根据研究需要，通过引入新的福利影响因素丰富了福利函数的结构。

（2）福利的衡量。

学界并未形成统一的福利衡量指标，从不同的角度构建了福利衡量指标，如西方学者提出的社会发展指数 ISP（Richard Estes，1974）、物质生活质量指数 PQLI（Morris，1979）、社会健康指数 ISH（Fordham，1985）、人类发展指数 HDI（联合国开发计划署，1990）以及环境友好型幸福国家指数 ERHNI（Yew Kwang Ng，2008）。

我国学者也提出了一些福利衡量指标。王桂胜（2007）以消费为起点，构建了经济福利指标，包括消费水平和生活福利水平两个层次。武康平（2012）提出了国民福利核算的基本框架，即中国经济福利指标 CMEW。戴建兵（2009）提出以社会福利发展系数来衡量社会福利水平。杨晓荣（2012）从物质和精神层面的双重满足两个方面设计出了国民幸福指数 GNH，以此来衡量我国的社会福利。逯进等（2012）从物质财富、社会保障、生活环境三个方面，12 个层次指标，38 个具体指标构建了社会福利指标体系，以此来测度我国的社会福利水平。

（3）福利模型构建。

相对于国内学者而言，西方学界较早构建福利模型，比如效用序数论模型。拉姆齐（1928）通过建立拉姆齐模型，阐述了动态非货币均衡模型中的消费和资本积累原理，以此说明福利问题。威廉姆森（1963）提出经理效用模型（managerial utility），指出经理必须获得最低限度的利润来追求个人效用最大化。张运峰、叶灵祥（2007）在卢卡斯期望效用等价法基础上，通过构建单要素生产模型说明就业波动的福利效应既有风险效应又有水平效应。赵昕东（2013）、杨天宇和张品一（2015）通过补偿变量法研究了食品价格上涨对居民福利的影响，认为价格波动对高收入者的福利冲击较小，对低收入者的福利冲击较大。吴远霖（2016）通过引用加入人口统计变量的 QUAIDS 模型，对城乡居民的消费需求行为进行研究，在此基础上选择 Miont 福利模型，对医疗价格波动导致城市和农村居民的福利效应差异分别作了研究和分析，提出稳定医疗价格，健全医疗保障体系，保证居民福利不受损失，抵御价格波动带来的风险效应。

1.2.2　财政支出对福利的影响

由于国别差异、体制差异，国内外学界就财政支出对福利影响的观点具有差异性。因此，本节分国外文献综述和国内文献综述。

1.2.2.1　国外文献综述

关于财政支出的福利效应，国外学者主要从三个方面进行了研究（见表 1 – 3）。

表 1-3　　　　　　　　　国外财政支出福利效应的研究主要内容和代表性文献

主要内容	代表性文献
政府通过财政支出直接影响居民的可支配收入，从而影响社会福利	菲茨罗伊和诺兰（Fitzroy & Nolan），2016；范巴伦和穆勒（van Baalen & Mueller），2014；斯科菲尔德和什雷斯塔（Schofield & Shrestha），2019；哼纳蒂莫（Hener Timo），2016
政府将财政支出用来提供公共产品与公共服务，从而影响社会福利	库尔德（Cold），1969；福斯埃尔默（Fos Elmer），2019；贝雅克维奇和孟杰维克（Bejakovic & Mrnjavac），2016；威尔逊（Wilson），2013
政府通过财政支出影响经济发展，从而对社会福利产生影响	瑞姆（Ram），1986；德韦鲁（Devereux），1994；布鲁斯·莫利和尼古拉斯·佩迪基斯（Bruce Morley & Nicholas Perdikis），2000；晨（Chen），2018；斯科菲尔德黛博拉（Schofield Deborah），2019

（1）政府通过财政支出直接影响居民的可支配收入，从而影响社会福利。

国外学者存在许多不同的观点。观点一：为了保持低收入人群的基本生活，政府将失业救济金直接支付给失业的个人，通过转移支付的方式提高居民的可支配收入水平，进而提升社会福利水平（Fitzroy & Nolan，2016）。观点二：政府设置的失业救济金可能会导致劳动者的劳动积极性降低，低收入群体因享受失业救济金而降低劳动的积极性，从而减少居民的可支配收入，降低社会福利水平（van Baalen & Mueller，2014）。观点三：政府给予劳动者工资补贴激励劳动者更加积极的劳动（Schofield & Shrestha，2019），尤其对于收入低而且年龄较大的劳动者来说，政府通过财政补贴的方式可以有效增加劳动力的供给，最终增加其可支配收入，带来社会福利的增加（Freire，2018）。观点四：政府对劳动者的工资给予过多补贴，将会对劳动供给产生消极影响，因为部分劳动者会更倾向选择闲暇来替代劳动，会使劳动供给减少，导致劳动者的可支配收入减少，从而降低社会福利水平（Hener Timo，2016）。观点五：在不同国家，财政支出影响居民可支配收入的效果并不完全相同，但从理论上看，财政支出对于改善社会福利是十分有效的（Lustig，2014）。

（2）政府将财政支出用于提供公共产品与公共服务，从而影响社会福利。

政府将财政支出用于专业护理、医疗设备（Fos Elmer，2019）和抵免医疗费用（Muennig Peter，2016）等方面，将会改善医疗环境；用于安置社区工作人员（Cold，1969）和对闲置房屋的再利用提供补贴（Greenstein Anat，2016），将会在一定程度上解决失业问题；用于设置养老金和带薪育婴假期（Wilson，2013），将会提高居民的生活幸福感。因此，政府将财政支出用于提供以上公共产品与公共服务，都将会增加社会福利，尤其是健康、教育方面的财政支出，比其他方面的财政支出更能够促进社会福利增加（Bejakovic & Mrnjavac，2016）。并且，政府在将财政支出用于承包公共设施建设时，严格的监管制度要比宽松的监管制度更能增加社会福利（Li Shuai & Cai Jiannan，2019）。

（3）政府通过财政支出影响经济发展，从而对社会福利产生影响。

主要基于三个视角：第一，财政支出通过刺激居民消费来促进经济增长，经济增长又进一步改善社会福利（Chen，2018）。第二，国家通过财政支出对企业进行财政补贴，短期内刺激市场经济和居民就业，社会福利得到改善（Sharma，2017）。但是从长期来看，财政补贴的效益会随着时间的推移而逐渐降低，由此产生的社会福利正效应也会逐渐消失（Schofield Deborah，2019）。第三，暂时性的财政支出会在短期内影响经济，不会对经济形成长期的影响，长期内难以产生福利效应（Devereux，1994），但是永久性的财政支出会持续影响经济发展，长期看会提升社会福利（Bruce Morley & Nicholas Perdikis，2000），并且这种社会福利的正效应在经济发展较差的国家表现得更加明显（Ram，1986）。

1.2.2.2　国内文献综述

国内学者主要从生产性财政支出和消费性财政支出两个方面研究财政支出的经济福利效应（见表1－4）。

表1－4　　　　　　国内财政支出福利效应的研究主要内容和代表性文献

主要内容	代表性文献
生产性财政支出对社会福利具有负效应	汪雄剑、邹恒甫，2005；李一花、沈海顺，2012；贺俊、王戴伟，2018；孙文祥、张志超，2004；陈利锋，2016
消费型财政支出对社会福利具有正效应	龚六堂，2005；严成樑、龚六堂，2012；孙荣、辛方坤，2011；姚明霞，2009

财政支出通过促进经济增长而影响社会福利（汪雄剑、邹恒甫，2005；马雪彬、胡建光；2012），但其对经济福利的影响研究较少。国内学者多从财政支出结构的角度研究财政支出的福利效应，财政支出结构的不同会产生不同的福利效应。观点一：生产性财政支出产生社会福利负效应。生产性财政支出虽然能够促进经济发展，但财政资金大量投入经济建设领域阻碍了福利水平的提高（李一花、沈海顺，2012），甚至对产出造成持续性的冲击效应，引起社会福利损失（陈利锋，2016），并加剧了社会不公平程度（孙文祥、张志超，2004），应当相应减少生产性支出的规模（贺俊、王戴伟，2018）。观点二：消费型财政支出产生社会福利正效应。社会福利极大化与经济增长极大化并非一致（龚六堂，2005），但提升消费性财政支出能够促进社会福利增加，改善民生（严成樑、龚六堂，2012）。消费型财政支出包括社会文教支出、社会保障支出等。社会文教支出能够显著促进福利水平的提升（孙荣、辛方坤，2011），它不仅促进了文化教育事业的发展，提升了居民素质，还改善了居民的生活质量，产生社会福利正效应（谢乔昕、孔刘柳，2011）。社会保障支出能够保障民生，提高居民的健康水平，并加大政府对居民基本生活质量的关注，缩小贫富差距（叶提芳、龚六堂、葛翔宇，2017），使福利水平显著提升。

政府在注重经济快速发展的同时要关注民生，增加消费性财政支出，加强对居民健康水平、教育水平的重视，提升社会福利正效应（姚明霞，2009）。但也要注重生产性支出和消费性支出的比重平衡（李真男，2009），做到财政支出促进经济增长的同时，使社会福利增加。

1.2.3　税收对福利的影响

1.2.3.1　国外文献综述

国外就税收对福利的影响主要从三个方面进行研究（见表1－5）。

表 1 - 5   国外税收福利效应的研究主要内容和代表性文献

主要内容	代表性文献
税收引起商品价格变化或收入变化，进而影响居民的可支配收入，影响经济福利。其作用机制为：税收→可支配收入→经济福利	拉赫里和默勒（Lahiri & Møller），1998；科恩（Keen），1987；马托斯和波利提（Mattos & Politi），2014；山和六堂（Shan & Liutang），2015；蒂兹（Tiezzi），2005；卡洛斯·德法兹·卡罗和埃娃·克雷斯波·塞巴达（Carlos Dfaz Caro & Eva Crespo Cebada），2016；霍恩斯和帕特尔（Hoynes & Patel），2018；阿贝格、科伦比诺和斯特罗姆（Aaberge, Colombino & Strom），2000；姆万巴（Mwamba），2017
税收影响就业率、健康水平等生活质量标准，增加社会福利。其作用机制为：税收→就业率、健康水平等生活质量标准→社会福利	达格斯维克、罗克特里和斯特罗姆（Dagsvik, Locatelli & Strom），2009；亨特、格拉夫兰德和格拉夫兰（De Jager, Graafland & Gelauff），1996；科斯凯拉和奥利（Koskela & Ollikainen），2003；安德逊和索德尔贝尔格（Andersson & Soderberg），2012；刘立群、安德鲁和托马斯等（Liu, Liqun, Rettenmaier, Andrew, Saving & Thomas），2011
税收通过调节收入分配，影响社会福利。其作用机制为：税收→收入分配→社会福利	科克等（Cok, Urban & Verbic），2013；卡米纳达和科特（Caminada & Ketal），2019；利亚马斯、阿拉尔和胡埃斯卡（Llamas, Araar & Huesca），2017；戴菲娜和塔那瓦拉（Defina Thanawala），2002；焦马特、皮苏和布洛赫（Joumard, Pisu & Bloch），2012；喏伯恩（Urban），2016；施密特、图因斯特拉和韦斯特霍夫（Schmitt, Tuinstra & Westerhoff），2018

（1）税收引起商品价格变化或收入变化，进而影响居民的可支配收入，影响经济福利，其作用机制为：税收→可支配收入→经济福利。

税收对经济福利的影响，国外学者在观点上存在分歧。观点一：征税会减少居民的可支配收入，造成福利水平下降（Lahiri & Møller，1998）。观点二：税收减免等优惠政策会提高居民可支配收入，进而提高居民福利水平（Keen，1987；Mattos & Politi，2014；Buettner & Erbe，2014；Shan & Liutang，2015）。

从不同税类来看，主要体现在以下几个方面：第一，间接税的福利效应，并未形成一致结论。观点一：商品税会提高商品价格，减少居民收入，使得经济福利下降（Tiezzi，2005）。观点二：相比所得税，商品税会增加福利（Skinner，1987），带来帕累托有效配置（Cremer & Thisse，1999）。第二，直接税的福利效应。资本利得税税率的提高，会减少居民的可支配收入，导致福利下降（Carlos Dfaz Caro & Eva Crespo Cebada，2016）。企业所得税税负上升，会使居民可支配收入减少（Funke & Strulik，2006），但其抵免政策的增加会相应提高居民收入，减少贫困，增加福利（Choi Kwang & Lee Sung-kyu，2011；Hoynes & Patel，2018）。个人所得税实行固定税率征收，会使穷人的福利有所下降，对富人影响不大（Aaberge, Colombino & Strom，2000）；实行累进税率征收，可以降低福利成本（Mwamba，2017）。但瓦西列夫（Vasilev，2015）认为固定税率比累进税率带来更好的福利效应。德科斯泰和哈恩（Decoster & Haan，2014）测算了德国对已婚家庭从综合征收所得税向个人征税转变的福利效应，发现对个人征税可以改善福利，并且税率的下降使得收入增加，经济福利增加（Ochmann，2016）。

（2）税收影响就业率、健康水平等生活质量标准，增加社会福利。其作用机制为：税收→就业率、健康水平等生活质量标准→社会福利。

税收不仅可以调节经济福利，还可以影响各项生活质量标准，增加社会福利（Gene Park & Eisaku Ide，2014）。第一，提高就业率，进而影响社会福利。1992 年挪威税制改革，企业所得税最高边际税率大幅下调，就业岗位增加，社会福利增加（Dagsvik，Loca-telli & Strom，2009）。相比税率下调，税收抵免更有助于吸引劳动力进入市场，提高就业率（Schmeiser，2012；Jiao，2017）。降低个人所得税会使失业率下降，增加社会福利（de Jager，Graafland & Gelauff，1996）。第二，提升健康水平，进而影响社会福利。食品税会减少对健康的危害（Harkanen Tetal，2014）。公共健康保险税让大家更注重健康，产生较大的福利增益（Liu，Liqun，Rettenmaier，Andrew，Saving & Thomas，2011）。第三，改善环境，进而影响社会福利。环境税增加政府在环保方面的财政补贴，激励企业改善产品结构，引导消费者购买清洁产品（Matsukawa，2012；Lombardini-Riipinen，2005）。森林税的开征，能减少自然资源开采，保护自然资源与生态资源，增加社会福利（Koskela & Olli-kainen，2003）。第四，完善基础设施，进而影响社会福利。瑞典通过征房地产税承担交通项目开支，更好地实现福利分配（Andersson & Soderberg，2012）。燃油税能最大限度地节省能源和保证基础设施开支，使社会福利增加（Tan，Xiao & Zhou，2019）。

（3）税收通过调节收入分配，影响社会福利。其作用机制为：税收→收入分配→社会福利。

税收能够调节居民收入分配，影响社会福利。萨伊斯和斯坦希瓦（Saez & Stantcheva，2016）提出"社会边际福利权重"，旨在通过合适的权重来调整税收和福利之间的关系，减少贫困和实现社会公平。克罗地亚的税收福利制度使居民收入公平分配，增加了社会福利（Cok，Urban & Verbic，2013；Caminada Ketal，2019）；而墨西哥税收福利制度的不完善导致居民收入不平等，使社会福利下降（Llamas，Araar & Huesca，2017）。就不同税种而言，学界较多地考察直接税对收入分配的影响，但对间接税的研究较少。直接税能减少社会不公平，对社会福利起着积极作用（Defina Thanawala，2002）。皮凯蒂和萨伊斯（Piketty & Saez，2007）通过比较各个国家的税制，发现企业所得税能有效调节收入分配，抑制收入不公平现象。个人所得税比其他税种的再分配效果更好，减少收入不平等，使社会福利增多（Joumard，Pisu & Bloch，2012；Urban，2016）。征收资本利得税会导致居民收入分配差距过大，使居民（尤其是穷人）的福利有所下降（Adam，Kammas & Lapatinas，2014）。但免征资本利得税会违反横向和纵向公平，阻碍收入公平分配，降低社会福利（Wulff Gobet-ti & Orair，2017）。

税收通过不同的作用机制影响福利，并产生不同的效应。综合考虑、协调各地区的税收政策，才能实现总福利最大化（Schmitt，Tuinstra & Westerhoff，2018）。

1.2.3.2　国内文献综述

国内学界较多研究税收政策对收入分配的影响，或者研究税收对收入分配的影响，也有部分学者从税种的角度研究某个税种的福利效应（见表1-6）。

表1-6　　　　　　　　　国内税收福利效应的研究主要内容和代表性文献

主要内容	代表性文献
税收通过影响价格进而影响福利	李彪，1993；李绍荣、耿莹，2005；袁迎，2018

主要内容	代表性文献
税收影响收入分配，进而影响福利	郝春红，2005；程岩、管泽锋、石泽龙，2018；马旭东，2015；李俊霖、桂诗珊，2018；贺俊、王戴伟，2018；潘常刚，2018
税制结构对收入差距的影响	胡世文，2012；张晓旭，2019；王志刚，2008；岳希明、张斌、徐静，2014；李香菊、贺娜，2019；王乔、汪柱旺，2008；聂海峰、岳希明，2013；李文婧、孔庆，2016；王德祥、赵婷，2016；尹音频、闫胜利，2017；徐建炜、马光荣、李实，2013；吕凯波、刘小兵，2017；沈娅莉、李小梦、杨国军，2018；靳东升，2018；张斌，2019；刘佐，2010
主要税种的经济福利效应	平新乔、梁爽、郝朝艳、张海洋、毛亮，2009；邓力平、王智烜，2011；赵娜、崔玉平，2007；童锦治、苏国灿、刘欣陶，2017；刘怡、聂海峰，2004；贾康、张晓云，2014；聂海峰、岳希明，2013；严成樑、龚六堂，2010；郑宝红、张兆国，2018；谷成，2014；毕洪，2016；陈建东、赵艾凤，2013

（1）税收影响要素或商品价格，进而影响福利。

税收与价格互为包容性，二者相互影响（李彪，1993），税收影响价格进而改变居民的经济福利。税收通过对生产要素供给者和消费者收入的调节，来改变商品的供求关系，从而引起价格的变动（柴武常，1986）。价格的变动既影响居民的可支配收入（李绍荣、耿莹，2005），又对纳税人投资、产业结构调整等方面具有调控作用，影响经济福利（袁迎，2018）。我国税收对经济增长的效应比较小，但引起的福利损失相对较大（曹久庆，2016）。

（2）税收影响居民收入分配，进而影响福利。

虽然征税会减少居民的可支配收入，带来"税负痛感"（程岩、管泽锋、石泽龙，2018），但税收对社会福利的贡献不容小觑。税收可以用于调节收入分配差距，完善基础设施，加强社会安全，提升社会幸福感，影响社会福利（马旭东，2015）。我国目前处于"高税收、低福利"的状态（李俊霖、桂诗珊，2018），当前的税负水平在国际上属于中等，但福利水平却难成正比。面对这种情形，国内学者从两个角度提出建议：第一，降低宏观税负。我国人均收入不高，且收入分配差距过大，居民负担很重（周强，2015）。税负的降低能够减轻居民的税收负担，促进经济发展，刺激消费，缩小贫富差距，提升居民的福利水平（贺俊、王戴伟，2018；潘常刚，2018）。第二，改进福利制度。税收是福利制度得以实施的主要资金来源（李郝峰、张蕾，2017），与降低宏观税负相比，改进福利制度更加务实（白景明，2016）。居民对税负的痛感，更多来自不能很好地享受到高质量的公共服务，提升自己的社会福利（成新轩、裴朝阳，2012），因此，政府应该提升财政支出的透明度，让居民更加深切地感受到税收与福利的联系（刘铮，2010；陈旭东，2012），减轻税收痛苦感，增强福利获得感。

（3）税制结构对收入分配的影响。

税制结构的不合理增加了居民的税收负担（王韬、吕碧君，2018）。从整体来看，我国税制结构具有明显的累退性，主要来源于普遍课征的间接税（王志刚，2008；岳希明、张斌、徐静，2014；李香菊、贺娜，2019）。当间接税增加时，生产者承担的税收负担较小，而消费者的税收负担更大，产生福利负效应（钟春平、李礼，2016）。间接税对中低收入群体影响较大，相对于高收入阶层，中低收入群体接受的税负转嫁更多，居民之间的收入差距不断拉大，导致社会不公平（王乔、汪柱旺，2008；聂海峰、岳希明，2013；李文婧、孔庆，2016；王德祥、赵婷，2016；尹音频、闫胜利，2017）。但万莹（2012）指出，合理选择课税对象，实行差别税率，间接税也能够缩小收入分配差距。

相对于间接税，直接税具有累进性，能够缩小居民收入差距（胡世文，2012；张晓旭，2019）。适当降低流转税税负（刘佐，2010），逐步提高直接税在税制结构中的比重（徐建炜、马光荣、李实，2013；吕凯波、刘小兵，2017；沈娅莉、李小梦、杨国军，2018；靳东升，2018；张斌，2019；俞杰，2019），加快构建"双主体"税制结构（刘成龙、王周飞，2014），符合我国税制改革要求。深化税制改革，还要尽快完善财产税体系，充分发挥税收调节收入分配的功能，不断缩小收入差距，体现社会公平（黄桂兰，2013；周克清、毛锐，2014）。

（4）主要税种的福利效应。

学界较多地考察流转税和所得税的福利效应，对其他税种的研究较少。主要分为以下几个方面。

首先，增值税的福利效应。国内学者对增值税的福利效应研究尚未形成一致结论。观点一：增值税具有经济福利负效应。征收增值税导致商品价格发生变化，进而影响消费者效用的等价性变化与补偿性变化，造成消费者经济福利损失（平新乔、梁爽、郝朝艳、张海洋、毛亮，2009）。在征收环节中，增值税抵扣链条的不完整可能会产生不必要的损失，干扰经济结构的调整（刘元生、陈凌霜、刘荣、王文甫，2018）。观点二：增值税具有社会福利正效应。增值税可以促进经济和产业的细分与升级（贾康，2016），并且当增值税以较低税率扩围到生产性服务业和生活性服务业时，各类居民的社会福利均会有所改善（潘常刚，2018），具有社会福利的正效应（邓力平、王智烜，2011）。

其次，消费税的福利效应。对于消费税福利效应的研究，国内学者的观点存在分歧。观点一：消费税具有社会福利正效应。对消费终端的污染品征税可以减少环境污染（褚睿刚，2018）；促进化石能源消费量的下降可以节约能源（乌力吉图、张凤滢，2015）；合理引导消费方向（苏国灿、童锦治、黄克珑，2016），调控炫耀性消费（朱为群、陆施予，2018），可以促使社会公平，提升社会福利（赵娜、崔玉平，2007；童锦治、苏国灿、刘欣陶，2017）。观点二：消费税具有社会福利负效应。由于对不止一种消费品征税，所以消费税的正向调节作用会在一定程度上被负向调节作用抵消（赵艾凤、马骁，2017），并且消费税具有累退性，加剧了收入分配不平等（刘怡、聂海峰，2004；贾康、张晓云，2014；聂海峰、岳希明，2013）。

再次，企业所得税的福利效应。主要有两种不同的观点，观点一：增加企业所得税负会提高居民的福利。在我国经济转轨背景下，统一国内、国外企业的所得税税率，相对提高一般外资企业的所得税税率，会提高中国的整体福利水平（叶满城，2009；孙明华，2011；陈卓珺，2012；李娟，2013）。从政府层面看，通过税收融资能够带来经济的增长（严成樑、龚六堂，2010）。从企业角度看，适度提高企业所得税税负可增进企业效率并提高居民的福利水平（张顺明、余军，2013；刘盼、罗楚亮，2018）。观点二：降低企业所得税负会提高居民的福利。降低企业所得税负是一国税收竞争力的核心（戴悦、朱为群，

2018）。通过合理降低企业所得税税率、增加企业优惠范围等途径，切实降低企业纳税人的税负，可以增进社会的福利水平（王慧洁、田金玲，2006；谢贞发，2014；陈斌，2016；蚁佳纯，2018；郑宝红，张兆国，2018）。

最后，个人所得税的福利效应。个人所得税有着向低收入者进行收入再分配的偏好。从我国 2011 年的个税改革来看，减税政策对提升工薪阶层消费的效果很显著，而对个体户居民消费行为的影响较小且不显著（徐润、陈斌开，2015）。改革后，中低等收入人群的经济福利增加了，高端收入人群的经济福利减少了，而对最低收入人群的影响则不大（许志伟等，2013）。虽然征收个人所得税能缩小不同收入人群之间的收入差距，但由此带来的社会福利增加并不能补偿收入水平下降导致的经济福利损失（陈建东、赵艾凤，2013）。

具体可以从不同的角度进行分析：第一，从税源角度进行考量。个人所得税的税源有劳动所得和资本所得，提高资本所得税、降低劳动所得税能更好地促进经济增长，提高社会的福利水平（白李，2017；饶晓辉，2017；杨默如、黄婷婷，2018；高金平，2018）。然而，个人所得税法中存在"工薪税"，不能很好地发挥税收的调节作用（王芳瑜，2011）。第二，费用扣除标准的提升。提高个人所得税的费用扣除标准能够增加居民的可支配收入，提升经济福利（潘梅、宋小宁，2010；孙亦军、梁云凤，2013）。建议将费用扣除标准进行指数化处理（蒋玉杰，2018），按照家庭人口数量及就业状况细化费用扣除标准（谷成，2014；毕洪，2016），在增加居民经济福利的同时体现税负公平。第三，对税率的调节。平均税率的高低是个税收入再分配效应大小的主要决定因素，累进税率则是次要的（岳希明、徐静等，2012）。累进税率可以调节居民的福利水平（胡华，2018），但不能对收入不平等的状况进行改善，反而会扩大社会福利差距（朱跃序、陈平路、马成，2015）。如最高边际税率过高，不仅没有起到调节收入差距的作用，反而使偷漏税问题愈发严重，减少国家税收收入。因此，对最高边际税率的下调势在必行（孙思燕，2018）。第四，对征管模式的探索。我国个人所得税应当向综合与分类相结合的混合课税模式转变（陈贺鸿，2017；程智勇、王钲翔，2018）。同时，对家庭进行综合征收能够促进居民经济福利均等化，提升社会整体的福利水平（袁晓宁，2016；郭宏宝，2017；张奕，2017；王俶，2018）。

1.2.4 文献评析

国内外学者对财税政策的福利效应研究形成了一定的成果，为本书的研究奠定了良好的基础，具有重要的参考价值。国外学界主要论证财税政策的经济福利效应，采用定性分析与实证分析相结合的方法，就财税政策的社会福利效应实证分析相对较少。与国外相比，我国学界实证研究财税政策福利效应的相对较少，而且观点存在分歧；大多是研究财政支出或税收的经济福利，较少研究其社会整体福利，很少将财政支出或税收的收入分配公平度引入福利效应的测算中；同时，对财税政策的福利效应缺乏系统的研究，或仅从财政支出的角度，或仅从税收角度，割裂了财政支出与税收的关系，导致其结论具有片面性；在城乡二元结构的背景下，缺乏就财政支出和税收福利效应的城乡差异性分析；另外，缺乏对各类财政支出的福利效应的比较以及缺乏税收福利效应的比较。具体而言，就我国的财税政策福利效应研究而言，已有文献还存在如下不足之处。

第一，缺乏较为系统性的实证检验，导致观点上分歧，有待进一步实证检验。导致财税政策福利效应观点不一致主要有两种原因：一是由于国别差异、体制差异，财税政策的福利效应因国别以及国家制度的不同而不同，导致不同国家的学者得出的结论不同；二是我国学界在研究财税政策福利效应时，较多采用定性分析，尤其对福利性支出采用定性分析，缺乏相应实证检验，从而导致国内学者有关财税政策的福利效应存在观点分歧。我国经济社会发展模式有别于西方国家，尤其城乡二元结构下，财税政策有何福利效应应注重实证检验。在研究财税政策福利效应时，定性分析是必要的，但定性分析需要定量分析来论证，从而更好地探索财税政策内在的机理与规律。因此，关于财税政策的福利效应研究，应在已有的文献基础上，进一步实证检验，以便为优化政策提供可靠依据。

第二，尽管部分学者采用实证分析方法研究某个财政支出的福利效应或某个税种的福利效应，但大多采用全国时间序列数据分析，缺乏面板数据的实证检验。由于时间序列仅从时间维度，缺乏截面维度的考量，可能会使实证结果准确性受到影响。

第三，很多学者利用森福利函数测算全国经济福利水平，但缺乏从省际层面对经济福利水平的测算。由于各地区经济发展不同、区位优势不同、各地区的居民收入水平不同，全国层面经济福利水平很难体现各地区的经济福利水平的差异性。

第四，一些学者研究了财政支出或税收的经济福利，但较少研究财政支出或税收的社会整体福利，尤其实证研究财政支出或税收的社会福利效应较少。按照庇古对社会福利的定义，社会福利包括经济福利和非经济福利。因此，财税政策对社会福利的影响如何？还需进一步深入分析。尤其在精准扶贫的背景下，论证财税政策的社会福利效应，有利于优化我国财税政策，提高整体社会福利水平。

第五，现有的财税政策福利效应研究主要是立足于全国视角，忽略了城乡二元结构的差异性，缺乏就财税政策福利效应在城乡之间差异性的分析。我国城镇地区的经济发展和农村地区具有较大的差异性，财税政策对城镇居民的福利影响与农村是否具有差别？值得进行实证检验。通过探索财税政策对城镇居民与农村居民福利影响的差异性，有利于进一步提出政策建议，提高整个社会的福利水平。

第六，目前，国内对税制结构与福利关系的研究相对较少，研究税制结构对收入分配影响的相对较多。不同的分类方法，税制结构包含内容不同，在现行的税制模式下，不同类的税制结构对福利有何影响？对这一问题研究，有利于为我国在优化税制结构方面提供参考依据。

第七，目前，财政支出的福利效应研究主要集中在福利性支出上，缺乏从财政支出整体到结构的分析，对财政支出结构的福利效应缺乏比较分析。

1.3 相关概念界定

本书研究财税政策对福利的影响，这里的财税政策主要从财政支出和税收两个方面考虑；就福利而言，有狭义和广义之分。因此，为有助于本书的研究，对与财政支出、税收、福利有关的概念进行界定。

1.3.1 有关福利方面的术语界定

1.3.1.1 社会福利

社会福利是个人福利的总和或集合。不同学者对社会福利概念的界定略有差异，有学者认为，社会福利是居民获得的满足（陶一桃，2000），包括物质福利和精神福利；也有学者认为，社会福利是改善居民生活的措施（尚晓媛，2001），是一种社会政策、一项制度安排（贾康，2009），比如社会保障制度、满足弱势群体基本生活需求等制度安排等。社会福利具有广义和狭义之分，广义社会福利是指居民基本生活需要，包括教育、卫生以及社会保障项目等；狭义社会福利是指对儿童、老年人、残疾人等弱势群体的特殊照顾（王维国、李季军、李宏，2018）。尽管社会福利的定义略有差异，概括起来说，社会福利包括满足居民物质生活需要、精神生活需要和保障居民基本生活的制度安排。

庇古认为，社会福利包括经济福利和非经济福利（如文化福利、健康福利等），二者构成了社会福利；经济福利可以直接或间接用货币测量，经济福利与国民收入是对等的，收入的高低会影响福利水平[1]；非经济福利是指对教育、健康等生活需要的满足。马丁·鲍威尔从社会分工的角度，把社会福利分为公共福利（又称为法定福利，由国家提供，包括公共福利物资和服务）、职业福利（指与工作有关的额外津贴，如职业养老金）、财税福利（指通过财税政策的手段，如减免税，增加居民实际可支配收入，提高居民实际购买力，增加更多的消费）、非正式福利（主要指家庭、朋友以及其他微观主体给予的福利支持）等。[2]

从庇古的社会福利界定来看，收入是衡量社会福利的基础；从马丁·鲍威尔界定的社会福利包含的内容来看，政府通过提供福利物资、服务以及财税政策手段影响社会福利。这为本书研究财税政策的福利效应奠定了基础。

结合文献综述中福利内涵，根据学界对社会福利的定义，本书的社会福利是指政府利用收入机制、收入分配机制、提供服务、制度安排等手段，使得居民生活的改善和社会发展质量的提升。

1.3.1.2 经济福利

本书的经济福利是从福利经济学角度界定。庇古在其《福利经济学》著作中对经济福利界定为：能够直接或间接用货币测量的那部分社会福利。庇古把经济福利与国民收入对等，也就是说，国民收入可以用来衡量经济福利，并提出收入平均分配（被称为功利主义思想）；国民收入与福利成正比，收入分配的均等度与福利也成正比；在国民收入不降低

---

① A. C. 庇古. 福利经济学（上卷）[M]. 朱泱，张胜纪，吴良健译. 北京：商务印书馆，2010：16-38.
② 马丁·鲍威尔. 理解福利混合经济 [M]. 钟晓慧译. 北京：北京大学出版社，2011：9-12.

的情况下，减少富人的实际收入，用于增加最贫穷人的实际收入，就会增加经济福利；合理的收入分配会增加经济福利。功利主义认为，由经济原因而获得的满足总和就是经济福利。贝尔努利和纳什在功利主义福利函数基础上，构造了效用乘积式福利函数，体现出收入分配越公平，经济福利越大。

阿玛蒂亚森（福利经济学家、1998 年诺贝尔奖获得者）在庇古等人提出的福利经济理论基础上，构建了福利函数，被称为森福利函数。该福利函数由人均收入和衡量收入分配的基尼系数构成，即福利 = 人均收入 × （1 − 基尼系数）。森福利函数被广泛应用。从森福利函数来看，福利受收入和收入分配的影响，而收入尤其国民收入是经济指标，收入分配是经济学研究的重要领域，国民收入与国民收入分配是庇古福利经济学四部分内容中的两大部分。因此，福利经济学家所说的福利仅仅是或者主要是经济福利。[①]

结合以上分析，本书的经济福利是指由阿玛蒂亚森福利函数呈现出来的福利，其受收入和收入分配状况的影响。

1.3.1.3 福利分配

除庇古将收入与福利对等外，西方福利经济学家李特尔认为，福利变化与实际收入变化没有差别，不考虑收入分配就不能得出福利结论，并在《福利经济学评述》的第 4 章中分析了福利分配，在这一章福利分配的内容主要分析了收入与收入分配；鲍莫尔指出，存在一种收入分配，能使一些人境况变好，而又不会导致其他人境况变坏，这种收入分配提高了福利；卡尔多认为，福利包含实际总收入的增长，实际总收入增加，福利就会增加，但不能忽略收入分配。[②] 可见，收入分配在福利经济学中具有重要位置，正如庇古在《福利经济学》著作中将国民所得分配作为重要的内容。

庇古、李特尔、阿玛蒂亚森等著名的福利经济学家在经济福利的研究中，都认为经济福利取决于收入，而收入分配的状况也会影响经济福利水平。

因此，本书的福利分配是从经济福利层面界定，运用收入分配状况来衡量福利分配的状况。这一衡量标准，在国内学术界也曾被使用过。例如，汤向俊、任保平（2009）研究福利分配平等性对经济增长质量影响时，从收入分配、健康与预期寿命、居民受教育水平等不同角度衡量福利分配状况，并利用基尼系数考察福利分配对经济增长质量的影响[③]；陈利锋（2018）考察货币政策的福利分配效应时，采用收入平等度作为度量福利分配的指标。[④]

1.3.2 财政支出方面的术语界定

1.3.2.1 民生财政支出

民生财政支出的界定在学术界并未形成统一的定论。例如，贾康（2010）认为，民生

① 胡象明. 广义的社会福利理论及其对公共政策的意义 [J]. 武汉大学学报：社科版，2002（04）：427.
② 李特尔. 福利经济学评述 [M]. 陈彪如译. 北京：商务印书馆，2014：105－111.
③ 汤向俊，任保平. 福利分配平等性与中国经济增长质量 [J]. 社会科学战线，2009（09）：442.
④ 陈利锋. 货币政策的福利分配效应：一个多部门开放经济视角 [J]. 华中科技大学学报，2018（04）：64.

财政支出包括教育支出、医疗支出、社会保障支出、环保支出、科技支出、农林水支出以及安全支出等。储德银、闫伟（2010）认为，民生财政支出包括社会保障支出、教育支出、医疗卫生支出、环保支出等。赵海利（2012）研究的民生财政支出主要是教育支出、卫生支出。宋冬林等（2016）认为，与民生关系最为紧密的支出是社会保障支出、教育支出、医疗卫生支出。

根据学术前辈对民生财政支出的界定，本书的民生财政支出包括社会保障支出、教育支出、医疗卫生支出、科技支出以及农林水支出。

1.3.2.2 非民生财政支出

非民生财政支出是指财政支出中除去民生财政支出之外的财政支出，即除去社会保障支出、教育支出、医疗卫生支出、科技支出以及农林水支出之外的财政支出。

1.3.2.3 民生财政支出结构

根据上面民生财政支出的界定，民生财政支出结构应该为社会保障支出、教育支出、医疗卫生支出、科技支出以及农林水支出各自占民生财政支出总量的比重。这种界定方法，在考察各项民生财政支出的福利效应时，反映的是随民生财政支出总量变化时各项财政支出的福利效应。但本书欲考察随经济发展变化各项民生财政支出的福利效应，而且本书专门设置一节内容就民生财政支出总量的福利效应进行了实证检验。

因此，为更好地反映各项民生财政支出随着经济的发展所体现出的福利效应，本书的民生财政支出结构是指社会保障支出、教育支出、医疗卫生支出、科技支出以及农林水支出各自占 GDP 的比重。

1.3.3 税收方面的术语界定

1.3.3.1 宏观税负

宏观税负有三种口径衡量：小口径宏观税负、中口径宏观税负以及大口径宏观税负。本书在分析宏观税负的福利效应时，采用小口径宏观税负，即税收/GDP。

1.3.3.2 税制结构

不同分类方法，税制结构包含内容不同。本书按照税负转嫁难易程度，用直接税与间接税衡量税制结构，以便考察直接承担税收与间接承担税收的福利效应。直接税包括企业所得税、个人所得税、房产税、契税、外商投资企业和外国企业所得税；间接税包括增值税、消费税、营业税（已停征）、资源税、城市维护建设税。

1.3.3.3 税类结构

本书税类结构是按照课税对象不同分类的，即流转税、所得税、行为财产税以及资源税。流转税包括增值税、消费税、营业税（已停征）；所得税包括企业所得税和个人所得税；行为财产税包括房产税、契税、车船税、印花税；资源税包括资源税、土地增值税、城镇土地使用税、耕地占用税。

1.3.3.4　主要税种

主要税种是基于税收收入占总税收收入大小而界定的。目前，增值税、消费税、企业所得税、个人所得税是我国四大税种。例如，2018 年，增值税和消费税占总税收收入的 56.93%（其中，国内增值税占总税收收入的 39.34%，国内消费税占总税收收入的 6.8%，进口环节增值税和消费税占总税收收入的 10.79%），企业所得税占总税收收入的 22.58%，个人所得税占总税收收入的 8.87%。[①] 全面推行营业税改征增值税之前，营业税是地方政府的主体税种，考虑到本书研究的样本跨度，在研究主要税种的福利效应时也把营业税纳入研究范围。

因此，本书研究主要税种的福利效应时，主要税种包括增值税、消费税、企业所得税、个人所得税以及营业税（虽已退出征税历史舞台，但本书欲对征收营业税时期产生的福利效应进行检验，所以营业税被归入本书主要税种中）。

1.4　研究思路与研究方法

本书从不同福利维度、全国整体居民与城乡居民维度、不同税类维度以及不同类财政支出维度，在理论分析的基础上，采用实证分析方法，剖析税收与财政支出对福利分配、经济福利以及社会福利的影响。

1.4.1　研究思路

本书根据理论分析，利用经验数据测算出衡量福利分配、经济福利以及社会福利的数据，实证检验税收与财政支出的福利效应。全书的主要逻辑主线如图 1-1 所示。

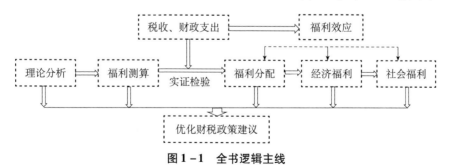

图 1-1　全书逻辑主线

本书从四个不同的维度实证检验税收与财政支出的福利效应，分别是不同福利效应维度、不同居民维度、不同类税收维度以及不同类财政支出维度，沿这四个维度形成四

---

① 数据来源于中华人民共和国财政部网站：http://gks.mof.gov.cn/zhengfuxinxi/tongjishuju/201901/t2019 0123_3131221.html.

个逻辑子主线。其中，不同福利效应维度和不同居民维度都体现在不同类税收及不同类财政支出维度中。从而形成四个逻辑子主线。

首先，从不同福利效应维度实证检验税收与财政支出的福利效应。本书把福利效应分为福利分配效应、经济福利效应以及社会福利效应，福利分配效应为进一步实证检验经济福利效应奠定了基础，而经济福利又属于社会福利的范畴，正如前面术语界定中所述，社会福利包括经济福利和非经济福利。福利分配效应实质也属于经济福利范畴，主要从经济公平角度考量；经济福利不仅考虑经济公平性，还考虑经济效率层面；社会福利不仅考虑经济福利还考虑非经济福利。所以三者之间关系是包含与被包含的关系，层层递进关系。沿着上述各类福利关系，本书研究的福利效应逻辑子主线如图1-2所示。

图1-2　本书研究的福利效应逻辑子主线

其次，从不同居民的维度实证检验税收与财政支出的福利效应。由于我国城乡二元化结构，本书试图检验税收与财政支出的福利效应是否具有城乡差异性。于是本书先从全国整体居民的角度检验财税政策的福利效应，对财税政策的福利效应有个初步的判断，但考虑到全国整体居民视角下，时间序列数据在回归分析中不足，采用省级面板数据分别考察财税政策对城镇居民、农村居民的福利效应，以期更准确地判断财税政策的福利效应，同时检验税收与财政支出在城镇居民和农村居民之间的福利效应差异性。因此，不同居民维度下的逻辑子主线如图1-3所示。

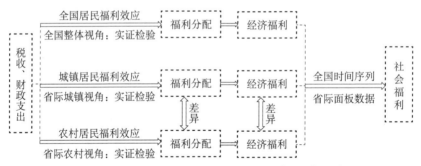

图1-3　不同居民视角下的福利效应实证检验逻辑子主线

再次，从不同类税收维度实证检验税收的福利效应。首先检验宏观税负对福利的影响，再从税制结构检验其福利效应，进一步从税类结构检验其福利效应，在税类结构的基础上，选择主要税种更进一步实证检验其福利效应。其逻辑思路：先整体再具体到主要税种。逻辑子主线如图1-4所示。

最后，从不同类财政支出维度实证检验财政支出的福利效应。考虑到有些财政支出直接涉及民生领域，所以将财政支出分为民生财政支出和非民生财政支出，根据民生财政支出的福利效应情况，进一步检验民生财政支出结构中每类财政支出的福利效应，从而形成不同类财政支出的福利效应子主线如图1-5所示。

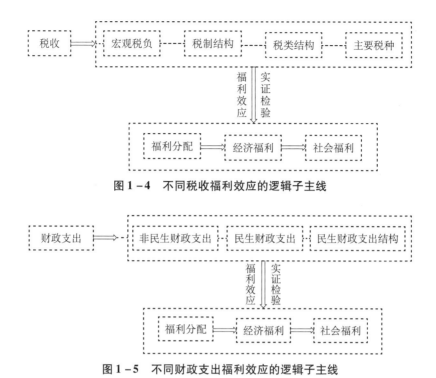

图 1-4　不同税收福利效应的逻辑子主线

图 1-5　不同财政支出福利效应的逻辑子主线

1.4.2　研究方法

1.4.2.1　规范分析与逻辑推理分析法

采用规范分析法，对与本书有关的文献进行归纳梳理并分析已有文献的不足；在文献分析的基础上，结合理论，梳理了影响福利的因素。采用逻辑推理法分析税收、财政支出对福利影响的途径，剖析税收、财政支出对福利影响的内在机理。

1.4.2.2　数理分析与实证计量分析法

数理分析与实证计量分析法是本书的核心方法，采用数理分析法，在构建衡量福利分配、经济福利以及社会福利模型的基础上，运用有关经验数据，测算了福利分配、经济福利以及社会福利数据，并对其进行量化分析。运用 GMM 估计法和静态面板数据计量分析法，实证检验税收、财政支出的福利分配效应、经济福利效应以及社会福利效应。

1.4.2.3　比较分析法与归纳分析法

在计量分析结果的基础上，采用比较分析法，对比分析不同类税收的福利效应，并对比分析税收对城镇居民与农村居民福利效应的差异性；对比分析不同类财政支出的福利效应，并对比分析财政支出对城镇居民与农村居民福利效应的差异性。采用归纳分析法，判断税收、财政支出福利效应的机制与规律；比较分析法与归纳分析法相结合，依据我国现实情况，提出完善我国税收政策与财政支出的政策建议。

1.5 创新与不足

1.5.1 创新之处

1.5.1.1 理论上可能存在的创新

从民生财政支出和非民生财政支出两个角度就财政支出的福利效应的作用机理进行了剖析，并形成了作用机理图。目前，学界就民生财政支出的福利效应有些研究，但大多利用福利经济学的原理进行模型推导分析，以此说明民生财政支出是否提高福利水平，较少剖析民生财政支出的福利效应作用机理，尤其对非民生财政支出的作用机理研究更少。本书在学术前辈研究的基础上，进一步探究了民生财政支出和非民生财政支出对福利影响的作用机理。

从间接税和直接税两个层面分析了税收福利效应的作用机理。由于直接税与间接税的传导作用机制不同，其影响福利的机理不同。有部分学者研究某个税种的福利效应，但缺乏就税收的福利效应作用机理分析。本书在学术前辈研究的基础上，剖析了直接税与间接税对福利影响的作用机理。

1.5.1.2 实证分析上可能存在的创新

（1）多视角下实证检验税收与财政支出的福利效应。

目前，学界较多从经济福利角度，就某项财政支出或某个税种的福利效应研究，缺乏全面性和系统性的研究。本书在学术前辈研究的基础上，从不同角度实证检验税收与财政支出的福利效应，其研究更系统、更全面，能够更好地反映我国税收与财政支出对福利的影响。多视角体现在以下几方面。

其一，沿着福利效应逻辑主线实证检验。本书在学术前辈研究结果的基础上，将福利效应划分为福利分配效应、经济福利效应以及社会福利效应。福利分配属于经济福利范畴，主要从经济公平角度考量；经济福利不仅考虑经济公平性，还考虑经济效率；社会福利不仅考虑经济福利还考虑非经济福利；福利分配、经济福利以及社会福利三者呈层层递进关系。因此，按照这一逻辑主线，逐步实证检验税收与财政支出的福利效应，并对比分析（如研究思路图1-2）。

其二，根据城乡二元结构，分别实证检验税收与财政支出对城镇居民和农村居民福利的影响，并对比分析城镇和农村居民福利效应的差异性（如研究思路图1-3）。

其三，就税收的福利效应而言，先从总体宏观税负为逻辑起点，再从税制结构到具体主要税种，实证检验税收的福利效应（如研究思路图1-4）。

其四，就财政支出的福利效应而言，先从非民生财政支出到民生财政支出，再到民生财政支出结构，实证检验财政支出的福利效应（如研究思路图1-5）。

（2）利用阿玛蒂亚森福利函数测算了样本省份的城镇居民和农村居民的经济福利，以及利用联合国衡量社会福利指数（人类发展指数）测算了样本省份的社会福利。

就经济福利而言，目前学界主要利用全国人均收入和基尼系数测算经济福利。由于各地区经济发展不同、区位优势不同、各地区的居民收入水平不同，全国层面经济福利水平很难体现各地区的经济福利水平的差异性，也不利于研究财税政策对不同居民福利影响的差异性。本书利用样本省份的有关数据，分别测算出城镇居民和农村居民的基尼系数，进而测算出样本省份的城镇居民和农村居民经济福利。目前，有部分学者利用联合国的人类发展指数测算了我国整体的社会福利指数，并未从省际层面去测算。本书利用联合国人类发展指数测算了样本省份的社会福利指数。从省际层面测算经济福利和社会福利，也为进一步采用面板数据实证分析奠定良好的基础。

（3）利用面板数据实证检验税收与财政支出的福利效应，增强实证结果的有效性。

尽管部分学者采用实证分析方法研究某项财政支出的福利效应或某个税种的福利效应，但大多采用全国时间序列数据分析，缺乏面板数据的实证检验。由于时间序列仅从时间维度，缺乏截面维度的考量，可能导致实证结果准确性受到影响。

（4）实证检验了税制结构的经济福利效应和社会福利效应，并论证税制结构对福利分配、经济福利影响的非线性，以及税制结构对社会福利影响的非线性。

例如，税制结构与福利分配呈倒 U 型关系，与经济福利也呈倒 U 型关系，但税制结构与社会福利呈 U 型关系。目前，国内研究税制结构对福利影响的相对较少，研究税制结构对收入分配影响的相对较多。虽有部分学者研究某一个税种的经济福利效应，但在实证分析时建立线性模型，有失准确性。本书在研究过程中发现，税制结构对经济福利以及社会福利影响并非线性，而是呈现非线性关系，为进一步研究奠定良好的基础。

（5）不仅论证不同财政支出的福利效应，而且在实证分析中，对比分析了民生财政支出结构的福利效应差异性，同时，也对比分析了财政支出福利效应在城乡之间的差异性。

较为系统地实证检验了非民生财政支出、民生财政支出以及民生财政支出结构对经济福利、社会福利的影响，在实证分析中发现，非民生财政支出与经济福利呈非线性关系，是倒 U 型关系。目前，国内有部分学者分析福利性财政支出的福利效应，但对民生财政支出结构的经济福利和社会福利实证检验较少。而本书不仅实证检验不同财政支出的福利效应，而且在实证分析中，对比分析了民生财政支出结构的福利效应差异性，同时也对比分析了财政支出福利效应在城乡之间的差异性。

（6）在实证检验税收福利效应时，对比分析了税收对城镇居民和农村居民福利影响的差异性。

目前，学界主要从全国整体层面研究某个税种的福利效应，较少考虑城乡二元结构，缺乏在城乡二元结构下就税收福利效应的差异性进行对比分析。本书从城镇居民和农村居民两个层面，实证考察了税收对城乡居民福利效应的差异性。

1.5.1.3 政策建议上可能存在的创新

提出"逐步提高民生财政支出总量，尤其提高农村民生财政支出总量；适度提高非民生财政支出，过度提高非民生财政支出不但不会提高经济福利，反而会降低经济福利水平，同时会扩大福利分配的差距"的观点。从实证结果来看，非民生财政支出与经济福利之间呈倒 U 型关系，非民生财政支出在合理的范围内，有助于促进经济增长，增加居民福利，但非民生财政支出提高到一定程度，会导致福利分配差距过大，反而会抑制经济福利的提高。就民生财政支出而言，不仅可以缩小福利分配差距、提高经济福利，而且也会提升社会福利水平，所以应加大民生财政支出的投入，提升人们生活质量。

1.5.2　不足之处

在实证检验税收与财政支出的社会福利效应时，没再区分城镇居民和农村居民。由于利用联合国的人类发展指数模型测算社会福利指数时，从城镇居民和农村居民角度测算难度较大，所以在分析税收与财政支出对福利分配、经济福利影响时，均从城镇居民和农村居民两个视角进行实证检验，实证考察城乡差异性，而实证检验税收与财政支出的社会福利效应时，并未区分城镇居民和农村居民加以比较分析。由于社会福利体现整体性，所以不区分城镇居民和农村居民社会福利也有一定合理性，不影响实证结论。

2

财税政策福利效应的理论分析

从理论上来看，税收在价格机制、收入机制的作用下，会影响商品的价格或实际收入，影响居民的实际购买力，进而影响居民福利水平；税收会影响经济增长进而影响经济福利水平；税收收入会影响财政支出水平，进而对经济增长、社会保障等方面产生影响，从而影响社会福利水平。财政支出会影响经济增长、收入分配状况等，进而影响社会福利水平。

2.1 福利的影响因素

福利可以分为经济福利和社会福利，分别有不同的影响因素，包括人均 GDP、城镇化率、就业率、居民消费价格指数（CPI）、产业结构、开放程度、固定资产投资等，这些影响因素通过直接或间接调节居民的可支配收入，进而影响经济福利；除此之外，影响因素还有教育水平、医疗卫生、社会保障、社会安全等，会影响社会福利。

人均 GDP。人均 GDP 反映的是居民享有的实际价值，是衡量一国经济增长水平的基本指标。当人均 GDP 增加时，社会产量和国民收入总量随之增加，社会产量的增加能促使社会资源的优化配置，带来经济福利的增加；作为经济效率指标的国民收入增加，会扩大居民消费、储蓄或投资的规模，增加居民可支配收入，产生经济福利正效应。

居民消费价格指数。CPI 即居民消费价格指数，也称物价指数，是反映居民购买货物和服务的价格水平变动的宏观经济指标。顾名思义，CPI 与居民的日常生活紧密相连。CPI 的持续上升会带来通货膨胀，物价上涨使得居民的实际购买力下降，会降低消费需求，消费的减少进而导致厂商利润下降，厂商因此进一步提高商品价格，形成恶性循环，造成经济福利的损失。CPI 的持续下降会带来通货紧缩，抑制生产和投资，造成失业率上涨，经济萧条，同样会降低居民的福利水平。只有将 CPI 维持在相对较低的水平，才能稳定物价，使经济持续向好发展，提高经济福利。

城镇化率。城镇化率是指一个地区城镇常住人口占该地区常住总人口的比例。城镇化率的提升，可以促进经济结构的调整，产业结构的升级，带来更多的就业岗位。由此带来劳动力供给的增加，进而提高居民收入水平，促进消费需求，并完善更多的基础设施，改善各项民生指标，让更多的居民享受到城镇的生活水平，促进经济福利的增长。

就业率。就业率是反映劳动力就业程度的指标。就业是一个人参与社会劳动，融入社会生活所必不可少的途径，有了工作，才能有一份稳定的收入维持个人或家庭的基本生活，才能追求更高的理想，实现自身发展。提升就业率可以改善居民的生活质量，有利于开发人力资源，缩小居民贫富差距，有效消除贫困现象，带来经济福利的增加。

产业结构。产业结构是指农业、工业和服务业的经济结构比重。经济的发展会促使产业结构同方向变化，实现从农业到工业再到服务业比重的增加。第三产业所产生的经济福利高于第二产业，第二产业的经济福利高于第一产业，层级越高所产生的经济福利越多。随着经济的发展，产业结构的不断优化，工业和服务业的扩大，居民福利水平不断提升，社会总福利也相应增加。

开放程度。开放程度又称经济开放程度，反映的是一国对外经济开放水平，自由贸易的程度。开放程度越高，国与国之间的贸易往来越密切，带动跨国消费、海外投资、进出口规模的提升。消费需求增加，使得产出增加，生产效率提高，进而拉动国内经济增长，增加经济福利。我国自提出"一带一路"以来，与更多国家达成贸易协定，国际合作机会增多，贸易摩擦减少，居民经济福利显著提升。

固定资产投资。固定资产投资是衡量固定资产投资规模的经济指标。固定资产投资对经济福利有两种不同的影响。一方面，新的固定资产投资，会带来新技术、新工艺、新产品，降低生产成本，提高生产效率，进而带来经济福利的增加。另一方面，固定资产投资规模大，往往不易变现和转移，最终转化为沉没成本，而固定资产投资的企业，其所在行业的壁垒会随着沉没成本的增加而扩大，行业竞争会因此受到打击，影响该行业的经济发展，从而降低经济福利。

教育水平。教育是人才培养的根本。习近平总书记提出，"综合国力竞争说到底是人才竞争"，由此可见人才教育的重要性。近年来，我国加大教育性财政支出，即使财政收入处在"减税降费"的主旋律中，政府对教育事业的资金投入也未曾减少。对个人而言，教育水平的提高，能够提高个人文化程度，通过不断学习新知识、新技术，让个人有了"一技之长"，更好地参与工作或继续深造，实现自身价值，带来福利水平的提升。对社会而言，教育能够促进社会进步，带动经济发展，提高社会生产力，构建法治文明的社会，提升社会安全，产生社会福利正效应。对国家而言，教育能够培养人才，研发核心科技，传承中华文化，促进国际交流，提高国家的核心竞争力，从"中国制造"转变为"中国创造"，增进整体的社会福利。

医疗卫生。医疗卫生与居民的生活息息相关。医疗水平的提高，可以减轻患者痛苦，延长生命，降低死亡率；公共卫生能够带来健康生活，提升社会福利。从面对疑难杂症束手无策，到现在引进先进医疗设备、改善医疗环境，中国居民的福利水平显著提升。政府应当继续加大对医疗卫生的财政支出，降低大病医疗报销起付线，提高报销比例，开设更多的就医咨询窗口，让居民就医更加及时、方便，实现"看病快、少花钱"的医疗模式，增加居民的社会福利。

社会保障。社会保障指政府通过对国民收入的分配和再分配效应，给予生活中有需要的群体一定的物质帮助。社会保障体制的完善，可以给生病就医人员更多的经济补贴，让年迈者感受到政府的照顾，给失业人群带来社会归属感……构建完善的社会保障体制，要始终以提供公共服务、提高社会福利为前提，相应提高政府支出比例，保障居民的基本生活。与此同时，不断减少流动人口、农民工等非固定工作者参加社会保障的障碍，让外出务工人员、下岗工人、农民工等困难群体也感受到相同的社会福利。

社会安全。社会安全是居民生活的基本保障之一，包括社会治安、交通安全、生活安全和生产安全四个安全性指标。随着城市人口的增加，降低犯罪率、维护社会治安是增加社会福利的基础。经济的发展、人均可支配收入的增加让越来越多人买得起私家车，造成城市拥堵的同时增加了交通安全隐患。生活安全可以用火灾事故死亡率衡量，生产安全用工伤事故死亡率衡量，如何保证居民基本生活，加大防火防灾宣传教育，做好预防措施是政府增加社会福利所必不可少的方面。随着城镇化率的提升，给社会安全的治理带来更多的考验，政府要加大对社会安全的关注，切实提升社会福利。

2.2 财税政策福利效应的理论基础

2.2.1 福利经济学中的"收入均等"理论

福利经济学家从保障社会福利最大化的角度出发，认为政府决策应该在保证实现社会福利的同时，实现有限资源的最优配置，即资源分配的"均等化"。早期福利经济学家们普遍认为，国民收入总量与福利呈正相关，国民收入总量越大则社会福利水平也越高，而国民收入的增加必须解决不同收入阶层不平等的收入分配问题。因此，他们提出将利益在富人和穷人之间进行二次分配。

福利经济学家们认为要提高社会福利水平，不仅需要增加国民收入总量，也需提高国民收入在分配上的均等化程度。《福利经济学》的作者庇古提出，福利会随着国民收入分配的均等性提高而扩大，即实现社会福利最大化必须努力缩小社会收入分配差距，他的分配公正观认为，富人遭受经济福利的减少量，要比穷人的经济福利增加量小得多，所以他提出政府应该对低收入者提供货币补贴、提供养老金、对高收入者增收所得税等政策缩小贫富收入差异，进而增加社会福利。

根据庇古关于收入分配和社会福利水平关系的论述，可以用图 2-1 表示福利水平随收入分配均等化程度提高而产生的变化。我们假设社会中只有两个人 A 和 B，分别代表穷人和富人，边际效用分别是 MU_A 和 MU_B，A 占有财富为 AE，B 占有财富量为 BE，在此情况下，穷人 A 的效用水平为 $MU_A AEC$，富人 B 的效用水平为 $MU_B BED$。如果在财政政策的宏观作用调控下，使得穷人 A 的收入变为 AP，富人 B 的收入变为 BP，社会收入分配水平变得更均衡，此时两条边际效用曲线相交，两人的效用水平达到一致，$MU_A APO = MU_B BPO$，即社会达到"收入均等化"状态，与此同时，伴随着收入差距缩小，社会总福利水平增加了 OCD，即阴影部分面积。这便是福利经济学家关于收入差距缩小致使福利水平变化理论的基本描述。

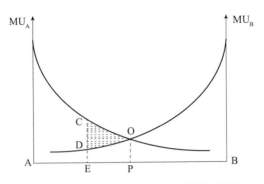

图 2 - 1 财政支出调节收入分配的福利变化

根据边际效用递减规律，福利经济学派提出居民的收入和货币的边际效用成反比，这便成为其收入转移理念的理论基础。即把富人的一部分收入转移给穷人，不仅会缩小社会收入差距，实现"收入均等"，也可提高社会总福利水平。总的来说，福利经济学派的收入转移和收入均等化理念也为经济社会进程中的政府转移支付机制、税收政策等宏观调控提供了理论基础。

2.2.2 凯恩斯收入分配理论

美国 1929～1933 年的经济大萧条催生了凯恩斯主义的诞生，《就业、利息和货币通论》的发表挑战了传统经济学理论的权威。凯恩斯认为在资本主义市场中，"看不见得手"并不能完全发挥作用，私人利益转变为社会公益必须在政府的有力介入下进行。他认为不可完全依赖市场机制的自由竞争，并建议应当利用国家的政策手段对经济施加调控干预。另外，凯恩斯在书中提出有效需求理论，主张国家对经济生活进行积极干预以消除大规模失业。

在收入分配方面，凯恩斯认为大萧条的一个重要原因是有效需求不足，必须运用政府的财政支出进行干预，这才是解决经济萧条和人们失业的最有效方法。因此，他建议政府一方面通过征税、增加购买性支出和转移性支出规模，从而对居民的收入进行二次分配，另一方面应通过充分就业的方式从根本上缩小贫富差距。为此，他提出扩大直接财政公共支出规模，设定最低工资标准等一系列有助于提高低收入者收入的方法。在调节社会贫富差距上，政府财政支出这只"看得见的手"应该发挥更大作用，凯恩斯指出，增加政府的购买性支出可以有效促进居民就业，保障其基本生活水平，刺激有效需求，从而调节收入分配。

之后，西方国家在经济发展过程中出现了"滞胀"，收入差距不断拉大。后期经济学家在凯恩斯主义的基础上，总结得出新的结论：只靠政府的宏观调控，增加财政支出来缩小社会收入差距的作用有限，应该以市场机制调节为主，辅之以政府调控，并结合经济发展的实际情况来制定适当的政策，才能有效控制社会收入分配差距，从而提高社会福利。

2.2.3　税收公平原则

税收公平原则是税收制度设计的最基本的准则。这里的公平是指相对公平，具有同等收入水平的人应缴纳一样的税款，这体现了横向公平；具有不同纳税能力的人应缴纳数额不同的税款，这体现一种纵向公平。

早在17世纪，威廉·配第就提出税收的三条准则：公平、简便、节约，他理解的公平是课税应一视同仁，不可有所偏袒。亚当·斯密在前人的理论基础上提出税收四原则：平等、确实、便利、节约，他强调量能课税，同样把公平放在第一位。近代的瓦格纳、马斯格雷夫等经济学家也都对税收公平原则作出具体阐述。

怎样通过税收实现公平分配，经济学界普遍认同把纳税人的支付能力作为税收负担分配的依据，一般以收入、消费水平、财富拥有量等为依据，纳税能力高的缴纳更多的税额，纳税能力低的少承担一些，这种方法可以很好地发挥税收调节收入分配的作用。另外，公平与效率是一对矛盾统一体，效率讲究税收减少对经济运行的干扰，这有可能拉大社会收入差距，违背公平原则；而公平强调要加大对社会收入分配的调节，缩小福利分配差距。处理好这一对关系是每个国家在经济社会发展过程中必须面对的问题。

2.2.4　税收收入效应与替代效应

税收可以发挥调节福利分配的作用，从本质上说，是由于税收具有收入效应和替代效应。

税收的收入效应是指由于政府征税使个人的可支配收入减少，实际是指一部分资源由私人转向政府手中的过程。在这种情况下，居民由于收入的减少，会投入更多的劳动，来弥补这部分由税收引起的收入损失，由此可见，税收会间接促进社会财富的增加，推动社会进步。另外，税收不仅会降低个人的收入水平，同时也改变了私人之间相对收入状况，这是由税收的累进性引起的。不同收入水平的纳税人承担的税负是不同的，税收的收入效应在相对高收入群体间的表现更为明显，因为他们往往会承担比低收入者更多的税额，这使得税收调整社会收入分配成为可能。

税收的替代效应是指税收引起的人们对两种可相互替代的经济行为之间选择的改变，以减少或避免损失。征税会影响商品的相对价格，人们往往就会选择其他类似商品来替代，所以税收的替代效应会对消费者经济活动产生影响。例如，对所得征税，劳动和闲暇的相对价格发生变化，劳动的边际收益减少，闲暇的成本降低会使人们选择更多闲暇代替劳动；又如，对一种商品征税，会提高其相对价格，人们对它的消费会相应减少，从而导致其供给减少，间接改变了供给和消费方向，进而影响福利水平。此外，税收替代效应会妨碍人们在经济活动中的自由选择，从而导致了经济效率的损失。

正是由于税收具有收入效应和替代效应，使税收成了政府调控经济、实施宏观政策的重要工具。收入效应改变了纳税人的相对收入，这会影响消费者的消费决策；替代效应改变了商品或服务的相对价格，这也会影响纳税人的经济行为。税收对微观主体经济行为的改变，通过乘数效应的作用在宏观领域得以放大，必然会影响到整个社会的福利水平。

2.3 财政支出影响居民福利的作用机制分析

不同分类方法财政支出包含内容不同，本书将财政支出分为民生财政支出和非民生财政支出。在导论中已经对民生财政支出和非民生财政支出作出界定，此处不再阐述。民生财政支出和非民生财政支出都会对福利产生影响，只是其影响的作用机理有所差异如图2-2所示。

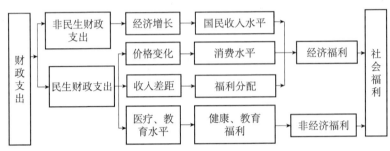

图2-2 财政支出福利效应作用机理

2.3.1 民生财政支出的福利效应作用机理

可从三个方面分析民生财政支出福利效应的作用机理。首先，民生财政支出会影响商品的价格，进而影响消费水平，进一步影响经济增长，从而对经济福利产生影响。一方面，由于民生财政支出中有消费性质的支出，会导致商品的价格变化；另一方面，通过转移支付的方式增加居民的收入，增强居民实际购买力，从而影响消费水平，进一步又会影响商品的价格，对经济产生一定影响。其次，通过民生财政支出，尤其向低收入群体转移支付，增加其收入，缩小收入差距，改变福利分配格局，影响经济福利。最后，诸如教育支出、医疗卫生支出等，会提高医疗、教育水平，增加健康、教育福利，从而增加非经济福利，进一步提高社会福利水平。

2.3.2 非民生财政支出的福利效应作用机理

非民生财政支出主要通过影响经济增长，从而影响居民的收入，进而对经济福利产生影响。非民生财政支出对福利的影响具有间接性，它主要通过影响经济水平，进而影响居民收入和收入分配状况，从而影响经济福利和福利分配状况。例如，经济建设支出影响经济发展水平，进而影响居民收入，影响收入分配结果，进而影响福利分配。经济建设支出促进经济增长并不一定能够提高社会福利。经济建设支出促进经济增长了，若经济增长给居民收入带来红利同时导致收入差距不断扩大，可能不但不能提高社会福利，反而会降低社会福利；若经济增长同时使得居民收入分配不断趋向公平化，则经济建设支出会提高社会福利水平。

2.4　税收影响居民福利的作用机制分析

2.4.1　间接税的福利效应作用机理

间接税主要是流转税，包括增值税、消费税等。间接税具有很强的隐蔽性，其税负易转嫁，导致纳税人与负税人不一致。纳税人通过提高商品价格将税负转嫁给消费者，商品消费者成为最终税收承担者。由于税负转嫁，商品价格提高，导致消费者的实际购买力下降（或者说实际收入下降），在收入效应与替代效应机制下，影响消费者的消费水平，进而导致消费者的福利变化。同时，由于征收间接税，会导致商品价格变化和居民消费水平变化，影响经济发展水平，进而会影响经济福利水平。间接税在价格机制、税负转嫁机制下，会导致购买者的实际收入发生变化，影响其教育、医疗健康等，从而影响非经济福利。经济福利和非经济福利共同作用下，影响社会福利水平。间接税福利效应的传导机制过程如图2-3所示。

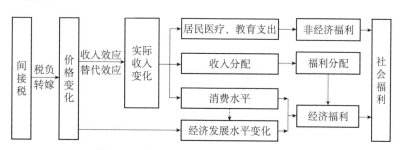

图2-3　间接税的福利效应传导机制过程

2.4.2　直接税的福利效应作用机理

直接税包括个人所得税、企业所得税、财产税等，其税负不易转嫁，纳税人与负税人一致。因此，直接税直接会导致纳税人的可支配收入减少，进而影响其消费、生活状况等，从而影响其福利水平。同时，从社会收入分配公平角度看，由于征收直接税导致社会收入分配格局发生变化，进而会影响社会福利水平。首先，直接税导致居民可支配收入减少，减少居民消费水平，从而影响经济福利水平；同时，直接税也会导致收入分配结构的变化，影响福利分配，进而影响经济福利水平。其次，直接税直接影响居民可支配收入，进而影响居民医疗、教育等支出，影响其非经济福利。经济福利和非经济福利水平决定社会福利水平。直接税的福利效应的传导机制如图2-4所示。

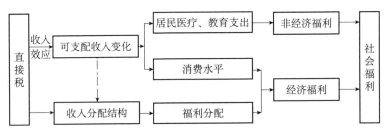

图 2－4　直接税的福利效应传导机制过程

3

我国居民收入现状

　　随着经济的不断发展，我国居民的收入水平呈现持续增长态势，既提高了劳动者的积极性，又促进了社会稳定，从而有利于保障经济的平稳运行。本章从整体与省际两个不同的视角对我国居民收入现状进行详细的分析。

3.1　整体视角：居民收入现状

　　党的十八大以来，党中央和国务院坚持以人民为中心的发展思想，认真贯彻落实全面建成小康社会的战略目标和方针策略，从人民群众最关心的医疗、教育、社会保障等问题入手，加大民生改善力度，着力攻克民生难题，在提高城乡居民收入水平的同时，不断优化收入来源结构。并且精准扶贫、精准脱贫政策的落实，成为推动贫困群体收入快速增长的关键动力，城乡居民的生活水平朝着全面建成小康社会更加快速地迈进。

　　整体视角下的居民收入现状，包括城镇居民收入现状与农村居民收入现状两部分，进而又可以将这两大块进一步细分为总收入现状、收入来源现状与不同收入群体收入现状三个方面。其中，总收入现状包括人均可支配收入（农村为人均纯收入）与人均全部年收入现状两个部分；收入来源现状包括工资性收入、经营净收入、财产性收入与转移性收入现状四个部分；在对不同收入群体收入现状的分析中，对农村居民收入进行五等分组①划分，2013 年前对城镇居民进行七等分组②，2013 年后对城镇居民进行五等分组的划分。本节着重以低收入户、中等收入户与高收入户这三类不同收入群体作为分析对象。最后从绝对额与相对额两个角度对整体视角下我国居民收入现状进行详细的分析。

3.1.1　城镇居民收入现状

3.1.1.1　总收入现状

　　城镇居民总收入现状包括人均可支配收入现状与人均全部年收入现状两个部分，其绝

---

　　① 五等分组是指依据人口的占比将不同收入群体划分为低收入户、中低收入户、中等收入户、中高收入户与高收入户五类。
　　② 七等分组是指依据人口的占比将不同收入群体划分为最低收入户、低收入户、中低收入户、中等收入户、中高收入户、高收入户与最高收入户七类。

对值与年增长率见表 3 - 1。

表 3 - 1   1990~2017 年城镇居民人均可支配收入与人均全部年收入绝对值及年增长率

年份	人均可支配收入（元）	年增长率（%）	人均全部年收入（元）	年增长率（%）	GDP 年增长率（%）
1990	1510.16	—	1516.21	—	3.90
1991	1700.60	12.61	1713.10	12.99	9.30
1992	2026.60	19.17	2031.53	18.59	14.20
1993	2577.40	27.18	2583.16	27.15	13.90
1994	3496.20	35.65	3502.31	35.58	13.10
1995	4282.95	22.50	4288.09	22.44	10.90
1996	4838.90	12.98	4844.78	12.98	9.90
1997	5160.30	6.64	5188.54	7.10	9.30
1998	5425.10	5.13	5458.34	5.20	7.80
1999	5854.00	7.91	5888.71	7.88	7.60
2000	6279.98	7.28	6295.91	6.91	8.40
2001	6859.58	9.23	6868.88	9.10	8.30
2002	7702.80	12.29	8177.40	19.05	9.10
2003	8472.20	9.99	9061.22	10.81	10.00
2004	9421.61	11.21	10128.51	11.78	10.10
2005	10493.03	11.37	11320.77	11.77	11.30
2006	11759.45	12.07	12719.19	12.35	12.70
2007	13785.81	17.23	14908.61	17.21	14.20
2008	15780.76	14.47	17067.78	14.48	9.60
2009	17174.65	8.83	18858.09	10.49	9.20
2010	19109.44	11.27	21033.42	11.54	10.40
2011	21809.78	14.13	23979.20	14.01	9.30
2012	24564.72	12.63	26958.99	12.43	7.70
2013	26467.00	7.74	26467.00	-1.82	7.80
2014	28843.90	8.98	28843.80	8.98	7.30
2015	31194.80	8.15	31194.80	8.15	6.90
2016	33616.20	7.76	33616.50	7.76	6.70
2017	36396.20	8.27	36396.10	8.27	6.90
平均值	13093.00	12.69	13603.96	12.71	9.49

资料来源：历年《中国统计年鉴》，部分数据由计算得出。

（1）人均可支配收入现状。

第一，从绝对额来看，城镇居民的人均可支配收入持续增长并保持快速增长的状态。
1990 年，城镇居民人均可支配收入为 1510.16 元，2017 年增加到 36396.20 元，增长了约
24 倍。20 世纪 90 年代初期，受计划经济的影响，虽然人均可支配收入处于上升状态，但
增长幅度不大，平均增长幅度不及 260 元。自 1992 年党中央提出建立社会主义市场经济
体制之后，人均可支配收入有了大幅度的上升，于 2005 年首次突破 10000 元，虽然受
2008 年全球金融危机的影响，人均可支配收入增长幅度在短时间内出现下滑，但金融危机
过后，特别是党的十八大以来，人均可支配收入快速上升且增长幅度进一步扩大，平均增

长幅度超过 2300 元，并于 2015 年超过 30000 元，并继续保持高速增长态势。

第二，从相对额来看，城镇居民人均可支配收入年增长率初期波动较大，后期增长率趋于平稳。1991～1998 年，人均可支配收入年增长率经历了骤升与骤降的过程，从 1991 年的计划经济体制到 1992 年提出发展社会主义市场经济，人均可支配收入年增长率大幅度上升，在 1994 年年增长率达到最大值，为 35.65%。随后，由于受到 1997～1998 年亚洲金融危机的影响，人均可支配收入年增长率大幅下降，在 1998 年年增长率为最小值，仅为 5.13%。亚洲金融危机过后，个人所得税的改革成为推动人均可支配收入年增长率再次上升的因素，如 2006 年 1 月 1 日起，个人所得税免征额由 800 元上调至 1600 元；2008 年 3 月 1 日起，免征额由 1600 元上调至 2000 元；2011 年免征额又再一次上调至 3500 元，人均可支配收入年增长率又重新回到 10% 水平之上。党的十八大以来，我国经济发展进入新常态，人均可支配收入年增长率保持 9% 的水平，高于相同条件下 GDP 的平均年增长率。

（2）人均全部年收入现状。

第一，从绝对额来看，城镇居民人均全部年收入持续高速增长。1990 年，城镇居民人均全部年收入为 1516.21 元，2017 年增长至 36396.10 元，增长了 24 倍。党中央坚持把不断提高人民生活水平作为发展的根本出发点和落脚点，在经济发展的基础上逐步提高居民的收入水平，建立增收的长效机制。城镇居民人均全部年收入于 2004 年超过 10000 元，2010 年进一步升高超过 20000 元，2015 年达到 30000 元以上，保持着持续增长的势头。1990～2017 年，城镇居民人均全部年收入的平均值为 13603.96 元，超过了 10000 元。

第二，从相对额来看，城镇居民人均全部年收入年增长率呈现"前期峰状，中期平稳，后期小幅度波动"的状态。1991～1994 年，伴随着市场经济体制的建立，人均全部年收入年增长率由 12.99% 上升到 35.58%，1994～1998 年，由于受到亚洲金融危机的影响，中国经济发展速度放缓，年增长率又骤降到 5.20%，波动幅度呈现较大峰状。从 2002 年开始一直到 2012 年，城镇居民人均全部年收入年增长率一直维持在 10% 以上并保持平稳。但在 2013 年出现了负增长率，这与我国宏观调控力度不足有很大关系，从 2014 年起，年增长率趋于平稳，围绕 8% 上下小幅度波动，人均全部年收入 1991～2017 年的平均年增长率为 12.71%，高于 GDP 的平均年增长率。

3.1.1.2 收入来源现状

收入来源现状包括工资性收入、经营净收入、财产性收入以及转移性收入现状四个部分，其绝对值与年增长率见表 3-2，不同来源收入所占比重见表 3-3。

表 3-2 1990～2017 年城镇居民不同来源收入绝对值及年增长率

年份	工资性收入（元）	年增长率（%）	经营净收入（元）	年增长率（%）	财产性收入（元）	年增长率（%）	转移性收入（元）	年增长率（%）	GDP 年增长率（%）
1990	1149.70	—	22.50	—	15.60	—	328.41	—	3.90
1995	3385.30	—	77.53	—	90.43	31.36	734.83	21.24	10.90
2000	4480.50	—	246.24	—	128.38	-0.21	1440.78	14.61	8.40
2001	4829.86	7.80	274.05	11.29	134.62	4.86	1630.36	13.16	8.30
2002	5739.96	18.84	332.16	21.20	102.12	-24.14	2003.16	22.87	9.10

年份	工资性收入（元）	年增长率（%）	经营净收入（元）	年增长率（%）	财产性收入（元）	年增长率（%）	转移性收入（元）	年增长率（%）	GDP 年增长率（%）
2003	6410.22	11.68	403.82	21.57	134.98	32.18	2112.20	5.44	10.00
2004	7152.76	11.58	493.87	22.30	161.15	19.39	2320.73	9.87	10.10
2005	7797.54	9.01	679.62	37.61	192.91	19.71	2650.70	14.22	11.30
2006	8766.96	12.43	809.56	19.12	244.01	26.49	2898.66	9.35	12.70
2007	10234.76	16.74	940.72	16.20	348.53	42.83	3384.60	16.76	14.20
2008	11298.96	10.40	1453.57	54.52	387.02	11.04	3928.23	16.06	9.60
2009	12382.11	9.59	1528.68	5.17	431.84	11.58	4515.45	14.95	9.20
2010	13707.68	10.71	1713.51	12.09	520.33	20.49	5091.90	12.77	10.40
2011	15411.91	12.43	2209.74	28.96	648.97	24.72	5708.58	12.11	9.30
2012	17335.62	12.48	2548.29	15.32	706.96	8.94	6368.12	11.55	7.70
2013	16617.40	-4.14	2975.30	16.76	2551.50	260.91	4322.80	-32.12	7.80
2014	17936.80	7.94	3279.00	10.21	2812.10	10.21	4815.90	11.41	7.30
2015	19337.10	7.81	3476.10	6.01	3041.90	8.17	5339.70	10.88	6.90
2016	20665.00	6.87	3770.40	8.47	3271.30	7.54	5909.80	10.68	6.70
2017	22200.90	7.43	4064.70	7.81	3606.90	10.26	6523.60	10.39	6.90

资料来源：历年《中国统计年鉴》，部分数据由计算得出。

表 3 - 3　　　　　　1990～2017 年城镇居民不同来源收入占人均可支配收入的比重　　　　　单位:%

年份	工资性收入比重	经营净收入比重	财产性收入比重	转移性收入比重
1990	76.13	1.49	1.03	21.75
1995	79.04	1.81	2.11	17.16
2000	71.35	3.92	2.04	22.94
2001	70.41	4.00	1.96	23.77
2002	74.52	4.31	1.33	26.01
2003	75.66	4.77	1.59	24.93
2004	75.92	5.24	1.71	24.63
2005	74.31	6.48	1.84	25.26
2006	74.55	6.88	2.08	24.65
2007	74.24	6.82	2.53	24.55
2008	71.60	9.21	2.45	24.89
2009	72.10	8.90	2.51	26.29
2010	71.73	8.97	2.72	26.65
2011	70.67	10.13	2.98	26.17
2012	70.57	10.37	2.88	25.92
2013	62.79	11.24	9.64	16.33
2014	62.19	11.37	9.75	16.70
2015	61.99	11.14	9.75	17.12
2016	61.47	11.22	9.73	17.58
2017	61.00	11.17	9.91	17.92

资料来源：历年《中国统计年鉴》，部分数据由计算得出。

（1）工资性收入。

工资性收入是指就业人员通过各种途径得到的全部劳动报酬，包括所从事的主要职业的工资以及从事第二职业、其他兼职和零星劳动得到的其他收入。

第一，从绝对额来看，城镇居民工资性收入持续上升并保持稳定增长的状态，是人均可支配收入最主要的来源。1990 年，城镇居民工资性收入为 1149.70 元，2017 年增长到 22200.90 元，增长了约 19 倍，且增长幅度不断扩大，2000～2006 年，工资性收入逐年增加额在 1000 元以内，2006 年之后，其逐年增加额超过 1000 元。我国一直积极改进和完善城镇居民增收的长效机制，通过提高最低工资标准、促进多种形式就业、完善最低生活保障制度等方式增加城镇居民的工资性收入。城镇居民工资性收入于 2007 年超过 10000 元，之后于 2016 年超过 20000 元，远大于其他三种收入来源之和，是人均可支配收入最主要的来源。

第二，从相对额来看，城镇居民工资性收入年增长率下降幅度较小，所占比重下降幅度较大。工资性收入虽然在 2013 年出现了负增长，但是年增长率整体下降幅度不大，最大下降幅度仅为 7.16%，2014～2017 年，工资性收入年增长率稳定在 7%～8% 之间，略高于同期 GDP 的年增长率。工资性收入所占比重呈现下降趋势，最大值为 79.04%，最小值为 61.00%，减少了 18 个百分点，尽管如此，工资性收入所占比重依然是四种收入来源中最大部分，维持在 60% 以上。

（2）经营净收入。

经营净收入是指家庭成员从事生产经营活动得到的净收入，是全部生产经营收入中扣除生产成本和税金后得到的收入。

第一，从绝对额来看，城镇居民经营净收入高速增长并保持稳定增长的状态。总体来看，1990 年，经营净收入为 22.50 元，2017 年为 4064.70 元，增长了约 180 倍。2008 年以前，经营净收入逐年增加额在 200 元以内，2008 年之后逐年增加额超过 300 元并保持稳定。党的十八大以来，在"大众创业，万众创新"的指引下，各级政府出台了一系列鼓励创新创业的政策，激发了个人和企业创新创业的热情，促进了数字经济、现代物流等产业的蓬勃发展，为城镇居民经营净收入的增长增添动力。城镇居民经营净收入于 2014 年突破 3000 元，于 2017 年超越 4000 元，是城镇居民人均可支配收入的第三大来源。

第二，从相对额来看，城镇居民经营净收入年增长率呈现"三峰状"，所占比重持续上升。2001～2005 年为"第一峰"，年增长率由 11.29% 增加到 37.61%，增长幅度为 26.32%；2006～2008 年为"第二峰"，年增长率从 19.12% 增加到 54.52%，增长幅度为 35.40%；2009～2011 年为"第三峰"，年增长率由 5.17% 增加到 28.96%，增长幅度为 23.79%，在 2012 年之后，经营净收入年增长率趋于平稳状态。1990～2017 年，城镇居民经营净收入所占比重由 1.49% 增加到 11.17%，上涨了近 10 个百分点，尽管如此，经营净收入所占比重在四种收入来源中仍然位列第三，略低于转移性收入所占比重。

（3）财产性收入。

财产性收入是指通过资本、技术和管理等要素参与社会生产活动产生的收入，包括出让财产使用权获得的利息、租金以及财产运营获得的红利收入、增值收益等。

第一，从绝对额来看，城镇居民财产性收入呈现倒 Z 型增长状态，即"前中期缓慢，后期飞跃"式增长。1990年，财产性收入为15.60元，2017年为3606.90元，增长了约231倍，是四种收入来源中增长倍数最大的。在2013年之前，财产性收入增长比较缓慢，每年增加额在150元以内，然而仅2013年增加额就超过了1200元，呈现飞跃式上升，2013年之后，逐年增加额保持400元左右。这说明党的十八大以来，我国出台的多渠道增加财产性收入政策取得了显著成效。一方面，随着城市化进程的不断推进，房屋租赁市场异常活跃，房租价格继续上涨；另一方面，随着金融改革的不断创新，证券投资、理财产品等居民理财渠道不断增多，投资收益稳步提升，股息红利、利息收入有所增加，为城镇居民财产性收入的持续增长增添新动力。

第二，从相对额来看，城镇居民财产性收入年增长率呈现"双峰状"，所占比重逐渐上升。2002~2003年为第一峰，财产性收入年增长率由-24.14%上升到32.18%，增长幅度为56.32%；2012~2013年为第二峰，年增长率由8.94%上升到260.91%，增长幅度为251.97%，从2014年开始，城镇居民财产性收入年增长率保持平稳。1990~2017年，虽然财产性收入所占比重由1.03%增加到9.91%，增长了约9%，但是在四种收入来源中占比依然最小。

（4）转移性收入。

转移性收入是指国家、单位、社会团体对居民家庭的各种转移支付及居民家庭间的收入转移。

第一，从绝对额来看，城镇居民转移性收入持续上升并保持快速增长的状态。1990年，城镇居民转移性收入为328.41元，2017年增长到6523.60元，增长了近20倍，城镇居民各项保障水平的提高是转移性收入快速增长的主要原因，如连续提高离退休人员基本养老金水平与居民医疗保险补助标准。2006年之前，转移性收入逐年增加额在300元以内，2006年之后，逐年增加额接近500元，个别年份甚至超过了600元。转移性收入是人均可支配收入的第二大来源，仅次于工资性收入。

第二，从相对额来看，城镇居民转移性收入年增长率经历了"前中期波动，后期平稳"的状态，所占比重下降幅度较小。1991~1994年，年增长率由-16.45%上涨到41.40%，2013年年增长率下降到-32.12%，之后又再次上升到10%并趋于平稳。转移性收入所占比重最大值为26.65%，最小值为16.33%，降低了10.32%，尽管如此，转移性收入仍然是人均可支配收入的第二大来源。

3.1.1.3 不同收入群体收入现状

2013年之前，《中国统计年鉴》将城镇不同收入群体划分为七等分组，2013年之后，又将其划分为五等分组，其绝对值及年增长率见表3-4，所占比重见表3-5。

表3-4　　　1990~2017年城镇不同收入群体人均可支配收入绝对值及年增长率

年份	最低收入户（元）	年增长率（%）	低收入户（元）	年增长率（%）	中低收入户（元）	年增长率（%）	中等收入户（元）	年增长率（%）
1990	761.16	—	968.64	—	1144.44	—	1351.68	—
1991	1006.54	32.24	1239.65	27.98	1439.05	25.74	1671.43	23.66

年份	最低收入户（元）	年增长率（％）	低收入户（元）	年增长率（％）	中低收入户（元）	年增长率（％）	中等收入户（元）	年增长率（％）
1992	1127.00	11.97	1409.00	13.66	1665.00	15.70	1977.00	18.28
1993	1359.87	20.66	1718.63	21.98	2041.67	22.62	2453.88	24.12
1994	1734.57	27.55	2238.37	30.24	2721.15	33.28	3303.66	34.63
1995	2169.75	25.09	2774.94	23.97	3359.84	23.47	4068.66	23.16
1996	2444.87	12.68	3145.32	13.35	3775.63	12.38	4575.64	12.46
1997	2430.24	− 0.60	3223.37	2.48	3966.23	5.05	4894.66	6.97
1998	2476.75	1.91	3303.17	2.48	4107.26	3.56	5118.99	4.58
1999	2617.80	5.69	3492.27	5.72	4363.78	6.25	5512.12	7.68
2000	2653.02	1.35	3633.51	4.04	4623.54	5.95	5897.92	7.00
2001	2802.83	5.65	3856.49	6.14	4946.60	6.99	6366.24	7.94
2002	2408.60	− 14.07	3649.16	− 5.38	4931.96	− 0.30	6656.81	4.56
2003	2590.17	7.54	3970.03	8.79	5377.25	9.03	7278.75	9.34
2004	2862.39	10.51	4429.05	11.56	6024.10	12.03	8166.54	12.20
2005	3134.88	9.52	4885.32	10.30	6710.58	11.40	9190.05	12.53
2006	3568.73	13.84	5540.71	13.42	7554.16	12.57	10269.70	11.75
2007	4210.06	17.97	6504.60	17.40	8900.51	17.82	12042.32	17.26
2008	4753.59	12.91	7363.28	13.20	10195.56	14.55	13984.23	16.13
2009	5253.23	10.51	8162.07	10.85	11243.55	10.28	15399.92	10.12
2010	5948.11	13.23	9285.25	13.76	12702.08	12.97	17224.01	11.84
2011	6876.09	15.60	10672.02	14.94	14498.26	14.14	19544.94	13.47
2012	8215.09	19.47	12488.62	17.02	16761.43	15.61	22419.10	14.71
2013	—	—	9895.90	− 20.76	17626.10	5.16	24172.90	7.82
2014	—	—	11219.30	13.37	19650.50	11.49	26650.60	10.25
2015	—	—	12230.90	9.02	21446.20	9.14	29105.20	9.21
2016	—	—	13004.10	6.32	23054.90	7.50	31521.80	8.30
2017	—	—	13723.10	5.53	24550.10	6.49	33781.30	7.17
平均值	3191.54	11.87	6000.96	10.79	8906.48	12.25	11950.00	12.86

年份	中高收入户（元）	年增长率（％）	高收入户（元）	年增长率（％）	最高收入户（元）	年增长率（％）	GDP 年增长率（％）
1990	1598.28	—	1889.52	—	2447.92	—	3.90
1991	1951.29	22.09	2283.08	20.83	2956.81	20.79	9.30
1992	2330.00	19.41	2767.00	21.20	3663.00	23.88	14.20
1993	2985.88	28.15	3626.66	31.07	4905.77	33.93	13.90
1994	4079.07	36.61	5007.24	38.07	6837.81	39.38	13.10
1995	4954.54	21.46	6031.61	20.46	8221.94	20.24	10.90
1996	5595.38	12.93	6819.92	13.07	9235.51	12.33	9.90
1997	6045.30	8.04	7460.70	9.40	10250.93	10.99	9.30
1998	6370.59	5.38	7877.69	5.59	10962.16	6.94	7.80
1999	6907.96	8.44	8631.94	9.57	12083.79	10.23	7.60
2000	7487.37	8.39	9434.21	9.29	13311.02	10.16	8.40

年份	中高收入户（元）	年增长率（%）	高收入户（元）	年增长率（%）	最高收入户（元）	年增长率（%）	GDP 年增长率（%）
2001	8164.22	9.04	10374.92	9.97	15114.85	13.55	8.30
2002	8869.51	8.64	11772.82	13.47	18995.85	25.68	9.10
2003	9763.37	10.08	13123.08	11.47	21837.22	14.96	10.00
2004	11050.89	13.19	14970.91	14.08	25377.17	16.21	10.10
2005	12603.37	14.05	17202.93	14.91	28773.11	13.38	11.30
2006	14049.17	11.47	19068.95	10.85	31967.34	11.10	12.70
2007	16385.80	16.63	22233.56	16.60	36784.51	15.07	14.20
2008	19254.08	17.50	26250.10	18.07	43613.75	18.57	9.60
2009	21017.95	9.16	28386.47	8.14	46826.05	7.37	9.20
2010	23188.90	10.33	31044.04	9.36	51431.57	9.84	10.40
2011	26419.99	13.93	35579.24	14.61	58841.87	14.41	9.30
2012	29813.74	12.85	39605.22	11.32	63824.15	8.47	7.70
2013	32613.80	9.39	57762.10	45.84	—	—	7.80
2014	35631.20	9.25	61615.00	6.67	—	—	7.30
2015	38572.40	8.25	65082.20	5.63	—	—	6.90
2016	41805.60	8.38	70347.80	8.09	—	—	6.70
2017	45163.40	8.03	77097.20	9.59	—	—	6.90
平均值	15881.18	13.37	23690.93	15.08	22968.00	16.25	9.49

资料来源：历年《中国统计年鉴》，部分数据由计算得出。

表 3 - 5　　　　　1990～2017 年城镇不同收入群体人均可支配收入所占比重　　　　单位:%

年份	最低收入户比重	低收入户比重	中低收入户比重	中等收入户比重	中高收入户比重	高收入户比重	最高收入户比重
1990	7.49	9.53	11.26	13.30	15.73	18.59	24.09
1991	8.02	9.88	11.47	13.32	15.55	18.19	23.56
1992	7.54	9.43	11.15	13.23	15.60	18.52	24.52
1993	7.12	9.00	10.69	12.85	15.64	19.00	25.69
1994	6.69	8.64	10.50	12.74	15.74	19.32	26.38
1995	6.87	8.79	10.64	12.88	15.69	19.10	26.03
1996	6.87	8.84	10.61	12.86	15.72	19.16	25.95
1997	6.35	8.42	10.36	12.79	15.80	19.49	26.78
1998	6.16	8.21	10.21	12.73	15.84	19.59	27.26
1999	6.00	8.01	10.01	12.64	15.84	19.79	27.71
2000	5.64	7.72	9.83	12.54	15.92	20.06	28.30
2001	5.43	7.47	9.58	12.33	15.81	20.10	29.28
2002	4.20	6.37	8.61	11.62	15.48	20.55	33.16
2003	4.05	6.21	8.41	11.38	15.27	20.52	34.15
2004	3.93	6.08	8.27	11.21	15.16	20.54	34.82
2005	3.80	5.92	8.13	11.14	15.28	20.85	34.88
2006	3.88	6.02	8.21	11.16	15.27	20.72	34.74

年份	最低收入户比重	低收入户比重	中低收入户比重	中等收入户比重	中高收入户比重	高收入户比重	最高收入户比重
2007	3.93	6.08	8.31	11.25	15.31	20.77	34.36
2008	3.79	5.87	8.13	11.15	15.35	20.93	34.78
2009	3.85	5.99	8.25	11.30	15.42	20.83	34.36
2010	3.94	6.16	8.42	11.42	15.37	20.58	34.10
2011	3.99	6.19	8.41	11.33	15.32	20.63	34.12
2012	4.25	6.47	8.68	11.61	15.44	20.51	33.05
2013	—	6.97	12.41	17.01	22.96	40.66	—
2014	—	7.25	12.70	17.22	23.02	39.81	—
2015	—	7.35	12.89	17.49	23.18	39.10	—
2016	—	7.24	12.83	17.54	23.26	39.14	—
2017	—	7.06	12.63	17.38	23.24	39.68	—

资料来源：历年《中国统计年鉴》，部分数据由计算得出。

（1）低收入户。

第一，从绝对额来看，城镇低收入户人均可支配收入持续增长且保持稳定增长状态。总体来看，1990 年，城镇低收入户居民人均可支配收入为 968.64 元，2017 年增长到 13723.10 元，增长了约 14 倍。一方面，就业是最大的民生，自从社会主义市场经济体制建立以来，我国出台了许多扶持贫困群体的就业政策，在大力发展生产力的同时，加大贫困群体就业与再就业扶持力度，完善劳动力市场。另一方面，通过税收制度改革，调整收入分配政策，注重二次分配，提高最低生活保障线，促进城镇低收入户人均可支配收入持续增长。

第二，从相对额来看，城镇低收入户人均可支配收入年增长率波动幅度较大，所占比重呈下降趋势。总体来看，1990～2017 年，平均年增长率仅为 10.79%，低于其他收入群体年增长率。在 2006 年以前，低收入户可支配收入年增长率普遍低于中等收入户与高收入户的可支配收入年增长率，而且由于高收入户人均可支配收入基数较大，导致低收入户与高收入户之间的收入差距有所扩大。而在 2006 年之后，低收入户人均可支配收入年增长率开始超过中等收入户与高收入户，尽管如此，由于低收入户人均可支配收入基数较小，其所占比重呈现下降趋势，由 9.53% 下降到 7.06%，比中等收入户低 10 个百分点，比高收入户低 30 个百分点。随着社会主义市场经济体制的不断推进，外商投资企业数量迅速增加，资本、技术、管理等要素也开始介入分配，低收入户普遍年龄偏高，文化素质低，竞争力弱，就业率低，使得低收入户收入增速依然较低。

（2）中等收入户。

第一，从绝对额来看，城镇中等收入户人均可支配收入快速增长并保持稳定增长的状态。总体来看，1990 年，人均可支配收入为 1351.68 元，2017 年增长到 33781.30 元，增长了近 25 倍，27 年内绝对额增加了 32429.62 元，平均年增加约 1200 元，呈现出稳定增长的态势。"提低、扩中、调高"一直是我国收入分配改革的基本思路，目前，我国通过鼓励自主创新、自主创业、重视发展科技、教育等措施来扩大中等收入者比重，努力实现

"橄榄型"收入分配格局,让更多的人享受改革发展的成果,推进中等收入户人均可支配收入持续增长。

第二,从相对额来看,城镇中等收入户人均可支配收入年增长率呈现 Z 字型,即"前期较高,中期下降,后期平稳",所占比重先降后升。1991～1996 年人均可支配收入年增长率较高,平均年增长超过 20%,1997 年开始骤降到 10% 以下,直到 2004 年人均可支配收入年增长率才回升到 10% 以上,之后围绕 10% 上下小幅度波动,趋于平稳,并高于同期 GDP 年增长率。中等收入户收入所占比重 1990～2012 年一直处于下降状态,最小值为 11.14%,2013 年之后,中等收入户收入所占比重开始上升,并维持在 17% 以上。党的十八大以来,我国致力于完善社会保障制度、社会分配制度,鼓励万众创新、自主创业,创造条件多渠道增加居民的财产性收入,把社会财富这个大蛋糕通过合理的收入分配制度分好,在保障人均可支配收入持续增长的同时扩大中等收入群体的比重。

(3) 高收入户。

第一,从绝对额来看,城镇高收入户人均可支配收入持续增长,并呈现"前期增幅小,后期增幅大"的增长状态。总体来看,1990 年,高收入户人均可支配收入为 1889.52 元,2017 年增长到 77097.20 元,增长了近 41 倍,27 年内绝对额增加了 75207.68 元,平均每年增加 2785 元。1990～2001 年,高收入户人均可支配收入逐年增加额在 1000 元以内,增长幅度较小,从 2002 年开始,其增长幅度开始扩大,平均增长幅度超过 4000 元,最大年增长幅度达到 18156.88 元。由于高收入户占有资本、技术等生产要素,随着社会主义市场经济的不断完善以及经济全球化的不断发展,其人均可支配收入增长幅度有进一步扩大的趋势。

第二,从相对额来看,城镇高收入户人均可支配收入年增长率呈现"波浪型"状态,所占比重逐步上升。总体来看,高收入户人均可支配收入所占比重不断上升,1990 年所占比重为 18.59%,比同期低收入户高约 9 个百分点,比同期中等收入户高约 5 个百分点,2017 年增长到 39.68%,增长了约 21 个百分点,大约是同期低收入户的 5 倍、中等收入户的 3 倍。1991～1994 年,可支配收入年增长率经历了第一个"波浪",由 20.83% 上升到 38.07%,随后受到 1997 年亚洲金融危机的影响,年增长率骤降到 9.40%,而低收入户年增长率保持不变,说明金融危机对高收入者的影响较大,对低收入者的影响较小。1999～2009 年为第二个"波浪",人均可支配收入年增长率先由 9.57% 上升到 18.07%,但是 2008 年全球金融危机再一次给高收入者造成巨大影响,年增长率下降到 8.14%,从 2010 年至今,特别是党的十八大以来,其人均可支配收入年增长率保持平稳。

3.1.2 农村居民收入现状

3.1.2.1 总收入现状

农村居民总收入现状包括农村居民人均纯收入和农村居民人均全部年收入现状两部分,本部分将从以上两个部分对农村居民收入现状进行分析,其绝对值与年增长率见表 3-6。

表 3-6　　　　　1990～2017 年农村居民人均可支配收入与人均全部年收入绝对值及年增长率

年份	人均纯收入（元）	年增长率（%）	人均全部年收入（元）	年增长率（%）	GDP 年增长率（%）
1990	686.31	—	990.38	—	3.90
1991	708.55	3.24	1046.10	5.63	9.30
1992	783.99	10.65	1155.38	10.45	14.20
1993	921.62	17.56	1333.82	15.44	13.90
1994	1220.98	32.48	1789.38	34.15	13.10
1995	1577.74	29.22	2337.67	30.64	10.90
1996	1926.07	22.08	2806.73	20.07	9.90
1997	2090.13	8.52	2999.20	6.86	9.30
1998	2161.98	3.44	2995.48	-0.12	7.80
1999	2210.34	2.24	2987.44	-0.27	7.60
2000	2253.42	1.95	3146.21	5.31	8.40
2001	2366.40	5.01	3306.92	5.11	8.30
2002	2475.60	4.61	3448.62	4.28	9.10
2003	2622.24	5.92	3582.42	3.88	10.00
2004	2936.40	11.98	4039.60	12.76	10.10
2005	3254.93	10.85	4631.21	14.65	11.30
2006	3587.04	10.20	5025.08	8.50	12.70
2007	4140.36	15.43	5791.12	15.24	14.20
2008	4760.62	14.98	6700.69	15.71	9.60
2009	5153.17	8.25	7115.57	6.19	9.20
2010	5919.01	14.86	8119.51	14.11	10.40
2011	6972.29	17.79	9833.14	21.11	9.30
2012	7916.58	13.54	10990.67	11.77	7.70
2013	9429.60	19.11	—	—	7.80
2014	10488.90	11.23	—	—	7.30
2015	11421.70	8.89	—	—	6.90
2016	12363.40	8.24	—	—	6.70
2017	13432.40	8.65	—	—	6.90
平均值	4492.21	11.89	4181.41	11.89	9.49

资料来源：历年《中国统计年鉴》，部分数据由计算得出。

（1）人均纯收入现状。

第一，从绝对额来看，农村居民人均纯收入持续上升且增长幅度呈现上升趋势。1990 年，农村人均纯收入为 686.31 元，2017 年增长到 13432.40 元，增长了约 19 倍，1990～2006 年，农村人均纯收入增长幅度在 400 元以内，2007 年之后，其增长幅度普遍超过 500 元，最大增长幅度超过 1500 元，平均增长幅度接近 930 元。"三农"问题是农业和农村经济工作的中心，也是制约国民经济发展的原因之一，目前，农村大多数劳动力仍然从事农业活动，虽然从总量上看农村人均纯收入不断上升，但是与城镇居民人均可支配收入相比还有很大差距，为了加大对农业的支持保护力度，我国采取了许多措施，如增加农业农村投入、增加农业补贴、提升农村金融服务能力、加快农业科技创新步伐与农村基础设施建设等。

第二，从相对额来看，农村居民人均纯收入年增长率呈现"前期峰状，中后期小幅度波动"的状态。1991～1994年，农村人均纯收入年增长率由3.24%上升到32.48%，1997～2000年，农村经济增速放缓，农村居民人均纯收入增速受到影响，到2000年，农村居民年人均纯收入年增长率下降到1.95%。随后，从2001年开始，年增长率呈现小幅度波动状态，平均波动幅度约为3%，平均年增长率为11.89%，高于GDP年增长率的平均值，但略小于城镇居民人均可支配收入年增长率的平均值，随着党的十九大"乡村振兴"战略的提出，农村人均纯收入年增长率将会进一步提升。

（2）人均全部年收入现状。

第一，从绝对额来看，农村居民人均全部年收入现状与人均纯收入现状类似，也呈现出前期增幅小，后期增幅大的持续增长趋势。农村居民全部年收入主要包括家庭农业、非农业经营收入以及外出务工收入三个部分，1990年，农村人均全部年收入为990.38元，到2012年为10990.67元，增长了约11倍，1990～2004年，农村人均全部年收入平均增长幅度为218元，2005～2012年，平均增长幅度接近870元，最大增长幅度超过1700元。

第二，从相对额来看，农村人均全部年收入年增长率呈现出"两头大，中间小"的状态。总体来看，1991～2012年，农村人均全部年收入平均增长率为11.89%，高于GDP年增长率平均值。1991～1994年，年增长率由5.63%增长到34.15%，到1999年骤降到−0.27%，2011年到达第二次上升的峰值21.11%，之后又逐渐下降。

3.1.2.2　收入来源现状

改革开放40多年来，农村居民收入来源呈现多元化，由单一的集体经营收入转变为工资性收入、经营净收入、财产性收入、转移性收入并驾齐驱，不同收入来源绝对值与年增长率见表3−7，不同收入来源所占比重见表3−8。

表3−7　　　　　　　　1990～2017年农村居民不同来源收入绝对值及年增长率

年份	工资性收入（元）	年增长率（%）	经营净收入（元）	年增长率（%）	财产性收入（元）	年增长率（%）	转移性收入（元）	年增长率（%）
1990	138.80	—	518.55	—	28.96	—		
1995	353.70	34.50	1125.79	27.66	40.98	—	57.27	—
1999	630.26	9.88	1448.36	−1.20	31.55	—	100.17	—
2000	702.30	11.43	1427.27	−1.46	45.04	42.76	78.81	−21.32
2001	771.90	9.91	1459.63	2.27	46.97	4.29	87.90	11.53
2002	918.38	18.98	1541.28	5.59	65.75	39.98	96.83	10.16
2003	540.93	−41.10	1276.60	−17.17	41.85	−36.35	76.64	−20.85
2004	998.46	84.58	1745.79	36.75	76.61	83.06	115.54	50.76
2005	1174.53	17.63	1844.53	5.66	88.45	15.45	147.42	27.59
2006	1374.80	17.05	1930.96	4.69	100.50	13.62	180.78	22.63
2007	1596.22	16.11	2193.67	13.61	128.22	27.58	222.25	22.94
2008	1853.73	16.13	2435.56	11.03	148.08	15.49	323.24	45.44
2009	2061.25	11.19	2526.78	3.75	167.20	12.91	397.95	23.11

续表

年份	工资性收入（元）	年增长率（%）	经营净收入（元）	年增长率（%）	财产性收入（元）	年增长率（%）	转移性收入（元）	年增长率（%）
2010	2431.05	17.94	2822.80	11.72	202.25	20.96	452.92	13.81
2011	2963.43	21.90	3221.98	14.14	228.57	13.01	563.32	24.38
2012	3447.46	16.33	3533.37	9.66	249.05	8.96	686.70	21.90
2013	3652.50	5.95	3934.90	11.36	194.70	-21.82	1647.50	139.92
2014	4152.20	13.68	4237.40	7.69	222.10	14.07	1877.20	13.94
2015	4600.30	10.79	4503.60	6.28	251.50	13.24	2066.30	10.07
2016	5021.80	9.16	4741.30	5.28	272.10	8.19	2328.20	12.67
2017	5498.40	9.49	5027.80	6.04	303.00	11.36	2603.20	11.81

资料来源：历年《中国统计年鉴》，部分数据由计算得出。

表 3-8　　　　　1995~2017 年农村居民不同来源收入占人均纯收入的比重　　　　　单位:%

年份	工资性收入比重	经营净收入比重	财产性收入比重	转移性收入比重
1995	22.42	71.35	2.60	3.63
2000	31.17	63.34	2.00	3.50
2001	32.62	61.68	1.98	3.71
2002	37.10	62.26	2.66	3.91
2003	20.63	48.68	1.60	2.92
2004	34.00	59.45	2.61	3.93
2005	36.08	56.67	2.72	4.53
2006	38.33	53.83	2.80	5.04
2007	38.55	52.98	3.10	5.37
2008	38.94	51.16	3.11	6.79
2009	40.00	49.03	3.24	7.72
2010	41.07	47.69	3.42	7.65
2011	42.50	46.21	3.28	8.08
2012	43.55	44.63	3.15	8.67
2013	38.73	41.73	2.06	17.47
2014	39.59	40.40	2.12	17.90
2015	40.28	39.43	2.20	18.09
2016	40.62	38.35	2.20	18.83
2017	40.93	37.43	2.26	19.38

资料来源：历年《中国统计年鉴》，部分数据由计算得出。

（1）工资性收入。

第一，从绝对额来看，农村居民工资性收入持续增长且保持着快速增长的态势。1990年，工资性收入为138.80元，2017年增长到5498.40元，增长了近40倍，农村居民工资性收入逐年增加额也呈现逐年上升趋势，最大增长幅度超过500元。工资性收入的增长对改善农村居民的生活状况和提升农村居民的生活水平起到了关键的推动作用，随着农村土地经营制度改革的不断深化以及现代农业的快速发展，许多劳动者进入城市或乡镇企业工作，工资性收入逐渐成为农村居民收入的主要来源。

第二，从相对额来看，农村居民工资性收入年增长率整体平稳，局部波动幅度大，所占比重逐渐上升，成为农村居民第一大收入来源。工资性收入波动较大的年份是2002～2004年，从2005年开始，农村居民工资性收入年增长率趋于平稳，年增长率围绕15%上下小幅度波动，并且其所占比重于2015年首次超过经营性收入所占比重，成为农村居民人均纯收入的第一大来源。

（2）经营净收入。

第一，从绝对额来看，农村居民经营净收入持续增长但增长缓慢，是人均纯收入的重要来源。1990年，经营净收入518.55元，2017年增长到5027.80元，增长不超过10倍。家庭联产承包责任制实行后，农户成为独立的经营单位，1990～2014年，经营净收入一直是人均纯收入的最主要来源，但在2015年被工资性收入反超，位列第二。

第二，从相对额来看，农村居民经营净收入年增长率较低，所占比重下降幅度较大。经营净收入平均年增长率为8%，低于其他三种收入来源平均年增长率，农村居民家庭经营净收入增速放缓有以下几个原因：一是农业生产资料涨幅大于农产品价格涨幅，农业生产收益降低；二是农业平均产出低下，第一产业平均每个劳动力的产出远低于第二产业和第三产业；三是非农业就业趋势增强，许多青年劳动力选择外出打工，导致经营净收入增速放缓。经营净收入所占比重持续下降，由71.35%下降到37.43%，降低了近34个百分点，降为人均纯收入第二大来源。

（3）财产性收入。

第一，从绝对额来看，农村居民财产性收入绝对值及逐年增加额均为四种收入来源中最低的。由于财产性收入涉及资本、技术、管理等农村稀缺的生产要素，所以直到2017年，农村居民财产性收入才仅仅超过300元，远不及其他三种收入来源，其逐年增加额最大值也未超过50元，因此，多渠道增加居民的财产性收入，需要深化农村产权制度改革。

第二，从相对额来看，农村居民财产性收入年增长率波动幅度较大，平均年增长率在四种收入来源中位列第三，所占比重最小。由于财产性收入基数较小，所占比重不超过4%，所以农村居民财产性收入年增长率容易受绝对额变化的影响，年增长率最大值出现在2004年，为83.06%，最小值出现在2003年，为-36.35%。

（4）转移性收入。

第一，从绝对额来看，农村居民转移性收入前期处于波动状态，中后期稳定增长。农村居民转移性收入大部分来自国家补贴，1995～2003年，转移性收入处于波动状态，2004年开始稳定增长，特别是党的十八大以来，为了适应全面建成小康社会新形势，加快农民脱贫致富的步伐，农村居民转移性收入大幅度上升，不断缩小与工资性收入、经营净收入的差距。

第二，从相对额来看，农村居民转移性收入年增长率整体水平较高，个别年份有较大波动，所占比重逐渐上升。2000～2017年，转移性收入平均年增长率为23%，是所有收入来源中最高的，其所占比重由3.63%上升到19.38%，上升了约16个百分点。转移性收入的上升提高了农民的生活水平，增加了经济福利。

3.1.2.3　不同收入群体收入现状

《中国统计年鉴》将农村不同收入群体分为五组，即低收入户、中低收入户、中等收入户、中高收入户与高收入户，其人均纯收入绝对值及年增长率见表3－9，所占比重见表3－10。

表3－9　　　　2002～2017年农村不同收入群体人均纯收入绝对值及年增长率

年份	低收入户（元）	年增长率（%）	中低收入户（元）	年增长率（%）	中等收入户（元）	年增长率（%）	中高收入户（元）	年增长率（%）	高收入户（元）	年增长率（%）	GDP增长率（%）
2002	857.13	—	1547.50	—	2164.11	—	3030.50	—	5895.63	—	9.10
2003	865.90	1.02	1606.50	3.81	2273.10	5.04	3206.80	5.82	6346.90	7.65	10.00
2004	1006.90	16.28	1842.00	14.66	2578.50	13.43	3607.70	12.50	6930.70	9.20	10.10
2005	1067.20	5.99	2018.30	9.57	2851.00	10.57	4003.30	10.97	7747.40	11.78	11.30
2006	1182.50	10.80	2222.00	10.09	3148.50	10.44	4446.60	11.07	8474.80	9.39	12.70
2007	1346.90	13.91	2581.80	16.19	3658.80	16.21	5129.80	15.36	9790.70	15.53	14.20
2008	1499.80	11.35	2935.00	13.68	4203.10	14.88	5928.60	15.57	11290.20	15.32	9.60
2009	1549.30	3.30	3110.10	5.97	4502.10	7.11	6467.60	9.09	12319.10	9.11	9.20
2010	1869.80	20.69	3621.00	16.43	5221.70	15.98	7440.60	15.04	14049.70	14.05	10.40
2011	2000.50	6.99	4255.80	17.52	6207.70	18.88	8893.60	19.53	16783.10	19.46	9.30
2012	2316.20	15.78	4807.50	12.96	7041.00	13.42	10142.10	14.04	19008.90	13.26	7.70
2013	2877.90	24.25	5965.00	24.09	8438.30	19.84	11816.00	16.50	21323.70	12.18	7.80
2014	2768.10	-3.82	6604.40	10.71	9503.90	12.63	13449.20	13.82	23947.40	12.30	7.30
2015	3085.60	11.47	7220.90	9.33	10310.60	8.49	14537.30	8.09	26013.90	8.63	6.90
2016	3006.50	-2.56	7287.70	0.93	11159.10	8.23	15727.40	8.19	28448.00	9.36	6.70
2017	3301.90	9.83	8348.60	14.56	11978.00	7.34	16943.60	7.73	31299.30	10.02	6.90
平均值	1912.60	9.69	4123.40	12.03	5952.50	12.17	8423.20	12.22	15604.30	11.82	9.33

资料来源：历年《中国统计年鉴》，部分数据由计算得出。

表3－10　　　　2002～2017年农村不同收入群体人均纯收入所占比重　　　　单位：%

年份	低收入户比重	中低收入户比重	中等收入户比重	中高收入户比重	高收入户比重
2002	6.35	11.47	16.04	22.46	43.69
2003	6.06	11.24	15.90	22.43	44.39
2004	6.31	11.54	16.15	22.60	43.41
2005	6.03	11.41	16.12	22.63	43.80
2006	6.07	11.41	16.17	22.83	43.52
2007	5.98	11.47	16.26	22.79	43.50
2008	5.80	11.35	16.26	22.93	43.66
2009	5.54	11.13	16.11	23.14	44.08
2010	5.81	11.25	16.21	23.11	43.63
2011	5.25	11.16	16.28	23.32	44.00
2012	5.35	11.10	16.26	23.41	43.88
2013	5.71	11.83	16.74	23.43	42.29

年份	低收入户比重	中低收入户比重	中等收入户比重	中高收入户比重	高收入户比重
2014	4.92	11.74	16.89	23.90	42.56
2015	5.04	11.80	16.86	23.77	42.53
2016	4.58	11.10	17.00	23.96	43.35
2017	4.59	11.62	16.67	23.57	43.55

资料来源：历年《中国统计年鉴》，部分数据由计算得出。

（1）低收入户。

第一，从绝对额来看，农村低收入户人均纯收入持续增长且保持稳定增长的态势。2002年，低收入户人均纯收入为857.13元，2017年增长到3301.90元，15年内增长接近4倍。为了增加低收入农民的收入，政府从体制创新和制度创新两方面入手，通过打破城乡割裂的局面、增加农田水利基础设施建设、加大对农村教育的投入、鼓励科技人员下乡等方式推动广大农民收入持续增长。

第二，从相对额来看，农村低收入户人均纯收入年增长率波动幅度较大，所占比重略微下降。2002~2017年，低收入户人均纯收入年增长率一直处于波动状态，最大波动幅度出现在2014年，由24.25%下降到-3.82%，波动幅度超过28%，2002~2017年，平均年增长率为9.69%，高于GDP年增长率的平均值。截至2017年，全国农村贫困人口为3046万人，比2016年末减少1289万人，脱贫攻坚战取得显著成果，人均纯收入所占比重略微下降，由6.35%下降到4.59%。

（2）中等收入户。

第一，从绝对额来看，农村中等收入户人均纯收入快速增长并呈现稳定增长的状态。2002年，中等收入户人均纯收入为2164.11元，2017年增长到11978.00元，增长了约5.5倍，平均人均纯收入接近6000元，平均每年增加额超过650元，保持继续增长的态势。不断扩大中等收入群体比重、形成橄榄型社会是我国收入分配改革的主要目标，对于全面建成小康社会、基本实现共同富裕具有重要意义。

第二，从相对额来看，农村中等收入户人均纯收入年增长率与所占比重均处于平稳状态。人均纯收入平均年增长率为12.17%，是上述三种收入群体中最高的，说明政府加强对农村中等收入群体政策扶持，保障稳定就业，不断提高技能。2002~2017年，年增长率一直围绕着12%上下小幅度波动，最大波动幅度仅为7.67%，其所占比重几乎没有发生变化，一直维持在16%，整体非常平稳。

（3）高收入户。

第一，从绝对额来看，农村高收入户人均纯收入快速增长且增长幅度不断扩大。2002年，高收入户人均纯收入为5895.63元，2017年增长到31299.30元，增长约5.3倍。2002~2010年，人均纯收入增长幅度在2000元以内，而从2011年起，增长幅度超过2000元，最大增长幅度超过2800元，在"乡村振兴"战略的指引下，农民依靠国家政策扶持，通过发展农产品贸易、运用新技术提高劳动生产率、利用乡村环境优势发展生态经济等措施不断提高人均纯收入。

第二，从相对额来看，农村高收入户人均纯收入年增长率波动幅度较小，所占比重大且比较平稳。人均纯收入平均年增长率为 11.82%，高于 GDP 平均年增长率 2.49 个百分点，2002~2017 年，年增长率围绕平均值小幅度波动，最大波动幅度为 7.64%，农村居民高收入户人均纯收入所占比重超过 40%，是低收入户的 10 倍左右，并一直稳定在 43% 上下。

3.2 省际视角：居民收入现状

省际视角下居民收入现状包括城镇居民收入现状与农村居民收入现状两大部分，进而又可以将这两大部分统一细分为各省份人均可支配收入与三大区域人均可支配收入现状（农村为人均纯收入）两个方面。其中，于城镇而言，各省份人均可支配收入现状分析涉及北京、河北、山西、内蒙古、辽宁、上海、江苏、浙江、安徽、福建、江西、河南、湖北、广东、广西、海南、重庆、四川、贵州、陕西、甘肃、宁夏、新疆共 23 个省份；于农村而言，各省份人均纯收入现状分析涵盖北京、上海、江苏、浙江、福建、江西、河南、广东、重庆、四川、甘肃共 11 个省份，三大区域人均可支配收入现状包括东部、中部以及西部地区人均可支配收入现状三个部分。最后从绝对额与相对额两个角度对省际视角下居民收入现状进行详细分析。

3.2.1 城镇居民收入现状

3.2.1.1 各省份城镇居民人均可支配收入现状

从绝对值与年增长率两个方面对各省份城镇居民人均可支配收入现状进行分析，各省份城镇居民人均可支配收入绝对值及年增长率见表 3-11。

表 3-11　　　1994~2017 年各省份城镇居民人均可支配收入绝对值及年增长率

年份	全国（元）	年增长率（%）	北京（元）	年增长率（%）	河北（元）	年增长率（%）	山西（元）	年增长率（%）	内蒙古（元）	年增长率（%）
1994	3496.24	35.65	5084.70	43.36	3177.29	36.11	2565.67	31.07	2498.29	31.96
1995	4282.95	22.50	6236.00	22.64	3921.35	23.42	3305.98	28.85	2863.03	14.60
1996	4838.90	12.98	7332.01	17.58	4442.81	13.30	3702.69	12.00	3431.81	19.87
1997	5160.32	6.64	7813.16	6.56	4958.67	11.61	3989.92	7.76	3944.67	14.94
1998	5425.05	5.13	8471.98	8.43	5084.64	2.54	4098.73	2.73	4353.02	10.35
1999	5854.02	7.91	9182.76	8.39	5365.03	5.51	4342.61	5.95	4770.53	9.59
2000	6279.98	7.28	10349.69	12.71	5661.16	5.52	4724.11	8.79	5129.05	7.52
2001	6859.58	9.23	11577.78	11.87	5984.82	5.72	5391.05	14.12	5535.89	7.93
2002	7702.80	12.29	12463.92	7.65	6679.68	11.61	6234.36	15.64	6051.00	9.30
2003	8472.20	9.99	13882.62	11.38	7239.06	8.37	7005.03	12.36	7012.90	15.90
2004	9421.61	11.21	15637.84	12.64	7951.31	9.84	7902.86	12.82	8122.99	15.83
2005	10493.03	11.37	17652.95	12.89	9107.09	14.54	8913.91	12.79	9136.79	12.48

年份	全国（元）	年增长率（%）	北京（元）	年增长率（%）	河北（元）	年增长率（%）	山西（元）	年增长率（%）	内蒙古（元）	年增长率（%）
2006	11759.45	12.07	19977.52	13.17	10304.56	13.15	10027.70	12.49	10357.99	13.37
2007	13785.81	17.23	21988.71	10.07	11690.47	13.45	11564.95	15.33	12377.84	19.50
2008	15780.76	14.47	24724.89	12.44	13441.09	14.97	13119.05	13.44	14432.55	16.60
2009	17174.65	8.83	26738.48	8.14	14718.25	9.50	13996.55	6.69	15849.19	9.82
2010	19109.44	11.27	29072.93	8.73	16263.43	10.50	15647.66	11.80	17698.15	11.67
2011	21809.78	14.13	32903.03	13.17	18292.23	12.47	18123.87	15.82	20407.57	15.31
2012	24564.72	12.63	36468.75	10.84	20543.44	12.31	20411.71	12.62	23150.26	13.44
2013	26467.00	7.74	44563.90	22.20	22226.70	8.19	22258.20	9.05	26003.60	12.33
2014	28843.90	8.98	48531.80	8.90	24141.30	8.61	24069.40	8.14	28349.60	9.02
2015	31194.80	8.15	52859.20	8.92	26152.20	8.33	25827.70	7.31	30594.10	7.92
2016	33616.20	7.76	57275.30	8.35	28249.40	8.02	27352.30	5.90	32974.90	7.78
2017	36396.20	8.27	62406.30	8.96	30547.80	8.14	29131.80	6.51	35670.00	8.17
均值	14949.56	12.69	24299.84	14.37	12755.99	12.29	12237.83	12.40	13779.82	13.68

年份	辽宁（元）	年增长率（%）	上海（元）	年增长率（%）	江苏（元）	年增长率（%）	浙江（元）	年增长率（%）	安徽（元）	年增长率（%）
1994	3062.89	32.35	5889.13	37.04	3778.87	36.24	5066.32	39.72	3047.66	35.58
1995	3706.51	21.01	7191.77	22.12	4634.42	22.64	6221.36	22.80	3795.38	24.53
1996	4207.23	13.51	8178.48	13.72	5185.79	11.90	6955.79	11.80	4512.77	18.90
1997	4518.10	7.39	8438.89	3.18	5765.20	11.17	7358.72	5.79	4599.27	1.92
1998	4617.24	2.19	8773.10	3.96	6017.85	4.38	7836.76	6.50	4770.47	3.72
1999	4898.61	6.09	10931.64	24.60	6538.20	8.65	8427.95	7.54	5064.60	6.17
2000	5357.79	9.37	11718.01	7.19	6800.23	4.01	9279.16	10.10	5293.55	4.52
2001	5797.01	8.20	12883.46	9.95	7375.10	8.45	10464.67	12.78	5668.80	7.09
2002	6524.52	12.55	13249.80	2.84	8177.64	10.88	11715.60	11.95	6032.40	6.41
2003	7240.58	10.97	14867.49	12.21	9262.46	13.27	13179.53	12.50	6778.03	12.36
2004	8007.56	10.59	16682.82	12.21	10481.93	13.17	14546.38	10.37	7511.43	10.82
2005	9107.55	13.74	18645.03	11.76	12318.57	17.52	16293.77	12.01	8470.68	12.77
2006	10369.61	13.86	20667.91	10.85	14084.26	14.33	18265.10	12.10	9771.05	15.35
2007	12300.39	18.62	23622.73	14.30	16378.01	16.29	20573.82	12.64	11473.58	17.42
2008	14392.69	17.01	26674.90	12.92	18679.52	14.05	22726.66	10.46	12990.35	13.22
2009	15761.38	9.51	28837.78	8.11	20551.72	10.02	24610.81	8.29	14085.74	8.43
2010	17712.58	12.38	31838.08	10.40	22944.26	11.64	27359.02	11.17	15788.17	12.09
2011	20466.84	15.55	36230.48	13.80	26340.73	14.80	30970.68	13.20	18606.13	17.85
2012	23222.67	13.46	40188.34	10.92	29676.97	12.67	34550.30	11.56	21024.21	13.00
2013	26697.00	14.96	44878.30	11.67	31585.50	6.43	37079.70	7.32	22789.30	8.40
2014	29081.70	8.93	48841.40	8.83	34346.30	8.74	40392.70	8.93	24838.50	8.99
2015	31125.70	7.03	52961.90	8.44	37173.50	8.23	43714.50	8.22	26935.80	8.44
2016	32876.10	5.62	57691.70	8.93	40151.60	8.01	47237.20	8.06	29156.00	8.24
2017	34993.40	6.44	62595.70	8.50	43621.80	8.64	51260.70	8.52	31640.30	8.52
均值	14001.90	12.38	25519.95	13.56	17577.93	13.62	21503.63	13.18	12693.51	12.61

年份	福建（元）	年增长率（%）	江西（元）	年增长率（%）	河南（元）	年增长率（%）	湖北（元）	年增长率（%）	广东（元）	年增长率（%）
1994	3672.55	29.35	2773.07	44.52	2618.55	33.41	3356.07	36.97	6367.02	37.45
1995	4506.99	22.72	3376.51	21.76	3299.46	26.00	4028.63	20.04	7438.70	16.83
1996	5172.93	14.78	3780.20	11.96	3755.44	13.82	4364.04	8.33	8157.81	9.67
1997	6143.64	18.77	4071.32	7.70	4093.62	9.01	4673.15	7.08	8561.71	4.95
1998	6485.63	5.57	4251.42	4.42	4219.42	3.07	4826.36	3.28	8839.68	3.25
1999	6859.81	5.77	4720.58	11.04	4532.36	7.42	5212.82	8.01	9125.92	3.24
2000	7432.26	8.34	5103.58	8.11	4766.26	5.16	5524.54	5.98	9761.57	6.97
2001	8313.08	11.85	5506.02	7.89	5267.42	10.51	5855.98	6.00	10415.19	6.70
2002	9189.36	10.54	6335.64	15.07	6245.40	18.57	6788.52	15.92	11137.20	6.93
2003	9999.54	8.82	6901.42	8.93	6926.12	10.90	7321.98	7.86	12380.43	11.16
2004	11175.37	11.76	7559.64	9.54	7704.90	11.24	8022.75	9.57	13627.65	10.07
2005	12321.31	10.25	8619.66	14.02	8667.97	12.50	8785.94	9.51	14769.94	8.38
2006	13753.28	11.62	9551.12	10.81	9810.26	13.18	9802.65	11.57	16015.58	8.43
2007	15506.05	12.74	11451.69	19.90	11477.05	16.99	11485.80	17.17	17699.30	10.51
2008	17961.45	15.84	12866.44	12.35	13231.11	15.28	13152.86	14.51	19732.86	11.49
2009	19576.83	8.99	14021.54	8.98	14371.56	8.62	14367.48	9.23	21574.72	9.33
2010	21781.31	11.26	15481.12	10.41	15930.26	10.85	16058.37	11.77	23897.80	10.77
2011	24907.40	14.35	17494.87	13.01	18194.80	14.22	18373.87	14.42	26897.48	12.55
2012	28055.24	12.64	19860.36	13.52	20442.62	12.35	20839.59	13.42	30226.71	12.38
2013	28173.90	0.42	22119.70	11.38	21740.70	6.35	22667.90	8.77	29537.30	-2.28
2014	30722.40	9.05	24309.20	9.90	23672.10	8.88	24852.30	9.64	32148.10	8.84
2015	33275.30	8.31	26500.10	9.01	25575.60	8.04	27051.50	8.85	34757.20	8.12
2016	36014.30	8.23	28673.30	8.20	27232.90	6.48	29385.80	8.63	37684.30	8.42
2017	39001.40	8.29	31198.10	8.81	29557.90	8.54	31889.40	8.52	40975.10	8.73
均值	16666.72	12.82	12355.28	13.10	12222.24	12.55	12862.01	12.41	18822.05	11.55

年份	广西（元）	年增长率（%）	海南（元）	年增长率（%）	重庆（元）	年增长率（%）	四川（元）	年增长率（%）	贵州（元）	年增长率（%）
1994	3981.09	37.50	3920.15	27.62	3634.33	30.70	3310.72	36.77	3220.49	39.25
1995	4791.87	20.37	4770.41	21.69	4375.43	20.39	4002.92	20.91	3931.46	22.08
1996	5033.33	5.04	4926.43	3.27	5022.96	14.80	4482.70	11.99	4221.24	7.37
1997	5110.29	1.53	4849.93	-1.55	5322.66	5.97	4763.26	6.26	4441.91	5.23
1998	5412.24	5.91	4852.87	0.06	5466.57	2.70	5127.08	7.64	4565.39	2.78
1999	5619.54	3.83	5338.31	10.00	5895.97	7.86	5477.89	6.84	4934.02	8.07
2000	5834.43	3.82	5358.32	0.37	6275.98	6.45	5894.27	7.60	5122.21	3.81
2001	6665.73	14.25	5838.84	8.97	6721.09	7.09	6360.47	7.91	5451.91	6.44
2002	7315.32	9.75	6822.72	16.85	7238.04	7.69	6610.80	3.94	5944.08	9.03
2003	7785.04	6.42	7259.25	6.40	8093.67	11.82	7041.87	6.52	6569.23	10.52
2004	8689.99	11.62	7735.78	6.56	9220.96	13.93	7709.87	9.49	7322.05	11.46

年份	广西（元）	年增长率（%）	海南（元）	年增长率（%）	重庆（元）	年增长率（%）	四川（元）	年增长率（%）	贵州（元）	年增长率（%）
2005	9286.70	6.87	8123.94	5.02	10243.46	11.09	8385.96	8.77	8151.13	11.32
2006	9898.75	6.59	9395.13	15.65	11569.74	12.95	9350.11	11.50	9116.61	11.84
2007	12200.44	23.25	10996.87	17.05	12590.78	8.83	11098.28	18.70	10678.40	17.13
2008	14146.04	15.95	12607.84	14.65	14367.55	14.11	12633.38	13.83	11758.76	10.12
2009	15451.48	9.23	13750.85	9.07	15748.67	9.61	13839.40	9.55	12862.53	9.39
2010	17063.89	10.44	15581.05	13.31	17532.43	11.33	15461.16	11.72	14142.74	9.95
2011	18854.06	10.49	18368.95	17.89	20249.70	15.50	17899.12	15.77	16495.01	16.63
2012	21242.80	12.67	20917.71	13.88	22968.14	13.42	20306.99	13.45	18700.51	13.37
2013	22689.40	6.81	22411.40	7.14	23058.20	0.39	22227.50	9.46	20564.90	9.97
2014	24669.00	8.72	24486.50	9.26	25147.20	9.06	24234.40	9.03	22548.20	9.64
2015	26415.90	7.08	26356.40	7.64	27238.80	8.32	26205.30	8.13	24579.60	9.01
2016	28324.40	7.22	28453.50	7.96	29610.00	8.71	28335.30	8.13	26742.60	8.80
2017	30502.10	7.69	30817.40	8.31	32193.20	8.72	30726.90	8.44	29079.80	8.74
平均值	13207.66	12.29	12664.19	11.73	13741.06	11.70	12561.90	12.04	11714.37	12.14

年份	陕西（元）	年增长率（%）	甘肃（元）	年增长率（%）	宁夏（元）	年增长率（%）	新疆（元）	年增长率（%）	GDP年增长率（%）
1994	2684.02	27.71	2658.13	32.74	2985.86	37.56	3170.27	30.84	13.10
1995	3309.68	23.31	3152.52	18.60	3382.81	13.29	4163.44	31.33	10.90
1996	3809.64	15.11	3353.94	6.39	3612.12	6.78	4649.86	11.68	9.90
1997	4001.30	5.03	3592.43	7.11	3836.54	6.21	4844.72	4.19	9.30
1998	4220.24	5.47	4009.61	11.61	4112.41	7.19	5000.79	3.22	7.80
1999	4654.06	10.28	4475.23	11.61	4472.91	8.77	5319.76	6.38	7.60
2000	5124.24	10.10	4916.25	9.85	4912.40	9.83	5644.86	6.11	8.40
2001	5483.73	7.02	5382.91	9.49	5544.17	12.86	6395.04	13.29	8.30
2002	6330.84	15.45	6151.44	14.28	6067.44	9.44	6899.64	7.89	9.10
2003	6806.35	7.51	6657.24	8.22	6530.48	7.63	7173.54	3.97	10.00
2004	7492.47	10.08	7376.74	10.81	7217.87	10.53	7503.42	4.60	10.10
2005	8272.02	10.40	8086.82	9.63	8093.64	12.13	7990.15	6.49	11.30
2006	9267.70	12.04	8920.59	10.31	9177.26	13.39	8871.27	11.03	12.70
2007	10763.34	16.14	10012.34	12.24	10859.33	18.33	10313.44	16.26	14.20
2008	12857.89	19.46	10969.41	9.56	12931.53	19.08	11432.10	10.85	9.60
2009	14128.76	9.88	11929.78	8.75	14024.70	8.45	12257.52	7.22	9.20
2010	15695.21	11.09	13188.55	10.55	15344.49	9.41	13643.77	11.31	10.40
2011	18245.23	16.25	14988.68	13.65	17578.92	14.56	15513.62	13.70	9.30
2012	20733.88	13.64	17156.89	14.47	19831.41	12.81	17920.68	15.52	7.70
2013	22345.90	7.77	19873.40	15.83	21475.70	8.29	21091.50	17.69	7.80
2014	24365.80	9.04	21803.90	9.71	23284.60	8.42	23214.00	10.06	7.30
2015	26420.20	8.43	23767.10	9.00	25186.00	8.17	26274.70	13.18	6.90

年份	陕西（元）	年增长率（%）	甘肃（元）	年增长率（%）	宁夏（元）	年增长率（%）	新疆（元）	年增长率（%）	GDP 年增长率（%）
2016	28440.10	7.65	25693.50	8.11	27153.00	7.81	28463.40	8.33	6.70
2017	30810.30	8.33	27763.40	8.06	29472.30	8.54	30774.80	8.12	6.90
均值	12344.29	12.36	11078.37	12.48	11962.00	12.04	12021.93	12.64	9.70

资料来源：历年《中国统计年鉴》，部分数据由计算得出。

第一，从绝对额来看，各省份城镇居民人均可支配收入持续增长且增长幅度不断扩大，但各省份之间增长幅度相差甚远。1994～2017 年，各省份人均可支配收入快速增长，以北京为例，1994 年，北京城镇居民人均可支配收入为 5084.70 元，2017 年增长到 62406.30 元，13 年内增长了 12.27 倍，超过全国城镇居民人均可支配收入增长倍数。

1994～2017 年，城镇居民人均可支配收入增长倍数最高的省份是内蒙古，人均可支配收入从 2498.29 元增长到 35670.00 元，增长了 14.28 倍，内蒙古是我国的重要粮仓，畜牧业发达，矿藏及煤炭资源丰富，经济增长潜力巨大。除此以外，山西、辽宁、上海、江苏、浙江、安徽、福建、江西、河南、陕西、甘肃共 11 个省份城镇人均可支配收入增长超过了 10 倍，剩余省份人均可支配收入增长倍数均小于 10。1994～2017 年，城镇居民人均可支配收入增长倍数最低的是广东，其 1994 年城镇人均可支配收入为 6367.02 元，2017 年增长到 40975.10 元，13 年内仅增长 6.44 倍。

1994～2017 年，全国城镇居民人均可支配收入平均值为 14949.56 元，接近 15000 元。在 23 个省份中，只有北京、上海、江苏、浙江、福建、广东共 6 个省份的人均可支配收入平均值在全国平均水平之上，尤其是上海和北京，位列第一和第二名，平均值已经超过 20000 元，超出全国平均水平约 4000 元，而剩下的 17 个省份城镇居民人均可支配收入平均值在全国平均水平之下，尤其是甘肃省，其平均城镇居民人均可支配收入仅为 11078.37 元，低于全国平均水平近 3900 元，不及上海和北京的 1/2，甘肃地处内陆，生态环境恶化，就业率低，产业结构单一，不利于经济的发展与人民生活水平的提高。在 23 个省份中，城镇居民人均可支配收入最先达到 10000 元、20000 元的均是上海，北京、广东、浙江、福建、江苏和重庆紧随其后，剩余的大部分省份中城镇居民人均可支配收入在 2006 年或 2007 年首次突破 10000 元，在 2011 年或 2012 年首次超过 20000 元，以甘肃、宁夏和新疆为代表的落后地区，直到 2014 年才达到 20000 元。

虽然城镇居民人均可支配收入增长幅度均呈现不断扩大的趋势，但是各省份之间却相差甚远。以上海、北京和广东为代表的发达地区，1994～2004 年，人均可支配收入平均增长幅度已经超过 1000 元，2005～2017 年，平均增长幅度接近 3600 元；而相同时间段，以甘肃、宁夏、新疆为代表的经济落后地区人均可支配收入增长幅度还不到发达地区的 1/2，1994～2004 年，其城镇居民人均可支配收入增长幅度不到 500 元，低于全国平均增长幅度，2005～2017 年，增长幅度在 1600 元左右；虽然相比于前十年的平均增长幅度有很大提升，但是与北上广等经济发达地区相比，差距仍然很大。剩余的省份之中，1994～2004 年以及 2005～2015 年，城镇居民人均可支配收入平均增长幅度最大的都是内蒙古，平均增长幅度分别为 562.47 元、2119.00 元。而 1994~2004 年，平均增长幅度最小的省份是海南，只有 381.56 元，2005~2015 年，平均增长幅度最小的省份是山西，仅为 1633.00 元。由此可以看出，虽然从纵向来看，各省份城镇人均可支配收入增长幅度不断扩大，但是通过横向比较，各省份之间还是存在很大的差距。

第二，从相对额来看，各省份城镇居民人均可支配收入年增长率呈现"前中期波动幅度大，后期趋于平稳"的态势。1994~2017 年，全国城镇居民人均可支配收入年增长率为 12.69%，在 23 个省份中，只有北京、上海、江苏、福建、浙江、内蒙古、江西 7 个省份的平均年增长率超过了全国水平。

其中，北京的平均年增长率最高，达到 14.37%，其后依次是内蒙古（13.68%）、江苏（13.62%）、上海（13.56%）、浙江（13.18%）、江西（13.10%）与福建（12.82%），剩余的 16 个省份中，人均可支配收入平均年增长率为 12.23%，低于全国平均水平 0.46 个百分点，其中，有 13 个省份人均可支配收入平均年增长率在 12% 之上，由高到低依次是新疆（12.64%）、安徽（12.61%）、河南（12.55%）、甘肃（12.48%）、湖北（12.41%）、山西（12.40%）、辽宁（12.38%）、陕西（12.36%）、河北和广西（12.29%）、贵州（12.14%）、四川和宁夏（12.04%），剩余 3 个省份平均年增长率在 12% 以下，由高到低依次是：湖南（11.73%）、重庆（11.70%）与广东（11.55%），23 个省份的人均可支配收入平均年增长率均大于 GDP 年增长率。

以经济发展程度和人均可支配收入年增长率标准，可以将这 23 个省份分成四大类：第一类，高经济发展程度与高平均年增长率，如北京、上海；第二类，高经济发展程度与低平均年增长率，以广东最为明显，虽然广东与北京的经济发展程度相差毫厘，但是城镇人均可支配收入平均年增长率却大相径庭，北京在 23 个省份中位列第一，而广东却位列最后；第三类，低经济发展程度与高平均年增长率，这类省份较多，如内蒙古、江西、新疆、甘肃、安徽等，虽然在全国范围内经济发展水平不高，但是人均可支配收入平均年增长率接近甚至超过全国平均水平；第四类，低经济发展程度与低平均年增长率，以贵州、四川和宁夏为代表，贵州、四川以及宁夏经济发展水平落后，其人均可支配收入年增长率也是全国倒数，仅高于湖南、重庆与广东。

1994~2017 年，城镇居民人均可支配收入平均年增长率先后经历了两次波动，之后才趋于平稳。第一次波动出现在 1994~2002 年，平均年增长率变动趋势呈 U 型。受亚洲金融危机的影响，大部分省份平均年增长率 1994~1998 年处于骤降状态，平均下降幅度为 30.21%，远超 GDP 平均增长率下降幅度，其中，下降幅度最大的是江西，从 44.52% 下降到 4.42%，下降幅度超过 40%，下降幅度最小的是甘肃，由 32.74% 下降到 11.61%，下降幅度为 21.13%。从 1999 年起，平均年增长率处于缓慢上升的状态。但是到了 2008 年，金融危机的再次冲击迫使各省份城镇居民人均可支配收入年增长率又开始下降，平均下降幅度超过 5%，下降幅度最大的省份是宁夏，降幅超过 10%，而下降幅度最小的是贵州，降幅仅为 0.73%，金融危机过后，人均可支配收入年增长率逐步回升，自从党的十八大以来，一直维持在 10% 左右，趋于平稳。

3.2.1.2 三大区域城镇居民人均可支配收入现状

以地理位置为依据，将各省份集中划分为东部、中部与西部三大区域，其人均可支配收入绝对值、年增长率见表 3 – 12，所占比重见表 3 – 13。

表 3 – 12   2003 ~ 2017 年东、中、西部地区城镇居民人均可支配收入绝对值及年增长率

年份	东部（元）	东部增长率（%）	中部（元）	中部增长率（%）	西部（元）	西部增长率（%）	GDP 增长率（%）
2003	9901.00	—	7063.00	—	7205.00	—	10.00
2004	11034.00	11.44	7851.00	11.16	8031.00	11.46	10.10
2005	13374.88	21.22	8808.52	12.20	8783.17	9.37	11.30
2006	14967.38	11.91	9902.28	12.42	9728.45	10.76	12.70
2007	16974.22	13.41	11634.37	17.49	11309.45	16.25	14.20
2008	19203.46	13.13	13225.88	13.68	12971.18	14.69	9.60
2009	20953.21	9.11	14367.11	8.63	14213.47	9.58	9.20
2010	23272.83	11.07	15962.02	11.10	15806.49	11.21	10.40
2011	26406.04	13.46	18323.16	14.79	18159.40	14.89	9.30
2012	29621.57	12.18	20697.24	12.96	20600.18	13.44	7.70
2013	31152.40	5.17	22664.70	9.51	22362.80	8.56	7.80
2014	33905.40	8.84	24733.30	9.13	24390.60	9.07	7.30
2015	36691.30	8.22	26809.60	8.39	26473.10	8.54	6.90
2016	39651.00	8.07	28879.30	7.72	28609.70	8.07	6.70
2017	42989.80	8.42	31293.80	8.36	30986.90	8.31	6.90
平均值	24673.23	11.12	17481.02	11.25	17308.73	11.01	9.34

资料来源：历年《中国统计年鉴》，部分数据由计算得出。

表 3 – 13   2003 ~ 2017 年东、中、西部地区城镇居民人均可支配收入所占比重

单位：%

年份	东部	中部	西部
2003	40.97	29.22	29.81
2004	40.99	29.17	29.84
2005	43.19	28.45	28.36
2006	43.26	28.62	28.12
2007	42.52	29.15	28.33
2008	42.30	29.13	28.57
2009	42.30	29.00	28.69
2010	42.28	29.00	28.72
2011	41.99	29.14	28.88
2012	41.77	29.18	29.05
2013	40.89	29.75	29.36
2014	40.84	29.79	29.38
2015	40.78	29.80	29.42
2016	40.82	29.73	29.45
2017	40.84	29.73	29.44
平均值	41.72	29.26	29.03

资料来源：历年《中国统计年鉴》，部分数据由计算得出。

第一，从绝对额来看，三大区域人均可支配收入持续增长，且呈现"前期增幅小，后期增幅大"的趋势。2003 年，东部地区人均可支配收入为 9901.00 元，2017 年增长到 42989.80 元，增长了 4.34 倍；相同时间段，中部地区增长了 4.43 倍，西部地区增长了 4.30 倍，东部地区是经济发展程度最高的区域，于 2004 年人均可支配收入就已经突破了 10000 元，2009 年突破 20000 元。

相比之下，中部地区与西部地区直到 2007 年才超过 10000 元，2012 年首次突破 20000 元，2003～2017 年，中部地区与西部地区人均可支配收入平均值分别为 17481.02 元、17308.73 元，而东部地区已经达到 24673.23 元，超过中部与西部地区 7000 多元。从增长幅度来看，东、中、西部地区人均可支配收入增长幅度随时间的推移而不断扩大，这是三大区域的共同特征，2003～2009 年，东部地区人均可支配收入逐年增加额在 2500 元以内，平均增长幅度为 1842 元。2010～2017 年，逐年增加额接近 3000 元，平均增长幅度为 2754 元，中部地区与西部地区 2003～2009 年人均可支配收入逐年增加额在 2000 元以内，平均增长幅度约为 1200 元，而 2010～2017 年，逐年增加额超过 2000 元，平均增长幅度达到 2100 元。

纵向来看，三大区域的增长幅度确实呈现阶梯式上升，但是通过横向比较，东、西部地区还是存在很大差异，东部地区地理位置优越，位于沿海地区，交通设施发达，是资本、技术、人才的集中地，所以地区经济发达，人均可支配收入遥遥领先，而西部地区贫困程度深，扶贫成本高，脱贫难度大，是脱贫攻坚的短板。为了适应全面建成小康社会新形势，贯彻落实"精准扶贫、精准脱贫"的基本方略，党中央把西部地区贫困人口如期脱贫作为主要目标，组织东部地区支援西部经济的发展，将帮扶资金和项目重点向西部地区贫困群众倾斜，保障人均可支配收入的持续增长。

第二，从相对额来看，三大区域人均可支配收入年增长率前期差距大，后期基本持平，所占比重基本保持不变。总体来看，2004～2017 年，人均可支配收入平均年增长率最大的是中部地区，为 11.25%，其次是东部地区（11.12%），最后是西部地区（11.01%），相差不大，三者均高于 GDP 平均年增长率。

2005～2007 年，东、中、西部地区的人均可支配收入年增长率存在较大差异，2005 年，东部地区人均可支配收入年增长率为 21.22%，而中部地区年增长率仅为 12.20%，略高于当年 GDP 年增长率，西部地区更小，只有 9.37%，低于当年 GDP 的年增长率。2006 年，中、西部地区人均可支配收入年增长率均以微弱的幅度上升，而东部地区年增长率却发生了骤降，由 21.22% 下降到 11.91%，降幅接近 10 个百分点，低于中部地区人均可支配收入年增长率，而且三大区域人均可支配收入年增长率均低于当年 GDP 的年增长率，直到 2007 年才开始回升，增长幅度最大的是西部地区，由 10.76% 增长到 16.25%，增加了 5.5 个百分点，其次是中部地区，由 12.42% 增长到 17.49%，增加了 5 个百分点，增长幅度最小的是东部地区，由 11.91% 增长到 13.41%，仅增加 2.5 个百分点，低于当年 GDP 的年增长率。

从 2008 年起，纵向来看，虽然三大区域人均可支配收入年增长率处于波动状态，但是横向视角下，东、中、西部地区人均可支配收入年增长率基本持平，均高于当年 GDP 的年增长率。三大区域城镇居民人均可支配收入所占比重基本保持不变，比值约为

4∶3∶3。2003~2017 年，东部地区城镇居民人均可支配收入所占比重一直是最大的，中部地区在 2003 年与 2004 年所占比重小于西部地区，2005 年之后超过西部地区所占比重，位列第二，但是与西部地区的所占比重之差不到 1%。从平均水平来看，2003~2017 年，东部地区人均可支配收入所占比重为 41.72%，中部地区为 29.26%，西部地区为 29.03%，东部地区依然占有绝对的比重。

3.2.2 农村居民收入现状

3.2.2.1 各省份农村居民人均纯收入现状

对各省份农村居民人均纯收入现状的分析依然从绝对值及年增长率两个方面入手，见表 3-14。

表 3-14 1994~2017 年各省份农村居民人均可支配收入绝对值及年增长率

年份	全国（元）	年增长率（%）	北京（元）	年增长率（%）	上海（元）	年增长率（%）	江苏（元）	年增长率（%）	浙江（元）	年增长率（%）
1994	1220.98	32.48	2400.69	27.52	3436.61	26.02	1831.53	44.57	2224.64	27.42
1995	1577.74	29.22	3223.65	34.28	4245.61	23.54	2456.86	34.14	2966.19	33.33
1996	1926.07	22.08	3561.94	10.49	4846.13	14.14	3029.32	23.30	3462.99	16.75
1997	1577.74	-18.09	3223.65	-9.50	4245.61	-12.39	2456.86	-18.90	2966.19	-14.35
1998	2161.98	37.03	3952.32	22.60	5406.87	27.35	3376.78	37.44	3814.56	28.60
1999	2210.34	2.24	4226.59	6.94	5409.11	0.04	3495.20	3.51	3948.39	3.51
2000	2253.42	1.95	4604.55	8.94	5596.37	3.46	3595.09	2.86	4253.67	7.73
2001	2366.40	5.01	5025.50	9.14	5870.87	4.90	3784.71	5.27	4582.34	7.73
2002	2475.63	4.62	5398.48	7.42	6223.55	6.01	3979.79	5.15	4940.36	7.81
2003	2622.24	5.92	5601.55	3.76	6653.92	6.92	4239.26	6.52	5389.04	9.08
2004	2936.40	11.98	6170.33	10.15	7066.33	6.20	4753.85	12.14	5944.06	10.30
2005	3254.93	10.85	7346.26	19.06	8247.77	16.72	5276.29	10.99	6659.95	12.04
2006	3587.04	10.20	8275.47	12.65	9138.65	10.80	5813.23	10.18	7334.81	10.13
2007	4140.36	15.43	9439.63	14.07	10144.62	11.01	6561.01	12.86	8265.15	12.68
2008	4760.62	14.98	10661.92	12.95	11440.26	12.77	7356.47	12.12	9257.93	12.01
2009	5153.17	8.25	11668.59	9.44	12482.94	9.11	8003.54	8.80	10007.31	8.09
2010	5919.01	14.86	13262.29	13.66	13977.96	11.98	9118.24	13.93	11302.55	12.94
2011	6977.29	17.88	14735.68	11.11	16053.79	14.85	10804.95	18.50	13070.69	15.64
2012	7916.58	13.46	16475.74	11.81	17803.68	10.90	12201.95	12.93	14551.92	11.33
2013	9429.60	19.11	17101.20	3.80	19208.30	7.89	13521.30	10.81	17493.90	20.22
2014	10488.90	11.23	18867.30	10.33	21191.60	10.33	14958.40	10.63	19373.30	10.74
2015	11421.70	8.89	20568.70	9.02	23205.20	9.50	16256.70	8.68	21125.00	9.04
2016	12363.40	8.24	22309.50	8.46	25520.40	9.98	17605.60	8.30	22866.10	8.24
2017	13432.40	8.65	24240.50	8.66	27825.00	9.03	19158.00	8.82	24955.80	9.14
均值	5090.58	12.15	10097.58	11.73	11468.38	10.73	7651.46	12.38	9614.87	12.63

年份	福建（元）	年增长率（%）	江西（元）	年增长率（%）	河南（元）	年增长率（%）	广东（元）	年增长率（%）	重庆（元）	年增长率（%）
1994	1577.74	30.34	1218.19	40.05	909.81	30.75	2181.52	30.26	1018.24	36.11
1995	2048.59	29.84	1537.36	26.20	1231.97	35.41	2699.24	23.73	1270.41	24.77
1996	2492.49	21.67	1869.63	21.61	1579.19	28.18	3183.46	17.94	1479.05	16.42
1997	2048.59	−17.81	1537.36	−17.77	1231.97	−21.99	2699.24	−15.21	1692.36	14.42
1998	2946.37	43.82	2048.00	33.22	1864.05	51.31	3527.14	30.67	1720.46	1.66
1999	3091.39	4.92	2129.45	3.98	1948.36	4.52	3628.95	2.89	1736.63	0.94
2000	3230.49	4.50	2135.30	0.27	1985.82	1.92	3654.48	0.70	1892.44	8.97
2001	3380.72	4.65	2231.60	4.51	2097.86	5.64	3769.79	3.16	1971.18	4.16
2002	3538.83	4.68	2306.45	3.35	2215.74	5.62	3911.90	3.77	2097.58	6.41
2003	3733.89	5.51	2457.53	6.55	2235.68	0.90	4054.58	3.65	2214.55	5.58
2004	4089.38	9.52	2786.78	13.40	2553.15	14.20	4365.87	7.68	2510.41	13.36
2005	4450.36	8.83	3128.89	12.28	2870.58	12.43	4690.49	7.44	2809.32	11.91
2006	4834.75	8.64	3459.53	10.57	3261.03	13.60	5079.78	8.30	2873.83	2.30
2007	5467.08	13.08	4044.70	16.91	3851.60	18.11	5624.04	10.71	3509.29	22.11
2008	6196.07	13.33	4697.19	16.13	4454.24	15.65	6399.79	13.79	4126.21	17.58
2009	6680.18	7.81	5075.01	8.04	4806.95	7.92	6906.93	7.92	4478.35	8.53
2010	7426.86	11.18	5788.56	14.06	5523.73	14.91	7890.25	14.24	5276.66	17.83
2011	8778.55	18.20	6891.63	19.06	6604.03	19.56	9371.73	18.78	6480.41	22.81
2012	9967.17	13.54	7829.43	13.61	7524.94	13.94	10542.84	12.50	7383.27	13.93
2013	11404.80	14.42	9088.80	16.09	8969.10	19.19	11067.80	4.98	8492.50	15.02
2014	12650.20	10.92	10116.60	11.31	9966.10	11.12	12245.60	10.64	9489.80	11.74
2015	13792.70	9.03	11139.10	10.11	10852.90	8.90	13360.40	9.10	10504.70	10.69
2016	14999.20	8.75	12137.70	8.96	11696.70	7.77	14512.20	8.62	11548.80	9.94
2017	16334.80	8.90	13241.80	9.10	12719.20	8.74	15779.70	8.73	12637.90	9.43
均值	6465.05	12.53	4954.02	12.19	4706.45	13.26	6714.49	11.00	4550.60	12.30

年份	四川（元）	年增长率（%）	甘肃（元）	年增长率（%）	GDP年增长率（%）
1994	946.33	35.52	723.73	31.39	13.10
1995	1158.29	22.40	880.34	21.64	10.90
1996	1453.42	25.48	1100.59	25.02	9.90
1997	1158.29	−20.31	880.34	−20.01	9.30
1998	1789.17	54.47	1393.05	58.24	7.80
1999	1843.47	3.03	1357.28	−2.57	7.60
2000	1903.60	3.26	1428.68	5.26	8.40
2001	1986.99	4.38	1508.61	5.59	8.30
2002	2107.64	6.07	1590.30	5.42	9.10
2003	2229.86	5.80	1673.05	5.20	10.00
2004	2518.93	12.96	1852.22	10.71	10.10
2005	2802.78	11.27	1979.88	6.89	11.30
2006	3002.38	7.12	2134.05	7.79	12.70

年份	四川（元）	年增长率（%）	甘肃（元）	年增长率（%）	GDP 年增长率（%）
2007	3546.69	18.13	2328.92	9.13	14.20
2008	4121.21	16.20	2723.79	16.96	9.60
2009	4462.05	8.27	2980.10	9.41	9.20
2010	5086.89	14.00	3424.65	14.92	10.40
2011	6128.55	20.48	3909.37	14.15	9.30
2012	7001.43	14.24	4506.66	15.28	7.70
2013	8380.70	19.70	5588.80	24.01	7.80
2014	9347.70	11.54	6276.60	12.31	7.30
2015	10247.40	9.62	6936.20	10.51	6.90
2016	11203.10	9.33	7456.90	7.51	6.70
2017	12226.90	9.14	8076.10	8.30	6.90
均值	4443.91	12.80	3029.59	12.18	9.70

资料来源：历年《中国统计年鉴》，部分数据由计算得出。

第一，从绝对值来看，各省份农村居民人均纯收入持续增长，且增长幅度呈现阶段性上升，但各省份之间还是存在一定的差距。1994～2017 年，各省份人均纯收入持续增长，增长倍数最高的是河南，人均纯收入从 909.81 元增长到 12719.20 元，增长了 13.98 倍，其余 10 个省份人均纯收入增长倍数由高到低排列依次是四川（12.92 倍）、重庆（12.41 倍）、浙江（11.22 倍）、甘肃（11.16 倍）、江西（10.87 倍）、江苏（10.46 倍）、福建（10.35 倍）、北京（10.10 倍）、上海（8.10 倍）以及广东（7.23 倍）。

1994～2017 年，全国农村居民人均纯收入平均值为 5090.58 元，在上述 11 个省份中，只有 6 个省份的农村居民人均纯收入平均值在全国水平之上，从高到低排列依次是上海（11468.38 元）、北京（10097.58 元）、浙江（9614.87 元）、江苏（7651.46）元、广东（6714.49 元）、福建（6465.05 元），而江西、河南、重庆、四川与甘肃的平均水平在全国水平之下，分别为 4954.02 元、4706.45 元、4550.60 元、4443.91 元、3029.59 元。在这 11 个省份中，只有北京和上海的农村居民人均纯收入平均值在 10000 元以上，而江西、河南、重庆、四川与甘肃的平均水平还不到 5000 元，不足北京和上海的 1/2。农村居民人均纯收入最先突破 10000 元的是上海，2007 年，人均纯收入就已经达到 10144.62 元，紧随其后的是北京（2008 年）、浙江（2009 年）、江苏（2011 年）、广东（2012 年）、福建（2013 年）、江西（2014 年）、河南和重庆以及四川（2015 年），甘肃直到 2017 年农村居民人均纯收入还未超过 10000 元，最先突破 20000 元的也是上海，仅隔 1 年时间，北京和浙江农村居民人均可支配收入也突破 20000 元，剩余的 8 个省份农村居民人均纯收入直到 2017 年还未达到 20000 元。虽然各省份农村居民人均纯收入持续增长，且增长幅度不断扩大，但各省份之间增长幅度还是有很大差距，1994～2004 年，北京、上海以及浙江农村居民人均可支配收入平均增长幅度已经超过 350 元，江苏、福建和广东平均增长幅度在 200～300 元之间，而经济发展较为落后的地区，如江西、河南、重庆、四川和甘肃，平均增长幅度在 200 元以下，2004～2017 年，各省份农村居民人均纯收入平均增长幅度有了很大提升，北京、上海、江苏和浙江的人均纯收入平均增长幅度均超过了 1000 元，上海平均增长幅度增大，为1596.82元，浙江超过北京，位列第二，达到1462.44元，福建、江西、河南、广东、重庆、四川，其平均增长幅度都超过了500元，只有甘肃平均增长幅度在500元以下，不及上海的1/3。

第二，从相对额来看，各省份农村居民人均纯收入年增长率呈现"前期大幅度波动，中期低水平平稳，后期小幅度波动"的态势。1994～2017年，全国农村居民人均纯收入平均年增长率为12.15%，在上述11个省份中，有8个省份超过了全国平均水平，从高到低排列依次是河南（13.26%）、四川（12.80%）、浙江（12.63%）、福建（12.53%）、江苏（12.38%）、重庆（12.30%）、江西（12.19%）以及甘肃（12.18%），只有北京、上海和广东的农村居民人均纯收入平均年增长率在全国水平之下。

可以根据人均纯收入与平均年增长率将上述11个省份分成三种类型：第一类，高人均纯收入与高平均年增长率，以浙江为代表；第二类，高人均纯收入与低平均年增长率，如北京和上海；第三类，低人均纯收入与高平均年增长率，这在经济落后地区体现得最为明显，如河南、四川、甘肃，其农村居民人均纯收入平均值在全国水平之下，但是平均年增长率却高于全国平均水平。

1994～1999年，各省份农村居民人均纯收入年增长率经历了"骤降—骤升—再骤降"的大幅度波动过程。1994～1997年为第一次骤降过程，全国农村居民人均纯收入年增长率下降了50.57%，各省份年增长率下降幅度由高到低依次是江苏（63.47%）、江西（57.82%）、四川（55.83%）、河南（52.74%）、甘肃（51.70%）、福建（48.15%）、广东（45.47%）、浙江（41.76%）、上海（38.41%）、北京（37.02%）、重庆（21.69%），远高于GDP年增长率的下降幅度。1997～1998年为骤升过程（除重庆以外），全国年增长率上升幅度为55.12%，在上述省份中，上升幅度最大的是甘肃，为78.25%，上升幅度最小的是北京，为32.10%，1998～1999年为第二次骤降过程，全国年增长率下降幅度为34.79%，各省份下降幅度最大的是甘肃，降幅为60.81%，下降幅度最小的是重庆，降幅仅为0.72%，

1999～2003年，虽然各省份农村居民人均纯收入年增长率趋于平稳，但水平较低，全国平均年增长率仅为3.95%，在11个省份中，平均年增长率最大的是北京，为7.24%，不到8%，最小的是广东，为2.83%，不及3%，只有北京、浙江、重庆、福建、江苏、四川和上海的平均年增长率在全国水平之上，而甘肃、江西、河南和广东的平均年增长率在全国水平之下，11个省份的平均年增长率均低于相同时间段下GDP的平均年增长率。

2004～2017年，各省份农村居民人均纯收入年增长率小幅度波动，且各省份之间相差不大，各省份农村人均纯收入年增长率围绕平均值上下小幅度波动，平均年增长率由高到低依次是重庆（13.37%）、河南（13.29%）、四川（13.00%）、江西（12.83%）、甘肃（11.99%）、浙江（11.61%）、江苏（11.41%）、福建（11.15%）、北京（11.08%）、上海（10.79%）、广东（10.25%），最大差距也仅有3.12%，因此，各省份农村居民人均纯收入平均年增长率之间的差距也存在着阶段性特征。

3.2.2.2 三大区域农村居民人均纯收入现状

将各省份农村也集中划分为东部、中部与西部三大区域，其人均可支配收入绝对值及

年增长率见表 3 - 15，所占比重见表 3 - 16。

表 3 - 15 　　　2003～2017 年东、中、西部地区农村居民人均纯收入绝对值及年增长率

年份	东部 （元）	增长率 （％）	中部 （元）	增长率 （％）	西部 （元）	增长率 （％）	GDP 增长率 （元）
2003	3875.00	—	2382.00	—	1966.00	—	10.00
2004	4277.00	10.37	2731.00	14.65	2192.00	11.50	10.10
2005	4720.28	10.36	2956.60	8.26	2378.91	8.53	11.30
2006	5188.23	9.91	3283.16	11.05	2588.37	8.80	12.70
2007	5854.98	12.85	3844.37	17.09	3028.38	17.00	14.20
2008	6598.24	12.69	4453.38	15.84	3517.75	16.16	9.60
2009	7155.53	8.45	4792.75	7.62	3816.47	8.49	9.20
2010	8142.81	13.80	5509.62	14.96	4417.94	15.76	10.40
2011	9585.04	17.71	6529.93	18.52	5246.75	18.76	9.30
2012	10817.48	12.86	7435.24	13.86	6026.61	14.86	7.70
2013	11856.80	9.61	8983.20	20.82	7436.60	23.40	7.80
2014	13144.60	10.86	10011.10	11.44	8295.00	11.54	7.30
2015	14297.40	8.77	10919.00	9.07	9093.40	9.63	6.90
2016	15498.30	8.40	11794.30	8.02	9918.40	9.07	6.70
2017	16822.10	8.54	12805.80	8.58	10828.60	9.18	6.90
平均值	9188.92	11.09	6562.10	12.84	5383.41	13.05	9.34

资料来源：历年《中国统计年鉴》，部分数据由计算得出。

表 3 - 16 　　　2003～2017 年东、中、西部地区农村居民人均可支配收入所占比重

单位：%

年份	东部	中部	西部
2003	47.12	28.97	23.91
2004	46.49	29.68	23.83
2005	46.94	29.40	23.66
2006	46.91	29.69	23.40
2007	46.00	30.20	23.79
2008	45.29	30.57	24.14
2009	45.39	30.40	24.21
2010	45.06	30.49	24.45
2011	44.87	30.57	24.56
2012	44.55	30.62	24.82
2013	41.93	31.77	26.30
2014	41.79	31.83	26.37
2015	41.67	31.82	26.50
2016	41.65	31.70	26.65
2017	41.58	31.65	26.77
平均值	44.48	30.62	24.89

资料来源：历年《中国统计年鉴》，部分数据由计算得出。

第一，从绝对值来看，三大区域农村居民人均纯收入持续增长并保持着快速增长的态势。2003 年，东部地区农村居民人均纯收入为 3875.00 元，2017 年增长到 16822.10 元，增加了 4.34 倍，相同时间内，中部地区增加了 5.38 倍，西部地区增加了 5.51 倍，东部地区是三大区域中经济最发达的区域，其农村居民人均纯收入于 2012 年首次突破 10000元，相比之下，中部地区于 2014 年首次突破 10000 元，西部地区直到 2017 年才超过10000 元，与城镇居民人均可支配收入存在很大差距。2003～2017 年，三大区域人均纯收入增长幅度整体呈现上升趋势，2003～2010 年，东部地区人均纯收入逐年增加额在 1000元以内，平均年增加额为 610 元，中部地区人均纯收入逐年增加额低于 800 元，平均年增加额为 446.80 元，西部地区人均纯收入逐年增加额在 700 元以下，平均年增加额接近350 元。

2010～2017 年，三大区域人均纯收入增长幅度有了大幅度提升，东部地区逐年增加额超过 1000 元，最大增长幅度是 1323.80 元，平均增长幅度为 1239.90 元，中部地区逐年增加额超过 800 元，最大增长幅度为 1547.96 元，平均增长幅度为 1042.31 元，西部地区逐年增加额超过 700 元，最大增长幅度为 1409.99 元，平均增长幅度为 915.81 元，与2003～2010 年这一阶段相比，增长幅度有了很大提升。

第二，从相对额来看，东部地区和中部地区农村居民人均纯收入年增长率整体保持平稳，局部小幅度波动，而西部地区整体波动幅度较大，三大区域人均可支配收入所占比重基本保持不变。2004～2017 年，东部地区人均纯收入平均年增长率为 11.09%，其各年增长率围绕着平均值 11.09% 上下小幅度波动，最大波动幅度仅为 6.62%。中部地区人均纯收入平均年增长率为 12.84%，其各年增长率围绕着平均值 12.84% 上下小幅度波动，最大波动幅度接近 8%。而西部地区农村居民人均纯收入平均年增长率为 13.05%，在三大区域中位列第一，其各年增长率与平均值相比波动幅度较大，最大波动幅度超过 10%，三大区域平均年增长率均大于相同时间内 GDP 的平均年增长率，与城镇居民人均可支配收入相比，农村居民人均纯收入水平较低，特别是西部地区的农村居民，其人均纯收入所占比重平均值不到 25%，比中部地区所占比重低 6 个百分点，而中、西部城镇居民所占比重基本持平，因此，中、西部农村居民之间的差距远大于中、西部城镇居民之间的差距。西部农村地区是脱贫攻坚的短板，为此，我国通过东部地区对口支援西部经济发展，拓宽西部人口就业渠道等措施促进西部农村地区摆脱贫困，发展经济。从 2008 年开始，西部地区农村居民人均纯收入年增长率一直稳居第一。

4

财政支出与税收收入的现状分析

我国影响居民收入差距的政策主要是由财政支出和税收收入两个方面形成的，本章将从我国税收收入和财政支出两个方面对现状进行分析，为实证结果提供现状数据支持。

4.1 财政支出的现状分析

根据本书对福利效应的研究，我国的财政支出可以分为民生财政支出和非民生财政支出两个部分。民生财政支出包括教育支出、医疗卫生支出、社会保障支出、农林水支出和科技支出五项支出。对于财政支出的现状分析主要包括全国财政支出现状分析和各省份财政支出现状分析两个方面。

4.1.1 全国财政支出现状分析

首先对我国各项财政支出1990～2017年全国财政支出的数据进行分析，2006年之后，财政统计年鉴的统计口径进行了调整，本书对社会保障支出、科技支出和农林水事务支出作出了汇总调整和定义，各项支出的修改公式如下：

$$2006 \text{ 年以前教育支出} = \text{教育支出} \tag{4-1}$$
$$2006 \text{ 年以前医疗卫生支出} = \text{医疗卫生支出} \tag{4-2}$$
$$2006 \text{ 年以前社会保障支出} = \text{抚恤和社会福利救济} + \text{社会保障补助支出} \tag{4-3}$$
$$2006 \text{ 年以前科技支出} = \text{科技支出} + \text{科技三项费用} \tag{4-4}$$
$$2006 \text{ 年以前农林水支出} = \text{农业支出} + \text{林业支出} + \text{水利和气象支出} \tag{4-5}$$

通过表4-1可以看出，各项财政支出占总财政支出的比例基本不变，维持一个相对固定的水平。教育支出约占总财政支出的15%，医疗卫生支出约占总财政支出的4.5%，社会保障支出约占总财政支出的11%，科技支出约占总财政支出的4%，农林水支出约占总财政支出的9%。

表4-1　　　　　1990～2017年我国各项财政支出占总支出比例　　　　　单位:%

年份	教育	医疗卫生	社会保障	科技	农林水
1990	15.00	3.24	1.78	4.51	9.98

年份	教育	医疗卫生	社会保障	科技	农林水
1991	15.72	3.32	1.99	4.74	10.26
1992	16.61	4.47	1.78	5.06	10.05
1993	16.26	4.35	1.62	4.86	9.49
1994	17.59	4.44	1.64	4.63	9.20
1995	17.54	4.36	1.69	4.43	8.43
1996	17.84	4.40	1.61	4.39	8.82
1997	16.74	4.23	1.54	4.43	8.30
1998	15.99	3.84	1.59	4.06	10.69
1999	14.61	3.38	1.36	4.12	8.23
2000	13.72	3.08	1.34	3.62	7.75
2001	13.95	3.01	1.41	3.72	7.71
2002	14.08	2.88	1.69	3.70	7.17
2003	13.60	3.16	2.02	3.96	7.12
2004	13.52	3.00	1.98	3.85	8.21
2005	13.35	3.06	2.11	3.93	7.22
2006	11.83	3.27	2.25	4.18	7.85
2007	14.31	4.00	10.94	3.58	6.84
2008	14.39	4.40	10.87	3.40	7.26
2009	13.68	5.23	9.97	3.60	8.81
2010	13.96	5.35	10.16	3.62	9.05
2011	15.10	5.89	10.17	3.50	9.10
2012	16.87	5.75	9.99	3.54	9.51
2013	15.69	5.91	10.33	3.63	9.52
2014	15.18	6.70	10.52	3.50	9.34
2015	14.94	6.80	10.81	3.33	9.88
2016	14.95	7.01	11.50	3.50	9.90
2017	14.85	7.12	12.12	3.58	9.40

资料来源：根据历年《中国财政年鉴》和《中国统计年鉴》计算。

1990～2017 年，各类财政支出变化趋势如图 4-1 所示。各项财政专项支出1990～2017年也呈现出上涨趋势，其中，增长幅度最大的为社会保障支出，从 1990 年的55.04 亿元增长至 2017 年的 21591.5 亿元，增幅高达 392 倍。科技支出在近 28 年来的支出增长略小于整体财政支出，由1990 年的 139.12 亿元增长至 2017 年的 6564 亿元，增长47 倍。

将全国财政支出分为民生财政支出和非民生财政支出，民生财政支出包括教育支出、医疗卫生支出、社会保障支出、农林水支出和科技支出五项支出。1990～2017 年，我国的民生财政支出和非民生财政支出皆呈现平缓上涨趋势（如图 4-2 所示）。非民生财政支出大于民生财政支出，但增长速度小于民生财政支出。非民生财政支出从 1990 年的 925.12亿元增加至 2017 年的 88304.48 亿元，28 年间上涨了 95 倍，大于非民生财政支出上涨幅度的 53 倍。

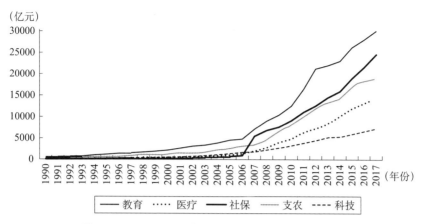

图4-1　1990~2017年全国各项财政支出变化趋势

资料来源：根据历年《中国财政年鉴》和《中国统计年鉴》计算。

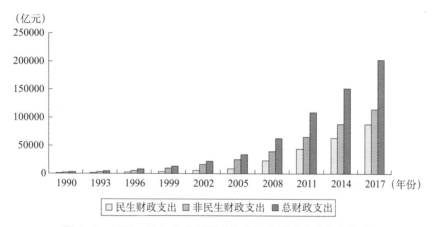

图4-2　1990~2017年全国民生和非民生财政支出变化趋势

资料来源：根据历年《中国财政年鉴》和《中国统计年鉴》计算。

4.1.2　各省份财政支出现状分析

将我国各省份按照东、中、西部划分为三个部分，本书进行研究的23个省份中，东部地区包括北京、河北、辽宁、上海、江苏、浙江、福建、广东和海南9个省份；中部地区包括山西、安徽、江西、河南和湖北5个省份；西部地区包括四川、重庆、贵州、陕西、甘肃、宁夏、新疆、广西和内蒙古9个省份，将各省份数据分为三个地区进行现状分析。

4.1.2.1　各省份教育支出现状分析

近十年间，我国样本省份东、中、西部教育支出分配并不平均，东部省份教育支出明显高于中部和西部省份教育支出。由图4-3可知，东部省份教育支出占总教育支出的比例在34.87%~38.69%之间波动，近十年，年均教育支出占比为36.85%。中部省份教支出占总教育支出比例最小,在16.63%~17.91%的占比区间波动。西部省份的教育支出占比略高于中部省份教育支出占比,在21.04%~23.36%的占比区间波动,但教育支出比例增幅为三部分地区最高,近十年间增长7.69%。

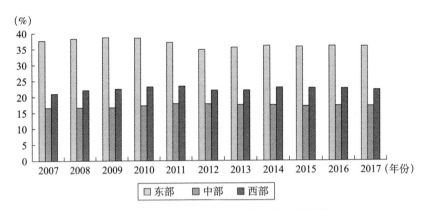

图4-3 2007~2017年各地区教育支出比例

资料来源:根据历年《中国财政年鉴》和《中国统计年鉴》计算。

(1)东部地区省份教育支出分析。

东部地区省份整体教育支出占比较大,各省份之间教育支出有明显差距(如图4-4所示)。在东部地区省份中,除海南外,其余样本省份的教育占总教育支出占比均超过1.54%。广东、江苏和浙江的教育支出比例为东部地区省份的前三名,教育支出占总教育支出比例最大的广东占比约为海南的11倍。东部地区省份中,辽宁2007~2017年教育支出占比明显下降,河北教育支出占比有一定程度的增长,其余省份占比变化不大。

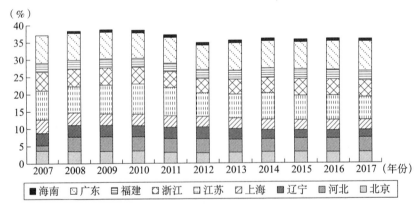

图4-4 2007~2017年东部地区各省份教育支出占比

资料来源:根据历年《中国财政年鉴》和《中国统计年鉴》计算。

(2)中部地区省份教育支出分析。

中部地区各样本省份教育支出比例较为平均,各省份教育支出基本呈上升趋势(如图4-5所示)。2007~2017年,中部地区教育支出呈现波动上涨的趋势,年均增长率约为16.37%。中部地区省份中,河南教育支出占比最多,年均教育支出比例5.05%,约为支出最少的山西的两倍。除山西和河南外，其余中部地区省份2016年教育支出占比均大于2007年数值，湖北增长倍数最大。

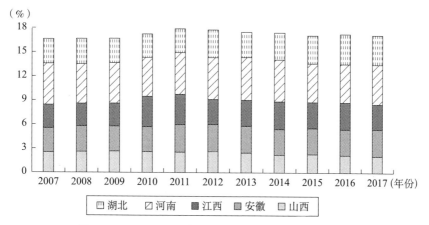

图4-5　2007~2017年中部地区各省份教育支出占比

资料来源：根据历年《中国财政年鉴》和《中国统计年鉴》计算。

（3）西部地区省份教育支出分析。

西部地区各省份教育支出相对较少，各省份之间教育支出存在一定差距（如图4-6所示）。在西部地区省份中，除宁夏外，其余样本省份2007~2017年的教育占总教育支出比例之和均超过15%。四川的教育支出明显大于其余西部地区省份，2014年教育支出占总支出比例为宁夏的10.21倍。除宁夏和四川外，西部各省份教育支出占总教育支出的年均占比在1.83%~2.99%之间波动，西部地区其余省份教育支出相差较小。

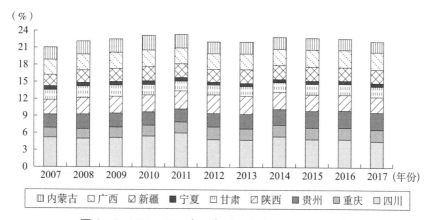

图4-6　2007~2017年西部地区各省份教育支出占比

资料来源：根据历年《中国财政年鉴》和《中国统计年鉴》计算。

4.1.2.2　各省份医疗卫生支出现状分析

近十年来，我国样本省份东、中、西部医疗卫生支出占比波动较小，东、中、西部地区变化趋势不同（如图4-7所示）。东部地区省份2007~2017年医疗卫生支出占比呈下降趋势，2015年达到11年来最低点，但省均医疗卫生支出占比高达4.00%，远超过中部和西部省份占比的 2.20% 和 2.81%。中部地区医疗卫生支出占比整体呈上升趋势，在 18.06%～20.73% 之间波动。西部地区省份 2017 年医疗卫生支出占比较 2007 年呈上升趋势，由 2007 年的 23.57% 增至 2016 年的 24.42%，增长 3.60%，并于 2010 年达到样本区间内的最高值，占全国医疗卫生支出的 26.57%。

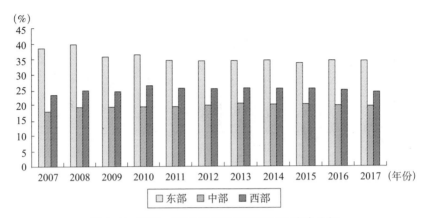

图 4－7　2007～2017 年各地区医疗卫生支出比例

资料来源：根据历年《中国财政年鉴》和《中国统计年鉴》计算。

（1）东部地区省份医疗卫生支出分析。

东部地区省份整体医疗卫生支出占比呈下降趋势，但各省份支出变化趋势不统一（如图 4－8 所示）。除广东和江苏外，东部地区其余省份 2007～2017 年医疗卫生支出年均占比皆小于 5%；除海南外，其余东部地区省份 2007～2017 年医疗卫生支出年均占比皆大于 2.65%。在东部地区省份中，河北医疗卫生支出占比增长最快，为 2007 年占比的 2.5 倍，而北京的减幅最大，仅占 2007 年占比的 50.59%。其余省份 2007～2017 年医疗卫生支出占比变化趋势不同，但变化比例不大，东部地区共有 4 个省份的占比出现增长。

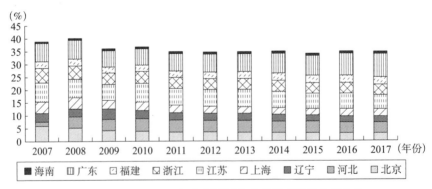

图 4－8　2007～2017 年东部地区各省份医疗卫生支出占比

资料来源：根据历年《中国财政年鉴》和《中国统计年鉴》计算。

（2）中部地区省份医疗卫生支出分析。

中部地区各样本省份医疗卫生支出占比整体呈上升趋势，各省份支出占比差距不大（如图 4－9 所示）。安徽、河南和湖北 2007～2017 年医疗卫生支出占比呈上升趋势，湖北的医疗卫生支出占比增幅最大。山西和江西2017年的医疗卫生支出占比较2007年有小幅度下降，下降幅度不超过15%。

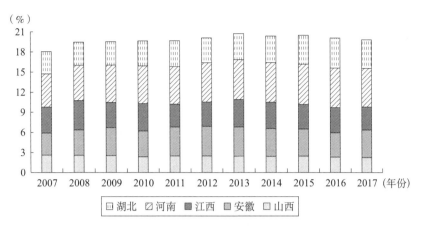

图4-9　2007~2017年中部地区各省份医疗卫生支出占比

资料来源：根据历年《中国财政年鉴》和《中国统计年鉴》计算。

（3）西部地区省份医疗卫生支出分析。

西部地区省份医疗卫生支出占比较多，近十年整体占比呈上升趋势（如图4-10所示）。宁夏医疗卫生支出在西部地区省份中占比最少，宁夏近十年总占比约为四川总占比的1/10。四川的医疗卫生支出占比远大于其余西部地区省份，年均医疗卫生支出占比约为整体西部地区省份年均占比的27%。除内蒙古、四川和新疆外，其余西部地区省份占比均有不同幅度的增长，且内蒙古、四川和新疆占比下降幅度较小，所以整体西部地区医疗卫生支出占比依然呈上升趋势。

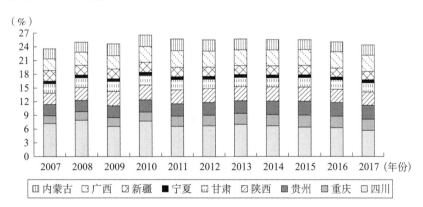

图4-10　2007~2017年西部地区各省份医疗卫生支出占比

资料来源：根据历年《中国财政年鉴》和《中国统计年鉴》计算。

4.1.2.3　各省份社会保障支出现状分析

我国样本省份东、中、西部社会保障支出占比存在明显差异，近十年间，各地区省份支出比例基本不变（如图4-11所示）。东、中、西部省份社会保障支出占全国社会保障支出的比例基本维持在32%、19%和25%左右，中部地区省份社会保障支出占全国社会保障支出比例最小，近十年，中部地区省份社会保障支出占比还出现了小幅度的下降。东部和西部地区省份的社会保障支出占比略高于中部地区省份，且于 2007～2017 年出现了小幅度的占比增长。

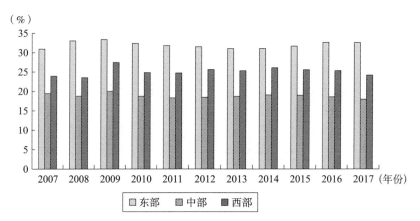

图 4-11　2007～2017 年各地区社会保障支出比例

资料来源：根据历年《中国财政年鉴》和《中国统计年鉴》计算。

（1）东部地区省份社会保障支出分析。

东部地区省份整体社会保障支出占比近十年有一定波动，各省份之间占比存在较大差异（如图 4-12 所示）。东部地区各省份社会保障支出占比差异较大，辽宁、广东和江苏在东部地区省份社会保障支出占比排名前三，占比之和达到了东部地区占比总量的 50.48%；排名倒数的海南、福建和浙江社会保障支出占比之和仅为辽宁的 81.91%。在东部地区省份中，除海南外，其余样本省份的社会保障支出占比均超过 1.46%，海南 2007～2017 年社会保障支出占比合计数略大于辽宁 2007 年的支出占比。

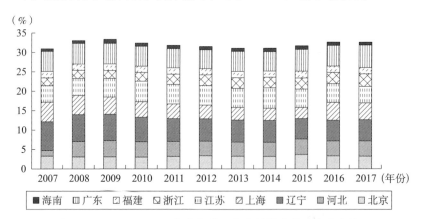

图 4-12　2007～2017 年东部地区各省份社会保障支出占比

资料来源：根据历年《中国财政年鉴》和《中国统计年鉴》计算。

（2）中部地区省份社会保障支出分析。

中部地区各样本省份社会保障支出占比呈波动变化，各省份之间占比差异较小（如图 4-13 所示）。中部地区的社会保障支出近十年呈波动变化，2017 年总支出占比略小于

2007 年占比。河南和山西为中部地区中社会保障支出占比最高和最低的省份，2007～2017年，河南社会保障支出总占比约为江西总占比的 1.7 倍，中部地区省份之间社会保障支出占比差距较小。

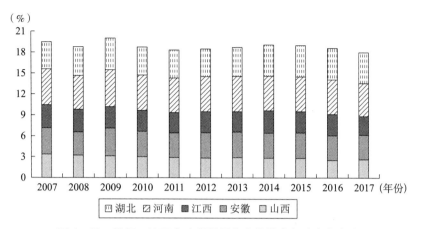

图 4 - 13　2007～2017 年中部地区各省份社会保障支出占比

资料来源：根据历年《中国财政年鉴》和《中国统计年鉴》计算。

（3）西部地区省份社会保障支出分析。

西部地区各省份社会保障支出占比存在一定差距，近十年呈现上升趋势（如图 4 - 14所示）。2007～2017 年，宁夏社会保障支出占比始终在西部地区省份中排名最低；四川为西部地区中社会保障支出占比最高的省份，宁夏社会保障支出占比约为四川的 9.23%。除四川外，其余西部地区省份的社会保障支出占比近十年均有一定程度的上涨，宁夏增长幅度最大，2017 年占比约为 2007 年占比的 1.63 倍。

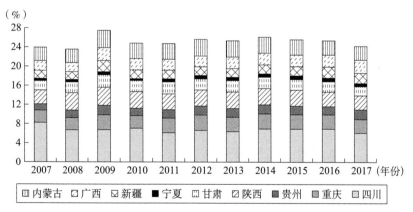

图 4 - 14　2007～2017 年西部地区各省份社会保障支出占比

资料来源：根据历年《中国财政年鉴》和《中国统计年鉴》计算。

4.1.2.4　各省份农林水支出现状分析

我国东、中、西部农林水支出占比近十年变化趋势存在差异，东部和西部省份农林水支出占比差距逐年缩小。由图 4 - 15 可知，东部和中部地区省份农林水支出占比

2007～2017 年呈下降趋势，分别下降了 2 个百分点；西部地区省份农林水支出占比则波动上升，并于 2016 年超过东部地区农林水支出占比，占全国农林水支出的 28.26%，2016年，西部地区农林水支出总占比约为东部地区的 1.05 倍。

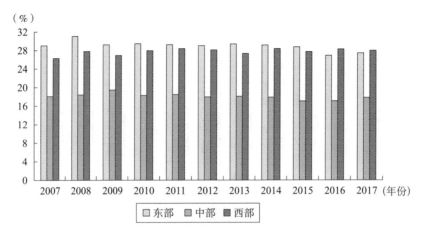

图 4－15　2007～2017 年各地区农林水支出比例

资料来源：根据历年《中国财政年鉴》和《中国统计年鉴》计算。

（1）东部地区省份农林水支出分析。

东部地区省份整体农林水支出占比呈波动下降趋势，各省份变化趋势差异较大（如图 4－16 所示）。2007～2017 年，东部地区农林水支出总占比由 29.05% 下降至 27.41%，减少了 2 个百分点。东部地区省份中，河北和海南的农林水支出近十年出现了明显增长，2017 年占比约为 2007 年数据的 5.19 倍和 1.55 倍。江苏、广东和河北为东部地区农林水支出占比排名前三的省份，其中，江苏和广东农林水支出占比下降趋势明显，截至 2017年，分别下降了 40.69% 和 22.09%。

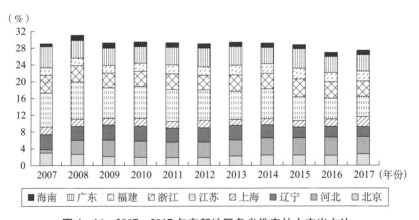

图 4－16　2007～2017 年东部地区各省份农林水支出占比

资料来源：根据历年《中国财政年鉴》和《中国统计年鉴》计算。

（2）中部地区省份农林水支出分析。

中部地区各省份农林水支出占比变化相对较小，各省份农林水支出占比相近（如图 4－17 所示）。中部地区的农林水支出总占比呈轻微下降趋势，近十年，中部地区省份总占比仅减少1%。江西2007～2017年农林水支出占比变化较大，由2007年的4.32%下降至3.18%，下降了26.39%，中部地区省份中，河南农林水支出占比最多，约为占比最少的陕西的1.9倍，各省份农林水支出占比接近。

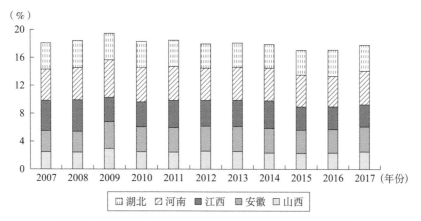

图4－17　2007～2017年中部地区各省份农林水支出占比

资料来源：根据历年《中国财政年鉴》和《中国统计年鉴》计算。

（3）西部地区省份农林水支出分析。

西部地区各省份农林水支出占比整体呈波动上升趋势，大多数西部省份农林水支出占比增加（如图4－18所示）。除四川和陕西外，其余西部省份2007～2017年农林水支出占比均出现一定程度的增加，新疆涨幅最为明显，2016年农林水支出占比较2007年数据增加33.44%。西部省份的农林水支出占比差异较大，西部省份中，农林水支出总占比最高的四川约为宁夏总占比的6倍。

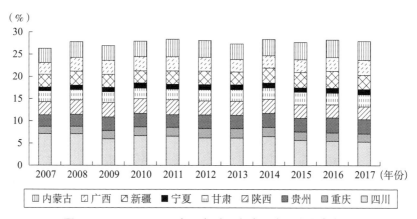

图4－18　2007～2017年西部地区各省份农林水支出占比

资料来源：根据历年《中国财政年鉴》和《中国统计年鉴》计算。

4.1.2.5　各省份科技支出现状分析

我国东、中、西部省份科技支出占比整体呈上升趋势，中部地区科技支出占比增长最快（如图4－19所示）。东部省份科技支出占比近十年出现了小幅波动增加，2007～2017

年涨幅为 10.75%。中部地区科技支出占比增长显著，从 4.87% 增长至 11.05%，增速高达 2.27。西部省份 2007 年科技支出占比高于中部地区，然而近十年增长速度较慢，2017年，西部地区省份科技支出占比仅为中部地区的 64.89%。

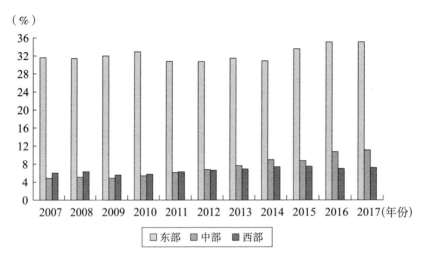

图 4-19 2007~2017 年各地区科技支出比例

资料来源：根据历年《中国财政年鉴》和《中国统计年鉴》计算。

（1）东部地区省份科技支出分析。

东部地区省份整体科技支出占比呈上升趋势，广东近十年增长幅度最大（如图 4-20 所示）。广东、江苏、上海为东部地区科技支出占比排名前三的省份，其中，只有上海 2017 年的科技支出占比较 2007 年呈下降趋势，下降了 9.44%。广东 2007~2017 年的科技支出占比增长明显，较 2007 年分别增长了 69.50%；辽宁近十年间科技支出占比下降较为明显，其余东部地区省份科技支出占比 2017 年较 2007 年无太大变化。

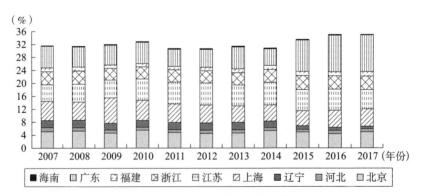

图 4-20 2007~2017 年东部地区各省份科技支出占比

资料来源：根据历年《中国财政年鉴》和《中国统计年鉴》计算。

（2）中部地区省份科技支出分析。

中部地区省份科技支出总占比近十年显著上升，各省份科技支出占比变化趋势不同（如图 4-21 所示）。除山西外，其余中部地区省份科技支出占比 2007~2017 年均有不同程度的增长，安徽增长幅度最大，从 2007 年的 0.89% 增长至 3.58%，十年间增长了

402.2%。2007～2017 年，山西科技支出占比呈波动变化，并于 2013 年达到近十年来占比
最高值，占全国科技支出的 1.22%。

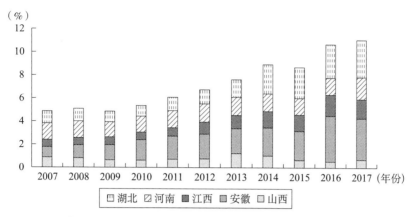

图 4 – 21　2007 ～ 2017 年中部地区各省份科技支出占比

资料来源：根据历年《中国财政年鉴》和《中国统计年鉴》计算。

（3）西部地区省份科技支出分析。

西部地区各省份科技支出占比相对较少，贵州近十年科技支出占比增长最多（如
图 4 – 22 所示）。四川、广西、陕西在西部地区各省份中科技支出占比排名前三，三个省
份近十年间占比变动较小。贵州、重庆、陕西 2007 ～ 2017 年科技支出占比增长较为明显，
其中，贵州近十年占比增长最多，较 2007 年增长 61.33%。

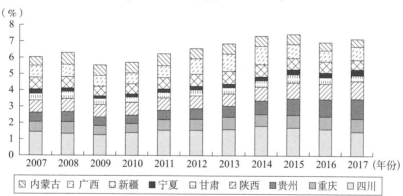

图 4 – 22　2007 ～ 2017 年西部地区各省份科技支出占比

资料来源：根据历年《中国财政年鉴》和《中国统计年鉴》计算。

4.1.2.6　各省份民生财政支出与非民生财政支出现状分析

整体民生财政支出近十年占总财政支出比例呈上升趋势，整体非民生财政支出占比呈
下降趋势。将各省份财政支出划分为民生财政支出和非民生财政支出进行分析，由表 4 – 2
可知，2007 ～ 2017 年，我国样本省份东、中、西部民生和非民生财政支出占比存在明显差
异，东部省份各项支出占比明显高于中部和西部省份。我国民生财政支出占比 2007 ～ 2017
年逐年增长，而非民生财政支出占比则呈现波动下降趋势。

表 4 - 2　　　　　　2007～2017 年我国民生财政支出和非民生财政支出占总财政支出比例

单位:%

年份	东部		中部		西部		合计
	民生	非民生	民生	非民生	民生	非民生	
2007	12. 32	19. 10	6. 47	6. 89	8. 37	10. 41	63. 55
2008	13. 13	18. 96	6. 63	6. 88	8. 86	10. 62	65. 08
2009	13. 08	18. 56	7. 01	6. 91	9. 48	10. 63	65. 66
2010	13. 30	19. 15	7. 02	7. 42	9. 70	10. 59	67. 18
2011	13. 56	18. 63	7. 40	7. 38	10. 14	11. 39	68. 50
2012	13. 78	17. 48	7. 71	7. 34	10. 42	11. 33	68. 07
2013	13. 63	17. 75	7. 63	7. 50	10. 20	11. 05	67. 77
2014	13. 80	17. 57	7. 69	7. 55	10. 59	10. 84	68. 03
2015	13. 91	18. 35	7. 68	7. 22	10. 65	10. 01	67. 82
2016	14. 23	18. 07	7. 82	7. 06	10. 86	9. 83	67. 87
2017	15. 57	16. 54	8. 20	6. 61	10. 85	9. 45	67. 23

资料来源：根据历年《中国财政年鉴》和《中国统计年鉴》计算。

（1）东部地区省份民生财政支出和非民生财政支出分析。

东部地区省份民生财政支出占比整体呈上升趋势，非民生财政支出占比则呈现波动下降趋势（如图 4 - 23 和图 4 - 24 所示）。2007～2017 年，民生财政支出占总财政支出比重最大的省份分别为江苏和广东，两省民生财政支出占比之和为整个东部地区的 38.10%；民生财政支出占比最小的省份为海南和福建，两省民生财政支出占比之和为整个东部地区省份占比的 9.25%。2007～2017 年，非民生财政支出占总财政支出比重最大的省份同样为广东和江苏，两省非民生财政支出占比之和为整个东部地区的 40.27%；非民生财政支出占比最小的省份同样为海南和福建，两省非民生财政支出占比之和约为整个东部地区的 7.95%。

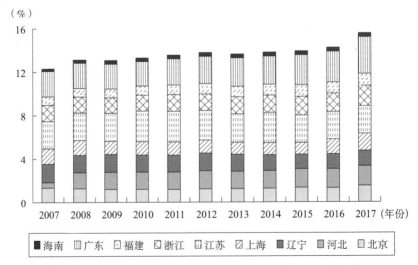

图 4 - 23　2007～2017 年东部地区各省份民生财政支出占比

资料来源：根据历年《中国财政年鉴》和《中国统计年鉴》计算。

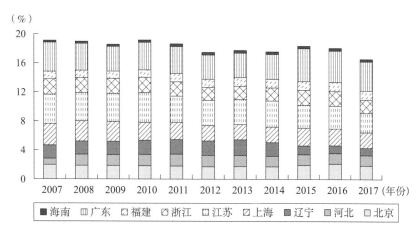

图 4 - 24　2007～2017 年东部地区各省份非民生财政支出占比

资料来源：根据历年《中国财政年鉴》和《中国统计年鉴》计算。

（2）中部地区省份民生财政支出和非民生财政支出分析。

中部地区省份民生财政支出和非民生财政支出占比呈相反方向变动，2017 年民生财政支出占比大于非民生财政支出占比（如图 4 - 25 和图 4 - 26 所示）。在近十年间，河南民生财政支出和非民生财政支出占比均为中部地区最高，山西占比均为最低。除山西外，其余中部地区省份民生财政支出占比 2007～2017 年均有一定程度的增长，湖北增长幅度最大，增长 48%；中部地区各省份中，只有山西与河南非民生财政支出占比 2007～2017 年呈下降态势，其余省份占比均小幅度增长。

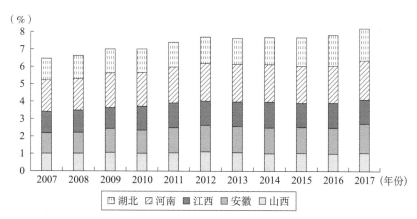

图 4 - 25　2007～2017 年中部地区各省份民生财政支出占比

资料来源：根据历年《中国财政年鉴》和《中国统计年鉴》计算。

（3）西部地区省份民生财政支出和非民生财政支出分析。

西部地区省份民生和非民生财政支出占比整体波动较大，两者呈相反方向变动，2014 年之后，民生财政支出占比大于非民生财政支出（如图 4 - 27 和图 4 - 28 所示）。在西部地区省份中，无论是民生财政支出还是非民生财政支出，四川占比都为西部省份中最高，宁夏为中部省份中最低，其余省份占比相差不大。西部地区各省份民生财政支出占比 2007～2017年均有不同程度的增长，贵州增长幅度最大，较 2007 年增长 26.26%；超半数

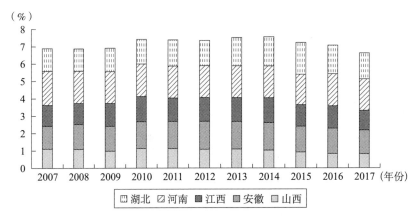

图 4 – 26 2007～2017 年中部地区各省份非民生财政支出占比

资料来源：根据历年《中国财政年鉴》和《中国统计年鉴》计算。

西部地区省份 2016 年非民生财政支出占比仍大于 2007 年数值，四川近十年非民生财政支出占比下降幅度最为显著，2017 年，四川非民生财政支出占比约为 2007 年占比的 82.4%。2014 年，西部地区省份民生财政支出和非民生财政支出占比基本一致，之后继续保持各自的增减趋势，截至 2017 年，西部地区民生财政支出占比大于非民生财政支出占比 1.04 个百分点。

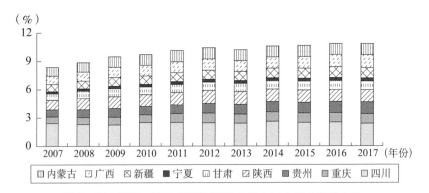

图 4 – 27 2007～2017 年西部地区各省份民生财政支出占比

资料来源：根据历年《中国财政年鉴》和《中国统计年鉴》计算。

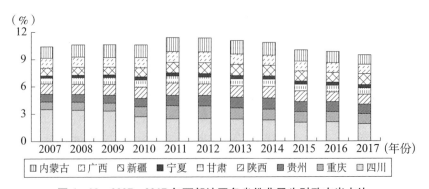

图 4 – 28 2007～2017 年西部地区各省份非民生财政支出占比

资料来源：根据历年《中国财政年鉴》和《中国统计年鉴》计算。

4.2 税收收入的现状分析

对于税收收入的现状分析主要包括全国税收收入现状分析和各省份税收收入现状分析两个方面。

4.2.1 全国税收收入现状分析

对我国 1994~2017 年的税收收入分类进行数据分析。我国的税收收入根据最终负税人的不同可分为直接税和间接税，其中，直接税包括所得税、财产税和行为税三类；间接税包括流转税、资源税和行为税三类，本书研究的税制结构分类及各类涵盖的税种见表 4-3。本书主要研究对象为包含增值税、企业所得税等税种在内的六项税种，以及直接税、间接税等六项不同分类税收收入。

表 4-3	税制结构分类及各类涵盖的税种
直接税	企业所得税、个人所得税、房产税、契税、外商投资企业和外国企业所得税
间接税	增值税、消费税、营业税、资源税、城市维护建设税
流转税	增值税、消费税、营业税
所得税	企业所得税、个人所得税、外商投资企业和外国企业所得税
财产税	房产税、契税、车船税、印花税
资源税	资源税、土地增值税、城镇土地使用税、耕地占用税

对增值税、消费税、营业税、企业所得税和个人所得税进行 1994~2017 年全国税种收入变化分析。如图 4-29 所示，除营业税外其余税种的税收收入 1994~2017 年呈现出上涨趋势，其中，增值税收入远大于其他税种。由于 2016 年的营业税改增值税改革，营业税 2015~2016 年税收收入下降，2017 年营业税收入为 0 元，而增值税收入2015~2017年增长了 18.37%。消费税和个人所得税的税收收入金额相近，但个人所得税的增长幅度要远大于其他税种，1994~2017 年，增长了 167 倍。

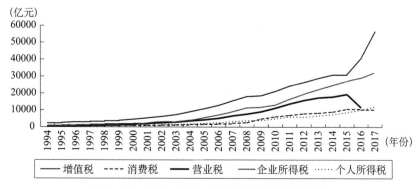

图 4-29 1994~2017 年全国主要税种税收收入

资料来源：历年《中国统计年鉴》。

将税收收入以直接税和间接税分类进行分析，间接税收入明显大于直接税收入，1994～2017 年，直接税和间接税收入皆呈现逐年上涨的趋势（如图 4 - 30所示）。直接税收入从 1994 年的 901. 37 亿元增加至 2017 年的 51598. 41 亿元，增长约 57 倍。间接税收入从 1994 年的 3687. 52 亿元增长至 2017 年的 72318. 74 亿元，增长约 19 倍，与直接税收入增幅相比较慢。

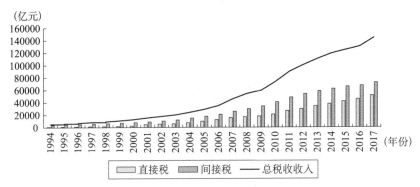

图 4 - 30　1994～2017 年全国直接税和间接税收入

资料来源：历年《中国统计年鉴》。

对各税类占税收收入的比重进行分析，由图 4 - 31 可知，流转税类收入占总税收收入比重最多，但下降态势明显；所得税类、资源税类以及行为财产税类都呈现不同幅度的上升趋势。流转税类由 1994 年占比 67. 60% 下降到 46. 13%，下降超 20 个百分点。所得税类由 16. 18% 上升到 30. 53%，上升约 14 个百分点。2001 年，中国加入世界贸易组织，扩大了中国的贸易规模，同时推动了进一步的经济发展，所得税类占税收收入的比重出现了明显上升。行为和财产税类占比较小，但随着房产税等试点改革的推行，比重出现了明显提升，截至 2017 年，在全国税收收入中占比达到 7. 27%，并于 2007 年和 2015 年实现 9. 01% 和 8. 01% 的两个占比小高峰。资源税类占比一直处于四项税类中的最小值，然而，随着国家对资源税的日益重视，资源税的征收范围逐步扩大，并于 2016 年开始全面实行从价计征方式，2017 年，资源税类占总税收收入比重已达到 7. 12%。

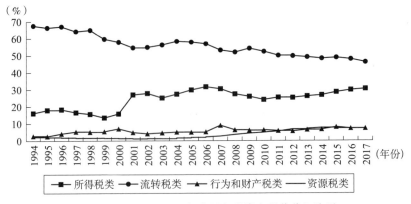

图 4 - 31　1994～2017 年全国各税类占税收收入比重

资料来源：根据历年《中国统计年鉴》计算。

对所得税内部结构进行分析，所得税可分为个人所得税和企业所得税（如图4－32所示）。1994～2017年，企业所得税在整体所得税中的比重较高，然而整体占比呈下降趋势，年均占比在75%左右，1994年占比最高，高达90.70%。而个人所得税在整体所得税中的比重偏低，基本呈现出上升的趋势，年均占比在25%左右，在2000年占比最高，高达39.75%。2006年之后，企业所得税和个人所得税占整体所得税比重趋于稳定，形成了我国所得税中企业所得税主导、个人所得税辅助的所得税内部结构。

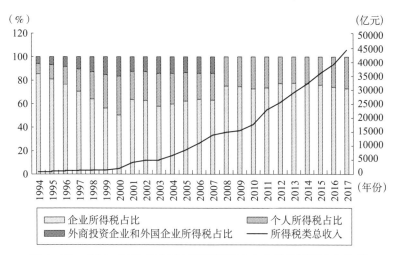

图4－32　1994～2017年全国各项所得税收入占总所得税收入比例

资料来源：根据历年《中国统计年鉴》计算。

从收入分配的视角来看，我国所得税内部结构的现实格局不利于调节居民间的收入差距。这主要是因为个人所得税直接对居民的收入征税，从理论上来讲，再分配效应更加明显，但由于其比重太低，收入分配的效应可想而知；而企业所得税虽然占比较高，但由于其是直接对企业征收，虽然其税负最终也可能会由资本要素所有者部分承担，具有收入分配效应。但是由于税负转嫁的复杂性，政府在调节收入分配的过程中也不知道企业所得税的税负最终负税人是谁。

对流转税内部结构进行分析，流转税包括增值税、消费税和营业税。从表4－4可以看出，1994～2017年，增值税在流转税中的占比较高，然而至2015年整体占比呈下降趋势，2016年营业税改增值税改革后，增值税比重再次上涨至84.65%。消费税税收收入在流转税中占比基本不变，除2005～2008年四年外，其余年份占比均在10%以上，年均收入占流转税收入的13.09%。2016年之前，营业税税收收入占比呈缓慢上升趋势，与增值税收入占比负相关。2017年完成"营改增"改革，不再继续征收营业税。

表4－4　　　　　　　　**1994～2017年我国各项流转税收入占总流转税收入比例**

年份	增值税（亿元）	增值税占比（%）	消费税（亿元）	消费税占比（%）	营业税（亿元）	营业税占比（%）
1994	2308.34	66.60	487.40	14.06	670.02	19.33
1995	2602.33	64.91	541.48	13.51	865.56	21.59
1996	2962.81	63.91	620.23	13.38	1052.57	22.71
1997	3283.92	62.11	678.70	12.84	1324.27	25.05

年份	增值税（亿元）	增值税占比（%）	消费税（亿元）	消费税占比（%）	营业税（亿元）	营业税占比（%）
1998	3628.46	60.29	814.93	13.54	1575.08	26.17
1999	3881.87	60.93	820.66	12.88	1668.56	26.19
2000	4553.17	62.54	858.29	11.79	1868.78	25.67
2001	5357.13	64.15	929.99	11.14	2064.09	24.72
2002	6178.39	63.86	1046.32	10.81	2450.33	25.33
2003	7236.54	64.25	1182.26	10.50	2844.45	25.25
2004	9017.94	63.95	1501.90	10.65	3581.97	25.40
2005	10792.11	64.78	1633.81	9.81	4232.46	25.41
2006	12784.81	64.57	1885.69	9.52	5128.71	25.90
2007	15470.23	63.77	2206.83	9.10	6582.17	27.13
2008	17996.94	63.84	2568.27	9.11	7626.39	27.05
2009	18481.22	57.29	4761.22	14.76	9013.98	27.94
2010	21093.48	55.04	6071.55	15.84	11157.91	29.12
2011	24266.63	54.07	6936.21	15.45	13679.00	30.48
2012	26415.51	52.79	7875.58	15.74	15747.64	31.47
2013	28810.13	53.08	8231.32	15.17	17233.02	31.75
2014	30855.36	53.62	8907.12	15.48	17781.73	30.90
2015	31109.47	51.03	10542.16	17.29	19312.84	31.68
2016	40712.08	65.21	10217.23	16.37	11501.88	18.42
2017	56378.18	84.65	10225.09	15.35	0	0.00

资料来源：根据历年《中国统计年鉴》计算。

对行为财产税内部结构进行分析，财产和行为税包括房产税、印花税、车船税和契税（如图 4-33 所示）。1994~2017 年，契税的税收收入逐年增加，从 1994 年的 11.82 亿元契税收入增长至 2017 年的 4910.42 亿元，增加约 415 倍。2017 年，契税税收收入成为财产和行为税类中收入占比最高的税种。2007 年，行为和财产税类收入出现第一个显著的增长，其增长原因来源于 2007 年 5 月 29 日，财政部调整证券（股票）交易印花税税率，由 1‰ 调整为 3‰，印花税税收收入 2006~2007 年增长了 601%，财产和行为税类收入 2008 年重新回归到正常增长曲线上。1994~2007 年，房产税和车船税税收收入占比均逐步下降，从 2008 年开始逐年增加，侧面反映了 2008 年政府实行的宽松财政政策对经济的影响。

对资源税类内部结构进行分析，资源税类可进一步细化为资源税、土地增值税、城镇土地使用税和耕地占用税（如图 4-34 所示）。土地增值税收入增长幅度远高于其他资源税类。1994 年，土地增值税的税收收入仅为 49.9 万元，2017 年却达到了 4911.28 亿元，实现了将近 10 万倍的增长，成为当年资源税类中收入占比最多的税种，这一税收收入上的巨大变化与土地增值税的计税依据有着密切联系。1998 年，由于政府制定了取消福利分房、按揭贷款买房等政策，房地产行业进入飞速发展阶段，居民对于房地产的需求开始爆发并快速增长。由于土地增值税的计税基础是转让国有土地使用权、地上建筑物等获得的增值额，房地产行业的飞速发展使土地增值税收入爆发式增长。

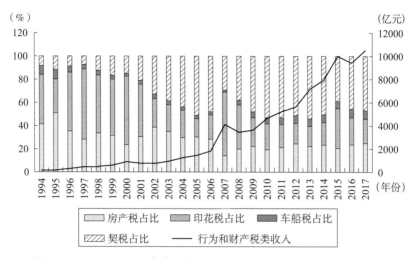

图 4-33 1994~2017 年全国各项税种占总财产和行为税类收入比例

资料来源：根据历年《中国统计年鉴》计算。

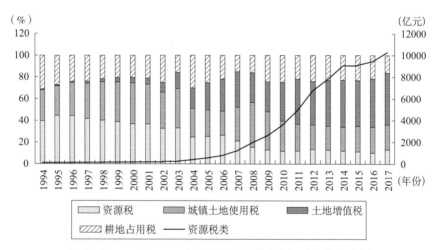

图 4-34 1994~2017 年全国各项税种占资源税类收入比例

资料来源：根据历年《中国统计年鉴》计算。

1994~2016 年，资源税税收收入占总资源税类的收入占比呈明显下降趋势，由于实施了资源税全面从价计征改革，2016~2017 年，资源税税收收入实现了 42.33% 的增长，2017 年，资源税税收收入达到了 1353.32 亿元，占 2017 年资源税类税收总收入的 13.17%。城镇土地使用税和耕地占用税的税收收入占总资源税类比例在 24 年间均有一定幅度的下降，2010 年以来，税收收入占比开始趋于稳定，两税种税收收入占比相近。2010~2017 年，城镇土地使用税的年均税收收入占比为 23.71%，耕地占用税这一比例的数值为 22.10%。

4.2.2 各省份税收收入现状分析

将我国各省份按照东、中、西部划分为三个部分，本书进行研究的 23 个省份中，东部地区包括北京、河北、辽宁、上海、江苏、浙江、福建、广东和海南9个省份；中部地区包括山西、安徽、江西、河南和湖北5个省份；西部地区包括四川、重庆、贵州、陕西、甘肃、宁夏、新疆、广西和内蒙古9个省份，将各省份数据分为三个地区进行现状分析。

4.2.2.1　各省份增值税收入现状分析

1994～2016年，我国样本省份东、中、西部增值税收入存在明显差异，东部省份增值税收入明显高于中部和西部省份（如图4-35所示）。东部省份增值税收入占全国增值税收入的比例在48.88%～63.06%之间波动，1994～2016年，年均增值税收入占比为57.72%。中部省份增值税收入占全国增值税收入最小，在9.02%～14.21%的占比区间波动。然而，中部地区仅包含5个样本省份，对各地区省份平均值进行比较可知，中部地区的平均省份增值税收入占比要高于西部省份，西部地区受经济发展的限制，各省份增值税收入状况弱于东部和中部省份。西部省份的增值税收入占比略高于中部省份增值税占比，在10.06%～15.58%的占比区间波动。

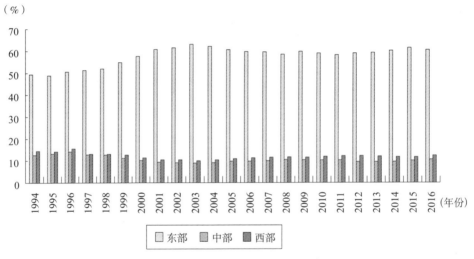

图4-35　1994～2016年各省份增值税收入比例

资料来源：根据历年《中国税务年鉴》和《中国统计年鉴》计算。

（1）东部地区省份增值税收入分析。

东部地区省份整体增值税收入占比较大，各省份之间有明显差距（如图4-36所示）。在东部地区省份中，除海南外，其余样本省份的增值税收入占比均超过1.39%，广东为东部地区增值税收入贡献最多的省份。1994～2016年，广东增值税收入最多可高达同年海南增值税收入的90倍。广东、上海和江苏为东部地区增值税收入占比的前三名，三省份年均增值税收入占比为11.57%。海南、福建和河北为东部地区增值税收入占比最少的省份，三省份年均增值税收入占比为2.19%。

（2）中部地区省份增值税收入分析。

中部地区各样本省份增值税收入比例较为平均，各省份增值税收入比例相差较小（如

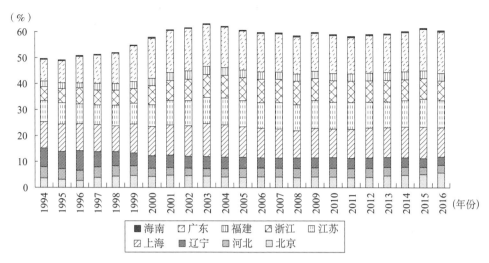

图 4 - 36 1994～2016 年东部地区各省份增值税占比

资料来源：根据历年《中国税务年鉴》和《中国统计年鉴》计算。

图 4 - 37 所示）。1994～2016 年，中部地区的增值税收入呈波动下降趋势，除安徽外，中部地区其他省份 2016 年增值税收入占比均小于 1994 年比重。中部地区河南的增值税收入最高，年均增值税占比为 2.79%，约为增值税收入最少的江西的两倍。

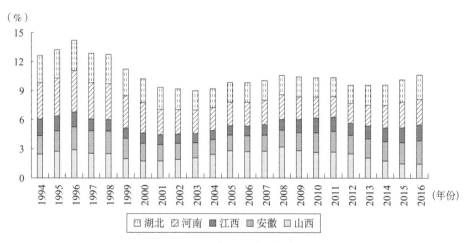

图 4 - 37 1994～2016 年中部地区各省份增值税占比

资料来源：根据历年《中国税务年鉴》和《中国统计年鉴》计算。

（3）西部地区省份增值税收入分析。

西部地区各省份增值税收入占比相对较少，各省份之间存在一定差距（如图 4 - 38 所示）。1994～2016 年，宁夏增值税收入始终在西部地区省份中排名最低。四川、陕西和内蒙古在西部地区各省份中增值税收入排名前三，陕西和内蒙古之间增值税收入差距不大。西部各省份增值税收入比重变化趋势有明显不同，以 1996 年为例，1996 年为西部地区增值税收入占比为样本区间内最高的一年，但重庆、甘肃、新疆和广西四个省份的增值税收入占比却低于其 2000 年的比重。

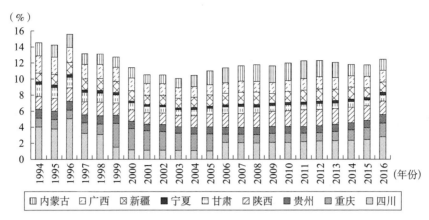

图 4 - 38　1994 ~ 2016 年西部地区各省份增值税占比

资料来源：根据历年《中国税务年鉴》和《中国统计年鉴》计算。

4.2.2.2　各省份消费税收入现状分析

1994 ~ 2016 年，我国样本省份东、中、西部消费税收入存在明显差异，东部省份消费税收入比例大于中部和西部省份消费税占比之和（如图 4 - 39 所示）。东部省份消费税收入占全国消费税收入的比例在 29.56% ~ 45.70% 之间波动，中部省份消费税收入占全国消费税收入最小，在 10.93% ~ 14.42% 的占比区间波动。西部省份的消费税收入占比略高于中部省份，在 13.59% ~ 18.78% 的占比区间波动。且仅有中部地区的消费税收入占比呈下降趋势，1994 ~ 2016 年，下降 1%。1998 年，样本省份消费税收入占比达到历年来最高值，消费税收入占比为 83.46%。

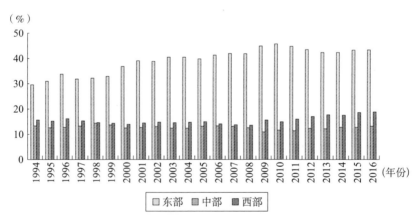

图 4 - 39　1994 ~ 2016 年各省份消费税收入比例

资料来源：根据历年《中国税务年鉴》和《中国统计年鉴》计算。

（1）东部地区省份消费税收入分析。

东部地区省份整体消费税收入占比较大，各省份之间占比存在较大差异（如图 4 - 40 所示）。东部地区各省份消费税收入占比差异较大，比例排名前三的广东、上海和江苏三个省份消费税收入占比之和达到了东部地区占比的 56.85%；比例排名倒数的海南、北京和河北三个省份消费税收入占比之和仅为东部地区占比的18.92%。在东部地区省份中，除海南外，其余样本省份的消费税收入占比均超过1.67%，海南1994～2016年消费税收入占比合计数略大于广东2011年消费税收入占比。

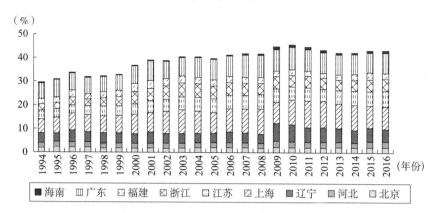

图4-40　1994～2016年东部地区各省份消费税占比

资料来源：根据历年《中国税务年鉴》和《中国统计年鉴》计算。

（2）中部地区省份消费税收入分析。

中部地区各样本省份消费税收入比例存在差异，山西消费税收入占比为中部地区最低（如图4-41所示）。1994～2016年，中部地区的消费税收入呈波动上涨趋势，年均增长率为15.66%。中部地区湖北消费税收收入最高，1994～2016年，消费税收入约为山西消费税收入的8.53倍。只有湖北和江西的消费税收入占比较1994年收入占比增加，约为1994年消费税占比的148%。

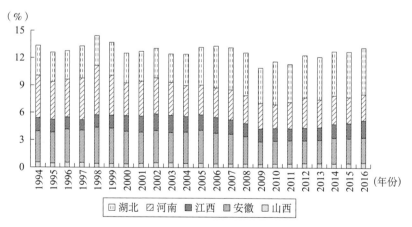

图4-41　1994～2016年中部地区各省份消费税占比

资料来源：根据历年《中国税务年鉴》和《中国统计年鉴》计算。

（3）西部地区省份消费税收入分析。

西部地区各省份消费税收入占比相对较少，各省份之间存在一定差距（如图4-42所示）。1994～2016年，宁夏消费税收入始终在西部地区省份中排名最低，但整体占比呈现波动上升趋势。四川、贵州和陕西在西部地区各省份中消费税收入排名前三，与增值税西部占比排名的前三省不同。宁夏作为西部地区中收入占比排名倒数的省份，1994~2016 年的增长幅度却是西部省份中最快的，增长了 187%。

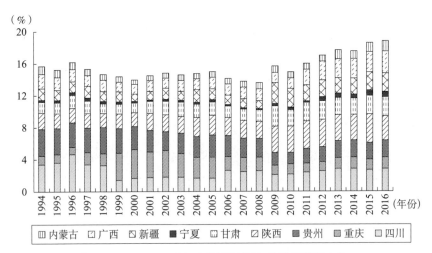

图 4-42　1994~2016 年西部地区各省份消费税占比

资料来源：根据历年《中国税务年鉴》和《中国统计年鉴》计算。

4.2.2.3　各省份营业税收入现状分析

1994~2016 年，我国样本省份东、中、西部营业税收入存在较大差异，但该差距在逐年缩小（如图 4-43 所示）。1994 年，东部省份营业税收入比例分别为中部和西部地区营业税比例的 5.27 倍和 4.17 倍，东部样本省份营业税收入占全国营业税收入的比例为 55.25%。而在 2016 年，东部省份营业税收入比例分别缩小至中部和西部地区营业税比例的 3.68 倍和 3.37 倍，东部样本省份营业税收入占全国营业税收入的比例缩小至 53.51%。相较于东部地区营业税收入比例的逐年缩小，1994~2016 年，中部和西部地区营业税收入占比近年来出现了先降低再增加的趋势，并分别于 2016 年和 2013 年达到了近年来的营业税收入占比最高值，占全国营业税收入比重的 14.53% 和 18.43%。

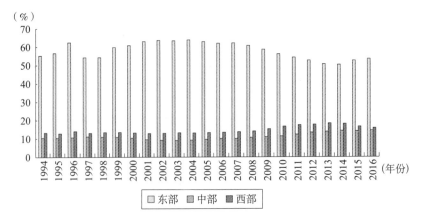

图 4-43　1994~2016 年各省份营业税收入比例

资料来源：根据历年《中国税务年鉴》和《中国统计年鉴》计算。

（1）东部地区省份营业税收入分析。

东部地区省份整体营业税收入占比波动较大，2014 年为近年来东部地区营业税收入占比最低点（如图 4-44 所示）。广东、北京和上海为东部地区营业税占比排名前三的省份。排名前四的省份中，只有江苏的营业收入占比呈现上升趋势，2016 年营业税收入占比为1994 年的 2.61 倍。辽宁、海南和广东的营业税收入占比下降趋势明显，截至 2016 年，分别下降了 62.27%、49.24% 和 35.39%。除海南外，其余样本省份的营业税收入占比均超过 2.29%。

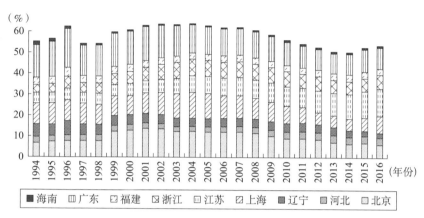

图 4-44　1994~2016 年东部地区各省份营业税占比

资料来源：根据历年《中国税务年鉴》和《中国统计年鉴》计算。

（2）中部地区省份营业税收入分析。

中部地区各样本省份营业税收入占比波动较大，各省份占比无明显差异（如图 4-45所示）。1994~2016 年，中部地区的营业税收入呈波动上涨趋势，年均增长率为 16.69%。中部地区河南的营业税收入最高，1994~2016 年，营业税收入约为山西营业税收入的1.77 倍。江西营业税收入占比增长幅度最大，2016 年营业税收入占比相较于 1994 年上涨了 174%。

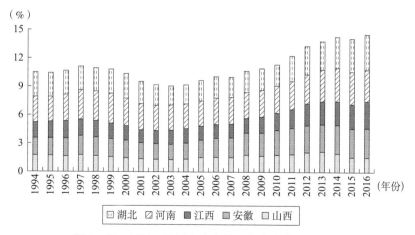

图 4-45　1994~2016 年中部地区各省份营业税占比

资料来源：根据历年《中国税务年鉴》和《中国统计年鉴》计算。

（3）西部地区省份营业税收入分析。

西部地区各省份营业税收入占比相对较少，各省份之间存在一定差距（如图4-46所示）。1994~2016年，宁夏的营业税收入始终在西部地区省份中排名最低，但整体占比呈逐年上升趋势。四川、重庆和陕西在西部地区各省份中营业税收入排名前三，但四川和重庆1994~2016年营业税收入占比波动较大，二者波动幅度不一，陕西的营业税收入占比保持稳定。宁夏、甘肃、贵州作为西部地区收入占比排名倒数三位的三个省份，1994~2016年，营业税总占比约为四川的营业税总收入占比的77%。

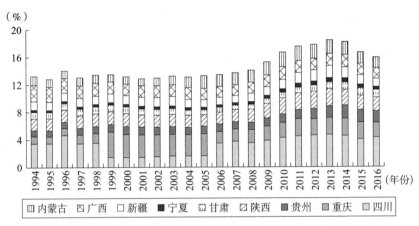

图4-46　1994~2016年西部地区各省份营业税占比

资料来源：根据历年《中国税务年鉴》和《中国统计年鉴》计算。

4.2.2.4　各省份企业所得税收入现状分析

1994~2016年，我国样本省份东、中、西部企业所得税收入占比逐年增加，东、中、西部企业所得税占比差距逐步扩大（如图4-47所示）。我国样本省份的整体企业所得税占比由1994年的58.71%增长至2016年的88.09%，增长29个百分点。东部省份企业所得税收入比例1994年分别为中部和西部地区企业所得税比重的4.34倍和5倍，东部地区样本省份企业所得税收入占全国企业所得税收入的比例为41.40%。2016年，东部省份企业所得税收入比例扩大至中部和西部地区比例的7.39倍和7.12倍，东部样本省份企业所得税收入占全国企业所得税收入的比例增长至69.04%。相较于东部地区企业所得税收入比例的明显增长，1994~2016年，中部地区企业所得税收入占比变化不大，由1994年占总企业所得税收入的9.46%减少至2016年的9.34%，变动0.13个百分点。而西部地区企业所得税收入占比出现了小范围的波动趋势，2012年，企业所得税收入占比达到了近年来的最高值，占全国企业所得税收入的11.79%。

（1）东部地区省份企业所得税收入分析。

东部地区省份整体企业所得税收入占比波动较大，1994~2016年，整体东部占比呈上升趋势（如图4-48所示）。北京、广东、上海为东部地区企业所得税占比排名前三的省份，其中，北京的企业所得税收入占比远高于广东和上海，年均企业所得税收入占比为17.97%。北京、广东和江苏1994~2016年的企业所得税收入占比增长明显，较1994年

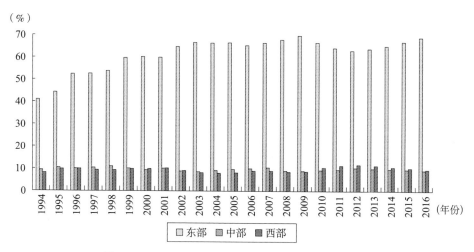

图 4 - 47　1994～2016 年各省份企业所得税收入比例

资料来源：根据历年《中国税务年鉴》和《中国统计年鉴》计算。

分别增长了 2.15 倍、1.33 倍和 1.12 倍。辽宁、河北和海南的企业所得税收入占比 23 年间不增反降，辽宁的减幅最大，2016 年的占比小于 1994 年占比的一半。海南、福建、河北为东部地区企业所得税收入占比最少的三个省份，且除海南和福建外，其余东部沿海省份的企业所得税年均收入占比均超过 6.5%。

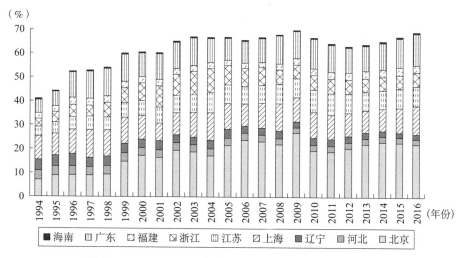

图 4 - 48　1994～2016 年东部地区各省份企业所得税占比

资料来源：根据历年《中国税务年鉴》和《中国统计年鉴》计算。

（2）中部地区省份企业所得税收入分析。

中部地区各样本省份企业所得税收入占比波动较大，各省份占比也有相应的波动（如图 4 - 49 所示）。1994～2016 年，中部地区的企业所得税收入占比波动较大，但始终在 9.7% 上下波动。中部地区省份中，河南的企业所得税收入最高，1994～2016 年，企业所得税收入约为江西企业所得税收入的 2.61 倍。山西的企业所得税收入占比减小幅度最大，2016 年，企业所得税收入占比为 1994 年的 51.16%。

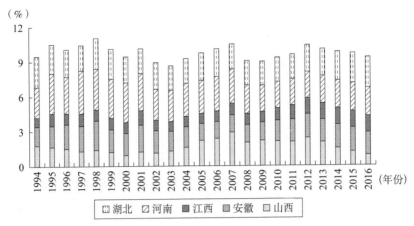

图 4 – 49　1994～2016 年中部地区各省份企业所得税占比

资料来源：根据历年《中国税务年鉴》和《中国统计年鉴》计算。

（3）西部地区省份企业所得税收入分析。

西部地区各省份企业所得税收入占比相对较少，个别省份占比波动较大（如图 4 – 50 所示）。1994～2016 年，宁夏的企业所得税收入始终在西部地区省份中排名最低，但整体占比变化不大。四川、重庆和陕西在西部地区各省份中企业所得收入排名前三，但重庆 1994～2016 年企业所得税收入占比波动较大，23 年间增长 213.9%，四川和陕西的企业所得税收入占比保持稳定。仅有甘肃和广西的企业所得税占比 1994～2016 年呈下降趋势，分别为 1994 年收入的 56.91% 和 66.87%。

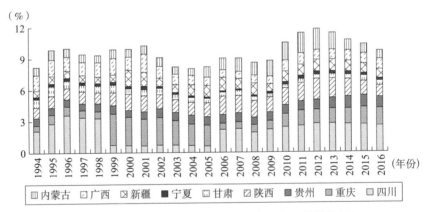

图 4 – 50　1994～2016 年西部地区各省份企业所得税占比

资料来源：根据历年《中国税务年鉴》和《中国统计年鉴》计算。

4.2.2.5　各省份个人所得税收入现状分析

1994～2016 年，我国样本省份东、中、西部个人所得税收入占比波动不大，西部地区省份个人所得税占比呈波动上升趋势（如图 4 – 51 所示）。我国样本省份的整体个人所得税占比由 1994 年的 80.58% 增长至 2016 年的 94.55%，增长 14 个百分点。东部省份个人所得税收入比例变化最小，在 58.27%～72.75% 之间波动。2016 年，中部地区个人所得税收入占比为 23 年来最低值，是最大值 1998 年的 63.89%。西部地区的个人所得税收入占比呈上升趋势，从 1994 年的 9.59% 升高至 2016 年的 11.53%，增长率为 120%。

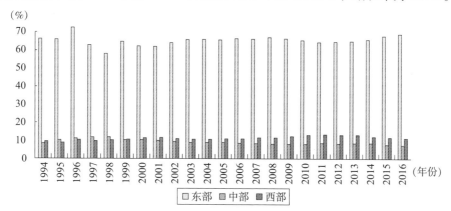

图 4-51　1994~2016 年各省份个人所得税收入比例

资料来源：根据历年《中国税务年鉴》和《中国统计年鉴》计算。

（1）东部地区省份个人所得税收入分析。

东部地区省份整体个人所得税收入占比较大，1994~2016 年，整体东部占比变化较小（如图 4-52 所示）。广东、上海、北京为东部地区个人所得税占比排名前三的省份，其中，广东的个人所得税收入占比远高于上海和北京，年均个人所得税收入占比为 15.35%。江苏 1994~2016 年的个人所得税收入占比增长明显，较 1994 年增长了 1.42 倍。辽宁的个人所得税收入占比 23 年间占比最为突出，从 1994 年的 5.37% 下降至 2016 年的 1.19%。除海南外，其余东部各省份的个人所得税收入占比均超过 1.77%。海南、河北和福建作为东部地区个人所得税收入占比最少的三个省份，个税收入占比仅为整个东部省份的 11.44%。

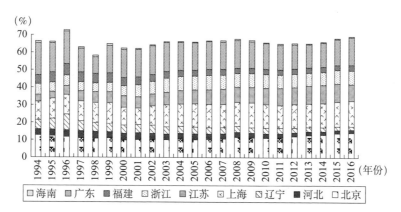

图 4-52　1994~2016 年东部地区各省份个人所得税占比

资料来源：根据历年《中国税务年鉴》和《中国统计年鉴》计算。

（2）中部地区省份个人所得税收入分析。

中部地区各样本省份个人所得税收入占比波动较大，1994~2016 年，呈现先增加后减少的变化趋势（如图 4-53 所示）。1994~2016 年，中部地区的个人所得税收入占比波动较大，2008 年之后，占比趋于平稳，在 8.3% 上下波动。中部地区省份中，江西的个人所得税收入占比最低，1994~2016 年，个人所得税收入占比约为河南个人所得税收入的一半。山西的个人所得税收入占比减小幅度最大，2016 年，个人所得税收入占比为 1994 年的 43.10%。

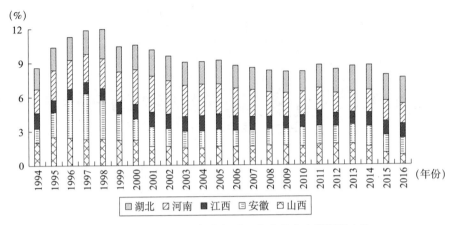

图 4 - 53　1994~2016 年中部地区各省份个人所得税占比

资料来源：根据历年《中国税务年鉴》和《中国统计年鉴》计算。

（3）西部地区省份个人所得税收入分析。

西部地区各省份个人所得税收入占比相对较少，1994~2016 年，整体占比呈波动上升趋势（如图 4 - 54 所示）。宁夏的个人所得税收入始终在西部地区省份中排名最低，但整体占比变化不大。四川、重庆和广西在西部地区各省份中个人所得收入排名前三。内蒙古是 1994~2016 年个人所得税收入占比增幅最大的西部省份，23 年间增长 121.65%，而广西、宁夏和甘肃的个人所得税占比 1994~2016 年呈下降趋势，分别为 1994 年的 62.89%、81.09% 和 83.15%。

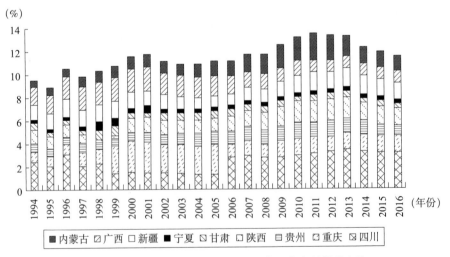

图 4 - 54　1994~2016 年西部地区各省份个人所得税占比

资料来源：根据历年《中国税务年鉴》和《中国统计年鉴》计算。

4.2.2.6　各省份直接税和间接税收入现状分析

我国样本省份东、中、西部直接税和间接税收入存在明显差异，东部省份占比明显高于中部和西部省份。将各省份税收收入划分为直接税和间接税分类进行分析，由表 4 − 5 可知，我国直接税收入占比 1994～2016 年逐年增长，而间接税收入占比则出现逐年下降趋势。从直接税来看，各地区省份的直接税占比 1994～2016 年均呈现波动上升趋势，东部地区省份增长幅度最大，从 1994 年的 8.39% 增长至 2016 年的 21.73%；中部地区省份的直接税占比增长幅度最小，2016 年的直接税收入占比约为 1994 年的 1.88 倍。从间接税来看，各地区省份的间接税占比 1994～2016 年均呈现波动下降趋势，中部地区省份占比减少幅度最大，从 1994 年的 9.76% 下降至 2016 年的 6.80%；东部地区省份的间接税占比减少幅度最小，2016 年的间接税收入占比约为 1994 年的 87.16%。

表 4 − 5　　　　　　1994～2016 年我国直接税和间接税收入占总税收收入比例　　　　　　单位：%

年份	东部		中部		西部		合计
	直接税	间接税	直接税	间接税	直接税	间接税	
1994	8.39	37.01	1.68	9.76	1.57	11.34	69.75
1995	9.90	36.83	1.97	9.77	1.92	10.89	71.29
1996	11.83	37.99	1.95	9.92	2.03	11.46	75.18
1997	10.96	36.95	1.93	9.52	1.83	10.17	71.36
1998	10.96	38.11	1.91	9.72	1.76	10.43	72.89
1999	12.52	39.97	1.90	8.77	1.95	10.03	75.14
2000	14.74	39.89	2.10	7.67	2.31	8.82	75.52
2001	16.63	40.84	2.46	6.88	2.64	8.06	77.50
2002	16.84	42.57	2.13	7.01	2.32	8.36	79.23
2003	17.38	44.84	2.13	7.07	2.25	8.38	82.05
2004	17.51	43.09	2.24	6.96	2.25	8.32	80.37
2005	18.91	41.33	2.54	7.26	2.50	8.45	81.00
2006	19.04	40.14	2.67	7.20	2.67	8.48	80.20
2007	19.72	37.58	2.78	6.80	2.76	8.09	77.74
2008	20.70	36.83	2.81	7.12	2.96	8.20	78.63
2009	20.05	38.11	2.67	7.26	2.93	8.87	79.88
2010	19.17	37.32	2.79	7.31	3.33	9.19	79.11
2011	19.53	35.72	3.00	7.21	3.73	9.32	78.51
2012	18.03	34.15	3.02	6.86	3.59	9.11	74.75
2013	18.63	32.98	3.15	6.78	3.67	8.97	74.18
2014	19.39	32.42	3.16	6.75	3.62	8.61	73.95
2015	20.23	32.17	3.10	6.85	3.58	8.37	74.30
2016	21.73	32.25	3.14	6.80	3.56	8.18	75.67

资料来源：根据历年《中国税务年鉴》和《中国统计年鉴》计算。

（1）东部地区省份直接税和间接税收入分析。

东部地区省份直接税占比整体呈明显上升趋势，间接税收入占比则先增长后下降。

1994~2016 年，直接税收入占总税收收入比重最大的省份分别为北京、广东和上海，三省份直接税收入占比之和为整个东部地区的 61.40%；直接税占比最小的省份为海南、河北和福建，三省份直接税收入占比之和小于整个东部地区省份占比的平均值 42.53%（如图 4 - 55 所示）。

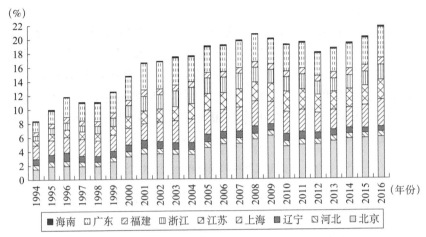

图 4 - 55　1994~2016 年东部地区各省份直接税占比

资料来源：根据历年《中国税务年鉴》和《中国统计年鉴》计算。

1994~2016 年，间接税收入占总税收收入比重最大的省份分别为广东、上海和江苏，三省份间接税收入占比之和为整个东部地区的 57.55%；间接税占比最小的省份为海南、福建和河北，三省份直接税收入占比之和约为广东间接税收入占比的一半（如图 4 - 56 所示）。

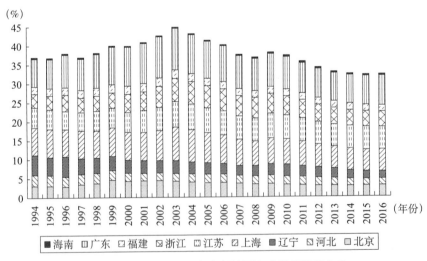

图 4 - 56　1994~2016 年东部地区各省份间接税占比

资料来源：根据历年《中国税务年鉴》和《中国统计年鉴》计算。

（2）中部地区省份直接税和间接税收入分析。

中部地区省份直接税占比整体呈平缓上升趋势，间接税收入占比则平缓下降（如

图 4 - 57 和图 4 - 58 所示）。中部地区中无论是直接税还是间接税，河南的占比都为中部省份中最高，江西为中部省份中最低，其余省份占比相差不大。除山西外，其余中部地区省份直接税占比近年来均有一定程度的增长，江西的增长幅度最大，增长 214.30%；而中部地区各省份间接税 1994～2016 年占比均呈现下降态势。

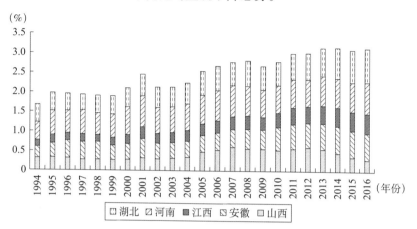

图 4 - 57　1994～2016 年中部地区各省份直接税占比

资料来源：根据历年《中国税务年鉴》和《中国统计年鉴》计算。

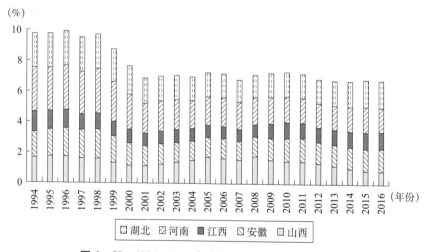

图 4 - 58　1994～2016 年中部地区各省份间接税占比

资料来源：根据历年《中国税务年鉴》和《中国统计年鉴》计算。

（3）西部地区省份直接税和间接税收入分析。

西部地区省份直接税占比整体呈波动上升趋势，间接税收入占比则平缓下降（如图 4 - 59 和图 4 - 60 所示）。西部地区中无论是直接税还是间接税，四川的占比都为西部省份中最高，宁夏为西部省份中最低的，其余省份占比相差不大。西部地区各省份直接税占比 1994～2016 年均有不同程度的增长，重庆的增长幅度最大，增长 372.36%；大部分西部省份的间接税占比 23 年间出现不同程度的下降，然而，重庆和宁夏的间接税收入占比却没有下降。

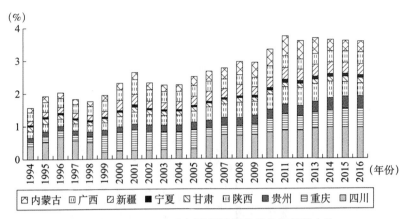

图 4 - 59　1994 ~ 2016 年西部地区各省份直接税占比

资料来源：根据历年《中国税务年鉴》和《中国统计年鉴》计算。

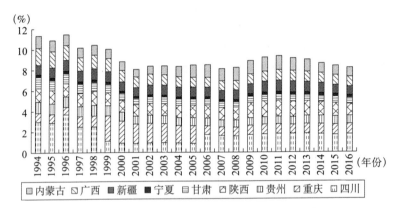

图 4 - 60　1994 ~ 2016 年西部地区各省份间接税占比

资料来源：根据历年《中国税务年鉴》和《中国统计年鉴》计算。

4.2.2.7　各省份流转税收入现状分析

1994 ~ 2016 年，我国样本省份东、中、西部流转税收入占比存在明显差异，东部省份流转税收入比例大于中部和西部省份流转税占比之和（如图 4 - 61 所示）。东部省份流转税收入占全国流转税收入的比例在 47. 57% ~ 61. 19% 之间波动，中部省份流转税税收入占全国流转税收入比例最小，在 9. 32% ~ 13. 13% 的占比区间波动。西部省份的流转税收入占比略高于中部省份，在 11. 09% ~ 15. 29% 的占比区间波动。且仅有东部地区的流转税收入占比呈上升趋势，1994 ~ 2016 年上涨 20%，中部和西部省份 23 年间流转税收入占比均有小幅度的下降。

（1）东部地区省份流转税收入分析。

东部地区省份整体流转税收入占比较大，各省份之间占比存在较大差异（如图 4 - 62 所示）。东部地区各省份流转税收入占比差异较大，广东、上海和江苏在东部省份流转税收入占比排名前三，占比之和达到了东部地区占比的 58. 13%；比例排名倒数的海南、福建和河北流转税收入占比之和仅为广东收入占比的一半。在东部地区省份中，除海南外，

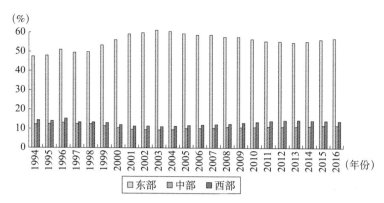

图 4 – 61　1994～2016 年各省份流转税收入比例

资料来源：根据历年《中国税务年鉴》和《中国统计年鉴》计算。

其余样本省份的流转税收入占比均超过 2.43%，海南 1994～2016 年流转税收入占比合计数小于广东 2003～2005 年单年流转税收入占比。

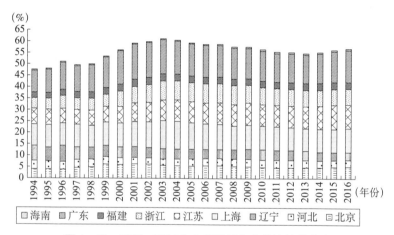

图 4 – 62　1994～2016 年东部地区各省份流转税占比

资料来源：根据历年《中国税务年鉴》和《中国统计年鉴》计算。

（2）中部地区省份流转税收入分析。

中部地区各样本省份流转税收入占比呈波动变化，各省份之间占比差异较小（如图 4 – 63 所示）。1994～2016 年，中部地区的流转税收入呈波动变化，2016 年流转税收入占比与 1994 年占比基本持平。河南和江西为中部地区流转税收入占比最高和最低的省份，1994～2016 年，河南流转税收入占比之和约为江西占比的 2 倍，中部地区省份之间流转税收入占比差距较小。

（3）西部地区省份流转税收入分析。

西部地区各省份流转税收入占比相对较少，各省份之间存在一定差距（如图 4 – 64 所示）。1994～2016 年，宁夏的流转税收入始终在西部地区省份中排名最低；四川、陕西和重庆在西部地区各省份中流转税总收入排名前三，宁夏的流转税收入占比约为四川的 12.90%。

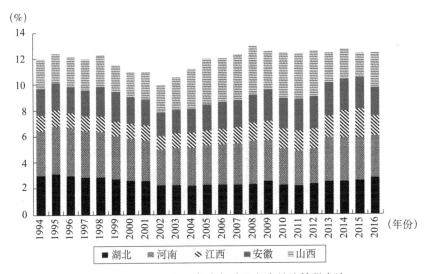

图 4 – 63　1994 ~ 2016 年中部地区各省份流转税占比

资料来源：根据历年《中国税务年鉴》和《中国统计年鉴》计算。

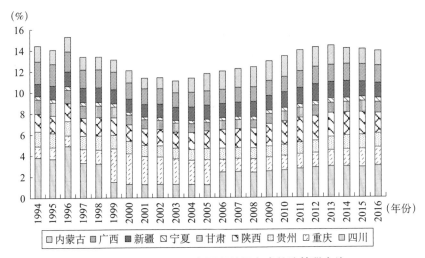

图 4 – 64　1994 ~ 2016 年西部地区各省份流转税占比

资料来源：根据历年《中国税务年鉴》和《中国统计年鉴》计算。

4.2.2.8　各省份所得税收入现状分析

我国样本省份东、中、西部所得税收入存在较大差异，但差距在逐年扩大（如图 4 – 65 所示）。1994 年，东部省份所得税收入比例分别为中部和西部地区所得税比例的 5.19 倍和 5.77 倍，东部样本省份所得税收入占全国所得税收入的比例为 46.19%。截至 2016 年，东部省份所得税收入比例分别扩大至中部和西部地区所得税比例的 7.76 倍和 6.69 倍，东部样本省份所得税收入占全国所得税收入的比例扩大至 69.11%。相较于东部和西部地区所得税收入比例的逐年增加，1994 ~ 2016 年，中部地区所得税收入占比近年来变化不大，维持在相对稳定的状态。

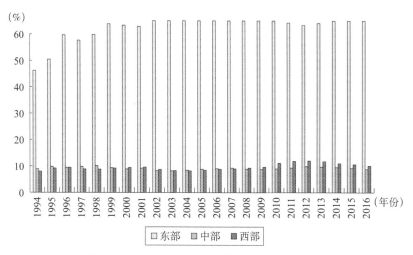

图 4 – 65　1994～2016 年各省份所得税收入比例

资料来源：根据历年《中国税务年鉴》和《中国统计年鉴》计算。

（1）东部地区省份所得税收入分析。

东部地区省份整体所得税收入占比较大，1994～2016 年呈波动上升趋势（如图 4 – 66 所示）。2014 年为近年来东部地区所得税收入占比最低点。北京、广东和上海为东部地区所得税占比排名前三的省份，北京 1994～2016 年所得税收入占比增速最快，为 1994 年占比的 2.43 倍。辽宁和河北所得税收入占比下降趋势明显，截至 2016 年，分别下降了 56.23% 和 40.81%。除海南外，其余样本省份的所得税收入占比均超过 1.99%。

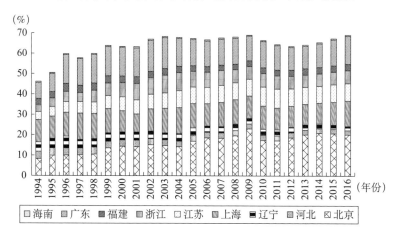

图 4 – 66　1994～2016 年东部地区各省份所得税占比

资料来源：根据历年《中国税务年鉴》和《中国统计年鉴》计算。

（2）中部地区省份所得税收入分析。

中部地区各样本省份所得税收入占比波动较大，各省份所得税占比无较大差异（如图 4 – 67 所示）。1994～2016 年，中部地区的总所得税收入占比在 9.2% 上下波动；除山西和河南外，其余中部地区省份占比呈波动上涨趋势，江西的增长幅度最大，2016 年所得税收入占比为 1994 年的 1.68 倍。中部地区省份所得税年均收入占比在 1.06% ～

2.59%的区间内，各省份所得税占比差异较小。

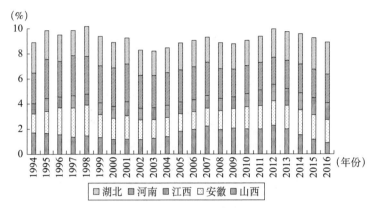

图 4-67　1994~2016 年中部地区各省份所得税占比

资料来源：根据历年《中国税务年鉴》和《中国统计年鉴》计算。

（3）西部地区省份所得税收入分析。

西部地区各省份所得税收入占比相对较少，1994~2016 年总占比呈波动上涨趋势（如图 4-68 所示）。除甘肃和广西外，其余西部省份 1994~2016 年的所得税收入占比均出现一定程度的增加，重庆的涨幅最为明显，2016 年所得税收入占比较 1994 年数据增加 1.88 倍。西部省份的所得税收入占比差异较大，西部省份中年均所得税收入占比最高的四川约为收入占比最低的宁夏的 9 倍。

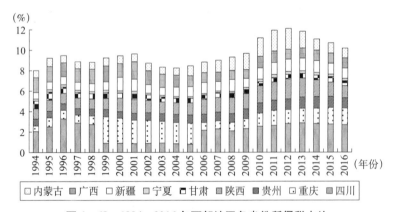

图 4-68　1994~2016 年西部地区各省份所得税占比

资料来源：根据历年《中国税务年鉴》和《中国统计年鉴》计算。

4.2.2.9　各省份财产行为税收入现状分析

1994~2016 年，我国样本省份东、中、西部财产行为类收入占比呈波动变化，各地区变化方向不一（如图 4-69 所示）。我国样本省份的整体财产行为税占比有一定的波动变化，在占全国财产行为税类收入的 87% 之间上下波动。东部省份企业财产行为税收入比例从 1994 年的 67.59% 下降至 2016 年的 58.67%；中部省份则从 1994 年的 8.87% 增长至 2016 年的 12.18%；西部省份财产行为税 23 年间也有一定程度的增长，2016 年财产行为税收入占比较 1994 年增长 34.01%。

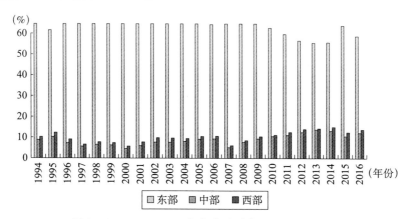

图 4 - 69　1994 ~ 2016 年各省份财产行为税收入比例

资料来源：根据历年《中国税务年鉴》和《中国统计年鉴》计算。

（1）东部地区省份财产行为税收入分析。

东部地区省份整体财产行为税收入占比波动较大，1994 ~ 2016 年，整体东部占比呈波动下降趋势（如图 4 - 70 所示）。广东、上海、江苏为东部地区财产行为税占比排名前三的省份，其中，上海 2016 年的财产行为税占比较 1994 年呈下降趋势，下降了 59.64%。浙江、江苏、北京 1994 ~ 2016 年的财产行为税收入占比增长明显，较 1994 年分别增长了1.09 倍、0.82 倍和 0.30 倍。东部地区省份中，辽宁和上海 23 年间下降较为明显，其余东部地区省份行为财产税 2016 年占比较 1994 年无明显变化。

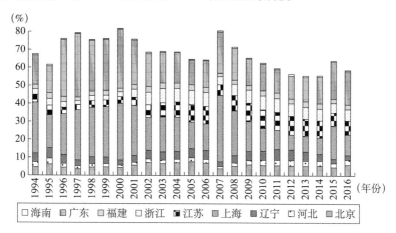

图 4 - 70　1994 ~ 2016 年东部地区各省份财产行为税占比

资料来源：根据历年《中国税务年鉴》和《中国统计年鉴》计算。

（2）中部地区省份财产行为税收入分析。

中部地区各样本省份财产行为税收入占比呈波动上升趋势，各省份财产行为税收入占比也有相应的波动（如图 4 - 71 所示）。1994 ~ 2016 年，中部地区的财产行为税收入占比波动较大，安徽和河南是波动形成的主要原因。中部地区省份中，河南的财产行为税收入最高，1994 ~ 2016 年，财产行为税收入占比约为山西的 2.21 倍。

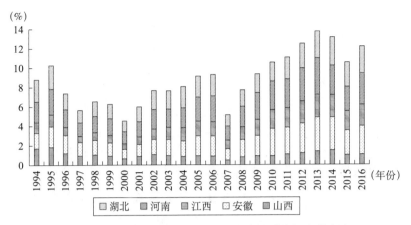

图 4 – 71　1994 ~ 2016 年中部地区各省份财产行为税占比

资料来源：根据历年《中国税务年鉴》和《中国统计年鉴》计算。

（3）西部地区省份财产行为税收入分析。

西部地区各省份财产行为税收入占比相对较少，整体财产行为税占比呈上升趋势（如图 4 – 72 所示）。除陕西和甘肃外，其余西部地区省份 1994 ~ 2016 年财产行为税均呈现上升趋势，贵州的增长幅度最大，是 1994 年财产行为税占比的 2.46 倍。四川、重庆和陕西在西部地区各省份中财产行为税占比排名前三，四川和重庆财产税占比均有一定幅度的增长。宁夏的财产行为税占比在西部地区中最少，1994 ~ 2016 年，财产行为税总占比约为四川总占比的 1/10。

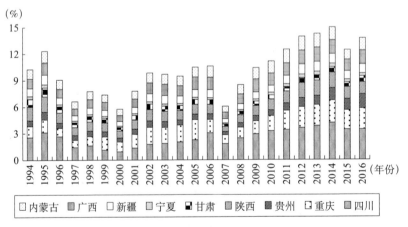

图 4 – 72　1994 ~ 2016 年西部地区各省份财产行为税占比

资料来源：根据历年《中国税务年鉴》和《中国统计年鉴》计算。

4.2.2.10　各省份资源税类收入现状分析

1994 ~ 2016 年，我国样本省份东、中、西部资源税类收入占比均呈现波动上升趋势，西部地区省份占比增幅最大（如图 4 – 73 所示）。我国样本省份的整体资源税类收入占比由 1994 年的 56.85% 增长至 2016 年的 80.08%，增长 23 个百分点。中部省份资源税类收入比例变化最小，在 13.74% ~ 18.44% 之间波动。东部地区资源税类收入占比于 1994 年达到 23 年来最低值，是最大值 2011 年的 60.04%。西部地区的资源税类收入占比上升趋势最为明显，1994～2016 年，上升了 72.06%。

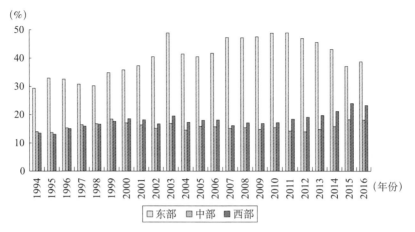

图 4-73　1994～2016 年各地区资源税类收入比例

资料来源：根据历年《中国税务年鉴》和《中国统计年鉴》计算。

（1）东部地区省份资源税类收入分析。

东部地区省份整体资源税类收入占比较大，1994～2016 年，整体东部占比变化较小（如图 4-74 所示）。辽宁、广东和江苏为东部地区资源税类占比排名前三的省份，其中，辽宁的资源税类收入占比呈波动下降趋势。东部省份中，除海南外，其余省份年均资源税类收入占比均超过 2.4%，但海南 1994～2016 年占比增速是东部省份中最快的。2003 年，东部地区资源税类占比为近年来最高，浙江和江苏的资源税类收入占比该年都出现了明显的增长，分别较 2002 年资源税类收入占比增长了 51.65% 和 58.70%。

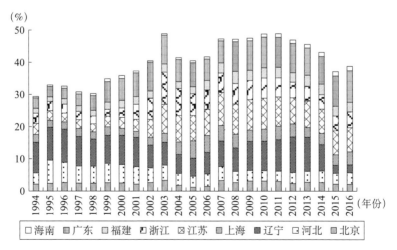

图 4-74　1994～2016 年东部地区各省份资源税类占比

资料来源：根据历年《中国税务年鉴》和《中国统计年鉴》计算。

（2）中部地区省份资源税类收入分析。

中部地区各样本省份整体资源税类收入占比波动较大，1994～2016 年呈现倒 S 型变化趋势，在 15.75% 上下波动（如图 4 - 75 所示）。中部地区省份中，江西的资源税类收入占比最低，1994～2016 年，总资源税收入占比约为河南占比的一半，但江西同样是中部地区中资源税类收入占比增幅最大的省份，较 1994 年增长约 1.7 倍。中部地区省份中仅有山西的资源税类收入呈现逐年下降趋势，2016 年资源税类收入占比为 1994 年的 43.84%。

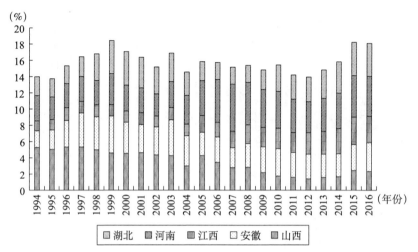

图 4 - 75　1994～2016 年中部地区各省份资源税类占比

资料来源：根据历年《中国税务年鉴》和《中国统计年鉴》计算。

（3）西部地区省份资源税类收入分析。

西部地区各省份资源税类收入占比 1994～2016 年明显上升，整体占比增速大于东部和中部地区，呈波动上升趋势（如图 4 - 76 所示）。宁夏的资源税类收入始终在西部地区省份中排名最低，但较 1994 年数据已经有了相对提高。内蒙古、四川和重庆为西部地区资源税类占比最高的省份，且除甘肃外，其余西部地区省份 1994～2016 年资源税类收入占比均有不同程度的上升，平均增幅 97.24%。

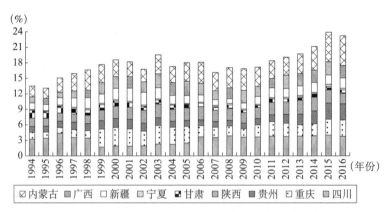

图 4 - 76　1994～2016 年西部地区各省份资源税类占比

资料来源：根据历年《中国税务年鉴》和《中国统计年鉴》计算。

福利分配的测算及其结果分析

根据第 1 章导论中的福利分配界定，在学术前辈研究的基础上测算福利分配指标数据，从而更好地实证检验财税政策的福利分配效应。根据本书的研究思路，分别从全国居民、城镇居民以及农村居民视角，测算衡量福利分配的数据。

5.1　福利分配的衡量

正如在第 1 章导论中所提到的，庇古、李特尔、鲍莫尔、卡尔多等西方福利经济学家认为，收入和福利没有差别，并把收入等同于福利，并提出如果不考虑收入分配，那么很难得出福利相关的结论。他们在分析福利分配时，站在收入和收入分配的角度，把收入分配等同于福利分配。随后，诺贝尔经济学奖获得者、福利经济学家阿玛蒂亚森在 20 世纪 70 年代提出福利函数，把收入和收入分配引入福利函数模型中，得到经济福利。

可见，收入分配被一些福利经济学家视为福利分配。国内部分学者在研究福利分配时，也采用收入分配来衡量福利分配。例如，汤向俊、任保平（2009）研究福利分配平等性对经济增长质量的影响时，从收入分配、健康与预期寿命、居民受教育水平等不同角度衡量福利分配状况，并利用基尼系数考察福利分配对经济增长质量的影响①；陈利锋（2018）考察货币政策的福利分配效应时，采用收入平等度作为度量福利分配的指标②。

因此，本书的福利分配是从经济福利层面界定，运用收入分配状况来衡量福利分配的状况。

5.2　衡量福利分配的测算模型

采用基尼系数衡量福利分配，而洛伦兹曲线决定基尼系数的大小，基尼系数需通过洛伦兹曲线计算而来，因而从洛伦兹曲线着手，构建计算基尼系数模型，通过基尼系数来反映福利分配大小。

---

① 汤向俊，任保平. 福利分配平等性与中国经济增长质量 [J]. 社会科学战线，2009（09）：442.
② 陈利锋. 货币政策的福利分配效应：一个多部门开放经济视角 [J]. 华中科技大学学报，2018（04）：64.

假设全社会人均收入是 $\bar{Y}$；收入分配的密度函数是 f（Y）；累计人口比率是 P 且 0 < P <
1，每个 P 与 Y 呈唯一对应关系，F（Y）是关于 Y 的人口分布函数，P 与 F（Y）关系为：

$$P = F(Y) \tag{5-1}$$

洛伦兹曲线为 L（P）且满足 L（0）=0 和 L（1）=1，则洛伦兹曲线函数表达式为：

$$L(P) = \int_0^{F^{-1}(P)} \frac{Yf(Y)}{\bar{Y}} dY \tag{5-2}$$

根据洛伦兹曲线与基尼系数的函数关系，可以得到衡量福利分配的基尼系数函数：

$$G = 1 - 2\int_0^1 \int_0^{F^{-1}(P)} \frac{Yf(Y)}{\bar{Y}} dYdP \tag{5-3}$$

式（5-3）中，G 越小，说明收入差距越小，其福利分配差距也越小，福利分配的公
平度越高；反之 G 越大，说明收入差距越大，其福利分配差距越大，福利分配的公平度越
低。基尼系数最大为 1，最小等于 0，基尼系数越接近 0，表明福利分配差距就越小。

5.3　福利分配的测算结果分析

5.3.1　全国整体视角：福利分配的测算结果

全国居民福利分配差距呈现"两上两下"的双峰形状。在图 5-1 中，从 1990~2017
年全国居民福利分配差距总体趋势来看，全国居民福利分配呈现出"两上两下"的趋势。
1990~1996 年，福利分配差距不断上升；1997~1999 年，福利分配差距缩小；2000~2008
年，福利分配差距再次攀升；2009~2017 年，福利分配差距有所减小。总体呈现出"两
上两下"的双峰形状。

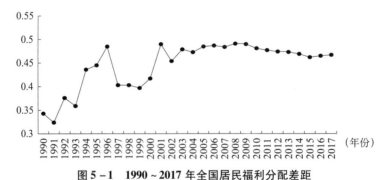

图 5-1　1990~2017 年全国居民福利分配差距

资料来源：《中国居民收入分配年度报告》。

对全国居民福利分配差距进行具体分析。1990~2017 年，福利分配差距的最小值出现
在 1991 年，为 0.324，最大值出现在 2008 年，为 0.491。在 20 世纪 90 年代初期，福利分
配差距相对合理。至 20 世纪 90 年代末期，虽然改革开放 10 多年，但是依然受到计划经
济的影响，社会主义市场经济体系没有建立，居民收入普遍较低，收入差距较小。随着改
革开放的进一步深入，社会主义市场经济体系开始建立，随后居民收入开始增加，福利分
配差距开始扩大。到 1996 年达到 0.485 的高点，为"双峰"中的第一峰。

随后，由于 1997 年亚洲金融风暴，对于高收入阶层影响较大，再加上税收制度特别是个人所得税制度的不断完善，从而使得居民收入差距有所缩小，进入下降通道，使得在 1999 年福利分配差距下降到 0.397，达到近 20 年来福利分配差距的最低点。

紧接着，从 2000 年开始，福利分配差距再次拉大。除去在 2002 年福利分配差距下降为 0.454 外，直到 2008 年，各年福利分配差距均在 0.47 以上，我国居民福利分配差距处于高位。进入 21 世纪，一直到 2008 年，中国经济可以说进入高速发展的时期，2000~2008 年，中国 GDP 年均增长率达到 10.46%，2007 年，经济增速一度达到 14.23% 的历史性高点。伴随着经济的高速增长，高收入人群收入增长快，而低收入人群收入增长缓慢，使得居民福利分配差距再次扩大，2008 年，福利分配差距达到 0.491。

2008 年，爆发全球性金融危机，全球经济受到打击，中国经济增速放缓，同时，高收入人群收入受到很大影响。随后，从 2009 年开始至 2015 年实现"七连降"，表明推进福利分配改革的一系列措施发挥作用，经济增速放缓并未造成居民收入减少，福利分配格局持续得到改善。2009~2015 年，政府推出多项改革措施，比如，个人所得税免征额从 2000 元提高到 3500 元，出台央企负责人限薪和养老金并轨等政策，多渠道增加居民财产性收入，规范隐性收入，多数地区上调最低工资标准等，均为缩小福利分配差距起到了重要作用。

"十三五"期间，2016 年与 2017 年，福利分配差距分别为 0.465、0.467，与高、低收入组收入比相互对应，2016 年与 2017 年，高、低收入组收入比分别为 10.72、10.90，2016 年与 2017 年，福利分配差距相较于 2015 年有所回升。虽然有所上升，仍然比 2014 年下降 0.002，福利分配差距总体在不断缩小。

5.3.2 城镇居民视角：福利分配的测算结果

5.3.2.1 全国城镇居民福利分配的测算结果

城镇居民福利分配差距呈现总体上升趋势。图 5-2 给出了城镇居民福利分配差距走势。先来看总体趋势情况，我国城镇居民福利分配差距呈现出在波动中不断上升的趋势。城镇居民福利分配差距在 1991 年出现最小值，为 0.1648，福利分配差距的最大值出现在 2009 年，为 0.3213。总体来看，福利分配差距相对合理。

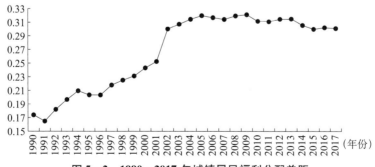

图 5-2　1990~2017 年城镇居民福利分配差距

再来对各年的情况进行分析。1990~1994 年，城镇居民福利分配差距不断上升，1994 年，福利分配差距超过 0.2。随着社会主义市场经济体系建立，促进经济增长的同时，城镇居民人均可支配收入同样也在不断增加，使得城镇居民高、低组人均可支配收入差距有所扩大，但是福利分配差距较为平均。1995～2002年，城镇居民福利分配差距依旧不断上升，1995年，城镇居民福利分配差距为0.2035，然而到2002年，福利分配差距再次"突破"，超过0.3，进入0.3～0.4的区间，福利分配差距为0.3001。在此时间段内，城镇居民福利分配差距进一步扩大，随着改革开放的不断深入，社会主义市场经济体制的不断完善，再加上经济的快速增长，城镇居民福利分配差距不断扩大。1995年，城镇居民人均可支配收入分为七等份，最低收入组为2169.8元，最高收入组为8221.9元，最高、最低收入组收入比为3.79:1，人均可支配收入差距绝对额为6052.1元。而到2002年，同样对城镇居民人均可支配收入分为七等份，最低收入组为2408.6元，最高收入组为18995.9元①，最高、最低收入组收入比为7.89:1，人均可支配收入差距绝对额为16587.3元，扩大1.74倍，最高、最低收入组收入比扩大4.1。

2003～2017年，除2015年城镇居民福利分配差距是0.2997，小于0.3以外，其余均在0.3～0.4之间波动，在2009年福利分配差距达到最大值，为0.3213。在此期间，中国经济实现腾飞，在2007年经济增速一度达到14.23%的高点，2009年经济增速依然较高，为9.4%，导致城镇居民人均可支配收入不断增加的同时，福利分配差距也在不断增大。2013～2017年，城镇居民福利分配差距有所下降，城镇居民收入差距有所减小。2009年，城镇居民人均可支配收入分为七等份，最低收入组为5253.2元，最高收入组为46826.1元，最高、最低收入组收入比为8.91:1，人均可支配收入差距绝对额为41572.9元。2017年，城镇居民人均可支配收入分为五等份，低收入组为13723.1元，高收入组为77097.2元，高、低收入组收入比为5.62:1，人均可支配收入差距绝对额为63374.1元。福利分配差距虽然有所下降，但是城镇居民人均可支配收入差距绝对额依然在不断扩大。

5.3.2.2 省际城镇居民福利分配的测算结果

第一，东部地区省份福利分配差距情况。东部各省份福利分配差距不断扩大，但低于0.4国际警戒线。图5-3中将1994～2017年东部地区各省份城镇居民福利分配差距进行描绘。从整体情况来看，河北的城镇居民福利分配差距波动最小，辽宁的城镇居民福利分配差距波动最大。城镇居民福利分配差距最小值出现在辽宁，1997年，辽宁的福利分配差距为0.1606；城镇居民福利分配差距最大值出现在广东，2002年，广东的福利分配差距为0.3626。

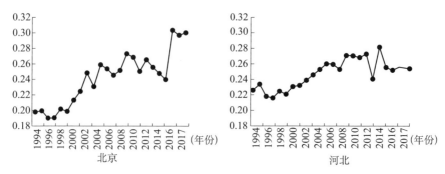

---

① 数据来源：《中国统计年鉴》。

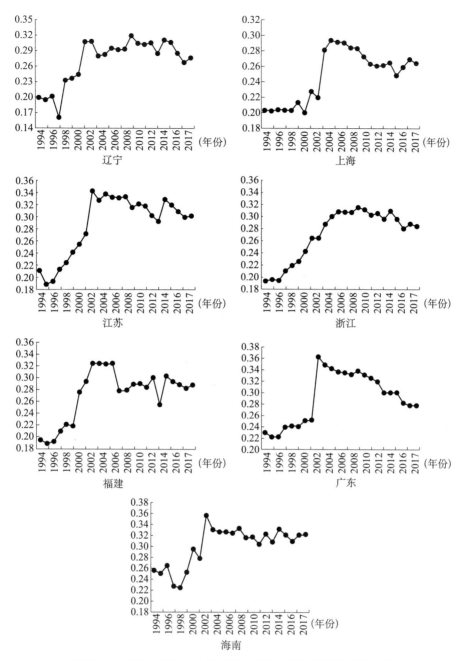

图 5 - 3　1994～2017 年东部地区各省份城镇居民福利分配差距

注：此处所指东部地区包括：北京、河北、辽宁、上海、江苏、浙江、福建、广东、海南。

资料来源：各省份统计年鉴。

具体来看东部地区各省份的情况。北京 1994 年城镇居民福利分配差距仅为 0.1981，随后福利分配差距开始升高，1998 年，福利分配差距超过 0.2，收入差距比较平均，在 2015 年福利分配差距增长迅速，超过 0.3，达到 0.3035，2017 年，福利分配差距有所回落。河北的城镇居民福利分配差距波动幅度不大，1997 年，福利分配差距达到最小值，为 0.2165，2013 年，福利分配差距达到最大值，为 0.2821，福利分配差距波动不大，整体在 0.2 ~ 0.3 之间波动，城镇居民福利分配差距较小。辽宁为城镇居民福利分配差距波动幅度最大的省份，辽宁的福利分配差距在 1997 年达到最小值，为 0.1606，随后一路升高，在 2008 年达到最大值，为 0.3189，福利分配差距最大值与最小值相差 0.1582，城镇居民福利分配差距波动较大。总体来看，上海、江苏、浙江、福建的城镇居民福利分配差距不断扩大。广东最初在 1994 年时，城镇居民福利分配差距为 0.23，2002 年，福利分配差距扩大到 0.3626，城镇居民福利分配差距扩大，也是东部地区各省份中福利分配差距的最大值，随后，广东的福利分配差距在波动中下降，到 2017 年，福利分配差距缩小至 0.2776，城镇居民福利分配差距有所缩小。

第二，中部地区福利分配差距情况。中部地区各省份福利分配差距不断增大，但福利分配差距所在区间依然合理。图 5-4 中将 1994 ~ 2017 年中部地区各省份城镇居民福利分配差距进行描绘。总体来看，中部地区河南的城镇居民福利分配差距波动最小，山西的城镇居民福利分配差距波动最大。城镇居民福利分配差距最大值与最小值均出现在山西，最小值出现在 1994 年，其福利分配差距为 0.1705，最大值出现在 2002 年，其福利分配差距为 0.3318。

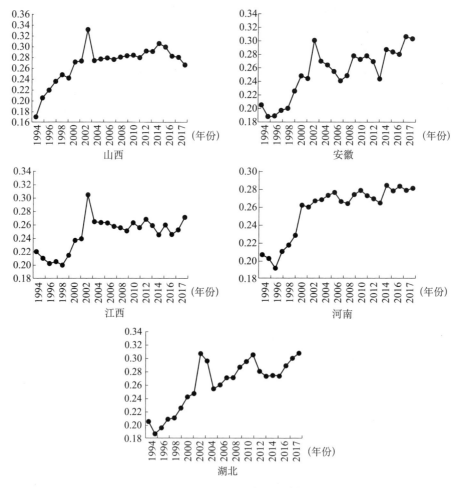

图 5-4 1994 ~ 2017 年中部地区各省份城镇居民福利分配差距

注：此处所指中部地区包括：山西、安徽、江西、河南、湖北。

资料来源：各省份统计年鉴。

具体来看中部地区各省份的情况。山西的城镇居民福利分配差距波动最大，1994 年，山西福利分配差距为 0.1705，随后福利分配差距不断升高，2002 年，福利分配差距达到最大值，为 0.3318，之后福利分配差距在波动中不断下降，2017 年，福利分配差距为 0.265。安徽的福利分配差距波动并不大，1995 ~ 2002 年，城镇居民福利分配差距不断增大，在 2002 年超过 0.3，福利分配差距为 0.3007。随后，安徽的福利分配差距先下降又回升，2006 年，福利分配差距达到最小值，为 0.2407，至 2017 年，安徽福利分配差距为 0.3028，再次超过 0.3，福利分配差距扩大。河南的城镇居民福利分配差距波动较小，1996 年，河南的福利分配差距最小值为 0.1921，2015 年，其福利分配差距达到最大值，为 0.2835，最大值与最小值相差 0.0924，河南城镇居民福利分配差距波动最小。湖北的福利分配差距趋势与全国居民福利分配差距相似，呈现先下降后上升、再下降又上升的"双峰"状，2017 年，湖北的福利分配差距为 0.3076，超过 0.3，湖北的城镇居民福利分配差距不断扩大。

第三，西部地区省份福利分配差距情况。西部地区省份福利分配差距，在波动中上升。图 5 - 5 中将 1994 ~ 2017 年西部地区各省份城镇居民福利分配差距进行描绘。总体来看，西部地区新疆的城镇居民福利分配差距波动最小，甘肃的城镇居民福利分配差距波动最大。城镇居民福利分配差距最小值出现在甘肃，1996 年，甘肃福利分配差距为 0.1352；城镇居民福利分配差距最大出现在宁夏，2014 年，宁夏福利分配差距为 0.3590。

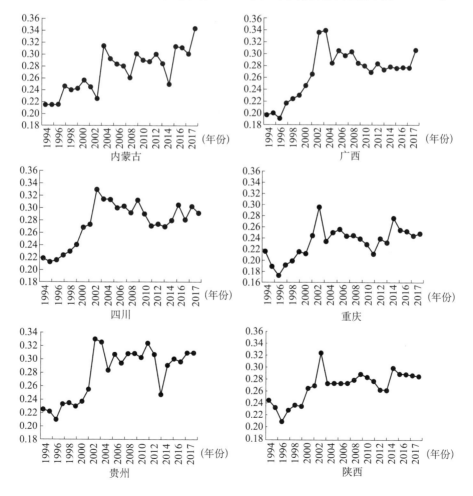

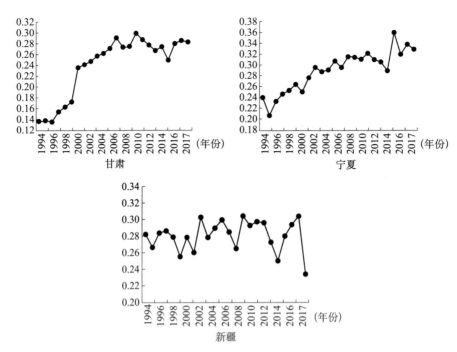

图 5 - 5 1994 ~ 2017 年西部地区各省份城镇居民福利分配差距

注：此处所指西部地区包括：内蒙古、广西、四川、重庆、贵州、陕西、甘肃、宁夏、新疆。

资料来源：各省份统计年鉴。

再来看西部各省份的具体情况。内蒙古的城镇居民福利分配差距波动较大。1994 年，内蒙古福利分配差距为 0.2152，2000 年福利分配差距上升到 0.2565。随后下降，下降至 2002 年，之后再次上升，2003 年福利分配差距为 0.3142。之后 2004 ~ 2007 年下降，2008 年福利分配差距再次升高，为 0.3010，2013 年福利分配差距下降到 0.2496，2017 年城镇居民福利分配差距为 0.343。1994 年，广西的城镇居民福利分配差距为 0.1972，随后一路上升，居民福利分配差距不断扩大，在 2003 年福利分配差距达到 0.3392 的高点。之后在波动中下降，至 2017 年，广西的福利分配差距为 0.3061，城镇居民福利分配差距较小。1994 年，四川的福利分配差距仅为 0.2188，城镇居民福利分配差距较小，随后开始扩大，到 2004 年，福利分配差距达到 0.3134。2005 ~ 2017 年，在波动中有所下降，至 2017 年，四川的城镇居民福利分配差距为 0.2912。重庆 1994 ~ 2017 年城镇居民福利分配差距在 0.2 ~ 0.3 之间波动，城镇居民福利分配差距较小。陕西也仅有 2002 年时，福利分配差距突破 0.3，达到 0.3238，其余年份均在 0.3 以下，陕西的城镇居民福利分配差距控制得较好。但是，甘肃的福利分配差距变动较大，增长较为迅速，在 1994 年福利分配差距仅为 0.1365，而至 2017 年，福利分配差距扩大到 0.2821，虽然没有超过福利分配差距 0.3 的分界线，但是福利分配差距扩大速度较快，城镇居民福利分配差距不断扩大。新疆的城镇居民福利分配差距波动范围较小，城镇居民福利分配差距波动范围控制得较好，但是至 2017 年，新疆的福利分配差距为 0.2334，城镇居民福利分配差距有所缩小。

5.3.3 农村居民视角：福利分配的测算结果

5.3.3.1 全国农村居民福利分配的测算结果

农村居民福利分配差距在波动中上升。图 5-6 给出了农村居民福利分配差距。先来看总体趋势，我国农村居民福利分配差距呈现出在波动中不断上升的趋势。农村居民福利分配差距在 1991 年出现最小值，为 0.3072，福利分配差距的最大值出现在 2011 年，为 0.3653。总体来看，农村居民福利分配差距没有超过 0.4 的国际境界线，处于 0.3~0.4 福利分配差距相对合理区间中，并且 1990~2017 年农村居民福利分配差距变动范围与城镇居民福利分配差距相比较，其变动范围并不大，即农村居民福利分配差距波动并不大，福利分配差距在合理区间中运行。

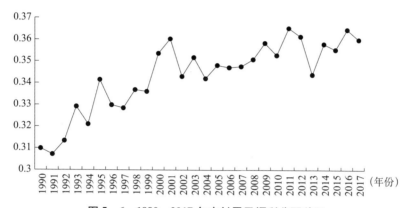

图 5-6 1990~2017 年农村居民福利分配差距

资料来源：历年《中国统计年鉴》。

对农村居民福利分配差距各年的情况进行分析。农村居民福利分配差距在 1990~2017 年出现多个峰值。在 20 世纪 90 年代中，1991 年，农村居民福利分配差距为最小值，然后到 1993 年，福利分配差距不断上升，在 1993 年达到其中一个峰值，福利分配差距为 0.3292，农村居民福利分配差距有所扩大。1994 年福利分配差距出现下滑，1995 年福利分配差距再次出现峰值，为 0.3415，农村居民福利分配差距进一步扩大。一直持续到 1999 年，农村居民福利分配差距小于 1995 年福利分配差距水平，即 1995~1999 年，农村居民福利分配差距在不断缩小。2000 年，农村居民福利分配差距开始走高，农村居民福利分配差距再次开始扩大。

进入 21 世纪，2001 年，农村居民福利分配差距又一次出现峰值，2001 年福利分配差距为 0.3603。至 2010 年，农村居民福利分配差距一直小于 2001 年的福利分配差距水平，农村福利分配差距 2001~2010 年呈现波动中缩小状态。2010 年之后，2011 年，农村居民福利分配差距达到最大值，为 0.3653。2012~2017 年，只有在 2013 年农村居民福利分配差距有所下降，其他年份福利分配差距都处于高位，超过往期的福利分配差距水平。2011 年，农村居民人均纯收入分为五等份，低收入组为 2000.51 元，高收入组为 16783.06 元，高、低收入组收入比为 8.39:1，人均可支配收入差距绝对额为 14782.55 元。而到了 2017

年，农村居民人均纯收入分为五等份，低收入组为 3301.9 元，高收入组为 31299.3 元，高、低收入组收入比为 9.48：1，人均可支配收入差距绝对额为 27997.4 元。虽然农村居民福利分配差距小于 2011 年水平，但是高、低收入组收入比在不断扩大，人均可支配收入差距的绝对额也在不断扩大，农村居民福利分配差距呈现出扩大趋势。

5.3.3.2 省际农村居民福利分配的测算结果

第一，东部地区省份福利分配差距情况。东部地区福利分配差距波动较小，最近几年出现回升态势。图 5－7 中将 1994～2017 年东部地区各省份农村居民福利分配差距进行描绘。从整体情况来看，江苏的城镇居民福利分配差距波动最小，福建的城镇居民福利分配差距波动最大。城镇居民福利分配差距最小值出现在上海，2014 年，上海福利分配差距为 0.2153；城镇居民福利分配差距最大值出现在浙江，2005 年，浙江福利分配差距为 0.3523。

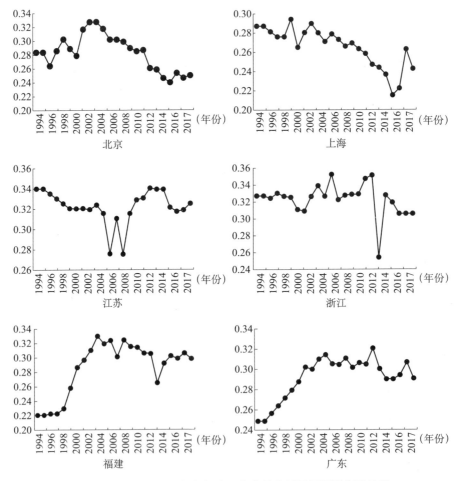

图 5－7 1994～2017 年东部地区各省份农村居民福利分配差距

注：此处所指东部地区包括：北京、上海、江苏、浙江、福建、广东。

资料来源：各省份统计年鉴。

具体来看东部地区各省份的情况。北京农村居民福利分配差距呈现出先上升再下降的情况。1994 年，北京福利分配差距为 0.2838，随后开始上升，2003 年，福利分配差距一度达到 0.3273，农村居民福利分配差距不断扩大。之后，福利分配差距不断缩小，至 2017 年，福利分配差距缩小至 0.2499，北京农村居民福利分配差距较小。再来看上海，整体来分析，上海农村居民福利分配差距在不断缩小。1994 年，上海农村居民福利分配差距为 0.2871，到 2014 年，福利分配差距达到期间最小值，为 0.2153，2015 ~ 2017 年，福利分配差距有所回升，至 2017 年，福利分配差距为 0.2427。江苏的农村居民福利分配差距呈现 W 型，2006 ~ 2008 年，变动比较频繁，2006 年，福利分配差距为 0.3105，2007 年，福利分配差距有所下降，下降为 0.2753，2008 年，福利分配差距再次回升，为 0.3154，其后农村居民福利分配差距在 0.31 ~ 0.35 之间波动，农村居民福利分配差距较大。福建的农村居民福利分配差距波动较为明显，1994 年，福利分配差距为 0.2206，2003 年，福利分配差距扩大至 0.3297，截至 2017 年，福利分配差距为 0.2981，福利分配差距波动较大，农村居民福利分配差距波动较为明显。广东的农村居民福利分配差距也呈现出增长的情况，福利分配差距不断扩大，至 2017 年，广东福利分配差距为 0.2907。

第二，中部地区省份福利分配差距情况。图 5 - 8 中将 1994 ~ 2017 年中部地区各省份农村居民福利分配差距进行描绘。江西与河南的农村居民福利分配差距均呈现出上升趋势。江西在 1997 年福利分配差距达到最低点，为 0.2175，在波动中持续升高，2008 年，江西福利分配差距突破 0.3，截至 2017 年，江西的农村居民福利分配差距为 0.3341，农村居民福利分配差距不断扩大。河南的福利分配差距也在不断扩大，1994 年，福利分配差距为 0.2511，2003 年，福利分配差距扩大至 0.3223，农村居民福利分配差距有所减小，之后从 2012 年又开始回升，到 2017 年，福利分配差距为 0.3123，农村居民福利分配差距依然较大。

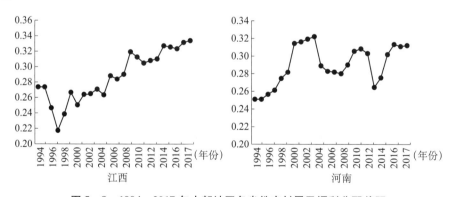

图 5 - 8 1994 ~ 2017 年中部地区各省份农村居民福利分配差距

注：此处所指中部地区包括：江西、河南。

资料来源：各省份统计年鉴。

第三，西部地区省份福利分配差距情况。西部地区省份福利分配差距总体平稳，波动范围不大。图 5 - 9 中将 1994 ~ 2017 年西部地区各省份农村居民福利分配差距进行描绘。从整体情况来看，重庆的农村居民福利分配差距波动最小，四川的农村居民福利分配差距波动最大。农村居民福利分配差距最小值出现在四川，2008 年，四川的福利分配差距为

0.2387；农村居民福利分配差距最大值出现在甘肃，2001年，甘肃的福利分配差距为0.3640。

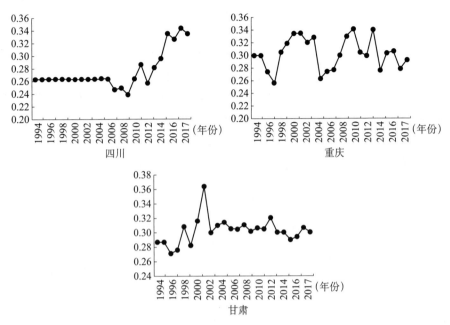

图5-9　1994~2017年西部地区各省份农村居民福利分配差距

注：此处所指西部地区包括：四川、重庆、甘肃。

资料来源：各省份统计年鉴。

具体来看西部地区各省份的情况。四川1994~2001年农村居民福利分配差距非常平稳，变动幅度不大，在0.263上下小幅度波动。随后，四川的福利分配差距不断升高，2017年达到0.3349，农村居民福利分配差距较大。重庆的农村居民福利分配差距波动较大，2009年，其福利分配差距达到最大值，为0.2999，未超过0.3，截至2017年，重庆的福利分配差距下降到0.2646，农村居民福利分配差距较小。甘肃的福利分配差距波动较大，1994年，福利分配差距为0.2722，随后不断扩大，至2001年，达到最大值为0.3640，超过0.3，农村居民福利分配差距较大，随后不断下降，至2017年，福利分配差距为0.3004，农村居民福利分配差距依然较大。

6

经济福利的测算及其结果分析

本章在福利经济学家阿玛蒂亚森福利函数的基础上，测算出经济福利，从而更好地实证检验财税政策的经济福利效应。根据本书的研究思路，分别从全国居民、城镇居民以及农村居民视角，测算经济福利的数据，为后续实证检验税收与财政支出的经济福利效应提供实证检验数据支撑。

6.1 经济福利的衡量

早期的福利经济学主要从经济学角度论述福利的内涵与衡量，如庇古、李特尔等用收入衡量福利。功利主义将经济福利视为个人效用加总或者个人效用的乘积，注重收入分配的公平化；而精英社会福利函数提倡福利取决于社会群体中效用最大值，导致极度不公平的思想；随后罗尔斯提出福利应由效用最小值来决定，从而福利取决于弱势群体最差的效用，提倡收入平均分配。无论是功利主义福利函数还是精英福利函数，甚至罗尔斯福利函数，均受到阿罗的质疑。阿罗认为，很难找到满足条件的福利函数，因此福利经济学一度受到质疑，福利的衡量陷入困境。随后，阿玛蒂亚森在 20 世纪 70 年代，将收入和收入分配引入福利函数中，从效率与公平两个角度去衡量福利，收入体现经济效率，而收入分配体现经济公平。阿玛蒂亚森的福利函数提出后，又使福利经济学走向发展阶段。阿玛蒂亚森从经济效率与经济公平两个角度重构了福利函数，被学界广泛使用。

因此，本书使用阿玛蒂亚森福利函数衡量经济福利。

6.2 衡量经济福利的测算模型

早期西方福利经济学家针对福利建立了用来解释福利的函数，但是对福利的测度没有给出具体的计算公式。阿玛蒂亚森在庇古等人提出的福利经济理论基础上，构建了福利函数，被称为森福利函数，该福利函数较直观、定量地衡量了福利水平，是对以往福利函数的巨大改进。阿玛蒂亚森的福利函数为：

$$W_t = \overline{R}_t (1 - G_t) \qquad (6-1)$$

其中，W_t 为福利，G_t 表示基尼系数，反映了收入分配状况。

结合第 5 章的福利分配的衡量与界定，在阿玛蒂亚森福利函数的基础上构建衡量经济福利的函数为：

$$EW_t = \overline{R}_t(1 - WD_t) \tag{6-2}$$

其中，EW_t 表示经济福利；$\overline{R}_t$ 是 t 年的人均收入，WD_t 是 t 年的福利分配（基尼系数），它反映福利分配差距状况，其值越大，福利分配差距越大，反之，则较小；$1 - WD_t$ 反映了社会的福利分配平等化状况，其与人均收入的乘积为 EW_t，反映了社会成员拥有的均等经济资源，即经济福利。

从式（6-2）可知，福利分配会影响经济福利水平。而在第 5 章已构造了衡量福利分配的函数，可在第 5 章的基础上，结合式（6-2），进一步细化衡量经济福利的函数为：

$$EW = 2\overline{R}\int_0^1 \int_0^{F^{-1}(P)} \frac{Rf(P)}{\overline{R}}dPdP \tag{6-3}$$

其中，个人收入为 R_t，整个社会平均收入为 $\overline{R}_t$；收入累计比率关于人口累计比率的密度函数为 f（R）；人口累计比率为 P（0 < P < 1），每个 P 都有唯一的收入 R 与之对应，即 P = F（R）；L（P）为洛伦兹曲线，P = F（P）。

EW 反映了经济福利的大小。EW 越高，说明经济福利水平越高；EW 越低，则说明经济福利水平越低。

6.3 经济福利的测算结果分析

6.3.1 全国整体视角：经济福利的测算结果

根据前面经济福利测算方法，图 6-1 为全国经济福利测算结果趋势图。总体趋势分析，全国经济福利总体趋势为不断上升，且全国经济福利增长幅度呈现出阶段性扩大的状态。

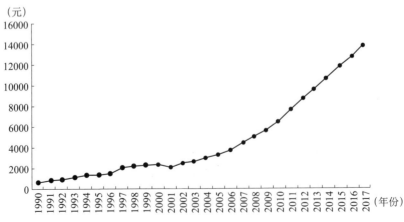

图 6-1 1990~2017 年全国经济福利测算结果

资料来源：历年《中国统计年鉴》。

第一，1990～2000年为第一阶段，全国经济福利缓慢上升。1990年，我国经济福利为593.86元，2000年，经济福利增长到2350.76元，增长了3.96倍，经济福利平均年增长率为15.44%，最大年增长率为33.81%。1992年以前，计划经济体制下虽然我国贫富差距不大，基尼系数仅为0.31，但人均可支配收入也不高，平均值在2000元以下，最大值为1700.60元，因此全国经济福利水平较低。随着经济的发展，特别是1992年我国提出建立社会主义市场经济体制之后，我国人均可支配收入持续上升，但增长幅度不大，平均增长幅度仅为464元，加上市场化推进的过程中，资本、技术以及管理等要素介入分配，贫富差距开始扩大，基尼系数于1994年首次突破0.4的"警戒线"，因此该阶段全国经济福利上升缓慢。

第二，2001～2009年为第二阶段，全国经济福利快速上升。2001年，我国经济福利为2075.89元，2009年增长到5598.53元，增长了2.70倍，经济福利平均年增长率为10.51%，最大年增长率为19.43%。自2001年我国加入世界贸易组织（WTO）以来，东南沿海的劳动密集型出口产业得到快速发展，伴随着资本和技术的引进，区域发达程度进一步提高，全国经济发展水平不断上升，人均可支配收入平均值达到11272.21元，然而，我国是一个区域发展不平衡的大国，对外开放产生的受益分化问题比较严重，中、西部地区在对外开放进程中经济发展相对缓慢，全国居民贫富差距进一步加深，基尼系数始终保持在0.45以上，在一定程度上抑制了全国经济福利水平的提高。

第三，2010～2017年为第三阶段，全国经济福利高速增长。2010年，我国经济福利为6497.63元，2017年增长到13844.03元，增长了2.13倍，经济福利平均年增长率为12.03%，最大年增长率为17.12%。从2010年起，我国经济增长势头依然强劲，人均可支配收入增长幅度进一步扩大，平均增长幅度达到2470元，人均可支配收入平均值为27750.26元，党的十八大以来，党中央和国务院坚持以人民为中心的发展思想，认真贯彻落实全面建成小康社会的战略目标和基本方略，精准扶贫、精准脱贫政策的落实，成为贫困群体收入持续增长的动力，虽然基尼系数依然很高，平均值达到0.47，但稳中有降，由0.481下降到0.467，因此全国经济福利处于高速增长状态。

6.3.2　城镇居民视角：经济福利的测算结果

6.3.2.1　全国城镇居民经济福利

根据前面经济福利测算方法，图6-2为全国城镇居民经济福利测算结果趋势图。总体趋势分析，全国城镇居民经济福利整体上呈现持续增长的趋势，并且在最近几年中，全国城镇居民经济福利保持着快速增长。

第一，1990～2000年，全国城镇居民经济福利增长缓慢。1990年，全国城镇居民经济福利为1247.47元，2000年增长到4754.04元，增长了3.81倍，经济福利平均年增长率为14.69%，最大年增长率为33.48%。由于计划经济体制对我国生产力发展水平的长期束缚，社会主义市场经济体制建立初期，我国经济发展的起点很低，人均可支配收入最大值为6279.98元，最小为1510.16元，虽然基尼系数平均值在0.3以下，收入分配比较平等，但整体经济福利水平不高，且增长十分缓慢。

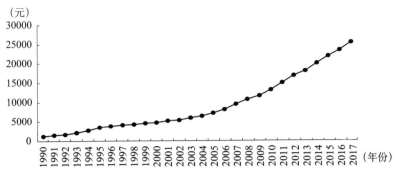

图 6 - 2 1990 ~ 2017 年全国城镇居民经济福利测算结果

资料来源：历年《中国统计年鉴》。

第二，2001 ~ 2006 年，全国城镇居民经济福利持续上升，且增长幅度不断扩大。2001 年，全国城镇居民经济福利为 5128.22 元，2006 年增长到 8032.80 元，增长了 1.57 倍，平均年增长率为 9.16%，最大年增长率为 12.56%。市场化进程的持续推进以及对外开放战略的深入发展，我国经济发展水平进入新的阶段，人均可支配收入突破 10000 元，平均值为 9118.11 元，产业结构不断优化，第三产业产值占比持续上升，经济发展转型的同时就业结构也得到优化，就业选择呈现多元化趋势，经济发展水平逐步提高，然而，三大产业劳均产值相差甚远，产业结构优化的同时，贫富差距也进一步扩大，城镇居民平均基尼系数超过 0.3，最大值为 0.32，在一定程度上抑制了经济福利的上升。

第三，2007 ~ 2017 年，全国城镇居民经济福利高速增长，且增长幅度进一步扩大。2007 年，全国城镇居民经济福利为 9452.19 元，2017 年增长到 25404.08 元，增长了 2.69 倍，经济福利平均年增长率为 11.08%，最大年增长率为 17.67%。虽然 2008 年全球金融危机在短期内放缓了我国经济增长的脚步，但从 2009 年开始，经济发展恢复常态，人均可支配收入平均值为 26575.19 元，增长幅度超过 2000 元，于 2015 年超过 30000 元，2017 年超过 35000 元，随着城镇社会保障制度的不断完善以及居民转移性收入的持续增加，城镇基尼系数保持平稳，围绕着平均值 0.31 上下小幅度波动，党的十八大之后小幅度下降，由 0.31 下降到 0.30，城镇居民经济福利高速增长。

6.3.2.2 各省份城镇居民经济福利

根据各省份有关数据，在测算经济福利指数公式的基础上，测算出了我国各省份的城镇居民经济福利指数（如图 6 - 3 所示）。总体来看，各省份城镇居民经济福利均不断上升，且呈现出"前期增幅小，后期增幅大"的趋势，但各省份之间经济福利差距很大。

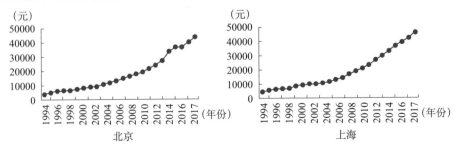

北京　　　　　　　　　　　上海

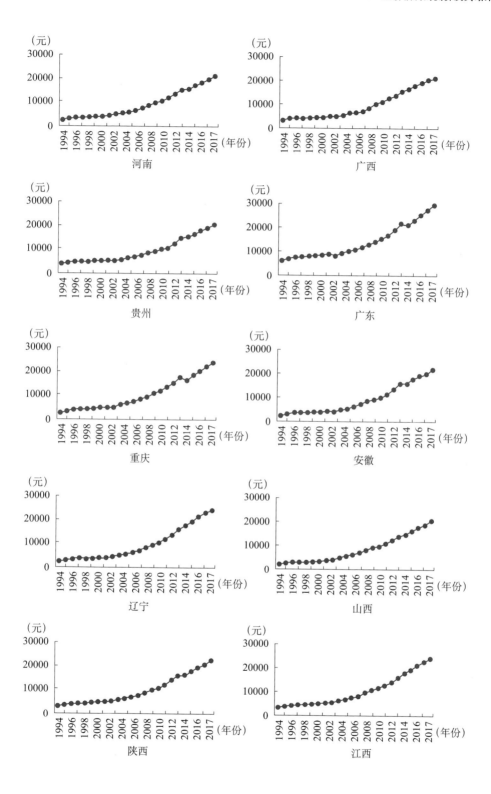

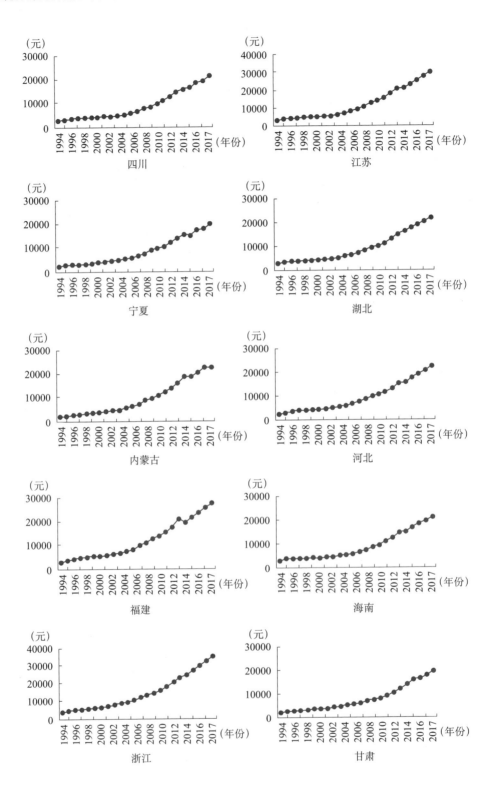

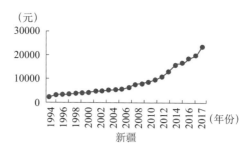

图 6 - 3 1994～2017 年各省份城镇居民经济福利测算结果

资料来源：各省份统计年鉴。

第一，纵向来看，各省份城镇居民经济福利持续增加，经历了"前期缓慢增长，后期高速增长"的过程。1994～2017 年，23 个省份城镇居民经济福利不断上升，以北京为例，1994 年，北京城镇居民经济福利为 4077.43 元，到 2017 年增长到 43665.45 元，增长了 10.71 倍，平均年增长率为 10.98%，最大年增长率为 23.49%。其余 22 个省份也有不同程度的增长，即使是经济发展比较落后的宁夏，其城镇居民经济福利也由 2270.63 元增加到 19803.59 元，增长了 8.72 倍，平均年增长率为 10.00%，最大年增长率为 19.27%。1994～2004 年，各省份城镇居民经济福利增长比较缓慢，以北京为代表的经济发达地区，经济福利平均增长幅度仅为 750.89 元，平均年增长率为 11.14%，以宁夏为代表的经济发展相对落后的地区平均增长幅度更低，为 285.15 元，平均年增长率为 8.55%。从 2005 年开始，各省份经济福利增长幅度开始扩大，北京城镇居民经济福利由 13171.71 元增加到 43665.45 元，平均增长幅度上升为 2467.63 元，平均年增长率水平依然很高，为 10.86%。宁夏城镇居民经济福利由 5610.47 元增加到 19803.59 元，平均增长幅度扩大到 1091.78 元，平均年增长率水平大幅度提升，为 11.10%，尤其是党的十八大以来，经济福利增长幅度进一步扩大，保持高速增长的态势。

第二，横向来看，各省份城镇居民经济福利差距很大。首先，各省份经济福利绝对值存在很大差距，以 2017 年为例，只有北京和上海的经济福利在 40000 元以上，分别为 43665.45 元和 46079.20 元，浙江和江苏位列第三和第四，经济福利分别为 36709.62 元和 30436.59 元。大部分省份经济福利在 20000～30000 元之间，小部分经济落后地区在 20000 元以下，由高到低排列依次为：广东（29599.20 元）、福建（27775.37 元）、辽宁（25335.79 元）、重庆（24213.26 元）、新疆（23590.44 元）、内蒙古（23419.48 元）、河北（22772.22 元）、江西（22744.66 元）、湖北（22079.35 元）、安徽（22057.87 元）、陕西（22047.94 元）、四川（21776.36 元）、山西（21387.81 元）、河南（21245.23 元）、广西（21162.38 元）、海南（20889.21 元）、贵州（20092.89 元）、甘肃（19931.19 元）、宁夏（19803.59 元），省际之间经济福利最大差距达到 26275.61 元。其次，各省份经济福利增长倍数存在很大差距，1994～2017 年，经济福利增长倍数由高到低依次是内蒙古（11.94 倍）、陕西（10.87 倍）、北京（10.71 倍）、江西（10.52 倍）、新疆（10.36 倍）、辽宁（10.33 倍）、河南和江苏（10.23 倍）、山西（10.05 倍）、上海（9.82 倍）、福建（9.39 倍）、河北（9.27 倍）、安徽（9.11 倍）、浙江（8.98 倍）、宁夏（8.72 倍）、甘肃（8.68 倍）、重庆（8.50 倍）、四川（8.42 倍）、湖北（8.28 倍）、贵州（8.06 倍）、海南

（7.16 倍）、广西（6.62 倍）、广东（6.04 倍）。再次，各省份经济福利年增长率存在很大差距，只有内蒙古和陕西的经济福利平均年增长率在 11% 以上，其中，内蒙古经济福利年增长率最大，为 11.53%，陕西位列第二，为 11.07%，剩余 21 个省份平均年增长率均在 11% 以下，其中最小的是广东，为 8.29%。可以根据城镇经济福利与平均年增长率将上述 23 个省份划分为四类：第一类，高经济福利与高平均年增长率，如北京；第二类，高经济福利与低平均年增长率，广东最为明显；第三类，低经济福利与高平均年增长率，最典型的就是内蒙古；第四类，低经济福利与低平均年增长率，以贵州、广西和四川为代表。最后，各省份经济福利增长幅度也存在很大差距，1994~2004 年，虽然各省份经济福利增长都较慢，但以北京、上海为代表的发达地区经济福利平均增长超过 750 元，而以四川、宁夏为代表的落后地区经济福利平均增长未超过 300 元。2005~2017 年，各省份经济福利增长幅度不断上升，其中，平均增长幅度最大的是上海，超过 2500 元，平均增长幅度最小的是宁夏，不到 1200 元，省际之间差距依然很大。

6.3.3 农村居民视角：经济福利的测算结果

6.3.3.1 全国农村居民经济福利

根据前面经济福利测算方法，对全国农村居民经济福利进行测算，图 6-4 为全国农村居民经济福利测算结果趋势图。首先，从总体趋势分析，全国农村居民经济福利整体上呈现持续增长的趋势，并且在最近几年中，全国农村居民经济福利呈现高速增长的态势。

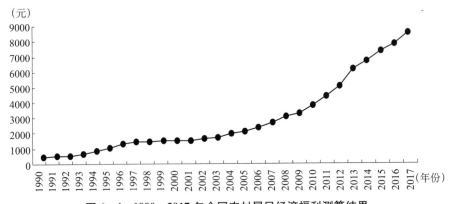

图 6-4　1990~2017 年全国农村居民经济福利测算结果

资料来源：历年《中国统计年鉴》。

然后对各年情况具体分析。第一，1990~2000 年，全国农村居民经济福利缓慢上升。1990 年，全国农村居民经济福利为 471.22 元，2000 年增长到 1464.72 元，增长了 3.11 倍，平均年增长率为 12.53%，最大年增长率为 32.29%。与城镇相比，计划经济体制下以及社会主义市场经济体制建立初期，农村经济发展水平较低，人均纯收入平均值为 1457.16 元，最大值为 2253.42 元，且贫富差距较大，平均基尼系数达到了 0.33，因此，农村居民经济福利增长缓慢。

第二，2001~2006 年，全国农村居民经济福利增长幅度有所扩大。2001 年，全国农村居民经济福利为 1514.50 元，2006 年增长到 2341.84 元，增长了 1.55 倍，平均年增长率为 8.19%，最大年增长率为 13.65%。对外开放提高了我国农产品出口额，促进了农业经济的发展，农村居民人均纯收入不断上升，平均值为 2873.77 元，最大值为 3587.04 元，然而经济发展的同时，农村居民贫富差距也越来越明显，基尼系数平均值达到 0.35，最大值为 0.36，这在一定程度上抑制了整体经济福利的上升。

第三，2007～2017 年，全国农村居民经济福利高速增长。2007 年，经济福利为 2700.99 元，2017 年增长到 8534.91 元，增长了 3.16 倍，平均年增长率为 12.57%，最大年增长率为 22.38%。经过 2008 年金融危机之后，我国经济回到快速发展的轨道，人均纯收入进一步提高，平均值为 8363.46 元，最大值为 13432.40 元，平均增长幅度为 1073.34 元，农村居民人均纯收入于 2014 年首次超过 10000 元，我国通过增加农业农村投入、农业补贴、加快农村基础设施建设等措施提升农村居民人均纯收入水平，加大对农业的保护力度。党的十八大以来，为了适应全面建成小康社会的新形势，打赢脱贫攻坚战，各级政府在"精准脱贫、精准扶贫"政策的引领下，着重提高贫困群体的收入水平，弥补脱贫短板，农村居民基尼系数开始下降，贫富差距不断缩小，因此，全国农村居民经济福利高速增长。

6.3.3.2 各省份农村居民经济福利

根据各省份有关数据，在测算经济福利指数公式的基础上，测算出了我国各省份的农村居民经济福利指数（如图 6-5 所示）。各省份农村居民经济福利持续上升，增长幅度不断扩大，但各省份之间经济福利差距明显。

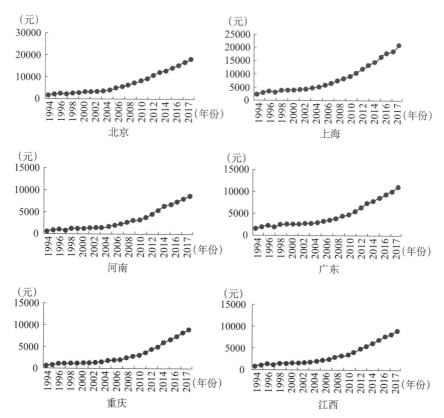

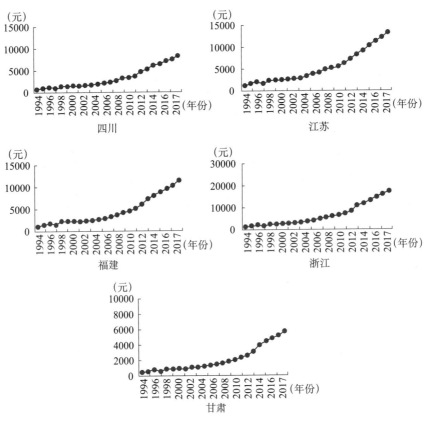

图 6 - 5　1994 ~ 2017 年各省份农村居民经济福利测算结果

资料来源：各省份统计年鉴。

第一，纵向来看，各省份农村居民经济福利不断上升，增长幅度呈现阶段性扩大的特征。1994 ~ 2017 年，11 个省份农村居民经济福利持续增加，以经济发达地区为例，1994 年，北京农村居民福利为 1719.37 元，2017 年增长到 18182.09 元，增长了 10.57 倍，平均年增长率为 11.10%，最大年增长率为 34.28%。1994 年，上海农村居民福利为 2449.96 元，2017 年增长到 21071.81 元，增长了 8.60 倍，平均年增长率为 10.09%，最大增长率为 27.35%。同样，经济落后地区农村居民经济福利也处在上升过程中，如甘肃，1994 年，农村居民经济福利为 516.02 元，2017 年增加到 5649.74 元，增长了 10.95 倍，平均年增长率为 11.70%，最大年增长率为 51.20%。1994 ~ 2004 年，各省份农村经济福利增长比较缓慢，以北京为代表的经济发达地区，经济福利平均增长幅度仅为 249.22 元，平均年增长率为 9.96%。以甘肃为代表的经济落后地区，经济福利平均增长幅度仅为 75.41 元，平均年增长率为 10.94%。2005 ~ 2017 年，各省份农村居民经济福利增长幅度不断扩大，北京农村居民经济福利由 5128.16 元增加到 18182.09 元，平均增长幅度为 1087.83 元，平均年增长率为 11.98%，不论是增长幅度还是年增长率都有很大程度的提高。同样，甘肃农村居民经济福利增长幅度与年增长率也大幅度上升，经济福利由 1375.56 元上升到 5649.74 元，平均增长幅度为 356.18 元，平均年增长率为 12.28%，在党的十九大"乡村振兴"战略提出之后，农村居民经济福利将继续保持快速上升的势头。

　　第二，横向来看，各省份农村居民经济福利差距明显。首先，各省份农村居民经济福利绝对值差距很大，以 2017 年为例，各省份农村居民经济福利由高到低排列依次是上海（21071.81 元）、北京（18182.09 元）、浙江（17324.29 元）、江苏（12929.12 元）、福建（11464.27 元）、广东（11192.54 元）、重庆（9197.23 元）、江西（8817.84 元）、河南（8746.31 元）、四川（8132.22 元）、甘肃（5649.74 元），省际之间经济福利最大差距达到 15422.07 元。其次，各省份经济福利增长倍数存在很大差距，1994～2017 年，增长倍数由高到低排列依次是河南（12.84 倍）、重庆（12.49 倍）、四川（11,66 倍）、浙江（11.57 倍）、甘肃（10.95 倍）、江苏（10.70 倍）、北京（10.57 倍）、江西（9.97 倍）、福建（9.32 倍）、上海（8.60 倍）、广东（6.83 倍）。再次，各省份之间平均年增长率差距明显，平均年增长率最大的是河南，为 12.56%，最小的是广东，仅有 9.08%。可以根据各省份农村经济福利与平均年增长率将上述 11 个省份划分为三类：第一类，高经济福利与高平均年增长率，如北京、浙江；第二类，高经济福利与低平均年增长率，广东最为明显；第三类，低经济福利与高平均年增长率，以甘肃、四川最为典型。最后，各省份农村居民经济福利增长幅度也存在很大差距，1994～2004 年，虽然各省份经济福利增长都比较缓慢，但以北京、上海为代表的经济发达地区经济福利平均增长幅度已经超过 250 元，而以甘肃为代表的经济落后地区经济福利平均增长幅度还未超过 100 元。2005～2017 年，各省份经济福利增长幅度不断上升，其中，平均增长幅度最大的是上海，超过 1250 元，平均增长幅度最低的是甘肃，不到 400 元，省际之间差距依然很大。

7

社会福利的测算及其结果分析

本章根据联合国开发计划署的人类发展指数（HDI）来测算社会福利，HDI 被广泛认可，是用来衡量社会福利指数。通过测算社会福利指数，为实证检验财税政策的社会福利效应奠定数据基础。

7.1　社会福利的衡量

目前，并未形成统一的社会福利衡量指标，比较常见的衡量社会福利指标有社会发展指数 ISP（Richard Estes，1974）、物质生活质量指数 PQLI（Morris D. M.，1979）、人类发展指数 HDI（联合国开发计划署，1990）。我国学者杨晓荣（2012）从物质和精神的双重层面设计出了国民幸福指数 GNH，以此来衡量我国的社会福利。逯进等（2012）从物质财富、社会保障、生活环境三个方面用 12 个层次指标、38 个具体指标构建了社会福利指标体系，以此来测度我国的社会福利水平。

尽管社会福利衡量指标不同，但目前衡量社会福利指标中影响力比较大的是联合国开发计划署使用的人类发展指数（HDI）。1990 年，联合国开发计划署首次公布使用了人类发展指数，它主要把衡量经济的指标与衡量社会的指标结合起来，反映经济增长和社会发展的状况，把居民的健康、教育、生活质量、生存环境以及自由程度等综合起来，是衡量社会福利的重要指标。HDI 反映了居民客观潜能得到发挥和客观需要得到满足的程度。因此，本书也采用人类发展指数来衡量社会福利。

7.2　衡量社会福利的测算模型

本书采用联合国开发计划署的人类发展指数衡量社会福利，称其为社会福利指数，用 SW 表示。根据联合国开发计划署公布的人类发展指数，可得社会福利指数的公式为：

$$SW = \frac{1}{3}预期寿命指数 + \frac{1}{3}教育指数 + \frac{1}{3}GDP 指数 \qquad (7-1)$$

其中，预期寿命指数、教育指数和 GDP 指数是分别从"预期寿命、教育水平和生活质量"

三个维度创建的指数。为了计算这些维度指数，即预期寿命、教育和 GDP 指数，必须为指标选定极小值和极大值（阈值）。表 7 - 1 为联合国给出的计算各指标的阈值。

表 7 - 1　　　　　　　　　　联合国给出的计算人类发展指数的各指标阈值

指标	极大值	极小值
预期寿命	85	25
成人识字率	100	0
综合入学率	100	0
人均国内生产总值	40000	100

每一维度指数可以由以下通用公式计算：

$$维度指数 = \frac{实际值 - 极小值}{极大值 - 极小值} \tag{7-2}$$

预期寿命指数可表示为：

$$预期寿命指数 = \frac{预期寿命 - 25}{85 - 25} \tag{7-3}$$

教育指数是由成人识字指数和综合入学指数分别赋予不同权重计算得出的。

$$教育指数 = \frac{2}{3}成人识字指数 + \frac{1}{3}综合入学指数 \tag{7-4}$$

其中：

$$成人识字指数 = \frac{成人识字率 - 0}{100 - 0} \tag{7-5}$$

$$综合入学指数 = \frac{毛入学率 - 0}{100 - 0} \tag{7-6}$$

GDP 指数可表示为：

$$GDP 指数 = \frac{\ln(人均国内生产总值) - \ln(100)}{\ln(40000) - \ln(100)} \tag{7-7}$$

7.3　社会福利的测算结果分析

由于联合国开发计划署每年公布各国的社会福利指数，所以在这一节中直接引用联合国开发计划署公布的我国社会福利指数值。因各省份经济发展状况不同、区位优势不同等，社会福利指数也会不同，基于此，本节重点测算各省份的社会福利指数，为运用面板数据，实证检验财税政策的社会福利效应奠定数据基础。

7.3.1　全国整体视角：社会福利的测算结果

根据联合开发计划署公布的社会福利指数，可得到我国整体的社会福利指数（如图 7 - 1 所示）。从全国整体社会福利指数来看，随着经济与社会的发展，我国社会福利呈现出持续上升且保持稳定增长的态势。例如，1990 年，我国社会福利指数为 0.499，而

2017 年社会福利指数增加到 0.752，增长了 0.253。总体而言，1990～2017 年，全国社会福利增长十分平稳，逐年增加额为 0.01，说明我国社会福利稳中求进。

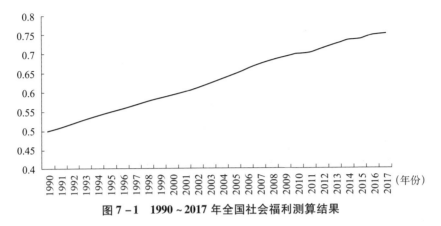

图 7-1　1990～2017 年全国社会福利测算结果

社会福利呈现逐年递增的态势，可能原因是：首先，我国处在经济发展的快车道，GDP 平均年增长率高达 9.49%，人均 GDP 不断上升，经济增长带来经济福利的增加，进而社会福利增加；其次，随着医疗改革的不断推进，医疗制度不断完善、医疗水平持续提高，人均寿命也不断增大，从而增加了健康福利；最后，"百年大计，教育为本""科教兴国"战略提出之后，我国对教育事业投资力度不断加大，识字率不断增加，受教育程度提高，增加教育福利。因此，整体社会福利处于持续上升状态。

7.3.2　省际整体视角：社会福利的测算结果

根据各省份有关数据，在测算社会福利指数公式的基础上，测算出了我国各省份的社会福利指数（如图 7-2 所示）。总的来看，各省份社会福利指数呈现逐年递增态势，增长幅度比较平稳，但省际之间的社会福利存在差距，反映了我国社会福利水平因地区而有差异，社会福利分布不均衡。

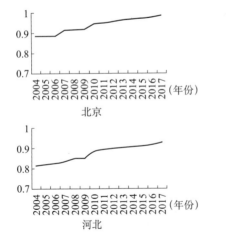
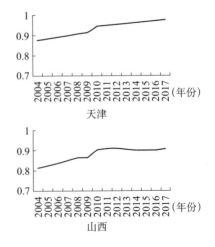

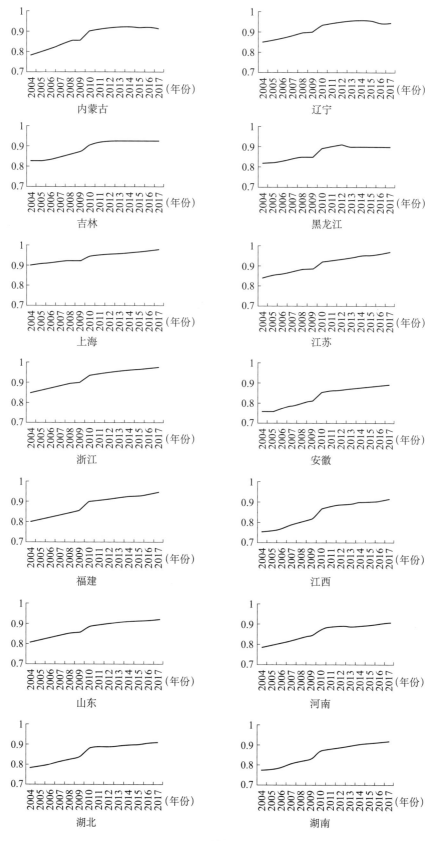

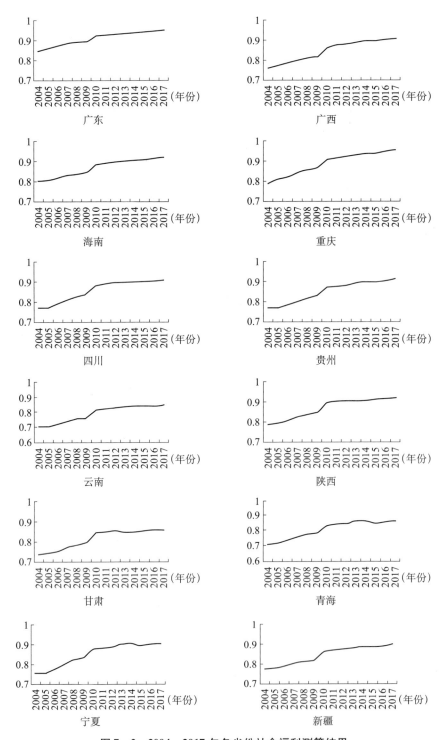

图 7 - 2 2004 ~ 2017 年各省份社会福利测算结果

资料来源：各省份统计年鉴。

第一，纵向来看，各省份社会福利持续增加并保持稳定的增长趋势。2004 ~ 2017 年，各省份社会福利不断上升，以经济发达地区为例，2004 年，北京社会福利为 0.887，2017

年增长到 0.985，增长了 0.098，平均年增长率为 0.82%，最大年增长率为 2.94%。2004年，上海社会福利为 0.907，2017 年增长到 0.985，增长了 0.78，平均年增长率为 0.64%，最大年增长率为 2.29%。同样，经济落后地区社会福利也在上升过程之中，2004年，甘肃社会福利为 0.732，2017 年增长到 0.856，增长了 0.124，平均年增长率为 1.24%，最大年增长率为 6.97%。除此以外，各省份社会福利增长幅度十分平稳，30 个省份平均增长幅度均为 0.01，随着经济的不断发展以及教育、医疗体制的不断完善，各省份社会福利将会进一步提高。

第二，横向来看，各省份社会福利存在差距。一方面，各省份社会福利绝对值存在差距。以 2017 年为例，各省份社会福利由高到低排列依次是北京（0.986）、上海（0.985）、天津（0.977）、江苏（0.975）、浙江（0.968）、广东（0.960）、重庆（0.958）、山东（0.953）、福建（0.945）、河南（0.937）、辽宁（0.936）、吉林（0.929）、河北（0.926）、海南（0.924）、湖南和陕西（0.921）、内蒙古和江西（0.915）、广西（0.913）、湖北（0.912）、四川（0.910）、山西和宁夏（0.903）、黑龙江和新疆（0.902）、安徽（0.901）、贵州（0.884）、青海（0.862）、甘肃（0.856）、云南（0.850）。另一方面，各省份社会福利平均年增长率存在差距。2004～2017 年，各省社会福利平均年增长率由高到低排列依次是贵州（1.91%）、青海（1.54%）、江西（1.49%）、重庆（1.48%）、云南（1.45%）、广西（1.38%）、湖南和宁夏（1.35%）、四川（1.28%）、河南（1.27%）、福建（1.26%）、安徽（1.25%）、甘肃（1.24%）、陕西（1.19%）、内蒙古和湖北（1.17%）、新疆（1.15%）、山东（1.14%）、江苏（1.12%）、海南（1.08%）、浙江（1.02%）、河北（0.99%）、广东（0.92%）、吉林（0.89%）、北京和山西（0.82%）、天津（0.81%）、辽宁（0.76%）、黑龙江（0.74%）、上海（0.64%）。

根据社会福利以及平均年增长率可以将上述 30 个省份分为四类：第一类，高社会福利与高平均年增长率，以重庆、福建为代表；第二类，高社会福利与低平均年增长率，以广东、上海最为典型；第三类，低社会福利与高平均年增长率，如贵州、青海、云南；第四类，低社会福利与低平均年增长率，如山西。因此，省际之间社会福利存在明显的差距。

8

财政支出的福利分配效应实证分析

本章首先对财政支出的福利分配效应实证模型进行设计。然后在全国、城镇居民以及农村居民三个视角下，分别对非民生财政支出、民生财政支出、民生财政支出结构福利分配效应进行实证分析，相对于非民生财政支出，民生财政支出可以缩小居民福利分配差距。在民生财政支出结构中，医疗卫生支出、农林水支出、教育支出会缩小居民福利分配差距。最后对不同视角下的实证情况进行总结，并提出三条政策启示：保持民生财政支出的稳定增长；增加医疗卫生支出，特别是加大对于农村医疗卫生的支持力度；增加农林水支出，优先保障农村地区资金支持。

8.1 实证设计、描述性统计及平稳性检验

8.1.1 实证设计

8.1.1.1 变量选取及数据来源

本章选用福利分配作为被解释变量，各项财政支出作为解释变量，用来衡量对福利分配的影响。在控制变量方面，基于本书第 2 章理论分析中关于影响福利因素的研究，本章以经济发展水平、开放水平、城市发展水平、固定资产投资力度、产业发展水平、物价水平和就业水平为指标，反映对福利分配的影响。其中，经济发展水平用人均 GDP 衡量，开放水平用对外开放程度衡量，城市发展水平用城镇化率衡量，固定资产投资力度用政府投资衡量，产业发展水平用产业结构衡量，物价水平和就业水平分别用物价指数和失业率衡量。数据来源于国家统计局、各省份统计年鉴以及 Wind 数据库。具体变量描述和计算方式见表 8 - 1。

表 8 - 1　　　　　　　　　　变量描述和计算方式

变量（符号）	描述和计算方式
福利分配（WD）	用基尼系数表示
人均 GDP（gdp）	用人均 GDP 表示，取 ln
非民生财政支出（fms）	用政府总财政支出减教育支出、医疗卫生支出、社会保障支出、农林水支出、科技支出后的余额占人均 GDP 的比重表示

变量（符号）	描述和计算方式
民生财政支出（ms）	用教育支出、医疗卫生支出、社会保障支出、农林水支出、科技支出之和占人均 GDP 的比重表示
对外开放程度（open）	用进出口总额占人均 GDP 的比重表示
城镇化率（city）	用城镇人口占总人口的比重表示
政府投资（tz）	用全社会固定资产投资完成额占人均 GDP 的比重表示
产业结构（cyjg）	用第三产业增加值占第二产业增加值的比重表示
教育支出（ed）	用教育支出占人均 GDP 的比重表示
医疗卫生支出（me）	用医疗卫生支出占人均 GDP 的比重表示
社会保障支出（ss）	用社会保障支出占人均 GDP 的比重表示
科技支出（tc）	用科技支出占人均 GDP 的比重表示
农林水支出（zn）	用农林水支出占人均 GDP 的比重表示
物价指数（cpi）	用居民消费价格指数减 100
失业率（syl）	用失业率表示

8.1.1.2　模型设定

在实证设计中，本章从全国居民、城镇居民、农村居民三个视角，检验各项财政支出对福利分配的影响。

首先，全国居民视角下的财政支出对福利分配影响的模型设定。在全国居民视角下，实证部分选用 1990~2017 年的时间序列数据，基于上述变量和影响因素，构建多元回归模型，并引入不同控制变量，采用 OLS 方法回归。基准模型构建如下：

$$WD_t = \alpha_0 + \alpha_1 X_t + \sum \beta Z_t + \varepsilon_t \tag{8-1}$$

其中，变量 WD_t 表示全国居民福利分配，2002~2017 年数据由国家统计局给出，1990~2001 年数据来源于《中国居民收入分配年度报告（2011）》。变量 X_t 代表各项财政支出，变量 Z_t 代表各项控制变量。α_0 为常数项，α_1 为财政支出的系数项，β 表示各控制变量系数项。

由第 4 章和第 5 章内容可知，我国各省份财政支出以及福利分配存在较大差异，所以单以时间序列模型回归，不能完全刻画出各省份之间的差异，更难从省际层面检验出城乡之间财政支出对福利分配影响的差异性，从而难以探寻财政支出对福利分配效应的内在机制与规律。为更好地考察财政支出对福利分配的影响，本章在全国整体时间序列实证分析的基础上，进一步以省级面板数据构建实证模型，从城镇居民和农村居民两个视角，论证财政支出对福利分配的影响，以期发现财政支出对福利分配影响的城乡差异性。

其次，城镇居民视角下的财政支出对福利分配影响的模型设定。从第 5 章测算的城镇居民福利分配的结果看，我国城镇居民福利分配具有明显黏性。因此，在设定财政支出对城镇居民福利分配影响的模型时，引入福利分配的滞后一期，构建动态面板模型，并采用差分 GMM 方法引入不同控制变量回归。在样本容量上，由于部分省份数据缺失，此部分从东、中、西部选取了 23 个有代表性的省份①，样本期为 1994 ~ 2017 年。基准模型构建如下：

$$WD_{it} = \alpha_0 + \alpha_1 WD_{it-1} + \alpha_2 X_{it} + \sum \beta Z_{it} + \varepsilon_{it} \qquad (8-2)$$

其中，变量 WD_{it} 表示城镇居民福利分配，数据为第 5 章测算的结果。变量 WD_{it-1} 为福利分配滞后一期。变量 X_{it} 代表各项财政支出，变量 Z_{it} 代表各项控制变量。α_0 为常数项，α_2 为财政支出的系数项，β 表示各控制变量系数项。

最后，农村居民视角下的财政支出对福利分配影响的模型设定。由于城乡结构存在较大差异，再结合财政支出与农村福利分配数据对应关系的规律，发现二者之间可能存在非线性关系，于是在构建财政支出对农村居民福利分配影响的模型时，考虑建立非线性的面板数据模型，再通过逐步回归法，检验财政支出与农村居民福利分配之间是否存在非线性关系。因此，在构建模型时，将财政支出的二次项引入模型中，从而更好地剖析财政支出对农村居民福利分配影响的规律。由于部分省份的有关农村居民数据缺失，本部分实证分析时，从东、中、西部选取了 11 个有代表性的省份②，样本期为 1994 ~ 2017 年。根据上述分析，构建实证模型（8 - 3），采用固定效应方法。在实证检验时，为更好地展现财政支出对农村居民福利分配的影响，采用引入不同控制变量进入实证模型。构建的基准模型如下：

$$WD_{it} = \alpha_0 + \alpha_1 X_{it} + \alpha_2 X_{it}^2 + \sum \beta Z_{it} + \varepsilon_{it} \qquad (8-3)$$

其中，变量 WD_{it} 表示农村居民福利分配，数据为第 5 章测算的结果。变量 X_{it} 代表各项财政支出，变量 X_{it}^2 表示各项财政支出的二次项，变量 Z_{it} 代表各项控制变量。α_0 为常数项，α_1 为财政支出的系数项，β 表示各控制变量系数项。

8.1.2 描述性统计

表 8 - 2 体现了各变量数据的整体情况。从表中可见，人均 GDP、对外开放程度、产业结构、教育支出、医疗卫生支出和农林水支出等大部分变量标准差较小，说明数据整体变化趋势较为平稳，呈稳定增长或下降趋势，波动幅度较小。居民消费价格指数整体变动较小，说明我国物价水平维持稳定。其他变量中，社会保障支出的标准差较大，说明自 1990 年以来我国社会保障支出在名义人均 GDP 中占比变化剧烈，增长幅度明显。具体描述性统计结果见表 8 - 2。

表 8 - 2　　　　　　　　全国整体视角：变量描述性统计

变量	Obs	均值	标准差	最小值	最大值
gdp	28	11.71107	1.267308	9.32	13.57
open	28	0.5498466	0.1322826	0.3309207	0.7717773
tz	28	0.4848344	0.1902372	0.239338	0.819481

---

① 23 个省份包括北京、上海、河南、广西、贵州、广东、重庆、安徽、辽宁、山西、陕西、江西、四川、江苏、宁夏、湖北、内蒙古、河北、福建、海南、浙江、甘肃、新疆。

② 11 个省份包括北京、上海、河南、广东、重庆、江西、四川、江苏、福建、浙江、甘肃。

变量	Obs	均值	标准差	最小值	最大值
cyjg	28	0.9199785	0.1567041	0.712638	1.29279
ed	28	0.0345242	0.0067455	0.02264	0.043553
me	28	0.0105635	0.0044975	0.00524	0.019816
ss	28	0.0129643	0.0119654	0.002455	0.031529
tc	28	0.008983	0.0013956	0.006473	0.012479
zn	28	0.020193	0.0049423	0.013333	0.028813
fms	28	0.1513946	0.0265369	0.106596	0.231351
ms	28	0.078245	0.024858	0.045375	0.123712
cpi	28	1.041894	0.0573234	0.986	1.241

表 8-3 展现了各变量数据的整体情况。具体地，我国城镇地区福利分配标准差较小，最大值与最小值分别为 0.362589 和 0.1352，均为较极端的情况，数据整体发展趋势平稳，维持于 0.25~0.30 之间，说明我国各省份各年份的福利分配相对平均。社会保障支出、科技支出、农林水支出和民生财政支出标准差偏大，表明数据变化幅度较大，说明我国 1990 年以来城镇经济发展速度较快，居民生活中各类保障性支出与福利措施相应提高。其他各变量中，城镇化率、教育支出、医疗卫生支出、人均 GDP 水平、失业率等数据均维持平稳增长趋势，随时间波动幅度较小。具体描述性统计结果见表 8-3。

表 8-3　　　　　　　　　　城镇居民视角：变量描述性统计

变量	Obs	均值	标准差	最小值	最大值
g	529	0.2652549	0.0405696	0.1352	0.362589
city	529	0.4573185	0.1636346	0.14	0.896
ed	529	0.0601117	0.0226265	0.0177118	0.2669171
me	529	0.0208797	0.010505	0.0053279	0.0579898
ss	529	0.0329412	0.0239053	0.0018648	0.124894
tc	529	0.0063795	0.005543	0.0009096	0.0355288
zn	529	0.0327595	0.019871	0.0042046	0.112651
gdp	529	9.604923	0.9871533	7.33106	11.68012
cyjg	529	0.992552	0.4816167	0.4970531	4.165265
ms	529	0.0710153	0.043674	0.0143677	0.246529
fms	529	0.0961723	0.0390799	0.0235387	0.2150236
syl	529	0.0346465	0.008858	0.004	0.065

表 8-4 展现了各变量数据的整体情况。从表中可见，我国农村地区各变量数据的整体变化趋势基本与城镇地区一致。福利分配、教育支出、医疗卫生支出、人均 GDP 水平和失业率等指标的标准差较小，表明数据整体维持平稳，波动幅度较小。社会保障性支出、科技支出、农林水支出和民生财政支出几项指标的标准差较大，并且相较城镇地区数据，农村地区数据的波动幅度更大。具体描述性统计结果见表 8-4。

表 8 - 4   农村居民视角：变量描述性统计

变量	Obs	均值	标准差	最小值	最大值
g	253	0.2911568	0.0294708	0.215329	0.364
city	253	0.4871822	0.1937359	0.14	0.896
ed	253	0.0596365	0.0258898	0.027122	0.266917
me	253	0.0211894	0.0117717	0.006098	0.05799
ss	253	0.0309001	0.0266347	0.001865	0.111698
tc	253	0.0078682	0.0073747	0.00091	0.035529
zn	253	0.0280546	0.0204594	0.004205	0.112654
gdp	253	9.813295	1.002843	7.5606	11.6801
ms	253	0.0609745	0.0418231	0.014368	0.246529
fms	253	0.0879326	0.0360718	0.023539	0.190953
syl	253	0.032336	0.0091492	0.004	0.055

8.1.3 平稳性检验

在进行回归分析前需要对数据进行平稳性检验，即单位根检验，以判断数据是否平稳，避免出现"伪回归"情况。通过平稳性检验是建立模型并进行回归分析的必要条件。本节采用 ADF 检验方法进行平稳性检验，具体平稳性检验结果见表 8 - 5。

表 8 - 5   全国整体视角：平稳性检验结果

变量	水平值（含趋势项）	一阶差分（含漂移项）	变量	水平值（含趋势项）	一阶差分（含漂移项）
g	- 2.486 (0.3348)	- 3.034 (0.0030)**	me	- 0.500 (0.8921)	- 3.037 (0.0316)**
ms	- 1.672 (0.7631)	- 3.398 (0.0110)**	ss	- 0.330 (0.9212)	- 3.308 (0.0145)**
gdp	- 2.395 (0.3824)	- 4.335 (0.0004)**	zn	- 1.740 (0.4106)	- 3.631 (0.0052)**
open	- 2.232 (0.1948)	- 4.099 (0.0010)**	tc	- 2.328 (0.4188)	- 3.601 (0.0298)**
tz	- 0.272 (0.9294)	- 3.150 (0.0231)**	fms	- 2.717 (0.2292)	- 4.861 (0.0004)**
cpi	- 1.868 (0.3471)	- 4.096 (0.0010)**	cyjg	- 2.599 (0.2802)	- 2.727 (0.0062)**
ed	- 1.937 (0.3148)	- 3.937 (0.0018)**			

注：括号里为 t 统计量值，* 表示 10% 显著水平下显著，** 表示 5% 显著水平下显著。

由表 8 - 5 中 ADF 检验结果可知。各变量在水平值条件下未通过单位根检验，说明数据在水平值条件下非平稳。进一步在一阶差分条件下对数据进行单位根检验，得到结果显示全部变量在一阶差分条件下均呈平稳状态，即在一阶差分下全部变量满足同阶单整条件，各变量之间可能存在协整性关系，需继续进行协整性检验。

同理，对城镇面板模型中的数据进行单位根检验，本部分使用 Fisher-ADF 及 Fish－PP 方法对数据进行单位根检验，具体检验结果见表 8 － 6。

表 8 － 6　　　　　　　　　　城镇居民视角：平稳性检验结果

变量	水平值（含趋势项）		水平值（含漂移项）	变量	水平值（含趋势项）		水平值（含漂移项）
	Fisher-ADF	Fisher-PP	Fisher-ADF		Fisher-ADF	Fisher-PP	Fisher-ADF
g	25.5384 (0.9938)	60.1350 (0.0788)*	151.4045 (0.0000)**	Ss	60.0453 (0.0800)*	58.3577 (0.1045)	
ed	74.5520 (0.0049)**	82.4577 (0.0008)**		Tc	40.8224 (0.6884)	41.1801 (0.6740)	108.8350 (0.0000)**
city	62.8613 (0.0497)**	81.8829 (0.0009)**		Zn	27.5413 (0.9859)	62.2844 (0.0550)*	63.8874 (0.0415)**
gdp	41.4752 (0.6620)	10.1324 (1.0000)	63.9630 (0.0409)**	Me	14.7543 (1.0000)	18.4664 (0.9999)	117.1053 (0.0000)**
syl	94.5928 (0.0000)**	41.4619 (0.6626)		Ms	55.3678 (0.6454)	63.4246 (0.3566)	84.1658 (0.0005)**
cyjg	16.0101 (1.0000)	9.2822 (1.0000)	96.1388 (0.0000)**	Fms	55.3678 (0.6454)	63.4246 (0.3566)	143.8830 (0.0000)**

注：括号里为 t 统计量值，＊表示 10% 显著水平下显著，＊＊表示 5% 显著水平下显著。

依据表 8 － 6 中单位根检验结果，变量 gdp、cyjg、tc、me、ms 和 fms 未能在水平值下通过含趋势项条件的 ADF 及 PP 检验，所以进一步进行含常数项条件的 ADF 检验。结果表明，城镇面板模型中各变量在水平值下呈平稳状态，服从同阶单整条件，变量之间可能存在协整关系，需进一步对变量进行协整性检验。

对于农村面板模型中各变量，采取与城镇面板模型同样的单位根检验方式，以验证数据的平稳性。具体单位根检验结果见表 8 － 7。

表 8 － 7　　　　　　　　　　农村居民视角：平稳性检验结果

变量	水平值测试		水平值测试（带漂移项）	变量	水平值测试		水平值测试（带漂移项）
	Fisher-ADF	Fisher-PP	Fisher-ADF		Fisher-ADF	Fisher-PP	Fisher-ADF
ed	35.9211 (0.0310)**	47.1001 (0.0014)**		Zn	10.5315 (0.9808)	19.1767 (0.6344)	32.0335 (0.0768)*
city	26.0327 (0.2503)	31.2573 (0.0910)*		Ms	18.1964 (0.6943)	30.4716 (0.1074)	44.9784 (0.0027)**
gdp	21.6742 (0.4795)	6.7106 (0.9993)	31.8115 (0.0807)*	fms	25.5687 (0.2707)	29.0946 (0.1422)	43.4077 (0.0042)**
syl	13.6945 (0.9120)	6.0800 (0.9997)	78.1989 (0.0000)**	G	41.7645 (0.0067)**	41.5754 (0.070)**	

变量	水平值测试		水平值测试（带漂移项）	变量	水平值测试		水平值测试（带漂移项）
	Fisher-ADF	Fisher-PP	Fisher-ADF		Fisher-ADF	Fisher-PP	Fisher-ADF
ss	34.3342 (0.0454)**	33.8980 (0.0503)*		Me	8.1502 (0.9967)	11.3745 (0.9690)	53.1595 (0.0002)**
tc	13.3614 (0.9226)	16.4046 (0.7953)	40.7992 (0.0087)**				

注：括号里为 t 统计量值，* 表示 10% 显著水平下显著，** 表示 5% 显著水平下显著。

由表 8-7 中单位根检验结果可知，各变量在水平值条件下呈平稳状态，满足同阶单整条件，各变量之间可能存在协整关系，需进一步对变量进行协整性检验。

8.2 全国整体视角：财政支出的福利分配效应

本节从全国整体视角，对财政支出的福利分配效应进行实证分析，对非民生财政支出、民生财政支出、民生财政支出结构三个方面进行具体分析，并发现其中的关系。

8.2.1 非民生财政支出的福利分配效应

8.2.1.1 协整性检验

参考 8.1.3 中平稳性检验的结果，需要对本部分模型中的变量继续进行协整性检验以确保数据的长期稳定性。通过协整性检验是进行回归分析的必要条件。本节模型中包含变量较多，对多个变量进行协整关系检验时，Johansen 协整检验方法是较为常用的方法。因此，本部分使用 Johansen 协整检验方法对各变量进行协整性检验。具体 Johansen 协整性检验结果见表 8-8。

表 8-8　　　　　全国整体视角：非民生财政支出协整性检验结果

Maximumrank	Parms	LL	Eigenvalue	Tracestatistic	5% Criticalvalue
0	48	410.0193	—	145.8823	104.94
1	59	439.41277	0.89576	87.0953	77.74
2	68	454.61842	0.68953	56.6840	54.64
3	75	467.36762	0.62495	31.1856*	34.55
4	80	478.15839	0.56398	9.6041	18.17
5	83	482.88437	0.30479	0.1521	3.74
Maximumrank	Parms	LL	Eigenvalue	Maxstatistic	5% Criticalvalue
0	48	410.0193	—	58.7869	42.48
1	59	439.41277	0.89576	30.4113	36.41
2	68	454.61842	0.68953	25.4984	30.33
3	75	467.36762	0.62495	21.5815	23.78

Maximumrank	Parms	LL	Eigenvalue	Maxstatistic	5% Criticalvalue
4	80	478. 15839	0. 56398	9. 4520	16. 87
5	83	482. 88437	0. 30479	0. 1521	3. 74

注：*表示变量之间具有协整性关系。

由表 8 - 8 中协整检验结果可知，在 5% 的显著性水平下，"迹检验"统计量为 31. 1856，拒绝"不存在协整向量""至多存在一个协整向量"和"至多存在两个协整向量"的原假设，而接受"至多存在三个协整向量"的原假设。表明变量中存在三个协整关系，通过协整性检验，可以建立实证模型并继续进行回归分析。

8.2.1.2 实证结果分析

全国非民生财政支出实证分析采用逐步增加控制变量的方法，进行逐步回归检验，保证实证结果的稳健性。从表 8 - 9 实证结果中可以看出，模型 1 拟合度在 0.5 以上，模型 2 至模型 4 拟合度均在 0.8 以上，模型 4 拟合度达到 0.8457，拟合情况较好；解释变量和控制变量在逐步回归的四个模型中，符号均保持一致，显著性情况基本保持一致，说明模型设定有效。

表 8 - 9　　　　　　　　　全国整体视角：非民生财政支出实证结果

变量	模型 1	模型 2	模型 3	模型 4
	系数	系数	系数	系数
fms	- 0. 0839832 (- 0. 35)	0. 6850108 (3. 21) **	0. 2569911 (0. 91)	0. 2435985 (0. 84)
gdp	0. 0291486 (5. 80) **	0. 1966565 (6. 48) **	0. 1484371 (4. 10) **	0. 1519251 (4. 01) **
open			0. 0953345 (2. 14) **	0. 1119022 (1. 81) *
city		- 2. 045129 (- 5. 55) **	- 1. 430322 (- 3. 20) **	- 1. 517547 (- 2. 99) **
cyjg				0. 0383997 (0. 39)
C	0. 1174027 (1. 71) *	- 1. 117059 (- 4. 92) **	- 0. 793597 (- 3. 05) **	- 0. 8408735 (- 2. 89) **
R^2	0. 5740	0. 8136	0. 8446	0. 8457
P 值	0	0	0	0

注：括号里为 t 统计量值，*表示 10% 显著水平下显著，**表示 5% 显著水平下显著。

由实证模型 4 结果可知，非民生财政支出会扩大居民福利分配差距。非民生财政支出促进了银行、金融、保险等行业发展，而对与民生相关的行业造成的影响较小，农村地区的中低收入者受影响较小，而城镇地区的高收入者收入却在不断增加，因此，非民生财政支出扩大了居民福利分配差距。

从控制变量对福利分配差距的影响进行分析，人均 GDP 显著且系数为正值，人均

GDP 的增加意味着经济充分发展，会扩大居民福利分配差距，两者为正相关关系；城镇化率显著且系数为负值，两者为负相关关系，由于城镇化的发展，对劳动力的需求不断增加，农村剩余劳动力选择进城务工，进城务工获得的工资性收入要远高于在农村从事传统农业的收入，从而缩小居民福利分配差距；产业结构对福利分配影响为正值，产业结构的改变并未有效缩减居民福利分配差距，虽然第三产业能够有效吸纳劳动力，但是我国依然主要以物质生产为主，农民工依然主要集中于第二产业中，就业于比较低端的行业，所获得的工资收入水平较低，目前，产业结构的调整会使得居民福利分配差距扩大。

8.2.2　民生财政支出的福利分配效应

8.2.2.1　协整性检验

参考 8.1.3 中平稳性检验结果，本部分模型中多个变量需要进一步进行协整性检验。同理，与本章节 8.2.1.1 中协整性检验方式相同，本部分同样使用 Johansen 检验方法对各变量进行协整性检验。具体协整性检验结果见表 8 - 10。

表 8 - 10　　　　　　　　全国整体视角：民生财政支出协整性检验结果

Maximumrank	Parms	LL	Eigenvalue	Tracestatistic	5% Criticalvalue
0	48	342. 28402	—	214. 9386	104. 94
1	59	383. 60638	0. 95836	132. 2939	77. 74
2	68	410. 17285	0. 87044	79. 1610	54. 64
3	75	431. 22942	0. 80205	37. 0478	34. 55
4	80	441. 28937	0. 53876	16. 9279 *	18. 17
5	83	447. 33972	0. 37212	4. 8272	3. 74
6	84	449. 75333	0. 16945		
Maximumrank	Parms	LL	Eigenvalue	Maxstatistic	5% Criticalvalue
0	48	342. 28402	—	82. 6447	42. 48
1	59	383. 60638	0. 95836	53. 1329	36. 41
2	68	410. 17285	0. 87044	42. 1132	30. 33
3	75	431. 22942	0. 80205	20. 1199	23. 78
4	80	441. 28937	0. 53876	12. 1007	16. 87
5	83	447. 33972	0. 37212	4. 8272	3. 74
6	84	449. 75333	0. 16945		

注：＊表示变量之间具有协整性关系。

由表 8 - 10 中协整性检验结果可知，在 5% 的显著性水平下，"迹检验"统计量为16. 9279，拒绝"不存在协整向量""至多存在一个协整向量""至多存在两个协整向量"和"至多存在三个协整向量"的原假设，而接受"至多存在四个协整向量"的原假设。表明各变量之间存在协整关系，通过协整性检验，可以建立实证模型并继续进行回归分析。

8.2.2.2 实证结果分析

全国民生财政支出实证分析采用逐步增加控制变量的方法，进行逐步回归检验，保证实证结果的稳健性。从表 8-11 实证结果中可以看出，各模型拟合度均在 0.7 以上，拟合情况较好；解释变量和控制变量在逐步回归的四个模型中，符号均保持一致，显著性情况基本保持一致，说明模型设定有效。

表 8-11　　　　　　　　全国整体视角：民生财政支出实证结果

变量	模型 1	模型 2	模型 3	模型 4
	系数	系数	系数	系数
ms	- 1.216528 （ - 4.44）**	- 1.38626 （ - 4.34）**	- 0.7522203 （ - 2.62）**	- 0.9045185 （ - 3.04）**
gdp	0.0573466 （8.71）**	0.0635908 （7.49）**	0.0885203 （7.38）**	0.1002864 （7.83）**
open		- 0.0233366 （ - 0.52）		- 0.0486515 （ - 1.29）
tz			- 0.2227019 （ - 2.91）**	- 0.2547561 （ - 3.41）**
cpi	0.1505996 （1.71）	0.1955723 （1.97）*	0.2233633 （2.77）**	0.3071406 （3.49）**
C	- 0.1615984 （ - 1.36）	- 0.2497005 （ - 1.76）*	- 0.4538004 （ - 3.41）**	- 0.6263345 （ - 3.49）**
R^2	0.7787	0.7491	0.8384	0.8386
P 值	0	0	0	0

注：括号里为 t 统计量值，＊表示 10% 显著水平下显著，＊＊表示 5% 显著水平下显著。

具体而言，模型 1 至模型 4 中，解释变量民生财政支出在 5% 的水平上显著且系数为负值，即增加民生财政支出可以缩小居民福利分配差距。民生财政支出包括教育支出、医疗卫生支出、社会保障支出、农林水支出、科技支出等，可以有效提高人力资本积累。近几年，我国实施以追求福利最大化为目标的民生财政[1]，民生财政支出更加倾向于农村，使得农村居民与城镇居民一样享受到良好的公共服务，农村居民人力资本的积累使得农村居民收入快速增加，缩小了城镇居民与农村居民的福利分配差距。

从控制变量对福利分配差距的影响进行分析，人均 GDP 显著且系数为正值，即人均 GDP 的增加会扩大居民福利分配差距；对外开放程度的实证结果不显著，可能由于外商投资企业所占比重较低，因此对于福利分配的影响较弱；政府投资对于居民福利分配差距有显著的负向影响，政府投资的增加，会创造更多的工作岗位，让没有工作的低收入者获得相应的收入，从而缩小福利分配差距；居民消费价格指数对于福利分配有显著的正向影响，当居民消费价格指数扩大时，中低收入者的实际购买力下降更为明显，使中低收入者与高收入者的福利分配差距扩大。

---

① 洪源，杨司键，秦玉奇．民生财政能否有效缩小城乡居民收入差距 [J]．数量经济技术经济研究，2014（07）：3-20.

8.2.3 民生财政支出结构的福利分配效应

8.2.3.1 协整性检验

参考 8.1.3 中平稳性检验结果，本部分模型中多个变量需要进一步进行协整性检验。同理，与本章节 8.2.1.1 中协整性检验方式相似，本部分同样使用 Johansen 检验方法对各变量进行协整性检验。具体协整性检验结果见表 8-12。

表 8-12　　　　　　　　　全国民生财政支出结构协整性检验结果

教育支出					
Maximumrank	Parms	LL	Eigenvalue	Tracestatistic	5% Criticalvalue
0	48	369.43496	—	193.8368	104.94
1	59	405.88646	0.93943	120.9338	77.74
2	68	433.24209	0.87807	66.2225	54.64
3	75	447.37956	0.66294	37.9476	34.55
4	80	458.31908	0.56894	16.0685*	18.17
5	83	464.06428	0.35721	4.5781	3.74
6	84	466.35334	0.16145		
Maximumrank	Parms	LL	Eigenvalue	Maxstatistic	5% Criticalvalue
0	48	369.43496	—	72.9030	42.48
1	59	405.88646	0.93943	54.7113	36.41
2	68	433.24209	0.87807	28.2749	30.33
3	75	447.37956	0.66294	21.8790	23.78
4	80	458.31908	0.56894	11.4904	16.87
5	83	464.06428	0.35721	4.5781	3.74
6	84	466.35334	0.16145		
医疗卫生支出					
Maximumrank	Parms	LL	Eigenvalue	Tracestatistic	5% Criticalvalue
0	48	398.36721	—	185.1970	104.94
1	59	433.75868	0.93428	114.4140	77.74
2	68	461.88946	0.88512	58.1525	54.64
3	75	474.67051	0.62587	32.5904*	34.55
4	80	484.09366	0.51561	13.7441	18.17
5	83	488.50862	0.28795	4.9142	3.74
6	84	490.9657	0.17222		
Maximumrank	Parms	LL	Eigenvalue	Maxstatistic	5% Criticalvalue
0	48	398.36721	—	70.7829	42.48
1	59	433.75868	0.93428	56.2616	36.41
2	68	461.88946	0.88512	25.5621	30.33
3	75	474.67051	0.62587	18.8463	23.78
4	80	484.09366	0.51561	8.8299	16.87
5	83	488.50862	0.28795	4.9142	3.74
6	84	490.9657	0.17222		

社会保障支出

Maximumrank	Parms	LL	Eigenvalue	Tracestatistic	5% Criticalvalue
0	48	357. 25001	—	187. 5652	104. 94
1	59	391. 4718	0. 92810	119. 1216	77. 74
2	68	413. 0799	0. 81027	75. 9054	54. 64
3	75	431. 36688	0. 75505	39. 3315	34. 55
4	80	440. 94992	0. 52153	20. 1654	18. 17
5	83	447. 64229	0. 40238	6. 7806	3. 74
6	84	451. 03261	0. 22956		

Maximumrank	Parms	LL	Eigenvalue	Maxstatistic	5% Criticalvalue
0	48	357. 25001	—	68. 4436	42. 48
1	59	391. 4718	0. 92810	43. 2162	36. 41
2	68	413. 0799	0. 81027	36. 5740	30. 33
3	75	431. 36688	0. 75505	19. 1661	23. 78
4	80	440. 94992	0. 52153	13. 3847	16. 87
5	83	447. 64229	0. 40238	6. 7806	3. 74
6	84	451. 03261	0. 22956		

科技支出

Maximumrank	Parms	LL	Eigenvalue	Tracestatistic	5% Criticalvalue
0	48	417. 20645	—	177. 0157	104. 94
1	59	456. 67	0. 95196	98. 0886	77. 74
2	68	481. 43916	0. 85122	48. 5503 *	54. 64
3	75	493. 03383	0. 59012	25. 3610	34. 55
4	80	499. 2348	0. 37936	12. 9590	18. 17
5	83	503. 89181	0. 30109	3. 6450	3. 74
6	84	505. 71431	0. 13081		

Maximumrank	Parms	LL	Eigenvalue	Maxstatistic	5% Criticalvalue
0	48	417. 20645	—	78. 9271	42. 48
1	59	456. 67	0. 95196	49. 5383	36. 41
2	68	481. 43916	0. 85122	23. 1893	30. 33
3	75	493. 03383	0. 59012	12. 4019	23. 78
4	80	499. 2348	0. 37936	9. 3140	16. 87
5	83	503. 89181	0. 30109	3. 6450	3. 74
6	84	505. 71431	0. 13081		

农林水支出

Maximumrank	Parms	LL	Eigenvalue	Tracestatistic	5% Criticalvalue
0	48	378. 65601	—	193. 2556	104. 94
1	59	422. 22044	0. 96495	106. 1267	77. 74
2	68	445. 33363	0. 83101	59. 9004	54. 64
3	75	463. 25202	0. 74800	24. 0636 *	34. 55
4	80	471. 03481	0. 45046	8. 4980	18. 17

农林水支出					
Maximumrank	Parms	LL	Eigenvalue	Tracestatistic	5% Criticalvalue
5	83	474.85521	0.25463	0.8572	3.74
6	84	475.28381	0.03243		
Maximumrank	Parms	LL	Eigenvalue	Maxstatistic	5% Criticalvalue
0	48	378.65601	—	87.1289	42.48
1	59	422.22044	0.96495	46.2264	36.41
2	68	445.33363	0.83101	35.8368	30.33
3	75	463.25202	0.74800	15.5656	23.78
4	80	471.03481	0.45046	7.6408	16.87
5	83	474.85521	0.25463	0.8572	3.74
6	84	475.28381	0.03243		

注：＊表示变量之间具有协整性关系。

由表 8-12 中协整性检验结果可知，在 5% 显著性水平下显著。财政支出结构中，教育支出的"迹检验"统计量为 16.0685，接受"至多存在四个协整向量"的原假设，说明变量中存在四个协整关系。科技支出的"迹检验"统计量为 48.5503，接受"至多存在两个协整向量"的原假设，说明变量中存在两个协整关系。医疗卫生支出和农林水支出的"迹检验"统计量分别为 32.5904 和 24.0636，均拒绝"不存在协整向量""至多存在一个协整向量"和"至多存在两个协整向量"的原假设，而接受"至多存在三个协整向量"的原假设。社会保障支出的最大特征值为 19.1661，拒绝"不存在协整向量""至多存在一个协整向量"和"至多存在两个协整向量"的原假设，而接受"至多存在三个协整向量"的原假设。因此，本部分各模型中的多个变量均分别通过协整性检验，同一模型中各变量之间存在协整关系，可以建立实证模型并继续进行回归分析。

8.2.3.2 实证结果分析

（1）全国教育支出实证结果分析。

全国教育支出实证采用逐步增加控制变量的方法，进行逐步回归检验，保证实证结果的稳健性。从表 8-13 实证结果中可以看出，各模型拟合度均在 0.6 以上，模型 4 拟合度达到 0.82，拟合情况较好；解释变量和控制变量在 4 个模型中，各变量符号均保持一致，显著性情况基本保持一致，说明模型设定有效。

表 8-13　　　　　　　　全国整体视角：教育支出实证结果

变量	模型 1	模型 2	模型 3	模型 4
	系数	系数	系数	系数
ed	-1.755112 (-2.27)**	-2.316524 (-2.28)**	-1.912877 (-2.20)**	-1.865935 (-2.61)**
gdp	0.0782838 (6.23)**	0.0422141 (5.84)**	0.0422141 (5.84)**	0.103035 (7.70)**

变量	模型 1	模型 2	模型 3	模型 4
	系数	系数	系数	系数
tz	− 0.2399427 （− 3.31）**		− 0.2444756 （− 3.17）**	− 0.3391719 （− 4.91）**
cpi		0.1312638 （1.09）		0.3121731 （3.41）**
open		− 0.0020596 （− 0.04）	− 0.0152138 （0.34）	− 0.0399558 （− 1.00）
C	− 0.1145467 （− 1.26）	− 0.0084269 （− 0.05）	− 0.1266135 （− 1.26）	− 0.4711581 （− 3.25）**
R²	0.7719	0.6233	0.7276	0.8246
P 值	0	0	0	0

注：括号里为 t 统计量值，＊表示 10% 显著水平下显著，＊＊表示 5% 显著水平下显著。

具体而言，各个模型回归结果中，解释变量教育支出在 5% 的水平上显著且系数为负值，即增加教育支出可以缩小居民福利分配差距，两者为负相关关系。教育支出保障了居民受教育的权利，从而提高居民知识水平，有助于进一步提高人力资本素质，使得居民的劳动生产率提高。这意味着居民的边际产出会增加，居民收入也会相应随之增加，因此，教育支出可以缩小居民福利分配差距。

从控制变量对福利分配差距的影响进行分析，人均 GDP 显著且系数为正值，即人均 GDP 的增加会扩大居民福利分配差距，说明经济增长对福利分配差距有影响，虽然初期会使居民福利分配差距扩大，但从长期看，有助于缩小居民福利分配差距；政府投资显著且系数为负值，政府投资增加了工作岗位，缩小居民福利分配差距；居民消费价格指数和对外开放程度与全国整体视角下民生财政支出的实证结果一致，居民消费价格指数会扩大居民福利分配差距，对外开放程度可以增加贸易往来，促进经济发展的同时为居民提供更多的工作岗位，使得居民有稳定的收入来源，从而缩小居民福利分配差距。

（2）全国医疗卫生支出实证结果分析。

全国医疗卫生支出实证分析采用逐步增加控制变量的方法，进行逐步回归检验，保证实证结果的稳健性。从表 8 - 14 实证结果中可以看出，各模型拟合度均在 0.7 以上，模型 4 拟合度达到 0.8289，拟合情况较好；解释变量和控制变量在逐步回归的四个模型中，各变量符号均保持一致，显著性情况基本保持一致，说明模型设定有效。

表 8 - 14　　　　　　　　　全国整体视角：医疗卫生支出实证结果

变量	模型 1	模型 2	模型 3	模型 4
	系数	系数	系数	系数
me	− 7.078738 （− 4.37）**	− 5.225127 （− 2.34）**	− 8.296394 （− 4.98）**	− 5.326857 （− 2.74）**
gdp	0.0570146 （8.39）**	0.0705017 （5.36）**	0.0666554 （8.25）**	0.0939357 （6.99）**

变量	模型 1	模型 2	模型 3	模型 4
	系数	系数	系数	系数
tz		−0. 1167213 （−1. 19）		−0. 2111398 （−2. 42）**
cpi			0. 2520623 （2. 65）**	0. 3191307 （3. 53）**
open			−0. 0152138 （0. 34）	−0. 0535013 （−1. 38）
C	−0. 0163197 （−0. 31）	−0. 106371 （−1. 16）	−0. 3578451 （−2. 55）**	−0. 06141263 （−3. 71）**
R²	0. 7608	0. 7742	0. 7812	0. 8289
P 值	0	0	0	0

注：括号里为 t 统计量值，* 表示 10% 显著水平下显著，** 表示 5% 显著水平下显著。

具体而言，从各个模型回归结果来看，医疗卫生支出解释变量在 5% 的水平上显著且系数为负值，即增加医疗卫生支出可以缩小居民福利分配差距，两者呈现负相关关系。医疗卫生支出作为福利分配的重要组成部分，可以有效解决低收入者对于治疗疾病的需求。并且与高收入者不同的是，低收入者收入水平较低，医疗卫生支出可以间接增加低收入者的收入，从而缩小居民福利分配差距。

从控制变量对福利分配差距的影响进行分析，人均 GDP、居民消费价格指数与居民福利分配差距正相关且显著，政府投资与居民福利分配差距负相关且显著，对外开放程度与居民福利分配差距负相关且不显著，说明人均 GDP、居民消费价格指数会扩大居民福利分配差距，政府投资会缩小居民福利分配差距。实证结果均与全国教育支出实证结果保持一致，此处不再赘述。

（3）全国社会保障支出实证结果分析。

全国社会保障支出实证分析采用逐步增加控制变量的方法，进行逐步回归检验，保证实证结果的稳健性。从表 8 - 15 实证结果中可以看出，各模型拟合度均在 0.6 以上，模型 4 拟合度接近 0.8，拟合情况较好；解释变量和控制变量在逐步回归的四个模型中，各变量符号同样均保持一致，显著性情况基本保持一致，说明模型设定有效。

表 8 - 15   全国整体视角：社会保障支出实证结果

变量	模型 1	模型 2	模型 3	模型 4
	系数	系数	系数	系数
ss	−2. 772722 （−3. 12）**	−1. 333706 （−1. 19）	−1. 32553 （−1. 08）	−1. 811788 （−1. 79）*
gdp	0. 0612565 （6. 19）**	0. 0800327 （5. 96）**	0. 0795563 （5. 22）**	0. 1050347 （7. 25）**
tz		−0. 1966564 （−1. 95）*	−0. 1957802 （−1. 86）*	−0. 2727454 （−3. 07）**
cpi				0. 341546 （3. 44）**

变量	模型1	模型2	模型3	模型4
	系数	系数	系数	系数
open			−0.0077845 （−0.17）	−0.069126 （−1.64）
C	−0.0951126 （−1.14）	−0.1953125 （−2.07）**	−0.1913136 （−1.72）*	−0.745094 （−4.03）**
R^2	0.6966	0.7383	0.6846	0.7985
P值	0	0	0	0

注：括号里为 t 统计量值，* 表示 10% 显著水平下显著，** 表示 5% 显著水平下显著。

具体而言，模型 4 中，社会保障支出解释变量显著且系数为负值，即增加社会保障支出可以缩小居民福利分配差距，符合预期。社会保障制度可以促进社会稳定，还有利于缩小居民福利分配差距。社会保障支出可以有效解决贫困居民的生活保障问题，有助于缓解居民福利分配差距的扩大。反之，如果没有相关的社会保障支出或者其覆盖面较窄，各地区低收入者的收入得不到保障，居民福利分配差距将会扩大。

控制变量方面，人均 GDP、居民消费价格指数与居民福利分配差距正相关且显著，政府投资与居民福利分配差距负相关且显著，对外开放程度与居民福利分配差距负相关且不显著，说明人均 GDP、居民消费价格指数会扩大居民福利分配差距，政府投资会缩小居民福利分配差距。实证结果均与全国教育支出实证结果保持一致，此处不再赘述。

（4）全国科技支出实证结果分析。

全国科技支出实证分析采用逐步增加控制变量的方法，进行逐步回归检验，保证实证结果的稳健性。从表 8 - 16 实证结果中可以看出，各模型拟合度均在 0.6 以上，四个模型的拟合情况均较好；解释变量和控制变量在逐步回归的四个模型中，各变量符号与显著性情况基本保持一致，说明全国科技支出模型设定比较有效。

表 8 - 16   **全国整体视角：科技支出实证结果**

变量	模型1	模型2	模型3	模型4
	系数	系数	系数	系数
tc	−7.656923 （−1.73）*	−1.012837 （−0.22）	−6.875002 （−1.52）	5.993301 （1.36）
gdp	0.0274635 （5.67）**	0.0649301 （4.52）**	0.0292669 （5.47）**	0.0951733 （6.30）**
tz		−0.2568325 （−2.73）**		−0.4201988 （−4.52）**
cpi			0.0957984 （0.82）	0.3405913 （3.33）**
C	0.1932037 （2.56）**	−0.1807135 （−0.59）	0.0652497 （0.38）	−0.8734692 （−3.57）**
R^2	0.6181	0.7088	0.6285	0.8034
P值	0	0	0	0

注：括号里为 t 统计量值，* 表示 10% 显著水平下显著，** 表示 5% 显著水平下显著。

由实证模型 4 结果可知，科技支出的系数符号为负，说明会扩大居民福利分配差距，但结果不显著。如今我国经济的快速发展，与科学技术的进步有着不可分割的关系。科学技术水平的提升，有效地发展了我国的经济，从而逐渐提高居民的生活水平，增加了居民的收入。而科学技术水平的提升，离不开政府在科技方面的财政支持。科技支出在促进经济快速增长的同时，也在扩大福利分配差距，但是影响并不明显。控制变量方面，人均GDP、居民消费价格指数、政府投资、对外开放程度等变量的实证结果均与全国教育支出实证结果保持一致，此处不再赘述。

（5）全国农林水支出实证结果分析。

全国农林水支出实证采用逐步增加控制变量的方法，进行逐步回归检验，保证实证结果的稳健性。从表 8 – 17 实证结果中可以看出，各模型拟合度均在 0.75 以上，四个模型的拟合情况均较好；解释变量和控制变量在逐步回归的四个模型中，各变量符号与显著性情况基本保持一致，说明全国农林水支出模型设定有效。

表 8 – 17   全国整体视角：农林水支出实证结果

变量	模型 1	模型 2	模型 3	模型 4
	系数	系数	系数	系数
zn	− 4.480104 （− 4.22）**	− 3.342202 （− 3.09）**	− 3.894531 （− 3.15）**	− 3.086255 （− 2.71）**
gdp	0.0425089 （8.70）**	0.069777 （5.73）**	0.073499 （5.66）**	0.0924981 （6.80）**
tz		− 0.1765222 （− 2.41）**	− 0.181214 （− 2.41）**	− 0.273753 （− 3.63）**
cpi				0.2479579 （2.63）**
open			0.0034552 （0.09）	− 0.0414867 （− 1.06）
C	0.1360282 （3.17）**	− 0.0582573 （− 0.65）	− 0.1913136 （− 1.72）*	− 0.4904184 （− 2.77）**
R^2	0.7539	0.8018	0.7711	0.8278
P 值	0	0	0	0

注：括号里为 t 统计量值，* 表示 10% 显著水平下显著，** 表示 5% 显著水平下显著。

具体而言，模型 4 中，农林水支出解释变量在 5% 的水平上显著且系数为负值，即农林水支出的不断增加可以缩小居民福利分配差距。农林水支出对于农业经济发展起着正向的激励作用，从而对农民收入的增长有着重要的促进作用。农林水支出对低收入者收入水平的影响尤其明显，多年来，中央一号文件都是关于农村的，农林水支出能够增加农村居民收入，缩小了城乡居民福利分配差距。控制变量方面，人均 GDP、居民消费价格指数、政府投资、对外开放程度等变量的实证结果均与全国教育支出实证结果保持一致，此处不再赘述。

8.3 城镇居民视角：财政支出的福利分配效应

本节从城镇居民视角，对财政支出的福利分配效应实证结果进行分析，对非民生财政支出、民生财政支出、民生财政支出结构三个方面进行具体分析，并发现其中的关系。

8.3.1 非民生财政支出的福利分配效应

8.3.1.1 协整性检验

参考8.1.3中对于面板数据的平稳性检验结果，本部分模型中多个变量需继续进行协整性检验，以确保数据的长期稳定性。在面板数据模型多个变量进行协整性检验的方法中，一般以韦斯特伦德（westerlund，2005）提出的westerlund方法较为有效。因此，本部分采用westerlund协整检验方法对模型中各变量进行协整性检验。具体检验结果见表8-18。

表8-18 城镇居民视角：非民生财政支出协整性检验结果

	Statistic	p-value
Varianceratio	-1.6561	0.0488

根据表8-18中协整性检验结果，检验统计量为-1.6561，在5%显著性水平下，拒绝"不存在协整向量"的原假设，模型中各变量之间存在协整关系，通过协整性检验，可以建立实证模型并继续进行回归分析。

8.3.1.2 实证结果分析

城镇居民非民生财政支出实证分析采用逐步增加控制变量的方法，进行逐步回归检验，保证实证结果的稳健性。从表8-19实证结果中可以看出，各模型拟合度均在0.44以上，四个模型的拟合情况均比较好；解释变量和控制变量在逐步回归的四个模型中，各变量符号与显著性情况基本保持一致，说明城镇非民生财政支出模型设定比较有效。

表8-19 城镇居民视角：非民生财政支出实证结果

变量	模型1	模型2	模型3	模型4
	系数	系数	系数	系数
fms	0.2684523 (3.71)**	0.268624 (3.71)**	0.2467994 (3.40)**	0.2466855 (3.39)**
gdp	0.020923 (9.07)**	0.0207339 (8.14)**	0.0209896 (9.14)**	0.0210527 (8.29)**
cyjg			0.0113553 (2.29)**	0.0113851 (2.29)**

变量	模型 1	模型 2	模型 3	模型 4
	系数	系数	系数	系数
city		0.0022058 (0.18)		-0.0007342 (-0.06)
C	0.0384736 (2.24) **	0.0392644 (2.21) **	0.0286452 (1.62)	0.0283562 (1.54)
时间项	N	N	N	N
个体项	Y	Y	Y	Y
R^2	0.4441	0.4442	0.4499	0.4499
P 值	0	0	0	0

注：括号里为 t 统计量值，* 表示 10% 显著水平下显著，** 表示 5% 显著水平下显著。

具体而言，模型 4 中，解释变量非民生财政支出在 5% 的水平上显著且系数为正值，即非民生财政支出的不断增加会增大居民福利分配差距。非民生财政支出是除去教育支出、医疗卫生支出、社会保障支出、农林水支出、科技支出等之外的其他财政支出，非民生财政支出促进了银行、金融、保险等行业发展，使得城镇居民中高收入者收入进一步提升，而低收入者受到非民生财政支出影响较小，从中无法受益，进而扩大城镇居民福利分配差距。

从控制变量对福利分配差距的影响进行分析，人均 GDP 显著且系数为正值，与福利分配有正相关关系，在全国非民生财政支出的实证结果分析已作出相关解释；产业结构显著且系数为正值，即产业结构会扩大城镇居民福利分配差距，产业结构与城镇居民福利分配差距为正相关关系，产业结构的改变并未有效缩减城镇居民福利分配差距，虽然第三产业能够有效吸纳劳动力，但是我国产业结构主要以物质生产为主，城镇中低收入者依然主要集中于第二产业中，就业于相对比较低端的行业，所获得的工资收入水平较低，导致目前产业结构的调整会使得城镇居民福利分配差距扩大；城镇化率以城镇人口占总人口的比重计算得出，主要影响农村居民的福利分配水平，对城镇居民福利分配差距的影响不大。

8.3.2 民生财政支出的福利分配效应

8.3.2.1 协整性检验

参考 8.1.3 中平稳性检验结果，本部分模型中多个变量需要进一步进行协整性检验。同理，与本章节 8.3.2.1 中协整性检验方式相同，本部分同样使用 westerlund 检验方法对各变量进行协整性检验。具体协整性检验结果见表 8-20。

表 8-20　　　　城镇居民视角：财政支出协整性检验结果

	Statistic	p-value
Varianceratio	-2.4609	0.0069

依据表 8-20 中协整性检验结果，检验统计量为 -2.4609，在 5% 显著性水平下，拒绝"不存在协整向量"的原假设，模型中各变量之间存在协整关系，通过协整性检

验，变量数据之间存在长期稳定性，满足进行回归分析的前提条件，可以继续进行回归分析。

8.3.2.2 实证结果分析

城镇居民民生财政支出实证分析采用逐步增加控制变量的方法，进行逐步回归检验，保证实证结果的稳健性。从表 8-21 实证结果中可以看出，各模型拟合度均在 0.44 以上，四个模型的拟合情况均比较好；解释变量和控制变量在逐步回归的四个模型中，各变量符号与显著性情况均保持一致，说明城镇居民民生财政支出模型设定比较有效。

表 8-21　　　　　　　　　城镇居民视角：民生财政支出实证结果

变量	模型 1	模型 2	模型 3	模型 4
	系数	系数	系数	系数
ms	-0.2110505 (-3.17)**	-0.2131561 (-3.18)**	-0.2134721 (-3.23)**	-0.2179699 (-3.27)**
gdp	0.0353074 (12.71)**	0.0356593 (11.53)**	0.0348124 (12.59)**	0.0355458 (11.57)**
cyjg			0.0137482 (2.80)**	0.0140254 (2.84)**
city		-0.0032963 (-0.26)		-0.0069649 (-0.55)
C	-0.0588823 (-2.58)**	-0.0606048 (-2.55)**	-0.0676013 (-2.96)**	-0.0714167 (-2.99)**
时间项	N	N	N	N
个体项	Y	Y	Y	Y
R^2	0.4401	0.4402	0.4487	0.4490
P 值	0	0	0	0

注：括号里为 t 统计量值，* 表示 10% 显著水平下显著，** 表示 5% 显著水平下显著。

具体而言，模型 4 中，解释变量民生财政支出在 5% 的水平上显著且系数为负值，即民生财政支出的不断增加会缩小居民福利分配差距，民生财政支出中主要有教育、医疗卫生、社会保障等支出，有效地增加城镇居民的人力资本积累，政府通过民生财政支出改善人力资本积累和配置情况，从而改善中低收入者的收入水平，进而缩小城镇居民福利分配差距。

从控制变量对福利分配差距的影响角度进行分析，人均 GDP 显著且系数为正值，与城镇居民福利分配差距有正相关关系，人均 GDP 增长会扩大城镇居民福利分配差距；产业结构显著且系数为正值，即产业结构会扩大城镇居民福利分配差距，产业结构与城镇居民福利分配差距为正相关关系，产业结构的改变并未有效缩减城镇居民福利分配差距，城镇中低收入者依然主要集中于第二产业中，就业于相对比较低端的行业，所获得的工资收入水平较低，产业结构的调整会使得城镇居民福利分配差距扩大；城镇化率与福利分配差距负相关，城镇化率提高会缩减城镇居民福利分配差距，城镇化率主要与农村居民相关，对于城镇居民影响不大。

8.3.3 民生财政支出结构的福利分配效应

8.3.3.1 协整性检验

参考 8.1.3 中平稳性检验结果，本部分多个模型中各变量需要进一步进行协整性检验。同理，与本章节 8.3.2.1 中协整性检验方式相同，本部分同样使用 westerlund 检验方法对各变量进行协整性检验。具体协整性检验结果见表 8-22。

表 8-22 城镇居民视角：民生财政支出结构协整性检验结果

支出结构	Statistic	p-value
教育支出	−2.4043	0.0081
医疗卫生支出	−3.0281	0.0012
社会保障支出	−2.6448	0.0041
农林水支出	−2.7408	0.0031

依据表 8-22 中协整性检验结果，各模型检验统计量分别为 −2.4043、−3.0281、−2.6448、−2.7408、−2.5099，在 5% 显著性水平下，均拒绝"不存在协整向量"的原假设，各模型分别通过协整性检验，说明每个模型中各变量均存在协整关系，表明数据之间存在长期稳定性，具备有效性，可以进行回归分析。

8.3.3.2 实证结果分析

（1）城镇居民教育支出实证结果分析。

城镇居民教育支出实证分析采用逐步增加控制变量的方法，进行逐步回归检验，保证实证结果的稳健性。从表 8-23 实证结果中可以看出，Sargan 检验值均大于 0.1，工具变量选择合适；解释变量和控制变量在逐步回归的四个模型中，各变量符号与显著性情况均保持一致，说明城镇居民教育支出模型设定比较有效。

表 8-23 城镇居民视角：教育支出实证结果

变量	模型 1	模型 2	模型 3	模型 4
	系数	系数	系数	系数
ed	−0.1223662 (−4.05)**	−0.1484888 (−4.20)**	−0.1508695 (−3.85)**	−0.215773 (−5.77)**
gdp	0.0071683 (6.79)**	0.0039868 (1.82)*	0.0094514 (5.42)**	0.0076301 (2.89)**
EW (−1)	0.8667845 (57.16)**	0.885164 (27.75)**	0.7998646 (24.38)**	0.7734931 (16.25)**
city	−0.0346639 (−2.85)**	−0.0293386 (−2.16)**	−0.0394952 (−3.06)**	−0.0388045 (−3.22)**
syl			0.4574243 (1.86)*	0.8571528 (2.80)**

变量	模型 1	模型 2	模型 3	模型 4
	系数	系数	系数	系数
cyjg		0.0391128 (8.68)**		0.0419684 (8.34)**
C	-0.007600 (-1.04)	-0.0225926 (-1.81)*	-0.0239592 (-1.90)*	-0.0530822 (-3.13)**
自相关检验	N	N	N	N
Sargan 检验	0.3434	0.4356	0.3923	0.5964

注：括号里为 t 统计量值，* 表示 10% 显著水平下显著，** 表示 5% 显著水平下显著。

具体而言，模型 4 中，解释变量教育支出在 5% 的水平上显著且系数为负值，即增加教育支出可以缩小城镇居民福利分配差距，两者为负相关关系。教育支出保障了居民受教育的权利，可以提高城镇居民的知识水平，使得城镇居民的劳动生产率提高，相应的城镇中低收入居民的收入水平也会随之提高，因此，教育支出可以缩小城镇居民福利分配差距。

从控制变量对福利分配差距的影响进行分析，福利分配的滞后 1 期在 5% 的水平上显著且系数为正值，即前期福利分配差距过大，会拉大当期的福利分配差距，由于前期福利分配与当期的福利分配有一定的黏性，前期福利分配差距加剧当期的福利分配不公；失业率显著且系数为正值，即失业率提高会扩大城镇居民福利分配差距，两者为正相关关系，符合经济学原理，中低收入者失去原本的工作，没有了稳定的收入来源，从而扩大城镇居民福利分配差距；人均 GDP 显著且系数为正值，人均 GDP 的增长会扩大城镇居民福利分配差距；产业结构显著且系数为正值，即产业结构会扩大城镇居民福利分配差距，城镇中低收入者依然主要集于第二产业中，就业于相对比较低端的行业，工资收入水平较低，产业结构的调整会使得城镇居民福利分配差距扩大；城镇化率与福利分配差距负相关，城镇化率的提高伴随着经济的充分发展，会增加城镇居民中低收入水平群体的收入，从而缩小城镇居民福利分配差距。

（2）城镇居民医疗卫生支出实证结果分析。

城镇居民医疗卫生支出实证分析采用逐步增加控制变量的方法，进行逐步回归检验，保证实证结果的稳健性。从表 8-24 实证结果中可以看出，Sargan 检验值均大于 0.1，工具变量选择合适；解释变量和控制变量在逐步回归的四个模型中，各变量符号与显著性情况基本保持一致，说明城镇居民医疗卫生支出模型设定较有效。

表 8-24　　　　　　　　城镇居民视角：医疗卫生支出实证结果

变量	模型 1	模型 2	模型 3	模型 4
	系数	系数	系数	系数
me	-1.298671 (-12.22)**	-1.268504 (-9.99)**	-0.6768087 (-5.38)**	-1.014919 (-5.72)**
gdp	0.0123406 (8.33)**	0.0147454 (7.30)**	0.0137287 (8.44)**	0.0143991 (7.04)**

变量	模型 1	模型 2	模型 3	模型 4
	系数	系数	系数	系数
EW（-1）	0.7942784 （27.20）**	0.7765946 （38.60）**	0.7597581 （27.85）**	0.6502286 （16.20）**
city		-0.026049 （-2.40）**	-0.031416 （-2.72）**	-0.0300727 （-2.94）**
syl			0.212835 （0.96）	1.186756 （2.89）**
cyjg	0.0482939 （19.80）**	0.0480527 （13.53）**		0.0431442 （9.61）**
C	-0.0835232 （-8.83）**	-0.0905203 （-6.42）**	-0.0449814 （-4.73）**	-0.0953636 （-6.88）**
自相关检验	N	N	N	N
Sargan 检验	0.3370	0.3342	0.3505	0.6735

注：括号里为 t 统计量值，* 表示 10% 显著水平下显著，** 表示 5% 显著水平下显著。

具体而言，模型 4 中，解释变量医疗卫生支出在 5% 的水平上显著且系数为负值，即医疗卫生支出增加可以缩小城镇居民福利分配差距，两者为负相关关系。医疗卫生支出作为城镇居民福利分配的重要组成部分，医疗卫生支出降低了中低收入者的医疗卫生支出负担，间接增加低收入者的收入，从而缩小城镇居民福利分配的差距。

从控制变量对福利分配差距的影响进行分析，福利分配的滞后 1 期在 5% 的水平上显著且系数为正值，与城镇居民教育支出的实证结果保持一致，由于福利分配有黏性，本期福利分配差距会增加下一期的福利分配差距；人均 GDP 显著且系数为正值，人均 GDP 的增长会扩大城镇居民福利分配差距；城镇化率为负值，城镇化率的提高伴随着经济的充分发展，会增加城镇居民中低收入水平群体的收入，从而缩小城镇居民福利分配差距；失业率为正值，失业人数的增加，会使得企业提供的工资水平更低，中低收入者收入下降，从而扩大城镇居民福利分配差距；产业结构显著且系数为正值，产业结构与城镇居民福利分配为正相关关系，产业结构的增加会扩大城镇居民福利分配差距。

（3）城镇居民社会保障支出实证结果分析。

城镇居民社会保障支出实证分析采用逐步增加控制变量的方法，进行逐步回归检验，保证实证结果的稳健性。从表 8-25 实证结果中可以看出，Sargan 检验值均大于 0.1，工具变量选择合适；解释变量和控制变量在逐步回归的四个模型中，各变量符号与显著性情况均保持一致，说明城镇居民社会保障支出模型设定比较有效。

表 8-25　　　　　　　　　城镇居民视角：社会保障支出实证结果

变量	模型 1	模型 2	模型 3	模型 4
	系数	系数	系数	系数
ss	0.396291 （12.03）**	0.5135482 （9.74）**	0.3781273 （9.64）**	0.3578064 （6.38）**

变量	模型 1	模型 2	模型 3	模型 4
	系数	系数	系数	系数
gdp		-0.0014828 (-0.78)		-0.0002179 (-0.09)
EW（-1）	0.8297362 (32.06)**	0.7714004 (19.50)**	0.6819563 (13.83)**	0.7006252 (12.02)**
city	-0.0440539 (-3.78)**	-0.0212749 (-2.10)**	-0.0232568 (-1.96)**	-0.0228141 (-1.83)*
syl		0.4175997 (2.11)**	1.254176 (3.31)**	1.230379 (3.03)**
cyjg	0.0242097 (5.31)**		0.0274498 (5.69)**	0.0295163 (5.09)**
C	0.0310855 (4.79)**	0.0567942 (3.50)**	0.0149498 (1.68)*	0.0106212 (0.51)
自相关检验	N	N	N	N
Sargan 检验	0.3018	0.3900	0.6339	0.6476

注：括号里为 t 统计量值，* 表示 10% 显著水平下显著，** 表示 5% 显著水平下显著。

具体而言，模型 4 中，解释变量社会保障支出在 5% 的水平上显著且系数为正值，即增加社会保障支出可以扩大城镇居民福利分配差距。政府的社会保障支出包括离退休金、养老保险、最低生活保障等项目，而社会保障支出中各项目对福利分配差距的影响各不相同，有的项目会扩大福利分配差距。在城镇地区，由于离退休居民较多，离退休金所占社会保障支出较大，会导致扩大福利分配差距。另外，王茂福和谢勇才（2012）认为，社会保障转移支付后，低收入户与中收入户、中高收入户和高收入户的福利分配差距比社会保障转移支付前还要大。[①] 因此，在目前社会保障制度的设计中，存在一些扩大福利分配差距的制度安排，城镇居民高收入者从社会保障支出中受益比低收入者要多，从而使得城镇居民社会保障支出会扩大福利分配差距。

从控制变量对福利分配差距的影响进行分析，福利分配的滞后 1 期、失业率、产业结构与城镇居民福利分配差距呈正相关且显著，会扩大城镇居民福利分配差距。城镇化率与城镇居民福利分配差距为负相关且显著，会缩小城镇居民福利分配差距。人均 GDP 与城镇居民福利分配差距呈负相关但不显著。

（4）城镇居民科技支出实证结果分析。

城镇居民科技支出实证分析采用逐步增加控制变量的方法，进行逐步回归检验，保证实证结果的稳健性。从表 8 - 26 实证结果中可以看出，Sargan 检验值均大于 0.1，工具变量选择合适；解释变量和控制变量在逐步回归的四个模型中，各变量符号与显著性情况基本保持一致，说明城镇居民科技支出模型设定较有效。

---

① 王茂福，谢勇才．关于我国社会保障对收入分配存在逆调节的研究 [J]．毛泽东邓小平理论研究，2012 (06)．

表 8 - 26　　　　　　　　　　城镇居民视角：科技支出实证结果

变量	模型 1	模型 2	模型 3	模型 4
	系数	系数	系数	系数
tc	0.9557531 (2.00) **	1.348384 (3.15) **	0.9557531 (2.00) **	0.9815929 (1.87) *
gdp	0.00272 (1.45)		0.00272 (1.45)	0.0036725 (1.99) **
EW（−1）	0.9246221 (47.15) **	0.9186767 (34.21) **	0.9246221 (47.15) **	0.8742177 (26.45) **
city	− 0.0329345 （− 2.65）**	− 0.0185733 （− 1.77）*	− 0.0329345 （− 2.65）**	− 0.0323698 （− 2.82）**
syl		0.2055064 (1.19)		0.2889413 (1.66) *
C	0.0060851 (0.55)	0.0175285 (4.55) **	0.0060851 (0.55)	− 0.0003521 （− 0.03）
自相关检验	N	N	N	N
Sargan 检验	0.3503	0.3809	0.3503	0.3830

注：括号里为 t 统计量值，＊表示10%显著水平下显著，＊＊表示5%显著水平下显著。

具体而言，模型 4 中，解释变量科技支出显著且系数为正值，即增加科技支出扩大城镇居民福利分配差距，两者为正相关关系。我国经济的快速发展，与科学技术的发展有着密切的联系，然而，科学技术水平的提升，离不开政府对科技方面的资金投入和财政支持。从控制变量对福利分配差距的影响进行分析，福利分配的滞后 1 期、失业率、人均GDP 与城镇居民福利分配差距呈正相关且显著，会扩大城镇居民福利分配差距。城镇化率与城镇居民福利分配差距为负相关且显著，会缩小城镇居民福利分配差距。

8.4　农村居民视角：财政支出的福利分配效应

本节从农村居民视角，对财政支出的福利分配效应实证结果进行分析，对非民生财政支出、民生财政支出、民生财政支出结构三个方面进行具体分析，并发现其中的关系。

8.4.1　非民生财政支出的福利分配效应

8.4.1.1　协整性检验

参考8.1.3 中平稳性检验结果，本部分模型中多个变量需要进一步进行协整性检验。同理，与本章8.3.2.1 中协整性检验方式相同，本部分同样使用 westerlund 检验方法对各变量进行协整性检验。具体协整性检验结果见表 8 - 27。

表 8 - 27   **农村居民视角：非民生财政支出协整性检验结果**

	Statistic	p-value
Varianceratio	2.9064	0.0018

依据表 8 - 27 中协整性检验结果，检验统计量为 2.9064，在 5% 显著性水平下，拒绝"不存在协整向量"的原假设，模型中各变量之间存在协整关系，通过协整性检验，数据之间存在长期稳定性，可以建立实证模型并继续进行回归分析。

8.4.1.2 实证结果分析

农村非民生财政支出实证分析采用逐步增加控制变量的方法，进行逐步回归检验，保证实证结果的稳健性。从表 8 - 28 实证结果中可以看出，解释变量和控制变量在逐步回归的四个模型中，各变量符号与显著性情况基本保持一致。

表 8 - 28   **农村居民视角：非民生财政支出实证结果**

变量	模型 1	模型 2	模型 3	模型 4
	系数	系数	系数	系数
fms	− 0.199488 （− 2.11）**	− 0.1547351 （− 1.75）*	− 0.1439259 （− 1.52）	− 0.1105607 （− 1.25）
gdp	0.012633 （4.22）**	0.0154143 （5.46）**	0.0169308 （5.21）**	0.0188601 （6.17）**
city			− 0.0505167 （− 3.12）**	− 0.0418885 （− 2.75）**
cyjg		− 0.0281921 （− 6.14）**		− 0.0269967 （− 5.93）**
C	0.1847267 （7.95）**	0.1825305 （8.43）**	0.1622766 （6.78）**	0.164008 （7.32）**
时间项	N	N	N	N
个体项	Y	Y	Y	Y
R^2	0.0859	0.2105	0.1216	0.2348
P 值	0	0	0	0

注：括号里为 t 统计量值，＊表示 10% 显著水平下显著，＊＊表示 5% 显著水平下显著。

从实证模型 4 结果来看，解释变量非民生财政支出为负值，说明非民生财政支出可以缩小农村居民福利分配差距，但结果不显著。非民生财政支出完善了农村基础设施的建设，打通农村地区与外界的联系，促进农村地区经济的发展，使得农村居民收入增加，从而缩小农村居民福利分配差距。控制变量方面，人均 GDP 显著且系数为正值，与农村居民福利分配差距为正相关关系，会扩大农村居民福利分配差距；城镇化率与农村居民福利分配差距为负相关且显著，城镇化率的提高，对农村劳动力的需求会增加，农村居民进城务工获取收入，相对高于在农村务农获得的收入，从而缩小农村居民福利分配差距；产业结构显著且系数为负值，即产业结构会减小农村居民福利分配差距，产业结构与农村居民福利分配差距为负相关，产业结构的调整，导致第三产业的增加吸引了大量农村剩余劳动力，使得农村中低收入者的收入相较于务农收入有所增加，从而缩小农村居民福利分配差距。

8.4.2 民生财政支出的福利分配效应

8.4.2.1 协整性检验

参考8.1.3中平稳性检验结果，本部分模型中多个变量需要进一步进行协整性检验。同理，与本章8.3.2.1中协整性检验方式相同，本部分同样使用 westerlund 检验方法对各变量进行协整性检验。具体协整性检验结果见表8-29。

表8-29　　　　　　　　农村居民视角：民生财政支出协整性检验结果

	Statistic	p-value
Varianceratio	-2.1486	0.0158

依据表8-29中协整性检验结果，检验统计量为-2.1486，在5%显著性水平下，拒绝"不存在协整向量"的原假设，模型中各变量之间存在协整关系，通过协整性检验，可以建立实证模型并继续进行回归分析。

8.4.2.2 实证结果分析

农村居民民生财政支出实证分析采用逐步增加控制变量的方法，进行逐步回归检验，保证实证结果的稳健性。从表8-30实证结果中可以看出，解释变量和控制变量在逐步回归的四个模型中，各变量符号与显著性情况均保持一致。

表8-30　　　　　　　　农村居民视角：民生财政支出实证结果

变量	模型1	模型2	模型3	模型4
	系数	系数	系数	系数
ms	-0.0038525 (-0.05)	-0.033969 (-0.43)	-0.0447686 (-0.60)	-0.0679417 (-0.92)
gdp	0.0076819 (2.36)**	0.0150266 (3.93)**	0.0131161 (4.18)**	0.0189892 (5.24)**
cyjg			-0.0290945 (-6.30)**	-0.027675 (-6.07)**
city		-0.0559138 (-3.48)**		-0.046729 (-3.10)**
C	0.2160071 (7.71)**	0.1730077 (5.76)**	0.1951363 (7.44)**	0.1602185 (5.70)**
时间项	N	N	N	N
个体项	Y	Y	Y	Y
R²	0.0690	0.1138	0.2016	0.2326
P值	0	0	0	0

注：括号里为 t 统计量值，* 表示10%显著水平下显著，** 表示5%显著水平下显著。

具体而言，模型 4 中，解释变量民生财政支出均为负值，即增加民生财政支出可以缩小居民福利分配差距。在民生财政支出中包括教育支出、医疗卫生支出、社会保障支出、农林水支出、科技支出等，可以有效提高人力资本积累，而且最近几年中，我国民生财政支出更加倾向于农村，使得农村居民与城镇居民享受到同样的一般公共服务，可以有效提高农村居民人力资本积累，从而提高农村居民收入水平，进而缩小农村居民与城镇居民福利分配差距。从控制变量对福利分配差距的影响进行分析，人均 GDP 显著且系数为正值，会扩大农村居民福利分配差距，与农村居民福利分配差距为正相关关系；城镇化率与农村居民福利分配差距为负相关且显著，城镇化率的提高，对农村劳动力的需求会增加，农村居民进城务工获取收入，相对高于在农村务农获得的收入，从而缩小农村居民福利分配差距；产业结构显著且系数为负值，即产业结构调整会为农村居民提供部分工作岗位，农村居民收入增加，缩小农村居民福利分配差距，产业结构与农村居民福利分配差距呈负相关。

8.4.3 民生财政支出结构的福利分配效应

8.4.3.1 协整性检验

参考 8.1.3 中平稳性检验结果，本部分多个模型中各变量需要进一步进行协整性检验。同理，与本章 8.3.2.1 中协整性检验方式相同，本部分同样使用 westerlund 检验方法对多个模型中各变量进行协整性检验。具体协整性检验结果见表 8 - 31。

表 8 - 31　　　　农村居民视角：民生财政支出结构协整性检验结果

支出结构	Statistic	p-value
教育支出	- 1. 6860	0. 0459
医疗卫生支出	- 2. 1684	0. 0151
社会保障支出	- 2. 1199	0. 0170
科技支出	- 1. 7026	0. 0443
农林水支出	- 2. 0383	0. 0208

依据表 8 - 31 中协整性检验结果，各模型统计量分别为 - 1. 6860、 - 2. 1684、 - 2. 1199、 - 2. 0383、 - 1. 7026，在 5% 显著性水平下，均拒绝"不存在协整向量"的原假设，各模型分别通过协整性检验，说明每个模型中各变量均存在协整关系，可以建立实证模型并继续进行回归分析。

8.4.3.2 实证结果分析

（1）农村居民教育支出实证结果分析。

农村居民教育支出实证分析采用逐步增加控制变量的方法，进行逐步回归检验，保证实证结果的稳健性。从表 8 - 32 实证结果中可以看出，解释变量和控制变量在逐步回归的四个模型中，各变量符号与显著性情况均保持一致。

表 8 - 32　　　　　　　　　农村居民视角：教育支出实证结果

变量	模型 1	模型 2	模型 3	模型 4
	系数	系数	系数	系数
ed	- 0.8579228 (- 4.00)**	- 0.8166603 (- 3.81)**	- 0.7038201 (- 3.19)**	- 0.6275854 (- 2.84)**
edd	3.218406 (3.78)**	3.003253 (3.52)**	2.50293 (2.82)**	2.119684 (2.38)**
gdp	0.0125409 (5.74)**	0.011634 (5.24)**	0.01654 (6.17)**	0.0160605 (6.04)**
city			- 0.0417625 (- 2.52)**	- 0.0485257 (- 2.91)**
syl		0.5042198 (1.98)**		0.6266155 (2.46)**
C	0.2056581 (11.73)**	0.1967015 (10.92)**	0.1805919 (9.03)**	0.1654019 (7.98)**
时间项	N	N	N	N
个体项	Y	Y	Y	Y
R^2	0.1276	0.1417	0.1502	0.1714
P 值	0.0000	0.0000	0.0000	0.0000

注：括号里为 t 统计量值，* 表示 10% 显著水平下显著，** 表示 5% 显著水平下显著。

具体而言，模型 4 中，解释变量教育支出在 5% 的水平上显著且系数为负值，其二次项在 5% 的水平上显著且系数为正值，说明农村居民教育支出与福利分配差距呈 U 型关系。在达到某一教育支出水平前，教育支出保障了农村居民受基础教育的权利，会降低农村居民文盲率，提高农村居民知识水平，使得农村居民的劳动生产率提高，相应的农村居民的收入随之增加，最终缩小农村居民福利分配差距。在达到某一教育支出水平后，农村居民平均受教育水平较高，贫困户数量减少，高净值人群增多，进而扩大农村居民福利分配差距。目前，相较于城镇居民而言，农村居民受教育程度相对较低，基础教育还比较薄弱，教育支出对农村居民福利分配差距的缩小作用更明显。

从控制变量对福利分配差距的影响进行分析，人均 GDP 与农村居民福利分配差距依然是正相关关系且显著，人均 GDP 提高会扩大农村居民福利分配差距；城镇化率与农村居民福利分配差距为负相关且显著，城镇化率的提高，对农村劳动力的需求会增加，农村居民进城务工获取收入，高于在农村务农获得的收入，导致农村居民福利分配差距缩小；失业率上升会增大农村居民福利分配差距，原本有稳定收入来源的农村居民较少，而失业率的增加使得部分农村居民失去原本稳定的收入来源，从而扩大农村居民福利分配差距。

（2）农村居民医疗卫生支出实证结果分析。

农村居民医疗卫生支出实证分析采用逐步增加控制变量的方法，进行逐步回归检验，保证实证结果的稳健性。从表 8 - 33 实证结果中可以看出，解释变量和控制变量在逐步回归的四个模型中，各变量符号与显著性情况均保持一致。

表 8 - 33 农村居民视角：医疗卫生支出实证结果

变量	模型 1	模型 2	模型 3	模型 4
	系数	系数	系数	系数
me	-2.676184	-2.349866	-2.105663	-1.53275
	(-4.03)**	(-3.54)**	(-3.17)**	(-2.45)**
mee	39.76815	35.01377	33.71609	28.3335
	(4.01)**	(3.54)**	(3.44)**	(3.09)**
gdp	0.0118008	0.0163679	0.0145296	0.015022
	(4.39)**	(5.30)**	(4.63)**	(5.14)**
city		-0.0453519	-0.0507506	-0.0437863
		(-2.86)**	(-3.21)**	(-2.97)**
syl			0.6676084	0.7725249
			(2.58)**	(3.20)**
cyig				-0.027262
				(-6.10)**
C	0.2087144	0.1818673	0.1765367	0.1840136
	(9.42)**	(7.65)**	(7.49)**	(8.37)**
时间项	N	N	N	N
个体项	Y	Y	Y	Y
R^2	0.1298	0.1587	0.1817	0.2931
P 值	0.0000	0.0000	0.0000	0.0000

注：括号里为 t 统计量值，* 表示 10% 显著水平下显著，** 表示 5% 显著水平下显著。

具体分析，模型 4 中，解释变量医疗卫生支出在 5% 的水平上显著且系数为负值，其二次项在 5% 的水平上显著且系数为正值，说明农村居民医疗支出与福利分配差距呈 U 型关系。在达到某一医疗水平前，由于农村地区医疗卫生条件较差，农村居民收入相对城镇居民收入较少，而医疗卫生支出的增加，降低了农村居民中低收入者的医疗负担，间接增加中低收入者的收入，从而缩小农村居民福利分配差距。在达到某一医疗水平后，农村居民的高收入人群对健康更加重视，所以会享受到更多政府医疗支出的财政政策，从而扩大农村居民福利分配差距。与城镇居民相比较，医疗卫生支出对农村居民福利分配差距的缩小作用更明显。

从控制变量对福利分配差距的影响进行分析，人均 GDP 与农村居民福利分配差距依然是正相关关系且显著，人均 GDP 提高会扩大农村居民福利分配差距；城镇化率与农村居民福利分配差距为负相关且显著，城镇化率的提高，对农村劳动力的需求会增加，农村居民进城务工获取收入，高于在农村务农获得的收入，导致农村居民福利分配差距缩小；失业率上升会增大农村居民福利分配差距，原本有稳定收入来源的农村居民较少，而失业率的增加使得部分农村居民失去原本稳定的收入来源，从而扩大农村居民福利分配差距。产业结构与农村居民福利分配差距为负相关，产业结构的调整会使农村居民的工作更加多样，增加其收入方式，提高收入水平，从而缩小农村居民福利分配差距。

（3）农村居民社会保障支出实证结果分析。

农村居民社会保障支出实证分析采用逐步增加控制变量的方法，进行逐步回归检验，保证实证结果的稳健性。从表8-34实证结果中可以看出，解释变量和控制变量在逐步回归的四个模型中，各变量符号与显著性情况均保持一致。

表8-34　　　　　　　　　农村居民视角：社会保障支出实证结果

变量	模型1	模型2	模型3	模型4
	系数	系数	系数	系数
ss	-0.5273917 (-1.98)**	-0.6803065 (-2.52)**	-0.3345623 (-1.24)	-0.4876091 (-1.80)*
sss	3.152524 (1.31)	5.168163 (2.07)**	1.847896 (0.77)	3.975591 (1.60)
gdp	0.0134077 (4.23)**	0.0123087 (3.90)**	0.0170644 (5.10)**	0.0161669 (4.88)**
city			-0.0491314 (-2.98)**	-0.0535124 (-3.28)**
syl		0.7107621 (2.60)**		0.7912969 (2.94)**
C	0.1706414 (6.23)**	0.1598194 (5.83)**	0.1549025 (5.64)**	0.1414509 (5.16)**
时间项	N	N	N	N
个体项	Y	Y	Y	Y
R^2	0.0886	0.1138	0.1214	0.1524
P值	0.0000	0.0000	0.0000	0.0000

注：括号里为t统计量值，*表示10%显著水平下显著，**表示5%显著水平下显著。

从实证模型4结果可知，解释变量社会保障支出结果显著且系数为负值，即社会保障支出增加可以缩小居民福利分配差距，两者为负相关关系。社会保障支出作为财政支出中的转移性支出项目，是目前福利分配效应最明显的财政支出。社会保障是农村居民福利分配差距的调节器，社会保障有效解决老有所养、难有所助等问题，通过转移性支付的方式，直接对农村居民低收入者进行财政补贴，从而提高低收入者收入水平，有助于缩小农村居民福利分配差距。控制变量方面，人均GDP、失业率与农村居民福利分配差距依然是正相关关系且显著，会扩大农村居民福利分配差距；城镇化率与农村居民福利分配差距呈负相关，会缩小农村居民福利分配差距。

（4）农村居民科技支出实证结果分析。

农村居民科技支出实证分析采用逐步增加控制变量的方法，进行逐步回归检验，保证实证结果的稳健性。从表8-35实证结果中可以看出，解释变量和控制变量在逐步回归的四个模型中，各变量符号与显著性情况均保持一致。

表8-35　　　　　　　　　农村居民视角：科技支出实证结果

变量	模型1	模型2	模型3	模型4
	系数	系数	系数	系数
tc	1.996776 (1.96)*	1.682021 (1.66)*	2.194434 (2.12)**	1.904684 (1.86)*

变量	模型 1	模型 2	模型 3	模型 4
	系数	系数	系数	系数
tcc	-99.91665 (-3.60)**	-92.68147 (-3.37)**	-101.2059 (-3.65)**	-93.9285 (-3.42)**
gdp	0.0103667 (5.33)**	0.0097725 (5.06)**	0.0120152 (4.97)**	0.01171 (4.91)**
city			-0.0192601 (-1.15)	-0.0229121 (-1.38)
syl		0.645525 (2.72)**		0.671107 (2.83)**
C	0.1853124 (10.70)**	0.1719068 (9.67)**	0.1771129 (9.46)**	0.1616213 (8.40)**
时间项	N	N	N	N
个体项	Y	Y	Y	Y
R²	0.2314	0.2546	0.2356	0.2605
P 值	0.0000	0.0000	0.0000	0.0000

注：括号里为 t 统计量值，* 表示 10% 显著水平下显著，** 表示 5% 显著水平下显著。

具体来看，模型 4 中，解释变量科技支出结果显著且系数为正值，其二次项在 5% 的水平上显著且系数为负值，说明农村居民科技支出与福利分配差距呈倒 U 型关系。在达到某一科技水平前，由于经济发展与科学技术发展有密切的联系，在农村地区经济发展的初期，科技企业数量较少，只有部分企业能享受到科技支出带来的好处，相应的也只会使部分农村居民提高收入水平，导致福利分配差距扩大。在达到某一科技水平后，农村地区经济得到充分发展，科技企业数量增加，大部分农村居民都将会享受到科技支出的好处，导致福利分配差距缩小。控制变量方面，人均 GDP、失业率与农村居民福利分配差距依然是正相关关系且显著，会扩大农村居民福利分配差距；城镇化率与农村居民福利分配差距负相关，会缩小农村居民福利分配差距。

（5）农村居民农林水支出实证结果分析。

农村居民农林水支出实证分析采用逐步增加控制变量的方法，进行逐步回归检验，保证实证结果的稳健性。从表 8-36 实证结果中可以看出，解释变量和控制变量在逐步回归的四个模型中，各变量符号与显著性情况均保持一致。

表 8-36　　　　　　　　　农村居民视角：农林水支出实证结果

变量	模型 1	模型 2	模型 3	模型 4
	系数	系数	系数	系数
zn	-1.351066 (-4.17)**	-1.228209 (-3.74)**	-1.168634 (-3.61)**	-0.6639782 (-2.07)**
znn	12.41234 (4.42)**	9.668409 (3.42)**	10.82688 (3.86)**	6.670697 (2.40)**
gdp	0.0109747 (3.81)**	0.0181322 (5.76)**	0.0156413 (4.87)**	0.0164428 (5.40)**

变量	模型 1	模型 2	模型 3	模型 4
	系数	系数	系数	系数
city		-0.0440413 (-2.77)**	-0.0483481 (-3.08)**	-0.0444642 (-2.98)**
syl	0.7128753 (2.65)**		0.7884209 (2.97)**	0.8100722 (3.22)**
cyig				-0.0244395 (-5.25)**
C	0.1833667 (8.16)**	0.1574928 (6.50)**	0.1554739 (6.52)**	0.1610306 (7.11)**
时间项	N	N	N	N
个体项	Y	Y	Y	Y
R^2	0.1606	0.1629	0.1929	0.2774
P 值	0.0000	0.0000	0.0000	0.0000

注：括号里为 t 统计量值，* 表示 10% 显著水平下显著，** 表示 5% 显著水平下显著。

具体而言，模型 4 中，解释变量农林水支出在 5% 的水平上显著且系数为负值，其二次项在 5% 的水平上显著且系数为正值，说明农村居民农林水支出与福利分配差距呈 U 型关系。在达到某一水平前，由于农林水支出可以改善农村地区农业生产基础设施、提高农业科技，可以帮助农村居民改良机器设备，增加良种推广等，提高农业生产率，对农业经济的发展起着正向的激励作用。此外，农村居民中从事农业生产的居民占比依然较大，农林水支出对于农业生产、粮食收购价格的补贴直接支付给农民手中，可以激发农村居民进行农业生产的积极性，从而提高农业生产的效率，有助于农村居民增加收入，缩小农村居民福利分配差距。在达到某一水平后，从事农业生产的农村居民的收入水平将会逐步提高，将不再属于低收入人群，所以继续增加农林水支出会扩大农村居民福利分配差距。控制变量方面，人均 GDP、失业率与农村居民福利分配差距依然是正相关关系且显著，会扩大农村居民福利分配差距；城镇化率、产业结构与农村居民福利分配差距负相关，会缩小农村居民福利分配差距。

8.5　本章小结

8.5.1　非民生财政支出的福利分配效应

非民生财政支出对福利分配差距的影响不明显。非民生财政支出促进了基础设施建设、银行、金融保险等行业发展，而对与民生相关的行业联系并不密切，影响范围相对较小，中低收入者受非民生财政支出的影响较小，从而对居民的福利分配效应影响不明显。

8.5.2 民生财政支出的福利分配效应

民生财政支出具有福利分配正效应，可以缩小居民福利分配差距。民生财政支出包括教育支出、医疗卫生支出、社会保障支出、农林水支出、科技支出等，民生财政支出与居民福利息息相关。将城镇和农村视角下的民生财政支出进行比较，发现都能缩小居民福利分配差距，但农村地区民生财政支出依然不足，还需要加强对农村居民的财政支持力度，进一步缩小城乡居民福利分配差距。最近，我国的财政政策导向主要倾向于提高居民福利水平，并且更加倾向于将民生财政支出补贴给农村居民，使农村居民与城镇居民享受到同样水平的一般公共服务，有效缩小城乡居民福利分配差距。

8.5.3 民生财政支出结构的福利分配效应

对教育支出、医疗卫生支出、社会保障支出、农林水支出以及科技支出五个重点的民生财政支出的福利分配效应分析，得到如下结论。

第一，教育支出与福利分配差距具有负相关关系，可以缩小居民福利分配差距，与城镇居民相比，农村居民教育支出对福利分配效应的影响更大。教育支出保障了居民受教育的权利，居民的知识水平得到提高，从而有助于提高人力资本素质，使居民的劳动生产率提高，意味着居民的边际产出增加，相应的居民收入水平也随之提高，进而缩小居民福利分配差距。通过对实证结果系数的比较得知，农村地区教育水平较为薄弱，对农村居民加大教育支出产生的福利分配效应影响比城镇居民更明显，即增加等量的教育支出，农村居民的福利分配差距要比城镇居民的福利分配差距缩小的更多。

第二，医疗卫生支出与福利分配差距具有负相关关系，可以缩小居民福利分配差距，与城镇居民相比，农村居民教育支出对福利分配效应的影响更大。医疗卫生支出作为调节居民福利分配差距的重要组成部分，可以有效保障中低收入者的健康，降低其对疾病医疗等方面的负担，间接增加中低收入者的收入，从而缩小居民福利分配的差距。同样，对实证结果系数进行比较，农村地区医疗水平相对城镇地区较为薄弱，增加农村地区医疗卫生支出，会降低农村居民中低收入者对医疗卫生支出的负担，因此，对农村居民加大医疗卫生支出产生的福利分配效应影响比城镇居民更明显，即增加等量的医疗卫生支出，农村居民的福利分配差距要比城镇居民的福利分配差距缩小的更多。

第三，在整体视角与农村居民视角下，社会保障支出与福利分配差距具有负相关关系，会缩小居民福利分配差距；而在城镇居民视角下，社会保障支出与城镇居民福利分配差距具有正相关关系，会扩大城镇居民福利分配差距。由此可知，与城镇居民相比，对农村居民加大社会保障支出产生的福利分配效应影响要更明显，所以会出现农村居民视角与整体视角的实证结果一致，但与城镇居民视角的实证结果不一致的情况。

具体来看，在农村居民视角下，社会保障制有助于促进社会稳定，可以有效解决农村居民低收入者的生活保障问题，能缩小农村居民福利分配差距。反之，如果没有相关的社会保障支出或者覆盖面较窄，农村居民低收入者难以享受到社会保障支出带来的收入改善，农村居民福利分配差距将会扩大。在城镇居民视角下，城镇地区的离退休居民较多，使得离退休金所占社会保障支出较大，是扩大福利分配差距的重要因素，导致城镇居民高收入人群从社会保障支出中受益比低收入人群要多，从而会扩大城镇居民福利分配差距。

第四，由于城镇视角下不涉及农林水支出，所以农林水支出不仅可以缩小城乡居民福利分配差距，还可以缩小农村居民福利分配差距。农林水支出对于农业经济、农业科技、农业生产基础设施建设都发挥正向的激励作用，导致农业生产的效率逐步增加，农村居民收入水平不断提高。另外，农林水支出是直接针对农村居民个人的财政补贴，可以直接提高农村居民的收入水平，对农村居民生产积极性也有着重要的促进作用。因此，农林水支出有助于缩小居民福利分配差距。

第五，科技支出与福利分配差距具有正相关关系，可以扩大居民福利分配差距。科学技术的进步与经济的发展有着密切的联系，科学技术水平的提升会促进我国经济的发展，而科学技术水平的提升又离不开政府科技支出方面的财政支持。如今，我国正处于经济发展的初期，政府还有待进一步加大科技支出的力度，所以目前我国科技企业数量较少，只有部分企业能享受到科技支出带来的好处，相应的也只会使部分居民提高收入水平，最终导致福利分配差距扩大。

8.5.4　非民生财政支出与民生财政支出的福利分配效应比较

民生财政支出在全国、城镇居民、农村居民视角中，都有助于缩小居民福利分配差距，而非民生财政支出会扩大居民福利分配差距。由于我国目前正在实施以福利最大化为目标的财政支出政策，民生财政支出涉及的居民福利面更加广泛，能直接调节居民的福利分配差距。因此，增加民生财政支出更有助于缩小居民福利分配差距；反观非民生财政支出，由于不与民生直接相关的领域联系，对居民的影响也是间接且不显著的，所以会扩大居民福利分配差距。如果非民生财政支出过多，会挤占民生财政支出资金，不利于缩小福利分配差距。

8.5.5　各类民生财政支出的福利分配效应比较

各类民生财政支出产生的福利分配效应有着一定差异，医疗卫生支出的福利分配正效应最大，农林水支出、教育支出次之，社会保障支出的福利分配正效应最小，而民生财政支出里只有科技支出会扩大居民福利分配差距，对福利分配正效应有负面影响。在全国、城镇居民、农村居民三个视角中，医疗卫生支出对缩小福利分配差距所起到的作用最大，这是因为医疗卫生支出保障了居民的权益，有效解决了居民的后顾之忧。同样，农林水支出与教育支出都能有效缩小居民福利分配差距，但是农林水支出的福利分配正效应更加明显，特别是对于农村居民收入的影响，这是因为目前我国农村居民占全国人口大多数，农林水支出又能直接影响到农村居民的收入水平，与教育支出相比，农林水支出缩小居民福利分配差距效果更加迅速明显。由于目前社会保障制度不完善，尤其是城镇和农村地区的社会保障制度不一致，使得社会保障支出在不同视角下对福利分配差距的影响不同。

8.5.6　各控制变量的福利分配效应比较

人均GDP、居民消费价格指数、失业率等控制变量与福利分配差距呈正相关，即会扩大居民福利分配差距；政府投资、对外开放程度、城镇化率等控制变量与居民福利分配差距呈负相关，即会缩小居民福利分配差距；产业结构在不同视角下对福利分配差距的影响不同。人均GDP上升意味着经济会快速发展，会导致居民福利分配差距扩大。具体分析，居民消费价格指数上升会使居民购买力下降，而失业率上升会使居民失去稳定的收入来源，因此，这两个控制变量会明显扩大居民福利分配差距。政府投资和对外开放程度的增加，可以为居民提供更多的工作岗位，使得低收入居民的收入增加。城镇化率对于农村居民的影响较大，城镇化进程的加快，对劳动力的需求增加，农村居民进城务工获取收入，高于在农村务农获得的收入。因此，这三个控制变量会缩小居民福利分配差距。产业结构在城镇居民视角下显著且为正值，即产业结构会扩大城镇居民福利分配差距，原因在于我国产业结构主要以物质生产为主，所以城镇中低收入者主要集中在第二产业，其工资收入水平较低，因此，调整目前的产业结构会扩大城镇居民福利分配差距。产业结构在农村居民视角下显著且为负值，即产业结构会缩小农村居民福利分配差距，原因在于第三产业吸引了农村剩余劳动力，为农村居民创造更多就业机会，使得农村中低收入者的收入有所增加，因此，会缩小农村居民福利分配差距。

8.5.7　实证结果的政策启示

第一，保持民生财政支出的稳定增长。民生事关国家大计，保障和改善民生没有终点，并且是全面建成小康社会的必然要求，因此，需要稳定民生财政支出的增长，缩小居民福利分配差距，提高我国居民的福利水平。

第二，增加医疗卫生支出，特别是加大对于农村医疗卫生的支持力度。医疗卫生作为福利分配的重要组成部分，而农村地区医疗条件薄弱，医疗水平较差，福利分配差距较大，需要加强基层医疗卫生服务，缩小居民福利分配差距。

第三，增加农林水支出，优先保障农村地区资金支持。农林水支出包括粮食收购价格的补贴、农村水利建设补贴、扶贫资金等，这部分资金可以直接补贴到农村居民手中，有助于提高农村居民收入，缩小农村居民福利分配差距，因此，需要优先保障农村地区资金支持。

9

税收的福利分配效应实证分析

本章通过实证分析，研究税收的福利分配效应。首先，利用全国时间序列数据，分别从宏观税负、税制结构、税类结构和主要税种结构角度进行实证分析。其次，为验证各种税收对福利分配的影响，分别从城镇和农村居民两个视角，使用省级面板数据，进一步从宏观税负、税制结构、税类结构和主要税种结构角度进行实证分析。

9.1 实证设计、描述性统计及平稳性检验

9.1.1 实证设计

9.1.1.1 变量选取及数据来源

本章同第 8 章，选用基尼系数作为被解释变量，用来衡量福利分配。各项税收作为解释变量，用来衡量对福利分配的影响。在控制变量方面，基于前面影响福利的因素，本章以经济发展水平、开放水平、城市发展水平、固定资产投资力度、产业发展水平、物价水平、就业水平和人力资本水平为指标，反映对福利分配的影响。其中，经济发展水平用人均 GDP 衡量，开放水平用对外开放程度衡量，城市发展水平用城镇化率衡量，固定资产投资力度用政府投资衡量，产业发展水平用产业结构衡量，物价水平和就业水平分别用物价指数和失业率衡量，人力资本水平用大学生人数占结业人口比重衡量。数据来源于《国家统计局》、各省份统计年鉴以及 Wind 数据库。具体变量描述和计算方式见表 9－1，部分变量已在第 8 章定义，参见 8.1.1。

表 9－1 变量描述和计算方式

变量（符号）	描述和计算方式
直接税（zj）	用企业所得税、外商投资和外国企业所得税、个人所得税、房产税、契税之和占 GDP 比重表示
间接税（jj）	用增值税、消费税、营业税、资源税、城市维护建设税之和占 GDP 比重表示
流转税类（lz）	用企业所得税、外商投资和外国企业所得税、个人所得税之和占 GDP 比重表示
所得税类（sd）	用增值税、消费税、营业税之和占 GDP 比重表示
行为财产税类（xw）	用房产税、契税、车船税、印花税之和占 GDP 比重表示
资源税类（zy）	用资源税、城镇土地使用税、土地增值税、耕地占用税之和占 GDP 比重表示

变量（符号）	描述和计算方式
增值税（zz）	用增值税占 GDP 比重表示
消费税（xf）	用消费税占 GDP 比重表示
营业税（yy）	用营业税占 GDP 比重表示
企业所得税（qy）	用企业所得税占 GDP 比重表示
个人所得税（ge）	用个人所得税占 GDP 比重表示
农林水支出（zn）	用农林水支出占 GDP 比重表示
物价指数（cpi）	用居民消费价格指数减 100
失业率（syl）	用失业率表示
人力资本（rl）	用大学生在校人数占就业人数比重表示
宏观税负（st）	用总税收占 GDP 比重表示

9.1.1.2 模型设定

在实证设计中，本章从全国居民、城镇居民、农村居民三个视角，检验税收在不同视角下对福利分配的影响。

首先，全国居民视角下的税收对福利分配影响的模型设定。在全国居民视角下，实证部分选用 1994～2017 年的时间序列数据，基于上述变量和前面影响因素，构建多元回归模型，并引入不同控制变量，采用 OLS 方法回归。基准模型构建如下：

$$WD_t = \alpha_0 + \alpha_1 T_t + \sum \beta Z_t + \varepsilon_t \qquad (9-1)$$

其中，变量 WD_t 表示全国居民福利分配，2002～2017 年数据由《国家统计局》给出，1994～2001 年数据来源于《中国居民收入分配年度报告（2011）》。变量 T_t 代表各项税收，变量 Z_t 代表各项控制变量。α_0 为常数项，α_1 为税收的系数项，β 表示各控制变量系数项。

由第 4 章和第 5 章内容可知，我国各省份税收以及福利分配存在较大差异，所以单以时间序列模型回归，不能完全刻画出各省份之间的差异，更难从省级层面检验税收对福利分配影响在城乡之间的差异性，从而难以探寻税收对福利分配效应内在机制与规律。为更好地考察税收对福利分配的影响，本章在全国整体时间序列实证分析的基础上，进一步以省级面板数据构建实证模型，从城镇居民和农村居民两个视角，论证税收对福利分配的影响，以期发现税收对福利分配影响的城乡差异性。

其次，城镇居民视角下的税收对福利分配影响的模型设定。由于部分省份数据缺失，此部分从东、中、西部中选取了 1994～2016 年期间 23 个有代表性省份[①]的面板数据，构建基准模型如下：

$$WD_{it} = \alpha_0 + \alpha_1 T_{it} + \sum \beta Z_{it} + \varepsilon_{it} \qquad (9-2)$$

其中，变量 WD_{it} 表示城镇居民福利分配，数据为第 5 章测算的结果。变量 T_{it} 代表税收，

---

① 23 个省份包括北京、上海、河南、广西、贵州、广东、重庆、安徽、辽宁、山西、陕西、江西、四川、江苏、宁夏、湖北、内蒙古、河北、福建、海南、浙江、甘肃、新疆。

变量 Z_{it} 代表各项控制变量。α_0 为常数项，α_1 为税收的系数项，β 表示各控制变量系数项。

再次，农村居民视角下的税收对福利分配影响的模型设定。由于部分省份的有关农村居民数据缺失，本部分实证分析时，从东、中、西部选取了 11 个有代表性的省份[①]，样本期为 1994~2016 年的面板数据。构建基准模型如下：

$$WD_{it} = \alpha_0 + \alpha_1 T_{it} + \sum \beta Z_{it} + \varepsilon_{it} \qquad (9-3)$$

其中，变量 WD_{it} 表示农村居民福利分配，数据为第 5 章测算的结果。变量 T_{it} 代表各项税收，变量 Z_{it} 代表各项控制变量。α_0 为常数项，α_1 为税收的系数项，β 表示各控制变量系数项。

9.1.2 描述性统计

表 9-2 展现了各变量数据的整体情况。其中，人均 GDP 指数、城镇化率、对外开放程度、除资源税类之外的税种税收收入占比和基尼系数等变量的标准差均较小，说明数据呈现平稳发展趋势，波动幅度较小。各税种的税收收入占比发展趋势与宏观经济指标的发展趋势具有同一性，说明我国 1994 年以来维持着平稳的经济发展速度。资源税类的最大值与最小值差异较大，标准差较大，说明数据整体波动幅度较大，这与资源税类税制频繁的改动相关。具体描述性统计结果见表 9-2。

表 9-2 全国整体视角变量描述性统计（时间序列）

变量	Obs	均值	标准差	最小值	最大值
gdp	24	9.710159	0.8550386	8.314097	10.99642
city	24	0.4358925	0.094852	0.285098	0.5851966
open	24	0.572467	0.1276067	0.3309207	0.7717773
tz	24	0.517426	0.1852078	0.3128784	0.8194808
cyjg	24	0.9402992	0.1600558	0.7126383	1.29279
st	24	0.1918932	0.0265386	0.1408459	0.2472456
zz	24	0.0656649	0.0120345	0.0493112	0.0894766
xf	24	0.014018	0.0036005	0.0085604	0.0189675
yy	24	0.0271355	0.0081114	0	0.0367243
qy	24	0.0321661	0.0088519	0.0172992	0.0449823
ge	24	0.0110273	0.0035793	0.0023966	0.0152288
zj	24	0.0529365	0.0126614	0.029727	0.0691309
jj	24	0.1137692	0.0193527	0.0810271	0.1512384
sd	24	0.0460993	0.0103666	0.0273498	0.0592679
lz	24	0.1068184	0.0184302	0.0768711	0.1430676
xw	24	0.0110761	0.0036937	0.0047582	0.0174102
zy	24	0.0070768	0.0049977	0.0016748	0.0160409
rl	24	0.0112073	0.0066377	0.0023351	0.0198088
g	24	0.4619583	0.0296068	0.397	0.491

[①] 11 个省份包括北京、上海、河南、广东、重庆、江西、四川、江苏、福建、浙江、甘肃。

表9-3展现了面板模型中各变量数据的整体情况。城镇地区税收变量的数据的标准差均较大，说明样本数据之间差异性明显。其中，所得税类与直接税类的税收收入占比差异性更加明显。个人所得税最大值为0.1471615，最小值为0.0002728，标准差为0.0218693，这一情况有可能源自我国各省份城镇之间收入水平差距较大，城市化与经济发展水平差距较大，从而导致了多税种税收收入上的明显差异。具体描述性统计结果见表9-3。

表9-3 城镇居民视角变量描述性统计（面板数据）

变量	Obs	均值	标准差	最小值	最大值
zz	529	0.1380531	0.0907872	0.0103407	0.6642436
xf	529	0.0246558	0.0185099	0.003392	0.1389194
yy	529	0.0518772	0.032374	0.012914	0.2336064
qy	529	0.0562826	0.0958351	0.005916	0.7738783
ge	529	0.0199281	0.0218693	0.0002728	0.1471615
zj	529	0.0405054	0.0462744	0.0056295	0.34611152
jj	529	0.0993483	0.0461282	0.0279835	0.3313105
sd	529	0.0351056	0.0438123	0.0040077	0.330516
lz	529	0.0937436	0.0450912	0.0265088	0.3235651
xw	529	0.0080469	0.0090509	0.001307	0.1214812
zy	529	0.0059234	0.005809	0.0005306	0.0329828
st	529	0.1474646	0.0902603	0.0349598	0.5568306

表9-4体现了面板模型中各变量数据的整体情况。农村地区的各税收变量的整体变化趋势与城镇地区基本一致。均体现出最大值与最小值差异明显，标准差较大，数据整体波动幅度较大。原因与城镇地区相似，由于我国各省份之间经济发展水平与收入水平不同，导致在多税种税收收入及各类宏观经济指标上出现明显差异。具体描述性统计结果见表9-4。

表9-4 农村居民视角变量描述性统计（面板数据）

变量	Obs	均值	标准差	最小值	最大值
zz	253	0.1680238	0.1172341	0.020304	0.664244
xf	253	0.0264252	0.0208601	0.008406	0.138919
yy	253	0.0638257	0.04145	0.012914	0.233606
qy	253	0.0827748	0.1330718	0.005916	0.773878
ge	253	0.0272041	0.0292842	0.000273	0.147162
cyjg	253	1.029808	0.606801	0.497053	4.16526
zj	253	0.0537849	0.0629749	0.005629	0.346115
jj	253	0.1094764	0.0599982	0.027984	0.331311
sd	253	0.0475083	0.0599545	0.004008	0.330516
lz	253	0.1044767	0.0589004	0.026509	0.323565
xw	253	0.0105939	0.012132	0.001405	0.121481
zy	253	0.0048887	0.0043989	0.000531	0.018371
st	253	0.1716423	0.1189936	0.03496	0.556831

9.1.3 平稳性检验

在进行回归分析前需要对数据进行平稳性检验，即单位根检验，以判断数据是否具有平稳性，避免出现"伪回归"的情况。通过平稳性检验是建立模型并进行回归分析的必要条件。平稳性检验方法中一般常用 ADF 检验方法，因此，本节也采用 ADF 检验方法来进行平稳性检验，具体平稳性检验结果见表 9－5。

表 9－5   全国整体视角平稳性检验结果（时间序列）

变量	水平值 （含趋势项）	一阶差分 （含趋势项）	变量	水平值 （含趋势项）	一阶差分 （含趋势项）
g	－1.815 （0.3731）	－3.978 （0.0015）**	zz	－2.016 （0.2798）	－3.323 （0.0139）**
zj	－1.412 （0.5766）	－3.498 （0.0080）**	xf	－2.045 （0.2674）	－3.158 （0.0225）**
open	－1.413 （0.5760）	－4.224 （0.0006）**	yy	－1.429 （0.5682）	－2.858 （0.0505）*
city	－0.815 （0.9644）	－3.131 （0.0243）**	gy	－0.768 （0.8285）	－3.595 （0.0059）**
rl	－2.038 （0.5807）	－3.047 （0.0308）**	ge	－2.591 （0.0949）*	－3.724 （0.0038）**
tz	－0.168 （0.9422）	－2.781 （0.0610）*	cyjg	－2.156 （0.5149）	－2.832 （0.0538）*
jj	－1.937 （0.3147）	－3.363 （0.0123）**	lz	－2.426 （0.3656）	－3.279 （0.0698）*
sd	－1.318 （0.6208）	－3.344 （0.0130）**	gdp	－2.868 （0.1732）	－2.694 （0.0752）*
xw	－2.775 （0.0619）*	－4.312 （0.0004）**	st	－2.567 （0.0999）*	－2.567 （0.0094）**
zy	－1.370 （0.5966）	－3.981 （0.0015）**			

注：括号里为 t 统计量值，＊表示10% 显著水平下显著，＊＊表示5% 显著水平下显著。

由表 9－5 中 ADF 检验结果可知：各变量在水平值条件下未通过单位根检验，说明数据在水平值条件下非平稳。进一步在一阶差分条件下对数据进行单位根检验，得到结果显示全部变量在一阶差分条件下均呈平稳状态，即在一阶差分下全部变量满足同阶单整条件，各变量之间可能存在协整性关系，需继续进行协整性检验。

同理，对城镇面板模型中的数据进行单位根检验，本部分使用 Fisher-ADF 及 Fish－PP 方法对数据进行单位根检验，具体检验结果见表 9－6。

表 9 - 6 城镇居民视角平稳性检验结果（面板数据）

变量	水平值（含趋势项）		水平值（含漂移项）	变量	水平值（含趋势项）		水平值（含漂移项）
	Fisher-ADF	Fisher-PP	Fisher-ADF		Fisher-ADF	Fisher-PP	Fisher-ADF
zj	50. 9202 (0. 2861)	42. 6290 (0. 6142)	94. 8890 (0. 0000) **	zz	44. 5232 (0. 5342)	45. 5106 (0. 4926)	136. 3686 (0. 0000) **
jj	45. 5144 (0. 4925)	45. 3077 (0. 5011)	149. 9838 (0. 0000) **	xf	29. 9697 (0. 9676)	53. 9776 (0. 1958)	132. 7537 (0. 0000) **
lz	43. 9850 (0. 5570)	43. 3633 (0. 5833)	155. 0100 (0. 0000) **	yy	34. 8539 (0. 8851)	31. 7500 (0. 9455)	112. 8577 (0. 0000) **
sd	60. 4111 (0. 0753) *	47. 4131 (0. 4148)		qy	80. 1784 (0. 0013) **	70. 7046 (0. 0111) **	
xw	69. 4445 (0. 0143) **	101. 6181 (0. 0000) **		ge	56. 1794 (0. 1445)	52. 9577 (0. 2235)	164. 3418 (0. 0000) **
zy	84. 4323 (0. 0005) **	64. 2669 (0. 0387) **		st	28. 7929 (0. 9779)	15. 7814 (1. 0000)	108. 4128 (0. 0000) **

注：括号里为 t 统计量值，* 表示 10% 显著水平下显著，** 表示 5% 显著水平下显著。

依据表 9 - 6 中单位根检验结果，变量 zj、jj、lz、zz、xf、yy、ge 和 st 未能在水平值下通过含趋势项条件的 Fisher-ADF 及 Fisher-PP 检验，所以进一步进行含常数项条件的 ADF 检验。结果表明，城镇面板模型中各变量在水平值下呈平稳状态，服从同阶单整条件，变量之间可能存在协整关系，需进一步对变量进行协整性检验。

对于农村面板模型中各变量，采取与城镇面板模型同样的单位根检验方式，以验证数据的平稳性。具体单位根检验结果见表 9 - 7。

表 9 - 7 农村居民视角平稳性检验结果（面板数据）

变量	水平值（含趋势项）		水平值（含漂移项）	变量	水平值（含趋势项）		水平值（含漂移项）
	Fisher-ADF	Fisher-PP	Fisher-ADF		Fisher-ADF	Fisher-PP	Fisher-ADF
zj	30. 3244 (0. 0310) **	24. 5704 (0. 3181)	42. 0276 (0. 0062) **	zz	23. 0318 (0. 3999)	33. 0290 (0. 0615) *	
cyjg	11. 3937 (0. 9687)	5. 6124 (0. 9998)	43. 1653 (0. 0045) **	xf	15. 6522 (0. 8328)	29. 4715 (0. 1319)	65. 4437 (0. 0000) **
jj	39. 2028 (0. 0134) **	37. 2244 (0. 0223) **		yy	13. 6851 (0. 9123)		59. 9104 (0. 0000) **
lz	37. 8791 (0. 0189) **	36. 2861 (0. 0283) **		qy	43. 3712 (0. 0042) **	36. 5479 (0. 0265) **	
sd	40. 2928 (0. 0100) **	28. 0737 (0. 1733)		ge	28. 2721 (0. 1668)	34. 8732 (0. 0399) **	
xw	39. 9521 (0. 0110) **	44. 9749 (0. 0027) **		st	15. 8540 (0. 8231)	9. 6431 (0. 9893)	52. 8678 (0. 0002) **
zy	24. 0848 (0. 3428)	30. 8811 (0. 0986) *					

注：括号里为 t 统计量值，* 表示 10% 显著水平下显著，** 表示 5% 显著水平下显著。

由表 9 - 7 中单位根检验结果可知，各变量在水平值条件下呈平稳状态，满足同阶单整条件，各变量之间可能存在协整关系，需进一步对变量进行协整性检验。

9.2 全国整体视角：税收的福利分配效应

9.2.1 宏观税负的福利分配效应

本节主要检验宏观税负对全国居民的福利分配效应。结合宏观税负与福利分配对应关系的规律，发现二者之间可能存在非线性关系，于是在构建宏观税负对全国居民福利分配影响的模型时，基于基准模型（9-1），考虑建立非线性的面板数据模型，引入宏观税负的二次项，再通过逐步回归法，从而更好地剖析宏观税负对全国居民福利分配影响的规律。在控制变量方面，选用开放水平和产业发展水平。

9.2.1.1 协整性检验

参考 9.1.3 中平稳性检验的结果，需要对本部分模型中的变量继续进行协整性检验以确保数据的长期稳定性。通过协整性检验是进行回归分析的必要条件。

本节模型中包含变量较多，对多个变量进行协整关系检验时，Johansen 协整检验方法为较为常用的方法。因此，本部分使用 Johansen 协整检验方法对各变量进行协整性检验。具体 Johansen 协整性检验结果见表 9 - 8。

表 9 - 8　　全国整体视角：宏观税负福利分配效应实证模型的协整性检验（时间序列）

Maximumrank	Parms	LL	Eigenvalue	Tracestatistic	5% Criticalvalue
0	48	470. 57857	—	202. 2962	104. 94
1	59	507. 88903	0. 96635	127. 6753	77. 74
2	68	532. 44063	0. 89268	78. 5721	54. 64
3	75	548. 70509	0. 77204	46. 0432	34. 55
4	80	559. 42801	0. 62274	24. 5973	18. 17
5	83	567. 88547	0. 53646	7. 6824	3. 74
6	84	571. 72667	0. 29475		
Maximumrank	Parms	LL	Eigenvalue	Maxstatistic	5% Criticalvalue
0	48	470. 57857	—	74. 6209	42. 48
1	59	507. 88903	0. 96635	49. 1032	36. 41
2	68	532. 44063	0. 89268	32. 5289	30. 33
3	75	548. 70509	0. 77204	21. 4458	23. 78
4	80	559. 42801	0. 62274	16. 9149	16. 87
5	83	567. 88547	0. 53646	7. 6824	3. 74
6	84	571. 72667	0. 29475		

由表 9 - 8 中协整检验结果可知，在 5% 的显著性水平下，最大特征值统计量为 21. 4458，拒绝"不存在协整向量""至多存在一个协整向量"和"至多存在两个协整向

量"的原假设，而接受"至多存在三个协整向量"的原假设。表明变量中存在三个协整关系，通过协整性检验，可以建立实证模型并继续进行回归分析。

9.2.1.2 实证结果分析

为保证实证结果的稳健性，本节采用逐步增加控制变量的方法，进行逐步回归检验，表9－9为宏观税负对福利分配效应影响的实证检验结果。模型1和模型2分别仅添加了对外开放程度和产业结构作为控制变量，模型3则将这两个变量都作为控制变量进行回归。

表9－9　　　　全国整体视角：宏观税负福利分配效应实证模型的回归结果（时间序列）

变量	模型1	模型2	模型3
	系数	系数	系数
st	2.172538 (0.61)	1.457325 (0.42)	0.8272322 (0.24)
stt	－41.98553 (－0.92)	－34.48664 (－0.79)	－31.20725 (－0.72)
cyjg		0.0549279 (1.56)	0.1178081 (1.86)
open	－0.0297106 (－0.62)		0.0977067 (1.19)
C	0.4607102 (6.34)**	0.4075826 (5.94)**	0.3112126 (2.95)**
R^2	0.2189	0.2901	0.3395
P值	0	0	0

注：括号里为 t 统计量值，＊表示10%显著水平下显著，＊＊表示5%显著水平下显著。

由实证结果可知，宏观税负与居民福利分配差距呈倒 U 型关系，随着宏观税负的提高，福利分配差距扩大，当宏观税负高于某一水平值后，宏观税负会缩小福利分配差距。改变模型的控制变量可知，宏观税负对税收福利分配的影响作用始终一致，模型通过稳健性检验。目前，我国的宏观税负处于减弱福利分配效应的阶段。产业结构和对外开放程度对福利分配效应有抑制作用，但在本模型中两者对福利分配的影响并不显著。

宏观税负与福利分配差距呈倒 U 型关系。达到最佳宏观税负之前，宏观税负的增加会促进经济增长，根据库兹涅茨曲线可知，经济增长会扩大收入分配不均等，从而扩大福利分配差距；当宏观税负在倒 U 型曲线右侧继续增长时，经济增长被抑制，由于低收入群体对税负增加的敏感性低于高收入群体，居民收入差距减小，福利分配差距缩小。由于我国以商品劳务税为主，会影响商品的价格，在税负转嫁的情况下，导致税收累退性，宏观税负在一定范围内会扩大福利分配差距；但当宏观税负高至一定程度，由于低收入群体对税负敏感性较高，减少商品劳务的消费，宏观税负更多体现在高收入群体，从而缩小福利分配差距的作用逐渐显现。

9.2.2 税制结构的福利分配效应

本节主要检验税制结构对全国居民福利分配的影响。由前面对税制结构的界定，这里主要考察直接税和间接税的福利分配效应。基于基准模型式（9-1），分别以直接税和间接税为解释变量，控制变量均选用开放水平、城市化水平、固定资产投资力度和人力资本水平。其中，在考察间接税时，发现间接税与全国居民的福利分配存在非线性关系，因此基于式（9-1），引入间接税的二次项。通过组合不同控制变量，考察直接税和间接税对全国居民福利分配的影响。

9.2.2.1 协整性检验

参考 9.1.3 中平稳性检验结果，本部分多个模型中的变量需要进一步进行协整性检验。同理，与本章 9.2.1.1 中协整性检验方式相同，本部分同样使用 Johansen 检验方法对各变量进行协整性检验。具体协整性检验结果见表 9-10 和表 9-11。

表 9-10　　　全国整体视角：直接税福利分配效应实证模型的协整性检验（时间序列）

直接税					
Maximumrank	Parms	LL	Eigenvalue	Tracestatistic	5% Criticalvalue
0	48	523. 33498	—	207. 3186	104. 94
1	59	554. 04534	0. 93869	145. 8978	77. 74
2	68	582. 40441	0. 92408	89. 1797	54. 64
3	75	608. 76787	0. 90898	36. 4528	34. 55
4	80	621. 63492	0. 68955	10. 7187*	18. 17
5	83	626. 4078	0. 35202	1. 1729	3. 74
6	84	626. 99426	0. 05192		
Maximumrank	Parms	LL	Eigenvalue	Maxstatistic	5% Criticalvalue
0	48	523. 33498	—	61. 4207	42. 48
1	59	554. 04534	0. 93869	56. 7181	36. 41
2	68	582. 40441	0. 92408	52. 7269	30. 33
3	75	608. 76787	0. 90898	25. 7341	23. 78
4	80	621. 63492	0. 68955	9. 5458	16. 87
5	83	626. 4078	0. 35202	1. 1729	3. 74
6	84	626. 99426	0. 05192		

表 9-11　　　全国整体视角间接税福利分配效应实证模型的协整性检验（时间序列）

Maximumrank	Parms	LL	Eigenvalue	Tracestatistic	5% Criticalvalue
0	48	512. 33054	—	219. 4205	104. 94
1	59	550. 64856	0. 96930	142. 7845	77. 74
2	68	579. 86066	0. 92975	84. 3603	54. 64
3	75	599. 61134	0. 83396	44. 8589	34. 55
4	80	611. 5107	0. 66100	21. 0602	18. 17

Maximumrank	Parms	LL	Eigenvalue	Tracestatistic	5% Criticalvalue
5	83	619. 37755	0. 51089	5. 3265	3. 74
6	84	622. 0408	0. 21503		

Maximumrank	Parms	LL	Eigenvalue	Maxstatistic	5% Criticalvalue
0	48	512. 33054	—	76. 6360	42. 48
1	59	550. 64856	0. 96930	58. 4242	36. 41
2	68	579. 86066	0. 92975	39. 5014	30. 33
3	75	599. 61134	0. 83396	23. 7987	23. 78
4	80	611. 5107	0. 66100	15. 7337	16. 87
5	83	619. 37755	0. 51089	5. 3265	3. 74
6	84	622. 0408	0. 21503		

注：＊表示变量之间具有协整性关系。

由表 9 - 10 和表 9 - 11 中协整性检验结果可知，在 5% 的显著性水平下，全国直接税的"迹检验"统计量为 10.7187，拒绝"不存在协整向量""至多存在一个协整向量""至多存在两个协整向量"和"至多存在三个协整向量"的原假设，而接受"至多存在四个协整向量"的原假设，说明变量之间存在四个协整关系。全国间接税的最大特征值统计量为 15.7337，则接受"至多存在四个协整向量"的原假设，变量之间同样存在四个协整关系。表明各模型分别通过协整性检验，每个模型中各变量之间存在协整关系，可以继续进行回归分析。

9.2.2.2　实证结果分析

（1）全国整体视角下的直接税福利分配效应实证结果。

本节采用逐步增加控制变量的方法进行逐步回归检验，以保证实证结果的稳健性。表 9 - 12 为直接税对福利分配效应影响的实证检验结果，所有模型都加入了对外开放程度作为控制变量，模型 1 额外加入了政府投资作为控制变量，模型 2 额外加入了城镇化率作为控制变量，模型 3 在模型 2 的基础上增加了人力资本作为控制变量，模型 4 将以上三个变量都作为控制变量进行回归。

表 9 - 12　　　**全国整体视角：直接税福利分配效应实证模型的回归结果（时间序列）**

变量	模型 1 系数	模型 2 系数	模型 3 系数	模型 4 系数
zj	2. 668001 (2. 97) **	4. 519521 (2. 85) **	2. 712098 (1. 95) *	1. 492835 (1. 15)
open	- 0. 0693659 (- 1. 23)	- 0. 134491 (- 7. 49) **	- 0. 170409 (- 2. 81) **	- 0. 1735986 (- 3. 29) **
city		- 0. 5153237 (- 2. 05) **	- 1. 303273 (- 4. 21) **	- 1. 124846 (- 4. 05) **
rl			14. 2799 (3. 39) **	19. 11244 (4. 66) **

变量	模型 1	模型 2	模型 3	模型 4
	系数	系数	系数	系数
tz	− 0. 1182915 (− 1. 62)			− 0. 1935772 (− 2. 66)**
C	0. 4216403 (10. 03)**	0. 524328 (7. 09)**	0. 8239901 (7. 71)**	0. 8585865 (9. 14)**
R^2	0. 4402	0. 4766	0. 6736	0. 7655
P 值	0	0	0	0

注：括号里为 t 统计量值，∗表示 10% 显著水平下显著，∗∗表示 5% 显著水平下显著。

由实证模型结果可知，直接税的系数为正，说明直接税会扩大福利分配差距。各个变量系数的符号都保持一致，模型结果稳健。人力资本也会对福利分配正效应有抑制作用。而对外开放程度、城镇化率、政府投资等影响因素都对福利分配正效应有促进作用，且结果显著。

直接税主要包括所得税和财产税，是对所得和资本进行征税，一般来说，税负难以转嫁，从其性质上来看，直接税有累进性，因此，理论上被认为有利于收入分配，对福利分配效应有正向影响。但实证结果与预期不符，之所以会出现这种情况，可能由于直接税中的个人所得税、房产税等税制设计存在不足、征管水平有待提高。例如，有学者认为，个人所得税是只对中低收入人群征收的一种"工薪税"，所以直接税没有发挥累进税制的作用，导致缩小收入差距的功能较弱，无法按照预期有效发挥福利分配正效应。我国目前直接税体系还不完善，直接税占税收收入的比例不高，导致在当前的税制结构下直接税的增加会抑制福利分配正效应。有学者也得出同样的结论，潘文轩（2015）认为，我国直接税负具有一定程度的累进性，但其缩小收入差距的效果并不明显，这与现行直接税的内部税种结构失衡、税制要素设计不合理等因素有关。而对外开放程度、城镇化率、政府投资等因素会促进经济发展，会一定程度增加低收入人群的收入水平，从而减少居民收入差距，会对福利分配正效应有促进作用。

（2）全国整体视角下的间接税福利分配效应实证结果。

同 9. 2. 1. 2，本节采用逐步增加控制变量的方法进行逐步回归检验，以保证实证结果的稳健性。表 9 - 13 为间接税对福利分配效应影响的实证检验结果。本节共设立了 4 个子模型进行逐步回归。具体的，模型 1 未加入其他控制变量，模型 2 和模型 3 均加入了产业结构作为控制变量，此外，模型 2 额外添加了居民消费价格指数作为控制变量，模型 3 加入了对外开放程度作为控制变量。模型 4 同时使用对外开放程度、产业结构和居民消费价格指数作为控制变量。

表 9 - 13　　　　全国整体视角：间接税福利分配效应实证模型的回归结果（时间序列）

变量	模型 1	模型 2	模型 3	模型 4
	系数	系数	系数	系数
jj	6. 415264 (2. 81)**	8. 129117 (3. 19)**	5. 490745 (2. 16)**	7. 282885 (2. 57)**

续表

变量	模型 1	模型 2	模型 3	模型 4
	系数	系数	系数	系数
jjj	−31.90496 (−3.28)**	−39.81938 (−3.64)**	−28.75907 (−2.70)**	−36.53833 (−3.04)**
open			0.0537146 (0.89)	0.0426511 (0.72)
cyjg		−0.0413716 (−1.28)	0.0083004 (0.20)	−0.0180478 (−0.39)
cpi		−0.1219411 (−1.45)		−0.113288 (−1.32)
C	0.1565099 (1.20)	0.2322069 (1.68)	0.1812891 (1.31)	0.2295123 (1.63)**
R^2	0.6376	0.6806	0.6595	0.6894
P 值	0	0	0	0

注：括号里为 t 统计量值，* 表示 10% 显著水平下显著，** 表示 5% 显著水平下显著。

由表 9-13 中逐步回归结果可知，通过控制变量之间相互组合形成的多个子模型回归结果中，间接税与居民税收福利分配差距呈倒 U 型关系。间接税对福利分配差距的影响，先扩大再缩小。目前，我国间接税处于扩大福利分配差距的阶段，间接税的增加会导致税收福利分配差距的扩大。

间接税中主要是商品劳务课税，而商品劳务课税一般使用比例税率，这导致了税负的累退性，即纳税人的税收负担并不会随着收入水平的提升而增加，反而出现减少的情况。税负累退性将进一步压缩收入水平较低的纳税人的可支配收入，间接降低了纳税人的收入水平。纳税人在选购一般商品时，具体购买的商品数量与纳税人收入水平并不一定存在固定比例。当高收入纳税人的收入水平是低收入纳税人收入水平的数十倍时，在采购的商品数量上往往并不能维持这一差距。因此，间接税税负的增加，将扩大收入差距，从而扩大福利分配差距。

9.2.3 税类结构的福利分配效应

本节主要检验税类结构对全国居民福利分配的影响。基于基准模型（9-1），考察流转税类、所得税类、行为财产税类和资源税类的福利分配效应。其中，在考察流转税对全国居民的福利分配时，发现流转税与福利分配存在非线性的对应关系，因此，基于基准模型（9-1），引入流转税的二次项。控制变量分别选用开放水平、城市化水平、人力资本水平和固定资产投资力度，并通过组合不同控制变量进行实证检验。

9.2.3.1 协整性检验

参考 9.1.3 中平稳性检验结果，本部分多个模型中的变量需要进一步进行协整性检验。同理，与本章 9.2.1.1 中协整性检验方式相似，本部分同样使用 Johansen 检验方法对各变量进行协整性检验。具体协整性检验结果见表9-14至表9-17。

表9-14　　全国整体视角：流转税福利分配效应实证模型的协整性检验（时间序列）

Maximumrank	Parms	LL	Eigenvalue	Tracestatistic	5% Criticalvalue
0	48	513.02278	—	218.6476	104.94
1	59	551.19723	0.96890	142.2987	77.74
2	68	580.37288	0.92951	83.9474	54.64
3	75	600.30759	0.83671	44.0779	34.55
4	80	611.75638	0.64683	21.1804	18.17
5	83	619.6273	0.51107	5.4385	3.74
6	84	622.34656	0.21902		
Maximumrank	Parms	LL	Eigenvalue	Maxstatistic	5% Criticalvalue
0	48	513.02278	—	76.3489	42.48
1	59	551.19723	0.96890	58.3513	36.41
2	68	580.37288	0.92951	39.8694	30.33
3	75	600.30759	0.83671	22.8976	23.78
4	80	611.75638	0.64683	15.7418	16.87
5	83	619.6273	0.51107	5.4385	3.74
6	84	622.34656	0.21902		

表9-15　　全国整体视角：所得税福利分配效应实证模型的协整性检验（时间序列）

Maximumrank	Parms	LL	Eigenvalue	Tracestatistic	5% Criticalvalue
0	48	524.51292	—	212.0980	104.94
1	59	557.24313	0.94898	146.6376	77.74
2	68	586.9999	0.93314	87.1241	54.64
3	75	613.42144	0.90946	34.2810*	34.55
4	80	625.99224	0.68107	9.1394	18.17
5	83	630.35329	0.32730	0.4173	3.74
6	84	630.56194	0.01879		
Maximumrank	Parms	LL	Eigenvalue	Maxstatistic	5% Criticalvalue
0	48	524.51292	—	65.4604	42.48
1	59	557.24313	0.94898	59.5135	36.41
2	68	586.9999	0.93314	52.8431	30.33
3	75	613.42144	0.90946	25.1416	23.78
4	80	625.99224	0.68107	8.7221	16.87
5	83	630.35329	0.32730	0.4173	3.74
6	84	630.56194	0.01879		

注：＊表示变量之间具有协整性关系。

表9-16　　全国整体视角：行为财产税福利分配效应实证模型的协整性检验（时间序列）

Maximumrank	Parms	LL	Eigenvalue	Tracestatistic	5% Criticalvalue
0	48	532.18171	—	234.8447	104.94
1	59	581.52691	0.98873	136.1543	77.74
2	68	610.64971	0.92917	77.9087	54.64

续表

Maximumrank	Parms	LL	Eigenvalue	Tracestatistic	5% Criticalvalue
3	75	629.43866	0.81879	40.3308	34.55
4	80	643.03564	0.70948	13.1369 *	18.17
5	83	649.55661	0.44723	0.0949	3.74
6	84	649.60408	0.00431		

Maximumrank	Parms	LL	Eigenvalue	Maxstatistic	5% Criticalvalue
0	48	532.18171	—	98.6904	42.48
1	59	581.52691	0.98873	58.2456	36.41
2	68	610.64971	0.92917	37.5779	30.33
3	75	629.43866	0.81879	27.1940	23.78
4	80	643.03564	0.70948	13.0419	16.87
5	83	649.55661	0.44723	0.0949	3.74
6	84	649.60408	0.00431		

注：＊表示变量之间具有协整性关系。

表9－17　　　全国整体视角：资源税类福利分配效应实证模型的协整性检验（时间序列）

Maximumrank	Parms	LL	Eigenvalue	Tracestatistic	5% Criticalvalue
0	48	555.98243	—	301.1389	104.94
1	59	630.06401	0.99881	152.9757	77.74
2	68	659.75074	0.93271	93.6023	54.64
3	75	682.23802	0.87053	48.6277	34.55
4	80	697.52782	0.75092	18.0481 *	18.17
5	83	705.67967	0.52340	1.7444	3.74
6	84	706.55188	0.07623		

Maximumrank	Parms	LL	Eigenvalue	Maxstatistic	5% Criticalvalue
0	48	555.98243	—	148.1632	42.48
1	59	630.06401	0.99881	59.3735	36.41
2	68	659.75074	0.93271	44.9746	30.33
3	75	682.23802	0.87053	30.5796	23.78
4	80	697.52782	0.75092	16.3037	16.87
5	83	705.67967	0.52340	1.7444	3.74
6	84	706.55188	0.07623		

注：＊表示变量之间具有协整性关系。

由表9－14至表9－17中协整性检验结果可知，在5%显著性水平下，变量所得税税收收入占比的"迹检验"统计量为34.2810，接受"至多存在三个协整向量"的原假设。行为税和资源税的"迹检验"统计量分别为13.1369和18.0481，均接受"至多存在四个协整向量"的原假设。流转税税收收入占比的最大特征值统计量为22.8976，接受"最多存在三个协整向量"的原假设。因此，本部分各模型分别通过协整性检验，同一模型中各变量之间存在协整关系，可以建立实证模型并继续进行回归分析。

9.2.3.2　实证结果分析

（1）全国整体视角下的流转税福利分配效应实证结果。

在全国视角下，为保证实证结果的稳健性，本节同样通过逐步引入控制变量的方法，来观察解释变量对被解释变量的解释力度。表9-18为流转税对福利分配效应影响的实证检验结果。共设立4个子模型进行回归分析，模型1未加入其他控制变量，模型2、模型3和模型4均加入对外开放程度作为控制变量。此外，模型2额外添加了居民消费价格指数作为控制变量，模型3额外添加了产业结构作为控制变量，模型4同时加入了居民消费价格指数和产业结构作为控制变量。

表9-18　全国整体视角：流转税福利分配效应实证模型的回归结果（时间序列）

变量	模型1 系数	模型2 系数	模型3 系数	模型4 系数
lz	6.795376 (2.81)**	7.060252 (2.61)**	5.567883 (2.05)*	7.365743 (2.47)**
lzz	-35.75966 (-3.27)**	-38.05359 (-3.17)**	-31.16757 (-2.59)**	-39.46267 (-2.97)**
cyjg			0.0119296 (0.28)	-0.0125454 (-0.28)
open		0.0615012 (1.43)	0.0595901 (0.98)	0.0500803 (0.83)
cpi		-0.104182 (-1.37)		-0.1138227 (-1.34)
C	0.1557515 (1.19)	0.2272473 (1.69)	0.1876482 (1.32)	0.2394871 (1.66)
R²	0.6351	0.6874	0.6577	0.6887
P值	0	0	0	0

注：括号里为t统计量值，*表示10%显著水平下显著，**表示5%显著水平下显著。

依据表9-18中实证回归结果，通过控制变量之间组合并进行逐步回归，流转税对福利分配差距影响显著，在控制不同控制变量中这一结果均为显著，拟合优度良好，模型稳健性良好。流转税与福利分配差距之间存在倒U型关系，随着流转税的税负水平不断增加，其对福利分配差距的作用先是扩大再缩小。

目前，我国流转税处于扩大福利分配差距阶段。由于流转税中主要税种为增值税，增值税采用比例税率，会导致一定程度的税收累退性，即纳税人的税负会随收入增加而降低，导致低收入群体承担较高税负，进而扩大收入差距。尽管我国流转税中包括的消费税有一定的调节收入分配职能，但由于其征税对象特定，占国家总税收收入比重较小，2018年，我国消费税占总税收收入近6.80%，与增值税差距明显，所以全国流转税整体对福利分配依旧是负效应。

（2）全国整体视角下的所得税福利分配效应实证结果。

为保证实证结果的稳健性，本节采用逐步增加控制变量的方法，进行逐步回归检验，

表 9 - 19 为所得税对福利分配效应影响的实证检验结果。模型 1、模型 2 和模型 3 分别添加了对外开放程度、城镇化率、人力资本和政府投资作为控制变量，模型 4 则将这些变量都作为控制变量进行回归。

表 9 - 19　　　　全国整体视角：所得税福利分配效应实证模型的回归结果（时间序列）

变量	模型 1	模型 2	模型 3	模型 4
	系数	系数	系数	系数
sd	1.826145 (3.62)**	4.983589 (3.58)**	3.124878 (2.36)**	1.71921 (1.30)
open	-0.0064577 (-0.16)	-0.1201382 (-2.00)**	-0.1554073 (-2.99)**	-0.1627514 (-3.49)**
city		-0.43737 (-2.40)**	-1.163048 (-4.08)**	-1.054523 (-4.07)**
rl			12.8051 (3.02)**	18.06025 (4.12)**
tz				-0.1798703 (-2.39)**
C	0.3814711 (9.88)**	0.4916398 (8.35)**	0.7703221 (7.39)**	0.8261945 (8.59)**
R^2	0.4218	0.5511	0.6969	0.7697
P 值	0	0	0	0

注：括号里为 t 统计量值，* 表示 10% 显著水平下显著，** 表示 5% 显著水平下显著。

由实证模型 4 的结果可知，所得税的系数为正，说明所得税的增加会扩大福利分配差距，但不显著，因为所得税中企业所得税比重比较大，对居民福利直接影响较小。各个变量系数在不同模型中均保持一致，模型结果稳健。人力资本投入对福利分配正效应有减弱的作用，而对外开放程度、城镇化率、政府投资等影响因素都对福利分配正效应有促进作用，且结果显著。控制变量方面，对外开放程度、城镇化率、政府投资等因素会促进经济发展，在一定程度上会提高低收入人群的收入水平，从而缩小居民收入差距，也会缩小福利分配差距。

（3）全国整体视角下的行为财产税福利分配效应实证结果。

为保证实证结果的稳健性，本节采用逐步增加控制变量的方法，进行稳健性检验，表 9 - 20 为全国整体视角下行为财产税对福利分配效应影响的实证检验结果。模型 1 仅添加了城镇化率作为控制变量，模型 2、模型 3 和模型 4 分别添加了对外开放程度、人力资本和政府投资作为控制变量进行回归。

表 9 - 20　　　　全国整体视角：行为财产税福利分配效应实证模型的回归结果（时间序列）

变量	模型 1	模型 2	模型 3	模型 4
	系数	系数	系数	系数
xw	-4.087023 (-2.47)**	-5.609998 (-3.23)**	-2.439826 (-1.22)	-1.135799 (-0.65)

变量	模型 1	模型 2	模型 3	模型 4
	系数	系数	系数	系数
open		0.1002242 (1.94)*	-0.0353808 (-0.50)	-0.1078132 (-1.67)
city	0.2527423 (3.93)**	0.3716979 (4.32)**	-0.732654 (-1.65)	-0.8349304 (-2.21)**
rl			13.33992 (2.52)**	19.25632 (3.92)**
tz				-0.2113472 (-2.93)**
C	0.3970579 (17.20)**	0.3046996 (5.83)**	0.6790897 (4.36)**	0.7937424 (5.78)**
R^2	0.4242	0.5157	0.6368	0.7540
P 值	0	0	0	0

注：括号里为 t 统计量值，＊表示 10% 显著水平下显著，＊＊表示 5% 显著水平下显著。

由模型 4 实证结果可知，行为财产税系数为负，行为财产税具有缩小福利分配差距的作用，因而具有福利分配正效应，但行为财产税对福利分配差距影响不显著，因而福利分配效应较弱。主要原因是行为财产税占总税收收入的比重较小，以 2018 年财政收入为例，2018 年，全国一般公共预算收入中的税收收入为 156401 亿元，其中，行为财产税仅占总税收收入的 5.51%。而控制变量中的对外开放程度、城镇化率和政府投资可以增加福利分配正效应，人力资本则会导致福利分配效应降低。

（4）全国整体视角下的资源税类福利分配效应实证结果。

为保证实证结果的稳健性，本节采用逐步增加控制变量的方法，进行稳健性检验，表 9－21 为全国整体视角下资源税类对福利分配效应影响的实证检验结果。模型 1 仅添加了城镇化率作为控制变量，模型 2、模型 3 和模型 4 分别添加了对外开放程度、人力资本和政府投资作为控制变量进行回归。

表 9－21　　　全国整体视角：资源税类福利分配效应实证模型的回归结果（时间序列）

变量	模型 1	模型 2	模型 3	模型 4
	系数	系数	系数	系数
zy	-28.87576 (-2.23)**	-29.15449 (-2.22)**	-26.45528 (-2.88)**	-7.142256 (-0.41)
open		0.0293653 (0.58)	-0.0883932 (-2.04)**	-0.1274095 (-2.44)**
city	0.1923457 (3.50)**	0.2171896 (3.08)**	-1.039806 (-3.83)**	-1.011919 (-3.78)**
rl			16.79666 (4.71)**	20.36248 (4.56)**
tz				-0.1756953 (-1.29)

变量	模型1	模型2	模型3	模型4
	系数	系数	系数	系数
C	0.4153913 （16.25）**	0.3881112 （7.19）**	0.8117086 （8.33）**	0.7937424 （5.78）**
R^2	0.3991	0.4090	0.7274	0.7505
P值	0	0	0	0

注：括号里为 t 统计量值，* 表示 10% 显著水平下显著，** 表示 5% 显著水平下显著。

由模型4结果可知，资源税类税负与福利分配差距具有负相关关系，缩小福利分配差距，但不显著。对外开放程度、城镇化率和人力资本控制变量对福利分配效应的影响在5%的显著性水平上显著，政府投资对福利分配效应的影响不显著。控制变量中对外开放程度和政府投资同样具有福利分配正效应，而城镇化率和人力资本的增加会导致福利分配效应的减弱。

资源税类的征税对象包括应税自然资源和国有土地使用权，体现了有偿使用资源的原则。当资源税类的税负提高时，资源使用价格随之上涨，影响居民对于资源的消费支出。根据庞军、高笑默等（2019）的研究，不同收入等级的居民对于应税资源的需求不同，随着收入水平的提高，居民资源消费支出增长，所以资源税类的征收也可以达到调节收入分配的手段，缩小福利分配差距。

9.2.4 主要税种的福利分配效应

进一步，本节检验主要税种对全国居民福利分配的影响，主要包括增值税、营业税、消费税、企业所得税、个人所得税。以上述税种为解释变量，控制变量选用经济发展水平、开放水平、产业水平和物价水平，基于基准模型（9-1），通过引入不同控制变量进行实证检验。其中，在考察增值税和营业税对全国居民福利分配效应时，发现增值税和营业税与全国居民福利分配呈现出非线性的对应关系，因此基于基准模型（9-1），分别引入增值税与营业税的二次项。

9.2.4.1 协整性检验

参考9.1.3中平稳性检验结果，本部分多个模型中的变量需要进一步进行协整性检验。同理，与本章9.2.1.1中协整性检验方式相似，本部分同样使用 Johansen 检验方法对各变量进行协整性检验。具体协整性检验结果见表9-22至表9-26。

表9-22　**全国整体视角：增值税福利分配效应实证模型的协整性检验（时间序列）**

Maximumrank	Parms	LL	Eigenvalue	Tracestatistic	5% Criticalvalue
0	48	523.52479	—	204.9379	104.94
1	59	553.00529	0.93144	145.9769	77.74
2	68	578.63543	0.90271	94.7166	54.64
3	75	599.74978	0.85332	52.4879	34.55

Maximumrank	Parms	LL	Eigenvalue	Tracestatistic	5% Criticalvalue
4	80	616. 06535	0. 77310	19. 8568	18. 17
5	83	623. 51314	0. 49190	4. 9612	3. 74
6	84	625. 99374	0. 20189		
Maximumrank	Parms	LL	Eigenvalue	Maxstatistic	5% Criticalvalue
0	48	523. 52479	—	58. 9610	42. 48
1	59	553. 00529	0. 93144	51. 2603	36. 41
2	68	578. 63543	0. 90271	42. 2287	30. 33
3	75	599. 74978	0. 85332	32. 6311	23. 78
4	80	616. 06535	0. 77310	14. 8956	16. 87
5	83	623. 51314	0. 49190	4. 9612	3. 74
6	84	625. 99374	0. 20189		

表 9 – 23　　　　全国整体视角：消费税福利分配效应实证模型的协整性检验（时间序列）

Maximumrank	Parms	LL	Eigenvalue	Tracestatistic	5% Criticalvalue
0	48	538. 92404	—	214. 9861	104. 94
1	59	576. 4128	0. 96689	140. 0086	77. 74
2	68	606. 76982	0. 93669	79. 2945	54. 64
3	75	627. 84283	0. 85277	37. 1485	34. 55
4	80	636. 4787	0. 54392	19. 8768	18. 17
5	83	643. 76373	0. 48432	5. 3067	3. 74
6	84	646. 41709	0. 21433		
Maximumrank	Parms	LL	Eigenvalue	Maxstatistic	5% Criticalvalue
0	48	538. 92404	—	74. 9775	42. 48
1	59	576. 4128	0. 96689	60. 7141	36. 41
2	68	606. 76982	0. 93669	42. 1460	30. 33
3	75	627. 84283	0. 85277	17. 2717	23. 78
4	80	636. 4787	0. 54392	14. 5701	16. 87
5	83	643. 76373	0. 48432	5. 3067	3. 74
6	84	646. 41709	0. 214		

表 9 – 24　　　　全国整体视角：营业税福利分配效应实证模型的协整性检验（时间序列）

Maximumrank	Parms	LL	Eigenvalue	Tracestatistic	5% Criticalvalue
0	48	524. 7744	—	241. 1729	104. 94
1	59	568. 71259	0. 98158	153. 2966	77. 74
2	68	600. 38452	0. 94382	89. 9527	54. 64
3	75	622. 59896	0. 86728	45. 5238	34. 55
4	80	635. 93811	0. 70259	18. 8455	18. 17
5	83	644. 59895	0. 54495	1. 5238 *	3. 74
6	84	645. 36087	0. 06692		
Maximumrank	Parms	LL	Eigenvalue	Maxstatistic	5% Criticalvalue
0	48	524. 7744	—	87. 8764	42. 48

Maximumrank	Parms	LL	Eigenvalue	Maxstatistic	5% Criticalvalue
1	59	568.71259	0.98158	63.3439	36.41
2	68	600.38452	0.94382	44.4289	30.33
3	75	622.59896	0.86728	26.6783	23.78
4	80	635.93811	0.70259	17.3217	16.87
5	83	644.59895	0.54495	1.5238	3.74
6	84	645.36087	0.06692		

注：＊表示变量之间具有协整性关系。

表 9 - 25　全国整体视角：企业所得税福利分配效应实证模型的协整性检验（时间序列）

Maximumrank	Parms	LL	Eigenvalue	Tracestatistic	5% Criticalvalue
0	48	529.88843	—	221.3633	104.94
1	59	566.26611	0.96338	148.6080	77.74
2	68	596.70773	0.93718	87.7247	54.64
3	75	622.08904	0.90048	36.9621	34.55
4	80	633.95678	0.66003	13.2266 ＊	18.17
5	83	640.54504	0.45060	0.0501	3.74
6	84	640.5701	0.00228		

Maximumrank	Parms	LL	Eigenvalue	Maxstatistic	5% Criticalvalue
0	48	529.88843	—	72.7554	42.48
1	59	566.26611	0.96338	60.8832	36.41
2	68	596.70773	0.93718	50.7626	30.33
3	75	622.08904	0.90048	23.7355	23.78
4	80	633.95678	0.66003	13.1765	16.87
5	83	640.54504	0.45060	0.0501	3.74
6	84	640.5701	0.00228		

注：＊表示变量之间具有协整性关系。

表 9 - 26　全国整体视角：个人所得税福利分配效应实证模型的协整性检验（时间序列）

Maximumrank	Parms	LL	Eigenvalue	Tracestatistic	5% Criticalvalue
0	48	554.33918	—	213.3024	104.94
1	59	595.66021	0.97663	130.6603	77.74
2	68	622.25437	0.91087	77.4720	54.64
3	75	643.17426	0.85070	35.6322	34.55
4	80	652.91112	0.58736	16.1585 ＊	18.17
5	83	659.04801	0.42759	3.8847	3.74
6	84	660.99038	0.16187		

Maximumrank	Parms	LL	Eigenvalue	Maxstatistic	5% Criticalvalue
0	48	554.33918	—	82.6421	42.48
1	59	595.66021	0.97663	53.1883	36.41
2	68	622.25437	0.91087	41.8398	30.33
3	75	643.17426	0.85070	19.4737	23.78

Maximumrank	Parms	LL	Eigenvalue	Maxstatistic	5% Criticalvalue
4	80	652. 91112	0. 58736	12. 2738	16. 87
5	83	659. 04801	0. 42759	3. 8847	3. 74
6	84	660. 99038	0. 16187		

注：＊表示变量之间具有协整性关系。

由表 9－22 至表 9－26 中协整性检验结果可知，在 5% 显著性水平下。企业所得税和个人所得税税收收入占比的"迹检验"统计量分别为 13. 2266 和 16. 1585，接受"至多存在四个协整向量"的原假设。营业税税收收入占比的"迹检验"统计量为 1. 5238，接受"至多存在五个协整向量"的原假设。增值税税收收入占比的最大特征值统计量为 14. 8956，接受"至多存在四个协整向量"的原假设。消费税税收收入占比的最大特征值统计量为 17. 2717，接受"至多存在三个协整向量"的原假设。因此，本部分各模型均分别通过协整性检验，同一模型中各变量之间存在协整关系，可以建立实证模型并继续进行回归分析。

9.2.4.2 实证结果分析

（1）全国整体视角下的增值税福利分配效应实证结果。

为保证实证结果的稳健性，本节采用逐步增加控制变量的方法，进行逐步回归检验，表 9－27 为全国整体视角下增值税对福利分配效应影响的实证检验结果。模型 1、模型 2 和模型 3 分别添加了对外开放程度、产业结构和 CPI 作为控制变量，模型 4 则将这三个变量都作为控制变量进行回归。

表 9－27　　　　　全国整体视角：增值税福利分配效应实证模型的回归结果（时间序列）

变量	模型 1	模型 2	模型 3	模型 4
	系数	系数	系数	系数
zz	13. 03228 (2. 95) **	11. 21396 (2. 38) **	10. 99168 (2. 22) **	11. 15514 (2. 06) *
zzz	－ 107. 7691 （－ 3. 33）**	－ 96. 84118 （－ 2. 87）**	－ 95. 17571 （－ 2. 68）**	－ 96. 35427 （－ 2. 48）**
open		0. 0465882 (1. 08)	0. 0551033 (0. 90)	0. 0543746 (0. 86)
cyjg			0. 0085044 (0. 20)	0. 0070943 (0. 15)
cpi				－ 0. 0073346 （－ 0. 09）
C	0. 08584 (0. 59)	0. 129933 (0. 86)	0. 1242449 (0. 79)	0. 1281091 (0. 76)
R^2	0. 6352	0. 6555	0. 6562	0. 6563
P 值	0	0	0	0

注：括号里为 t 统计量值，＊表示 10% 显著水平下显著，＊＊表示 5% 显著水平下显著。

由实证结果可知，增值税与福利分配差距之间应呈倒 U 型关系，随着增值税不断增加，其对福利分配差距的影响为先扩大再缩小。改变模型的控制变量可知，我国增值税对福利分配差距的影响作用始终一致，在多个子模型中增值税系数的正负性均保持一致，表明模型稳健性良好。控制变量方面，产业结构和对外开放程度具有扩大收入分配差距的作用，但在本模型中这一影响依旧不显著。

增值税与福利分配差距之间先是正相关再是负相关。其原因：一是现行增值税税负具有累退性，低收入者的税收占收入的比例高于高收入者，因此缩小收入差距的作用较小。二是增值税为价外税，税负易于转嫁，商品供给者通过提高价格的方式转嫁给消费者，而税负具有累退性，间接扩大了收入差距，产生福利分配负效应。我国税制结构当中增值税占据较大比重，其比例税率与普遍征收的特征也使累退性在我国较为明显，对居民福利分配差距的影响也较为明显。

（2）全国整体视角下的消费税福利分配效应实证结果。

为保证实证结果的稳健性，本节采用逐步增加控制变量的方法，进行稳健性检验，表 9－28 为全国整体视角下消费税对福利分配效应影响的实证检验结果。模型 1 仅引入了城镇化率作为解释变量，模型 2、模型 3 和模型 4 依次添加了对外开放程度、人力资本和政府投资作为控制变量进行回归。

表 9－28　　　　全国整体视角：消费税福利分配效应实证模型的回归结果（时间序列）

变量	模型 1	模型 2	模型 3	模型 4
	系数	系数	系数	系数
xf	－ 4.035867 （ － 3.16）**	－ 4.067846 （ － 3.14）**	－ 3.179404 （ － 3.29）**	－ 1.847001 （ － 1.25）
open		0.0306868 （0.66）	－ 0.0752598 （ － 1.79）*	－ 0.1074997 （ － 2.17）**
city	0.149387 （3.09）**	0.1749343 （2.80）**	－ 0.9428289 （ － 3.57）**	－ 0.9558773 （ － 3.66）**
rl			14.99034 （4.30）**	18.20158 （4.15）**
tz				－ 0.1239617 （ － 1.19）
C	0.4534164 （15.76）**	0.4251616 （8.21）**	0.7925811 （8.48）**	0.8261991 （8.54）**
R^2	0.4964	0.5072	0.7502	0.7684
P 值	0	0	0	0

注：括号里为 t 统计量值，＊表示 10% 显著水平下显著，＊＊表示 5% 显著水平下显著。

由实证结果可知，在通过不同控制变量之间相互组合所产生的多个子模型中，消费税的系数均显著为负，即增加消费税会促进福利分配差距缩小。控制变量中，只有人力资本的增加会对福利分配效应有抑制作用，而对外开放程度和城镇化率都对福利分配效应有促进作用，政府投资对于福利分配的影响并不显著。

消费税是对增值税的补充，有选择性地对个别商品征税，而且在不同的环节适用不同的税率，具备税收的累进性，所以对福利分配效应有促进作用。从调节收入分配的角度来看，消费税大多数都对非生活必需品征税，尤其是高尔夫球具、高档手表、高档小轿车等奢侈品，这些应税消费品的消费者一般都是高收入人群，对其征收消费税会明显增加高收入者的税负，从而减少其可支配收入。而低收入者对这类奢侈品的消费较少，所承担的消费税税负也较轻，从而缩小了居民的收入差距，进而产生福利分配正效应。消费税作为对特定消费品征收的税种，已经成为政府调节收入分配的重要工具，其收入分配效应也引起了关注。近些年，我国消费税的征税范围和税率不断修改，说明国家根据当前的经济情况对消费税及时作出调整，体现了消费税引导消费方向的特性。对高档消费品设置消费税可以发挥消费税调节收入分配差距的作用，进而具有福利分配正效应。

（3）全国整体视角下的营业税福利分配效应实证结果。

为保证实证结果的稳健性，本节采用逐步增加控制变量的方法，进行稳健性检验，表 9-29 为全国整体视角下营业税对福利分配效应影响的实证检验结果，模型 2、模型 3 和模型 4 分别添加了对外开放程度、产业结构和居民消费价格指数作为控制变量进行回归。

表 9-29　　　全国整体视角：营业税福利分配效应实证模型的回归结果（时间序列）

变量	模型 1	模型 2	模型 3	模型 4
	系数	系数	系数	系数
yy	3.494608 (1.52)	4.1215047 (1.70)	5.772613 (2.38)**	5.875411 (2.36)**
yyy	-110.8889 (-2.10)**	-117.5492 (-2.19)**	-155.0588 (-2.87)**	-160.6642 (-2.84)**
open		-0.0451865 (-0.88)	0.0589806 (0.82)	0.0644863 (0.86)
cyjg			0.1115381 (1.93)*	0.1059064 (1.75)*
cpi				-0.050292 (-0.44)
C	0.4557739 (17.43)**	0.4699546 (15.26)**	0.2906415 (2.98)**	0.3466322 (2.15)**
R²	0.2511	0.2792	0.3972	0.4037
P 值	0	0	0	0

注：括号里为 t 统计量值，* 表示 10% 显著水平下显著，** 表示 5% 显著水平下显著。

根据模型结果可知，营业税与福利分配差距存在倒 U 型关系。三个控制变量中，除居民消费价格外，其余控制变量均对福利分配正效应具有抑制作用，但只有产业结构的模型结果显著。

营业税作为间接税，可以通过调节商品价格的方式将税负转移给最终消费者。根据田志伟（2015）和胡怡建（2018）测算的营业税对居民年度收入的影响可知，居民年度收入越高，消费支出中所含营业税占年度收入的比重越低，营业税税负增加时，营业税的累退性将导致居民收入差距扩大，福利分配正效应降低。然而，随着国内经济发展和居民收入的提升，在营业税税负增长到倒 U 型曲线右侧时，居民消费支出占总收入的比重会逐步下降，营业税的累退性作用会逐年减弱，由于累退性产生的收入差距日益缩小，福利分配差距也缩小。

（4）全国整体视角下的企业所得税福利分配效应实证结果。

为保证实证结果的稳健性，本节采用逐步增加控制变量的方法，进行逐步回归检验，表 9-30 为全国整体视角下企业所得税对福利分配效应影响的实证检验结果。模型 1、模型 2 和模型 3 分别添加了对外开放程度、城镇化率、人力资本和政府投资作为控制变量，模型 4 则将这些变量都作为控制变量进行回归。

表 9-30　　　　全国整体视角：企业所得税福利分配效应实证模型的回归结果（时间序列）

变量	模型 1	模型 2	模型 3	模型 4
	系数	系数	系数	系数
qy	2.587174 (2.10)**	2.657255 (2.00)**	4.961167 (3.60)**	0.9676289 (0.62)
open		-0.0091751 (-0.17)	-0.0583217 (-1.18)	-0.1362512 (-3.07)**
city	-0.0556764 (-0.49)	-0.0691241 (-0.49)**	0.2592881 (1.57)	-0.8763347 (-2.56)**
rl				19.00743 (3.59)**
tz			-0.2991831 (-2.92)**	-0.2495434 (-3.06)**
C	0.403008 (16.62)**	0.411868 (7.07)**	0.3775476 (7.40)**	0.8069181 (6.40)**
R²	0.3859	0.3868	0.5768	0.7535
P 值	0	0	0	0

注：括号里为 t 统计量值，* 表示 10% 显著水平下显著，** 表示 5% 显著水平下显著。

由实证模型 4 结果可知，企业所得税的系数为正，在控制变量组成的不同模型中，系数符号均保持一致，说明增加企业所得税会扩大全国居民福利分配差距，但其结果不显著。由于企业所得税的征税对象是企业，其主要影响的是政府与企业之间的分配关系。所以企业所得税对福利分配差距主要产生间接影响，政府通过提高企业所得税税率，获得更多税收收入，若政府将筹集的税收收入用于改善社会保障福利体系，降低居民收入差距，则企业所得税会间接缩小福利分配差距；反之，企业所得税会间接扩大福利分配差距，产生福利分配负效应。陈斌（2016）认为，降低企业所得税才可以增进社会的福利水平。控制变量中，人力资本会扩大居民福利分配差距，而对外开放程度、城镇化率、政府投资会缩小福利分配差距。

（5）全国整体视角下的个人所得税福利分配效应实证结果。

为保证实证结果的稳健性，本节采用逐步增加控制变量的方法，进行逐步回归检验，表 9-31 为全国整体视角下个人所得税对福利分配效应影响的实证检验结果。模型 1 仅将对外开放程度作为控制变量，模型 2 将城镇化率和人力资本作为控制变量，模型 3 在模型

2 的基础上将对外开放变量作为控制变量，模型 4 则将这些变量都作为控制变量进行回归。

表 9 – 31　　　　全国整体视角：个人所得税福利分配效应实证模型的回归结果（时间序列）

变量	模型 1	模型 2	模型 3	模型 4
	系数	系数	系数	系数
ge	3.621892	1.497063	7.030548	2.153789
	(2.15)**	(0.61)	(2.77)**	(0.53)
open	−0.0231002		−0.1952075	−0.1595869
	(−0.49)		(−3.46)**	(−2.68)**
city		−0.7826979	−1.782757	−1.237174
		(−2.88)**	(−4.92)**	(−2.45)**
rl		12.96814	22.52474	22.07094
		(3.53)**	(5.57)**	(5.62)**
tz				−0.1743914
				(−1.50)
C	0.4352427	0.6412836	1.020828	0.9117193
	(11.46)**	(8.81)**	(8.21)**	(6.48)**
R^2	0.2311	0.5452	0.7210	0.7520
P 值	0	0	0	0

注：括号里为 t 统计量值，* 表示 10% 显著水平下显著，** 表示 5% 显著水平下显著。

由实证模型 4 结果可知，个人所得税的系数为正，说明个人所得税会扩大福利分配差距，但其结果不显著。其原因是个人所得税的税制设计存在缺陷。理论上，个人所得税具有累进性，但不少学者都认为目前我国个人所得税法中存在"工薪税"的现状，对劳动所得征税过重，而对资本所得征税过轻。由于个人所得税分类征收的模式，高收入人群的收入多元化，更容易获得财产性所得和经营性所得，导致个人所得税对高收入人群的影响不明显，反而对中低收入人群的影响更显著，因此会扩大居民福利分配差距。除税负累进性外，个人所得税调节居民福利分配差距的功能还取决于其收入规模。经测算，2018 年，个人所得税占总税收收入仅为 8.87%，目前只有 2800 万人缴纳个人所得税，说明个人所得税的收入规模不高，其调节居民福利分配差距的作用较弱。控制变量中，人力资本会扩大居民福利分配差距，而对外开放程度、城镇化率、政府投资会缩小福利分配差距。

9.3　城镇居民视角：税收的福利分配效应

在 9.2 节中，从全国整体视角实证检验了税收的福利分配效应。由于城乡的差异性，本节从城镇居民的视角，实证分析税收的福利分配效应，以期得出税收对城镇居民福利分配效应的规律。

9.3.1　宏观税负的福利分配效应

本节主要检验宏观税负对城镇居民的福利分配效应。同 9.2.1，宏观税负与福利分配二者之间可能存在非线性关系，在构建宏观税负对城镇居民福利分配影响的模型时，基于基准模型（9-2），考虑建立非线性的面板数据模型，引入宏观税负的二次项，采用固定效应并逐步引入控制变量进行实证分析，从而更好地剖析宏观税负对城镇居民福利分配影响的规律。在控制变量方面，选用经济发展水平、产业发展水平和城市化水平。

9.3.1.1 协整性检验

参考9.1.3中对于面板数据的平稳性检验结果，本部分模型中多个变量需继续进行协整性检验，以确保数据的长期稳定性。在对面板数据模型中多个变量进行协整性检验的方法中，一般以 westerlund 方法较为有效。因此，本部分采用 westerlund 协整检验方法对模型中各变量进行协整性检验。具体检验结果见表9-32。

表9-32　　　城镇居民视角：宏观税负福利分配效应实证模型的协整性检验（面板数据）

	Statistic	p-value
Varianceratio	-2.1617	0.0153

根据表9-32中协整性检验结果，检验统计量为-2.1617，在5%显著性水平下，拒绝"不存在协整向量"的原假设，模型中各变量之间存在协整关系，通过协整性检验，可以建立实证模型并继续进行回归分析。

9.3.1.2 实证结果分析

为保证实证结果的稳健性，本节采用逐步增加控制变量的方法，进行逐步回归检验，表9-33为城镇居民视角下宏观税负对福利分配效应影响的实证检验结果。模型1、模型2和模型3分别添加了产业结构或城镇化率作为控制变量，模型4则将这两个变量都作为控制变量进行回归。本节通过添加省级面板数据进行分析，实证结果比较显著。

表9-33　　　城镇居民视角：宏观税负福利分配效应实证模型的回归结果（面板数据）

变量	模型1	模型2	模型3	模型4
	系数	系数	系数	系数
st	0.2320551	0.2347181	0.2585937	0.2603009
	(2.93)**	(2.95)**	(3.24)**	(3.25)**
stt	-0.3077878	-0.2960296	-0.4465152	-0.4386165
	(-2.59)**	(-2.46)**	(-3.35)**	(-3.22)**
gdp	0.0215766	0.0220334	0.0219547	0.0221693
	(9.43)**	(8.95)**	(9.61)**	(9.04)**
cyjg			0.013946	0.0137416
			(2.27)**	(2.20)**
city		-0.008081		-0.004233
		(-0.61)		(-0.32)
C	0.0329897	0.0315534	0.0157471	0.0153366
	(1.96)**	(1.84)*	(0.86)	(0.83)
时间项	N	N	N	N

变量	模型1	模型2	模型3	模型4
	系数	系数	系数	系数
个体项	Y	Y	Y	Y
R^2	0.4451	0.4462	0.4508	0.4512
P 值	0	0	0	0

注：括号里为 t 统计量值，＊表示 10% 显著水平下显著，＊＊表示 5% 显著水平下显著。

由实证结果可知，宏观税负与城镇居民福利分配差距呈倒 U 型关系。随着宏观税负的提高，城镇居民福利分配差距扩大，当宏观税负高于某一水平值后，会缩小城镇居民福利分配差距。通过控制变量组合的不同模型可知，宏观税负对城镇居民福利分配差距的影响始终一致，模型通过稳健性检验。目前，我国宏观税负处于扩大城镇居民福利分配差距的阶段。

控制变量中，人均 GDP 和产业结构具有福利分配负效应。在城镇产业结构优化过程中，第三产业的增加值大于第二产业的增加值。第二产业聚集了更多的工薪阶层或低收入劳动者，而金融业、服务业等第三产业的崛起会催生一大批高收入者，使贫富差距进一步拉大，从而扩大福利分配差距。

9.3.2 税制结构的福利分配效应

本节主要检验税制结构对城镇居民福利分配的影响。由前面对税制结构的界定，这里同样考察直接税和间接税的福利经济效应。结合各省份之间税收差距较大，再结合税收与城镇福利分配数据对应关系的规律，发现直接税和间接税与福利分配之间可能存在非线性关系，于是在构建对全国居民福利分配影响的模型时，基于基准模型（9 - 2），考虑建立非线性的面板数据模型，分别引入直接税、间接税的二次项，控制变量均选择经济发展水平、城市化水平、产业发展水平和就业水平，采用固定效应并通过组合不同控制变量进行实证检验。

9.3.2.1 协整性检验

参考 9.1.3 中平稳性检验结果，本部分模型中多个变量需要进一步进行协整性检验。同理，与本章 9.3.1.1 中协整性检验方式相同，本部分同样使用 westerlund 检验方法对各变量进行协整性检验。具体协整性检验结果见表 9 - 34。

表 9 - 34　　　城镇居民视角：税制结构福利分配效应实证模型的协整性检验（面板数据）

类型	Statistic	p-value
城镇直接税	－ 2.8144	0.0024
城镇间接税	－ 2.8195	0.0024

根据表 9 - 34 中协整性检验结果，检验统计量分别为 － 2.8144 和 － 2.8195，在 5% 显著性水平下，拒绝"不存在协整向量"的原假设。因此，各模型分别通过协整性检验，同一模型中的各变量之间存在协整关系，可以建立实证模型并继续进行回归分析。

9.3.2.2 实证结果分析

（1）城镇居民视角下的直接税福利分配效应实证结果。

为保证实证结果的稳健性，本节同样采用逐步增加控制变量的方法，在城镇居民视角下，对直接税福利分配效应进行逐步回归检验，表9-35为直接税福利分配效应的实证检验结果。本模型共设立4个子模型进行回归分析，模型1、模型2、模型3和模型4均将人均GDP作为控制变量加入计量模型。此外，模型2额外添加了城镇化率作为控制变量，模型3额外添加了产业结构作为控制变量，模型4同时添加了城镇化率和产业结构作为控制变量进行回归。

表9-35　城镇居民视角：直接税福利分配效应实证模型的回归结果（面板数据）

变量	模型1	模型2	模型3	模型4
	系数	系数	系数	系数
zj	0.9741942 (5.86)**	1.047756 (6.09)**	0.8854424 (5.17)**	0.8152094 (4.67)**
zjj	-2.072119 (-4.99)**	-2.224819 (-5.24)**	-1.908875 (-4.54)**	-2.058114 (-4.83)**
gdp	0.0161337 (6.86)**	0.0169843 (7.06)**	0.0194921 (8.10)**	0.0205499 (8.36)**
city		-0.0207172 (-1.62)	-0.0274537 (-2.19)	-0.0277901 (-2.22)**
syl			0.928685 (4.91)**	0.976393 (5.14)**
cyjg				0.0145543 (1.99)**
C	0.0786601 (4.22)**	0.0775618 (4.17)**	0.0297609 (1.44)	0.0070645 (0.30)
时间项	N	N	N	N
个体项	Y	Y	Y	Y
R^2	0.4681	0.4709	0.4952	0.4991
P值	0.0000	0.0000	0.0000	0.0000

注：括号里为t统计量值，*表示10%显著水平下显著，**表示5%显著水平下显著。

由实证结果可知，直接税与城镇居民福利分配差距呈倒U型关系，随着直接税的提高，城镇居民的福利分配差距扩大，当直接税高于某一水平值后，直接税会缩小城镇居民的福利分配差距。改变模型的控制变量可知，各个变量系数的符号都保持一致，模型结果稳健。城镇化率会缩小城镇居民福利分配差距，而人均GDP、失业率和产业结构会扩大福利分配差距。

目前，我国直接税正处于扩大城镇居民福利分配差距的阶段。由于直接税税制设计不够完善，征管水平有待提高，高收入者和中低收入者的税收负担相差不大，直接税没有充分发挥其累进作用，反而导致城镇居民的收入差距不断扩大，带来福利分配负效应。但当直接税税负高至一定程度，由于低收入群体对税负敏感性较高，会相应减少消费，直接税税收负担更多体现在高收入群体，从而缩小福利分配差距的作用逐渐显现。

（2）城镇居民视角下的间接税福利分配效应实证结果。

同 9.3.1.2，为保证实证结果的稳健性，本节同样采用逐步增加控制变量的方法，在城镇居民视角下，对间接税福利分配效应进行逐步回归检验，表 9-36 为间接税福利分配效应的实证检验结果。本模型共设立 4 个子模型进行回归分析，模型 1、模型 2、模型 3 和模型 4 均将人均 GDP 作为控制变量加入计量模型。此外，模型 2 额外添加了城镇化率作为控制变量，模型 3 额外添加了产业结构作为控制变量，模型 4 同时添加了城镇化率和产业结构作为控制变量进行回归。

表 9-36　　　　城镇居民视角：间接税福利分配效应实证模型的回归结果（面板数据）

变量	模型 1	模型 2	模型 3	模型 4
	系数	系数	系数	系数
jj	0.6276409 (4.69)**	0.6004215 (4.40)**	0.7189777 (5.27)**	0.6947323 (4.98)**
jjj	-0.8504673 (-2.16)**	-0.6920005 (-1.63)	-1.235246 (-2.99)**	-1.096748 (-2.47)**
gdp	0.0203432 (11.36)**	0.0213884 (10.36)**	0.0196117 (10.92)**	0.0204925 (9.88)**
city		-0.0140246 (-1.02)		-0.0116423 (-0.85)
cyjg			0.0147174 (2.90)**	0.0144515 (2.84)**
C	0.017705 (1.28)	0.0148841 (1.05)	0.0056646 (0.39)	0.0035403 (0.24)
时间项	N	N	N	N
个体项	Y	Y	Y	Y
R^2	0.4726	0.4736	0.4812	0.4820
P 值	0.0000	0.0000	0.0000	0.0000

注：括号里为 t 统计量值，* 表示 10% 显著水平下显著，** 表示 5% 显著水平下显著。

由表 9-36，通过控制变量相互组合形成的多个子模型回归结果可知，在城镇居民视角下，我国间接税与税收福利分配差距呈倒 U 型关系。与全国整体视角一致，间接税对福利分配差距的影响，先扩大再缩小。人均 GDP 和产业结构会扩大城镇居民福利分配差距。

目前，我国间接税处于扩大福利分配差距阶段，其税负的增加会导致城镇居民收入差距扩大，带来福利分配负效应。间接税具有累退性，即纳税人的税收负担会随着收入水平的提高而减少，使城镇居民福利分配差距不断扩大，其具体作用机制与全国视角相同，此处不再重复解释。

9.3.3　税类结构的福利分配效应

本节主要检验税类结构对全国居民福利分配的影响。基于基准模型（9-2），考察流转税类、所得税类、行为财产税类和资源税类的福利经济效应。通过梳理各税类结构与福利分配的对应关系，发现各税类结构与福利分配二者之间可能存在非线性关系，于是在构建模型时，考虑建立非线性的面板数据模型，分别引入流转税类、所得税类、行为财产税类和资源税类的二次项，控制变量选择经济发展水平、城市化水平和产业发展水平，通过组合不同控制变量，采用固定效应进行实证检验。

9.3.3.1 协整性检验

参考 9.1.3 中平稳性检验结果，本部分模型中多个变量需要进一步进行协整性检验。同理，与本章 9.3.1.1 中协整性检验方式相同，本部分同样使用 westerlund 检验方法对各变量进行协整性检验。具体协整性检验结果见表 9 – 37。

表 9 – 37　　　城镇居民视角：税类结构福利分配效应实证模型的协整性检验（面板数据）

类型	Statistic	p-value
城镇流转税	– 2.8140	0.0024
城镇所得税	– 2.5341	0.0056
城镇行为财产税	– 2.6511	0.0040
城镇资源税类	– 3.0012	0.0013

根据表 9 – 37 中协整性检验结果，检验统计量分别为 – 2.8140、 – 2.5341、 – 2.6511、 – 3.0012，在 5% 显著性水平下，拒绝"不存在协整向量"的原假设。因此，各模型分别通过协整性检验，同一模型中的各变量之间存在协整关系，可以建立实证模型并继续进行回归分析。

9.3.3.2 实证结果分析

（1）城镇居民视角下的流转税福利分配效应实证结果。

在城镇视角下，为保证实证结果的稳健性，本节同样通过逐步引入控制变量进行逐步回归。表 9 – 38 为流转税对福利分配效应影响的实证检验结果。共设立 4 个子模型进行回归分析，4 个子模型都加入了人均 GDP 作为控制变量，模型 2 额外添加了城镇化率作为控制变量，模型 3 额外添加了产业结构作为控制变量，模型 4 同时添加了城镇化率和产业结构作为控制变量。

表 9 – 38　　　城镇居民视角：流转税福利分配效应实证模型的回归结果（面板数据）

变量	模型 1	模型 2	模型 3	模型 4
	系数	系数	系数	系数
lz	0.6962179	0.6664164	0.782552	0.7553453
	(5.19) **	(4.88) **	(5.73) **	(5.42) **
lzz	– 0.9811548	– 0.7975478	– 1.361468	– 1.196863
	(– 2.42) **	(– 1.83) *	(– 3.21) **	(– 2.63) **
gdp	0.0201774	0.0213443	0.0194726	0.0204846
	(11.60) **	(10.58) **	(11.17) **	(10.11) **

变量	模型 1	模型 2	模型 3	模型 4
	系数	系数	系数	系数
city		-0.0156038 (-1.14)		-0.0133462 (-0.98)
cyjg			0.0145285 (2.89)**	0.0142396 (2.83)**
C	0.0168 (1.23)	0.0135357 (0.97)	0.0051703 (0.37)	0.0026096 (0.18)
时间项	N	N	N	N
个体项	Y	Y	Y	Y
R^2	0.4799	0.4813	0.4884	0.4894
P 值	0.0000	0.0000	0.0000	0.0000

注：括号里为 t 统计量值，* 表示 10% 显著水平下显著，** 表示 5% 显著水平下显著。

依据表 9-38 中实证回归结果，流转税对城镇居民福利分配差距影响显著，在控制不同控制变量中这一结果均为显著，拟合优度良好，模型稳健性良好。与全国视角相同，流转税与城镇居民福利分配差距之间存在倒 U 型关系，随流转税的税负水平不断增加，其对福利分配差距的作用先扩大再缩小。人均 GDP 和产业结构会扩大城镇居民福利分配差距。

目前，我国流转税处于扩大福利分配差距阶段，其税负的增加会导致城镇居民收入差距扩大，进而使福利分配差距扩大。其具体作用机制与全国视角相同，由于流转税中主要税种为增值税，增值税采用比例税率，会导致一定程度的税负累退性，即纳税人的税收负担会随着收入水平的提高而减少，导致低收入群体相对承担较高税负，进而扩大城镇居民之间的收入差距，带来福利分配负效应。

（2）城镇居民视角下的所得税福利分配效应实证结果。

为保证实证结果的稳健性，本节采用逐步增加控制变量的方法，进行逐步回归检验，表 9-39 为所得税对福利分配效应影响的实证检验结果。模型 1、模型 2 和模型 3 分别添加了人均 GDP、城镇化率和产业结构作为控制变量，模型 4 则将这些变量都作为控制变量进行回归。

表 9-39　城镇居民视角：所得税福利分配效应实证模型的回归结果（面板数据）

变量	模型 1	模型 2	模型 3	模型 4
	系数	系数	系数	系数
sd	0.9531823 (5.51)**	1.017328 (5.70)**	0.9040221 (5.10)**	0.9681902 (5.30)**
sdd	-2.149008 (-4.69)**	-2.292229 (-4.89)**	-2.246545 (-4.84)**	-2.391834 (-5.04)**
gdp	0.0181855 (8.40)**	0.0190667 (8.48)**	0.0187504 (8.49)**	0.0196441 (8.57)**
city		-0.0182146 (-1.43)		-0.0183569 (-1.44)

续表

变量	模型 1	模型 2	模型 3	模型 4
	系数	系数	系数	系数
cyjg			0.0095068 (1.28)	0.0095994 (1.29)
C	0.0638885 (3.66)**	0.061953 (3.54)**	0.0510591 (2.53)**	0.0489836 (2.43)**
时间项	N	N	N	N
个体项	Y	Y	Y	Y
R^2	0.4639	0.4660	0.4656	0.4678
P 值	0.0000	0.0000	0.0000	0.0000

注：括号里为 t 统计量值，* 表示 10% 显著水平下显著，** 表示 5% 显著水平下显著。

由实证模型 4 的结果可知，所得税与城镇居民福利分配差距呈倒 U 型关系。随着所得税的提高，城镇居民福利分配差距先扩大后缩小。改变模型的控制变量可知，各控制变量系数在不同模型中均保持一致，模型稳健性良好。目前，我国所得税处于扩大城镇居民福利分配差距的阶段。控制变量中，人均 GDP 会扩大城镇居民福利分配差距。

所得税中企业所得税占比较大，对城镇居民福利直接影响较小。企业所得税是对企业征税，企业利润也是优先分配给股东这些高收入阶层，使其收入更高而拉大了社会收入分配差距，因此，在所得税税负较低时，居民福利分配差距会扩大，具有福利分配负效应。当所得税税负增加至一定程度后，居民福利分配差距又会逐渐缩小。因为当征收的所得税到达某一水平值后，政府有了更多的资金投入社会基础设施建设和扶贫工作，提高低收入者福利水平，因此会缩小福利分配差距。

（3）城镇居民视角下的行为财产税福利分配效应实证结果。

为保证实证结果的稳健性，本节采用逐步增加控制变量的方法，进行稳健性检验，表 9 – 40 为城镇居民视角下行为财产税对福利分配效应影响的实证检验结果。模型 1 仅添加了人均 GDP 作为控制变量，模型 2 和模型 3 分别添加了城镇化率和产业结构作为控制变量进行回归。

表 9 – 40　城镇居民视角：行为财产税福利分配效应实证模型的回归结果（面板数据）

变量	模型 1	模型 2	模型 3	模型 4
	系数	系数	系数	系数
xw	– 0.3445339 (– 0.58)	– 0.3445233 (– 0.58)	– 0.6879373 (– 1.14)	– 0.6906249 (– 1.15)
xww	3.693217 (0.77)	3.683911 (0.76)	5.843521 (1.21)	5.937391 (1.22)
gdp	0.0285794 (13.20)**	0.0285495 (11.83)**	0.0289281 (13.43)**	0.0291797 (12.13)**
city		0.0003634 (0.03)		– 0.0030301 (– 0.24)
cyjg			0.0145558 (2.87)**	0.014666 (2.88)**

变量	模型 1	模型 2	模型 3	模型 4
	系数	系数	系数	系数
C	−0.0070166 (−0.39)	−0.0068947 (−0.37)	−0.0223647 (−1.20)	−0.0234976 (−1.22)
时间项	N	N	N	N
个体项	Y	Y	Y	Y
R^2	0.4297	0.4297	0.4389	0.4390
P 值	0.0000	0.0000	0.0000	0.0000

注：括号里为 t 统计量值，*表示 10% 显著水平下显著，**表示 5% 显著水平下显著。

对模型实证结果可知，行为财产税与城镇居民福利分配差距呈 U 型关系，随着行为财产税的提高，其福利分配差距缩小，当行为财产税高于一定水平值后，行为财产税会扩大城镇居民福利分配差距，但行为财产税对城镇居民福利分配差距的影响不显著，因而福利分配效应较弱。改变控制变量的过程中，我国行为财产税对城镇居民福利分配差距的影响作用始终一致，表明模型稳健性良好。控制变量方面，人均 GDP 和产业结构具有扩大城镇居民收入分配差距的作用。

（4）城镇居民视角下的资源税类福利分配效应实证结果。

为保证实证结果的稳健性，本节采用逐步增加控制变量的方法，进行稳健性检验，表9-41 为城镇居民视角下资源税类对福利分配效应影响的实证检验结果。模型 1 仅添加了人均 GDP 作为控制变量，模型 2、模型 3 和模型 4 分别添加了城镇化率、产业结构以及同时添加三个控制变量进行回归。

表 9-41　　城镇居民视角：资源税类福利分配效应实证模型的回归结果（面板数据）

变量	模型 1	模型 2	模型 3	模型 4
	系数	系数	系数	系数
zy	−8.742937 (−9.42)**	−9.193273 (−9.75)**	−8.833673 (−9.62)**	−9.220801 (−9.88)**
zyy	181.0458 (6.62)**	191.681 (6.96)**	181.9752 (6.73)**	191.1855 (7.01)**
gdp	0.0564999 (19.08)**	0.0555046 (18.65)**	0.0562165 (19.20)**	0.0553656 (18.79)**
city		0.0281422 (2.42)**		0.0245087 (2.12)**
cyjg			0.0158207 (3.56)**	0.0149378 (3.36)**
C	−0.2380841 (−9.47)**	−0.2394586 (−9.57)**	−0.250592 (−9.99)**	−0.251091 (−10.04)**
时间项	N	N	N	N
个体项	Y	Y	Y	Y
R^2	0.5387	0.5440	0.5500	0.5540
P 值	0.0000	0.0000	0.0000	0.0000

注：括号里为 t 统计量值，*表示 10% 显著水平下显著，**表示 5% 显著水平下显著。

由模型结果可知，资源税类与城镇居民福利分配差距存在 U 型关系，资源税类对福利分配差距的影响先缩小再扩大。逐步将控制变量引入模型的过程中，资源税类与福利分配差距始终存在 U 型关系，模型稳健性水平良好。人均 GDP、城镇化率和产业结构均具有扩大城镇居民福利分配差距的作用。

资源税类与福利分配差距存在 U 型关系，当资源税类在 U 型曲线左侧增长时，由于高收入人群对于资源类消费品的使用多于低收入者，增加资源税类可以达到缩小福利分配差距的作用；当资源税类在 U 型曲线右侧增长时，高收入人群会选择使用可替代不征税商品，低收入人群则会减少使用资源类商品，福利分配差距再次扩大。

9.3.4 主要税种的福利分配效应

进一步，本节检验主要税种对城镇居民福利分配的影响，主要包括增值税、营业税、消费税、企业所得税和个人所得税。从第 5 章测算的城镇居民福利分配的结果看，我国城镇居民福利分配具有明显粘性。因此，在考察各税种对城镇居民福利分配时，基于基准模型式（9-2），引入各税种的滞后一期，建立动态面板模型。控制变量均选用经济发展水平、城市化水平、就业水平和产业发展水平，采用差分 GMM 进行实证检验。

9.3.4.1 协整性检验

参考 9.1.3 中平稳性检验结果，本部分模型中多个变量需要进一步进行协整性检验。同理，与本章 9.3.1.1 中协整性检验方式相同，本部分同样使用 westerlund 检验方法对各变量进行协整性检验。具体协整性检验结果见表 9-42。

表 9-42　　　城镇居民视角：主要税种福利分配效应实证模型的协整性检验（面板数据）

类型	Statistic	p-value
城镇增值税	－3.1314	0.0009
城镇营业税	－2.9023	0.0019
城镇消费税	－3.3035	0.0005
城镇企业所得税	－2.8531	0.0022
城镇个人所得税	－3.5137	0.0002

根据表 9-42 中协整性检验结果，检验统计量分别为 －3.1314、－2.9023、－3.3035、－2.8531、－3.5137，在 5% 显著性水平下，均拒绝"不存在协整向量"的原假设。因此，各模型分别通过协整性检验，同一模型中的各变量之间存在协整关系，可以建立实证模型并继续进行回归分析。

9.3.4.2 实证结果分析

（1）城镇居民视角下的增值税福利分配效应实证结果。

为保证实证结果的稳健性，本节采用逐步增加控制变量的方法，进行逐步回归检验，表 9-43 为城镇居民视角下增值税对福利分配效应影响的实证检验结果。模型 1、模型 2

和模型3分别添加了人均GDP、城镇化率、失业率和产业结构作为控制变量，模型4则将这三个变量都作为控制变量进行回归。

表9-43　　　　城镇居民视角：增值税税福利分配效应实证模型的回归结果（面板数据）

变量	模型1	模型2	模型3	模型4
	系数	系数	系数	系数
zz	0.2151743 (15.03)**	0.2153303 (9.56)**	0.1975427 (8.33)**	0.2097211 (5.63)**
gdp	0.005822 (6.66)**	0.0081159 (4.23)**	0.0086637 (3.92)**	0.0068876 (2.19)**
wd（-1）	0.7703917 (34.64)**	0.7559106 (32.27)**	0.7533584 (24.75)**	0.7565544 (15.27)**
city		-0.0245745 (-1.86)*	-0.025975 (-1.93)*	-0.0233107 (-1.47)
syl			0.0577235 (0.31)	0.2149449 (0.65)
cyjg				0.0349832 (6.20)**
C	-0.0234802 (-6.93)**	-0.0305487 (-2.62)**	-0.0340297 (-2.25)**	-0.0618323 (-2.63)**
自相关检验	N	N	N	N
Sargen检验	0.3786	0.3713	0.4157	0.4234

注：括号里为t统计量值，*表示10%显著水平下显著，**表示5%显著水平下显著。

由实证结果可知，增值税会扩大城镇居民福利分配差距。首先，增值税具有税负累退性，低收入者的税收负担高于高收入者，会扩大居民收入分配差距。其次，增值税为价外税，税负易于转嫁，商品供给者通过提高价格的方式把增值税转嫁给消费者，间接扩大了收入差距，产生福利分配负效应。改变模型的控制变量可知，增值税的系数符号在不同模型中均保持一致，说明其对城镇居民福利分配的影响始终一致，模型通过稳健性检验。各控制变量中，人均GDP和产业结构会扩大城镇居民福利分配差距，而城镇化率可以缩小福利分配差距，具有福利分配正效应。

（2）城镇居民视角下的消费税福利分配效应实证结果。

为保证实证结果的稳健性，本节采用逐步增加控制变量的方法，进行稳健性检验，表9-44为城镇居民视角下消费税对福利分配效应影响的实证检验结果。模型1仅添加了人均GDP作为控制变量，模型2、模型3和模型4分别添加了城镇化率、失业率和产业结构作为控制变量进行回归。

表9-44　　　　城镇居民视角：消费税福利分配效应实证模型的回归结果（面板数据）

变量	模型1	模型2	模型3	模型4
	系数	系数	系数	系数
xf	-0.3762994 (-6.12)**	-0.3933666 (-5.40)**	-0.3766508 (-4.04)**	-0.454763 (-2.05)**

续表

变量	模型 1	模型 2	模型 3	模型 4
	系数	系数	系数	系数
gdp	0.0049531 (9.01)**	0.0083396 (5.69)**	0.008971 (5.88)**	0.0049915 (4.20)**
wd（−1）	0.8549389 (36.95)**	0.8310255 (37.54)**	0.804866 (29.02)**	0.7503632 (14.84)**
city		−0.0309961 (−2.59)**	−0.0324136 (−2.65)**	−0.0242657 (−2.11)**
syl			0.174885 (0.72)	0.8570314 (2.20)**
cyjg				0.0377886 (7.57)**
C	0.0029952 (0.50)	−0.0087351 (−0.92)	−0.0136972 (−1.09)	−0.0256613 (−1.45)
自相关检验	N	N	N	N
Sargen 检验	0.3673	0.3571	0.3634	0.6842

注：括号里为 t 统计量值，* 表示 10% 显著水平下显著，** 表示 5% 显著水平下显著。

由实证结果可知，在城镇居民视角下，消费税的系数均显著为负，即增加消费税会缩小城镇居民福利分配差距，产生福利分配正效应。改变模型的控制变量可知，各变量系数的符号都保持一致，模型稳健性良好。控制变量中，只有城镇化率会缩小城镇居民福利分配差距，而人均 GDP、失业率和产业结构会扩大福利分配差距。

消费税的福利分配效应是由各应税消费品的福利分配效应决定的，各应税消费品的福利分配效应取决于各消费品税负的累进性。例如，低收入群体更多负担烟和酒的消费税，导致烟和酒的消费税会扩大城镇居民收入分配差距；高收入群体更多负担成品油和汽车的消费税，导致成品油和汽车的消费税会缩小城镇居民收入分配差距。因此，在消费税的征税范围内，与烟、酒相比，成品油和汽车的消费税更能体现税负累进性。消费税的福利分配效应还取决于城镇和农村之间不同的消费量。城镇居民的生活水平相对较高，其中，高收入群体比例要大于农村居民，所以成品油和汽车等消费量也更多，因此，相较于农村，消费税更能缩小城镇居民福利分配差距，带来福利分配正效应。

（3）城镇居民视角下的营业税福利分配效应实证结果。

为保证实证结果的稳健性，本节采用逐步增加控制变量的方法，进行稳健性检验，表 9-45 为城镇居民视角下营业税对福利分配效应影响的实证检验结果。模型 1 仅添加了人均 GDP 作为控制变量，模型 2、模型 3 和模型 4 分别添加了城镇化率、失业率和产业结构作为控制变量进行回归。

表 9-45　城镇居民视角：营业税福利分配效应实证模型的回归结果（面板数据）

变量	模型 1	模型 2	模型 3	模型 4
	系数	系数	系数	系数
yy	0.2576348 (5.75)**	0.236371 (3.12)**	0.1718364 (2.03)**	0.2590576 (3.52)**

变量	模型1	模型2	模型3	模型4
	系数	系数	系数	系数
gdp	0.0019537 (4.31)**	0.0044417 (4.08)**	0.0070215 (3.75)**	0.0030551 (1.23)
wd（−1）	0.9041546 (57.14)**	0.8815152 (45.75)**	0.7969453 (15.87)**	0.7919008 (14.79)**
city		−0.0236504 (−1.96)*	−0.0276497 (−2.27)*	−0.0204215 (−1.70)*
syl			0.4445731 (1.86)*	0.8798914 (2.47)**
cyjg				0.0440695 (7.20)**
C	−0.0041096 (−1.00)	−0.0100123 (−1.04)	−0.0228999 (−1.96)**	−0.0529505 (−2.57)**
自相关检验	N	N	N	N
Sargen 检验	0.3592	0.3591	0.4496	0.6510

注：括号里为 t 统计量值，* 表示 10% 显著水平下显著，** 表示 5% 显著水平下显著。

由表 9−45 可知，营业税系数为正，营业税具有扩大城镇居民福利分配差距的作用，因而具有福利分配负效应。营业税在不同模型中系数符号均保持一致，说明营业税模型结果稳健。对控制变量进行分析，城镇化率具有缩小城镇居民福利分配差距的作用，因而具有福利分配正效应；失业率和产业结构会扩大城镇居民福利分配差距。

（4）城镇居民视角下的企业所得税福利分配效应实证结果。

为保证实证结果的稳健性，本节采用逐步增加控制变量的方法，进行逐步回归检验，表 9−46 为城镇居民视角下企业所得税对福利分配效应影响的实证检验结果。模型1、模型2和模型3分别添加了人均GDP、城镇化率、失业率和产业结构作为控制变量，模型4则将这些变量都作为控制变量进行回归。

表 9−46　　城镇居民视角：企业所得税福利分配效应实证模型的回归结果（面板数据）

变量	模型1	模型2	模型3	模型4
	系数	系数	系数	系数
qy	0.0787272 (15.92)**	0.0800542 (2.92)**	0.0735655 (2.69)**	0.0461836 (1.21)
gdp	−0.0003823 (−0.56)	0.0032113 (2.58)**	0.0043856 (2.81)**	0.0011654 (0.44)
wd（−1）	0.9171737 (46.75)**	0.8968741 (49.34)**	0.8573724 (29.08)**	0.8934094 (18.20)**
city		−0.0338246 (−2.71)**	−0.0345207 (−2.77)**	−0.033841 (−2.58)**
syl			0.2279698 (1.28)	0.2686503 (0.74)

变量	模型 1	模型 2	模型 3	模型 4
	系数	系数	系数	系数
cyjg				0.0395292 (7.25)**
C	0.0241506 (5.81)	0.0102749 (1.41)	0.0022634 (0.22)	−0.0165687 (−0.82)
自相关检验	N	N	N	N
Sargen 检验	0.3748	0.3510	0.3718	0.3441

注：括号里为 t 统计量值，* 表示 10% 显著水平下显著，** 表示 5% 显著水平下显著。

由实证结果可知，企业所得税会扩大城镇居民福利分配差距，但不显著。企业所得税对城镇居民福利分配的影响，与全国基本保持一致。由于企业所得税的征税对象是企业，与个人并无直接的关联，其主要影响的是政府与企业之间的分配关系，对居民个人的收入分配差距无直接影响。控制变量中，产业结构会扩大城镇居民福利分配差距，城镇化率会缩小福利分配差距。

（5）城镇居民视角下的个人所得税福利分配效应实证结果。

为保证实证结果的稳健性，本节采用逐步增加控制变量的方法，进行逐步回归检验，表 9-47 为城镇居民视角下个人所得税对福利分配效应影响的实证检验结果。所有模型都将人均 GDP 都作为控制变量，模型 1 额外将失业率作为控制变量，模型 2 额外将城镇化率作为控制变量，模型 3 将失业率和城镇化率都作为控制变量，模型 4 在模型 3 的基础上加入产业结构作为控制变量进行回归。

表 9-47　　　城镇居民视角：个人所得税福利分配效应实证模型的回归结果（面板数据）

变量	模型 1	模型 2	模型 3	模型 4
	系数	系数	系数	系数
ge	1.020754 (13.41)**	1.059077 (12.30)**	1.013756 (10.71)**	0.7123165 (4.82)**
gdp	0.000377 (0.23)	0.0028176 (1.43)	0.0033969 (1.69)*	0.0026186 (0.93)
wd（−1）	0.7249523 (22.93)**	0.7250098 (25.91)**	0.6996078 (21.84)**	0.6993807 (11.67)**
city		−0.0218392 (−1.86)*	−0.0227939 (−1.94)*	−0.0243438 (−1.75)*
syl	0.1154269 (0.68)		0.2093372 (1.15)	0.7050278 (1.54)
cyjg				0.0151738 (2.25)**
C	0.0452932 (3.95)**	0.0357106 (3.46)**	0.0303134 (2.60)**	0.0103331 (0.45)
自相关检验	N	N	N	N
Sargen 检验	0.4387	0.3378	0.4115	0.5996

注：括号里为 t 统计量值，* 表示 10% 显著水平下显著，** 表示 5% 显著水平下显著。

由实证结果可知，在城镇居民视角下，个人所得税的系数为正，说明增加个人所得税会扩大城镇居民的福利分配差距。理论上，个人所得税的税负难以转嫁，税负具有累进性，按照预期可以缩小福利分配差距。但实证结果与理论预期不符，之所以会出现这种情况，可能存在两点原因：一是个人所得税的税制设计存在缺陷。具体来说，城镇地区中低收入群体一般都是工资性收入，实行代扣代缴制度，税务部门容易对税源进行管控；相比中低收入群体，高收入阶层的收入多元化，其避税筹划的方式也更加多样，税务部门难以对其进行管控。二是城镇居民的整体收入水平大于农村居民的整体收入水平，这决定了政府会优先倾向于利用转移支付的方式补贴农村贫困人口。因此，个人所得税难以降低城镇高收入者的收入，而政府也没有提高城镇中低收入者的收入水平，这两点原因进一步扩大了城镇居民的福利分配差距，所以个人所得税会产生福利分配负效应。控制变量中，人均 GDP、失业率和产业结构会扩大城镇居民福利分配差距，城镇化率会缩小福利分配差距。

9.4 农村居民视角：税收的福利分配效应

在 9.3 节中从城镇居民视角实证检验了税收的福利分配效应。为更好地比较税收福利分配效应的城乡差异性，本节从农村居民视角，实证检验税收的福利分配效应，以期得出税收对农村居民福利分配效应的规律。

9.4.1 宏观税负的福利分配效应

本节主要检验宏观税负对农村居民的福利分配效应。同 9.2.1，宏观税负与福利分配二者之间可能存在非线性关系，在构建宏观税负对农村居民福利分配影响的模型时，基于基准模型（9-3），考虑建立非线性的面板数据模型，引入宏观税负的二次项，采用固定效应并逐步引入控制变量进行实证分析，从而更好地剖析宏观税负对农村居民福利分配影响的规律。在控制变量方面，选用经济发展水平、产业发展水平和就业水平。

9.4.1.1 协整性检验

参考 9.1.3 中平稳性检验结果，本部分模型中多个变量需要进一步进行协整性检验。同理，与本章 9.3.1.1 中协整性检验方式相同，本部分同样使用 westerlund 检验方法对各变量进行协整性检验。具体协整性检验结果见表 9-48。

表 9-48   农村居民视角：宏观税负福利分配效应实证模型的协整性检验（面板数据）

	Statistic	p-value
Varianceratio	-1.3476	0.0889

根据表 9-48 中协整性检验结果，检验统计量为 -1.3476，在 10% 显著性水平下拒绝

"不存在协整向量"的原假设，模型中的各变量之间存在协整关系，通过协整性检验，可以建立实证模型并继续进行回归分析。

9.4.1.2 实证结果分析

为保证实证结果的稳健性，本节采用逐步增加控制变量的方法，进行逐步回归检验，表 9-49 为农村居民视角下宏观税负对福利分配效应影响的实证检验结果。在引入宏观税负二次项作为解释变量的基础上，模型1、模型2和模型3分别添加了产业结构或失业率作为控制变量，模型4则将这两个变量都作为控制变量进行回归。本节通过添加省级面板数据进行分析，实证结果比较显著。

表 9-49　　　农村居民视角：宏观税负税福利分配效应实证模型的回归结果（面板数据）

变量	模型1	模型2	模型3	模型4
	系数	系数	系数	系数
st	0.307064 (3.93)	0.2908391 (3.69)**	0.2296079 (2.82)**	0.2238235 (2.74)**
stt	−0.6392618 (−6.13)**	−0.5459361 (−4.47)**	−0.5688444 (−5.40)**	−0.5129252 (−4.23)**
gdp	0.0063366 (2.45)**	0.0065109 (2.52)**	0.0076382 (2.96)**	0.007672 (2.97)**
cyjg		−0.0106001 (−1.45)		−0.0068343 (−0.93)
syl			0.7372659 (2.96)**	0.6927525 (2.73)**
C	0.2041182 (10.55)**	0.212043 (10.57)**	0.1777316 (8.45)**	0.1844341 (8.30)**
时间项	N	N	N	N
个体项	Y	Y	Y	Y
R^2	0.2559	0.2624	0.2823	0.2849
P值	0	0	0	0

注：括号里为 t 统计量值，＊表示10%显著水平下显著，＊＊表示5%显著水平下显著。

由实证结果可知，宏观税负与农村居民福利分配差距呈倒 U 型关系，即随宏观税负的增加，农村居民福利分配差距扩大，当宏观税负高于某一水平值后，会缩小农村居民福利分配差距。通过控制变量组合的不同模型可知，宏观税负对农村居民福利分配差距的影响始终一致，模型通过稳健性检验。控制变量中，人均 GDP 和失业率会扩大农村居民福利分配差距。

目前，我国宏观税负处于扩大农村居民福利分配差距阶段。在达到最佳宏观税负之前，宏观税负的增加会促进农村经济增长，根据库兹涅茨曲线可知，经济增长会扩大收入分配不均等，从而扩大福利分配差距。当宏观税负在倒 U 型曲线右侧继续增长时，经济增长被抑制，由于低收入群体对税负增加的敏感性低于高收入群体，居民收入差距减小，福利分配差距缩小。

9.4.2　税制结构的福利分配效应

本节主要检验税制结构对农村居民福利分配的影响。由前面对税制结构的界定，这里同样考察直接税和间接税的福利经济效应。结合各省份之间税收差距较大，再结合税收与城镇福利分配数据对应关系的规律，发现直接税和间接税与福利分配之间可能存在非线性关系，于是在构建对全国居民福利分配影响的模型时，基于基准模型（9－3），考虑建立非线性的面板数据模型，分别引入直接税、间接税的二次项，控制变量均选择经济发展水平、城市化水平、产业发展水平和就业水平，采用固定效应并通过组合不同控制变量进行实证检验。

9.4.2.1　协整性检验

参考9.1.3中平稳性检验结果，本部分模型中多个变量需要进一步进行协整性检验。同理，与本章9.3.1.1中协整性检验方式相同，本部分同样使用 westerlund 检验方法对各变量进行协整性检验。具体协整性检验结果见表9－50。

表9－50　　　　　农村居民视角：税制结构福利分配效应实证模型的协整性检验（面板数据）

类型	Statistic	p-value
农村直接税	－1.7410	0.0408
农村间接税	－1.6418	0.0503

根据表9－50中协整性检验结果，检验统计量分别为－1.7410和－1.6418，在10%显著性水平下，拒绝"不存在协整向量"的原假设。因此，各模型分别通过协整性检验，同一模型中的各变量之间存在协整关系，可以建立实证模型并继续进行回归分析。

9.4.2.2　实证结果分析

（1）农村居民视角下的直接税福利分配效应实证结果。

为保证实证结果的稳健性，本节同样采用逐步增加控制变量的方法，在农村居民视角下，对直接税福利分配效应进行逐步回归检验，表9－51为直接税福利分配效应的实证检验结果。本模型共设立4个子模型进行回归分析，其中，模型1、模型2、模型3和模型4均将人均GDP作为控制变量加入计量模型。此外，模型2额外添加了城镇化率作为控制变量，模型3额外添加了产业结构作为控制变量，模型4同时添加了城镇化率和产业结构作为控制变量进行回归。

表9－51　　　　农村居民视角：直接税福利分配效应实证模型的回归结果（面板数据）

变量	模型1	模型2	模型3	模型4
	系数	系数	系数	系数
zj	0.098405	0.406819	0.5384409	0.3278634
	(0.62)	(2.37)**	(3.09)**	(1.66)*

变量	模型 1	模型 2	模型 3	模型 4
	系数	系数	系数	系数
zjj	− 0.884087 (− 2.30)**	− 1.568449 (− 3.85)**	− 1.358648 (− 3.34)**	− 1.023092 (− 2.37)**
gdp	0.0097546 (3.55)**	0.0132374 (4.74)**	0.0123009 (4.45)**	0.0137618 (4.88)**
city		− 0.0678356 (− 4.09)**	− 0.0681502 (− 4.18)**	− 0.0642378 (− 3.95)**
syl				0.5986863 (2.20)**
cyjg			− 0.025051 (− 2.99)**	− 0.0194757 (− 2.24)**
C	0.1961887 (8.70)**	0.1831548 (8.30)**	0.2097804 (8.94)**	0.1774675 (− 10.04)**
时间项	N	N	N	N
个体项	Y	Y	Y	Y
R^2	0.1834	0.2371	0.2648	0.2796
P 值	0.0000	0.0000	0.0000	0.0000

注：括号里为 t 统计量值，＊表示 10% 显著水平下显著，＊＊表示 5% 显著水平下显著。

由实证结果可知，直接税与农村居民福利分配差距呈倒 U 型关系，随着直接税的提高，农村居民的福利分配差距扩大，当直接税高于某一水平值后，直接税会缩小农村居民的福利分配差距。在农村居民视角下，不同模型的系数符号均一致，结果显著且通过稳健性检验。人均 GDP 和失业率的上升都会扩大农村居民福利分配差距，而城镇化率和产业结构会缩小福利分配差距。

目前，我国直接税正处于扩大农村居民福利分配差距的阶段。尽管直接税具有累进性，但农村居民的收入水平较低，甚至大部分农村居民都达不到直接税的起付标准，加之对农村居民征管难度较大，因此，我国现阶段的直接税会导致农村居民福利分配差距不断扩大。当直接税达到某一水平值后，直接税税制和征管水平逐渐完善，农村居民的收入水平不断提高，直接税会发挥其累进作用，缩小农村居民福利分配差距，产生福利分配正效应。

（2）农村居民视角下的间接税福利分配效应实证结果。

同 9.4.1.2，为保证实证结果的稳健性，本节同样采用逐步增加控制变量的方法，在农村居民视角下，对间接税福利分配效应进行逐步回归检验，表 9 - 52 为间接税福利分配效应的实证检验结果。本模型共设立 4 个子模型进行回归分析，其中，模型 1、模型 2、模型 3 和模型 4 均将人均 GDP 作为控制变量加入计量模型。此外，模型 2 额外添加了城镇化率作为控制变量，模型 3 额外添加了产业结构作为控制变量，模型 4 同时添加了城镇化率、产业结构和失业率作为控制变量进行回归。

表 9 – 52　　　　　农村居民视角：间接税福利分配效应实证模型的回归结果（面板数据）

变量	模型 1	模型 2	模型 3	模型 4
	系数	系数	系数	系数
jj	0.5876016 （4.53）**	0.5693909 （4.13）**	0.4360733 （3.27）**	0.3558362 （2.61）**
jjj	− 1.944953 （− 5.60）**	− 1.850725 （− 4.39）**	− 1.133788 （− 2.67）**	− 1.060642 （− 2.52）**
gdp	0.0055739 （2.62）**	0.0063858 （2.16）**	0.0110583 （3.74）**	0.0113211 （3.87）**
city		− 0.0081456 （− 0.40）	− 0.0269973 （− 1.36）	− 0.0268005 （− 1.36）
syl				0.605805 （2.40）**
cyjg			− 0.0249985 （− 5.17）**	− 0.0245689 （− 5.13）**
C	0.2024143 （11.61）**	0.1989417 （10.18）**	0.191449 （10.28）**	0.1763873 （9.06）**
时间项	N	N	N	N
个体项	Y	Y	Y	Y
R^2	0.1800	0.1805	0.2636	0.2812
P 值	0.0000	0.0000	0.0000	0.0000

注：括号里为 t 统计量值，* 表示 10% 显著水平下显著，** 表示 5% 显著水平下显著。

由表 9 – 52，通过控制变量相互组合形成的多个子模型回归结果可知，间接税与农村居民福利分配差距呈倒 U 型关系。与全国整体视角一致，间接税对福利分配差距的影响先扩大再缩小。人均 GDP 和失业率会扩大农村居民福利分配差距，而产业结构会缩小福利分配差距。

目前，我国间接税处于扩大福利分配差距阶段，其税负的增加会导致农村居民收入差距扩大，带来福利分配负效应。间接税具有累退性，即纳税人的税收负担会随着收入水平的提高而减少，使农村居民福利分配差距不断扩大。与城镇居民相比，间接税扩大农村居民福利分配差距的程度较低。间接税主要是对商品劳务课税，而农村居民收入水平相对较低，其用于商品劳务的消费也相对较少，使间接税的累退性在农村地区体现较不明显，因此，间接税扩大农村居民福利分配差距的程度相对城镇居民较低。

9.4.3　税类结构的福利分配效应

本节主要检验税类结构对农村居民福利分配的影响，考察流转税类、所得税类、行为财产税类和资源税类的福利经济效应。在考察各税类结构与福利分配的对应关系时，发现各税类结构与福利分配之间可能存在非线性关系，于是在构建模型时，基于基准模型式（9 – 3），考虑建立非线性的面板数据模型，分别引入流转税类、所得税类、行为财产税类和资源税类的二次项，控制变量选择经济发展水平和城市发展水平、产业水平和物价水平，通过组合不同控制变量采用固定效应进行实证检验。

9.4.3.1　协整性检验

参考 9.1.3 中平稳性检验结果，本部分模型中多个变量需要进一步进行协整性检验。同理，与本章 9.3.1.1 中协整性检验方式相同，本部分同样使用 westerlund 检验方法对各变量进行协整性检验。具体协整性检验结果见表 9 - 53。

表 9 - 53　农村居民视角：税类结构福利分配效应实证模型的协整性检验（面板数据）

类型	Statistic	p-value
农村流转税	- 1.7095	0.0437
农村所得税	- 1.3117	0.0948
农村行为财产税	- 1.4748	0.0701
农村资源税类	- 2.0377	0.0208

根据表 9 - 53 中协整性检验结果，各模型的检验统计量分别为 - 1.7095、 - 1.3117、 - 1.4748、 - 2.0377，在 10% 显著性水平下，拒绝"不存在协整向量"的原假设。因此，各模型分别通过协整性检验，同一模型中的各变量之间存在协整关系，可以建立实证模型并继续进行回归分析。

9.4.3.2　实证结果分析

（1）农村居民视角下的流转税福利分配效应实证结果。

在农村居民视角下，为保证实证结果的稳健性，本节同样通过逐步引入控制变量进行逐步回归。表 9 - 54 为流转税对福利分配效应影响的实证检验结果，共设立 4 个子模型进行回归分析。具体地，4 个子模型全部加入了人均 GDP 作为控制变量，此外，4 个子模型依次引入了城镇化率、产业结构和失业率作为控制变量进行回归。

表 9 - 54　农村居民视角：流转税福利分配效应实证模型的回归结果（面板数据）

变量	模型 1 系数	模型 2 系数	模型 3 系数	模型 4 系数
lz	0.604121 (4.53) **	0.5824108 (4.12) **	0.4586072 (3.37) **	0.3745261 (2.68) **
lzz	- 2.02472 (- 5.55) **	- 1.908843 (- 4.31) **	- 1.199453 (- 2.72) **	- 1.120371 (- 2.56) **
gdp	0.0054826 (2.60) **	0.0064405 (2.18) **	0.011069 (3.77) **	0.0113064 (3.88) **
city		- 0.0095714 (- 0.46)	- 0.0275564 (- 1.38)	- 0.0270793 (- 1.37)
cyjg			- 0.0253689 (- 5.30) **	- 0.0249125 (- 5.25) **
syl				0.5893685 (2.32) **

变量	模型 1	模型 2	模型 3	模型 4
	系数	系数	系数	系数
C	0.2033352	0.1992005	0.1914071	0.1769649
	(11.70)**	(10.18)**	(10.29)**	(9.10)**
时间项	N	N	N	N
个体项	Y	Y	Y	Y
R²	0.1781	0.1788	0.2658	0.2822
P 值	0.0000	0.0000	0.0000	0.0000

注：括号里为 t 统计量值，* 表示10% 显著水平下显著，** 表示5% 显著水平下显著。

依据表 9-54 中实证回归结果，流转税对农村居民福利分配差距影响显著，在控制不同控制变量中这一结果均为显著，拟合优度良好，模型稳健性良好。与全国视角相同，流转税与农村居民福利分配差距之间存在倒 U 型关系，随流转税的税负水平不断增加，其对福利分配差距的作用先扩大再缩小。人均 GDP 和失业率会扩大农村居民福利分配差距，而产业结构会缩小福利分配差距。

目前，我国流转税处于扩大福利分配差距阶段，其税负的增加会导致农村居民收入差距扩大，进而使福利分配差距扩大，带来福利分配负效应。相比城镇居民，流转税扩大农村居民福利分配差距的程度较低。流转税主要是对商品劳务课税，会导致一定程度的税负累退性，而农村居民相对城镇居民较少购买商品劳动，因此，流转税扩大农村居民福利分配差距的程度相对城镇居民较低。

（2）农村居民视角下的所得税福利分配效应实证结果。

为保证实证结果的稳健性，本节采用逐步增加控制变量的方法，进行逐步回归检验，表 9-55 为农村居民视角下所得税对福利分配效应影响的实证检验结果，模型 1、模型 2 和模型 3 分别添加了人均 GDP、城镇化率、产业结构和失业率作为控制变量，模型 4 则将这些变量都作为控制变量进行回归。

表 9-55   农村居民视角：所得税福利分配效应实证模型的回归结果 （面板数据）

变量	模型 1	模型 2	模型 3	模型 4
	系数	系数	系数	系数
sd	0.060794	0.3821713	0.550509	0.3336546
	(0.37)	(2.15)**	(3.01)**	(1.63)
sdd	-0.8610622	-1.628857	-1.46709	-1.097589
	(-2.04)**	(-3.61)**	(-3.29)**	(-2.33)**
gdp	0.0101476	0.0141749	0.0133581	0.0143892
	(4.01)**	(5.36)**	(5.12)**	(5.47)**
city		-0.0676176	-0.0681441	-0.0645364
		(-4.06)**	(-4.17)**	(-3.96)**
cyjg			-0.0259154	-0.0202273
			(-3.10)**	(-2.34)**

变量	模型 1	模型 2	模型 3	模型 4
	系数	系数	系数	系数
syl				0.6065498
				(2.26)**
C	0.1937133	0.1763482	0.2023669	0.173165
	(9.15)**	(8.42)**	(9.11)**	(6.78)**
时间项	N	N	N	N
个体项	Y	Y	Y	Y
R^2	0.2792	0.2337	0.2636	0.2792
P 值	0.0000	0.0000	0.0000	0.0000

注：括号里为 t 统计量值，* 表示 10% 显著水平下显著，** 表示 5% 显著水平下显著。

由实证结果可知，所得税与农村居民福利分配差距呈倒 U 型关系，表明随着所得税的增加，农村居民福利分配差距会不断扩大，当所得税高于某一水平值后，继续增加所得税会缩小福利分配差距。改变模型的控制变量可知，各控制变量系数在不同模型中均保持一致，模型稳健性良好。目前，我国所得税处于扩大农村居民福利分配差距的阶段。控制变量中，人均 GDP 和失业率会扩大农村居民福利分配差距，而城镇化率和产业结构会缩小福利分配差距。

所得税对农村居民福利分配差距的影响与城镇相一致，其理论分析也相同。但不同控制变量的福利分配效应却各不相同。模型结果显示，失业率与农村居民福利分配差距呈正相关，意味着失业率升高，会扩大农村居民福利分配差距。从经济学理论上看，这符合奥肯定律关于失业率与经济增长之间的关系论述，即失业率越高，经济发展水平越低，福利分配负效应更显著。城镇化率和产业结构的优化促进了农村劳动力结构转型，给农民增加了更多就业机会，使其收入水平提高，进而缩小农村居民福利分配差距。

（3）农村居民视角下的行为财产税福利分配效应实证结果。

为保证实证结果的稳健性，本节采用逐步增加控制变量的方法，进行稳健性检验，表 9-56 为农村居民视角下行为财产税对福利分配效应影响的实证检验结果，模型 1 仅添加了人均 GDP 作为控制变量，模型 2、模型 3 和模型 4 分别添加了城镇化率、产业结构和失业率作为控制变量进行回归。

表 9-56   农村居民视角：行为财产税福利分配效应实证模型的回归结果（面板数据）

变量	模型 1	模型 2	模型 3	模型 4
	系数	系数	系数	系数
xw	-0.4339673	-0.7158761	-0.0704853	-0.1603742
	(-0.76)	(-1.27)	(-0.13)	(-0.30)
xww	1.681936	5.063718	0.6605705	1.205434
	(0.37)	(1.12)	(0.15)	(0.29)
gdp	0.0090735	0.0163423	0.0167477	0.0165519
	(3.56)**	(5.03)**	(5.50)**	(5.53)**

变量	模型 1	模型 2	模型 3	模型 4
	系数	系数	系数	系数
city		-0.0576032 (-3.48)**	-0.045969 (-2.94)**	-0.0510822 (-3.30)**
cyjg			-0.0272487 (-5.84)**	-0.02734 (-5.96)**
syl				0.7346167 (3.10)**
C	0.2062776 (9.48)**	0.1651216 (6.78)**	0.1778385 (7.76)**	0.1594017 (6.84)**
时间项	N	N	N	N
个体项	Y	Y	Y	Y
R^2	0.0745	0.1192	0.2299	0.2600
P 值	0.0000	0.0000	0.0000	0.0000

注：括号里为 t 统计量值，＊表示 10% 显著水平下显著，＊＊表示 5% 显著水平下显著。

由表 9 - 56 可知，行为财产税与农村居民福利分配差距呈 U 型关系。随着行为财产税的提高，农村居民福利分配差距缩小；当行为财产税高于一定水平值后，行为财产税会扩大农村居民福利分配差距。但由模型 4 可知，行为财产税对农村居民福利分配差距的影响不显著，因而行为财产税的福利分配效应较弱。对模型进行逐步回归可知，行为财产税与农村居民福利分配差距始终保持 U 型关系，表明模型稳健性良好。控制变量方面，人均GDP 和失业率具有扩大农村居民收入分配差距的作用，而城镇化率和产业结构则具有缩小农村居民收入分配差距的作用。

（4）农村居民视角下的资源税类福利分配效应实证结果。

为保证实证结果的稳健性，本节采用逐步增加控制变量的方法，进行稳健性检验，表9 - 57 为农村居民视角下资源税类对福利分配效应影响的实证检验结果，模型 1 仅添加了人均 GDP 作为控制变量，模型 2、模型 3 和模型 4 分别添加了城镇化率、产业结构和失业率作为控制变量进行回归。

表 9 - 57　农村居民视角：资源税类福利分配效应实证模型的回归结果（面板数据）

变量	模型 1	模型 2	模型 3	模型 4
	系数	系数	系数	系数
zy	-6.168008 (-3.62)**	-4.906445 (-2.78)**	-4.790347 (-2.91)**	-4.337178 (-2.66)**
zyy	255.6392 (2.88)**	213.3262 (2.38)**	202.4068 (2.42)**	206.556 (2.50)**
gdp	0.0210919 (4.98)**	0.0222959 (5.27)**	0.0250734 (6.32)**	0.0226322 (5.65)**
city		-0.0403205 (-2.40)**	-0.0304276 (-1.93)*	-0.0382293 (-2.43)**

续表

变量	模型 1	模型 2	模型 3	模型 4
	系数	系数	系数	系数
cyjg			-0.0272632 (-6.08)**	-0.0274421 (-6.21)**
syl				0.6824713 (2.82)**
C	0.1032927 (2.77)**	0.1067804 (2.89)**	0.1026834 (2.99)**	0.1061625 (3.13)**
时间项	N	N	N	N
个体项	Y	Y	Y	Y
R^2	0.1206	0.1414	0.2572	0.2814
P 值	0.0000	0.0000	0.0000	0.0000

注：括号里为 t 统计量值，* 表示 10% 显著水平下显著，** 表示 5% 显著水平下显著。

由实证结果可知，资源税类与农村居民福利分配差距呈 U 型关系，随着资源税类税负水平的提高，农村居民福利分配差距缩小；当其高于一定水平值后，会扩大农村居民福利分配差距。逐步添加控制变量的过程中，资源税类对福利分配差距的影响始终显著，模型稳健性水平良好。控制变量方面，城镇化率和产业结构的增加会抑制农村居民福利分配差距扩大，而人均 GDP 和失业率的增加会促进农村居民福利分配差距扩大。

9.4.4　主要税种的福利分配效应

进一步，本节检验主要税种对农村居民福利分配的影响，主要包括增值税、营业税、消费税、企业所得税和个人所得税。以上述税种为解释变量，控制变量选用经济发展水平、城市发展水平、产业水平和物价水平，基于基准模型（9 - 3），通过引入不同控制变量采用固定效应进行实证检验。

9.4.4.1　协整性检验

参考 9.1.3 中平稳性检验结果，本部分模型中多个变量需要进一步进行协整性检验。同理，与本章 9.3.1.1 中协整性检验方式相同，本部分同样使用 westerlund 检验方法对各变量进行协整性检验。具体协整性检验结果见表 9 - 58。

表 9 - 58　　农村居民视角：主要税种福利分配效应实证模型的协整性检验（面板数据）

类型	Statistic	p-value
增值税	-1.5749	0.0576
营业税	-2.0656	0.0194
消费税	-1.5553	0.0599
企业所得税	-2.8531	0.0022
个人所得税	-1.4651	0.0714

根据表9-58中协整性检验结果，各模型的检验统计量分别为-1.5749、-2.0656、-1.5553、-1.4651，在10%显著性水平下，均拒绝"不存在协整向量"的原假设。因此，各模型分别通过协整性检验，同一模型中的各变量之间存在协整关系，可以建立实证模型并继续进行回归分析。

9.4.4.2 实证结果分析

（1）农村居民视角下的增值税福利分配效应实证结果

为保证实证结果的稳健性，本节采用逐步增加控制变量的方法，进行逐步回归检验，表9-59为农村居民视角下增值税对福利分配效应影响的实证检验结果。模型1、模型2和模型3分别添加了人均GDP、城镇化率和产业结构作为控制变量，模型4则将这三个变量都作为控制变量进行回归。

表9-59　　　农村居民视角：增值税福利分配效应实证模型的回归结果（面板数据）

变量	模型1	模型2	模型3	模型4
	系数	系数	系数	系数
zz	-0.0401495 (-1.75)*	0.0203875 (0.86)	-0.0083445 (-0.33)	0.0613084 (2.42)**
gdp	0.0080334 (4.46)**	0.0115788 (6.51)**	0.0136012 (5.28)**	0.0183558 (7.38)**
city			-0.0526082 (-2.97)**	-0.0621974 (-3.79)**
cyjg		-0.0307164 (-6.05)**		0.0324003 (-6.53)**
C	0.2190683 (12.48)**	0.2057368 (12.45)**	0.1847164 (8.89)**	0.1643925 (8.46)**
时间项	N	N	N	N
个体项	Y	Y	Y	Y
R^2	0.0808	0.2029	0.1136	0.2483
P值	0.0000	0.0000	0.0000	0.0000

注：括号里为t统计量值，*表示10%显著水平下显著，**表示5%显著水平下显著。

由实证结果可知，增值税会扩大农村居民福利分配差距，产生福利分配负效应。首先，现行增值税具有税负累退性，低收入者的税收负担高于高收入者，会扩大居民收入分配差距。其次，增值税为价外税，税负易于转嫁，商品供给者通过提高价格的方式把增值税转嫁给消费者，间接扩大了农村地区福利分配差距，产生福利分配负效应。

各控制变量中，人均GDP和产业结构会扩大农村居民福利分配差距，而城镇化率会缩小福利分配差距。农村产业结构升级可以提升资源利用效率，使产业结构趋于合理化，创造更多的就业岗位，提高农村居民收入水平，在一定程度上间接缩小了居民收入差距，产生福利分配正效应。城镇化率的提升带动了农村地区经济建设，基础设施的完善提高了农民的福利水平，同时，农村经济发展使农民获得更多的收入，缩小了收入差距，产生福利分配正效应。

（2）农村居民视角下的消费税福利分配效应实证结果。

为保证实证结果的稳健性，本节采用逐步增加控制变量的方法，进行稳健性检验，表9－60为农村居民视角下消费税对福利分配效应影响的实证检验结果。模型1仅添加了人均 GDP 作为控制变量，模型2、模型3和模型4分别添加了城镇化率、产业结构以及将三个控制变量同时加入模型进行回归。

表9－60　　　　农村居民视角：消费税福利分配效应实证模型的回归结果（面板数据）

变量	模型 1	模型 2	模型 3	模型 4
	系数	系数	系数	系数
xf	− 0.4949576 （− 5.05）**	− 0.4282364 （− 3.78）**	− 0.3968226 （− 3.51）**	− 0.1878977 （− 1.64）
gdp	0.0088923 （5.16）**	0.0110916 （4.35）**	0.0108703 （4.31）**	0.014583 （5.84）**
city		− 0.0210451 （− 1.17）	− 0.0276826 （− 1.54）	− 0.03591 （− 2.09）**
syl			0.6021388 （2.41）**	0.6802897 （2.87）**
cyjg				− 0.0249001 （− 5.24）**
C	0.2169737 （12.94）**	0.2038809 （10.12）**	0.1889851 （9.06）**	0.1741535 （8.71）**
时间项	N	N	N	N
个体项	Y	Y	Y	Y
R^2	0.1583	0.1631	0.1831	0.2680
P 值	0.0000	0.0000	0.0000	0.0000

注：括号里为 t 统计量值，＊表示10%显著水平下显著，＊＊表示5%显著水平下显著。

由实证结果可知，在农村居民视角下，消费税的系数为负，即消费税会缩小农村居民福利分配差距，但其实证结果不显著，因而消费税缩小农村居民福利分配差距的效果较弱。相比城镇居民，农村居民的收入水平更低，农村居民的需求弹性更小，其应税消费品主要是烟和酒等，而烟和酒消费税税负的累进性又不明显。因此，相比城镇居民，农村居民视角下消费税税负的累进性更弱，缩小农村居民福利分配差距的作用也更弱。控制变量中，城镇化率和产业结构会缩小农村居民福利分配差距，而人均 GDP 和失业率会扩大福利分配差距。

（3）农村居民视角下的营业税福利分配效应实证结果。

为保证实证结果的稳健性，本节采用逐步增加控制变量的方法，进行稳健性检验，表9－61为农村居民视角下营业税对福利分配效应影响的实证检验结果。模型1仅添加了人均 GDP 作为控制变量，模型2、模型3和模型4分别添加了城镇化率、产业结构以及将三个控制变量同时加入模型进行回归。

表 9 – 61　　　　农村居民视角：营业税福利分配效应实证模型的回归结果（面板数据）

变量	模型 1	模型 2	模型 3	模型 4
	系数	系数	系数	系数
yy	− 0.0522006 （− 0.69）	0.0796031 （1.09）	0.0028423 （0.04）	0.1263128 （1.73）*
gdp	0.0078342 （4.27）**	0.011339 （6.34）**	0.0137881 （5.48）**	0.0166739 （7.00）**
city			− 0.0552838 （− 3.38）**	− 0.0503903 （− 3.31）**
cyjg		− 0.0303339 （− 6.33）**		− 0.0295373 （− 6.28）**
C	0.2176091 （12.34）**	0.2060413 （12.53）**	0.1826016 （9.07）**	0.1744362 （9.31）**
时间项	N	N	N	N
个体项	Y	Y	Y	Y
R^2	0.0709	0.2043	0.1132	0.2394
P 值	0.0000	0.0000	0.0000	0.0000

注：括号里为 t 统计量值，* 表示 10% 显著水平下显著，** 表示 5% 显著水平下显著。

由实证结果可知，营业税具有扩大农村居民福利分配差距的作用，因而具有福利分配负效应。由模型 1 可知，仅加入人均 GDP 作为控制变量时，由于缺少控制变量，模型的拟合优度较低；在模型 1 的基础上加入产业结构作为控制变量，模型的拟合优度明显增加。对控制变量进行分析，人均 GDP 具有扩大农村居民福利分配差距的作用，而城镇化率和产业结构具有缩小农村居民福利分配差距的作用，产生福利分配正效应。

（4）农村居民视角下的企业所得税福利分配效应实证结果。

为保证实证结果的稳健性，本节采用逐步增加控制变量的方法，进行逐步回归检验，表 9 – 62 为农村居民视角下企业所得税对福利分配效应影响的实证检验结果。模型 1、模型 2 和模型 3 分别添加了人均 GDP、城镇化率、失业率和产业结构作为控制变量，模型 4 则将这些变量都作为控制变量进行回归。

表 9 – 62　　　　农村居民视角：企业所得税福利分配效应实证模型的回归结果（面板数据）

变量	模型 1	模型 2	模型 3	模型 4
	系数	系数	系数	系数
qy	− 0.103212 （− 5.86）**	− 0.0960796 （− 5.47）**	− 0.1040686 （− 6.04）**	− 0.050582 （− 1.61）
gdp	0.0120682 （6.55）**	0.0166422 （6.85）**	0.0162647 （6.86）**	0.0163637 （6.95）**
city		− 0.0432048 （− 2.84）**	− 0.0482775 （− 3.24）**	− 0.0484389 （− 3.27）**
syl			0.8832312 （3.70）**	0.8073074 （3.37）**
cyjg				− 0.0166054 （− 2.04）**

变量	模型 1	模型 2	模型 3	模型 4
	系数	系数	系数	系数
C	0.1812717	0.1568431	0.13512	0.1493552
	(10.31)**	(8.10)**	(6.84)**	(7.17)**
时间项	N	N	N	N
个体项	Y	Y	Y	Y
R^2	0.1854	0.2120	0.2549	0.2677
P 值	0.0000	0.0000	0.0000	0.0000

注：括号里为 t 统计量值，* 表示 10% 显著水平下显著，** 表示 5% 显著水平下显著。

由实证结果可知，企业所得税会缩小农村居民福利分配差距，但结果不显著。农村地区企业的数量和规模，与城镇相比差距明显，因此，企业所得税调节农村居民福利分配差距的作用较弱。这一结果符合理论预期，但农村居民视角下的企业所得税与福利分配差距呈负相关，这与城镇视角下的企业所得税影响有所不同。

改变模型的控制变量可知，各控制变量系数在不同模型中均保持一致，模型稳健性良好。控制变量中，人均 GDP 和失业率会扩大农村居民福利分配差距，而城镇化率和产业结构会缩小福利分配差距。

（5）农村居民视角下的个人所得税福利分配效应实证结果。

为保证实证结果的稳健性，本节采用逐步增加控制变量的方法，进行逐步回归检验，表 9-63 为农村居民视角下个人所得税对福利分配效应影响的实证检验结果。模型 1 仅加入了人均 GDP 作为控制变量，模型 2 额外增加了产业结构作为控制变量，模型 3 同时添加了人均 GDP、城镇化率作为控制变量，模型 4 在模型 3 的基础上加入失业率作为控制变量进行回归。

表 9-63　　　农村居民视角：个人所得税福利分配效应实证模型的回归结果（面板数据）

变量	模型 1	模型 2	模型 3	模型 4
	系数	系数	系数	系数
ge	-0.3484517	0.0188181	0.2098664	0.0619519
	(-4.18)**	(0.16)	(1.69)*	(0.46)
gdp	0.0112062	0.0114744	0.0168241	0.0161328
	(5.79)**	(6.16)**	(7.05)**	(6.80)**
city			-0.0577472	-0.0535784
			(-3.47)**	(-3.24)**
syl				0.6811255
				(2.62)**
cyjg		-0.0296241	-0.0355392	-0.0300171
		(-4.51)**	(-5.35)**	(-4.36)**
C	0.1906662	0.2085508	0.1850801	0.1661445
	(10.515)**	(11.65)**	(9.86)**	(8.35)**
时间项	N	N	N	N
个体项	Y	Y	Y	Y
R^2	0.1323	0.2005	0.2389	0.2603
P 值	0.0000	0.0000	0.0000	0.0000

注：括号里为 t 统计量值，* 表示 10% 显著水平下显著，** 表示 5% 显著水平下显著。

由实证结果可知，在农村居民视角下，个人所得税的系数为正，个人所得税会扩大农村居民的福利分配差距，但其结果不显著。目前，我国个人所得税的征管条件存在不足，个人所得税存在避税现象，而避税行为会影响个人所得税税负累进性作用的发挥。与城镇居民相比，农村居民的收入水平较低，难以达到个人所得税的起付标准，其实际征收率不高，导致个人所得税对调节福利分配差距的影响不明显。控制变量中，人均GDP和失业率会扩大农村居民福利分配差距，而城镇化率和产业结构会缩小福利分配差距。

9.5 本章小结

本章通过实证分析，研究税收的福利分配效应。首先，利用全国时间序列数据，分别从宏观税负、税制结构、税类结构和主要税种四个角度进行实证分析。其次，为考察各种税收对福利分配效应的影响，分别从城镇居民和农村居民两个视角，使用省级面板数据，进一步从宏观税负、税制结构、税类结构和主要税种四个角度进行实证分析。实证结果表明：宏观税负、直接税、间接税、流转税、所得税、增值税、营业税和个人所得税会扩大居民福利分配差距；行为财产税、资源税类和消费税会缩小福利分配差距，企业所得税则不显著。具体实证结果及政策启示如下。

9.5.1 宏观税负实证小结

宏观税负与福利分配差距呈倒U型关系。这一结论在全国视角、城镇居民视角、农村居民视角下均成立。其实证结果符合理论预期，随着宏观税负的增长，在合理范围内时，宏观税负会扩大福利分配差距，但当宏观税负到达某一水平值后，会缩小福利分配差距。这是由于宏观税负的增长会促进经济增长，根据库兹涅茨曲线可知，经济增长会扩大收入分配不均等，导致福利分配差距扩大。当宏观税负处于倒U型曲线右侧时，经济发展水平较高且增速减缓，政府通过转移支付方式加大对低收入群体的补贴，提高其收入水平，缩小福利分配差距，从而产生福利分配正效应。

9.5.2 税制结构实证小结

直接税与福利分配差距呈倒U型关系。这一结论在全国视角、城镇居民视角、农村居民视角下均成立。由于我国现行直接税的税制结构尚不完善，税制设计、税收征管水平还有待提高，导致直接税税负的累进性不明显。此外，我国企业所得税在直接税中占比较大，其主要对企业征税，而与个人直接相关的财产税比重较低，削弱了直接税对居民收入分配的调节作用。因此，现行的直接税会扩大福利分配差距。

间接税与福利分配差距呈倒U型关系。间接税中主要是商品劳务税，而商品劳务税一般使用比例税率，比例税率具有税负累退性，即纳税人的税负不会随着收入水平的提升而增加，反而可能出现减少的情况。相比农村居民，间接税扩大城镇居民福利分配差距的影响更明显,可能是由于农村居民的收入水平差距与城镇居民相比较小,导致间接税税负的累退性较不明显,所以间接税对农村居民福利分配负效应较小。

直接税与间接税给城镇居民带来的福利分配负效应均大于农村居民。直接税主要是对收入征税,间接税主要是对商品劳务课税,而农村居民收入水平相对较低,其用于商品劳务的消费也相对较少,使直接税与间接税的福利分配负效应在农村地区较不显著,导致直接税与间接税扩大城镇居民福利分配差距更明显。

9.5.3 税类结构实证小结

流转税与福利分配差距呈倒 U 型关系。这一结论在全国视角、城镇居民视角、农村居民视角下均成立,其实证结果符合理论预期。目前,我国流转税处于扩大福利分配差距阶段,其税负的增加会导致城镇居民收入差距扩大,进而使福利分配差距扩大。由于流转税中主要税种为增值税,增值税采用比例税率,会导致一定程度的税负累退性,即纳税人的税收负担会随着收入水平的提高而减少,导致低收入群体相对承担较高税负,进而扩大城镇居民之间的收入差距,带来福利分配负效应。

所得税对福利分配差距的影响在不同视角下各不相同。全国整体视角下,所得税会扩大福利分配差距;城镇居民和农村居民视角下,所得税与福利分配差距呈倒 U 型关系。在直接税实证结果分析中已提到,我国直接税中占比较大的为所得税,在预期上所得税应与直接税的福利分配效应相一致。但由于我国目前仍处于经济发展不充分的阶段,所得税税制设计、征管水平等有待完善,未能有效体现所得税税负的累进性,反而会扩大居民福利分配差距。当所得税税负增加至一定程度后,居民福利分配差距又会逐渐缩小。因为当征收的所得税到达某一水平值后,政府有了更多的资金投入社会基础设施建设和扶贫工作,提高低收入者福利水平,因此会缩小福利分配差距。

行为财产税对福利分配差距的影响在不同视角下各不相同。全国整体视角下,行为财产税会缩小居民福利分配差距;在城镇居民和农村居民视角下,行为财产税与福利分配差距呈 U 型关系。当行为财产税税负在 U 型曲线的左侧时,行为财产税税负的增加可以缩小福利分配差距,产生福利分配正效应;当行为财产税税负增长至 U 型曲线的右侧时,增加行为财产税税负将抑制纳税人进行相关应税行为,财产所有人会选择继续持有资产,行为财产税无法发挥调节收入分配的作用,导致福利分配差距扩大。

资源税类对福利分配差距的影响在不同视角下各不相同。全国整体视角下,资源税类会缩小居民福利分配差距;在城镇居民和农村居民视角下,资源税类与福利分配差距呈 U 型关系。当资源税类税负在 U 型曲线的左侧时,增加资源税类税负会提高资源消费品的价格,由于高收入人群对于资源类消费品的使用多于低收入人群,提高资源税类税负可以达到缩小福利分配差距的作用,促使福利分配正效应的发挥;当资源税类税负处于 U 型曲线右侧时,高收入人群会选择使用不征税替代品,低收入人群则会减少使用资源类商品,进而扩大福利分配差距。

流转税与所得税给城镇居民带来的福利分配负效应均大于农村居民。这是由于农村地区的经济发展水平相对城镇地区落后,农村居民收入普遍较低,其收入差距不如城镇居民收入差距明显，导致流转税与所得税扩大城镇居民福利分配差距更明显。行为财产税与资源税类给城镇居民带来的福利分配正效应均大于农村居民。其原因与收入水平差距有关，由于城镇地区居民收入差距较明显，对于行为财产税与资源税类等特定税种的敏感性更高，导致福利分配差距缩小更明显。

9.5.4　主要税种实证小结

增值税会扩大居民福利分配差距。这一结论在全国视角、城镇居民视角、农村居民视角下均成立。其结果符合理论预期，由于流转税税负具有累退性，占据流转税最大比重的增值税，也同样具有普遍征收、比例税率、易转嫁的特征，其累退性十分明显，往往低收入群体的税收负担较重，而高收入群体的税负较轻，间接扩大了居民之间的福利分配差距。

营业税对福利分配差距的影响在不同视角下各不相同。全国整体视角下，营业税与福利分配差距呈倒 U 型关系；在城镇居民和农村居民视角下，营业税会扩大居民福利分配差距。由于营业税与增值税之间关系较为密切，两者都是对商品课税，具有比例税率、普遍征税、税负易转嫁的特点，会扩大居民福利分配差距。此外，"营改增"之前，营业税税收收入占比也较高，税收收入规模较大，其税负累退性较为明显。在营业税税负增长至倒 U 型曲线右侧时，居民消费支出占总收入的比率会逐步下降，营业税税负的累退性会逐渐减弱，累退性产生的福利分配差距日益缩小，从而产生福利分配正效应。

消费税会缩小居民福利分配差距。这一结论在全国视角、城镇居民视角、农村居民视角下均成立。消费税虽属于流转税，但由于其只对部分特殊消费品征收，使其实际具有税负累进性，具有调节福利分配差距的作用。消费税的福利分配正效应通过以下两种机制发挥作用：第一，消费税通过税负转嫁的机制调节福利分配差距，为了调节高收入人群的收入，有部分奢侈品等被纳入消费税的征税范围，消费税税负最终会转嫁给购买奢侈品的高收入者，从而增加其税负。第二，消费税通过转移支付机制调节福利分配差距，政府将征收的消费税用于基础设施建设，或者通过政府补贴的形式转移给低收入群体，从而提高低收入群体的收入水平。从而缩小居民福利分配差距。

企业所得税在全国视角、城镇居民视角和农村居民视角下的税收福利分配效应均不显著。这一结果可能由于企业所得税的征税对象是企业，与个人收入并无直接的关联，主要影响的是政府与企业之间的分配关系，因此，企业所得税对于福利分配差距的影响不明显。其对福利分配效应主要产生间接影响，一方面政府通过提高企业所得税税率，获得更多税收收入，若政府将筹集的税收收入用于改善社会保障福利体系，降低居民收入差距，则企业所得税可间接缩小福利分配差距；反之，则会间接扩大福利分配差距。

个人所得税会扩大居民福利分配差距。这一结论在全国视角、城镇居民视角、农村居民视角下均成立。个人所得税税负具有累进性、不可转嫁的特点，且其税负累进性较为显著，具有调节居民福利分配差距的作用。但实证结果不符合理论预期，其原因可能是个人所得税税制设计、征管水平还不完善。例如，我国个人所得税存在明显的"工薪税"情况，即大部分缴纳个人所得税的居民都只对工资薪金征税，实行代扣代缴制度，税务部门易于掌控税源，而高净值人群的收入更加多样，这部分人群更容易通过筹划来降低个人所得税的税负，不能遵循量能负担原则，导致个人所得税纵向不公平。此外，个人所得税的平均税率不高，税收收入所占比重较低，易出现税收横向不公平的情况，因此会扩大居民福利分配差距。

增值税、营业税和个人所得税给城镇居民带来的福利分配负效应均大于农村居民。由于增值税与营业税主要为商品劳务课税，城镇居民的消费需求大于农村居民，个人所得税对个人收入征税，而农村居民收入水平较低，收入差距不大，征管水平较为落后，使个人所得税的实际征收额远低于城镇地区。因此，增值税、营业税、个人所得税扩大城镇居民福利分配差距更明显。消费税给城镇居民带来的福利分配正效应大于农村居民。从现实角度进行分析，消费税征税对象较为特殊，包含多项奢侈品或高价商品，对于经济发展水平普遍低于城镇的农村地区，农民对其应税消费品的消费需求较少，因此，消费税缩小城镇居民福利分配差距更明显。

9.5.5 不同税制结构的福利分配效应比较

将直接税和间接税的福利分配效应进行比较，二者都会扩大居民福利分配差距，但间接税所占比重较大，且其税负具有明显的累退性，对福利分配的负效应大于直接税。间接税一般采用比例税率且税负不可转嫁，其中，流转税所占比重最大，而且其税负累退性明显，导致低收入群体税收负担增加，而高收入群体税负较小，从而扩大福利分配差距。而现行直接税税制设计、征管水平还存在缺陷，导致直接税税负的累进性不明显，而且直接税中财产持有与转让环节的税种占比较低，导致直接税难以发挥调节居民收入分配的作用，从而扩大福利分配差距。

9.5.6 不同税类结构的福利分配效应比较

将流转税、所得税、行为财产税和资源税类福利分配效应进行比较，流转税和所得税会扩大福利分配差距，而行为财产税和资源税类会缩小福利分配差距。这一结果与预期基本相符，其中，流转税对福利分配效应的影响高于所得税。流转税作为我国的主体税，其税负累退性较强，而且税收占比高、规模大，因此，对居民福利分配差距的负效应较所得税更显著。资源税类的福利分配正效应在多个视角下均大于行为财产税的福利分配正效应。

9.5.7 不同税种的福利分配效应比较

将不同主要税种的福利分配效应进行比较，增值税、营业税和个人所得税会扩大福利分配差距，消费税会缩小福利分配差距，企业所得税的福利分配效应不显著。具体而言，增值税与营业税在税收属性上十分相近，均具备比例税率、普遍征收、税负不可转嫁等特点，同时，我国"营改增"前，增值税与营业税占流转税的主要部分，"营改增"后，增值税成为我国的主体税种，因此，二者的福利分配负效应在多个视角下均明显大于个人所得税的福利分配负效应。消费税虽然也属于流转税，但我国消费税具有调节居民收入水平的功能，其税负具有累进性，因此，与增值税和营业税不同，消费税会缩小居民福利分配差距。与个人所得税相比，同为所得税主体的企业所得税却不显著，这一结果可能是由于企业所得税纳税人一般为企业，与个人福利分配无直接影响，因此，个人所得税的福利分配负效应更明显。

9.5.8 实证结果的政策启示

根据各主要解释变量的实证结果，可以得出以下结论。

第一，在维持企业所得税税负的同时，降低增值税税负。我国现行税制结构体系不利于调节居民福利分配差距，流转税整体税负累退性较为明显，而我国目前以流转税为主体税，应适当降低流转税税负，以缩小福利分配差距。流转税中以增值税为主要税种，增值税的累退性也较为明显。因此，在降低流转税税负的过程中，应重点降低增值税税负，具体可采用降低增值税税率等方式。所得税未能有效地发挥其税负累进性作用。其中，企业所得税由于征税对象为企业，与居民收入分配无直接影响，因此不作为所得税调整的重点。

第二，设立个人所得税"最小替代性税收"。个人所得税由于其累进税率、普遍征收、税负不易转嫁等特点，是国家调控居民福利分配差距的重要手段，应作出重点调整，使其税负累进性更加明显。目前，我国个人所得税在税制设计上还有待完善，高收入群体可以利用多种税收减免、优惠政策，对税款进行筹划以达到减税目的，导致其没有承担与其高收入相适应的高税负，而低收入群体一般情况下不具备筹划空间，因此无法体现"量能负担"原则。对于这种情况，借鉴国外成熟税制体系，我国应设立"最小替代性税收"，即当所得税课税标准高于最小替代性税收标准时，若最终缴纳的税额少于最小替代性税收的税额，则按照最小替代性税收的税额进行纳税，等同于为高收入纳税人群体设立个人所得税应交税额的底线，使其承担与高收入相适应的税负，以此加强个人所得税调节居民收入分配的功能，缩小福利分配差距。

10

财政支出的经济福利效应实证分析

通过第 2 章的理论分析，民生财政支出主要通过影响居民的收入分配差距，作用于经济福利；非民生财政支出则主要影响经济发展，进而影响经济福利。现实中，财政支出有何经济福利效应呢？还需进一步实证检验。

不同区域视角下，财政支出的社会福利效应可能存在差异。总体上，本章将在全国整体视角下、城镇居民视角下以及农村居民视角下分别实证检验财政支出的经济福利效应。由于民生财政支出与非民生财政支出对经济福利的作用机制不同，可能产生的福利效应不同。本章分别实证检验非民生财政支出与民生财政支出的经济福利效应。相对于非民生财政支出，民生财政支出对经济福利的影响更为显著。为分析不同民生财政支出的经济福利效应的差异性，本章进一步从民生财政支出结构的角度分析各项民生财政支出的经济福利效应。

10.1 实证设计、描述性统计及平稳性检验

10.1.1 实证设计

10.1.1.1 变量选取及数据来源

基于前面对经济福利概念的界定，本章选用森福利指数作为被解释变量，用来衡量经济福利的指标。各项财政支出作为解释变量，用来衡量对经济福利的影响。在控制变量方面，基于本书第 2 章理论分析部分中影响福利的因素，本章以经济发展水平、对外开放水平、城市发展水平、产业发展水平、物价水平和就业水平为指标，反映对经济福利的影响。其中，经济发展水平用人均 GDP 衡量，对外开放水平用对外开放程度衡量，城市发展水平用城镇化率衡量，产业发展水平用产业结构衡量，物价水平和就业水平分别用物价指数和失业率衡量。数据来源于《中国统计年鉴》、各省份统计年鉴以及 Wind 数据库。具体变量描述和计算方式见表 10 - 1，部分变量已在第 8 章定义，参见 8.1.1。

表 10 - 1   变量描述和计算方式

变量（符号）	描述和计算方式
经济福利（EW）	用森福利指数表示

10.1.1.2 模型设定

在实证设计中，本章从全国居民、城镇居民、农村居民三个视角，检验各项财政支出在不同视角下对经济福利的影响。

首先，全国居民视角下的财政支出对经济福利影响的模型设定。在全国居民视角下，实证部分选用1994~2017年的时间序列数据，基于上述变量和前面影响因素，构建多元回归模型，并引入不同控制变量，采用OLS方法回归。基准模型构建如下：

$$EW_t = \alpha_0 + \alpha_1 X_t + \sum \beta Z_t + \varepsilon_t \qquad (10-1)$$

其中，变量EW_t表示全国居民经济福利，数据为第5章测算结果。变量X_t代表各项财政支出，变量Z_t代表各项控制变量。α_0为常数项，α_1为财政支出的系数项，β表示各控制变量系数项。

由第4章和第6章内容可知，我国各省份财政支出以及经济福利存在较大差异，所以单以时间序列模型回归，不能完全刻画出各省份之间的差异，更难从省际层面检验财政支出对经济福利影响的城乡差异性，从而难以探寻财政支出对经济福利效应的内在机制与规律。为更好地考察财政支出对经济福利的影响，本章在全国整体时间序列实证分析的基础上，进一步以省级面板数据构建实证模型，从城镇居民和农村居民两个视角，论证财政支出对经济福利的影响，以期发现财政支出对经济福利影响的城乡差异性。

其次，城镇居民视角下的财政支出对经济福利影响的模型设定。在样本容量上，由于部分省份数据缺失，此部分从东、中、西部选取了23个有代表性的省份[①]，样本期为1994~2017年，构建静态面板模型。基准模型构建如下：

$$EW_{it} = \alpha_0 + \alpha_1 X_{it} + \sum \beta Z_{it} + \varepsilon_{it} \qquad (10-2)$$

其中，变量EW_{it}表示城镇居民经济福利，数据为第5章测算的结果。变量X_{it}代表各项财政支出，变量Z_{it}代表各项控制变量。α_0为常数项，α_1为财政支出的系数项，β表示各控制变量系数项。

再次，农村居民视角下的财政支出对经济福利影响的模型设定。由于部分省份的有关农村居民数据缺失，本部分实证分析时，从东、中、西部选取了11个有代表性的省份[②]，样本期为1994~2017年。根据上述分析，构建实证模型如式（10-3），采用固定效应方法。在实证检验时，为更好地展现财政支出对农村居民经济福利的影响，引入不同控制变量进入实证模型。构建的基准模型如下：

$$EW_{it} = \alpha_0 + \alpha_1 X_{it} + \sum \beta Z_{it} + \varepsilon_{it} \qquad (10-3)$$

其中，变量EW_{it}表示农村居民经济福利，数据为第5章测算的结果。变量X_{it}代表各项财政支出，变量Z_{it}代表各项控制变量。α_0为常数项，α_1为财政支出的系数项，β表示各控制变量系数项。

[①] 23个省份包括北京、上海、河南、广西、贵州、广东、重庆、安徽、辽宁、山西、陕西、江西、四川、江苏、宁夏、湖北、内蒙古、河北、福建、海南、浙江、甘肃、新疆。

[②] 11个省份包括北京、上海、河南、广东、重庆、江西、四川、江苏、福建、浙江、甘肃。

10.1.2　描述性统计

由于第 8 章与本章同时从不同角度探究财政支出的福利效应问题，并在实证探究中使用了部分相同变量。因此，本章不再重复进行相同变量的描述性统计结果陈述，只对新加入变量进行描述性统计结果陈述。具体新加入变量的描述性统计结果见表 10 - 2。由表中描述性统计结果可见，我国"森指数"的标准差较小，最大值与最小值之间差距偏小。其中，城镇地区与农村地区的"森指数"变化趋势与全国呈同一性。

表 10 - 2　　　　　　　　　　　　　经济福利描述性统计

全国整体	Obs	均值	标准差	最小值	最大值
	28	8.07731	0.8991354	6.386648	9.535609
城镇居民	Obs	均值	标准差	最小值	最大值
	529	8.966937	0.6937505	7.58105	10.64949
农村居民	Obs	均值	标准差	最小值	最大值
	253	8.094938	0.7823083	6.246144	9.842164

10.1.3　平稳性检验

由于在第 8 章中已经对本章中大部分变量进行了单位根检验，详情参考 8.1.3。因此，在本节中对重复变量不再进行单位根检验，只针对新加入的变量 EW 进行单位根检验，具体单位根检验结果见表 10 - 3。

表 10 - 3　　　　　　　　　　　　　平稳性检验结果

全国整体	水平值（含趋势项）		一阶差分
	-0.439		-3.328
	(0.9034)		(0.0137) **
城镇居民	水平值（含趋势项）		水平值（含漂移项）
	Fisher-ADF	Fisher-PP	Fisher-ADF
	66.6653	17.6967	
	(0.0248) **	(0.9999)	
农村居民	水平值（含趋势项）		水平值（含漂移项）
	Fisher-ADF	Fisher-PP	Fisher-ADF
	6.7239	22.5900	60.2138
	(0.9993)	(0.4252)	(0.0000) **

注：括号里为 t 统计量值，* 表示 10% 显著水平下显著，** 表示 5% 显著水平下显著。

由表 10 - 3 中单位根检验结果可知，变量"森指数"在全国数据中，一阶差分条件下平稳；在农村地区和城镇地区数据中，水平值条件下平稳。结合 8.1.3 中平稳性检验结果，表明模型中各变量均服从同阶单整，需进一步进行协整性检验。

10.2 全国整体视角：财政支出的福利效应

10.2.1 非民生财政支出的经济福利效应

基于基准模型式（10-1），本节以非民生财政支出为解释变量，选用经济发展水平、对外开放水平和产业结构水平为控制变量，引入不同控制变量进行实证检验非民生财政的经济福利效应。

10.2.1.1 协整性检验

参考10.1.3中平稳性检验的结果，需要对本部分模型中的变量继续进行协整性检验以确保数据的长期稳定性。通过协整性检验是进行回归分析的必要条件。

本节模型中包含变量较多，对多个变量进行协整关系检验时，Johansen协整检验方法为较为常用的方法。因此，本部分使用Johansen协整检验方法对各变量进行协整性检验。具体Johansen协整性检验结果见表10-4。

表10-4　　　全国整体视角：非民生财政支出经济福利效应实证模型的协整性检验

Maximumrank	Parms	LL	Eigenvalue	Tracestatistic	5% Criticalvalue
0	48	317.18053	—	145.7281	104.94
1	59	342.70442	0.85962	94.6803	77.74
2	68	364.21541	0.80885	51.6583 *	54.64
3	75	378.55347	0.66810	22.9822	34.55
4	80	387.40074	0.49367	5.2877	18.17
5	83	389.96746	0.17917	0.1542	3.74
Maximumrank	Parms	LL	Eigenvalue	Maxstatistic	5% Criticalvalue
0	48	317.18053	—	51.0478	42.48
1	59	342.70442	0.85962	43.0220	36.41
2	68	364.21541	0.80885	28.6761	30.33
3	75	378.55347	0.66810	17.6945	23.78
4	80	387.40074	0.49367	5.1334	16.87
5	83	389.96746	0.17917	0.1542	3.74

注：＊表示变量之间具有协整性关系。

由表10-4中协整检验结果可知，在5%的显著性水平下，"迹检验"统计量为51.6583，拒绝"不存在协整向量"和"至多存在一个协整向量"的原假设，而接受"至多存在两个协整向量"的原假设。表明变量中存在两个协整关系，通过协整性检验，可以建立实证模型并继续进行回归分析。

10.2.1.2 实证结果分析

为保证实证结果的稳健性，本书采用逐步回归的方式，检验全国整体视角下，非民生财政支出的经济福利效应。其中，模型 1 加入的控制变量为人均 GDP，模型 2 加入的控制变量为人均 GDP 及城镇化率，模型 3 加入的控制变量为人均 GDP 和对外开放程度，模型 4 加入的控制变量为人均 GDP、产业结构和对外开放程度。

表 10 – 5 为全国整体视角下非民生财政支出的经济福利效应实证模型回归结果。各个模型的回归结果中，拟合优度 R^2 的数值较大，均在 0.96 以上，故以上模型拟合程度较好。解释变量非民生财政支出的符号及显著性保持不变，说明模型回归结果是平稳的。

表 10 – 5 　　　　全国整体视角：非民生财政支出的经济福利效应实证模型回归结果

变量	模型 1	模型 2	模型 3	模型 4
	系数	系数	系数	系数
fms	4. 168267 (3. 63)**	4. 037282 (3. 52)**	4. 537031 (3. 54)**	3. 557365 (2. 19)**
gdp	0. 6908949 (28. 72)**	0. 6468639 (14. 22)**	0. 6868918 (27. 46)**	0. 6269019 (9. 51)**
cyjg		0. 419798 (1. 14)		0. 6522809 (0. 98)
open			− 0. 1785972 (− 0. 68)	0. 1972989 (0. 43)
C	− 0. 6445228 (− 1. 97)*	− 0. 4952686 (− 1. 41)	− 0. 5552718 (− 1. 56)	− 0. 5112089 (− 1. 42)
R^2	0. 9713	0. 9727	0. 9718	0. 9682
P 值	0	0	0	0

注：括号里为 t 统计量值，＊表示 10% 显著水平下显著，＊＊表示 5% 显著水平下显著。

从模型回归结果来看，解释变量非民生财政支出的符号为正，且在 5% 的水平上显著，说明非民生财政支出具有显著的经济福利正效应。原因如下：政府增加非民生财政支出，如一般公共服务支出、节能环保支出、城乡社区支出、交通运输支出、商业服务业支出等，可促进基础设施建设，改善自然环境及营商环境，促进经济的快速发展，提高国民收入水平，进而改善我国经济福利，故非民生财政支出有助于促进经济福利的增长。

从控制变量来看，人均 GDP 的符号为正，且在 5% 的水平上显著，结果符合理论预期。根据庇古的福利经济学理论，经济发展水平越高，国民收入水平也越高，则经济福利也越高，即国民收入与经济福利水平正相关。产业结构及对外开放程度对经济福利的影响比较微弱。

10.2.2 民生财政支出的经济福利效应

基于基准模型式（10 – 1），本节以民生财政支出为解释变量，选用经济发展水平、对外开放水平、产业发展水平和物价水平为控制变量，引入不同控制变量实证考察民生财政的经济福利效应。

10.2.2.1 协整性检验

参考 10.1.3 中平稳性检验结果，本部分模型中多个变量需要进一步进行协整性检验。

同理，与本章 10.2.1.1 中协整性检验方式相同，本部分同样使用 Johansen 检验方法对各变量进行协整性检验。具体协整性检验结果见表 10 - 6。

表 10 - 6　　　　全国整体视角：民生财政支出经济福利效应实证模型的协整性检验

Maximumrank	Parms	LL	Eigenvalue	Tracestatistic	5% Criticalvalue
0	48	322. 46012	—	172. 6766	104. 94
1	59	362. 03189	0. 95236	93. 5331	77. 74
2	68	385. 721	0. 83834	46. 1549 *	54. 64
3	75	396. 77302	0. 57265	24. 0508	34. 55
4	80	403. 29926	0. 39469	10. 9984	18. 17
5	83	408. 33705	0. 32126	0. 9228	3. 74
Maximumrank	Parms	LL	Eigenvalue	Maxstatistic	5% Criticalvalue
0	48	322. 46012	—	79. 1436	42. 48
1	59	362. 03189	0. 95236	47. 3782	36. 41
2	68	385. 721	0. 83834	22. 1040	30. 33
3	75	396. 77302	0. 57265	13. 0525	23. 78
4	80	403. 29926	0. 39469	10. 0756	16. 87
5	83	408. 33705	0. 32126	0. 9228	3. 74

注：* 表示变量之间具有协整性关系。

由表 10 - 6 中协整性检验结果可知，在 5% 的显著性水平下，"迹检验"统计量为 46.1549，拒绝"不存在协整向量"和"至多存在一个协整向量"的原假设，而接受"至多存在两个协整向量"的原假设。表明各变量之间存在协整关系，通过协整性检验，可以建立实证模型并继续进行回归分析。

10.2.2.2　实证结果分析

为保证实证结果的稳健性，本书采用逐步回归的方式，检验全国整体视角下，民生财政支出的经济福利效应。其中，模型 1 加入的控制变量为人均 GDP，模型 2 加入的控制变量为人均 GDP 及对外开放程度，模型 3 加入的控制变量为人均 GDP、对外开放程度及产业结构，模型 4 加入的控制变量为人均 GDP、对外开放程度、产业结构和居民消费价格指数。

表 10 - 7 为全国整体视角下，民生财政支出的经济福利效应实证模型回归结果。各个模型的回归结果中，拟合优度 R^2 的数值较大，均接近于 1，故以上模型拟合程度较好。解释变量民生财政支出的符号及显著性保持不变，说明模型回归结果是平稳的。

表 10 - 7　　　　全国整体视角：民生财政支出经济福利效应实证模型的回归结果

变量	模型 1	模型 2	模型 3	模型 4
	系数	系数	系数	系数
ms	7. 689374 (5. 99) **	7. 937842 (6. 46) **	7. 113022 (5. 61) **	7. 16344 (5. 47) **
gdp	0. 5948497 (23. 64) **	0. 5987883 (24. 90) **	0. 5412136 (13. 54) **	0. 5417364 (13. 25) **

变量	模型 1	模型 2	模型 3	模型 4
	系数	系数	系数	系数
open		0.3373065 (1.89)*	0.6412263 (2.64)**	0.6341322 (2.54)**
cyjg			0.7097084 (1.76)*	0.6792948 (1.58)
cpi				−0.10984 (−0.25)
C	0.5096204 (2.10)**	0.2585894 (0.97)	0.1773338 (0.68)	0.3135899 (0.51)
R^2	0.9820	0.9843	0.9862	0.9862
P 值	0	0	0	0

注：括号里为 t 统计量值，* 表示 10% 显著水平下显著，** 表示 5% 显著水平下显著。

根据表 10 - 7 的回归结果来看，解释变量民生财政支出在 5% 的显著性水平上显著，与经济福利水平正相关。原因在于：其一，增加社会保障支出及农林水支出等民生财政支出，可以提高对失业人员、失地农民等弱势群体的直接补助，有助于缩小国民收入差距，进而提高经济福利水平。其二，政府提高教育支出、医疗卫生支出及社会保障支出等民生财政支出水平，可促进教育环境及医疗环境的改善，提高人力资本技能及健康水平，提升劳动生产率，进而促进经济发展，提高国民收入水平，改善经济福利。因此，民生财政支出能够促进经济福利的增长。

此外，从控制变量的回归结果来看，人均 GDP 具有经济福利正效应。对外开放程度的符号为正，且在 5% 的水平上显著，说明对外开放程度与经济福利显著正相关。可能的原因在于贸易开放程度提高时，资源在各部门间的配置效率随之提高，促进规模经济效应的产生，进而提高经济发展速度及国民收入水平，促进经济福利增长。产业结构和居民消费价格指数对经济福利的影响比较微弱。

10.2.3 民生财政支出结构的经济福利效应

上述通过对非民生财政支出和民生财政支出的经济福利效应对比，发现目前非民生财政支出和民生财政支出会显著增大全国居民的经济福利，但民生财政支出效果更显著。因此，本节进一步检验民生财政支出中各项具体财政支出对全国居民经济福利的影响。

基于基准模型式（10 - 1），本节分别以教育支出、医疗卫生支出、社会保障支出、农林水支出和科技支出为解释变量，检验各项民生财政支出对全国居民经济福利的影响。为更好地比较各项民生财政支出对经济福利的影响，本节所有实证模型的控制变量均选用经济发展水平、物价水平、对外开放水平和产业发展水平。

10.2.3.1 协整性检验

参考 10.1.3 中平稳性检验结果，本部分模型中多个变量需要进一步进行协整性检验。

同理，与本章 10.2.1.1 中协整性检验方式相同，本部分同样使用 Johansen 检验方法对各变量进行协整性检验。具体协整性检验结果见表 10-8。

表 10-8　全国整体视角：各类民生财政支出结构经济福利效应实证模型的协整性检验

教育支出

Maximumrank	Parms	LL	Eigenvalue	Tracestatistic	5% Criticalvalue
0	48	353. 2011	—	176. 8479	104. 94
1	59	395. 32439	0. 96085	92. 6013	77. 74
2	68	418. 68794	0. 83424	45. 8742 *	54. 64
3	75	428. 34731	0. 52433	26. 5554	34. 55
4	80	435. 94098	0. 44241	11. 3681	18. 17
5	83	441. 61229	0. 35355	0. 0255	3. 74
6	84	441. 62502	0. 00098		

Maximumrank	Parms	LL	Eigenvalue	Maxstatistic	5% Criticalvalue
0	48	353. 2011	—	84. 2466	42. 48
1	59	395. 32439	0. 96085	46. 7271	36. 41
2	68	418. 68794	0. 83424	19. 3187	30. 33
3	75	428. 34731	0. 52433	15. 1873	23. 78
4	80	435. 94098	0. 44241	11. 3426	16. 87
5	83	441. 61229	0. 35355	0. 0255	3. 74
6	84	441. 62502	0. 00098		

医疗卫生支出

Maximumrank	Parms	LL	Eigenvalue	Tracestatistic	5% Criticalvalue
0	48	374. 81172	—	147. 2553	104. 94
1	59	406. 87468	0. 91511	83. 1294	77. 74
2	68	423. 98989	0. 73194	48. 8990 *	54. 64
3	75	435. 132	0. 57560	26. 6148	34. 55
4	80	442. 69483	0. 44108	11. 4891	18. 17
5	83	447. 12009	0. 28852	2. 6386	3. 74
6	84	448. 43939	0. 09650		

Maximumrank	Parms	LL	Eigenvalue	Maxstatistic	5% Criticalvalue
0	48	374. 81172	—	64. 1259	42. 48
1	59	406. 87468	0. 91511	34. 2304	36. 41
2	68	423. 98989	0. 73194	22. 2842	30. 33
3	75	435. 132	0. 57560	15. 1257	23. 78
4	80	442. 69483	0. 44108	8. 8505	16. 87
5	83	447. 12009	0. 28852	2. 6386	3. 74
6	84	448. 43939	0. 09650		

社会保障支出

Maximumrank	Parms	LL	Eigenvalue	Tracestatistic	5% Criticalvalue
0	48	330. 78284	—	170. 9675	104. 94
1	59	368. 40401	0. 94464	95. 7251	77. 74
2	68	387. 8211	0. 77544	56. 8910	54. 64

续表

社会保障支出

Maximumrank	Parms	LL	Eigenvalue	Tracestatistic	5% Criticalvalue
3	75	401.72768	0.65690	29.0778 *	34.55
4	80	410.08472	0.47421	12.3637	18.17
5	83	416.26229	0.37824	0.0086	3.74
6	84	416.26658	0.00033		

Maximumrank	Parms	LL	Eigenvalue	Maxstatistic	5% Criticalvalue
0	48	330.78284	—	75.2423	42.48
1	59	368.40401	0.94464	38.8342	36.41
2	68	387.8211	0.77544	27.8132	30.33
3	75	401.72768	0.65690	16.7141	23.78
4	80	410.08472	0.47421	12.3551	16.87
5	83	416.26229	0.37824	0.0086	3.74
6	84	416.26658	0.00033		

科技支出

Maximumrank	Parms	LL	Eigenvalue	Tracestatistic	5% Criticalvalue
0	48	395.74158	—	207.6130	104.94
1	59	436.72232	0.95725	125.6516	77.74
2	68	461.83145	0.85507	75.4333	54.64
3	75	484.58715	0.82630	29.9219 *	34.55
4	80	493.11192	0.48095	12.8724	18.17
5	83	499.53441	0.38984	0.0274	3.74
6	84	499.5481	0.00105		

Maximumrank	Parms	LL	Eigenvalue	Maxstatistic	5% Criticalvalue
0	48	395.74158	—	81.9615	42.48
1	59	436.72232	0.95725	50.2183	36.41
2	68	461.83145	0.85507	45.5114	30.33
3	75	484.58715	0.82630	17.0495	23.78
4	80	493.11192	0.48095	12.8450	16.87
5	83	499.53441	0.38984	0.0274	3.74
6	84	499.5481	0.00105		

农林水支出

Maximumrank	Parms	LL	Eigenvalue	Tracestatistic	5% Criticalvalue
0	48	347.41689	—	155.2050	104.94
1	59	382.09226	0.93056	85.8543	77.74
2	68	401.25246	0.77096	47.5339 *	54.64
3	75	412.07348	0.56499	25.8918	34.55
4	80	419.97382	0.45541	10.0911	18.17
5	83	425.01898	0.32165	0.0008	3.74
6	84	425.0194	0.00003		

		农林水支出			
Maximumrank	Parms	LL	Eigenvalue	Maxstatistic	5% Criticalvalue
0	48	347. 41689	—	69. 3507	42. 48
1	59	382. 09226	0. 93056	38. 3204	36. 41
2	68	401. 25246	0. 77096	21. 6420	30. 33
3	75	412. 07348	0. 56499	15. 8007	23. 78
4	80	419. 97382	0. 45541	10. 0903	16. 87
5	83	425. 01898	0. 32165	0. 0008	3. 74
6	84	425. 0194	0. 00003		

注: ＊表示变量之间具有协整性关系。

由表 10 - 8 中协整性检验结果可知，在 5% 的显著性水平下，教育支出、医疗卫生支出、农林水支出"迹检验"统计量分别为 15. 8742、48. 8990 和 47. 5339，拒绝"不存在协整向量"和"至多存在一个协整向量"的原假设，而接受"至多存在两个协整向量"的原假设。社会保障支出和科技支出"迹检验"统计量分别为 29. 0778 和 29. 9219，接受"至多存在三个协整向量"的原假设。因此，本部分各模型中的多个变量均分别通过协整性检验，同一模型中各变量之间存在协整关系，可以建立实证模型并继续进行回归分析。

10. 2. 3. 2 实证结果分析

（1）教育支出的经济福利效应实证结果。

为保证实证结果的稳健性，本书采用逐步回归的方式，检验全国整体视角下，教育支出的经济福利效应。其中，模型 1 加入的控制变量为人均 GDP，模型 2 加入的控制变量为人均 GDP 及产业结构，模型 3 加入的控制变量为人均 GDP、产业结构及对外开放程度，模型 4 加入的控制变量为人均 GDP、产业结构、对外开放程度及居民消费价格指数。

表 10 - 9 为全国整体视角下，教育支出的经济福利效应实证模型回归结果。各个模型的回归结果中，拟合优度 R^2 的数值较大，均在 0. 96 以上，故以上模型拟合程度较好。解释变量教育支出的符号及显著性保持不变，说明模型回归结果是平稳的。

表 10 - 9 　　　　　全国整体视角：教育支出经济福利效应实证模型的回归结果

变量	模型 1	模型 2	模型 3	模型 4
	系数	系数	系数	系数
ed	2. 134613 (1. 48)	2. 612645 (2. 43) ＊＊	2. 826682 (2. 42) ＊＊	3. 678002 (2. 61) ＊＊
gdp	0. 8421854 (42. 67) ＊＊	0. 7516352 (30. 75) ＊＊	0. 7392688 (21. 55) ＊＊	0. 7384004 (21. 58) ＊＊
cyjg		0. 7721169 (4. 63) ＊＊	0. 8946067 (3. 09) ＊＊	0. 8745272 (3. 03) ＊＊
open			0. 1031198 (0. 52)	0. 130521 (0. 66)

变量	模型 1	模型 2	模型 3	模型 4
	系数	系数	系数	系数
cpi				-0.3826179 (-1.07)
C	-0.1784947 (-0.54)	-0.1077792 (-0.44)	-0.1929113 (-0.65)	0.0890582 (0.22)
R^2	0.9877	0.9935	0.9935	0.9939
P 值	0	0	0	0

注：括号里为 t 统计量值，＊表示 10% 显著水平下显著，＊＊表示 5% 显著水平下显著。

从上述模型的实证结果来看，解释变量教育支出的系数为正，在 5% 的显著性水平上显著，即教育支出具有显著的经济福利正效应。政府通过增加教育支出，加大对教育的补助力度，降低居民的教育负担，同时提高教育质量，提升劳动者素质技能，促进劳动生产率水平的提高，进而加快我国经济发展速度，增加国民收入，提高经济福利。此外，据研究统计，低收入群体在教育支出中获取人力资本的效益高于其他人，有利于缩小居民收入差距，增加社会公平，提高经济福利[①]。

从模型的控制变量来看，人均 GDP 及产业结构均与经济福利正相关。产业结构代表第三产业增加值与第二产业增加值的比重，当产业结构优化时，第三产业在整个经济中占比增加，可以吸收更多居民就业，提高国民收入水平，进而改善居民经济福利。对外开放程度及居民消费价格指数对经济福利的影响比较微弱。

（2）医疗卫生支出的经济福利效应实证结果。

为保证实证结果的稳健性，本书采用逐步回归的方式，检验全国整体视角下，医疗卫生支出的经济福利效应。其中，模型 1 加入的控制变量为人均 GDP，模型 2 加入的控制变量为人均 GDP 及产业结构，模型 3 加入的控制变量为人均 GDP、产业结构及对外开放程度，模型 4 加入的控制变量为人均 GDP、产业结构、对外开放程度及居民消费价格指数。

表 10 - 10 为全国整体视角下，医疗卫生支出的经济福利效应实证模型回归结果。各个模型的回归结果中，拟合优度 R^2 的数值较大，均在 0.99 以上，故以上模型拟合程度较好。解释变量医疗卫生支出的符号及显著性保持不变，说明模型回归结果是平稳的。

表 10 - 10　　**全国整体视角：医疗卫生支出经济福利效应的实证模型的回归结果**

变量	模型 1	模型 2	模型 3	模型 4
	系数	系数	系数	系数
me	6.353243 (3.68)＊＊	4.514908 (2.87)＊＊	5.078711 (2.94)＊＊	7.15079 (3.42)＊＊
gdp	0.7766466 (35.61)＊＊	0.7260341 (29.93)＊＊	0.703798 (19.36)＊＊	0.6885114 (18.97)＊＊

① 何宗樾，宋旭光. 公共教育投入如何促进包容性增长 [J]. 河海大学学报（哲学社会科学版），2018，20（05）：42 - 49，91.

续表

变量	模型 1	模型 2	模型 3	模型 4
	系数	系数	系数	系数
cyjg		0.5562143 (3.24)**	0.7177042 (2.75)**	0.6079045 (2.33)**
open			0.1586893 (0.83)	0.2158303 (1.14)
cpi				-0.5619836 (-1.65)
C	0.4755124 (2.93)**	0.5231042 (3.77)**	0.4714714 (3.08)**	1.177642 (2.60)**
R²	0.9913	0.9939	0.9941	0.9948
P 值	0	0	0	0

注：括号里为 t 统计量值，*表示 10% 显著水平下显著，**表示 5% 显著水平下显著。

从表 10 - 10 中各个模型的回归结果来看，医疗卫生支出在 5% 的显著性水平上显著，与经济福利正相关。可能的原因为：其一，当医疗卫生支出增加时，人力资本的健康水平随之提高，劳动者素质提升，促进劳动生产率水平的提高，加速经济发展，改善经济福利水平。其二，医疗卫生产业作为国民经济中的重要产业，政府增加对医疗卫生产业的投资，可吸纳更多人就业，优化资源配置效率，促进经济发展，进而提高经济福利水平。其三，政府针对大病、低收入贫困家庭开展的健康扶贫项目，为看不起病的居民提供高额医疗保障，减轻其医疗负担，帮助患者恢复劳动能力，提高收入水平，进而缩小贫富差距，提高经济福利水平。

从各个模型的控制变量来看，人均 GDP 及产业结构均与经济福利正相关，说明提高人均 GDP，优化产业结构，有利于我国经济福利的改善。对外开放程度与经济福利正相关，但影响比较微弱。居民消费价格指数与经济福利负相关，同样影响不大。

（3）社会保障支出的经济福利效应实证结果。

为保证实证结果的稳健性，本书采用逐步回归的方式，检验全国整体视角下，社会保障支出的经济福利效应。其中，模型 1 加入的控制变量为人均 GDP，模型 2 加入的控制变量为人均 GDP 和产业结构，模型 3 加入的控制变量为人均 GDP、对外开放程度，模型 4 加入的控制变量为人均 GDP、产业结构、对外开放程度及居民消费价格指数。

表 10 - 11 为全国整体视角下，社会保障支出的经济福利效应实证模型回归结果。各个模型的回归结果中，拟合优度 R² 的数值较大，均在 0.98 以上，故以上模型拟合程度较好。解释变量社会保障支出的符号及显著性保持不变，说明模型回归结果是平稳的。

表 10 - 11   **全国整体视角：社会保障支出经济福利效应实证模型的回归结果**

变量	模型 1	模型 2	模型 3	模型 4
	系数	系数	系数	系数
ss	1.267057 (1.48)	0.6374244 (0.89)	1.533086 (1.65)	1.341488 (1.70)
gdp	0.78753 (22.11)**	0.7266321 (21.76)**	0.7733767 (18.82)**	0.6795065 (17.47)**

变量	模型 1	模型 2	模型 3	模型 4
	系数	系数	系数	系数
cyjg		0.6934599 (3.69)**		0.7482814 (3.90)**
open			0.0880701 (0.49)	0.2313563 (1.53)
cpi				−0.3055065 (−0.85)
C	0.5915953 (1.98)*	0.5603545 (2.30)**	0.7146946 (2.05)*	1.243471 (2.08)**
R^2	0.9877	0.9921	0.9862	0.9928
P 值	0	0	0	0

注：括号里为 t 统计量值，*表示 10%显著水平下显著，**表示 5%显著水平下显著。

从表 10-11 的回归结果来看，全国整体视角下，社会保障支出对经济福利具有正向促进作用，当社会保障支出增加时，居民经济福利水平提高。社会保障支出对经济福利的影响主要有以下两点：其一，自然灾害生活救助、最低生活保障、临时救助以及特困人员救助供养等社会保障支出项目，可以保障低收入、贫困、弱势群体利益，增加其可支配收入，缩小我国居民收入差距，促进社会公平，提高经济福利水平。其二，政府增加就业补助及就业培训等社会保障支出，在提升劳动力就业技能，提高就业率方面具有重要作用，有利于改善居民就业情况，增加国民收入，进而改善经济福利。

从控制变量的情况来看，人均 GDP 及产业结构均与经济福利正相关，且在 5%的显著性水平上影响显著，即人均 GDP 水平的提高、产业结构的升级均对提高经济福利水平有显著的促进作用。对外开放程度对经济福利有正向影响，居民消费价格指数对经济福利有负向影响，但影响均比较微弱。

（4）科技支出的经济福利效应实证结果。

为保证实证结果的稳健性，本书采用逐步回归的方式，检验全国整体视角下，科技支出的经济福利效应。其中，模型 1 加入的控制变量为人均 GDP，模型 2 加入的控制变量为人均 GDP 及产业结构，模型 3 加入的控制变量为人均 GDP、产业结构及居民消费价格指数，模型 4 加入的控制变量为人均 GDP、产业结构、对外开放程度及居民消费价格指数。

表 10-12 为全国整体视角下，民生财政支出结构中科技支出的经济福利效应实证模型回归结果。各个模型的回归结果中，拟合优度 R^2 均大于 0.98，模型拟合程度非常好。

表 10-12   全国整体视角：科技支出经济福利效应实证模型的回归结果

变量	模型 1	模型 2	模型 3	模型 4
	系数	系数	系数	系数
tc	13.28021 (1.53)	13.43818 (2.01)*	14.97493 (1.97)*	15.86237 (1.94)*
gdp	0.8863159 (22.29)**	0.7986935 (21.73)**	0.8049897 (20.15)**	0.7996974 (18.35)**

变量	模型 1	模型 2	模型 3	模型 4
	系数	系数	系数	系数
cyjg		0.7350743 (4.29)**	0.7096245 (3.87)**	0.7903071 (2.63)**
open				0.0706717 (0.34)
cpi			−0.1523302 (−0.45)	−0.1594707 (−0.46)
C	−0.7989634 (−1.14)	−0.6559899 (−1.22)	−0.5940866 (−1.05)	−0.6850449 (−1.08)
R^2	0.9877	0.9930	0.9931	0.9931
P 值	0	0	0	0

注：括号里为 t 统计量值，* 表示 10% 显著水平下显著，** 表示 5% 显著水平下显著。

根据表 10-12 的回归结果来看，解释变量科技支出在 5% 的显著性水平上显著，且与经济福利水平呈现正相关关系。科技支出对经济福利的促进，主要体现在科技支出促进经济增长，从而提高经济福利水平。科技支出对经济福利的作用机理主要体现在生产效率的提高。科技支出刺激科学技术的发展与创新，促进科技进步，提高全要素生产率，加快经济发展速度，增加国民收入，改善居民的经济福利水平。

从控制变量的回归结果分析，人均 GDP 显著且为正，即人均 GDP 增加经济福利，具有经济福利正效应；产业结构显著且为正，即产业结构增加经济福利，具有经济福利正效应；对外开放程度为正值，即对外开放程度增加经济福利，具有经济福利正效应；居民消费价格指数为负值，即缩小经济福利，具有经济福利负效应，与前面实证结果保持一致，此处不再进行解释。

（5）农林水支出的经济福利效应实证结果。

为保证实证结果的稳健性，本书采用逐步回归的方式，检验全国整体视角下，农林水支出的经济福利效应。其中，模型 1 加入的控制变量为人均 GDP，模型 2 加入的控制变量为人均 GDP 及产业结构，模型 3 加入的控制变量为人均 GDP、产业结构及居民消费价格指数，模型 4 加入的控制变量为人均 GDP、产业结构、对外开放程度及居民消费价格指数。

表 10-13 为全国整体视角下，民生财政支出结构中农林水支出的经济福利效应实证模型回归结果。各个模型的回归结果中，拟合优度 R^2 均大于 0.9，模型拟合程度非常好。在模型 1 至模型 4 中，解释变量农林水支出的符号及显著性保持一致，模型回归结果平稳。

表 10-13   全国整体视角：农林水支出经济福利效应实证模型的回归结果

变量	模型 1	模型 2	模型 3	模型 4
	系数	系数	系数	系数
zn	6.456119 (4.53)**	4.762251 (3.47)**	4.84076 (3.36)**	5.397852 (3.48)**

变量	模型 1	模型 2	模型 3	模型 4
	系数	系数	系数	系数
gdp	0.838168 (57.99)**	0.7776997 (32.28)**	0.7782894 (31.50)**	0.7597577 (24.35)**
cyjg		0.4913047 (2.95)**	0.4763819 (2.62)**	0.6549833 (2.54)**
open				0.1784666 (0.97)
cpi			−0.0648982 (−0.23)	−0.0623625 (−0.22)
C	−0.3841217 (−1.99)*	−0.1181823 (−0.62)	−0.0492639 (−0.14)	−0.1885191 (−0.49)
R²	0.9926	0.9946	0.9946	0.9948
P 值	0	0	0	0

注：括号里为 t 统计量值，＊表示 10% 显著水平下显著，＊＊表示 5% 显著水平下显著。

从表 10 – 13 的回归结果来看，解释变量农林水支出在 5% 的显著性水平上显著，且与经济福利水平呈现正相关关系。农林水支出能够直接有效地将财政资金补贴到居民，特别是农村居民手中，提高农村居民生产的积极性，增加农民收入，缩小与城镇居民收入分配差距，并且农林水支出进一步促进农村经济发展，增加居民的整体经济福利。

从控制变量的回归结果分析，人均 GDP 在 5% 的水平上显著且为正，即人均 GDP 增加有助于提高经济福利水平，具有经济福利正效应；产业结构在 5% 的水平上显著且为正，即优化产业结构能够增加经济福利，具有经济福利正效应；居民消费价格指数回归系数为负值，具有经济福利负效应，居民消费价格指数上升使得居民的实际购买力下降，从而减小经济福利。

10.3　城镇居民视角：财政支出的经济福利效应

在 10.2 节中从全国整体视角实证检验了财政支出的经济福利效应。由于城乡的差异性，本节从城镇居民的视角，实证分析财政支出的经济福利效应，以期得出财政支出对城镇居民经济福利效应的规律。

10.3.1　非民生财政支出的经济福利效应

本节主要检验非民生财政支出对我国城镇居民经济福利的影响。解释变量为非民生财政支出，控制变量选用经济发展水平、产业发展水平和城市发展水平。本节以基准模型式（10 – 2）为基础，选择静态面板模型，采用固定效应方法回归，在实证分析时逐步引入控制变量，更好地反映非民生财政支出对城镇居民经济福利的影响。

10.3.1.1 协整性检验

参考10.1.3中对于面板数据的平稳性检验结果,本部分模型中多个变量需继续进行协整性检验,以确保数据的长期稳定性。在对面板数据模型中多个变量进行协整性检验的方法中,一般以 westerlund 方法较为有效。因此,本部分采用 westerlund 协整检验方法对模型中各变量进行协整性检验。具体检验结果见表10-14。

表 10-14   城镇居民视角:非民生财政支出经济福利效应实证模型的协整性检验

	Statistic	p-value
Varianceratio	2.9103	0.0018

根据表10-14中协整性检验结果,检验统计量为2.9103,在5%显著性水平下,拒绝"不存在协整向量"的原假设,模型中各变量之间存在协整关系,通过协整性检验,可以建立实证模型并继续进行回归分析。

10.3.1.2 实证结果分析

为保证实证结果的稳健性,本书采用逐步回归的方式,检验城镇居民视角下,非民生财政支出的经济福利效应。其中,模型1加入的控制变量为产业结构,模型2加入的控制变量为城镇化率,模型3加入的控制变量为产业结构和城镇化率,模型4加入的控制变量为产业机构、城镇化率和失业率。

表10-15为城镇居民视角下,非民生财政支出的经济福利效应实证模型回归结果。各个模型的回归结果中,拟合优度 R^2 的数值较大,故以上模型拟合程度较好。解释变量非民生财政支出及其二次项的符号及显著性保持不变,说明模型回归结果是平稳的。

表 10-15   城镇居民视角:非民生财政支出经济福利效应实证模型的回归结果

变量	模型1	模型2	模型3	模型4
	系数	系数	系数	系数
fms	35.49492	26.21988	26.15382	26.34234
	(15.53)**	(11.79)**	(11.80)**	(11.53)**
fmss	−75.76265	−48.30512	−48.75169	−49.76941
	(−7.78)**	(−5.31)**	(−5.37)**	(−5.21)**
cyjg	0.1888592		0.126478	0.1274893
	(2.74)**		(2.04)**	(2.05)**
city		1.661236	1.63402	1.641328
		(11.29)**	(11.09)**	(11.02)**
syl				−0.8936916
				(−0.35)
C	6.182082	6.20601	6.104085 (50.23)**	6.123536
	(45.71)**	(55.86)**		(45.72)**
时间项	N	N	N	N
个体项	Y	Y	Y	Y

变量	模型 1	模型 2	模型 3	模型 4
	系数	系数	系数	系数
R^2	0.6670	0.7303	0.7325	0.7326
P 值	0	0	0	0

注：括号里为 t 统计量值，＊表示 10% 显著水平下显著，＊＊表示 5% 显著水平下显著。

从表 10 - 15 各个模型的回归结果来看，城镇地区的非民生财政支出的一次项系数为正，二次项系数为负，即非民生财政支出与经济福利呈倒 U 型关系。在非民生财政支出达到一定水平前，非民生财政支出的增加可促进经济的发展，增加经济福利。当非民生财政支出达到一定水平后，一方面，非民生财政支出对资源的配置效率下降，不利于经济的发展；另一方面，非民生财政支出会挤占民生财政支出，抑制财政支出在缩小居民收入差距方面的作用，故经济福利水平逐渐下降。

此外，从回归结果综合来看，控制变量产业结构、城镇化率均在 5% 的显著性水平上显著，对经济福利有正向影响。城镇化率具有经济福利正效应，与理论预期相符，原因在于城镇化水平的提高，推动了物质资本的增长，促进了城镇地区公共基础设施的完善，同时促进了人力资本素质的提高，进而提高经济发展速度，增加国民收入，促进经济福利水平的提高。但失业率对经济福利的影响比较微弱。

10.3.2　民生财政支出的经济福利效应

本节实证模型基于基准模型式（10 - 2），选择静态面板模型，采用固定效应方法回归，在实证分析时逐步引入控制变量，更好地反映民生财政支出对城镇居民经济福利的影响。解释变量为民生财政支出，控制变量同样选用经济发展水平、产业发展水平和城市发展水平。

10.3.2.1　协整性检验

参考 10.1.3 中平稳性检验结果，本部分模型中多个变量需要进一步进行协整性检验。同理，与本章 10.3.2.1 中协整性检验方式相同，本部分同样使用 westerlund 检验方法对各变量进行协整性检验。具体协整性检验结果见表 10 - 16。

表 10 - 16　　　城镇居民视角：民生财政支出经济福利效应实证模型的协整性检验

	Statistic	p-value
Varianceratio	- 1.2866	0.0991

依据表 10 - 16 中协整性检验结果，检验统计量为 - 1.2866，在 10% 显著性水平下，拒绝"不存在协整向量"的原假设，模型中各变量之间存在协整关系，通过协整性检验，变量数据之间存在长期稳定性，满足进行回归分析的前提条件，可以继续进行回归分析。

10.3.2.2　实证结果分析

为保证实证结果的稳健性，本书采用逐步回归的方式，检验城镇居民视角下，民生财政支出的经济福利效应。其中，模型 1 加入的控制变量为人均 GDP，模型 2 加入的控制变量为人均 GDP 及城镇化率，模型 3 加入的控制变量为人均 GDP 和产业结构，模型 4 加入的控制变量为人均 GDP、产业结构和城镇化率。

表 10-17 为城镇居民视角下，民生财政支出的经济福利效应实证模型回归结果。各个模型的回归结果中，拟合优度 R^2 的数值较大，均接近于 1，故以上模型拟合程度较好。

表 10-17　　　　城镇居民视角：民生财政支出经济福利效应实证模型的回归结果

变量	模型 1	模型 2	模型 3	模型 4
	系数	系数	系数	系数
ms	0.704505 (2.97)**	0.9724571 (4.47)**	0.6679156 (3.31)**	0.9061995 (4.91)**
gdp	0.7233766 (73.04)**	0.6786004 (67.59)**	0.7158967 (84.67)**	0.6770392 (79.61)**
city		0.4194797 (10.19)**		0.368985 (10.52)**
cyjg			0.2077288 (13.83)**	0.1930448 (14.12)**
C	1.96893 (24.25)**	2.188137 (28.40)**	1.83719 (26.31)**	2.039322 (30.85)**
时间项	N	N	N	N
个体项	Y	Y	Y	Y
R^2	0.9778	0.9816	0.9839	0.9868
P 值	0	0	0	0

注：括号里为 t 统计量值，* 表示 10% 显著水平下显著，** 表示 5% 显著水平下显著。

从各个模型的回归结果综合来看，城镇地区民生财政支出的符号为正，且在 5% 的水平上显著，即民生财政支出具有显著的经济福利正效应。一方面，政府增加医疗卫生支出、社会保障支出及农林水支出，可通过医疗保险、最低生活保障及扶贫项目增加低收入群体的收入，缩小收入分配差距，促进社会公平。另一方面，当教育支出、医疗卫生支出及社会保障支出增加时，可促进人力资本健康素质、劳动技能的提高，提升劳动生产率，增加国民收入，促进社会经济发展效率的提高。从社会公平和效率两方面共同作用，提高经济福利水平。此外，从模型的控制变量的回归结果来看，人均 GDP、产业结构、城镇化率均具有显著的经济福利正效应。

10.3.3　民生财政支出结构的经济福利效应

为更好考察各项财政支出对经济福利影响的差异性，本节论证财政支出结构对城镇居民经济福利的影响。此部分实证模型为基准模型式（10-2），考察教育支出、医疗卫生支出、社会保障支出、农林水支出和科技支出对城镇居民经济福利的影响。为更好比较各项财政支出对城镇居民经济福利的影响力度，控制变量均选用经济发展水平、城市化水平、产业发展水平和就业水平。

10.3.3.1 协整性检验

参考10.1.3中平稳性检验结果，本部分多个模型中各变量需要进一步进行协整性检验。同理，与本章10.3.2.1中协整性检验方式相同，本部分同样使用westerlund检验方法对各变量进行协整性检验。具体协整性检验结果见表10－18。

表10－18　　　　城镇居民视角：各类民生财政支出结构经济福利效应实证模型的协整性检验

类型	Statistic	p-value
教育支出	－2.2741	0.0115
医疗卫生支出	－2.8055	0.0025
社会保障支出	－1.9862	0.0235
科技支出	－2.1590	0.0154

依据表10－18中协整性检验结果，各模型检验统计量分别为－2.2741、－2.8055、－1.9862、－2.1590、－2.3898，在5%显著性水平下，均拒绝"不存在协整向量"的原假设，各模型分别通过协整性检验，说明每个模型中各变量均存在协整关系，表明数据之间存在长期稳定性，具备有效性，可以进行回归分析。

10.3.3.2 实证结果分析

（1）教育支出的经济福利效应。

为保证实证结果的稳健性，本书采用逐步回归的方式，检验城镇居民视角下，教育支出的经济福利效应。其中，模型1加入的控制变量为人均GDP，模型2加入的控制变量为人均GDP及城镇化率，模型3加入的控制变量为人均GDP、城镇化率及失业率，模型4加入的控制变量为人均GDP、城镇化率、失业率及产业结构。

表10－19为城镇居民视角下，教育支出的经济福利效应实证模型回归结果。各个模型的回归结果中，拟合优度R^2的数值较大，均接近于1，故以上模型拟合程度较好。解释变量教育支出的符号及显著性保持不变，说明模型回归结果是平稳的。

表10－19　　　　城镇居民视角：教育支出经济福利效应实证模型的回归结果

变量	模型1	模型2	模型3	模型4
	系数	系数	系数	系数
ed	1.29032 (4.85)**	1.251612 (5.12)**	1.246746 (5.12)**	0.4548869 (2.07)**
gdp	0.741398 (143.09)**	0.7086333 (121.35)**	0.7074799 (121.10)**	0.7077545 (139.87)**
city		0.3938462 (9.69)**	0.4090876 (9.95)**	0.3651226 (10.21)**
syl			－1.357092 (－2.17)**	－1.474992 (－2.73)**
cyjg				0.1869728 (12.97)**

变量	模型 1	模型 2	模型 3	模型 4
	系数	系数	系数	系数
C	1.768303 (36.98)**	1.905219 (41.28)**	1.956638 (37.84)**	1.840211 (40.29)**
时间项	N	N	N	N
个体项	Y	Y	Y	Y
R^2	0.9784	0.9818	0.9820	0.9865
P 值	0	0	0	0

注：括号里为 t 统计量值，*表示 10% 显著水平下显著，**表示 5% 显著水平下显著。

根据本节实证回归结果，我们发现，城镇居民视角下教育支出在 5% 的显著性水平上显著，且与经济福利正相关。原因在于：一方面，针对弱势群体的教育支出项目，如基础教育，具有教育扶贫的作用，可有效促进弱势群体的收入水平提高，从而缩小居民收入差距，改善经济福利水平。另一方面，政府增加教育支出，有利于我国人力资本素质技能的提高，提升国民创新创业能力，提高我国劳动生产率，推动经济发展，最终促进我国经济福利水平上升。此外，从各个模型的控制变量来看，人均 GDP、城镇化率以及产业结构均具有显著的经济福利正效应。失业率与经济福利负相关，在 5% 的显著性水平上显著。原因在于失业率上升，不利于经济的发展，导致国民收入水平下降，经济福利也随之降低。

（2）医疗卫生支出的经济福利效应。

为保证实证结果的稳健性，本书采用逐步回归的方式，检验城镇居民视角下，医疗卫生支出的经济福利效应。其中，模型 1 加入的控制变量为人均 GDP，模型 2 加入的控制变量为人均 GDP 及城镇化率，模型 3 加入的控制变量为人均 GDP、城镇化率及产业结构，模型 4 加入的控制变量为人均 GDP、城镇化率、产业结构及失业率。

表 10-20 为城镇居民视角下，医疗卫生支出的经济福利效应实证模型回归结果。各个模型的回归结果中，拟合优度 R^2 的数值较大，均接近于 1，故以上模型拟合程度较好。解释变量医疗卫生支出的符号及显著性保持不变，说明模型回归结果是平稳的。

表 10-20　城镇居民视角：医疗卫生支出经济福利效应实证模型的回归结果

变量	模型 1	模型 2	模型 3	模型 4
	系数	系数	系数	系数
me	4.658002 (6.98)**	3.986572 (6.40)**	2.38112 (4.29)**	2.129675 (3.72)**
gdp	0.7178685 (109.50)**	0.6916133 (102.70)**	0.6973967 (118.88)**	0.6980113 (119.03)**
city		0.3666174 (9.08)**	0.3329914 (9.47)**	0.3454713 (9.65)**
cyjg			0.1811458 (12.84)**	0.1829244 (12.96)**
syl				-0.9802322 (-1.77)*

变量	模型 1	模型 2	模型 3	模型 4
	系数	系数	系数	系数
时间项	N	N	N	N
个体项	Y	Y	Y	Y
C	1.974607 (36.09)**	2.073145 (39.94)**	1.886698 (39.83)**	1.912535 (38.67)**
R^2	0.9794	0.9823	0.9867	0.9868
P 值	0	0	0	0

注:括号里为 t 统计量值,* 表示10%显著水平下显著,** 表示5%显著水平下显著。

从表 10-20 中各个模型的回归结果来看,医疗卫生支出回归系数为正,在 5% 的显著性水平上显著,即在城镇地区医疗卫生支出具有显著的经济福利正效应。当政府增加医疗卫生领域的财政支出时,首先,能够促进我国医疗卫生事业的发展,吸纳更多人就业,提高资源配置效率,促进经济发展,进而提高经济福利水平;其次,人力资本的健康水平随之提高,劳动者素质提升,促进劳动生产率的提高,加速经济发展,改善经济福利水平;最后,加大健康扶贫的力度,为看不起病的居民提供一定的医疗保障,减轻其医疗负担,帮助患者恢复劳动能力,提高其收入水平,进而缩小贫富差距,改善居民经济福利。

从各个模型的控制变量来看,人均 GDP、城镇化率及产业结构均与经济福利正相关,说明增加人均 GDP、提高城镇化水平及优化产业结构,有利于我国经济福利的改善。失业率与经济福利负相关,但影响比较微弱。

(3)社会保障支出的经济福利效应。

为保证实证结果的稳健性,本书采用逐步回归的方式,检验城镇居民视角下,社会保障支出的经济福利效应。其中,模型 1 加入的控制变量为人均 GDP,模型 2 加入的控制变量为人均 GDP 及城镇化率,模型 3 加入的控制变量为人均 GDP、城镇化率及产业结构,模型 4 加入的控制变量为人均 GDP、城镇化率、产业结构及失业率。

表 10-21 为城镇居民视角下,社会保障支出的经济福利效应实证模型回归结果。各个模型的回归结果中,拟合优度 R^2 的数值较大,均接近于 1,故以上模型拟合程度较好。解释变量社会保障支出的符号及显著性保持不变,说明模型回归结果是平稳的。

表 10-21　城镇居民视角:社会保障支出经济福利效应实证模型的回归结果

变量	模型 1	模型 2	模型 3	模型 4
	系数	系数	系数	系数
ss	1.611581 (5.25)**	1.263105 (4.39)**	1.115012 (4.08)**	1.123963 (4.11)**
gdp	0.7207963 (99.33)**	0.6956061 (95.39)**	0.6961942 (98.19)**	0.6953897 (97.44)**
city		0.3729094 (9.03)**	0.3189339 (7.90)**	0.3264651 (7.94)**
cyjg			0.4310229 (8.35)**	0.4199166 (7.94)**

变量	模型 1	模型 2	模型 3	模型 4
	系数	系数	系数	系数
syl				-0.6313825
				(-0.99)
C	1.990656	2.073547	2.088719	2.114927
	(31.69)**	(35.12)**	(36.18)**	(33.30)**
时间项	N	N	N	N
个体项	Y	Y	Y	Y
R^2	0.9786	0.9816	0.9826	0.9827
P 值	0	0	0	0

注：括号里为 t 统计量值，* 表示10%显著水平下显著，** 表示5%显著水平下显著。

根据表 10-21 的回归结果，我们发现，城镇居民视角下社会保障支出与经济福利正相关，模型在5%的水平上影响显著。从控制变量来看，人均 GDP、城镇化率及产业结构均对经济福利有正向影响，而失业率对经济福利有负向影响，影响比较微弱。

社会保障支出影响经济福利的方式有：一方面，政府提供的针对城镇地区的最低生活保障、特困人员救助供养等社会保障支出较多，有效提高了城镇低收入群体的收入水平，缩小收入分配差距，促进社会公平，进而改善居民经济福利。另一方面，政府通过增加社会保障支出，扩大就业培训、就业咨询范围，实施积极的就业政策，为居民提供良好的就业保障，增加居民收入，提高社会效率，促进经济福利的增加。

（4）科技支出的经济福利效应。

为保证实证结果的稳健性，本书采用逐步回归的方式，检验城镇居民视角下，科技支出的经济福利效应。其中，模型 1 加入的控制变量为人均 GDP，模型 2 加入的控制变量为人均 GDP 及城镇化率，模型 3 加入的控制变量为人均 GDP、城镇化率及产业结构，模型 4 加入的控制变量为人均 GDP、城镇化率、产业结构及失业率。

表 10-22 为城镇居民视角下，民生财政支出结构中科技支出的经济福利效应实证模型回归结果。各个模型的回归结果中，拟合优度 R^2 均大于 0.98，模型拟合程度非常好。在模型 1 至模型 4 中，解释变量与控制变量的符号及显著性均保持不变，说明模型回归结果是平稳的。

表 10-22　　城镇居民视角：科技支出经济福利效应实证模型的回归结果

变量	模型 1	模型 2	模型 3	模型 4
	系数	系数	系数	系数
tc	11.73586	9.595003	9.603747	2.817216
	(12.61)**	(9.94)**	(9.99)**	(2.46)**
gdp	0.7292994	0.7119868	0.710759	0.7096201
	(155.78)**	(133.26)**	(133.05)**	(143.89)**
city		0.2490475	0.2647178	0.3278516
		(6.09)**	(6.42)**	(8.48)**

变量	模型 1	模型 2	模型 3	模型 4
	系数	系数	系数	系数
syl			-1.408525 (-2.41) **	-1.481865 (-2.75) **
cyjg				0.167545 (9.40) **
C	1.887204 (43.34) **	1.953253 (44.96) **	2.006625 (41.31) **	1.86823 (39.59) **
时间项	N	N	N	N
个体项	Y	Y	Y	Y
R^2	0.9828	0.9840	0.9842	0.9866
P 值	0	0	0	0

注：括号里为 t 统计量值，* 表示 10% 显著水平下显著，** 表示 5% 显著水平下显著。

根据表 10 - 22 的回归结果来看，解释变量科技支出在 5% 的显著性水平上显著，且与经济福利水平正相关。科技支出对城镇居民经济福利的促进，主要体现在科技支出促进经济增长，而科技支出的促进经济增长的作用机理主要体现在生产效率的提升。科技支出刺激科学技术的发展与创新，不断推动科技进步，提高了全要素生产率，进一步推动经济的发展，从而提升城镇居民的经济福利水平。

从控制变量的回归结果分析，城镇化率回归系数为正值，即城镇化率的提高有利于增加经济福利，具有经济福利正效应；人均 GDP 显著且为正，即人均 GDP 上升有助于增加城镇居民经济福利，具有经济福利正效应；失业率回归系数为负值，即失业率上升会减少城镇居民经济福利，具有经济福利负效应；产业结构显著且为正，即产业结构优化有利于增加城镇居民经济福利，具有经济福利正效应，与前面实证结果保持一致，此处不再进行解释。

10.4 农村居民视角：财政支出的经济福利效应

在 10.3 节中从城镇居民视角实证检验了财政支出的经济福利效应。为更好地比较财政支出经济福利效应的城乡差异性，本节从农村居民的视角，实证检验财政支出的经济福利效应，以期得出财政支出对农村居民经济福利效应的规律。

10.4.1 非民生财政支出的经济福利效应

本节主要检验非民生财政支出对我国农村居民经济福利的影响。解释变量为非民生财政支出，控制变量选用经济发展水平、产业发展水平和城市发展水平。本节以基准模型式（10 - 3）为基础，采用固定效应方法回归，在实证分析时逐步引入控制变量，更好地反映非民生财政支出对农村居民经济福利的影响。

10.4.1.1 协整性检验

参考 10.1.3 中平稳性检验结果，本部分模型中多个变量需要进一步进行协整性检验。同理，与本章 10.3.2.1 中协整性检验方式相同，本部分同样使用 westerlund 检验方法对各变量进行协整性检验。具体协整性检验结果见表 10－23。

表 10－23　　　　农村居民视角：非民生财政支出结构经济福利效应实证模型的协整性检验

	Statistic	p-value
Varianceratio	2.0640	0.0195

依据表 10－23 中协整性检验结果，检验统计量为 2.0640，在 5% 显著性水平下，拒绝"不存在协整向量"的原假设，模型中各变量之间存在协整关系，通过协整性检验，数据之间存在长期稳定性，可以建立实证模型并继续进行回归分析。

10.4.1.2 实证结果分析

为保证实证结果的稳健性，本书采用逐步回归的方式，检验农村居民视角下，非民生财政支出的经济福利效应。其中，模型 1 加入的控制变量为产业结构，模型 2 加入的控制变量为城镇化率，模型 3 加入的控制变量为产业结构及城镇化率，模型 4 加入的控制变量为产业结构、城镇化率和失业率。

表 10－24 为农村居民视角下，非民生财政支出的经济福利效应实证模型回归结果。各个模型的回归结果中，拟合优度 R^2 的数值较大，均接近于 1，故以上模型拟合程度较好。解释变量非民生财政支出及其二次项的符号及显著性保持不变，说明模型回归结果是平稳的。

表 10－24　　　　农村居民视角：非民生财政支出经济福利效应实证模型的回归结果

变量	模型 1	模型 2	模型 3	模型 4
	系数	系数	系数	系数
fms	33.03183	23.82036	23.87803	25.76782
	(9.88)**	(6.89)**	(7.23)**	(7.46)**
fmss	－72.49052	－46.74103	－51.28383	－60.59158
	(－4.54)**	(－3.02)**	(－3.46)**	(－3.87)**
cyjg	0.434171		0.3510287	0.3587896
	(5.58)**		(4.90)**	(5.02)**
city		1.778089	1.599682	1.647593
		(7.68)**	(7.14)**	(7.33)**
syl				－7.131736
				(－1.78)*
C	5.397708	5.556085	5.317452	5.434587
	(31.64)**	(35.93)**	(34.19)**	(32.32)**
时间项	N	N	N	N
个体项	Y	Y	Y	Y
R^2	0.7008	0.7288	0.7536	0.7569
P 值	0	0	0	0

注：括号里为 t 统计量值，* 表示 10% 显著水平下显著，** 表示 5% 显著水平下显著。

根据上述各个模型的回归结果可知，农村居民视角下的非民生财政支出的一次项系数为正，非民生财政支出的二次项系数为负，即非民生财政支出与经济福利呈倒 U 型关系。原因在于当非民生财政支出的规模达到一定水平之前，随着非民生财政支出的增加，一般公共服务支出、节能环保支出、城乡社区支出、交通运输支出、商业服务业支出等也随之增加，从而促进基础设施建设，改善自然环境及营商环境，促进经济的快速发展，提高国民收入水平，进而改善我国经济福利；当非民生财政支出达到一定规模后，财政支出优化资源配置的功能减弱，经济发展及国民收入水平的增加受到抑制，且非民生财政支出挤占民生财政支出份额，减弱财政支出在缩小居民收入差距方面的作用，不利于经济福利的改善。但是与城镇地区来比，农村地区非民生财政支出的经济福利效应稍弱。可能的原因在于非民生财政支出具有一定的"城市导向性"，政府将更多的非民生财政支出投入城镇地区，城镇居民因非民生财政支出的增加而获得的经济福利更多。此外，从控制变量来看，产业结构及城镇化率在5%的显著性水平上显著，具有经济福利正效应。失业率则具有经济福利负效应。

10.4.2 民生财政支出的经济福利效应

本节实证模型基于基准模型式（10-3），采用固定效应方法回归，在实证分析时逐步引入控制变量，更好地反映民生财政支出对农村居民经济福利的影响。解释变量为民生财政支出，控制变量同样选用经济发展水平、产业发展水平和城市发展水平。

10.4.2.1 协整性检验

参考10.1.3中平稳性检验结果，本部分模型中多个变量需要进一步进行协整性检验。同理，与本章10.3.2.1中协整性检验方式相同，本部分同样使用 westerlund 检验方法对各变量进行协整性检验。具体协整性检验结果见表 10-25。

表 10-25　农村居民视角：民生财政支出经济福利效应实证模型的协整性检验

	Statistic	p-value
Varianceratio	-1.7180	0.0429

依据表 10-25 中协整性检验结果，各模型的检验统计量分别为 -2.1486 和 -1.7180，在5%显著性水平下，拒绝"不存在协整向量"的原假设，模型中各变量之间存在协整关系，通过协整性检验，可以建立实证模型并继续进行回归分析。

10.4.2.2 实证结果分析

为保证实证结果的稳健性，本书采用逐步回归的方式，检验农村居民视角下，民生财政支出的经济福利效应。其中，模型1加入的控制变量为人均GDP，模型2加入的控制变量为人均GDP及城镇化率，模型3加入的控制变量为人均GDP和产业结构，模型4加入的控制变量为人均GDP、产业机构和城镇化率。

表 10-26 为农村居民视角下，民生财政支出的经济福利效应实证模型回归结果。各

个模型的回归结果中，拟合优度 R^2 的数值较大，均接近于 1，故以上模型拟合程度较好。

表 10 - 26　　　农村居民视角：民生财政支出经济福利效应实证模型的回归结果

变量	模型 1	模型 2	模型 3	模型 4
	系数	系数	系数	系数
ms	0.9177384 (2.09) **	1.119047 (2.62) **	1.249485 (3.40) **	1.397496 (3.90) **
gdp	0.7546137 (42.23) **	0.7055192 (34.06) **	0.7105534 (45.94) **	0.6730409 (38.28) **
city		0.3737461 (4.28) **		0.2984657 (4.08) **
cyjg			0.2358973 (10.37) **	0.226831 (10.24) **
C	0.6337325 (4.12) **	0.9211545 (5.65) **	0.8029522 (6.22) **	1.025978 (7.52) **
时间项	N	N	N	N
个体项	Y	Y	Y	Y
R^2	0.9638	0.9664	0.9750	0.9767
P 值	0	0	0	0

注：括号里为 t 统计量值，* 表示 10% 显著水平下显著，** 表示 5% 显著水平下显著。

根据上述模型的回归结果，解释变量农村地区民生财政支出具有显著的经济福利正效应，与理论预期结果一致。首先，政府增加农林水支出，可提高农业现代化水平与农业经济发展速度，增加农村居民收入。其次，当教育支出、医疗卫生支出以及社会保障支出规模扩大时，农村地区的低收入群体可获得更多的补助，缩小农民贫富差距，缓解收入分配不公平，有利于农村地区经济福利水平的提高。通过对实证结果系数的比较，我们发现，与城镇地区相比，农村地区民生财政支出的经济福利正效应更强，即增加等量的民生财政支出，农村地区增加的经济福利大于城镇地区。从控制变量来看，人均 GDP、城镇化率以及产业结构均具有显著的经济福利正效应。

10.4.3　民生财政支出结构的经济福利效应

为更好考察各项财政支出对经济福利影响的差异性，本节论证财政支出结构对农村居民经济福利的影响。此部分实证模型为基准模型式（10-3），考察教育支出、医疗卫生支出、社会保障支出、农林水支出和科技支出对农村居民经济福利的影响。为更好比较各项财政支出对农村居民经济福利的影响力度，控制变量均选用经济发展水平、城市化水平、产业发展水平和就业水平。

10.4.3.1　协整性检验

参考 10.1.3 中平稳性检验结果，本部分多个模型中各变量需要进一步进行协整性检验。同理，与本章 10.3.2.1 中协整性检验方式相同，本部分同样使用 westerlund 检验方法对多个模型中各变量进行协整性检验。具体协整性检验结果见表 10 – 27。

表 10 – 27　　　农村居民视角：各类民生财政支出结构经济福利效应实证模型的协整性检验

类型	Statistic	p-value
教育支出	– 2.6981	0.0035
医疗卫生支出	– 2.6557	0.0040
社会保障支出	– 2.4650	0.0069
科技支出	– 2.1590	0.0154
农林水支出	– 2.6981	0.0035

依据表 10 – 27 中协整性检验结果，各模型的检验统计量分别为 – 2.6981、– 2.6557、– 2.4545、– 2.4650、– 2.6981，在 5% 显著性水平下，均拒绝"不存在协整向量"的原假设，各模型分别通过协整性检验，说明每个模型中各变量均存在协整关系，可以建立实证模型并继续进行回归分析。

10.4.3.2　实证结果分析

（1）教育支出的经济福利效应。

为保证实证结果的稳健性，本书采用逐步回归的方式，检验农村居民视角下，教育支出的经济福利效应。其中，模型 1 加入的控制变量为人均 GDP，模型 2 加入的控制变量为人均 GDP 及城镇化率，模型 3 加入的控制变量为人均 GDP 及失业率，模型 4 加入的控制变量为人均 GDP、城镇化率及失业率。

表 10 – 28 为农村居民视角下，教育支出的经济福利效应实证模型回归结果。各个模型的回归结果中，拟合优度 R^2 的数值较大，均接近于 1，故以上模型拟合程度较好。解释变量民生财政支出的符号及显著性保持不变，说明模型回归结果是平稳的。

表 10 – 28　　　　农村居民视角：教育支出经济福利效应实证模型的回归结果

变量	模型 1	模型 2	模型 3	模型 4
	系数	系数	系数	系数
ed	1.162341 (2.60)**	1.280633 (2.96)**	1.299184 (3.08)**	1.45077 (3.62)**
gdp	0.7735054 (71.29)**	0.7309503 (50.23)**	0.783178 (75.51)**	0.7347025 (54.57)**
city		0.3652766 (4.22)**		0.4246335 (5.27)**
syl			– 7.544972 (– 5.59)**	– 8.320863 (– 6.45)**
C	0.4349839 (4.43)**	0.6675787 (6.08)**	0.5758762 (6.00)**	0.8607561 (8.13)**
时间项	N	N	N	N
个体项	Y	Y	Y	Y
R^2	0.9642	0.9667	0.9683	0.9716
P 值	0	0	0	0

注：括号里为 t 统计量值，* 表示 10% 显著水平下显著，** 表示 5% 显著水平下显著。

从上述模型的回归结果综合来看，农村视角下教育支出回归系数为正，在5%的显著性水平上显著，说明教育支出具有显著的经济福利正效应。其一，针对弱势群体的教育支出项目，如基础教育，具有教育扶贫的作用，可有效促进弱势群体的收入水平提高，从而缩小居民收入差距，改善经济福利水平。其二，政府增加教育支出，有利于我国人力资本素质技能的提高，提升国民创新创业能力，提高劳动生产率，推动我国经济的发展，最终改善我国经济福利。通过对实证结果系数的比较，我们发现，与城镇地区相比，农村地区教育支出的经济福利正效应更强，即增加等量的教育支出，农村地区增加的经济福利大于城镇地区。从各模型的控制变量来看，人均GDP与城镇化率均与经济福利显著正相关，失业率与经济福利显著负相关，且都在5%的显著性水平上显著。

（2）医疗卫生支出的经济福利效应。

为保证实证结果的稳健性，本书采用逐步回归的方式，检验农村居民视角下，医疗卫生支出的经济福利效应。其中，模型1加入的控制变量为人均GDP及城镇化率，模型2加入的控制变量为人均GDP、城镇化率及产业结构，模型3加入的控制变量为人均GDP、城镇化率及失业率，模型4加入的控制变量为人均GDP、城镇化率、产业结构及失业率。

表10-29为农村居民视角下，医疗卫生支出的经济福利效应实证模型回归结果。各个模型的回归结果中，拟合优度R^2的数值较大，均接近于1，故以上模型拟合程度较好。解释变量医疗卫生支出的符号及显著性保持不变，说明模型回归结果是平稳的。

表10-29　　　　农村居民视角：医疗卫生支出经济福利效应实证模型的回归结果

变量	模型1 系数	模型2 系数	模型3 系数	模型4 系数
me	7.649331 (6.55)**	6.130818 (6.03)**	6.155385 (5.30)**	4.391899 (4.48)**
gdp	0.684078 (43.04)**	0.6768042 (49.49)**	0.7005082 (44.85)**	0.6949168 (53.56)**
city	0.3267274 (4.03)**	0.2594285 (3.71)**	0.3732179 (4.77)**	0.3087078 (4.73)**
cyjg		0.1993606 (9.27)**		0.2077743 (10.42)**
syl			-6.145592 (-4.73)**	-6.889698 (-6.38)**
C	1.060619 (8.64)**	0.9916584 (9.38)**	1.107115 (9.38)**	1.040874 (10.60)**
时间项	N	N	N	N
个体项	Y	Y	Y	Y
R^2	0.9707	0.9785	0.9732	0.9816
P值	0	0	0	0

注：括号里为t统计量值，＊表示10%显著水平下显著，＊＊表示5%显著水平下显著。

根据表10-29实证回归结果，我们发现，医疗卫生支出与经济福利正相关，在5%的显著性水平上显著，说明农村地区医疗卫生支出具有显著的经济福利正效应。主要原因在以下两个方面：第一，健康是一种关键的人力资本，政府增加医疗卫生支出，可提高居民的健康水平，增加健康人力资本，提高劳动效率，推动经济的迅速发展，进而改善经济福利。第二，政府针对大病、低收入贫困家庭开展的健康扶贫项目，为看不起病的居民提供高质量的医疗服务，帮助患者恢复劳动能力，提高其收入水平，进而缩小贫富差距，增加经济福利。通过对实证结果系数的比较，我们发现，与城镇地区相比，农村地区医疗卫生支出的经济福利正效应更强，即增加等量的医疗卫生支出，农村地区增加的经济福利大于城镇地区。

从各个模型的控制变量来看，人均 GDP、城镇化率及产业结构均与经济福利正相关，说明增加人均 GDP、加快城镇化进程、优化产业结构，有利于我国经济福利的改善。而失业率与经济福利负相关，说明失业率提高，国民收入水平下降，不利于经济福利的改善。

（3）社会保障支出的经济福利效应。

为保证实证结果的稳健性，本书采用逐步回归的方式，检验农村居民视角下，社会保障支出的经济福利效应。其中，模型 1 加入的控制变量为人均 GDP，模型 2 加入的控制变量为人均 GDP 及城镇化率，模型 3 加入的控制变量为人均 GDP 及失业率，模型 4 加入的控制变量为人均 GDP、城镇化率及失业率。

表 10－30 为农村居民视角下，社会保障支出的经济福利效应实证模型回归结果。各个模型的回归结果中，拟合优度 R^2 的数值较大，均在 0.99 以上，故以上模型拟合程度较好。解释变量社会保障支出的符号及显著性保持不变，说明模型回归结果是平稳的。

表 10－30　　　　　农村居民视角：社会保障支出经济福利效应实证模型的回归结果

变量	模型 1	模型 2	模型 3	模型 4
	系数	系数	系数	系数
ss	2.580045 (4.16)**	2.208176 (3.58)**	2.13179 (3.55)**	1.621489 (2.74)**
gdp	0.7325775 (45.89)**	0.7071314 (40.71)**	0.7514716 (47.68)**	0.7226664 (43.52)**
city		0.2927419 (3.36)**		0.3581952 (4.32)**
syl			-6.558319 (-4.84)**	-7.367203 (-5.57)**
C	0.8262153 (5.82)**	0.9447979 (6.59)**	0.8667228 (6.37)**	1.016815 (7.49)**
时间项	N	N	N	N
个体项	Y	Y	Y	Y
R^2	0.9656	0.9672	0.9687	0.9710
P 值	0.0000	0.0000	0.0000	0.0000

注：括号里为 t 统计量值，* 表示 10% 显著水平下显著，** 表示 5% 显著水平下显著。

从表 10－30 的回归结果来看，农村居民视角下，社会保障支出对经济福利具有正向促进作用，当社会保障支出增加时，居民福利水平提高。社会保障支出主要通过影响经济发展，促进国民收入水平提高以及缩小居民收入差距两种路径影响经济福利。通过对实证结果系数的比较,我们发现,与城镇地区相比,农村地区社会保障支出的经济福利正效应更强,即增加等量的医疗卫生社会保障支出,农村地区增加的经济福利大于城镇地区。

从控制变量的情况来看,人均 GDP 和城镇化率均与经济福利正相关,且在 5% 的显著性水平上显著,即人均 GDP 水平的提高、城镇化水平的提高均对提高经济福利有显著的促进作用。失业率对经济福利有负向影响,失业率提高会抑制经济福利的改善。

(4)科技支出的经济福利效应。

为保证实证结果的稳健性,本书采用逐步回归的方式,检验农村居民视角下,科技支出的经济福利效应。其中,模型 1 加入的控制变量为人均 GDP,模型 2 加入的控制变量为人均 GDP 及城镇化率,模型 3 加入的控制变量为人均 GDP 及失业率,模型 4 加入的控制变量为人均 GDP、城镇化率及失业率。

表 10-31 为农村居民视角下,民生财政支出结构中科技支出的经济福利效应实证模型回归结果。各个模型的回归结果中,拟合优度 R^2 均大于 0.97,模型拟合程度非常好。在模型 1 至模型 4 中,解释变量与控制变量的符号及显著性均保持不变,说明模型回归结果是平稳的。

表 10-31　　　　　　农村居民视角:科技支出经济福利效应实证模型的回归结果

变量	模型 1	模型 2	模型 3	模型 4
	系数	系数	系数	系数
tc	11.96939	11.69255	12.70034	12.05539
	(8.88) **	(7.69) **	(10.35) **	(8.75) **
gdp	0.7463163	0.7432534	0.7561054	0.7489899
	(77.09) **	(59.94) **	(85.02) **	(66.49) **
city		0.0351429		0.0829505
		(0.40)		(1.03)
syl			-8.28099	-8.377367
			(-7.22) **	(-7.28) **
C	0.6769394	0.6920529	0.8428986	0.8805037
	(7.45) **	(7.01) **	(9.84) **	(9.45) **
时间项	N	N	N	N
个体项	Y	Y	Y	Y
R^2	0.9723	0.9723	0.9772	0.9773
P 值	0	0	0	0

注:括号里为 t 统计量值,＊表示 10% 显著水平下显著,＊＊表示 5% 显著水平下显著。

根据表 10-31 的回归结果来看,解释变量科技支出在 5% 的显著性水平上与经济福利水平正相关。科技支出对农村居民经济福利的促进,主要体现在科技支出促进经济增长,从而提高农村居民经济福利水平。科技支出刺激科学技术的发展与创新,促进科技进步,改良农村生产用机器设备,增加良种推广,进一步推动农村经济的发展,提升农村居民的经济福利水平。通过对实证结果系数的比较,我们发现,与城镇地区相比,农村地区科技支出的经济福利正效应更强,即增加等量的科技支出,农村地区增加的经济福利大于城镇地区。

从控制变量的回归结果分析,城镇化率系数为正值,即加速城镇化进程,有利于改善经济福利，具有经济福利正效应；人均 GDP 显著且为正，即人均 GDP 增加城镇居民经济福利，具有经济福利正效应；失业率系数为负值，即失业率上升会减少城镇居民经济福利，具有经济福利负效应，与前面实证结果保持一致，此处不再赘述。

（5）农林水支出的经济福利效应。

为保证实证结果的稳健性，本书采用逐步回归的方式，检验农村居民视角下，农林水支出的经济福利效应。其中，模型 1 加入的控制变量为人均 GDP，模型 2 加入的控制变量为人均 GDP 及城镇化率，模型 3 加入的控制变量为人均 GDP 及失业率，模型 4 加入的控制变量为人均 GDP、城镇化率及失业率。

表 10 - 32 为农村居民视角下，民生财政支出结构中农林水支出的经济福利效应实证模型回归结果。各个模型的回归结果中，拟合优度 R^2 均大于 0.96，模型拟合程度非常好。在模型 1 至模型 4 中，解释变量与控制变量的符号及显著性均保持不变，说明模型回归结果是平稳的。

表 10 - 32　　　　农村居民视角：农林水支出经济福利效应实证模型的回归结果

变量	模型 1	模型 2	模型 3	模型 4
	系数	系数	系数	系数
zn	4.095238 (4.51)**	4.054703 (4.61)**	2.792761 (2.98)**	2.566384 (2.86)**
gdp	0.7364532 (50.79)**	0.6980054 (41.28)**	0.7607247 (49.82)**	0.7203591 (42.78)**
city		0.3442747 (4.08)**		0.3915287 (4.82)**
syl			-5.838197 (-4.06)**	-6.646272 (-4.80)**
C	0.7530155 (6.05)**	0.9637276 (7.35)**	0.7401566 (6.13)**	0.9780105 (7.79)**
时间项	N	N	N	N
个体项	Y	Y	Y	Y
R^2	0.9660	0.9683	0.9682	0.9711
P 值	0	0	0	0

注：括号里为 t 统计量值，* 表示 10% 显著水平下显著，** 表示 5% 显著水平下显著。

根据表 10 - 32 的回归结果来看，解释变量农林水支出在 5% 的显著性水平上与经济福利水平正相关。主要体现在两个方面：一是促进农村经济增长，首先，农林水支出有助于农村基础设施建设，直接有利于农村居民进行农业生产，改善农业生产的环境和条件，从而使农业生产更加稳定，促进农村经济增长，农村居民从中受益；其次，农林水支出有利于提高农业科技水平，进而帮助农村居民改良机器设备，增加良种推广等，提高农业生产率，推动农村经济增长。二是提高农村居民收入，农林水支出对于农村居民农业生产的补贴、粮食收购价格的补贴，可以直接补贴到农村居民手中，提高农村居民从事农业生产的积极性，增加农村居民收入，缩小居民福利分配差距，从而增加农村居民经济福利。

此外，从控制变量的回归结果来看，人均 GDP 具有经济福利正效应；城镇化率的符号为正，也会带来经济福利正效应；失业率的符号为负，失业率的上升会导致经济福利下降，对于上述控制变量前面已经作出相应解释，此处不再赘述。

10.5 本章小结

本章通过实证分析，研究财政支出的经济福利效应。首先，利用全国时间序列数据，分别从非民生财政支出、民生财政支出以及民生财政支出结构角度进行实证分析。其次，为验证各种财政支出的经济福利效应，利用全国各省份的面板数据，分别从城镇居民视角及农村居民视角，采用个体固定效应模型，进一步从非民生财政支出、民生财政支出以及民生财政支出结构角度进行实证分析。实证结果及政策启示如下。

10.5.1 非民生财政支出的经济福利效应

非民生财政支出与经济福利呈倒 U 型关系，城镇地区非民生财政支出的经济福利效应强于农村地区。在达到一定水平前，非民生财政支出的增加有利于提高经济福利水平，如国防支出、节能环保支出、城乡社区支出、交通运输支出等非民生财政支出可通过政府购买、投资等方式促进经济发展，提高国民收入水平，进而促进经济福利的提高。当非民生财政支出达到一定水平后，一方面，非民生财政支出对资源的配置效率下降，不利于经济的发展；另一方面，非民生财政支出会挤占民生财政支出，抑制财政支出在缩小居民收入差距方面的作用，故经济福利水平逐渐下降。当前，非民生财政支出尚未达到最优规模，故非民生财政支出具有显著的经济福利正效应。将城镇居民视角与农村居民视角下非民生财政支出的经济福利对比，农村地区非民生财政支出的经济福利效应稍弱。原因在于非民生财政支出具有一定的"城市导向性"，政府将更多的非民生财政支出投入城镇地区，城镇居民因非民生财政支出的增加而获得更多的经济福利。

10.5.2 民生财政支出的经济福利效应

民生财政支出与经济福利显著正相关，且农村地区的民生财政支出的经济福利效应强于城镇地区。无论在全国整体视角下，还是城镇居民及农村居民视角下，民生财政支出均具有显著的经济福利正效应。一方面，政府增加医疗卫生支出、社会保障支出及农林水支出，可通过医疗保险、最低生活保障及扶贫项目增加低收入群体的收入，缩小收入分配差距，促进社会公平。另一方面，当教育支出、医疗卫生支出及社会保障支出增加时，可推动人力资本的健康素质、劳动技能提高，提升劳动生产率，增加国民收入，促进社会经济发展效率的提高。从社会公平和效率两方面共同作用，提高经济福利水平。增加民生财政支出，可有效促进我国国民收入提高，缓解收入分配不公，改善我国经济福利水平。反之，减少民生财政支出，将对我国的经济福利改善产生不利影响。通过对实证结果系数的比较，我们发现，与城镇地区相比，农村地区教育支出的经济福利正效应更强，即增加等量的教育支出，农村地区增加的经济福利大于城镇地区。

10.5.3 民生财政支出结构的经济福利效应

在全国整体、城镇居民以及农村居民三种视角下，教育支出、医疗卫生支出、社会保障支出、科技支出以及农林水支出均具有显著的经济福利正效应。农村地区各种民生财政支出的经济福利效应均强于城镇地区。（1）教育支出：其一，针对弱势群体的教育支出项目，如基础教育，具有教育扶贫的作用，可有效促进弱势群体的收入水平提高，从而缩小居民收入差距，改善经济福利水平。其二，政府增加教育支出，有利于我国人力资本素质技能的提高，提升国民创新创业能力，改善劳动生产率，推动我国经济的发展，最终改善我国经济福利。（2）医疗卫生支出：当政府增加医疗卫生领域的财政支出时，首先，能够促进我国医疗卫生事业的发展，吸纳更多人就业，优化资源配置，促进经济发展，进而提高经济福利水平；其次，人力资本的健康水平随之提高，劳动者素质提升，促进劳动生产率的提高，加速经济发展，改善经济福利水平；最后，加大健康扶贫的力度，为看不起病的居民提供高额医疗保障，减轻其医疗负担，帮助患者恢复劳动能力，提高其收入水平，进而缩小贫富差距，增加经济福利。（3）社会保障支出：一方面，政府提供的针对城镇地区的最低生活保障、特困人员救助供养等社会保障支出较多，有效增加了城镇低收入群体的收入，缓解收入分配不公，进而改善居民经济福利。另一方面，政府通过增加社会保障支出，扩大就业培训、就业咨询范围，实施积极的就业政策，为居民提供良好的就业保障，增加居民收入，提高社会效率，促进经济福利的增加。（4）科技支出：科技是第一生产力，政府增加科技支出，可提高我国科技创新及研发能力，提升经济发展质量，增加国民收入，改善我国经济福利。（5）农林水支出：第一，农林水支出有助于农村基础设施建设，直接有利于农村居民进行农业生产，改善农业生产的环境和条件，从而使农业生产更加稳定，促进农村经济增长，提高农民收入水平，改善经济福利；第二，提高农村居民收入，农林水支出对于农村居民农业生产的补贴、粮食收购价格的补贴，可以直接补贴到农村居民手中，提高农村居民从事生产的积极性，增加农村居民收入，缩小居民收入分配差距，从而增加农村居民经济福利。通过对实证结果系数的比较，我们发现，与城镇地区相比，农村地区各项民生财政支出的经济福利正效应更强，即增加等量的民生财政支出，农村地区增加的经济福利大于城镇地区。

10.5.4 非民生财政支出与民生财政支出的经济福利效应比较

将非民生财政支出与民生财政支出的经济福利效应进行比较，民生财政支出存在显著的经济福利正效应，非民生财政支出与经济福利呈倒 U 型关系，在现阶段，民生财政支出的经济福利效应强于非民生财政支出。在不加入非民生财政支出二次项的情况下，非民生财政支出的结果系数小于民生财政支出，即增加民生财政支出带来的经济福利提高，大于增加同等规模的非民生财政支出带来的经济福利提高。

10.5.5 各类民生财政支出的经济福利效应比较

将五种民生财政支出的经济福利效应进行比较，科技支出、医疗卫生支出以及农林水支出的经济福利正效应较强，社会保障支出及教育支出的经济福利正效应则相对较弱。在三种视角下，通过对五种民生财政支出的经济福利效应比较，我们发现，科技支出、医疗卫生支出以及农林水支出的经济福利正效应均强于社会保障支出及教育支出的经济福利正效应。增加等量的科技支出、医疗卫生支出以及农林水支出所带来的经济福利水平的提高大于相同条件下增加社会保障支出与教育支出带来的经济福利水平的提高。综上所述，科技支出、医疗卫生支出以及农林水支出的经济福利正效应均强于社会保障支出及教育支出的经济福利正效应。

10.5.6 各控制变量的经济福利效应比较

将各个模型中的控制变量进行比较，人均 GDP、对外开放程度、产业结构及城镇化率均具有显著的经济福利正效应，失业率则具有显著的经济福利负效应。人均 GDP 与经济福利正相关。根据庇古的福利经济学理论，经济发展水平越高，国民收入水平也越高，则经济福利也越高，即经济发展水平与经济福利正相关。对外开放程度对经济福利有正向促进作用。可能的原因在于贸易开放程度提高时，资源在各部门间的配置效率随之提高，促进规模经济效应的产生，进而提高经济发展速度及国民收入水平，带来经济福利正效应。产业结构与经济福利正相关。产业结构代表第三产业增加值与第二产业增加值的比重，当产业结构优化时，第三产业在整个经济中占比增加，可以吸收更多居民就业，提高国民收入水平，进而改善居民经济福利。对外开放程度及居民消费价格指数对经济福利的影响则不显著。城镇化率具有经济福利正效应。城镇化水平的提高，推动了物质资本的增长，促进了城镇地区公共基础设施的完善，同时促进了人力资本素质的提高，进而提高经济发展速度及社会效率，增加国民收入，最终促进经济福利水平的提高。失业率与经济福利负相关。失业率上升，不利于经济的发展，国民收入水平下降，经济福利也降低。综上所述，人均 GDP、对外开放程度、产业结构及城镇化率均具有显著的经济福利正效应，失业率则具有显著的经济福利负效应。

10.5.7 实证结果的政策启示

从本章对非民生财政支出的经济福利效应、民生财政支出的经济福利效应以及民生财政支出结构的经济福利效应实证分析结果，可得出以下几点启示，为未来的财政支出改革提供依据。

首先，坚持扩大民生财政支出规模，尤其是农村地区。综合全国及城乡视角来看，与非民生财政支出相比，民生财政支出在提高经济福利水平方面的作用更强，尤其是在缩小居民收入差距、改善收入分配现状方面，而非民生财政支出则在经济发展方面的作用更为显著。民生财政支出是保障居民医疗、教育、就业等方面的重要支出，对我国居民经济福利的改善具有不可替代的作用，与城镇地区相比，农村地区的民生财政支出的经济福利效应更强。但是，同时也需要保障非民生财政支出，从而快速地提高经济发展质量。因此，我们需要坚持扩大民生财政支出规模，尤其是扩大农村地区民生财政支出规模，同时保障非民生财政支出，快速提高我国的经济福利水平。

其次，提高科技支出、医疗卫生支出以及农林水支出占民生财政支出的比重。科技支出、医疗卫生支出以及农林水支出的经济福利正效应均强于社会保障支出及教育支出的经济福利正效应。增加等量的科技支出、医疗卫生支出以及农林水支出所带来的经济福利水平的提高大于相同条件下增加社会保障支出与教育支出带来的经济福利水平的提高。在保障民生财政支出规模扩大的前提下，不断提高科技支出、医疗卫生支出以及农林水支出占民生财政支出的比重，有利于加速提高我国经济福利水平。

最后，利用财政支出政策促进经济发展，提高我国贸易开放度，优化产业结构，加快城镇化进程，降低失业率，从而改善我国经济福利水平。人均 GDP、对外开放程度、产业结构及城镇化率均具有显著的经济福利正效应，失业率则具有显著的经济福利负效应。通过财政支出政策，如增加第三产业投入，促进产业优化升级，提高经济发展质量及速度，促进经济福利的改善。

11

税收的经济福利效应实证分析

本章通过实证分析，重点研究了税收的经济福利效应。首先，利用全国时间序列数据，分别从宏观税负、税制结构、税类结构和主要税种结构角度进行实证分析。其次，为验证税收对经济福利的影响，分别从城镇和农村居民两个视角，使用省级面板数据，采用个体固定效应模型，进一步从宏观税负、税制结构、税类结构和主要税种角度进行实证分析。

11.1 实证设计、描述性统计及平稳性检验

11.1.1 实证设计

11.1.1.1 变量选取及数据来源

本章同第 10 章，选用森福利指数作为被解释变量，用来衡量经济福利。各项税收作为解释变量，用来衡量对经济福利的影响。在控制变量方面，基于前面影响福利的因素，本章以经济发展水平、开放水平、城市发展水平、固定资产投资力度、产业发展水平、物价水平、就业水平为指标，反映对经济福利的影响。其中，经济发展水平用人均 GDP 衡量，开放水平用对外开放程度衡量，城市发展水平用城镇化率衡量，固定资产投资力度用政府投资衡量，产业发展水平用产业结构衡量，物价水平和就业水平分别用物价指数和失业率衡量。数据来源于《国家统计局》、各省份统计年鉴以及 Wind 数据库。具体变量描述和计算方式见第 9 章和第 10 章。

11.1.1.2 模型设定

在实证设计中，本章从全国整体、城镇居民、农村居民三个视角，检验税收在不同视角下对经济福利的影响。

首先，全国居民视角下的税收对经济福利影响的模型设定。在全国居民视角下，实证部分选用 1994 ~ 2017 年的时间序列数据，基于上述变量和前面影响因素，构建多元回归模型，并引入不同控制变量，采用 OLS 方法回归。基准模型构建如下：

$$EW_t = \alpha_0 + \alpha_1 T_t + \sum \beta Z_t + \varepsilon_t \tag{11-1}$$

其中，变量 EW_t 表示全国居民经济福利，数据为第 6 章测算结果。变量 T_t 代表各项税收，变量 Z_t 代表各项控制变量。α_0 为常数项，α_1 为税收的系数项，β 表示各控制变量系数项。

由第 4 章和第 6 章内容可知，我国各省份税收以及经济福利存在较大差异，所以单以时间序列模型回归，不能完全刻画出各省份之间的差异，更难从省际层面检验税收对经济福利的影响在城乡之间的差异性，从而难以探寻税收对经济福利效应内在机制与规律。为更好地考察税收对经济福利的影响，本章在全国整体时间序列实证分析的基础上，进一步以省级面板数据构建实证模型，从城镇居民和农村居民两个视角，论证税收对经济福利的影响，以期发现税收对经济福利影响的城乡差异性。

其次，城镇居民视角下的税收对经济福利影响的模型设定。在样本容量上，由于部分省份数据缺失，此部分从东、中、西部中选取了 23 个有代表性的省份[①]，样本期为 1994～2016 年，构建静态面板模型。基准模型构建如下：

$$EW_{it} = \alpha_0 + \alpha_1 T_{it} + \sum \beta Z_{it} + \varepsilon_{it} \qquad (11-2)$$

其中，变量 EW_{it} 表示城镇居民经济福利，数据为第 6 章测算的结果。变量 T_{it} 代表各项税收，变量 Z_{it} 代表各项控制变量。α_0 为常数项，α_1 为税收的系数项，β 表示各控制变量系数项。

最后，农村居民视角下的税收对经济福利影响的模型设定。由于部分省份的有关农村居民数据缺失，本部分实证分析时，从东、中、西部选取了 11 个有代表性的省份[②]，样本期为 1994～2016 年。根据上述分析，构建实证模型如式（11-3）。在实证检验时，为更好地展现税收对农村居民经济福利的影响，采用引入不同控制变量进入实证模型。构建的基准模型如下：

$$EW_{it} = \alpha_0 + \alpha_1 T_{it} + \sum \beta Z_{it} + \varepsilon_{it} \qquad (11-3)$$

其中，变量 EW_{it} 表示农村居民经济福利，数据为第 6 章测算的结果。变量 T_{it} 代表各项税收，变量 Z_{it} 代表各项控制变量。α_0 为常数项，α_1 为税收的系数项，β 表示各控制变量系数项。

11.1.2　描述性统计

由于第 9 章与本章从不同角度共同探究税收的福利效应问题，选择了相同的变量进行实证分析。因此，本节不再重复进行描述性统计，具体描述性统计结果见 9.1.2。

11.1.3　平稳性检验

由于第 9 章与本章从不同角度共同探究税收的福利效应问题，选择了相同的变量进行实证分析。因此，本节不再重复进行单位根检验，具体单位根检验结果见 9.1.3。由于各

---

① 23 个省份包括北京、上海、河南、广西、贵州、广东、重庆、安徽、辽宁、山西、陕西、江西、四川、江苏、宁夏、湖北、内蒙古、河北、福建、海南、浙江、甘肃、新疆。

② 11 个省份包括北京、上海、河南、广东、重庆、江西、四川、江苏、福建、浙江、甘肃。

变量均服从同阶单整条件，需继续进行协整性检验，以保证数据的长期稳定性。

11.2 全国整体视角：税收的经济福利效应

11.2.1 宏观税负的经济福利效应

本节主要检验宏观税负对全国居民的经济福利效应。结合宏观税负与经济福利对应关系的规律，发现二者之间可能存在非线性关系，于是在构建宏观税负对全国居民经济福利影响的模型时，基于基准模型式（11-1），考虑建立非线性的面板数据模型，引入宏观税负的二次项，再通过逐步回归法，从而更好地剖析宏观税负对全国居民经济福利影响的规律。在控制变量方面，选用经济发展水平、开放水平和产业发展水平。

11.2.1.1 协整性检验

参考9.1.3中平稳性检验的结果，需要对本部分模型中的变量继续进行协整性检验以确保数据的长期稳定性。通过协整性检验是进行回归分析的必要条件。

本节模型中包含变量较多，对多个变量进行协整关系检验时，Johansen 协整检验方法为较为常用的方法。因此，本部分使用 Johansen 协整检验方法对各变量进行协整性检验。具体 Johansen 协整性检验结果见表 11-1。

表 11-1　全国整体视角宏观税负经济福利效应实证模型的协整性检验（时间序列）

Maximumrank	Parms	LL	Eigenvalue	Tracestatistic	5% Criticalvalue
0	35	260. 20023	—	120. 6130	77. 74
1	44	285. 21684	0. 89712	70. 5798	54. 64
2	51	302. 44513	0. 79116	36. 1232	34. 55
3	56	312. 56614	0. 60152	15. 8812 *	18. 17
4	59	318. 94884	0. 44024	3. 1158	3. 74
5	60	320. 50674	0. 13206		
Maximumrank	Parms	LL	Eigenvalue	Maxstatistic	5% Criticalvalue
0	35	260. 20023	—	50. 0332	36. 41
1	44	285. 21684	0. 89712	34. 4566	30. 33
2	51	302. 44513	0. 79116	20. 2420	23. 78
3	56	312. 56614	0. 60152	12. 7654	16. 87
4	59	318. 94884	0. 44024	3. 1158	3. 74
5	60	320. 50674	0. 13206		

注：＊表示变量之间具有协整性关系。

由表11-1中协整检验结果可知，在5%的显著性水平下，最大特征值统计量为15.8812，拒绝"不存在协整向量""至多存在一个协整向量"和"至多存在两个协整向量"的原假设，而接受"至多存在三个协整向量"的原假设。表明变量中存在三个协整关系，通过协整性检验，可以建立实证模型并继续进行回归分析。

11.2.1.2 实证结果分析

为保证实证结果的稳健性，本节采用逐步增加控制变量的方法，进行逐步回归检验。表 11-2 为全国宏观税负对经济福利影响的实证检验结果。模型 1 仅加入控制变量人均 GDP，模型 2、模型 3 和模型 4 分别改变了控制变量的数量和种类进行回归。

表 11-2　全国整体视角宏观税负经济福利效应实证模型的回归结果（时间序列）

变量	模型 1	模型 2	模型 3	模型 4
	系数	系数	系数	系数
st	4.095318 (0.32)**	16.98181 (1.52)	31.3362 (3.79)**	31.36811 (3.76)**
stt	-3.942266 (-0.02)	-127.9583 (-0.93)	-321.4151 (-3.14)**	-316.242 (-3.06)**
gdp	0.8652868 (34.56)**	0.795475 (27.56)**	0.6593057 (19.71)**	0.6649194 (19.27)**
cyjg			1.109299 (6.77)**	0.999394 (4.64)**
open		-0.6225072 (-3.40)**		-0.1319185 (-0.80)
C	-0.2464964 (-0.93)	0.4912412 (1.61)	0.1670177 (1.05)	0.2823858 (1.31)
R^2	0.9867	0.9917	0.9961	0.9962
P 值	0	0	0	0

注：括号里为 t 统计量值，*表示 10% 显著水平下显著，**表示 5% 显著水平下显著。

由实证结果可知，宏观税负与居民经济福利呈倒 U 型关系。对模型逐步添加变量可知，宏观税负的系数始终保持一致，模型结果平稳。人均 GDP 和产业结构对经济福利有促进作用，且促进作用显著。当人均 GDP 和产业结构增加时，经济福利也随之增长，人均 GDP 对经济福利的影响作用要大于产业结构对经济福利的影响。对外开放程度对经济福利有抑制作用，但实证结果表明影响不显著。

宏观税负与经济福利影响呈倒 U 型变化，这一实证结果与拉弗曲线相一致。宏观税负对经济福利的影响主要体现在居民收入方面，在达到最佳宏观税负之前，宏观税负的增加可以促进企业经济增长，增加居民收入，从而使经济福利增长。而在达到最佳宏观税负之后，由于宏观税负过大，会阻碍企业经济增长，导致居民收入下降，在收入分配方式不变的情况下，经济福利下降。由此分析，我国的宏观税负仍未达到最佳宏观税负，仍处于提高宏观税负会增加经济福利的阶段。从现实角度来看，实证模型采用小口径宏观税负的计算方式，经测算，我国的宏观税负均值为 19.18%，与福利水平较高的发达国家相比，我国小口径宏观税负较低。为进一步促进我国经济福利的增长，需要优化我国宏观税负水平。

11.2.2　税制结构的经济福利效应

本节主要检验税制结构对全国居民经济福利的影响。由前面对税制结构的界定，这里主要考察直接税和间接税的福利经济效应。直接税的实证模型基于基准模型式（11-1），控制变量选用经济发展水平、产业发展水平、开放水平和物价水平。对于间接税的考察，发现间接税与经济福利二者之间可能存在非线性关系，于是在构建间接税对全国居民经济福利影响的模型时，基于基准模型式（11-1），考虑建立非线性的面板数据模型，控制变量选择经济发展水平和政府投资力度，通过组合不同控制变量进行实证检验。

11.2.2.1 协整性检验

参考9.1.3中平稳性检验结果，本部分多个模型中的变量需要进一步进行协整性检验。同理，与本章11.2.1.1中协整性检验方式相同，本部分同样使用 Johansen 检验方法对各变量进行协整性检验。具体协整性检验结果见表11-3和表11-4。

表11-3　　　全国整体视角直接税经济福利效应实证模型的协整性检验（时间序列）

Maximumrank	Parms	LL	Eigenvalue	Tracestatistic	5% Criticalvalue
0	48	341.25766	—	178.0816	104.94
1	59	379.14583	0.96808	102.3052	77.74
2	68	397.78816	0.81636	65.0206	54.64
3	75	411.90826	0.72297	36.7804	34.55
4	80	422.86902	0.63081	14.8589*	18.17
5	83	429.72048	0.46359	1.1559	3.74
6	84	430.29845	0.05119		
Maximumrank	Parms	LL	Eigenvalue	Maxstatistic	5% Criticalvalue
0	48	341.25766	—	75.7763	42.48
1	59	379.14583	0.96808	37.2847	36.41
2	68	397.78816	0.81636	28.2402	30.33
3	75	411.90826	0.72297	21.9215	23.78
4	80	422.86902	0.63081	13.7029	16.87
5	83	429.72048	0.46359	1.1559	3.74
6	84	430.29845	0.05119		

注：＊表示变量之间具有协整性关系。

表11-4　　　全国整体视角间接税经济福利效应实证模型的协整性检验（时间序列）

Maximumrank	Parms	LL	Eigenvalue	Tracestatistic	5% Criticalvalue
0	48	329.00119	—	178.4184	104.94
1	59	366.21373	0.96605	103.9933	77.74
2	68	384.90313	0.81714	66.6145	54.64
3	75	400.4847	0.75744	35.4514	34.55
4	80	411.22592	0.62336	13.9690*	18.17
5	83	417.73599	0.44668	0.9488	3.74
6	84	418.2104	0.04221		
Maximumrank	Parms	LL	Eigenvalue	Maxstatistic	5% Criticalvalue
0	48	329.00119	—	74.4251	42.48
1	59	366.21373	0.96605	37.3788	36.41

Maximumrank	Parms	LL	Eigenvalue	Maxstatistic	5% Criticalvalue
2	68	384.90313	0.81714	31.1631	30.33
3	75	400.4847	0.75744	21.4824	23.78
4	80	411.22592	0.62336	13.0201	16.87
5	83	417.73599	0.44668	0.9488	3.74
6	84	418.2104	0.04221		

注: * 表示变量之间具有协整性关系。

由表 11 - 3 和表 11 - 4 中协整性检验结果可知，在 5% 的显著性水平下，全国直接税与间接税的"迹检验"统计量分别为 14.8589 和 13.9690，拒绝"不存在协整向量""至多存在一个协整向量""至多存在两个协整向量"和"至多存在三个协整向量"的原假设，而接受"至多存在四个协整向量"的原假设，变量之间存在四个协整关系。表明各模型分别通过协整性检验，每个模型中各变量之间存在协整关系，可以继续进行回归分析。

11.2.2.2 实证结果分析

（1）全国整体视角下的直接税经济福利效应实证结果。

为保证实证结果的稳健性，本节采用逐步增加控制变量的方法，进行逐步回归检验，表 11 - 5 为全国直接税税负对经济福利影响的实证检验结果。模型 1 仅加入控制变量人均 GDP，模型 2、模型 3 和模型 4 在模型 1 的基础上分别添加了控制变量产业结构、对外开放程度、居民消费价格指数进行回归。

表 11 - 5　　　　　　全国整体视角直接税经济福利效应实证模型的回归结果（时间序列）

变量	模型 1	模型 2	模型 3	模型 4
	系数	系数	系数	系数
zj	-11.35736 (-3.03)**	-8.023039 (-2.08)**	-15.51678 (-3.90)**	-17.00798 (-4.15)**
gdp	1.030632 (18.57)**	0.9074088 (11.41)**	0.9971919 (13.90)**	1.019587 (13.96)**
cyjg		0.4704654 (2.04)**	0.9414096 (3.89)**	0.9088813 (3.79)**
open			0.7146393 (3.18)**	0.7681956 (3.40)**
cpi				-0.325055 (-1.24)
C	-1.103176 (-3.05)**	-0.5255433 (-1.19)	-1.852595 (-3.34)**	-1.653984 (-2.90)**
R^2	0.9890	0.9909	0.9941	0.9945
P 值	0	0	0	0

注: 括号里为 t 统计量值，* 表示 10% 显著水平下显著，** 表示 5% 显著水平下显著。

由实证结果可知，直接税对经济福利影响显著且存在明显的抑制作用。人均 GDP、产业结构、对外开放程度与经济福利呈正向显著影响，居民消费价格指数对经济福利呈负向不显著影响。在对经济福利呈正向影响的控制变量中，人均GDP对经济福利影响最大。对模型逐步增加控制变量可知，直接税对经济福利的影响结果保持一致，模型结果通过稳健性检验。

从经济角度看，直接税税负的增长会影响居民的可支配收入，导致收入分配结构发生变化，从而降低经济福利。从现实角度来看，直接税税收收入中占比最高的为企业所得税和个人所得税，以2018年财政收入为例，直接税总收入为57814亿元（以本书直接税口径计算），其中，企业所得税和个人所得税税收收入分别占整体直接税收入比重的61.10%和23.99%。企业所得税和个人所得税的税负增加时，会直接减少居民的可支配收入，降低居民经济福利。

（2）全国整体视角下的间接税经济福利效应实证结果。

为保证实证结果的稳健性，本节采用逐步增加控制变量的方法，进行逐步回归检验，表11－6为全国间接税税负对经济福利影响的实证检验结果。模型1、模型2和模型3分别添加了人均GDP、政府投资作为控制变量进行回归。

表11－6 全国整体视角间接税经济福利效应实证模型的回归结果（时间序列）

变量	模型1	模型2	模型3
	系数	系数	系数
jj	－23.88685 （－2.23）**	－60.88721 （－2.84）**	－37.36795 （－4.39）**
jjj	114.148 （2.45）**	264.5723 （2.83）**	170.9049 （4.64）**
gdp	0.9214396 （37.98）**		0.670208 （10.83）**
tz		4.25404 （19.41）**	1.234523 （4.24）**
C	－0.5550327 （0.97）	9.509711 （8.16）**	3.13449 （4.24）**
R^2	0.9899	0.9629	0.9948
P值	0	0	0

注：括号里为t统计量值，＊表示10%显著水平下显著，＊＊表示5%显著水平下显著。

由实证结果可知，间接税与经济福利呈U型关系。在间接税税负达到一定程度前，间接税税负增加会导致商品价格的变动，从而影响居民消费习惯，减少居民可支配收入，降低经济福利。而在间接税税负达到U型曲线的另一侧时，因为生活必需品属于非弹性商品，间接税税负的增加对于普通居民影响不大，而会更多地减少高收入居民的可支配收入，缩小居民收入差距，经济福利增加。根据庇谷的福利经济学理论，收入分配越均等，社会福利越大，整体经济福利增加。人均GDP和政府投资作为控制变量，对经济福利的影响始终为正，政府投资对经济福利的影响略大于人均GDP的影响。分别将两控制变量加入模型中，模型的结果无明显变化，模型稳健性良好。

11.2.3 税类结构的经济福利效应

本节主要检验税类结构对全国居民经济福利的影响。基于基准模型式（11－1），考察流转税、所得税、行为财产税和资源税类的经济福利效应。其中，在考察所得税和行为财产税时，发现各自与经济福利之间可能存在非线性关系，于是在构建模型时，基于基准模型式（11－1），考虑建立非线性的面板数据模型，分别引入所得税和行为财产税的二次项，控制变量选择经济发展水平和政府投资力度、产业水平和物价水平，通过组合不同控制变量进行实证检验。

11.2.3.1 协整性检验

参考9.1.3中平稳性检验结果，本部分多个模型中的变量需要进一步进行协整性检验。同理，与本章11.2.1.1中协整性检验方式相似，本部分同样使用Johansen检验方法对各变量进行协整性检验。具体协整性检验结果见表11－7至表11－10。

表11－7　全国整体视角流转税经济福利效应实证模型的协整性检验（时间序列）

Maximumrank	Parms	LL	Eigenvalue	Tracestatistic	5% Criticalvalue
0	48	329.90998	—	177.1104	104.94
1	59	366.92683	0.96544	103.0767	77.74
2	68	385.33198	0.81235	66.2664	54.64
3	75	400.85249	0.75609	35.2254	34.55
4	80	411.70856	0.62728	13.5132 *	18.17
5	83	418.03861	0.43755	0.8531	3.74
6	84	418.46517	0.03804		
Maximumrank	Parms	LL	Eigenvalue	Maxstatistic	5% Criticalvalue
0	48	329.90998	—	74.0337	42.48
1	59	366.92683	0.96544	36.8103	36.41
2	68	385.33198	0.81235	31.0410	30.33
3	75	400.85249	0.75609	21.7121	23.78
4	80	411.70856	0.62728	12.6601	16.87
5	83	418.03861	0.43755	0.8531	3.74
6	84	418.46517	0.03804		

注：＊表示变量之间具有协整性关系。

表11－8　全国整体视角所得税经济福利效应实证模型的协整性检验（时间序列）

Maximumrank	Parms	LL	Eigenvalue	Tracestatistic	5% Criticalvalue
0	48	342.54369	—	184.9201	104.94
1	59	383.55796	0.97597	102.8916	77.74
2	68	400.96103	0.79446	68.0855	54.64
3	75	415.20397	0.72605	39.5996	34.55
4	80	427.30913	0.66729	15.3893 *	18.17

Maximumrank	Parms	LL	Eigenvalue	Maxstatistic	5% Criticalvalue
5	83	434. 53194	0. 48140	0. 9437	3. 74
6	84	435. 00377	0. 04199		
Maximumrank	Parms	LL	Eigenvalue	Maxstatistic	5% Criticalvalue
0	48	342. 54369	—	82. 0285	42. 48
1	59	383. 55796	0. 97597	34. 8061	36. 41
2	68	400. 96103	0. 79446	28. 4859	30. 33
3	75	415. 20397	0. 72605	24. 2103	23. 78
4	80	427. 30913	0. 66729	14. 4456	16. 87
5	83	434. 53194	0. 48140	0. 9437	3. 74
6	84	435. 00377	0. 04199		

注：＊表示变量之间具有协整性关系。

表 11 - 9　　全国整体视角行为财产税经济福利效应实证模型的协整性检验（时间序列）

Maximumrank	Parms	LL	Eigenvalue	Tracestatistic	5% Criticalvalue
0	48	364. 57849	—	288. 1428	104. 94
1	59	428. 54492	0. 99702	160. 2099	77. 74
2	68	478. 1304	0. 98898	61. 0389	54. 64
3	75	493. 17567	0. 74532	30. 9484 ＊	34. 55
4	80	500. 16228	0. 47014	16. 9752	18. 17
5	83	506. 77603	0. 45187	3. 7477	3. 74
6	84	508. 64987	0. 15663		
Maximumrank	Parms	LL	Eigenvalue	Maxstatistic	5% Criticalvalue
0	48	364. 57849	—	127. 9329	42. 48
1	59	428. 54492	0. 99702	99. 1710	36. 41
2	68	478. 1304	0. 98898	30. 0905	30. 33
3	75	493. 17567	0. 74532	13. 9732	23. 78
4	80	500. 16228	0. 47014	13. 2275	16. 87
5	83	506. 77603	0. 45187	3. 7477	3. 74
6	84	508. 64987	0. 15663		

注：＊表示变量之间具有协整性关系。

表 11 - 10　　全国整体视角资源税类经济福利效应实证模型的协整性检验（时间序列）

Maximumrank	Parms	LL	Eigenvalue	Tracestatistic	5% Criticalvalue
0	48	373. 63704	—	197. 4111	104. 94
1	59	418. 49156	0. 98305	107. 7021	77. 74
2	68	436. 38222	0. 80337	71. 9208	54. 64
3	75	450. 12157	0. 71322	44. 4421	34. 55
4	80	461. 61773	0. 64835	21. 4497	18. 17
5	83	471. 75386	0. 60207	1. 1775 ＊	3. 74
6	84	472. 3426	0. 05211		

Maximumrank	Parms	LL	Eigenvalue	Maxstatistic	5% Criticalvalue
0	48	373.63704	—	89.7090	42.48
1	59	418.49156	0.98305	35.7813	36.41
2	68	436.38222	0.80337	27.4787	30.33
3	75	450.12157	0.71322	22.9923	23.78
4	80	461.61773	0.64835	20.2723	16.87
5	83	471.75386	0.60207	1.1775	3.74
6	84	472.3426	0.05211		

注：＊表示变量之间具有协整性关系。

由表 11-7 至表 11-10 中协整性检验结果可知，在 5% 显著性水平下。流转税和所得税的税收收入占比的"迹检验"统计量分别为 13.5132 和 15.3893，接受"至多存在四个协整向量"的原假设。行为财产税的"迹检验"统计量为 30.9484，接受"至多存在三个协整向量"的原假设。资源税类税收收入占比的"迹检验"统计量为 1.1775，接受"最多存在五个协整向量"的原假设。因此，本部分各模型均通过协整性检验，同一模型中各变量之间存在协整关系，可以建立实证模型并继续进行回归分析。

11.2.3.2 实证结果分析

（1）全国整体视角下的流转税经济福利效应实证结果。

为保证实证结果的稳健性，本节采用逐步增加控制变量的方法，进行逐步回归检验，表 11-11 为全国流转税税负对经济福利影响的实证检验结果，模型 1、模型 2 和模型 3 分别添加了政府投资和人均 GDP 作为控制变量进行回归。

表 11-11　　　全国整体视角流转税经济福利效应实证模型的回归结果（时间序列）

变量	模型 1	模型 2	模型 3
	系数	系数	系数
lz	−38.80455 （−4.56）**	−62.02237 （−2.8）**	−25.99124 （−2.37）**
lzz	188.0643 （4.82）**	285.8792 （2.83）**	130.7674 （2.59）**
tz	1.225977 （4.34）**	4.213576 （19.59）**	
gdp	0.6679976 （11.04）**		0.9195534 （38.52）**
C	3.120466 （4.39）**	9.393134 （8.31）**	−0.6158936 （1.08）
R^2	0.9950	0.9629	0.9900
P 值	0	0	0

注：括号里为 t 统计量值，＊表示 10% 显著水平下显著，＊＊表示 5% 显著水平下显著。

由实证结果可知，流转税与经济福利存在 U 型关系，流转税实证结果与间接税类似。

流转税税负增长时，全国居民经济福利降低。将政府投资和人均 GDP 作为控制变量逐步添加至模型中，政府投资和人均 GDP 对经济福利有激励作用，作用结果显著，流转税对经济福利的影响不随模型控制变量的变化而改变，模型稳健性良好。

从经济角度分析，商品价格受流转税税负变化的影响，进而引起居民消费需求变化，导致居民可支配收入减少，经济福利降低。在流转税税负持续增加至 U 型曲线另一侧时，流转税对高收入人群的影响占主导作用，税负的增加使低收入人群减少消费，高收入人群则变化不大，因此居民收入差距缩小，经济福利增长。从现实角度分析，2016 年 5 月 1 日起，我国全面推开了"营改增"试点，减少了流转税重复征税的问题，流转税税负减轻，经济福利提升。

（2）全国整体视角下的所得税经济福利效应实证结果。

为保证实证结果的稳健性，本节采用逐步增加控制变量的方法，进行逐步回归检验，表 11 - 12 为全国所得税税负对经济福利影响的实证检验结果。模型 1 中仅添加了人均 GDP 为控制变量，模型 2、模型 3 和模型 4 分别添加了产业结构、对外开放程度、居民价格指数作为控制变量进行回归。

表 11 - 12　　　　　全国整体视角所得税经济福利效应实证模型的回归结果（时间序列）

变量	模型 1	模型 2	模型 3	模型 4
	系数	系数	系数	系数
sd	- 13. 61446 （ - 3. 63）**	- 10. 52507 （ - 2. 78）**	- 16. 19114 （ - 4. 50）**	- 16. 8172 （ - 4. 56）**
gdp	1. 023997 （22. 51）**	0. 9174508 （13. 80）**	0. 9614188 （16. 98）**	0. 9687181 （16. 84）**
cyjg		0. 4416756 （2. 80）**	0. 8923279 （3. 96）**	0. 8664444 （3. 80）**
open			0. 6225373 （3. 21）**	0. 6414406 （3. 27）**
cpi				- 0. 2169754 （ - 0. 89）
C	- 1. 012355 （ - 3. 45）**	- 0. 5354957 （ - 1. 50）	- 1. 48136 （ - 3. 55）**	- 1. 284775 （ - 2. 71）**
R^2	0. 9903	0. 9920	0. 9950	0. 9950
P 值	0	0	0	0

注：括号里为 t 统计量值，* 表示 10% 显著水平下显著，** 表示 5% 显著水平下显著。

全国整体视角下的所得税与经济福利呈反向变动，所得税税负增长时，经济福利下降。将人均 GDP、产业结构、对外开放程度、居民消费价格指数作为模型的控制变量，调整控制变量观察模型结果，所得税税负始终显著抑制经济福利增长，且模型的拟合优度抑制在 0.99 以上，模型拟合优度良好。除居民消费价格指数外，其余控制变量均对经济福利有促进作用。

从经济角度分析，所得税以量能负担为原则，直接影响居民的可支配收入，所得税类税负增加时，居民可支配收入减少，经济福利下降。从现实角度分析，近年来，我国企业所得税增加各项税收优惠和个人所得税的改革,都力图减轻纳税人税收负担,增加居民经济福利,现实角度的福利效应与实证模型结果统一。

(3) 全国整体视角下的行为财产税经济福利效应实证结果。

为保证实证结果的稳健性,本节采用逐步增加控制变量的方法,进行逐步回归检验,表 11 - 13 为全国行为财产税税负对经济福利影响的实证检验结果,模型依次添加了人均 GDP、产业结构、居民消费价格指数等控制变量进行回归。

表 11 - 13　　　　　全国整体视角行为财产税经济福利效应实证模型的回归结果(时间序列)

变量	模型 1	模型 2	模型 3	模型 4
	系数	系数	系数	系数
xw	63. 49857 (2. 22)**	92. 41576 (3. 85)**	98. 76974 (4. 00)**	94. 88642 (4. 19)**
xww	-2199. 698 (-1. 81)*	-3247. 431 (-3. 20)**	-3648. 45 (-3. 50)**	-3411. 236 (-3. 55)**
gdp	0. 6901868 (15. 71)**	0. 6935425 (20. 43)**	0. 6891784 (19. 76)**	0. 6952049 (21. 71)**
cyjg	0. 8017355 (3. 97)**	0. 8311603 (5. 33)**	0. 8323136 (5. 16)**	0. 8643775 (5. 83)**
cpi		-0. 635409 (-1. 61)		-0. 7971931 (-2. 08)*
open			0. 1380086 (1. 19)	0. 1922959 (1. 77)*
C	0. 442815 (1. 96)*	0. 1880429 (1. 01)	0. 2220096 (1. 17)	0. 1363633 (0. 76)
R^2	0. 9926	0. 9956	0. 9954	0. 9964
P 值	0	0	0	0

注:括号里为 t 统计量值, ＊表示 10% 显著水平下显著, ＊＊表示 5% 显著水平下显著。

由表 11 - 13 可知,行为财产税与经济福利呈倒 U 型关系。目前,我国行为财产税税负增加时,会扩大经济福利。使用人均 GDP、产业结构、对外开放程度和居民消费价格指数为控制变量对模型进行逐步回归,行为财产税对经济福利的影响始终为正且显著,模型通过稳健性检验。人均 GDP、产业结构和对外开放程度可以促进经济福利的增长,控制变量在 5% 的显著性水平上显著;居民消费价格指数虽然抑制经济福利的增长,但影响并不显著。

从经济角度看,行为财产税与经济福利呈倒 U 型关系,模型结果与宏观税负对经济福利的影响相似,同样符合拉弗曲线理论。行为财产税可以影响财产所有者和特定行为人的可支配收入,在行为财产税达到特定税负点之前,增加行为财产税可以减少居民收入平等的问题,对经济福利起到积极作用,模型的一次项系数为正,表明当前我国行为财产税正处于倒 U 型曲线的左半边;而当行为财产税负增至倒 U 型曲线右侧时,行为财产税的税负增加会抑制纳税人交易财产的行为,不利于居民收入差距的减少,经济福利降低。从现实来看,2018 年,我国行为财产税税收收入近一万亿元(以本书研究口径计算),其中,契税和房产税税收收入占比超过70%，契税和房产税的征税对象为拥有房产或不动产并用于生产经营或销售的纳税人，对于未拥有该类财产或进行交易的居民来讲，契税和房产税的税负增加不会影响他们的可支配收入。行为财产税对于高收入人群的可支配收入影响较为明显，故而缩小居民收入差距，扩大经济福利增长。

（4）全国整体视角下的资源税类经济福利效应实证结果。

为保证实证结果的稳健性，本节采用逐步增加控制变量的方法，进行逐步回归检验，表11-14为全国资源税类税负对经济福利影响的实证检验结果。模型1仅添加了人均GDP作为模型控制变量，模型2、模型3和模型4依次添加了人均GDP、产业结构、对外开放程度、居民消费价格指数控制变量进行回归。

表11-14　　　　全国整体视角资源税类经济福利效应实证模型的回归结果（时间序列）

变量	模型1	模型2	模型3	模型4
	系数	系数	系数	系数
zy	19.98608 （2.49）**	21.1951 （3.40）**	22.91435 （3.78）**	30.05031 （4.83）**
gdp	0.7698001 （16.43）**	0.6477852 （13.40）**	0.6188511 （12.53）**	0.5752254 （11.97）**
cyjg		0.7049951 （3.84）**	0.9963407 （4.03）**	0.9620611 （4.33）**
open			0.312417 （1.68）	0.3561635 （2.12）**
cpi				-0.6260911 （-2.36）**
C	0.6868883 （1.69）	1.20021 （3.50）**	1.016198 （2.94）**	2.045993 （3.82）**
R^2	0.9978	0.9930	0.9939	0.9953
P值	0	0	0	0

注：括号里为t统计量值，*表示10%显著水平下显著，**表示5%显著水平下显著。

由实证结果可知，资源税类税负的增长对经济福利有促进作用，资源税类的税负增长时，经济福利同方向增长。对本模型进行控制变量的逐步回归，选取人均GDP、产业结构、对外开放程度和居民消费价格指数为控制变量，资源税类始终显著影响经济福利，影响方向为正且系数变化不大，模型稳健性水平良好。控制变量对经济福利的影响均显著，只有居民消费价格指数对经济福利的影响为负向。人均GDP、产业结构和对外开放程度可以促进经济福利的增长，控制变量在5%的显著性水平上显著；居民消费价格指数虽然抑制经济福利的增长，但影响并不显著。

从经济角度看，资源税类体现了自然资源或国有土地的有偿使用性，征税对象较少，更多的是针对利用土地和自然资源进行生产经营的企业和个人。资源税类税负提升可以缩小居民收入不均问题，增加居民经济福利。从现实来看，我国从2017年开始进行资源税改革，对矿产资源由从量计征改为从价计征，增强征税力度；开展水资源税试点，进一步扩大征税范围。资源税改革后可进一步缩小居民收入差距，从而增加居民经济福利。

11.2.4 主要税种的经济福利效应

进一步，本节检验主要税种对全国居民经济福利的影响，主要包括增值税、营业税、消费税、企业所得税和个人所得税。以上述税种为解释变量，控制变量选用经济发展水平、开放水平、产业水平和物价水平，基于基准模型式（11 - 1），通过引入不同控制变量进行实证检验。

11.2.4.1 协整性检验

参考 9.1.3 中平稳性检验结果，本部分多个模型中的变量需要进一步进行协整性检验。同理，与本章 11.2.1.1 中协整性检验方式相似，本部分同样使用 Johansen 检验方法对各变量进行协整性检验。具体协整性检验结果见表 11 - 15 至表 11 - 19。

表 11 - 15　　　全国整体视角增值税经济福利效应实证模型的协整性检验（时间序列）

Maximumrank	Parms	LL	Eigenvalue	Tracestatistic	5% Criticalvalue
0	48	342.03711	—	235.6816	104.94
1	59	389.65681	0.98682	140.4422	77.74
2	68	421.93649	0.94684	75.8828	54.64
3	75	438.69551	0.78206	42.3648	34.55
4	80	450.23948	0.64987	19.2768	18.17
5	83	459.47719	0.56820	0.8014 *	3.74
6	84	459.87791	0.03577		
Maximumrank	Parms	LL	Eigenvalue	Maxstatistic	5% Criticalvalue
0	48	342.03711	—	95.2394	42.48
1	59	389.65681	0.98682	64.5594	36.41
2	68	421.93649	0.94684	33.5180	30.33
3	75	438.69551	0.78206	23.0879	23.78
4	80	450.23948	0.64987	18.4754	16.87
5	83	459.47719	0.56820	0.8014	3.74
6	84	459.87791	0.03577		

注：＊表示变量之间具有协整性关系。

表 11 - 16　　　全国整体视角消费税经济福利效应实证模型的协整性检验（时间序列）

Maximumrank	Parms	LL	Eigenvalue	Tracestatistic	5% Criticalvalue
0	48	352.38498	—	187.4254	104.94
1	59	388.36827	0.96204	115.4589	77.74
2	68	410.7879	0.86973	70.6196	54.64
3	75	426.31861	0.75632	39.5582	34.55
4	80	438.03347	0.65527	16.1285 *	18.17
5	83	445.41978	0.48905	1.3559	3.74
6	84	446.0977	0.05977		

Maximumrank	Parms	LL	Eigenvalue	Maxstatistic	5% Criticalvalue
0	48	352.38498	—	71.9666	42.48
1	59	388.36827	0.96204	44.8393	36.41
2	68	410.7879	0.86973	31.0614	30.33
3	75	426.31861	0.75632	23.4297	23.78
4	80	438.03347	0.65527	14.7726	16.87
5	83	445.41978	0.48905	1.3559	3.74
6	84	446.0977	0.05977		

注：＊表示变量之间具有协整性关系。

表 11 - 17　　　　全国整体视角营业税经济福利效应实证模型的协整性检验（时间序列）

Maximumrank	Parms	LL	Eigenvalue	Tracestatistic	5% Criticalvalue
0	48	348.42616	—	156.7462	104.94
1	59	384.36213	0.96188	84.8742	77.74
2	68	401.18742	0.78337	51.2236 ＊	54.64
3	75	412.81666	0.65257	27.9652	34.55
4	80	420.41938	0.49900	12.7597	18.17
5	83	426.72476	0.43629	0.1490	3.74
6	84	426.79925	0.00675		
Maximumrank	Parms	LL	Eigenvalue	Maxstatistic	5% Criticalvalue
0	48	348.42616	—	71.8719	42.48
1	59	384.36213	0.96188	33.6506	36.41
2	68	401.18742	0.78337	23.2585	30.33
3	75	412.81666	0.65257	15.2054	23.78
4	80	420.41938	0.49900	12.6108	16.87
5	83	426.72476	0.43629	0.1490	3.74
6	84	426.79925	0.00675		

注：＊表示变量之间具有协整性关系。

表 11 - 18　　　　全国整体视角企业所得税经济福利效应实证模型的协整性检验（时间序列）

Maximumrank	Parms	LL	Eigenvalue	Tracestatistic	5% Criticalvalue
0	48	340.06584	—	188.2954	104.94
1	59	381.63377	0.97715	105.1596	77.74
2	68	399.98728	0.81147	68.4525	54.64
3	75	414.38357	0.72984	39.6600	34.55
4	80	425.89395	0.64880	16.6392 ＊	18.17
5	83	432.71505	0.46211	2.9970	3.74
6	84	434.21355	0.12736		
Maximumrank	Parms	LL	Eigenvalue	Maxstatistic	5% Criticalvalue
0	48	340.06584	—	83.1359	42.48
1	59	381.63377	0.97715	36.7070	36.41
2	68	399.98728	0.81147	28.7926	30.33

Maximumrank	Parms	LL	Eigenvalue	Maxstatistic	5% Criticalvalue
3	75	414.38357	0.72984	23.0208	23.78
4	80	425.89395	0.64880	13.6422	16.87
5	83	432.71505	0.46211	2.9970	3.74
6	84	434.21355	0.12736		

注：＊表示变量之间具有协整性关系。

表 11 - 19　　　　全国整体视角个人所得税经济福利效应实证模型的协整性检验（时间序列）

Maximumrank	Parms	LL	Eigenvalue	Tracestatistic	5% Criticalvalue
0	48	376.99382	—	205.0187	104.94
1	59	415.0394	0.96853	128.9276	77.74
2	68	448.29327	0.95135	62.4198	54.64
3	75	465.49107	0.79058	28.0242 *	34.55
4	80	473.3518	0.51062	12.3028	18.17
5	83	479.0592	0.40480	0.8880	3.74
6	84	479.50319	0.03956		

Maximumrank	Parms	LL	Eigenvalue	Maxstatistic	5% Criticalvalue
0	48	376.99382	—	76.0911	42.48
1	59	415.0394	0.96853	66.5077	36.41
2	68	448.29327	0.95135	34.3956	30.33
3	75	465.49107	0.79058	15.7214	23.78
4	80	473.3518	0.51062	11.4148	16.87
5	83	479.0592	0.40480	0.8880	3.74
6	84	479.50319	0.03956		

注：＊表示变量之间具有协整性关系。

由表 11 - 15 至表 11 - 19 中协整性检验结果可知，在 5% 显著性水平下。个人所得税税收收入占比的"迹检验"统计量为 28.0242，接受"至多存在三个协整向量"的原假设。企业所得税和消费税税收收入占比的"迹检验"统计量分别为 16.6392 和 16.1285，均接受"至多存在四个协整向量"的原假设。营业税税收收入占比的最大特征值统计量为 51.2236，接受"至多存在两个协整向量"的原假设。增值税税收收入占比的最大特征值统计量为 0.8014，接受"至多存在五个协整向量"的原假设。因此，本部分各模型均分别通过协整性检验，同一模型中各变量之间存在协整关系，可以建立实证模型并继续进行回归分析。

11.2.4.2　实证结果分析

（1）全国整体视角下的增值税经济福利效应实证结果。

为保证实证结果的稳健性，本节采用逐步增加控制变量的方法，进行逐步回归检验，表 11 - 20 为全国增值税税负对经济福利影响的实证检验结果。模型分别改变了对外开放程度、产业结构、居民消费价格指数控制变量进行回归。

表 11 - 20　　　　　　全国整体视角增值税经济福利效应实证模型的回归结果（时间序列）

变量	模型 1	模型 2	模型 3	模型 4
	系数	系数	系数	系数
zz	-16.3819 （-1.17）	-3.870692 （-0.54）	-11.03728 （-1.54）	-14.53272 （-1.80）*
open	-2.624285 （-1.99）*		2.102272 （7.78）**	2.694414 （6.81）**
cyjg		4.082383 （-0.54）**	5.100086 （2.32）**	5.491084 （2.47）**
cpi				-2.816518 （-1.11）
C	10.88124 （15.40）**	4.718713 （-0.54）**	3.028881 （2.83）**	2.530768 （2.07）*
R^2	0.4221	0.8179	0.8565	0.8547
P 值	0	0	0	0

注：括号里为 t 统计量值，* 表示 10% 显著水平下显著，** 表示 5% 显著水平下显著。

由实证结果可知，增值税税负的增长会抑制经济福利，且该抑制作用显著。逐步对模型添加对外开放程度、产业结构和居民消费价格指数控制变量，模型 1 的拟合优度仅为 0.4221，严重缺失解释变量。再将三个控制变量全部加入模型之后，增值税对经济福利呈现抑制作用，模型在 10% 的显著性水平下通过检验。加入模型的过程中，解释变量和控制变量的符号始终一致，模型结果稳健。

从经济角度看，增值税税负与经济福利呈反方向变动，增值税税负增加会导致商品价格提高，减少居民可支配收入，降低经济福利。从现实来看，2018 年 5 月 1 日起，我国增值税税率从 17%、13%、11% 和 6% 四档税率，变为 16%、10% 和 6% 三档税率；2019 年 3 月 5 日的政府工作报告提出进一步减轻制造业税负，由 16% 的增值税税率减轻至 13%。增值税税负的减轻可以促进经济增长，扩大经济福利，与实证模型结果相符。

（2）全国整体视角下的消费税经济福利效应实证结果。

为保证实证结果的稳健性，本节采用逐步增加控制变量的方法，进行逐步回归检验，表 11 - 21 为全国消费税税负对经济福利影响的实证检验结果。模型 1 仅添加了人均 GDP 作为控制变量，模型 2、模型 3 和模型 4 依次添加了产业结构、对外开放程度和居民消费价格指数控制变量进行回归。

表 11 - 21　　　　　　全国整体视角消费税经济福利效应实证模型的回归结果（时间序列）

变量	模型 1	模型 2	模型 3	模型 4
	系数	系数	系数	系数
xf	14.05737 （2.90）**	16.04497 （4.69）**	15.22951 （4.43）**	15.36747 （5.00）**
gdp	0.8735469 （42.76）**	0.7479608 （24.98）**	0.7558184 （24.55）**	0.7719716 （27.17）**
cyjg		0.7647962 （4.77）**	0.7598395 （4.75）**	0.6250545 （4.05）**

变量	模型 1	模型 2	模型 3	模型 4
	系数	系数	系数	系数
open			0.1391953 (1.22)	0.1552998 (1.52)
cpi				-0.7362416 (-2.34)**
C	-0.3761288 (-1.79)*	0.0963325 (0.54)	0.0353287 (0.19)	0.7609278 (2.16)**
R^2	0.9887	0.9947	0.9948	0.9961
P 值	0	0	0	0

注：括号里为 t 统计量值，* 表示 10% 显著水平下显著，** 表示 5% 显著水平下显著。

由表 11-21 可知，消费税与经济福利呈同方向变化，消费税税负增加时，经济福利也随之增加。对模型进行稳健性检验，分别引入人均 GDP、产业结构、对外开放程度和居民消费价格指数四个变量，对模型进行逐步回归，消费税的增长始终促进经济福利的提升，且在 5% 的显著性水平上显著，模型稳健性良好。人均 GDP、产业结构和对外开放程度对全国经济福利有促进作用，其中，人均 GDP 的影响最大；居民消费价格指数对经济福利有抑制作用，其影响小于人均 GDP 的促进作用。

从经济角度对模型进行分析，消费税可以调节收入分配，消费税税负增长时，居民贫富差距进一步缩小，经济福利增加。童锦治、苏国灿和刘欣陶（2017）也采用 Kakwani 分解方法得出了类似结论。从现实角度进行分析，根据党的十八届三中全会对于消费税的改革精神，高档消费品属于消费税改革扩围中的主要组成部分，扩大高档消费品的消费税征收范围有利于缩小居民贫富差距，促进经济福利增长。

（3）全国整体视角下的营业税经济福利效应实证结果。

为保证实证结果的稳健性，本节采用逐步增加控制变量的方法，进行逐步回归检验，表 11-22 为全国营业税税负对经济福利影响的实证检验结果。模型 1 仅添加了政府投资作为控制变量，模型 2 和模型 3 依次添加了居民消费价格指数和产业结构控制变量进行回归。

表 11-22　　　全国整体视角营业税经济福利效应实证模型的回归结果（时间序列）

变量	模型 1	模型 2	模型 3
	系数	系数	系数
yy	-4.940805 (-0.96)	-2.748223 (-0.61)	-1.335879 (-0.22)
tz	3.799178 (21.04)**	3.767261 (24.29)**	3.643386 (9.32)**
cpi		-2.051445 (-2.87)**	-1.903123 (-2.25)**
cyjg			0.1939447 (0.35)

变量	模型1	模型2	模型3
	系数	系数	系数
C	6.35334 (64.69)**	8.482151 (11.37)**	8.211933 (7.52)**
R^2	0.9625	0.9739	0.9740
P值	0	0	0

注：括号里为t统计量值，*表示10%显著水平下显著，**表示5%显著水平下显著。

营业税对经济福利有抑制作用，增加营业税税负时，经济福利减少。对模型进行逐步回归可知，营业税抑制经济福利增长，模型结果在增加控制变量的过程中变化不大，模型结果稳健。政府投资和产业结构对经济福利有促进作用，居民消费价格指数则抑制经济福利增长，控制变量均在5%的显著性水平上显著。

从经济角度对模型进行分析，营业税作为间接税，税负可以转嫁，直接导致居民的可支配收入减少，经济福利下降。从现实角度对模型进行分析，2016年5月1日，全面推开的"营改增"降低了服务业所承担的税负，削减了重复征税的环节，经济福利增长。

（4）全国整体视角下的企业所得税经济福利效应实证结果。

为保证实证结果的稳健性，本节采用逐步增加控制变量的方法，进行逐步回归检验，表11-23为全国企业所得税税负对经济福利影响的实证检验结果。模型1仅添加了人均GDP作为控制变量，模型2、模型3和模型4依次添加了产业结构、对外开放程度和居民消费价格指数控制变量进行回归。

表11-23　　　全国整体视角企业所得税经济福利效应实证模型的回归结果（时间序列）

变量	模型1	模型2	模型3	模型4
	系数	系数	系数	系数
qy	-11.84809 (-2.33)**	-6.169772 (-1.12)	-9.179938 (-1.59)	-6.580605 (-0.99)
gdp	0.9858171 (18.76)**	0.8459918 (9.98)**	0.9055185 (9.90)**	0.8784305 (8.92)**
cyjg		0.5252078 (2.02)**	0.4282063 (1.64)	0.4148698 (1.56)
open			0.1365251 (0.87)	0.1583801 (0.99)
cpi				-0.4400096 (-0.80)
C	-0.8881271 (-2.41)**	-0.2069035 (-0.43)	-0.6018258 (-1.14)	0.0437592 (0.05)
R^2	0.9874	0.9896	0.9905	0.9909
P值	0	0	0	0

注：括号里为t统计量值，*表示10%显著水平下显著，**表示5%显著水平下显著。

由实证结果可知，企业所得税会抑制经济福利的增长，企业所得税税负增长时，经济福利下降。企业所得税对经济福利的影响可分两个角度：从政府支出角度看，企业所得税税率增加时，政府财政收入增长，政府财政支出得到了保障，政府可增加政府公共投资性支出和公共消费性支出，将增长的财政收入重新用于社会福利，刺激经济增长，经济福利上升。从征税对企业影响的角度来看，企业所得税税率增加会加重企业经营负担，抑制经济和企业发展，降低居民可支配收入，经济福利减少。企业所得税对经济福利的作用取决于这两方面互相作用的结果，当政府从企业取得的财政收入并不完全用于鼓励企业发展的方面时，政府财政支出给企业带来的激励作用小于增加企业所得税税率给企业带来的经营负担，企业所得税对经济福利就会产生负效应。

从现实角度对企业所得税的经济福利效应进行分析，当前我国企业所得税名义税率为25%，而经济合作与发展组织（OECD）国家 2018 年平均最高企业所得税税率仅为23.9%，我国企业所得税税率高于 OECD 国家，但经济福利较 OECD 国家更小，需降低企业所得税税负，减轻税收之外的其他费用类支出，实现更高的经济福利。

（5）全国整体视角下的个人所得税经济福利效应实证结果。

为保证实证结果的稳健性，本节采用逐步增加控制变量的方法，进行逐步回归检验，表 11 - 24 为全国个人所得税税负对经济福利影响的实证检验结果。模型 1 仅添加了人均GDP 作为控制变量，模型 2、模型 3 和模型 4 依次添加了产业结构、对外开放程度和居民消费价格指数控制变量进行回归。

表 11 - 24　　全国整体视角个人所得税经济福利效应实证模型的回归结果（时间序列）

变量	模型 1 系数	模型 2 系数	模型 3 系数	模型 4 系数
ge	-11.00637 (-1.07)	-11.15886 (-1.28)	-13.3073 (-1.33)	-30.36683 (-3.12)**
gdp	0.9124786 (21.25)**	0.8021955 (15.64)**	0.8139361 (15.92)**	0.8968497 (18.32)**
cyjg		0.6751523 (3.05)**	0.6917776 (3.15)**	0.4449298 (2.29)**
open			0.2517984 (1.51)	0.378945 (2.69)**
cpi				-1.509962 (-3.20)**
C	-0.4357351 (-1.32)	0.0019675 (0.01)	-0.1025307 (-0.33)	1.07086 (2.40)**
R^2	0.9850	0.9898	0.9902	0.9939
P 值	0	0	0	0

注：括号里为 t 统计量值，* 表示 10% 显著水平下显著，** 表示 5% 显著水平下显著。

由表 11 - 24 结果可知，个人所得税与经济福利呈反向变动，个人所得税税负增长时，经济福利下降。将人均 GDP、产业结构、对外开放程度和居民消费价格指数作为模型的控制变量逐步回归可知，个人所得税税负始终抑制经济福利，模型结果稳健。在加入居民消费指数后，个人所得税对经济福利的影响开始在 5% 的显著性水平上显著。人均 GDP、产业结构和对外开放程度的增长促进经济福利的增加，居民消费价格指数对经济福利有抑制作用，但作用效果小于个人所得税影响。

从经济角度分析，个人所得税以量能负担为原则，个人所得税的征收直接影响居民的可支配收入，且居民收入越高，适用的个人所得税税率越高。当个人所得税税负增加时，居民可支配收入减少，经济福利下降。从现实角度分析，2019 年 1 月 1 日起，个人所得税的免征额从 3500 元提升至 5000 元，并将工资薪金、劳务报酬等四项所得纳入综合征收范围，由分类征收逐步改革为综合征收，个人所得税税负减轻，居民可支配收入增长，经济福利上升，个人所得税改革现状与实证模型结果统一。

11.3 城镇居民视角：税收的经济福利效应

在 11.2 节中，从全国整体视角实证检验了税收的经济福利效应。由于城乡的差异性，本节从城镇居民的视角，实证分析税收的经济福利效应，以期得出税收对城镇居民经济福利效应的规律。

11.3.1 宏观税负的经济福利效应

本节主要检验宏观税负对城镇居民的经济福利效应。同 11.2.1，宏观税负与经济福利二者之间可能存在非线性关系，在构建宏观税负对城镇居民经济福利影响的模型时，基于基准模型式（11-2），考虑建立非线性的面板数据模型，引入宏观税负的二次项，采用固定效应并逐步引入控制变量进行实证分析，从而更好地剖析宏观税负对城镇居民经济福利影响的规律。在控制变量方面，选用城市发展水平、产业发展水平和就业水平。

11.3.1.1 协整性检验

参考 9.1.3 中对于面板数据的平稳性检验结果，本部分模型中多个变量需继续进行协整性检验，以确保数据的长期稳定性。在对面板数据模型中多个变量进行协整性检验的方法中，一般以 westerlund 方法较为有效。因此，本部分采用 westerlund 协整检验方法对模型中各变量进行协整性检验。具体检验结果见表 11-25。

表 11-25　　　　城镇居民视角宏观税负经济福利效应实证模型的协整性检验（面板数据）

	Statistic	p-value
Varianceratio	-1.4540	0.0730

根据表 11-25 中协整性检验结果，检验统计量为 -1.4540，在 10% 显著性水平下，拒绝"不存在协整向量"的原假设，模型中各变量之间存在协整关系，通过协整性检验，可以建立实证模型并继续进行回归分析。

11.3.1.2 实证结果分析

为保证实证结果的稳健性，本节采用逐步增加控制变量的方法，进行逐步回归检验，

表 11 - 26 为城镇宏观税负对经济福利影响的实证检验结果，模型 1、模型 2、模型 3 和模型 4 分别添加了产业结构、失业率和城镇化率进行回归。

表 11 - 26　城镇居民视角宏观税负经济福利效应实证模型的回归结果（面板数据）

变量	模型 1	模型 2	模型 3	模型 4
	系数	系数	系数	系数
st	16. 14153 (21. 29) **	16. 13857 (21. 63) **	16. 94296 (21. 74) **	16. 89639 (22. 01) **
stt	- 17. 26497 (- 13. 56) **	- 17. 10121 (- 13. 64) **	- 20. 89524 (- 13. 12) **	- 20. 5403 (- 13. 08) **
cyjg			0. 3422972 (3. 72) **	0. 3236155 (3. 56) **
syl		- 10. 22183 (- 4. 20) **		- 9. 787472 (- 4. 06) **
city	1. 584969 (9. 93) **	1. 642883 (10. 42) **	1. 703888 (10. 59) **	1. 752851 (11. 03) **
C	6. 377628 (76. 69) **	6. 700837 (59. 66) **	5. 973776 (43. 85) **	6. 305292 (40. 15) **
时间项	N	N	N	N
个体项	Y	Y	Y	Y
R^2	0. 7149	0. 7246	0. 7225	0. 7314
P 值	0	0	0	0

注：括号里为 t 统计量值，* 表示 10% 显著水平下显著，** 表示 5% 显著水平下显著。

宏观税负与城镇居民经济福利呈倒 U 型关系。对模型逐步添加变量可知，宏观税负的系数和显著性水平始终保持一致，模型结果不随控制变量的改变而变化，模型结果平稳。产业结构和城镇化率对经济福利有显著正向影响，城镇居民视角下城镇化率越高，城镇居民经济福利越大。失业率对经济福利有显著负向影响，城镇失业率越高，经济福利越小。

城镇居民视角宏观税负对经济福利的影响与全国整体视角一致，前面已经对形成原因进行过分析，此处不再重复解释。但城镇居民视角下的宏观税负影响系数小于全国视角下宏观税负对经济福利的影响，这一结果产生的原因是，城镇居民视角下的样本仅包括城镇居民的数据，样本间差异性要小于全国整体视角，不存在明显的城乡居民收入差距，所以宏观税负对城镇居民经济福利的影响要小于全国整体居民。

11.3.2　税制结构的经济福利效应

本节主要检验税制结构对城镇居民经济福利的影响。由前面对税制结构的界定，这里同样考察直接税和间接税的经济福利效应。结合各省份之间税收差距较大的现象，以及税收与城镇经济福利数据对应关系的规律，发现直接税和间接税与经济福利之间可能存在非线性关系，于是在构建对全国居民经济福利影响的模型时，基于基准模型式（11 - 2），考虑建立非线性的面板数据模型，分别引入直接税和间接税的二次项，控制变量均选择经济发展水平、城市化水平、产业发展水平和就业水平，采用固定效应并通过组合不同控制变量进行实证检验。

11.3.2.1　协整性检验

参考 9.1.3 中平稳性检验结果，本部分模型中多个变量需要进一步进行协整性检验。同理，与本章 11.3.1.1 中协整性检验方式相同，本部分同样使用 westerlund 检验方法对各变量进行协整性检验。具体协整性检验结果见表 11 - 27。

表 11 - 27　　　　城镇居民视角税制结构经济福利效应实证模型的协整性检验（面板数据）

类型	Statistic	p-value
城镇直接税	- 1.5285	0.0632
城镇间接税	- 1.6587	0.048

根据表 11 - 27 中协整性检验结果，检验统计量分别为 - 1.5285 和 - 1.6587，在 10% 显著性水平下，拒绝"不存在协整向量"的原假设。因此，各模型分别通过协整性检验，同一模型中的各变量之间存在协整关系，可以建立实证模型并继续进行回归分析。

11.3.2.2　实证结果分析

（1）城镇居民视角下的直接税经济福利效应实证结果。

为保证实证结果的稳健性，本节采用逐步增加控制变量的方法，进行逐步回归检验，表 11 - 28 为城镇直接税税负对经济福利影响的实证检验结果。模型 1 仅添加了人均 GDP 作为控制变量，模型 2、模型 3 和模型 4 分别添加了城镇化率、产业结构和失业率作为控制变量进行回归。

表 11 - 28　　　　城镇居民视角直接税经济福利效应实证模型的回归结果（面板数据）

变量	模型 1	模型 2	模型 3	模型 4
	系数	系数	系数	系数
zj	0.9830494 (1.75)*	- 0.3347301 (- 0.62)	- 1.225099 (- 2.44)**	- 0.9778579 (- 1.91)*
zjj	2.113161 (1.50)	4.848618 (3.64)**	2.468292 (1.98)**	2.108021 (1.68)*
city		0.3711238 (9.28)**	0.3712624 (10.11)**	0.3804327 (10.34)**
gdp	0.7255827 (91.16)**	0.7103453 (94.18)**	0.7237087 (102.59)**	0.7199004 (99.65)**
syl				- 1.264764 (- 2.26)**
cyjg			0.209367 (9.76)**	0.2032091 (9.44)**
C	1.949969 (30.93)**	1.969643 (33.75)**	1.678476 (27.38)**	1.752139 (25.33)**
时间项	N	N	N	N

变量	模型 1	模型 2	模型 3	模型 4
	系数	系数	系数	系数
个体项	Y	Y	Y	Y
R^2	0.9810	0.9838	0.9864	0.9865
P 值	0	0	0	0

注：括号里为 t 统计量值，*表示 10% 显著水平下显著，**表示 5% 显著水平下显著。

由实证结果可知，直接税与城镇居民经济福利呈 U 型关系。城镇居民视角的直接税对经济福利的影响小于全国视角的影响，模型在 10% 的显著性水平上显著。对模型变量进行逐步回归可知，解释变量与控制变量的影响方向和显著性水平基本不变，模型稳定。控制变量中，仅有失业率对经济福利呈负向影响，城镇居民的失业率上升，影响经济增长，经济福利下降。

直接税与经济福利呈 U 型关系，在达到一定的直接税水平之前，直接税税负的增加会导致居民可支配收入降低，减少经济福利；而在直接税税负达到一定水平后，对高收入人群的影响会大于低收入者，收入差距得以减小，故而经济福利上升。

（2）城镇居民视角下的间接税经济福利效应实证结果。

为保证实证结果的稳健性，本节采用逐步增加控制变量的方法，进行逐步回归检验，表 11 - 29 为城镇间接税税负对经济福利影响的实证检验结果。模型 1 仅添加了人均 GDP 作为控制变量，模型 2、模型 3 和模型 4 分别添加了产业结构、失业率和城镇化率作为控制变量进行回归。

表 11 - 29　　　城镇居民视角间接税经济福利效应实证模型的回归结果（面板数据）

变量	模型 1	模型 2	模型 3	模型 4
	系数	系数	系数	系数
jj	- 2.709903	- 1.641359	- 1.56323	- 0.8673511
	（- 6.01）**	（- 3.95）**	（- 3.74）**	（- 2.14）**
jjj	12.07964	7.578135	7.527157	3.804432
	（9.08）**	（6.02）**	（5.98）**	（2.97）**
city				0.3101999
				（7.81）**
gdp	0.7494974	0.740939	0.7398719	0.7157227
	（124.01）**	（135.36）**	（134.32）**	（118.23）**
syl			- 0.8988801	- 1.472737
			（- 1.56）	（- 2.69）**
cyjg		0.1721775	0.172424	0.1796638
		（11.12）**	（11.15）**	（12.27）**
C	1.892415	1.751555	1.785552	1.863855
	（40.44）**	（39.96）**	（36.54）**	（39.44）**
时间项	N	N	N	N
个体项	Y	Y	Y	Y
R^2	0.9813	0.9850	0.9850	0.9867
P 值	0	0	0	0

注：括号里为 t 统计量值，*表示 10% 显著水平下显著，**表示 5% 显著水平下显著。

间接税与城镇居民经济福利呈 U 型关系。城镇化率、人均 GDP 和产业结构对经济福利有促进作用，失业率则反向影响经济福利，四个控制变量均对经济福利的影响显著。对模型分别增加控制变量，模型的显著性水平不发生改变，且影响系数方向和大小变化不大，模型结果良好。

城镇居民视角下，间接税对经济福利的影响与全国整体视角一致，因在全国整体视角下进行过作用机制的解释，本节不再重复解释。对城镇居民视角下影响系数小于全国整体的原因进行分析，全国整体视角研究内容为全国城乡居民，而城镇居民视角下的研究内容为城镇居民，两视角研究居民收入的平均分配程度不同，经济福利大小存在差异，全国整体视角下的居民贫富差距要远大于城镇居民视角，更易受间接税的影响。

11.3.3 税类结构的经济福利效应

本节主要检验税类结构对全国居民经济福利的影响。基于基准模型式（11-2），考察流转税、所得税、行为财产税和资源税类的福利经济效应。其中，在考察流转税、所得税和行为财产税时，发现各自与经济福利二者之间可能存在非线性关系，于是在构建模型时，基于基准模型式（11-2），考虑建立非线性的面板数据模型，分别引入流转税、所得税和行为财产税的二次项，控制变量选择经济发展水平和政府投资力度、产业水平和物价水平，通过组合不同控制变量进行实证检验。

11.3.3.1 协整性检验

参考 9.1.3 中平稳性检验结果，本部分模型中多个变量需要进一步进行协整性检验。同理，与本章 11.3.1.1 中协整性检验方式相同，本部分同样使用 westerlund 检验方法对各变量进行协整性检验。具体协整性检验结果见表 11-30。

表 11-30　　城镇居民视角税类结构经济福利效应实证模型的协整性检验（面板数据）

类型	Statistic	p-value
城镇流转税	-1.5767	0.0574
城镇所得税	-2.4550	0.0070
城镇行为财产税	-1.7217	0.0426
城镇资源税类	-2.4356	0.0074

根据表 11-30 中协整性检验结果，检验统计量分别为 -1.5767、-2.4550、-1.7217、-2.4356，在 10% 显著性水平下，均拒绝"不存在协整向量"的原假设。因此，各模型分别通过协整性检验，同一模型中的各变量之间存在协整关系，可以建立实证模型并继续进行回归分析。

11.3.3.2 实证结果分析

（1）城镇居民视角下的流转税经济福利效应实证结果。

为保证实证结果的稳健性，本节采用逐步增加控制变量的方法，进行逐步回归检验，

表 11-31 为城镇流转税税负对经济福利影响的实证检验结果。模型 1 仅添加了人均 GDP 作为控制变量，模型 2、模型 3 和模型 4 分别添加了产业结构、城镇化率和失业率作为控制变量进行回归。

表 11-31　　　　城镇居民视角流转税经济福利效应实证模型的回归结果（面板数据）

变量	模型 1	模型 2	模型 3	模型 4
	系数	系数	系数	系数
lz	−2.735112 (−5.98)**	−1.702521 (−4.06)**	−1.090737 (−2.69)**	−0.9230907 (−2.26)**
lzz	12.40858 (8.96)**	7.859873 (6.03)**	4.15846 (3.13)**	3.895671 (2.94)**
city			0.3001111 (7.55)**	0.3135608 (7.87)**
gdp	0.7503969 (126.51)**	0.7419667 (138.45)**	0.7192087 (121.72)**	0.7164299 (120.03)**
syl				−1.443539 (−2.62)**
cyjg		0.1737662 (11.25)**	0.1802625 (12.28)**	0.1808882 (12.39)**
C	1.881605 (40.34)**	1.74251 (40.04)**	1.800093 (42.89)**	1.857152 (39.46)**
时间项	N	N	N	N
个体项	Y	Y	Y	Y
R^2	0.9811	0.9849	0.9865	0.9866
P 值	0	0	0	0

注：括号里为 t 统计量值，* 表示 10% 显著水平下显著，** 表示 5% 显著水平下显著。

流转税与城镇居民经济福利呈 U 型关系。将城镇化率、人均 GDP、失业率和产业结构四个控制变量分别引入模型中，仅有失业率对经济福利的影响为反向。在对经济福利起到促进作用的控制变量中，人均 GDP 的影响最大，产业结构对于经济福利的影响最小。

流转税对城镇居民经济福利的影响与全国整体视角下相似，这一结果已在前面进行分析，此处不再重复解释。流转税对城镇居民经济福利的影响要小于全国整体视角，城镇居民的收入分配均等度大于全国整体视角居民，根据庇古福利经济学，收入分配的均等度与福利成正比，城镇居民经济福利被流转税影响的程度要小于全国整体居民。

（2）城镇居民视角下的所得税经济福利效应实证结果。

为保证实证结果的稳健性，本节采用逐步增加控制变量的方法，进行逐步回归检验，表 11-32 为城镇所得税税负对经济福利影响的实证检验结果。模型 1 仅添加了人均 GDP 作为控制变量，模型 2、模型 3 和模型 4 分别添加了城镇化率、产业结构和失业率作为控制变量进行回归。

表 11 - 32　　　　　城镇居民视角所得税经济福利效应实证模型的回归结果（面板数据）

变量	模型 1	模型 2	模型 3	模型 4
	系数	系数	系数	系数
sd	0.9531645 (1.63)	- 0.3708557 (- 0.66)	- 1.45965 (- 2.80) **	- 1.20497 (- 2.26) **
sdd	2.360896 (1.52)	5.317082 (3.63) **	3.110043 (2.29) **	2.707477 (1.98) **
city		0.3759646 (9.42) **	0.3728129 (10.22) **	0.3818976 (10.44) **
gdp	0.728901 (99.43) **	0.7107113 (101.02) **	0.7235036 (110.35) **	0.7201475 (107.27) **
syl				- 1.210967 (- 2.17) **
cyjg			0.212703 (9.99) **	0.2066332 (9.66) **
C	1.925005 (32.53) **	1.964954 (35.87) **	1.677578 (29.06) **	1.745966 (26.61) **
时间项	N	N	N	N
个体项	Y	Y	Y	Y
R^2	0.9808	0.9837	0.9864	0.9865
P 值	0	0	0	0

注：括号里为 t 统计量值，* 表示 10% 显著水平下显著，** 表示 5% 显著水平下显著。

所得税与城镇居民经济福利存在 U 型关系。当所得税税负在 U 型左侧时，所得税税负的增加直接减少了居民的可支配收入，使经济福利降低，目前，我国所得税正处于这种状态；继续增加所得税税负，高收入人群受所得税税负的影响会大于低收入群体，收入分配均等度上升，经济福利增加。模型在 5% 的显著性水平下显著，模型拟合优度良好。逐步添加模型的控制变量可知，城镇化率、人均 GDP 和产业结构的值越高，经济福利越好。

（3）城镇居民视角下的行为财产税经济福利效应实证结果。

为保证实证结果的稳健性，本节采用逐步增加控制变量的方法，进行逐步回归检验，表 11 - 33 为城镇行为财产税税负对经济福利影响的实证检验结果。模型 1 仅添加了城镇化率作为控制变量，模型 2、模型 3 和模型 4 分别添加了失业率和产业结构作为控制变量进行回归。

表 11 - 33　　　　城镇居民视角行为财产税经济福利效应实证模型的回归结果（面板数据）

变量	模型 1	模型 2	模型 3	模型 4
	系数	系数	系数	系数
xw	124.1539 (21.53) **	123.3573 (21.34) **	123.2936 (20.99) **	122.4436 (20.79) **
xww	- 932.5983 (- 18.78) **	- 926.5334 (- 18.63) **	- 927.3703 (- 18.49) **	- 920.9655 (- 18.34) **

变量	模型 1	模型 2	模型 3	模型 4
	系数	系数	系数	系数
city	2.018812 (13.26)**	2.058494 (13.36)**	2.011992 (13.19)**	2.051834 (13.29)**
syl		-4.069121 (-1.58)		-4.120664 (-1.60)
cyjg			0.0522894 (0.78)	0.0549215 (0.82)
C	7.181283 (111.46)**	7.309638 (70.61)**	7.138658 (84.39)**	7.266494 (62.53)**
时间项	N	N	N	N
个体项	Y	Y	Y	Y
R^2	0.6922	0.6938	0.6926	0.6942
P 值	0	0	0	0

注：括号里为 t 统计量值，* 表示 10% 显著水平下显著，** 表示 5% 显著水平下显著。

行为财产税与城镇居民经济福利存在倒 U 型关系。城镇居民视角下的行为财产税模型结果与全国整体视角一致，本节不再重复进行理论分析。对模型分别添加城镇化率、失业率和产业结构三项控制变量可知，行为财产税对经济福利的影响始终为正，且模型显著，模型通过稳健性检验。三个控制变量中，仅有城镇化率对城镇居民经济福利作用显著，在 5% 的显著性水平下显著，对经济福利增长有促进作用；失业率和产业结构对城镇居民福利的影响不显著。

（4）城镇居民视角下的资源税类经济福利效应实证结果。

为保证实证结果的稳健性，本节采用逐步增加控制变量的方法，进行逐步回归检验，表 11-34 为城镇资源税类税负对经济福利影响的实证检验结果。模型 1 仅添加了人均 GDP 作为控制变量，模型 2、模型 3 和模型 4 分别添加了产业结构、城镇化率和失业率作为控制变量进行回归。

表 11-34　　　城镇居民视角资源税类经济福利效应实证模型的回归结果（面板数据）

变量	模型 1	模型 2	模型 3	模型 4
	系数	系数	系数	系数
zy	8.700977 (6.54)**	7.910676 (7.00)**	6.642038 (6.30)**	6.486312 (5.63)**
city			0.3194633 (9.24)**	0.3222871 (9.05)**
gdp	0.7034118 (83.10)**	0.6989186 (97.17)**	0.6792671 (97.20)**	0.6798494 (94.37)**
syl				-0.1938962 (-0.34)
cyjg		0.2033115 (14.02)**	0.1916117 (14.21)**	0.1917529 (14.20)**

变量	模型 1	模型 2	模型 3	模型 4
	系数	系数	系数	系数
C	2.159181	2.005222	2.067004	2.06762
	(28.75)**	(30.99)**	(34.31)**	(34.27)**
时间项	N	N	N	N
个体项	Y	Y	Y	Y
R^2	0.9792	0.9850	0.9872	0.9872
P 值	0	0	0	0

注: 括号里为 t 统计量值, * 表示 10% 显著水平下显著, ** 表示 5% 显著水平下显著。

由表 11-34 可知, 城镇居民经济福利与资源税类税负同方向变化, 资源税类税负增加时, 城镇居民经济福利上涨。对本模型进行控制变量的逐步回归, 以城镇化率、人均GDP、失业率和产业结构为控制变量, 城镇居民经济福利始终与资源税类税负同方向变化, 结果显著且影响系数变化不大, 模型稳健性水平良好。城镇居民视角下的资源税类对经济福利的影响与全国资源税类结果一致, 前面已经进行过解释, 此处不再赘述。控制变量中, 城镇化率、人均 GDP 和产业结构均对城镇居民经济福利有显著影响, 作用方向为正, 其中, 人均 GDP 的影响效果最大; 失业率对城镇居民经济影响为负, 但该影响并不显著。

11.3.4　主要税种的经济福利效应

进一步, 本节检验主要税种对城镇居民经济福利的影响, 主要包括增值税、营业税、消费税、企业所得税和个人所得税。以上述税种为解释变量, 控制变量选用经济发展水平、开放水平、产业水平和物价水平, 基于基准模型式 (11-2), 通过引入不同控制变量进行实证检验。其中, 在考察增值税对城镇居民的经济福利效应时, 发现二者之间存在非线性关系, 因此, 基于基准模型式 (11-2), 考虑建立非线性的面板数据模型, 引入增值税的二次项。以上实证检验均采用固定效应并组合不同控制变量。

11.3.4.1　协整性检验

参考 9.1.3 中平稳性检验结果, 本部分模型中多个变量需要进一步进行协整性检验。同理, 与本章 11.3.1.1 中协整性检验方式相同, 本部分同样使用 westerlund 检验方法对各变量进行协整性检验。具体协整性检验结果见表 11-35。

表 11-35　　城镇居民视角主要税种经济福利效应实证模型的协整性检验 (面板数据)

类型	Statistic	p-value
城镇增值税	-1.8048	0.0356
城镇消费税	-2.5744	0.0050
城镇营业税	-1.9235	0.0272
城镇企业所得税	-1.7509	0.0400
城镇个人所得税	-2.7384	0.0031

根据表 11 - 35 中协整性检验结果，检验统计量分别为 - 1.8048、- 2.5744、- 1.9235、- 1.7509、- 2.7384，在 5% 显著性水平下，均拒绝"不存在协整向量"的原假设。因此，各模型分别通过协整性检验，同一模型中的各变量之间存在协整关系，可以建立实证模型并继续进行回归分析。

11.3.4.2 实证结果分析

（1）城镇居民视角下的增值税经济福利效应实证结果。

为保证实证结果的稳健性，本节采用逐步增加控制变量的方法，进行逐步回归检验，表 11 - 36 为城镇增值税税负对经济福利影响的实证检验结果，模型分别添加了人均 GDP、城镇化率、产业结构和失业率作为控制变量进行回归。

表 11 -36　　城镇居民视角增值税经济福利效应实证模型的回归结果（面板数据）

变量	模型 1 系数	模型 2 系数	模型 3 系数	模型 4 系数
zz	- 0.8733143 (- 5.61) **	- 0.6097404 (- 3.57) **	- 0.7654585 (- 5.20) **	- 0.6933352 (- 4.57) **
zzz	1.948635 (7.34) **	1.707304 (5.65) **	1.346352 (5.16) **	1.286979 (4.91) **
gdp	0.7317386 (167.29) **	0.7176869 (122.75) **	0.7076405 (139.27) **	0.7076815 (139.62) **
city		0.2852703 (6.43) **	0.3090606 (8.09) **	0.3163491 (8.26) **
cyjg	0.1886975 (12.23) **		0.1941835 (13.36) **	0.1920834 (13.21) **
syl				- 1.042365 (- 1.86) *
C	1.818746 (37.29) **	1.980743 (36.39) **	1.904966 (40.42) **	1.931101 (39.36) **
时间项	N	N	N	N
个体项	Y	Y	Y	Y
R^2	0.9852	0.9823	0.9869	0.9870
P 值	0	0	0	0

注：括号里为 t 统计量值，* 表示 10% 显著水平下显著，** 表示 5% 显著水平下显著。

由实证结果可知，增值税与城镇居民经济福利呈 U 型关系。以人均 GDP、城镇化率、产业结构和失业率作为控制变量，对模型逐步改变控制变量检验模型稳健性，增值税始终抑制城镇居民经济福利的增长，且在 5% 的显著性水平下显著。

从经济角度分析，增值税税率在 U 型曲线左侧时，增值税作为价外税，税率提高时会影响商品价格，且由于增值税具有累退性，增值税对低收入人群的影响大于高收入人群，居民收入差距扩大，经济福利降低；当增值税税率在 U 型曲线右侧时，由于低收入人群的可支配收入有限，生活必需品的价格弹性较小，增值税税负的增长只会影响到高收入群体对非生活必需品的消费，根据庇古福利经济学理论，居民收入差距减小，经济福利增长。

（2）城镇居民视角下的消费税经济福利效应实证结果。

为保证实证结果的稳健性，本节采用逐步增加控制变量的方法，进行逐步回归检验，表11－37为城镇消费税税负对经济福利影响的实证检验结果。模型1将人均GDP作为控制变量引入模型，模型2、模型3和模型4分别添加了产业结构、失业率和城镇化率作为控制变量进行回归。

表11－37 城镇居民视角消费税经济福利效应实证模型的回归结果（面板数据）

变量	模型1	模型2	模型3	模型4
	系数	系数	系数	系数
xf	3.990929 (13.32)**	3.24109 (12.06)**	3.236995 (12.04)**	2.442267 (8.18)**
city				0.2120031 (5.50)**
gdp	0.744338 (170.20)**	0.7379015 (191.27)**	0.7379209 (191.23)**	0.7210306 (148.75)**
syl			−0.454505 (−0.88)	−1.020689 (−1.99)**
cyjg		0.1714979 (12.51)**	0.171901 (12.53)**	0.1730849 (12.97)**
C	1.719228 (40.68)**	1.629318 (43.29)**	1.64458 (39.66)**	1.747892 (39.31)**
时间项	N	N	N	N
个体项	Y	Y	Y	Y
R^2	0.9833	0.9873	0.9873	0.9880
P值	0	0	0	0

注：括号里为t统计量值，＊表示10%显著水平下显著，＊＊表示5%显著水平下显著。

消费税税负对城镇居民经济福利增长有显著促进作用，城镇居民经济福利随着消费税税负的增加而增长。将人均GDP、产业结构、失业率和城镇化率四个控制变量加入模型的过程中，消费税对城镇居民经济福利增长始终呈现促进作用，且在5%的显著性水平下显著。四个控制变量对被解释变量均有显著作用，其中，城镇化率、人均GDP和产业结构对城镇居民经济福利有促进作用，人均GDP的影响最大；失业率对城镇居民经济福利有抑制作用，抑制作用程度大于人均GDP的促进作用。

（3）城镇居民视角下的营业税经济福利效应实证结果。

为保证实证结果的稳健性，本节采用逐步增加控制变量的方法，进行逐步回归检验，表11－38为城镇营业税税负对经济福利影响的实证检验结果。模型1将人均GDP作为控制变量引入模型，模型2、模型3和模型4分别添加了产业结构、城镇化率和失业率作为控制变量进行回归。

表 11-38 城镇居民视角营业税经济福利效应实证模型的回归结果（面板数据）

变量	模型 1	模型 2	模型 3	模型 4
	系数	系数	系数	系数
yy	0.3108756 (1.09)	-0.6435456 (-2.55)**	-1.026635 (-4.44)**	-0.9600335 (-4.13)**
city			0.3725269 (10.53)**	0.3843435 (10.78)**
gdp	0.7484303 (147.56)**	0.7400812 (170.20)**	0.7096018 (145.14)**	0.7086587 (144.99)**
syl				-1.205326 (-2.24)**
cyjg		0.2191869 (13.99)**	0.2110299 (14.85)**	0.2103939 (14.86)**
C	1.762194 (35.02)**	1.674345 (38.76)**	1.824703 (43.80)**	1.867295 (40.91)**
时间项	N	N	N	N
个体项	Y	Y	Y	Y
R^2	0.9775	0.9838	0.9867	0.9868
P 值	0	0	0	0

注：括号里为 t 统计量值，* 表示 10% 显著水平下显著，** 表示 5% 显著水平下显著。

由表 11-38 可知，营业税对城镇居民经济福利的增长有抑制作用，营业税税负减小时，城镇居民经济福利反而增长。将城镇化率、人均 GDP、失业率和产业结构作为控制变量逐步引入模型可知，营业税始终对城镇居民经济福利的增长起抑制作用，抑制作用的影响系数变化不大且模型在 5% 的显著性水平上显著。失业率对城镇居民经济福利的增长同样起抑制作用，影响效果大于营业税税负对经济福利的影响；其余三个控制变量与城镇居民经济福利呈同方向变动，产业化率对经济福利影响最小，人均 GDP 对城镇居民经济福利影响最大。

（4）城镇居民视角下的企业所得税经济福利效应实证结果。

为保证实证结果的稳健性，本节采用逐步增加控制变量的方法，进行逐步回归检验，表 11-39 为城镇企业所得税税负对经济福利影响的实证检验结果。模型 1 将人均 GDP 作为控制变量引入模型，模型 2、模型 3 和模型 4 分别添加了失业率、产业结构和城镇化率作为控制变量进行回归。

表 11-39 城镇居民视角企业所得税经济福利效应实证模型的回归结果（面板数据）

变量	模型 1	模型 2	模型 3	模型 4
	系数	系数	系数	系数
qy	0.7117295 (10.20)**	0.7265073 (10.35)**	0.1033654 (1.04)	0.0004062 (0.00)
city				0.3644039 (10.09)**

变量	模型 1	模型 2	模型 3	模型 4
	系数	系数	系数	系数
gdp	0.7321802 (149.63)**	0.7319139 (149.81)**	0.7382908 (158.77)**	0.710044 (139.65)**
syl		−1.101263 (−1.75)*	−0.6529248 (−1.10)	−1.490419 (−2.72)**
cyjg			0.1909233 (8.30)**	0.1952045 (9.30)**
C	1.894344 (41.17)**	1.934225 (37.73)**	1.703014 (30.63)**	1.838234 (35.02)**
时间项	N	N	N	N
个体项	Y	Y	Y	Y
R²	0.9813	0.9814	0.9836	0.9864
P 值	0	0	0	0

注：括号里为 t 统计量值，* 表示 10% 显著水平下显著，** 表示 5% 显著水平下显著。

对模型结果进行分析可知，企业所得税对城镇居民经济福利有正效应，作用效果比较微弱。企业所得税税负增长时，经济福利增长，在逐步加入控制变量回归的过程中，企业所得税对城镇居民经济福利的影响逐渐降低，加入产业结构作为控制变量之后，企业所得税对城镇居民经济福利的影响转变为不显著。通过全国视角下企业所得税的经济福利效应可知，企业所得税的经济福利效应取决于两方面作用，对城镇居民，提高企业所得税税负对经济的刺激作用要大于企业增长的经营负担，企业所得税对经济福利产生正效应。

四个控制变量中，城镇化率、人均 GDP 和产业结构对经济福利有正效应、影响结果均在 5% 的显著性水平上显著，作用效果大于企业所得税对经济福利的影响，其中，人均 GDP 的正效应最为突出。失业率对城镇居民经济福利具有负效应，影响效果大于其余控制变量。

（5）城镇居民视角下的个人所得税经济福利效应实证结果。

为保证实证结果的稳健性，本节采用逐步增加控制变量的方法，进行逐步回归检验，表 11 - 40 为城镇个人所得税税负对经济福利影响的实证检验结果。模型 1 将人均 GDP 作为控制变量引入模型，模型 2、模型 3 和模型 4 分别添加了产业结构、城镇化率和失业率作为控制变量进行回归。

表 11 - 40　　　　城镇居民视角个人所得税经济福利效应实证模型的回归结果（面板数据）

变量	模型 1	模型 2	模型 3	模型 4
	系数	系数	系数	系数
ge	2.556616 (8.19)**	−0.0336909 (−0.09)	−0.9333412 (−2.62)**	−0.7127377 (−1.93)*
city			0.3716457 (10.17)**	0.3791543 (10.36)**

变量	模型 1	模型 2	模型 3	模型 4
	系数	系数	系数	系数
gdp	0.7356472 (146.44)**	0.7400318 (161.40)**	0.7127794 (143.60)**	0.7114082 (142.56)**
syl				−1.180024 (−2.09)**
cyjg		0.2095713 (10.36)**	0.2268576 (12.25)**	0.2196809 (11.70)**
C	1.850153 (39.51)**	1.65165 (35.39)**	1.744217 (40.10)**	1.797564 (35.73)**
时间项	N	N	N	N
个体项	Y	Y	Y	Y
R^2	0.9801	0.9836	0.9864	0.9865
P 值	0	0	0	0

注：括号里为 t 统计量值，＊表示 10% 显著水平下显著，＊＊表示 5% 显著水平下显著。

在城镇居民视角下，个人所得税与经济福利呈反向变动，个人所得税税负增长时，经济福利下降。将城镇化率、人均 GDP、失业率和产业结构作为模型的控制变量逐步回归，加入产业结构后，个人所得税对城镇居民经济福利的影响由促进转变为抑制作用，但模型结果并不显著，模型的影响系数变化很大；加入城镇化率后，模型结果重新显著，影响系数重新回到加入产业结构前的结果。

四个控制变量中城镇化率、人均 GDP 和产业结构对城镇居民经济福利呈促进作用，失业率对城镇居民经济福利有抑制作用。对城镇居民经济福利有正向影响的控制变量中，人均 GDP 的影响系数最大；而失业率对城镇居民经济福利的抑制作用略大于个人所得税对城镇居民经济福利的抑制作用。

11.4　农村居民视角：税收的经济福利效应

在 11.3 节中，从城镇居民视角实证检验了税收的经济福利效应。为更好地比较税收经济福利效应的城乡差异性，本节从农村居民的视角，实证检验税收的经济福利效应，以期得出税收对农村居民经济福利效应的规律。

11.4.1　宏观税负的经济福利效应

本节主要检验宏观税负对农村居民的经济福利效应。同 11.2.1，宏观税负与经济福利二者之间可能存在非线性关系，在构建宏观税负对农村居民经济福利影响的模型时，基于基准模型式（11−3），考虑建立非线性的面板数据模型，引入宏观税负的二次项，采用固定效应并逐步引入控制变量进行实证分析，从而更好地剖析宏观税负对农村居民经济福利影响的规律。在控制变量方面，选用城市发展水平、产业发展水平和就业水平。

11.4.1.1 协整性检验

参考9.1.3中平稳性检验结果，本部分模型中多个变量需要进一步进行协整性检验。同理，与本章11.3.1.1中协整性检验方式相同，本部分同样使用 westerlund 检验方法对各变量进行协整性检验。具体协整性检验结果见表 11－41。

表 11－41　　农村居民视角宏观税负经济福利效应实证模型的协整性检验（面板数据）

	Statistic	p-value
Varianceratio	－ 1.8440	0.0326

根据表 11－41 中协整性检验结果，检验统计量为 － 1.8440，在5%显著性水平下，拒绝"不存在协整向量"的原假设，模型中的各变量之间存在协整关系，通过协整性检验，可以建立实证模型并继续进行回归分析。

11.4.1.2 实证结果分析

为保证实证结果的稳健性，本节采用逐步增加控制变量的方法，进行逐步回归检验，表 11－42 为农村宏观税负对经济福利影响的实证检验结果，分别将城镇化率、产业结构和失业率作为控制变量引入模型进行回归。

表 11－42　　农村居民视角宏观税负税经济福利效应实证模型的回归结果（面板数据）

变量	模型 1	模型 2	模型 3	模型 4
	系数	系数	系数	系数
st	6.27473 (14.03) **	16.42102 (14.12) **	11.20155 (11.43) **	12.21797 (12.22) **
stt	－ 13.86532 (－7.71) **	－ 15.47086 (－7.16) **	－ 18.5803 (－10.36) **	－ 18.61657 (－10.63) **
city			2.84631 (11.78) **	2.749442 (11.58) **
cyjg		0.1988854 (1.34)	0.8264372 (6.48) **	0.726997 (5.70) **
syl	－ 21.2687 (－4.26) **	－ 19.95715 (－3.93) **		－ 14.48424 (－3.53) **
C	6.593286 (38.52) **	6.390898 (27.99) **	4.743978 (27.51) **	5.189056 (24.67) **
时间项	N	N	N	N
个体项	Y	Y	Y	Y
R^2	0.6160	0.6188	0.7436	0.7565
P 值	0	0	0	0

注：括号里为 t 统计量值，＊表示10%显著水平下显著，＊＊表示5%显著水平下显著。

对模型结果进行分析可知，宏观税负与农村居民经济福利存在倒 U 型关系。改变模型的控制变量可知，宏观税负对经济福利的影响结果始终保持一致，模型结果稳定。农村居民视角下的控制变量符号和显著性与城镇居民模型结果一致，且农村居民视角下宏观税负对经济福利的影响与全国整体视角方向一致，前面已经对形成原因进行过分析，此处不再重复解释。但农村居民视角下的宏观税负影响系数小于城镇和全国整体视角下宏观税负对经济福利的影响系数，原因在于，农村居民收入低于城镇居民收入，经济福利弱于城镇居民，所以宏观税负对经济福利的影响也为三个视角中最小。

11.4.2　税制结构的经济福利效应

本节主要检验税制结构对农村居民经济福利的影响。由前面对税制结构的界定，这里同样考察直接税和间接税的经济福利效应。结合各省份之间税收差距较大，税收与城镇经济福利数据对应关系的规律，发现直接税和间接税与经济福利之间可能存在非线性关系，于是在构建对全国居民经济福利影响的模型时，基于基准模型式（11-3），考虑建立非线性的面板数据模型，分别引入直接税和间接税的二次项，控制变量均选择经济发展水平、城市化水平、产业发展水平和就业水平，采用固定效应并通过组合不同控制变量进行实证检验。

11.4.2.1　协整性检验

参考 9.1.3 中平稳性检验结果，本部分模型中多个变量需要进一步进行协整性检验。同理，与本章 11.3.1.1 中协整性检验方式相同，本部分同样使用 westerlund 检验方法对各变量进行协整性检验。具体协整性检验结果见表 11-43。

表 11-43　　农村居民视角税制结构经济福利效应实证模型的协整性检验（面板数据）

类型	Statistic	p-value
农村直接税	-2.3405	0.0096
农村间接税	-2.0058	0.0224

根据表 11-43 中协整性检验结果，检验统计量分别为 -2.3405 和 -2.0058，在 5% 显著性水平下，拒绝"不存在协整向量"的原假设。因此，各模型分别通过协整性检验，同一模型中的各变量之间存在协整关系，可以建立实证模型并继续进行回归分析。

11.4.2.2　实证结果分析

（1）农村居民视角下的直接税经济福利效应实证结果。

为保证实证结果的稳健性，本节采用逐步增加控制变量的方法，进行逐步回归检验，表 11-44 为农村直接税税负对经济福利影响的实证检验结果，逐步将人均 GDP、产业结构、城镇化率和失业率作为控制变量引入模型进行回归。

表 11-44　　农村居民视角直接税经济福利效应实证模型的回归结果（面板数据）

变量	模型 1	模型 2	模型 3	模型 4
	系数	系数	系数	系数
zj	-1.063769 （-1.23）	-2.888435 （-3.63）**	-4.978835 （-6.06）**	-2.803736 （-3.13）**

变量	模型 1	模型 2	模型 3	模型 4
	系数	系数	系数	系数
zjj	6.444425	3.459555	8.067633	4.601604
	(3.08)**	(1.84)*	(4.20)**	(2.35)**
city			0.4580454	0.4176341
			(5.95)**	(5.66)**
gdp	0.7784648	0.7918156	0.7683569	0.7532672
	(52.04)**	(59.53)**	(58.92)**	(58.93)**
syl				−6.183957
				(−5.02)**
cyjg		0.3510954	0.3526157	0.2950272
		(8.29)**	(8.91)**	(7.49)**
C	0.4687486	0.5148938	0.0947377	0.5148938
	(3.82)**	(0.81)	(1.64)	(4.13)**
时间项	N	N	N	N
个体项	Y	Y	Y	Y
R^2	0.9687	0.9757	0.9789	0.9809
P 值	0	0	0	0

注：括号里为 t 统计量值，* 表示 10% 显著水平下显著，** 表示 5% 显著水平下显著。

在农村居民视角下，直接税与经济福利存在 U 型关系。各解释变量和控制变量对农村居民经济福利的影响均大于城镇居民的影响，因直接税无法进行税负转嫁，而农村居民较少涉及交直接税，故直接税对农村居民的影响会大于对城镇居民的影响。同样对模型控制变量进行改变，可以发现模型主要解释变量对经济福利的影响方向未发生变化，模型结果稳健。

各控制变量对农村居民经济福利的作用效果均显著，其中，城镇化率、人均 GDP 和产业结构对农村居民经济福利影响为正，失业率抑制农村居民经济福利增加。对农村居民经济福利有促进作用的三个控制变量中，人均 GDP 对经济福利的影响最大。

（2）农村居民视角下的间接税经济福利效应实证结果。

为保证实证结果的稳健性，本节采用逐步增加控制变量的方法，进行逐步回归检验，表 11-45 为农村间接税税负对经济福利影响的实证检验结果，逐步将人均 GDP、产业结构、城镇化率和失业率作为控制变量引入模型进行回归。

表 11-45　　　　　农村居民视角间接税经济福利效应实证模型的回归结果（面板数据）

变量	模型 1	模型 2	模型 3	模型 4
	系数	系数	系数	系数
jj	−4.480652	−3.718446	−3.095238	−2.168866
	(−6.45)**	(−6.13)**	(−4.83)**	(−3.53)**
jjj	13.32257	9.152025	5.914815	5.07031
	(7.16)**	(5.46)**	(2.90)**	(2.67)**

变量	模型 1	模型 2	模型 3	模型 4
	系数	系数	系数	系数
city			0.2598775 (2.72)**	0.2576052 (2.90)**
gdp	0.8083901 (70.85)**	0.7850363 (76.97)**	0.75784 (53.41)**	0.7548056 (57.14)**
syl				−6.99429 (−6.15)**
cyjg		0.2089895 (9.03)**	0.220565 (9.50)**	0.2156048 (9.97)**
C	0.4450521 (4.77)**	0.4405056 (5.45)**	0.5510411 (6.16)**	0.7249345 (8.25)**
时间项	N	N	N	N
个体项	Y	Y	Y	Y
R^2	0.9697	0.9774	0.9781	0.9811
P 值	0	0	0	0

注：括号里为 t 统计量值，＊表示 10% 显著水平下显著，＊＊表示 5% 显著水平下显著。

由表 11-45 可知，间接税与农村居民经济福利呈 U 型关系。城镇化率、人均 GDP 和产业结构对经济福利有促进作用，失业率则反向影响经济福利，四个控制变量均对经济福利影响显著。逐步对模型添加控制变量，解释变量和控制变量的显著性水平均不变，影响系数变化较小。

对比间接税对城镇居民和农村居民经济福利的影响可知，除城镇化率外，其余控制变量对农村居民经济福利的影响均大于城镇居民。农村居民的可支配收入相对城镇居民较少，更易受到各类控制变量的影响。

11.4.3　税类结构的经济福利效应

本节主要检验税类结构对农村居民经济福利的影响。实证模型基于基准模型式（11-3），考察流转税、所得税、行为财产税和资源税类的经济福利效应。其中，在考察流转税、所得税和行为财产税时，发现各自与经济福利之间可能存在非线性关系，于是在构建模型时，基于基准模型式（11-3），考虑建立非线性的面板数据模型，分别引入流转税、所得税和行为财产税的二次项，控制变量选择经济发展水平和城市发展水平、产业水平和物价水平，通过组合不同控制变量进行实证检验。

11.4.3.1　协整性检验

参考 9.1.3 中平稳性检验结果，本部分模型中多个变量需要进一步进行协整性检验。同理，与本章 11.3.1.1 中协整性检验方式相同，本部分同样使用 westerlund 检验方法对各变量进行协整性检验。具体协整性检验结果见表 11-46。

表 11 - 46　　　　农村居民视角税类结构经济福利效应实证模型的协整性检验（面板数据）

类型	Statistic	p-value
农村流转税	- 2.0595	0.0197
农村所得税	- 2.2028	0.0138
农村行为财产税	- 2.4615	0.0069
农村资源税类	- 2.6493	0.0040

根据表 11 - 46 中协整性检验结果，各模型的检验统计量分别为 - 2.0595、- 2.2028、- 2.4615、- 2.6493，在 5% 显著性水平下，拒绝"不存在协整向量"的原假设。因此，各模型分别通过协整性检验，同一模型中的各变量之间存在协整关系，可以建立实证模型并继续进行回归分析。

11.4.3.2　实证结果分析

（1）农村居民视角下的流转税经济福利效应实证结果。

为保证实证结果的稳健性，本节采用逐步增加控制变量的方法，进行逐步回归检验，表 11 - 47 为农村流转税税负对经济福利影响的实证检验结果，逐步将人均 GDP、产业结构、城镇化率和失业率作为控制变量引入模型进行回归。

表 11 - 47　　　　农村居民视角流转税经济福利效应实证模型的回归结果（面板数据）

变量	模型 1 系数	模型 2 系数	模型 3 系数	模型 4 系数
lz	- 4.660866 (- 6.53)**	- 3.967184 (- 6.43)**	- 3.322165 (- 5.11)**	- 2.351589 (- 3.74)**
lzz	13.92734 (7.14)**	9.818745 (5.66)**	6.354939 (3.02)**	5.442075 (2.76)**
city			0.268508 (2.82)**	0.2630008 (2.96)**
gdp	0.8095037 (71.68)**	0.7858675 (78.38)**	0.7577678 (54.04)**	0.755027 (57.59)**
syl				- 6.80328 (- 5.96)**
cyjg		0.2119998 (9.28)**	0.2229952 (9.76)**	0.217727 (10.19)**
C	0.4378428 (4.71)**	0.4380428 (5.48)**	0.554047 (6.24)**	0.7207582 (8.23)**
时间项	N	N	N	N
个体项	Y	Y	Y	Y
R²	0.9696	0.9813	0.9784	0.9813
P 值	0	0	0	0

注：括号里为 t 统计量值，* 表示 10% 显著水平下显著，** 表示 5% 显著水平下显著。

流转税与农村居民经济福利呈 U 型关系。逐步增加城镇化率、人均 GDP、失业率和产业结构四个控制变量，城镇化率、人均 GDP 和产业结构对农村居民经济福利均有促进作用，改变控制变量后，模型结果依然稳健。

除城镇化率外，其余控制变量对农村居民经济福利的影响均大于城镇居民，农村居民经济福利受流转税税负的影响要大于城镇居民。从经济角度分析，农村居民收入水平低于城镇居民，而居民无法避免对生活必需品的消费，当流转税税负提升时，农村居民的可支配收入下降速度大于城镇居民，农村居民经济福利更易受流转税税负影响，下降明显。

（2）农村居民视角下的所得税经济福利效应实证结果。

为保证实证结果的稳健性，本节采用逐步增加控制变量的方法，进行逐步回归检验，表 11 - 48 为农村所得税税负对经济福利影响的实证检验结果，逐步将人均 GDP、城镇化率、产业结构和失业率作为控制变量引入模型进行回归。

表 11 - 48   农村居民视角所得税经济福利效应实证模型的回归结果（面板数据）

变量	模型 1	模型 2	模型 3	模型 4
	系数	系数	系数	系数
sd	− 0. 861222 （ − 0. 96）	− 3. 015873 （ − 3. 16）**	− 5. 346816 （ − 6. 21）**	− 3. 15015 （ − 3. 40）**
sdd	6. 430087 （2. 78）**	11. 57771 （4. 78）**	9. 337758 （4. 45）**	5. 594827 （2. 63）**
city		0. 4533372 （5. 08）**	0. 460627 （5. 99）**	0. 4240828 （5. 76）**
gdp	0. 7753901 （56. 15）**	0. 7483894 （52. 78）**	0. 7597003 （61. 84）**	0. 7492553 （63. 11）**
syl				− 6. 144159 （ − 5. 07）**
cyjg			0. 3588467 （9. 13）**	0. 3012278 （7. 70）**
C	0. 4891867 （4. 24）**	0. 6056098 （5. 39）**	0. 2453328 （2. 35）**	0. 5411387 （4. 69）**
时间项	N	N	N	N
个体项	Y	Y	Y	Y
R^2	0. 9685	0. 9716	0. 9790	0. 9811
P 值	0	0	0	0

注：括号里为 t 统计量值，* 表示 10% 显著水平下显著，** 表示 5% 显著水平下显著。

所得税与农村居民经济福利呈 U 型关系。对模型的控制变量进行变化，控制变量和解释变量的符号未发生改变，解释变量均显著，模型通过稳健性检验。对经济福利产生正向影响的控制变量中，人均 GDP 对经济福利的影响最大，人均 GDP 反映总体经济状况，经济状况运行良好时，经济福利越大。

农村居民视角所得税税负对经济福利的影响作用与城镇居民视角一致，但农村居民的作用效果要大于城镇居民视角。农村居民人均可支配收入小于城镇居民，企业所得税税负增加时，农村居民人均可支配收入下降速度高于城镇居民，经济福利受影响更大。

（3）农村居民视角下的行为财产税经济福利效应实证结果。

为保证实证结果的稳健性，本节采用逐步增加控制变量的方法，进行逐步回归检验，表11-49为农村行为财产税税负对经济福利影响的实证检验结果，逐步将城镇化率、产业结构和失业率作为控制变量引入模型进行回归。

表11-49　　　农村居民视角行为财产税经济福利效应实证模型的回归结果（面板数据）

变量	模型1	模型2	模型3	模型4
	系数	系数	系数	系数
xw	85.03097 (12.58)**	78.81755 (11.43)**	86.10503 (12.74)**	79.88146 (11.60)**
xww	-666.8379 (-12.19)**	-624.0635 (-11.30)**	-673.7148 (-12.34)**	-630.8639 (-11.45)**
city	2.764576 (14.15)**	2.647783 (13.58)**	2.819403 (14.31)**	2.702859 (13.77)**
cyjg		0.2454776 (3.26)**		0.2464168 (3.29)**
syl			-6.945504 (-1.76)*	-7.033629 (-1.82)*
C	6.019879 (67.73)**	5.878737 (60.44)**	6.208159 (44.68)**	6.068866 (42.56)**
时间项	N	N	N	N
个体项	Y	Y	Y	Y
R^2	0.7296	0.7412	0.7331	0.7448
P值	0	0	0	0

注：括号里为t统计量值，*表示10%显著水平下显著，**表示5%显著水平下显著。

由表11-49可知，农村居民经济福利与行为财产税税负同方向变动，与行为财产税呈倒U型关系。对模型进行逐步回归，以城镇化率、产业结构和失业率为控制变量，逐步对模型添加控制变量，农村居民经济福利始终与行为财产税税负同方向增减，且在5%的显著性水平下显著。

城镇化率和产业结构同样可以促进农村居民经济福利的增长，但在加入产业结构作为控制变量后，行为财产税对经济福利的影响系数减小，产业结构与行为财产税共同作用不利于促进经济福利。失业率与农村居民经济福利呈反方向变动，失业率增加时，经济发展呈现出下行信号，经济福利减小。

（4）农村居民视角下的资源税类经济福利效应实证结果。

为保证实证结果的稳健性，本节采用逐步增加控制变量的方法，进行逐步回归检验，表11-50为农村资源税类税负对经济福利影响的实证检验结果，逐步将人均GDP、产业结构、城镇化率和失业率作为控制变量引入模型进行回归。

表 11 - 50　　　　　农村居民视角资源税类经济福利效应实证模型的回归结果（面板数据）

变量	模型 1	模型 2	模型 3	模型 4
	系数	系数	系数	系数
zy	28. 84529	28. 37635	27. 11234	22. 27584
	(7. 84)**	(9. 58)**	(8. 79)**	(7. 50)**
city			0. 0969819	0. 1699547
			(1. 42)	(2. 64)**
gdp	0. 6521035	0. 6227624	0. 6180796	0. 6412213
	(33. 94)**	(39. 76)**	(38. 70)**	(41. 91)**
syl				- 6. 262512
				(- 6. 22)**
cyjg		0. 2265655	0. 2234767	0. 225162
		(11. 49)**	(11. 29)**	(12. 24)**
C	1. 554638	1. 611544	1. 619611	1. 581376
	(8. 99)**	(11. 58)**	(11. 65)**	(12. 23)**
时间项	N	N	N	N
个体项	Y	Y	Y	Y
R²	0. 9707	0. 9811	0. 9813	0. 9839
P 值	0	0	0	0

注：括号里为 t 统计量值，* 表示 10% 显著水平下显著，** 表示 5% 显著水平下显著。

由模型结果可知，资源税税负增加可以促进农村居民经济福利增长，资源税类税负增加时，农村居民经济福利上涨。以城镇化率、人均 GDP、失业率和产业结构为控制变量，逐步将控制变量加入模型中，资源税类税负对农村居民经济福利的影响始终为正，并在 5% 的显著性水平下显著，模型通过稳健性检验。

四个控制变量均对农村居民经济福利有显著影响，城镇化率、人均 GDP 和产业结构对经济福利有促进作用，失业率则显著抑制经济福利增长。对农村居民经济福利有促进作用的控制变量中，人均 GDP 的促进作用最大，但仍小于失业率对经济福利的抑制作用。

11.4.4　主要税种的经济福利效应

进一步，本节检验主要税种对农村居民经济福利的影响，主要包括增值税、营业税、消费税、企业所得税和个人所得税。以上述税种为解释变量，控制变量选用经济发展水平、城市发展水平、产业水平和物价水平，基于基准模型式（11 - 3），通过引入不同控制变量进行实证检验。其中，在考察增值税对农村居民的经济福利效应时，发现其二者之间存在非线性关系，因此，基于基准模型式（11 - 3），考虑建立非线性的面板数据模型，引入增值税的二次项。以上实证检验均采用固定效应并组合不同控制变量。

11.4.4.1　协整性检验

参考 9.1.3 中平稳性检验结果，本部分模型中多个变量需要进一步进行协整性检验。同理，与本章 11.3.1.1 中协整性检验方式相同，本部分同样使用 westerlund 检验方法对各变量进行协整性检验。具体协整性检验结果见表 11 – 51。

表 11 – 51　　　农村居民视角主要税种经济福利效应实证模型的协整性检验（面板数据）

类型	Statistic	p-value
农村增值税	– 2.2915	0.0110
农村消费税	– 2.5395	0.0056
农村营业税	– 2.1156	0.0172
农村企业所得税	– 2.2783	0.0114
农村个人所得税	– 2.3258	0.010

根据表 11 – 51 中协整性检验结果，各模型的检验统计量分别为 – 2.2915、– 2.5395、– 2.1156、– 2.2783、– 2.3258，在 5% 显著性水平下，均拒绝"不存在协整向量"的原假设。因此，各模型分别通过协整性检验，同一模型中的各变量之间存在协整关系，可以建立实证模型并继续进行回归分析。

11.4.4.2　实证结果分析

（1）农村居民视角下的增值税经济福利效应实证结果。

为保证实证结果的稳健性，本节采用逐步增加控制变量的方法，进行逐步回归检验，表 11 – 52 为农村增值税税负对经济福利影响的实证检验结果，逐步将人均 GDP、产业结构、城镇化率和失业率作为控制变量引入模型进行回归。

表 11 – 52　　　农村居民视角增值税经济福利效应实证模型的回归结果（面板数据）

变量	模型 1	模型 2	模型 3	模型 4
	系数	系数	系数	系数
zz	– 1.876541 （– 8.03）**	– 1.254072 （– 4.23）**	– 1.745843 （– 7.24）**	– 1.165293 （– 4.53）**
zzz	2.745632 （7.65）**	2.46337 （4.77）**	2.322081 （5.61）**	1.843271 （4.54）**
gdp	0.7424221 （91.68）**	0.7646005 （54.26）**	0.7250383 （61.47）**	0.7357797 （64.29）**
cyjg	0.2583475 （11.36）**		0.2625577 （11.57）**	0.2379201 （10.73）**
city		0.0827204 （0.76）	0.1754554 （2.02）**	0.1758124 （2.12）**
syl				– 6.185989 （– 5.00）**
C	0.7434852 （9.13）**	0.6588337 （5.98）**	0.820059 （9.18）**	0.8624045 （10.08）**
时间项	N	N	N	N
个体项	Y	Y	Y	Y
R^2	0.9795	0.9685	0.9798	0.9818
P 值	0	0	0	0

注：括号里为 t 统计量值，* 表示 10% 显著水平下显著，** 表示 5% 显著水平下显著。

由表 11 - 52 可知，增值税与农村居民经济福利呈 U 型关系。对模型进行稳健性检验，通过改变模型的控制变量，将人均 GDP、产业结构、城镇化率和失业率分别加入模型中，模型方向始终不变且在 5% 的显著性水平下显著。其中，人均 GDP、产业结构和城镇化率对经济福利有促进作用，人均 GDP 的影响系数最大；失业率对农村居民经济福利有抑制作用，抑制作用大于增值税税负的影响。

（2）农村居民视角下的消费税经济福利效应实证结果。

为保证实证结果的稳健性，本节采用逐步增加控制变量的方法，进行逐步回归检验，表 11 - 53 为农村消费税税负对经济福利影响的实证检验结果，逐步将人均 GDP、产业结构、城镇化率和失业率作为控制变量引入模型进行回归。

表 11 - 53　　　农村居民视角消费税经济福利效应实证模型的回归结果（面板数据）

变量	模型 1	模型 2	模型 3	模型 4
	系数	系数	系数	系数
xf	4.080685	2.747434	2.459137	1.977225
	(8.04) **	(5.68) **	(4.41) **	(3.88) **
city			0.0863342	0.1741577
			(1.04)	(2.28) **
gdp	0.774676	0.7528465	0.7435854	0.7449589
	(86.94) **	(89.33) **	(60.52) **	(66.95) **
syl				− 7.706663
				（− 7.29) **
cyjg		0.1829146	0.1849154	0.1946218
		(7.87) **	(7.93) **	(9.19) **
C	0.384978	0.4460646	0.500444	0.6961205
	(4.44) **	(5.73) **	(5.33) **	(7.81) **
时间项	N	N	N	N
个体项	Y	Y	Y	Y
R^2	0.9710	0.9769	0.9771	0.9813
P 值	0	0	0	0

注：括号里为 t 统计量值，* 表示 10% 显著水平下显著，** 表示 5% 显著水平下显著。

对逐步回归后的模型结果分析可知，消费税对农村居民经济福利增长有显著促进作用，农村居民经济福利随着消费税税负的增加而增长。将人均 GDP、产业结构、城镇化率和失业率四个控制变量加入模型的过程中，消费税对农村居民经济福利增长始终呈现促进作用。仅有失业率对农村居民经济福利起抑制作用，城镇化率、人均 GDP 和产业结构对农村居民经济福利有促进作用，其中，人均 GDP 的影响最显著。

消费税对农村居民经济福利的影响要弱于城镇居民，原因在于，农村居民可支配收入小于城镇居民，购买高档消费品的消费需求低于城镇居民，对于消费税的敏感度更低，所以农村居民经济福利受消费税税负的影响更小。

（3）农村居民视角下的营业税经济福利效应实证结果。

为保证实证结果的稳健性，本节采用逐步增加控制变量的方法，进行逐步回归检验，

表11－54 为农村营业税税负对经济福利影响的实证检验结果，逐步将人均 GDP、产业结构、城镇化率和失业率作为控制变量引入模型进行回归。

表 11－54　　　　　农村居民视角营业税经济福利效应实证模型的回归结果（面板数据）

变量	模型 1	模型 2	模型 3	模型 4
	系数	系数	系数	系数
yy	-0.0280984 (-0.07)	-1.113878 $(-3.07)^{**}$	-1.416381 $(-3.98)^{**}$	-0.865624 $(-2.58)^{**}$
city			0.32634 $(4.40)^{****}$	0.3552034 $(5.23)^{**}$
gdp	0.7858846 $(77.22)^{**}$	0.7570127 $(85.40)^{**}$	0.7224627 $(62.27)^{**}$	0.728297 $(68.42)^{**}$
syl				-7.564065 $(-6.89)^{**}$
cyjg		0.2498859 $(10.53)^{**}$	0.2447274 $(10.69)^{**}$	0.2379429 $(11.35)^{**}$
C	0.3846146 $(3.93)^{**}$	0.4799086 $(5.89)^{**}$	0.684591 $(7.50)^{**}$	0.8297009 $(9.64)^{**}$
时间项	N	N	N	N
个体项	Y	Y	Y	Y
R^2	0.9632	0.9748	0.9767	0.9806
P 值	0	0	0	0

注：括号里为 t 统计量值，＊表示 10% 显著水平下显著，＊＊表示 5% 显著水平下显著。

对模型结果分析可知，营业税对农村居民经济福利有抑制作用，营业税税负增加，农村居民经济福利会下降。分步将控制变量城镇化率、人均 GDP、失业率和产业结构引入模型可知，营业税税负始终负向影响农村居民经济福利的增长，且显著性水平不随控制变量的变化而改变。四个控制变量对农村居民经济福利的影响均在 5% 的显著水平上显著，其中，城镇化率、人均 GDP 和产业结构对农村居民经济福利增长有激励作用；失业率对农村居民经济福利增长有抑制影响，影响效果大于营业税对农村居民的影响。

（4）农村居民视角下的企业所得税经济福利效应实证结果。

为保证实证结果的稳健性，本节采用逐步增加控制变量的方法，进行逐步回归检验，表11－55 为农村企业所得税税负对经济福利影响的实证检验结果，逐步将人均 GDP、产业结构、城镇化率和失业率作为控制变量引入模型进行回归。

表 11－55　　　　　农村居民视角企业所得税经济福利效应实证模型的回归结果（面板数据）

变量	模型 1	模型 2	模型 3	模型 4
	系数	系数	系数	系数
qy	0.6515506 $(6.82)^{**}$	-0.2506062 (-1.57)	-0.045674 (-0.30)	-0.0981897 (-0.68)
city				0.3285052 $(4.83)^{**}$

变量	模型1	模型2	模型3	模型4
	系数	系数	系数	系数
gdp	0.7572182 (75.75)**	0.7571618 (82.52)**	0.7650506 (89.70)**	0.7307672 (67.60)**
syl			−7.610924 (−6.64)**	−8.089547 (−7.35)**
cyjg		0.284256 (6.77)**	0.2436496 (6.23)**	0.2446163 (6.54)**
C	0.6102005 (6.40)**	0.3927007 (4.21)**	0.5862457 (6.47)**	0.7814651 (8.17)**
时间项	N	N	N	N
个体项	Y	Y	Y	Y
R^2	0.9691	0.9741	0.9781	0.9801
P值	0	0	0	0

注：括号里为 t 统计量值，* 表示 10% 显著水平下显著，** 表示 5% 显著水平下显著。

在农村居民视角下，企业所得税会降低农村居民经济福利，但作用效果比较微弱。企业所得税税负增长时，经济福利增长，在逐步加入控制变量回归的过程中，企业所得税对农村居民经济福利的影响先减小后增加，加入产业结构作为控制变量之后，企业所得税对农村居民经济福利的影响转变为不显著。农村居民视角下企业所得税对经济福利的作用与全国视角类似，本节不再重复解释。

四个控制变量对农村居民经济福利均有显著影响。城镇化率、人均 GDP 和产业结构对农村居民经济福利有正效应，失业率对农村居民经济福利有负效应。控制变量影响结果均在 5% 的显著性水平上显著，且失业率对农村居民经济福利的负向影响大于企业所得税的负向影响。

（5）农村居民视角下的个人所得税经济福利效应实证结果。

为保证实证结果的稳健性，本节采用逐步增加控制变量的方法，进行逐步回归检验，表 11 - 56 为农村个人所得税税负对经济福利影响的实证检验结果，逐步将人均 GDP、产业结构、城镇化率和失业率作为控制变量引入模型进行回归。

表 11 - 56　　　　农村居民视角个人所得税经济福利效应实证模型的回归结果（面板数据）

变量	模型1	模型2	模型3	模型4
	系数	系数	系数	系数
ge	2.222101 (4.87)**	−1.257503 (−2.21)**	−2.672635 (−4.44)**	−1.069901 (−1.74)*
city			0.4277447 (5.31)**	0.3825731 (5.09)**
gdp	0.7624243 (71.91)**	0.7598839 (81.74)**	0.7202576 (62.40)**	0.7277472 (67.48)**
syl				−7.380366 (−6.25)**

变量	模型1	模型2	模型3	模型4
	系数	系数	系数	系数
cyjg		0.2806659 (8.57)**	0.3244804 (10.11)**	0.2646457 (8.45)**
C	0.5525929 (5.56)**	0.3831504 (4.29)**	0.5570022 (6.14)**	0.7621796 (8.43)**
时间项	N	N	N	N
个体项	Y	Y	Y	Y
R^2	0.9665	0.9744	0.9771	0.9803
P值	0	0	0	0

注：括号里为 t 统计量值，*表示10%显著水平下显著，**表示5%显著水平下显著。

由表 11-56 可知，农村居民经济福利的增长受个人所得税的抑制作用，个人所得税税负增长时，农村居民经济福利下降。将控制变量逐步引入模型可知，加入产业结构后，个人所得税对农村居民经济福利的影响方向由正向转变为负向，但对经济福利的抑制作用减小近一半；加入城镇化率和失业率后，个人所得税的影响作用再一次发生了较大波动。

四个控制变量中，仅有失业率的增长与农村居民经济福利的增长呈反方向变化，城镇化率、人均 GDP 和产业结构的增长与农村居民经济福利的增长同方向变动。对农村居民经济福利有正向影响的控制变量中，人均 GDP 的影响效果最大；而失业率对农村居民经济福利的抑制作用远大于个人所得税对农村居民经济福利的抑制作用。

11.5　本章小结

本章通过实证分析，重点研究了税收的经济福利效应。首先，利用全国时间序列数据，分别从宏观税负、税制结构、税类结构和主要税种四个角度进行实证分析。其次，为验证各种税收对经济福利的影响，分别从城镇和农村居民两个视角，使用省级面板数据，采用个体固定效应模型，进一步从宏观税负、税制结构、税类结构和主要税种四个角度进行实证分析。实证结果基本与预期结果一致，宏观税负、行为财产税、资源税类和消费税对经济福利具有正效应；直接税、间接税、流转税、所得税、增值税、营业税、企业所得税和个人所得税对经济福利具有负效应。实证结果及政策启示如下。

11.5.1　宏观税负实证小结

从宏观税负对经济福利的影响来看，我国宏观税负与经济福利呈倒 U 型关系。由拉弗曲线可知，税负对经济福利的影响存在最优宏观税负，现阶段应对最优宏观税负进行测算，在提高经济福利的同时，避免宏观税负过高对经济的抑制作用。全国整体、城镇居民和农村居民视角下，宏观税负对经济福利的影响一致。我国目前仍处于提高宏观税负会刺激经济福利增长的阶段，由于全国整体视角的样本中包括城镇和农村居民，样本中存在城乡居民收入的差异性，导致全国宏观税负对于经济福利的影响要远大于另外两种视角。

11.5.2　税制结构实证小结

从税制结构对经济福利的影响来看，我国直接税和间接税对经济福利均呈 U 型关系。从经济角度看，在 U 型曲线左侧时，直接税税负的增长会影响居民的可支配收入，导致收入分配结构发生变化，从而降低经济福利；间接税税负的增长会导致商品价格的变化，在替代作用的影响下，居民的消费方式发生改变，经济福利降低。在 U 型曲线右侧时，税收对于高收入人群的作用会高于低收入群体，税负的增加会增大收入的分配功能，根据庇古的福利经济学理论，收入分配越均等，社会福利越大，整体经济福利增加。

11.5.3　税类结构实证小结

从税类结构对经济福利的影响来看，流转税和所得税与经济福利存在 U 型关系；行为财产税与经济福利呈倒 U 型关系；资源税类对经济福利有促进作用。分别对各税类福利效应进行经济角度分析。首先，从经济角度分析流转税对经济福利的影响：商品价格受流转税税负变化的影响，从而导致居民可支配收入减少，经济福利降低；在流转税税负持续增加至 U 型曲线另一侧时，流转税对高收入人群的影响占主导作用，居民收入差距缩小，根据庇古福利经济学理论，收入分配的均等度与经济福利成正比，居民收入差距缩小时，经济福利增加。其次，从经济角度分析所得税对经济福利的影响：所得税以量能负担为原则，直接影响居民的可支配收入，所得税税负增加时，居民可支配收入减少，经济福利下降；持续增加所得税税负至 U 型曲线另一侧，高收入群体受所得税影响程度大于低收入群体，收入分配均等度增加，经济福利增大。再次，从经济角度分析行为财产税对经济福利的影响：行为财产税可以影响财产所有者和特定行为人的可支配收入，在行为财产税达到特定税负点之前，增加行为财产税税负可以改善居民收入不平等问题，对经济福利起到积极作用，模型的一次项系数为正，表明当前我国行为财产税正处在倒 U 型曲线的左半边；而当行为财产税税负增至倒 U 型曲线右侧时，行为财产税的税负增加会抑制纳税人交易财产的行为，居民收入差距不再减少，经济福利降低。最后，从经济角度分析资源税类对经济福利的影响：资源税类的征收体现了自然资源或国有土地的有偿使用性，主要针对利用土地和自然资源进行生产经营的企业和个人征税。资源税类税负的提升可以改善居民收入均等性问题，扩大经济福利。

11.5.4　主要税种实证小结

从主要税种对经济福利的影响来看，消费税与经济福利有显著的正相关关系；营业税、个人所得税与经济福利呈负相关关系，企业所得税对经济福利的影响不明显，增值税与经济福利存在 U 型关系。分别对各税种福利效应进行经济角度分析。首先，从经济角度分析增值税对经济福利的影响：增值税税率在 U 型曲线左侧时，增值税作为价外税，税率提高时会影响商品价格，且由于增值税具有累退性，增值税对低收入人群的影响大于高收入人群，居民收入差距扩大，经济福利降低；而当增值税税率在 U 型曲线右侧时，由于低收入人群的可支配收入有限，生活必需品的价格弹性较小，增值税税负的增长只会影响到高收入群体对非生活必需品的消费，居民收入差距减小，经济福利增长。其次，从经济角度分析消费税对经济福利的影响：消费税有调节收入分配的作用，消费税税负增长时，低收入人群对于消费税的敏感程度要弱于高收入人群，高收入人群成为消费税主要征税对象，居民贫富差距进一步缩小，经济福利增加。再次，从经济角度分析营业税对经济福利的影响：营业税作为间接税，税负可以转嫁，营业税税负增加时，居民的可支配收入减少，经济福利下降。之后，从经济角度分析企业所得税对经济福利的影响：企业所得税对经济福利的影响可能存在两个角度，从政府支出角度，企业所得税税率增加时，政府财政收入增长，政府财政支出得到了保障。政府可增加公共投资性支出和公共消费性支出，将增长的财政收入重新用于社会福利，刺激经济增长，经济福利上升。但是，从征税对企业影响的角度来看，企业所得税税率增加会加重企业经营负担，抑制经济和企业发展，降低居民可支配收入，经济福利减少。企业所得税对经济福利的作用效应取决于这两方面互相作用的结果，当政府从企业取得的财政收入并不完全用于鼓励企业发展的方面时，政府财政支出给企业带来的激励作用小于增加企业所得税税率给企业带来的经营负担，企业所得税对经济福利就会产生负效应。最后，从经济角度分析个人所得税对经济福利的影响：个人所得税以量能负担为原则，个人所得税的征收直接影响居民的可支配收入，且居民收入越高，适用的个人所得税税率越高。当个人所得税税负增加时，居民可支配收入减少，经济福利下降。

11.5.5　不同税制结构的福利效应比较

将不同税制结构的直接税和间接税福利效应进行比较，二者均存在经济福利负效应，但不同视角下直接税和间接税的负效应不同。从全国整体视角分析，直接税对经济福利的负效应要小于间接税，但全国整体视角采用的是时间序列数据。将各省份数据考虑在内，构建面板数据，进行城镇和农村居民视角下实证分析，发现不管是城镇居民视角还是农村居民视角，间接税对于经济福利的负效应均小于直接税。间接税由于其税负可以转嫁，可以通过改变商品价格的方式影响居民可支配收入；而直接税具有累进性，在影响居民可支配收入的同时缩小居民收入差距，对于经济福利的影响要大于间接税。

11.5.6　不同税类结构的福利效应比较

将不同税类结构的流转税、所得税、行为财产税和资源税类经济福利效应进行比较，流转税和所得税存在经济福利负效应，而行为财产税和资源税类存在经济福利正效应。在使用时间序列数据对全国整体视角进行分析时，流转税对经济福利的负效应要大于所得税，行为财产税对经济福利的正效应大于资源税类。在使用面板数据对城镇居民和农村居民视角进行实证分析时，所得税对经济福利的负效应在两个视角中均大于流转税的负效应；行为财产税对经济福利的正效应均大于资源税类。

11.5.7 不同税种的福利效应比较

将不同主要税种的经济福利效应进行比较，增值税、营业税和个人所得税体现经济福利负效应，消费税的经济福利效应为正，企业所得税的经济福利效应受两方面结果互相制约。从全国整体视角来看，各项主要税种中，个人所得税对经济福利的抑制作用最为明显；从城镇居民视角来看，营业税的负效应最强，企业所得税对经济福利的促进作用弱于消费税；从农村居民视角来看，经济福利受增值税的抑制效果最大。综上所述，增值税、营业税和企业所得税对经济福利增长的抑制效果更为明显。

11.5.8 不同控制变量福利效应的比较

将各项控制变量的经济福利效应进行比较，在全国整体视角下，人均 GDP 越高，经济发展水平越高，居民可支配收入增长越多，经济福利越大。产业结构具有经济福利正效应。第三产业较第二产业增长的速度越快，表明第三产业发展越迅速，居民收入水平越高，从而经济福利越大。对外开放程度控制变量对经济福利有显著的促进作用，进出口总额占 GDP 比重越大，表明我国与国际接轨程度越高，增加更多的外商投资和贸易机会，就业率和居民收入得到提升，经济福利增大。居民消费价格指数与经济福利负相关。居民消费价格指数上升，表明通货膨胀水平日益增高，当居民名义收入不变时，居民实际购买力和实际可支配收入下降，经济福利下降。政府投资比重越高，经济福利越大。政府投入越多的财政支出在社会固定资产投资时，企业用于生产经营的社会支出越少，越有利于刺激经济的增长，增加居民可支配收入，促进经济福利增长。在城镇和农村居民视角下，城镇化率具有显著的经济福利正效应，城镇居民收入高于农村居民，城镇化率水平越高，表明城镇人口占总人口的比重越多，居民整体收入水平越高，经济福利越大。失业率控制变量抑制经济福利的增长，居民失业率增长时，平均可支配收入下降，居民收入差异会扩大，进而引起经济福利下降。综上所述，人均 GDP、产业结构、对外开放程度、政府投资和城镇化率具有社会福利正效应，居民消费价格指数和失业率则具有经济福利负效应。

11.5.9 实证结果的政策启示

从本章对宏观税负、税制结构、税类结构和主要税种四个角度的经济福利效应进行实证分析，可得出以下几点启示，为未来的税制改革提供方向。

首先，进一步降低增值税税率的同时提高消费税的税率并扩大消费税征收范围。通过实证检验可知，消费税对经济福利的正效应要大于增值税的负效应，两者都是流转税和间接税的重要组成部分，扩大消费税的征收范围、提高消费税税率以及进一步降低增值税税率，可以增强税收的经济福利效应，提高经济福利。

其次，同时降低企业所得税和个人所得税税负。由实证结果可知，个人所得税会降低经济福利，而企业所得税的经济福利效应受两方面因素制约，但整体呈经济福利负效应。降低企业所得税和个人所得税税负一方面可以增加居民的可支配收入，促进经济福利的提高；另一方面可以从所得税甚至直接税的税制结构角度，改善所得税和直接税的经济福利负效应。

最后，扩大行为财产税和资源税类的征收范围。利用行为财产税和资源税类征收对象的特殊性，行为财产税和资源税类都有调节收入差距的作用，扩大行为财产税和资源税类的征收范围可以改善居民收入均等性问题，居民收入差距得以缩小，经济福利增长。

12

财政支出的社会福利效应实证分析

根据第 2 章的理论分析，民生财政支出可通过影响居民的可支配收入及收入分配状况等，直接影响社会福利，非民生财政支出可通过影响经济发展，进而影响居民收入和经济福利，最终影响社会福利。现实中，财政支出有何社会福利效应呢？还需进一步实证检验。

本章将分别从全国整体视角和省际视角，分别实证检验财政支出的社会福利效应。由于民生财政支出与非民生财政支出对社会福利作用机制不同，可能产生的福利效应不同。因此，本章分别实证考察了非民生财政支出与民生财政支出的社会福利效应。相对于非民生财政支出，民生财政支出对社会福利的影响更为显著。为分析不同民生性财政支出的社会福利效应的差异性，本章进一步从民生性财政支出结构的角度分析各项民生财政支出的社会福利效应。

12.1　实证设计、描述性统计及平稳性检验

12.1.1　实证设计

12.1.1.1　变量选取及数据来源

基于前面对社会福利概念的界定，本章选用人类发展指数作为被解释变量，用来衡量社会福利的指标。各项财政支出作为解释变量，用来衡量对社会福利的影响。在控制变量方面，本节以经济发展水平、对外开放程度、城市发展水平、产业发展水平、物价水平、教育水平、健康水平为指标，反映对社会福利的影响。其中，经济发展水平用人均 GDP 衡量，对外开放程度用对外开放程度衡量，城市发展水平用城镇化率衡量，产业发展水平用产业结构衡量，物价水平和就业水平分别用物价指数和失业率衡量，教育水平用平均受教育年限衡量，健康水平用平均寿命衡量。数据来源于《国家统计局》《人类发展报告》、各省份统计年鉴以及 Wind 数据库。具体变量描述和计算方式见表 12 -1，部分变量已在第 8 章定义，参见 8.1.1。

表 12 - 1   变量描述和计算方式

变量（符号）	描述和计算方式
社会福利（SW）	用人类发展指数表示
教育水平（jy）	用平均受教育年限表示，取 ln
健康水平（sm）	用平均寿命表示，取 ln

12. 1. 1. 2 模型设定

在实证设计中，本章从全国整体和省际结构两个视角，检验各财政支出在不同视角下对社会福利的影响。

首先，全国整体视角下的财政支出对社会福利影响的模型设定。在全国整体视角下，实证部分选用 1990 ~ 2017 年的时间序列数据，基于上述变量和前面影响因素，构建多元回归模型，并引入不同控制变量，采用 OLS 方法回归。基准模型构建如下：

$$SW_t = \alpha_0 + \alpha_1 X_t + \sum \beta Z_t + \varepsilon_t \qquad (12-1)$$

其中，变量 SW_t 表示全国居民社会福利，数据来源于《人类发展报告》。变量 X_t 代表各项财政支出，变量 Z_t 代表各项控制变量。α_0 为常数项，α_1 为财政支出的系数项，β 表示各控制变量系数项。

由第 4 章和第 7 章内容可知，我国各省份财政支出以及社会福利存在较大差异，所以单以时间序列模型回归，不能完全刻画出各省份之间的差异，更难从省际层面检验财政支出对社会福利影响的差异性，从而难以探寻财政支出对社会福利效应内在机制与规律。为更好地考察财政支出对社会福利的影响，本章在全国整体时间序列实证分析的基础上，进一步以省级面板数据构建实证模型，从省际居民视角，论证财政支出对社会福利的影响，以期发现财政支出对社会福利影响的差异性。

其次，省际居民视角下的财政支出对社会福利影响的模型设定。实证部分选用 2004 ~ 2017 年全国 30 个省份[①]的面板数据，构建静态面板模型，采用固定效应方法进行实证检验。基准模型构建如下：

$$SW_{it} = \alpha_0 + \alpha_1 X_{it} + \sum \beta Z_{it} + \varepsilon_{it} \qquad (12-2)$$

其中，变量 SW_{it} 表示省际居民社会福利，数据为第 5 章测算的结果。变量 X_{it} 代表各项财政支出，变量 Z_{it} 代表各项控制变量。α_0 为常数项，α_1 为财政支出的系数项，β 表示各控制变量系数项。

12. 1. 2 描述性统计

表 12 - 2 体现了各变量数据的整体情况。具体地，人类发展指数、非民生财政支出、人均 GDP 水平、CPI 指数等宏观经济指标标准差较小，说明数据整体变化趋势较为平稳，波动幅度较小。我国 1990 年至今，经济一直维持着稳步发展趋势，各类经济指标均呈现

---

① 30 个省份不包括西藏。

平稳时间趋势。民生财政支出中，医疗卫生支出与社会保障支出标准差较大，说明数据增长趋势明显，波动幅度较大。这一结果可能与我国近 30 年来社会保障福利体系的建设相关，居民可享受的各类保险保障措施不断革新，使财政支出中社会保障类支出迅速增加。

表 12 - 2   变量描述性统计（时间序列）

变量	Obs	均值	标准差	最小值	最大值
hdi	28	0.6298214	0.080428	0.499	0.752
fms	28	0.1513946	0.0265369	0.106596	0.231351
gdp	28	11.71107	1.267308	9.32	13.57
cyjg	28	0.9199785	0.1567041	0.712638	1.29279
open	28	0.5498466	0.1322826	0.3309207	0.7717773
cpi	28	1.041894	0.0573234	0.986	1.241
ms	28	0.078245	0.024858	0.045375	0.123712
ed	28	0.0345242	0.0067455	0.02264	0.043553
me	28	0.0105635	0.0044975	0.00524	0.019816
ss	28	0.0129643	0.0119654	0.002455	0.031529
zn	28	0.020193	0.0049423	0.013333	0.028813
tc	28	0.008983	0.0013956	0.006473	0.012479

表 12 - 3 体现了各变量数据的整体情况。与全国数据相比，省际数据之间差异性更加明显。民生财政支出之中，教育支出、医疗卫生支出、社会保障支出、农林水支出和科技支出变量的标准差较大，说明不同省份之间各项民生财政支出差距明显。由于我国幅员辽阔，各省份经济发展程度不同，财政支出水平也不同，导致各省份之间支出差异明显。

表 12 - 3   变量描述性统计（面板数据）

变量	Obs	均值	标准差	最小值	最大值
hdi	420	0.8729553	0.0608081	0.6923706	0.9859651
fms	420	0.8871503	0.0501249	0.7053735	0.9800236
jy	420	2.157959	0.1128523	1.852826	2.515372
sm	420	0.8093849	0.0537192	0.6748334	0.921
gdp	420	10.30456	0.6770829	8.370316	11.76752
ms	420	0.1128497	0.0501249	0.0199765	0.2946265
ed	420	0.0377882	0.0146858	0.0080857	0.0991008
me	420	0.0151877	0.0075236	0.0024322	0.0473788
ss	420	0.0305383	0.0163146	0.005758	0.1403257
zn	420	0.0253336	0.0161514	0.0019692	0.090321
tc	420	0.0040019	0.0025092	0.0013532	0.0150404

12.1.3　平稳性检验

在进行回归分析前需要对数据进行平稳性检验，即单位根检验，以判断数据是否平稳，避免出现"伪回归"情况。通过平稳性检验是建立模型并进行回归分析的必要条件。

本节采用 ADF 检验方法进行平稳性检验，具体平稳性检验结果见表 12 - 4。

表 12 - 4　　　　　　　　　　　　　　　平稳性检验结果（时间序列）

变量	水平值 （含趋势项）	一阶差分	变量	水平值 （含趋势项）	一阶差分
hdi	- 1. 417 (0. 5739)	- 1. 786 (0. 0440) **	me	- 0. 550 (0. 8819)	- 1. 647 (0. 0569) *
ed	- 0. 974 (0. 7626)	- 3. 181 (0. 0211) **	ss	- 0. 103 (0. 9491)	- 3. 393 (0. 0013) **
gdp	- 0. 595 (0. 8722)	- 4. 328 (0. 0004) **	zn	- 0. 045 (0. 9547)	- 3. 261 (0. 0018) **
city	- 0. 032 (0. 9558)	- 2. 537 (0. 0094) **	tc	- 1. 149 (0. 6952)	- 3. 129 (0. 0024) **
open	- 2. 232 (0. 1948)	- 4. 099 (0. 0002) **	ms	- 1. 672 (0. 7632)	- 3. 398 (0. 0013) **
cpi	- 2. 915 (0. 0437) **	- 4. 096 (0. 0002) **	fms	- 3. 135 (0. 0982) *	- 4. 930 (0. 0000) **

注：括号里为 t 统计量值，* 表示 10% 显著水平下显著，** 表示 5% 显著水平下显著。

由表 12 - 4 中 ADF 检验结果可知。各变量在水平值条件下未通过单位根检验，说明数据在水平值条件下非平稳。进一步在一阶差分条件下对数据进行单位根检验，得到结果显示，全部变量在一阶差分条件下均呈平稳状态，即在一阶差分下全部变量满足同阶单整条件，各变量之间可能存在协整性关系，需继续进行协整性检验。

同理，对省级面板数据模型中的数据进行单位根检验，本部分使用 Fisher-ADF 及 Fish-PP 方法对数据进行单位根检验，具体检验结果见表 12 - 5。

表 12 - 5　　　　　　　　　　　　　　　平稳性检验结果（面板数据）

变量	水平值 （含趋势项）		水平值 （含漂移项）	变量	水平值 （含趋势项）		水平值 （含漂移项）
	Fisher-ADF	Fisher-PP	Fisher-ADF		Fisher-ADF	Fisher-PP	Fisher-ADF
hdi	3. 7856 (1. 0000)	6. 1262 (1. 0000)	166. 1193 (0. 0000) **	me	176. 2723 (0. 0000) **	137. 8866 (0. 0000) **	
fms	189. 2326 (0. 0000) **	187. 6768 (0. 0000) **		ss	117. 227 (0. 0000) **	154. 4800 (0. 0000) **	
jy	80. 2027 (0. 0418) **	219. 8713 (0. 0000) **		zn	134. 6008 (0. 0000) **	96. 1436 (0. 0021) **	
sm	17. 3628 (1. 0000)	24. 0824 (1. 0000)	114. 4979 (0. 0000) **	ms	189. 2326 (0. 0000) **	187. 6767 (0. 0000) **	
gdp	9. 0160 (1. 0000)	7. 1562 (1. 0000)	216. 7202 (0. 0000) **	tc	92. 0177 (0. 0049) **	114. 4907 (0. 0000) **	
ed	136. 4868 (0. 0000) **	151. 8554 (0. 0000) **					

注：括号里为 t 统计量值，* 表示 10% 显著水平下显著，** 表示 5% 显著水平下显著。

依据表 12-5 中单位根检验结果，变量 hdi、sm、gdp 和 me 未能在水平值下通过含趋势项条件的 ADF 及 PP 检验，所以进一步进行含常数项条件的 ADF 检验。结果表明，省级面板数据模型中各变量在水平值下呈平稳状态，服从同阶单整条件，变量之间可能存在协整关系，需进一步对变量进行协整性检验。

12.2　全国整体视角：财政支出的社会福利效应

12.2.1　非民生财政支出的社会福利效应

基于基准模型式（12-1），本节以非民生财政支出为解释变量，选用经济发展水平、对外开放程度、物价水平和产业结构水平为控制变量，引入不同控制变量进行实证检验非民生财政的社会福利效应。

12.2.1.1　协整性检验

参考 12.1.3 中平稳性检验的结果，需要对本章节模型中的变量继续进行协整性检验以确保数据的长期稳定性。通过协整性检验是进行回归分析的必要条件。

本节模型中包含变量较多，对多个变量进行协整关系检验时，Johansen 协整检验方法为较为常用的方法。因此，本部分使用 Johansen 协整检验方法对各变量进行协整性检验。具体 Johansen 协整性检验结果见表 12-6。

表 12-6　　全国整体视角：非民生财政支出社会福利效应实证模型的协整性检验

Maximumrank	Parms	LL	Eigenvalue	Tracestatistic	5% Criticalvalue
0	48	389. 36114	—	164. 8565	104. 94
1	59	415. 85024	0. 86966	111. 8783	77. 74
2	68	439. 46338	0. 83739	64. 6520	54. 64
3	75	453. 2613	0. 65402	37. 0562	34. 55
4	80	465. 88748	0. 62139	11. 8038 *	18. 17
5	83	471. 78689	0. 36479	0. 0050	3. 74
Maximumrank	Parms	LL	Eigenvalue	Maxstatistic	5% Criticalvalue
0	48	389. 36114	—	52. 9782	42. 48
1	59	415. 85024	0. 86966	47. 2263	36. 41
2	68	439. 46338	0. 83739	27. 5958	30. 33
3	75	453. 2613	0. 65402	25. 2524	23. 78
4	80	465. 88748	0. 62139	11. 7988	16. 87
5	83	471. 78689	0. 36479	0. 0050	3. 74

注：＊表示变量之间具有协整性关系。

由表 12-6 中协整检验结果可知，在 5% 的显著性水平下，"迹检验"统计量为11. 8038，拒绝"不存在协整向量""至多存在一个协整向量""至多存在两个协整向量"和"至多存在三个协整向量"的原假设，而接受"至多存在四个协整向量"的原假设。

表明变量之间存在四个协整关系，通过协整性检验，可以建立实证模型并继续进行回归分析。

12.2.1.2 实证结果分析

为保证实证结果的稳健性，本节采用依次增加控制变量的方法，进行逐步回归，检验全国整体视角下非民生财政支出的社会福利效应。模型1仅加入控制变量人均GDP，模型2、模型3和模型4依次在前一个模型的基础上逐步加入控制变量产业结构、对外开放程度和居民消费价格指数。

表12-7为全国整体视角下非民生财政支出的社会福利效应的实证检验结果。从实证结果来看，各个模型拟合优度R^2的数值较高，接近于1，实证效果较好。非民生财政支出的系数均为正，且在5%的水平上显著。可见，全国非民生财政支出具有显著的社会福利正效应。原因在于，非民生财政支出如国防支出、节能环保支出、城乡社区支出、交通运输支出等可通过政府购买、投资等方式促进经济发展，提高收入水平，增加居民福祉，最终促进社会福利的提高。

表12-7　　　　全国整体视角：非民生财政支出社会福利效应实证模型的回归结果

变量	模型1 系数	模型2 系数	模型3 系数	模型4 系数
fms	0.2959736 (6.40)**	0.2907833 (6.29)**	0.2351178 (3.71)**	0.1882059 (2.65)**
gdp	0.0627871 (64.87)**	0.0610269 (33.34)**	0.0587112 (22.83)**	0.0590733 (22.32)**
cyjg		0.0167794 (1.13)	0.0437504 (1.69)	0.047446 (1.81)*
open			0.0229127 (1.27)	0.0302399 (1.62)
cpi				-0.0197344 (-0.64)
C	-0.1502912 (-11.39)**	-0.1443283 (-10.21)**	-0.1461932 (-10.41)**	-0.1511496 (-10.13)**
R^2	0.9942	0.9945	0.9948	0.9948
P值	0	0	0	0

注：括号里为t统计量值，*表示10%显著水平下显著，**表示5%显著水平下显著。

经济变量人均GDP的系数符号为正，且在5%的水平上显著，说明经济发展水平越高，越能为居民提供足量的公共产品和服务，满足人民日益增长的需求，进而提高居民的社会福利。产业结构在10%的显著性水平上具有社会福利正效应，第三产业增加值占第二产业增加值的比值越大，第三产业在整个经济中发展越迅速，越有利于居民就业，提高收入水平，进而促进社会福利的改善。对外开放程度以及居民消费价格指数对社会福利影响不显著。

12.2.2 民生财政支出的社会福利效应

基于基准模型式（12-1），本节以民生财政支出为解释变量，选用经济发展水平、对外开放程度、物价水平和产业结构水平为控制变量，引入不同控制变量实证考察民生财政支出的社会福利效应。

12.2.2.1 协整性检验

参考 12.1.3 中平稳性检验结果，本部分模型中多个变量需要进一步进行协整性检验。同理，与本章 12.2.1.1 中协整性检验方式相同，本部分同样使用 Johansen 检验方法对各变量进行协整性检验。具体协整性检验结果见表 12-8。

表 12-8　　　全国整体视角：民生财政支出社会福利效应实证模型的协整性检验

Maximumrank	Parms	LL	Eigenvalue	Tracestatistic	5% Criticalvalue
0	48	395.95581	—	185.4291	104.94
1	59	434.51866	0.94851	108.3034	77.74
2	68	452.52306	0.74966	72.2946	54.64
3	75	469.39286	0.72683	38.5550	34.55
4	80	478.53686	0.50509	20.2670	18.17
5	83	486.01041	0.43723	5.3199	3.74
Maximumrank	Parms	LL	Eigenvalue	Maxstatistic	5% Criticalvalue
0	48	395.95581	—	77.1257	42.48
1	59	434.51866	0.94851	36.0088	36.41
2	68	452.52306	0.74966	33.7396	30.33
3	75	469.39286	0.72683	18.2880	23.78
4	80	478.53686	0.50509	14.9471	16.87
5	83	486.01041	0.43723	5.3199	3.74

由表 12-8 中协整性检验结果可知，在 5% 的显著性水平下，最大特征值统计量为 36.0088，拒绝"不存在协整向量"，而接受"至多存在一个协整向量"的原假设。表明各变量之间存在协整关系，通过协整性检验，可以建立实证模型并继续进行回归分析。

12.2.2.2 实证结果分析

为保证实证结果的稳健性，本节采用逐步增加控制变量的方法，进行逐步回归，检验全国整体视角下民生财政支出的社会福利效应。模型1仅加入控制变量人均GDP，模型2、模型3和模型4依次在前一个模型的基础上逐步加入控制变量产业结构、对外开放程度和居民消费价格指数。

表 12-9 为全国民生财政支出的社会福利效应的实证检验结果。从4个实证模型结果来看，全国民生财政支出的社会福利正效应显著。原因在于以下几个方面：其一，医疗卫生支出可促进我国医疗事业发展，提高医疗水平，使更多的人享受良好的医疗服务，提高

居民平均寿命，进而改善社会福利水平。其二，教育支出通过补贴各层次学校，为贫困学生提供资助等方式改善教育条件，让更多学生获得良好的教育，增加平均受教育年限，提高我国劳动力的素质，最终改善居民的社会福利水平。其三，社会保障支出及农林水支出，增加低收入群体收入，改善弱势群体就业现状，缩小居民收入差距，进而改善社会福利状况。

表 12 - 9　　　全国整体视角：民生财政支出社会福利效应实证模型的回归结果

变量	模型 1	模型 2	模型 3	模型 4
	系数	系数	系数	系数
ms	0.4134863 (6.24)**	0.4228748 (5.91)**	0.3668011 (8.57)**	0.3832434 (10.02)**
gdp	0.0576682 (44.36)**	0.058215 (30.18)**	0.0531909 (39.41)**	0.0533583 (44.75)**
cyjg		-0.0063499 (-0.39)	0.0595528 (4.38)**	0.0496617 (3.97)**
open			0.0560272 (6.83)**	0.053724 (7.38)**
cpi				-0.0358166 (-2.75)**
C	-0.0778877 (-6.22)**	-0.0791849 (-6.01)**	-0.1073952 (-12.26)**	-0.0629587 (-3.51)**
R^2	0.9940	0.9940	0.9980	0.9985
P 值	0	0	0	0

注：括号里为 t 统计量值，＊表示 10% 显著水平下显著，＊＊表示 5% 显著水平下显著。

从控制变量来看，经济变量人均 GDP 及产业结构变量符号为正，经济发展及产业结构升级，有利于社会福利水平提高。对外开放程度有显著的社会福利正效应，原因在于对外开放程度提高时，资源在各部门间的配置效率随之提高，促进规模经济效应的产生，进而提高经济发展速度，提高居民收入水平，带来社会福利正效应。居民消费价格指数的符号为负，且显著性较强，说明通货膨胀具有社会福利负效应，消费价格提升，导致居民实际购买力下降，从而使得社会福利水平降低。若通货膨胀提高，导致名义工资水平提高，居民的所得税纳税等级上升，应纳税数额提高，居民的税后收入减少，会降低居民及企业的投资积极性，不利于经济的发展及社会福利水平的提高。[①]

12.2.3　民生财政支出结构的社会福利效应

上述通过对非民生财政支出和民生财政支出的社会福利效应对比，发现目前非民生财政支出和民生财政支出会显著增大全国居民的社会福利，但民生财政支出效果更显著。因此，本节进一步检验民生财政支出中各项具体财政支出对全国居民社会福利的影响。

---

① 陈太明，逄博，张彦波. 中国通货膨胀对社会福利影响的实证分析 [J]. 财经问题研究，2008（08）：77 -83.

基于基准模型式（12-1），本节分别以教育支出、卫生医疗支出、社会保障支出、农林水支出和科技支出为解释变量，检验各项财政支出对全国居民社会福利的影响。为更好地比较各项财政支出对社会福利的影响力度，本节所有实证模型的控制变量均选用经济发展水平、城市化水平、对外开放程度和物价水平。

12.2.3.1　协整性检验

参考12.1.3中平稳性检验结果，本部分模型中多个变量需要进一步进行协整性检验。同理，与本章12.2.1.1中协整性检验方式相似，本部分同样使用 Johansen 检验方法对各变量进行协整性检验。具体协整性检验结果见表12-10。

表12-10　　　全国整体视角：各类民生财政支出社会福利效应实证模型的协整性检验

教育支出					
Maximumrank	Parms	LL	Eigenvalue	Tracestatistic	5% Criticalvalue
0	48	414.23529	—	226.9196	104.94
1	59	457.64643	0.96454	140.0973	77.74
2	68	485.43765	0.88208	84.5149	54.64
3	75	510.04548	0.84937	35.2992	34.55
4	80	518.41475	0.47470	18.5607	18.17
5	83	525.85965	0.43599	3.6709 *	3.74
6	84	527.69508	0.13167		
Maximumrank	Parms	LL	Eigenvalue	Maxstatistic	5% Criticalvalue
0	48	414.23529	—	86.8223	42.48
1	59	457.64643	0.96454	55.5824	36.41
2	68	485.43765	0.88208	49.2157	30.33
3	75	510.04548	0.84937	16.7385	23.78
4	80	518.41475	0.47470	14.8898	16.87
5	83	525.85965	0.43599	3.6709	3.74
6	84	527.69508	0.13167		
医疗卫生支出					
Maximumrank	Parms	LL	Eigenvalue	Tracestatistic	5% Criticalvalue
0	48	405.57319	—	239.3545	104.94
1	59	451.43034	0.97062	147.6402	77.74
2	68	478.92339	0.87935	92.6541	54.64
3	75	500.58381	0.81103	49.3332	34.55
4	80	514.43874	0.65554	21.6234	18.17
5	83	522.76114	0.47280	4.9786	3.74
6	84	525.25042	0.17427		
Maximumrank	Parms	LL	Eigenvalue	Maxstatistic	5% Criticalvalue
0	48	405.57319	—	91.7143	42.48
1	59	451.43034	0.97062	54.9861	36.41
2	68	478.92339	0.87935	43.3208	30.33
3	75	500.58381	0.81103	27.7099	23.78

医疗卫生支出					
Maximumrank	Parms	LL	Eigenvalue	Maxstatistic	5% Criticalvalue
4	80	514.43874	0.65554	16.6448	16.87
5	83	522.76114	0.47280	4.9786	3.74
6	84	525.25042	0.17427		

社会保障支出					
Maximumrank	Parms	LL	Eigenvalue	Tracestatistic	5% Criticalvalue
0	48	375.92436	—	231.6129	104.94
1	59	422.85271	0.97294	137.7562	77.74
2	68	456.98097	0.92758	69.4997	54.64
3	75	472.84831	0.70494	37.7650	34.55
4	80	483.77369	0.56847	15.9143 *	18.17
5	83	491.00282	0.42655	1.4560	3.74
6	84	491.73082	0.05446		
Maximumrank	Parms	LL	Eigenvalue	Maxstatistic	5% Criticalvalue
0	48	375.92436	—	93.8567	42.48
1	59	422.85271	0.97294	68.2565	36.41
2	68	456.98097	0.92758	31.7347	30.33
3	75	472.84831	0.70494	21.8508	23.78
4	80	483.77369	0.56847	14.4583	16.87
5	83	491.00282	0.42655	1.4560	3.74
6	84	491.73082	0.05446		

科技支出					
Maximumrank	Parms	LL	Eigenvalue	Tracestatistic	5% Criticalvalue
0	48	418.97266	—	219.1987	104.94
1	59	463.66481	0.96787	129.8144	77.74
2	68	499.07652	0.93439	58.9910	54.64
3	75	513.44175	0.66879	30.2605 *	34.55
4	80	520.57301	0.42222	15.9980	18.17
5	83	527.17313	0.39812	2.7978	3.74
6	84	528.57202	0.10202		
Maximumrank	Parms	LL	Eigenvalue	Maxstatistic	5% Criticalvalue
0	48	418.97266	—	89.3843	42.48
1	59	463.66481	0.96787	70.8234	36.41
2	68	499.07652	0.93439	28.7305	30.33
3	75	513.44175	0.66879	14.2625	23.78
4	80	520.57301	0.42222	13.2002	16.87
5	83	527.17313	0.39812	2.7978	3.74
6	84	528.57202	0.10202		

农林水支出					
Maximumrank	Parms	LL	Eigenvalue	Tracestatistic	5% Criticalvalue
0	48	397.69277	—	199.3793	104.94

农林水支出					
Maximumrank	Parms	LL	Eigenvalue	Tracestatistic	5% Criticalvalue
1	59	442.71488	0.96867	109.3351	77.74
2	68	464.95393	0.81926	64.8570	54.64
3	75	480.03562	0.68655	34.6936	34.55
4	80	488.75395	0.48862	17.2570*	18.17
5	83	496.60833	0.45348	1.5482	3.74
6	84	497.38244	0.05781		
Maximumrank	Parms	LL	Eigenvalue	Maxstatistic	5% Criticalvalue
0	48	397.69277	—	90.0442	42.48
1	59	442.71488	0.96867	44.4781	36.41
2	68	464.95393	0.81926	30.1634	30.33
3	75	480.03562	0.68655	17.4367	23.78
4	80	488.75395	0.48862	15.7088	16.87
5	83	496.60833	0.45348	1.5482	3.74
6	84	497.38244	0.05781		

注：＊表示变量之间具有协整性关系。

由表 12 - 10 中协整性检验结果可知，在 5% 显著性水平下。教育支出的"迹检验"统计量为 3.6709，接受"至多存在五个协整向量"的原假设，说明变量之间存在五个协整关系。科技支出的"迹检验"统计量为 30.2605，接受"至多存在三个协整向量"的原假设，说明变量中存在三个协整关系。社会保障支出和农林水支出的"迹检验"统计量分别为 15.9143 和 17.2570，均接受"至多存在四个协整向量"的原假设。医疗卫生支出的最大特征值统计量为 16.6448，接受"至多存在四个协整向量"的原假设。因此，本部分各模型中的多个变量均分别通过协整性检验，同一模型中各变量之间存在协整关系，可以建立实证模型并继续进行回归分析。

12.2.3.2 实证结果分析

（1）教育支出的社会福利效应实证结果。

为保证实证结果的稳健性，本节采用逐步增加控制变量的方法进行回归，检验全国整体视角下教育支出的社会福利效应。模型 1 仅加入控制变量人均 GDP，模型 2、模型 3 和模型 4 依次在前一个模型的基础上逐步加入控制变量城镇化率、对外开放程度和居民消费价格指数。

表 12 - 11 为全国整体视角下，教育支出的社会福利效应的实证检验结果。从实证结果来看，4 个模型拟合优度 R^2 的数值较高且接近于 1，实证效果较好。从各个模型的回归结果来看，全国教育支出的系数均为正，且在 5% 的水平上显著。全国教育支出具有较强的社会福利正效应，原因在于，教育支出分别用于支持中小学以及高等教育，提高教师教学能力，资助贫困学生，使更多人接受优质的教育，因此居民受教育水平提高，最终增加居民福祉，有利于社会福利的提高。

表 12 – 11　　　　全国整体视角：教育支出社会福利效应实证模型的回归结果

变量	模型 1	模型 2	模型 3	模型 4
	系数	系数	系数	系数
ed	0.039503 (6.63)**	0.0224648 (3.51)**	0.013752 (3.10)**	0.0138 (2.87)**
gdp	0.0220729 (3.53)**	0.0124535 (2.25)**	0.0122877 (3.41)**	0.0123056 (3.30)**
city		0.3317614 (3.95)**	0.4512525 (7.71)**	0.4503436 (6.72)**
open			0.0299141 (5.78)**	0.029907 (5.64)**
cpi				– 0.0004061 (– 0.03)
C	0.0424733 (1.68)	0.1601193 (4.46)**	0.1688574 (7.20)**	0.1690503 (6.81)**
R^2	0.9944	0.9966	0.9986	0.9986
P 值	0	0	0	0

注：括号里为 t 统计量值，＊表示 10% 显著水平下显著，＊＊表示 5% 显著水平下显著。

经济变量人均 GDP 的系数符号为正，且在 5% 的水平上显著，说明经济发展水平越高，居民的社会福利水平越高。城镇化率具有显著的社会福利正效应，可能的原因在于城镇相对于农村地区，教育资源等条件更好，城镇化率越高，越有利于更多人享受优质的教育资源，增加平均受教育年限，提高自身素质，进而提高社会福利水平。对外开放程度的系数符号为正，提高开放度有利于增加社会福利。居民消费价格指数对社会福利没有显著影响。

（2）医疗卫生支出的社会福利效应实证结果。

为保证实证结果的稳健性，本节采用逐步增加控制变量的方法进行回归，检验全国整体视角下医疗卫生支出的社会福利效应。模型 1 仅加入控制变量人均 GDP，模型 2、模型 3 和模型 4 依次在前一个模型的基础上逐步加入控制变量城镇化率、对外开放程度和居民消费价格指数。

实证结果见表 12 – 12，从各个模型的实证结果来看，R^2 值均接近于 1，P 值为 0，拟合效果较好。从解释变量的实证结果来看，全国整体视角下，医疗卫生支出具有社会福利正效应，且均在 5% 的水平上显著，说明医疗卫生支出与社会福利呈正相关，当医疗卫生支出增加时，政府会给予医疗服务机构更多补助，同时为居民提供更高水平的医疗保险，降低居民的医疗负担，改善就医环境，从而提高社会福利。从控制变量来看，经济变量人均 GDP、城镇化率以及对外开放程度具有显著的社会福利正效应。居民消费价格指数则具有社会福利负效应。

表 12 - 12　　　　　**全国整体视角：医疗卫生支出社会福利效应实证模型的回归结果**

变量	模型 1	模型 2	模型 3	模型 4
	系数	系数	系数	系数
me	0.0225819	0.010447	0.0101921	0.0130245
	(5.38)**	(2.39)**	(4.60)**	(5.08)**
gdp	0.0357102	0.0188302	0.0154751	0.0171359
	(6.89)**	(3.30)**	(5.30)**	(5.92)**
city		0.3837315	0.4373217	0.3706924
		(4.18)**	(9.31)**	(6.57)**
open			0.0350939	0.0357179
			(8.39)**	(9.00)**
cpi				-0.0238297
				(-1.92)*
C	0.0518314	0.1770973	0.1767918	0.189268
	(1.61)	(4.53)**	(8.93)**	(9.55)**
R^2	0.9929	0.9959	0.9990	0.9991
P 值	0	0	0	0

注：括号里为 t 统计量值，＊表示 10% 显著水平下显著，＊＊表示 5% 显著水平下显著。

（3）社会保障支出的社会福利效应实证结果。

为保证实证结果的稳健性，本节采用逐步增加控制变量的方法进行回归，检验全国整体视角下社会保障支出的社会福利效应。模型 1 仅加入控制变量人均 GDP，模型 2、模型 3 和模型 4 依次在前一个模型的基础上逐步加入控制变量城镇化率、对外开放程度和居民消费价格指数。

实证结果见表 12 - 13，从各个模型的实证结果来看，R^2 值均较大，且 P 值均为 0，拟合效果较好。从 4 个模型的回归结果综合来看，全国整体视角下，解释变量社会保障支出的系数符号均为正，说明社会保障支出具有社会福利正效应。将模型 3 与模型 4 对比来看，加入控制变量居民消费价格指数后，其他变量的符号和显著性没有变化，但解释变量社会保障支出的社会福利效应不再显著。因此，本节以模型 3 的实证结果为准。社会保障支出在 10% 的显著性水平上，具有社会福利正效应。社会保障支出既能通过对残疾人、灾民等低收入弱势群体进行现金补助，提高低收入群体收入，缩小收入分配差距，促进福利分配公平，又能通过就业培训等方式增加就业，促进经济发展，改善居民经济福利水平，最终提高整体社会福利水平。从控制变量来看，经济变量人均 GDP、城镇化率以及对外开放程度具有显著的社会福利正效应。

表 12 - 13　　　　　**全国整体视角：社会保障支出社会福利效应实证模型的回归结果（时间序列）**

变量	模型 1	模型 2	模型 3	模型 4
	系数	系数	系数	系数
ss	0.011238	0.0034671	0.0030905	0.0031043
	(3.95)**	(1.33)	(1.96)*	(1.70)
gdp	0.0440599	0.01983	0.0164286	0.0164497
	(8.90)**	(3.24)**	(4.38)**	(4.06)**

变量	模型 1	模型 2	模型 3	模型 4
	系数	系数	系数	系数
city		0.4540492	0.5121413	0.51155
		(4.88)**	(8.97)**	(7.40)**
open			0.034973	0.0349787
			(6.51)**	(6.36)**
cpi				−0.0002548
				(−0.02)
C	0.366008	0.1864777	0.1857088	0.1858724
	(0.93)	(4.45)**	(7.32)**	(6.66)**
R^2	0.9905	0.9953	0.9983	0.9983
P 值	0	0	0	0

注：括号里为 t 统计量值，* 表示 10% 显著水平下显著，** 表示 5% 显著水平下显著。

（4）科技支出的社会福利效应实证结果。

为保证实证结果的稳健性，本节采用逐步增加控制变量的方法进行回归，检验全国整体视角下科技支出的社会福利效应。模型 1 仅加入控制变量人均 GDP，模型 2、模型 3 和模型 4 依次在前一个模型的基础上逐步加入控制变量城镇化率、对外开放程度和居民消费价格指数。

表 12-14 为全国整体视角下，科技支出的社会福利效应的实证检验结果。从各模型实证结果来看，4 个模型拟合优度 R^2 的数值均接近于 1，实证效果较好。解释变量科技支出的系数符号均为正，在 5% 的水平上显著，说明科技支出具有显著的社会福利正效应，该结果与理论预期一致。科技支出能有效促进我国的科技创新，提高我国生产研发能力，对我国经济发展做出了很大贡献，对改善我国社会福利具有明显作用。从控制变量来看，经济变量人均 GDP、城镇化率以及对外开放程度具有显著的社会福利正效应；居民消费价格指数对社会福利有负向影响，但不显著。

表 12-14　　　**全国整体视角：科技支出社会福利效应实证模型的回归结果**

变量	模型 1	模型 2	模型 3	模型 4
	系数	系数	系数	系数
tc	0.0607899	0.049895	0.0307751	0.0250546
	(11.87)**	(5.87)**	(3.89)**	(2.83)**
gdp	0.0033102	0.003149	0.0071585	0.0050331
	(0.65)	(0.64)	(1.84)*	(1.10)
city		0.1320974	0.317648	0.4081138
		(1.58)	(4.10)**	(4.12)**
open			0.0232263	0.0244778
			(4.24)**	(4.43)**
cpi				−0.0139673
				(−0.91)

变量	模型 1	模型 2	模型 3	模型 4
	系数	系数	系数	系数
C	0.1663298 (6.88)**	0.1898508 (6.83)**	0.1871753 (8.79)**	0.2142285 (7.04)**
R^2	0.9977	0.9979	0.9988	0.9988
P 值	0	0	0	0

注：括号里为 t 统计量值，＊表示 10% 显著水平下显著，＊＊表示 5% 显著水平下显著。

（5）农林水支出的社会福利效应实证结果。

为保证实证结果的稳健性，本节采用逐步增加控制变量的方法进行回归，检验全国整体视角下农林水支出的社会福利效应。模型 1 仅加入控制变量人均 GDP，模型 2、模型 3 和模型 4 依次在前一个模型的基础上逐步加入控制变量城镇化率、对外开放程度和居民消费价格指数。

实证结果见表 12－15，从各个模型的实证结果来看，R^2 值均趋近于 1，P 值为 0，实证效果较好。从 4 个模型的回归结果综合来看，全国整体视角下，解释变量农林水支出的系数符号均为正，在 5% 的水平上显著，说明农林水支出具有显著的社会福利正效应，该结果与理论预期一致。第一，农林水支出有助于提高低收入群体可支配收入，缩小居民收入差距，提高社会福利水平。第二，农林水支出可促进农村消费，发展农村旅游业及现代化农业，有利于农村经济的发展，进而提高农村地区福利水平。从控制变量来看，经济变量人均 GDP、城镇化率以及对外开放程度都具有显著的社会福利正效应，居民消费价格指数对社会福利的影响则不显著。

表 12－15　　全国整体视角：农林水支出社会福利效应实证模型的回归结果

变量	模型 1	模型 2	模型 3	模型 4
	系数	系数	系数	系数
zn	0.0334032 (6.77)**	0.0169064 (2.12)**	0.0143315 (3.11)**	0.0107942 (2.18)**
gdp	0.0277463 (5.25)**	0.0195257 (3.36)**	0.0162325 (4.79)**	0.0119821 (2.57)**
city		0.3117782 (2.51)**	0.3936768 (5.41)**	0.485966 (5.27)**
open			0.0341484 (7.00)**	0.0331584 (6.88)**
cpi				-0.0196786 (-1.24)
C	0.0450559 (1.79)*	0.1410457 (3.17)**	0.1470846 (5.71)**	0.1870733 (4.99)**
R^2	0.9946	0.9957	0.9986	0.9987
P 值	0	0	0	0

注：括号里为 t 统计量值，＊表示 10% 显著水平下显著，＊＊表示 5% 显著水平下显著。

12.3　省际结构视角：财政支出的社会福利效应

在 12.2 节中，从全国整体视角实证检验了财政支出的社会福利效应。由于省际之间的差异性，本节从省际居民的视角，实证分析财政支出的社会福利效应，以期得出财政支出对省际居民社会福利效应的规律。

12.3.1　非民生财政支出的社会福利效应

本节主要检验非民生财政支出对省际居民社会福利的影响。解释变量为非民生财政支出，控制变量选用经济发展水平、教育水平、健康水平。本节实证模型基于基准模型式（12-2），在实证分析时逐步引入控制变量，更好地反映非民生财政支出对省际居民社会福利的影响。

12.3.1.1　协整性检验

参考 12.1.3 中对于面板数据的平稳性检验结果，本部分模型中多个变量需继续进行协整性检验，以确保数据的长期稳定性。在对面板数据模型中多个变量进行协整性检验的方法中，一般以 westerlund 方法较为有效。因此，本部分采用 westerlund 协整检验方法对模型中各变量进行协整性检验。具体检验结果见表 12-16。

表 12-16　　　　省际结构视角：非民生财政支出社会福利效应实证模型的协整性检验

	Statistic	p-value
Varianceratio	3.9208	0.0000

根据表 12-16 中协整性检验结果，检验统计量为 3.9208，在 5% 显著性水平下，拒绝"不存在协整向量"的原假设，模型中各变量之间存在协整关系，通过协整性检验，可以建立实证模型并继续进行回归分析。

12.3.1.2　实证结果分析

为保证实证结果的稳健性，本节运用逐步回归的方式，采用个体固定效应模型，检验省际视角下非民生财政支出的社会福利效应。模型 1 使用的控制变量为人均 GDP，模型 2 使用的控制变量为人均 GDP 及人均寿命，模型 3 使用的控制变量为人均 GDP、平均受教育年限，模型 4 使用的控制变量为人均 GDP、平均受教育年限以及人均寿命。

实证结果见表 12-17，把 4 个模型对比来看，其中，模型 1 和模型 3 的 R^2 数值比模型 2 和模型 4 的小，说明模型 1 及模型 3 缺乏某些控制变量，故实证结果以模型 2 和模型 4 为准。解释变量非民生财政支出的系数符号为正，在 5% 的水平上显著，说明各省份的非民生财政支出具有显著的社会福利正效应。非民生财政支出能够促进经济发展，提高经济福利，进而提高社会福利。从控制变量来看，人均 GDP 具有显著的社会福利正效应。平均受教育年限的系数符号为正，但影响不显著。人均寿命则具有显著的社会福利正效应，原因在于，健康是社会福利的一个重要方面，健康水平能够提高居民的幸福感，进而促进社会福利的提高。

表 12 - 17　　　　省际结构视角：非民生财政支出社会福利效应实证模型的回归结果

变量	模型 1 系数	模型 2 系数	模型 3 系数	模型 4 系数
fms	0.0265215 (0.71)	0.0497203 (2.71)**	0.0270232 (0.72)	0.0580854 (2.66)**
gdp	0.0903051 (79.44)**	0.0659332 (51.08)**	0.0902706 (78.87)**	0.0660624 (45.29)**
jy			0.0040841 (0.29)	0.0139803 (1.41)
sm		0.4362036 (19.48)**		0.4386202 (19.84)**
C	-0.0581164 (-4.92)**	-0.2036232 (-9.18)**	-0.0578072 (-4.87)**	-0.214592 (-7.88)**
时间项	N	N	N	N
个体项	Y	Y	Y	Y
R^2	0.9565	0.9811	0.9565	0.9794
P 值	0	0	0	0

注：括号里为 t 统计量值，* 表示 10% 显著水平下显著，** 表示 5% 显著水平下显著。

12.3.2　民生财政支出的社会福利效应

本节实证模型基于基准模型式（12 - 2），在实证分析时逐步引入控制变量，更好地反映民生财政支出对省际居民社会福利的影响。解释变量为民生财政支出，控制变量同样均选用经济发展水平、教育水平和健康水平。

12.3.2.1　协整性检验

参考 12.1.3 中平稳性检验结果，本部分模型中多个变量需要进一步进行协整性检验。同理，与本章 12.3.2.1 中协整性检验方式相同，本部分同样使用 westerlund 检验方法对各变量进行协整性检验。具体协整性检验结果见表 12 - 18。

表 12 - 18　　　　省际结构视角：民生财政支出社会福利效应实证模型的协整性检验

	Statistic	p-value
Varianceratio	3.9208	0.0000

依据表 12 - 18 中协整性检验结果，检验统计量为 3.9208，在 5% 显著性水平下，拒绝"不存在协整向量"的原假设，模型中各变量之间存在协整关系，通过协整性检验，变量数据之间存在长期稳定性，满足进行回归分析的前提条件，可以继续进行回归分析。

12.3.2.2 实证结果分析

本节采用逐步回归的方式，利用个体固定效应模型，逐渐加入控制变量，实证研究省际视角下民生财政支出的社会福利效应。模型1使用的控制变量为人均GDP，模型2使用的控制变量为人均GDP及人均寿命，模型3使用的控制变量为人均GDP、平均受教育年限，模型4使用的控制变量为人均GDP、平均受教育年限以及人均寿命。

实证结果见表12－19，其中，R^2的值均在0.95以上，且P值均为0，实证结果较好。从4个模型结果来分析，在省际视角下，民生财政支出具有社会福利正效应，在5%的水平上显著，与预期结果一致。原因如下：其一，医疗卫生支出、社会保障支出及农林水支出等民生财政支出为低收入弱势群体提供医疗保险，提高医疗服务可及性，改善居民健康福利，最终提高社会福利水平。其二，教育支出、社会保障支出以及农林水支出有利于人民生活质量的改善，提高教育可得性，从而增加居民的社会福利。从控制变量来看，人均GDP、平均寿命均在5%的显著性水平上，具有社会福利正效应。平均受教育年限与社会福利具有正相关关系，显著性水平为10%。平均受教育年限代表受教育水平，当受教育水平提高时，一方面，可以提高居民技能及素质，改善居民的文化福利状况，促进居民就业；另一方面，可提高居民的健康意识，有利于改善居民生活方式，提高居民健康水平，进而增加居民的健康福利。总之，受教育水平在改善居民福利水平方面具有重要的促进作用。

表12－19　　　　省际结构视角：民生财政支出社会福利效应实证模型的回归结果

变量	模型1	模型2	模型3	模型4
	系数	系数	系数	系数
ms	0.0614868 (2.51)**	0.0963138 (3.65)**	0.0289408 (0.93)	0.0949447 (3.61)**
gdp	0.0875026 (93.87)**	0.063267 (40.61)**	0.0892015 (70.24)**	0.0629908 (40.30)**
sm		0.4428157 (20.05)**		0.4450856 (20.17)**
jy			0.0054828 (0.38)	0.0162701 (1.66)*
C	−0.0356594 (−3.91)**	−0.1372018 (−15.22)**	−0.0499517 (−4.36)**	−0.1363751 (−15.14)**
时间项	N	N	N	N
个体项	Y	Y	Y	Y
R^2	0.9625	0.9796	0.9566	0.9797
P值	0	0	0	0

注：括号里为t统计量值，* 表示10%显著水平下显著，** 表示5%显著水平下显著。

12.3.3　民生财政支出结构的社会福利效应

为更好考察各项财政支出对社会福利影响的差异性，本节论证财政支出结构对省际居民社会福利的影响。此部分实证模型为基准模型式（12-2），考察教育支出、医疗卫生支出、社会保障支出、农林水支出和科技支出对省际居民社会福利的影响。为更好比较各项财政支出对省际居民社会福利的影响力度，控制变量均选用经济发展水平、教育水平和健康水平。

12.3.3.1 协整性检验

参考12.1.3中平稳性检验结果，本部分多个模型中各变量需要进一步进行协整性检验。同理，与本章12.3.2.1中协整性检验方式相同，本部分同样使用 westerlund 检验方法对各变量进行协整性检验。具体协整性检验结果见表12-20。

表 12-20　　　　省际结构视角：各类民生社会福利效应实证模型的协整性检验

教育支出	Statistic	p-value
	3.0195	0.0013
医疗卫生支出	Statistic	p-value
	3.6130	0.0002
社会保障支出	Statistic	p-value
	3.4527	0.0003
科技支出	Statistic	p-value
	1.4334	0.0759
农林水支出	Statistic	p-value
	3.6291	0.0001

依据表 12-20 中协整性检验结果，各模型检验统计量分别为 3.0195、3.6130、3.4527、3.6291、1.4334，在 10% 显著性水平下，均拒绝"不存在协整向量"的原假设，各模型分别通过协整性检验，说明每个模型中各变量均存在协整关系，表明数据之间存在长期稳定性，具备有效性，可以进行回归分析。

12.3.3.2 实证结果分析

（1）教育支出的社会福利效应实证结果。

本节采用逐步回归的方式，利用个体固定效应模型，实证检验省际视角下教育支出的社会福利效应。模型 1 使用的控制变量为人均 GDP，模型 2 使用的控制变量为人均 GDP 及人均寿命，模型 3 使用的控制变量为人均 GDP、平均受教育年限，模型 4 使用的控制变量为人均 GDP、平均受教育年限以及人均寿命。

表 12-21 为实证检验结果，从实证结果来看，4 个模型拟合优度 R^2 的数值均接近于 1，拟合程度较高。从各个模型的回归结果来看，全国教育支出的系数均为正，且在 5% 的水平上显著，说明教育支出具有较强的社会福利正效应。一方面，财政教育支出通过对各层级学校、贫困学生的补助，促进教育资源的合理配置，提高教育的可及性，改善居民的文化福利，最终提高社会福利水平。另一方面，教育支出通过对民间投资的引导，吸引更多资金投入教育领域，促进经济发展，改善经济福利，提高社会福利水平。从模型 1 至模型 4 的控制变量来看，人均 GDP、平均受教育年限以及平均寿命均对社会福利有正向的影

响，且显著性水平较高。

表 12-21　　　　　省际结构视角：教育支出社会福利效应实证模型的回归结果

变量	模型1	模型2	模型3	模型4
	系数	系数	系数	系数
ed	0.0769849	0.0471302	0.0642511	0.0323793
	(49.54)**	(18.64)**	(25.01)**	(11.23)**
gdp	0.0971573	0.0400902	0.1044823	0.0465414
	(6.82)**	(3.26)**	(7.66)**	(4.14)**
sm		0.5598119		0.5751496
		(13.62)**		(15.32)**
jy			0.1363905	0.1492332
			(6.07)**	(8.53)**
C	0.4072533	0.1377986	0.1874272	-0.110109
	(39.17)**	(6.41)**	(4.99)**	(-3.14)**
时间项	N	N	N	N
个体项	Y	Y	Y	Y
R^2	0.8998	0.9341	0.9092	0.9453
P 值	0	0	0	0

注：括号里为 t 统计量值，* 表示 10% 显著水平下显著，** 表示 5% 显著水平下显著。

（2）医疗卫生支出的社会福利效应实证结果。

本节利用个体固定效应模型，逐渐加入控制变量，实证检验省际视角下医疗卫生支出的社会福利效应。模型 1 使用的控制变量为人均 GDP，模型 2 使用的控制变量为人均 GDP 及人均寿命，模型 3 使用的控制变量为人均 GDP、平均受教育年限，模型 4 使用的控制变量为人均 GDP、平均受教育年限以及人均寿命。

实证结果见表 12-22，从各个模型的实证结果来看，R^2 均接近于 1，P 值为 0，拟合效果较好。依据各模型的回归结果，省际视角下医疗卫生支出具有显著的社会福利正效应。增加医疗卫生支出，既能增加对医疗机构的补助，提高医疗保障水平，降低医疗服务价格，减轻居民尤其是弱势群体的就医负担，优化居民健康福利，改善社会福利水平；又能通过政府购买等方式合理引入其他资本，发展医疗卫生事业并提高经济发展水平，促进我国经济福利及社会福利的改善。从控制变量来看，经济变量人均 GDP、平均受教育年限以及平均寿命与社会福利为正相关关系。

表 12-22　　　　　省际结构视角：医疗卫生支出社会福利效应实证模型的回归结果

变量	模型1	模型2	模型3	模型4
	系数	系数	系数	系数
me	0.0607052	0.0387381	0.0514143	0.0296231
	(53.75)**	(22.95)**	(27.99)**	(15.51)**
gdp	0.1300232	0.0673367	0.1329499	0.0704132
	(9.58)**	(5.93)**	(10.29)**	(6.75)**

变量	模型1	模型2	模型3	模型4
	系数	系数	系数	系数
sm		0.5356147 (15.25)**		0.534035 (16.55)**
jy			0.1283172 (6.23)**	0.1267823 (8.18)**
C	0.5577658 (81.68)**	0.2408211 (11.23)**	0.3266087 (8.68)**	0.0133637 (0.39)
时间项	N	N	N	N
个体项	Y	Y	Y	Y
R^2	0.9132	0.9475	0.9218	0.9558
P值	0	0	0	0

注：括号里为t统计量值，＊表示10%显著水平下显著，＊＊表示5%显著水平下显著。

（3）社会保障支出的社会福利效应实证结果。

本节利用个体固定效应模型，逐渐加入控制变量，实证检验省际视角下社会保障支出的社会福利效应。模型1使用的控制变量为人均GDP，模型2使用的控制变量为人均GDP及人均寿命，模型3使用的控制变量为人均GDP、平均受教育年限，模型4使用的控制变量为人均GDP、平均受教育年限以及人均寿命。

实证结果见表12－23，基于各个模型的实证结果，R^2数值较大，模型效果较好。基于4个模型的回归结果综合分析，解释变量社会保障支出的系数符号为正，在5%的显著性水平上，社会保障支出与社会福利具有正相关关系，该结果与理论预期一致。社会保障支出通过提高低收入群体可支配收入，缩小居民收入差距，改善福利分配状况。同时，政府通过提供就业咨询与职业培训，提高劳动者就业能力，增加劳动供给，改善就业及经济发展状况，最终促进我国社会福利的改善。从控制变量来看，人均GDP、平均受教育年限以及人均寿命均具有社会福利正效应。

表12－23　　　　省际结构视角：社会保障支出社会福利效应实证模型的回归结果

变量	模型1	模型2	模型3	模型4
	系数	系数	系数	系数
ss	0.0768139 (40.65)**	0.0410601 (18.55)**	0.0583679 (19.61)**	0.0282617 (11.46)**
gdp	0.1129627 (6.54)**	0.042023 (3.39)**	0.1177182 (7.34)**	0.0491202 (4.36)**
sm		0.6983866 (19.97)**		0.6652988 (20.86)**
jy			0.1942721 (7.67)**	0.1526327 (8.91)**
C	0.4280484 (35.21)**	0.0728753 (3.71)**	0.1122487 (2.63)**	－0.15841 (－5.03)**
时间项	N	N	N	N

变量	模型1	模型2	模型3	模型4
	系数	系数	系数	系数
个体项	Y	Y	Y	Y
R^2	0.8599	0.9338	0.8797	0.9459
P值	0	0	0	0

注：括号里为 t 统计量值，＊表示10%显著水平下显著，＊＊表示5%显著水平下显著。

（4）科技支出的社会福利效应实证结果。

本节采用逐步回归的方式，利用个体固定效应模型，实证检验省际视角下科技支出的社会福利效应。模型1使用的控制变量为人均GDP，模型2使用的控制变量为人均GDP及人均寿命，模型3使用的控制变量为人均GDP、平均受教育年限，模型4使用的控制变量为人均GDP、平均受教育年限以及人均寿命。

从表12－24的实证结果中的 R^2 及P值来看，各个模型的实证效果较好。从4个模型的回归结果综合分析，省际视角下解释变量科技支出在5%的显著性水平上，与社会福利具有正相关关系。科技是第一生产力，在增加科技支出的情况下，能够有效提高我国的研发创新能力，提高我国的经济发展速度，为居民生活提供更多的便利，在提高经济福利的同时，增加居民的幸福感和满意度，进而提高我国整体的社会福利水平。从控制变量来看，人均GDP、平均受教育年限及人均寿命均与社会福利具有正相关关系，经济发展水平提高、受教育水平改善以及健康绩效的提高，都能够改善我国社会福利状况。

表12－24　　　　省际结构视角：科技支出社会福利效应实证模型的回归结果

变量	模型1	模型2	模型3	模型4
	系数	系数	系数	系数
tc	0.0669087 （34.50）＊＊	0.0309946 （14.21）＊＊	0.0458354 （15.60）＊＊	0.0173232 （7.40）＊＊
gdp	0.0574827 （3.03）＊＊	0.0024026 （0.18）	0.0775648 （4.48）＊＊	0.0212895 （1.82）＊
sm		0.7889216 （20.61）＊＊		0.7371678 （21.63）＊＊
jy			0.2482851 （8.94）＊＊	0.1888349 （10.21）＊＊
C	0.6270704 （72.54）＊＊	0.124383 （4.96）＊＊	0.1647203 （3.15）＊＊	－0.1942838 （－5.08）＊＊
时间项	N	N	N	N
个体项	Y	Y	Y	Y
R^2	0.8181	0.9170	0.8514	0.9358
P值	0	0	0	0

注：括号里为 t 统计量值，＊表示10%显著水平下显著，＊＊表示5%显著水平下显著。

（5）农林水支出的社会福利效应实证结果。

本节采用利用个体固定效应模型，逐渐加入控制变量，实证检验省际视角下农林水支出的社会福利效应。模型 1 使用的控制变量为人均 GDP，模型 2 使用的控制变量为人均 GDP 及人均寿命，模型 3 使用的控制变量为人均 GDP、平均受教育年限，模型 4 使用的控制变量为人均 GDP、平均受教育年限以及人均寿命。

实证结果见表 12 - 25，其中，R^2 的值均在 0.9 左右，且 P 值均为 0，实证结果较好。从 4 个模型的回归结果综合来看，省际视角下解释变量农林水支出的符号均为正，在 5% 的水平上显著，说明农林水支出具有显著的社会福利正效应。其一，农林水支出对低收入弱势群体进行直接补贴，增加其可支配收入，缩小居民收入分配差距，改善福利分配状况。其二，农林水支出通过对农村居民的扶持，改善农民医疗及教育服务利用率，提高农民健康福利以及文化福利。其三，农林水支出可通过引导其他资本投资，发展农村旅游等，合理配置农业资源，促进农业的现代化，提高农业发展速度，改善经济福利，最终改善居民整体的社会福利。从控制变量来看，经济变量人均 GDP、平均受教育程度以及人均寿命均具有显著的社会福利正效应。

表 12 - 25　　　　省际结构视角：农林水支出社会福利效应实证模型的回归结果

变量	模型 1 系数	模型 2 系数	模型 3 系数	模型 4 系数
zn	0.06202 (46.67) **	0.0362026 (18.91) **	0.048133 (25.42) **	0.0259406 (13.55) **
gdp	0.1077686 (7.10) **	0.0437501 (3.56) **	0.1196641 (8.76) **	0.0579774 (5.39) **
sm		0.6098439 (15.92) **		0.5713492 (17.07) **
jy			0.1924514 (9.43) **	0.1647978 (10.82) **
C	0.5271135 (61.99) **	0.180533 (7.94) **	0.1852642 (5.00) **	- 0.0903186 (- 2.83) **
时间项	N	N	N	N
个体项	Y	Y	Y	Y
R^2	0.8889	0.9350	0.9111	0.9511
P 值	0	0	0	0

注：括号里为 t 统计量值，* 表示 10% 显著水平下显著，** 表示 5% 显著水平下显著。

12.4　本章小结

本章通过实证分析，重点研究财政支出的社会福利效应。首先，我们利用全国时间序列数据，分别从非民生财政支出、民生财政支出以及民生财政支出结构角度进行实证分析。其次，为验证各种财政支出的社会福利效应，我们选取全国 30 个省份的面板数据，采用个体固定效应模型，进一步从非民生财政支出、民生财政支出以及民生财政支出结构角度进行实证分析。结果基本与预期结果一致，非民生财政支出及民生财政支出均具有社会福利正效应。实证结果及政策启示如下。

12.4.1 非民生财政支出的社会福利效应

非民生财政支出具有显著的社会福利正效应。非民生财政支出如国防支出、节能环保支出、城乡社区支出、交通运输支出等可通过政府购买、投资等方式促进经济发展，提高收入水平，提高居民的经济福利，增加居民福祉，最终促进社会福利的提升。非民生财政支出在改善社会福利方面，具有不可替代的作用，减少非民生财政支出，则会减少我国的社会福利；反之，则会有效促进我国社会福利的提高。因此，增加非民生财政支出对改善社会福利水平具有显著作用。

12.4.2 民生财政支出的社会福利效应

通过对民生财政支出的社会福利效应实证研究，我们发现，民生财政支出与社会福利具有显著的正相关关系。其原因：其一，医疗卫生支出、社会保障支出及农林水支出等民生财政支出，为低收入弱势群体提供补贴或医疗保险，提高医疗服务可及性，改善居民健康福利，最终提高社会福利。其二，教育支出、社会保障支出以及农林水支出有利于人民生活质量的改善，提高教育可得性，从而改善居民的社会福利。增加民生财政支出，能够有效促进社会福利水平的改善；反之，社会福利将会减少。因此，民生财政支出具有改善社会福利的作用。

12.4.3 民生财政支出结构的社会福利效应

对教育支出、医疗卫生支出、社会保障支出、农林水支出以及科技支出五个重点的民生财政支出进行社会福利效应分析，得到如下结论：第一，教育支出具有社会福利正效应，即提高教育支出会提高社会福利水平，降低教育支出会导致社会福利水平下降。政府对各层级学校、贫困学生实施教育支出，促进教育资源的合理配置，提高教育的可及性，改善居民的教育福利。通过教育支出提高人力资本的技能，提升劳动生产效率，促进经济发展，改善经济福利，从而提高社会福利水平。第二，医疗卫生支出具有社会福利正效应，即提高医疗卫生支出会提高社会福利水平，降低医疗卫生支出会导致社会福利水平下降。政府通过对医疗卫生领域增加支出，既能增加对医疗机构的补助，提高医疗保障水平，降低医疗服务价格，减轻居民尤其是弱势群体的就医负担，优化居民健康福利，改善社会福利水平；又能通过政府购买等方式合理引入其他资本，发展医疗卫生事业并提高经济发展水平，促进我国经济福利及社会福利的改善。第三，社会保障支出具有社会福利正效应，即提高社会保障支出会提高社会福利水平，降低社会保障支出会导致社会福利水平下降。一方面，社会保障支出有助于提高低收入群体可支配收入，缩小居民收入差距，改善福利分配状况；另一方面，政府通过提供就业咨询与培训等社会保障支出，提高劳动者就业能力，增加劳动供给，改善就业及经济发展状况，最终促进我国社会福利的改善。第四，农林水支出具有社会福利正效应，即提高农林水支出会提高社会福利水平，降低农林水支出会导致社会福利水平下降。农林水支出既能对失地农民及低收入弱势农村居民进行补助，直接提高农民可支配收入，提高农村社会福利水平；又能促进农村消费，发展农村旅游及农业现代化等事业，有利于农村经济的发展，进而提高社会福利水平。第五，科技支出具有社会福利正效应，即提高科技支出会提高社会福利水平，降低科技支出会导致社会福利水平下降。科技支出能够有效促进我国的科技创新，提高我国生产研发能力，为我国经济发展做出贡献，对改善我国社会福利具有明显作用。

综上所述，教育支出、医疗卫生支出、社会保障支出、农林水支出以及科技支出均具有显著的社会福利正效应。

12.4.4 非民生财政支出与民生财政支出的社会福利效应比较

相对于非民生财政支出而言，民生财政支出的社会福利正效应大于非民生财政支出的社会福利正相应。将非民生财政支出与民生财政支出的实证结果进行对比分析发现，不管是全国时间序列实证分析结果，还是省级面板数据实证分析结果，民生财政支出的社会福利正效应明显强于非民生财政支出的社会福利正效应。从第 8 章和第 10 章可知，相比非民生财政支出，民生财政支出在提高居民经济福利、改善福利分配状况方面作用更大，使得其社会福利效应也较大。因此，民生财政支出的社会福利效应大于非民生财政支出。

12.4.5 各类民生财政支出的社会福利效应比较

各类民生财政支出的社会福利效应大小不同，科技支出、教育支出及医疗卫生支出的社会福利效应更大，尤其科技支出的社会福利效应比较强。从全国整体视角来看，各项民生财政支出中，科技支出的社会福利正效应最大，即相同条件下，增加科技支出所带来的社会福利水平的提高最明显。在全国整体视角及省际视角下，教育支出和医疗卫生支出比农林水支出和社会保障支出，有更大的社会福利正效应，即增加教育支出及医疗卫生支出，相比其他支出更能改善居民的健康福利及教育福利，在提高社会福利方面的作用较为突出。综上所述，相比其他类支出，科技支出、教育支出以及医疗卫生支出在改善社会福利方面的作用更为明显。

12.4.6 各控制变量的社会福利效应比较

将模型中的控制变量进行比较，我们发现，人均 GDP、城镇化率、产业结构、对外开放程度、平均受教育年限及人均寿命具有社会福利正效应，通货膨胀则具有社会福利负效应。在全国整体视角下，经济发展水平越高，越能为居民提供足量的公共产品和服务，满足人民日益增长的需求，进而提高居民的社会福利。产业结构具有社会福利正效应。第三产业增加值占第二产业增加值的比值越大，第三产业在整个经济发展中的水平越高，越有利于居民就业，提高收入水平，从而促进社会整体福利改善。对外开放程度有显著的社会福利正效应。其原因在于对外开放程度提高，有利于将更多的资本引入我国，提高我国的就业水平，增加居民收入，最终提高社会福利水平。居民消费价格指数与社会福利呈负相关关系。消费价格提升，导致居民实际购买力下降，从而使得社会福利水平降低。若通货膨胀提高，导致名义工资水平提高，居民的所得税纳税等级上升，应纳税数额提高，居民的税后收入减少，会降低居民及企业的投资积极性，不利于经济的发展及社会福利水平的提高。城镇化率具有显著的社会福利正效应，城镇化率水平越高，越有利于更多人享受优质的教育资源，增加平均受教育年限，提高自身素质，进而提高社会福利水平。在省际视角下，人均寿命则具有显著的社会福利正效应。健康水平能够提高居民的幸福感，进而促进社会福利的提高。平均受教育年限代表受教育水平，可以提高居民技能及素质，促进居民就业，有利于居民改善生活方式，提高居民健康水平，进而增加居民的健康福利。综上所述，人均 GDP、城镇化率、产业结构、对外开放程度、平均受教育年限及人均寿命具有社会福利正效应，通货膨胀则具有社会福利负效应。

12.4.7 实证结果的政策启示

从本章对非民生财政支出的社会福利效应、民生财政支出的社会福利效应以及民生财政支出结构的社会福利效应实证分析结果，可得出以下几点启示，为未来的财政支出改革提供依据。

首先，保障民生财政支出规模的稳定增长。通过实证检验结果可知，民生财政支出的社会福利正效应明显强于非民生财政支出，增加民生财政支出，相比增加等量的非民生财政支出，社会福利的提高效果更为明显。因此，可适当提高民生财政支出占财政支出的比重。

其次，在保证社会保障支出及农林水支出适当增加的情况下，一方面，要稳步提高科技支出在民生财政支出中的比重；另一方面，要进一步提高教育及医疗卫生支出规模，在科技兴国的基础上，提高教育及医疗服务可及性，改善居民健康福利和文化福利，促进我国社会福利的提高。

最后，利用财政支出政策促进经济发展，促进产业升级，提高城镇化率、平均受教育年限，保障人们健康，降低通货膨胀，从而促进社会福利水平的提高。由于经济发展、产业结构、城镇化率、平均受教育年限等与社会福利呈正相关关系，居民消费价格指数与社会福利呈负相关关系。因此，通过财政支出政策，比如增加教育及医疗支出、改善教育及医疗条件、提高教育水平等，进而提高社会福利水平。

税收的社会福利效应实证分析

本章通过实证分析，研究税收的社会福利效应，包含全国与省际两个不同视角。第一，利用全国时间序列数据，分别从宏观税负、税制结构、税类结构以及主要税种四个角度，由浅入深，通过实证检验结果对税收的社会福利效应进行详细分析；第二，利用省级面板数据，采用个体固定效应模型，仍然分别从宏观税负、税制结构、税类结构以及主要税种四个角度对税收的社会福利效应进行分析。最后根据实证检验结果为我国今后的税收改革和发展提供建议。

13.1 实证设计、描述性统计及平稳性检验

13.1.1 实证设计

13.1.1.1 变量选取及数据来源

基于前面对社会福利概念的界定，本章选用人类发展指数作为被解释变量，用来衡量社会福利的指标。各项税收作为解释变量，用来衡量对社会福利的影响。在控制变量方面，本节以经济发展水平、开放水平、城市发展水平、产业发展水平、物价水平、教育水平、健康水平为指标，反映对社会福利的影响。其中，经济发展水平用人均 GDP 衡量，开放水平用对外开放程度衡量，城市发展水平用城镇化率衡量，产业发展水平用产业结构衡量，物价水平和就业水平分别用物价指数和就业率衡量，教育水平用平均受教育年限衡量，健康水平用平均寿命衡量。数据来源于《国家统计局》《人类发展报告》、各省份统计年鉴以及 Wind 数据库。具体变量描述和计算方式见表 13 - 1。其余变量描述和计算方式已在前章定义。

表 13 - 1　　　　　　　　　变量描述和计算方式

变量（符号）	描述和计算方式
就业率（jyl）	用就业人口占总人口比重表示

13.1.1.2 模型设定

在实证设计中，本章从全国整体和省际结构两个视角，检验各税收在不同视角下对社

会福利的影响。

首先，全国整体视角下的税收对社会福利影响的模型设定如下。在全国整体视角下，实证部分选用 1990 ~ 2017 年的时间序列数据，基于上述变量和前面影响因素，构建多元回归模型，并引入不同控制变量，采用 OLS 方法回归。基准模型构建如下：

$$SW_t = \alpha_0 + \alpha_1 T_t + \sum \beta Z_t + \varepsilon_t \qquad (13-1)$$

其中，变量 SW_t 表示全国居民社会福利，数据来源于《人类发展报告》。变量 T_t 代表各项税收，变量 Z_t 代表各项控制变量。α_0 为常数项，α_1 为税收的系数项，β 表示各控制变量系数项。

由第 4 章和第 7 章内容可知，我国各省份税收以及社会福利存在较大差异，所以单以时间序列模型回归，不能完全刻画出各省份之间的差异，更难从省际层面检验税收对社会福利影响的差异性，从而难以探寻税收对社会福利效应的内在机制与规律。为更好地考察税收对社会福利的影响，本章在全国整体时间序列实证分析的基础上，进一步以省级面板数据构建实证模型，从省际居民视角，论证税收对社会福利的影响，以期发现税收对社会福利影响的差异性。

其次，省际居民视角下的税收对社会福利影响的模型设定如下。实证部分选用 2004 ~ 2017 年全国 30 个省份①的面板数据，构建静态面板模型，采用固定效应方法进行实证检验。基准模型构建如下：

$$SW_{it} = \alpha_0 + \alpha_1 T_{it} + \sum \beta Z_{it} + \varepsilon_{it} \qquad (13-2)$$

其中，变量 SW_{it} 表示省际居民社会福利，数据为第 7 章测算的结果。变量 T_{it} 代表各项税收，变量 Z_{it} 代表各项控制变量。α_0 为常数项，α_1 为税收的系数项，β 表示各控制变量系数项。

13.1.2 描述性统计

由于第 9 章、第 11 章与本章从不同角度共同探究税收的福利效应问题，在进行实证探究时选择了部分重复变量。因此，本章不再对重复变量数据进行描述性统计。重复变量的描述性统计结果参考 9.1.2。

表 13 - 2 体现了全国人类发展指数与就业率数据的整体情况。可见，两者的标准差均较小，表明数据随时间平稳发展，波动幅度较小。最大值与最小值差异不明显，数据的波峰与波谷较为接近，说明我国自 1994 年以来全国人类发展指数和就业率较为稳定。

表 13 - 2　　　　　　　　变量描述性统计（时间序列）

变量	Obs	均值	标准差	最小值	最大值
hdi	24	0.6492917	0.0693087	0.538	0.752
jyl	24	0.9783658	0.0083267	0.9616948	0.9900198

表 13 - 3 体现了各变量省际数据的整体情况。可以看出，一方面，我国不同省份之间

---

① 30 个省份不包括西藏。

差异性明显，导致多个税种的税收收入占比的标准差偏大，最小值与最大值差距较大。另一方面，同一省份不同年份之间同样存在明显差异，说明我国近十几年来很多地区发展速度较快，财政支出与税收收入同步增加，增加幅度较为明显。

表 13 - 3　　　　　　　　　　　变量描述性统计（面板数据）

变量	Obs	均值	标准差	最小值	最大值
zz	420	0.0660647	0.0350116	0.0206601	0.2308033
xf	420	0.0147965	0.0114372	0.0013399	0.0651877
yy	420	0.0228588	0.0134546	0	0.081009
qy	420	0.0314973	0.0395978	0.003262	0.2855579
ge	420	0.0102636	0.0085507	0.001092	0.557026
zys	420	0.0016316	0.0019491	0	0.0112153
zj	420	0.050106	0.0497872	0.112835	0.3461152
jj	420	0.1112878	0.0473267	0.0361251	0.3313105
sd	420	0.0432288	0.0476111	0.0077044	0.330516
lz	420	0.1047111	0.0466636	0.0339378	0.3235651
xw	420	0.009566	0.0086428	0.0028214	0.1214812
zy	420	0.0088844	0.0058544	0.0006825	0.0336741
st	420	0.1732063	0.092437	0.046055	0.5568306

13.1.3　平稳性检验

在进行回归分析前需要对数据进行平稳性检验，即单位根检验，以判断数据是否具有平稳性，避免出现"伪回归"的情况。通过平稳性检验是建立模型并进行回归分析的必要条件。平稳性检验方法中一般常用 ADF 方法，因此，本节也采用 ADF 检验方法来进行平稳性检验，具体平稳性检验结果见表 13 - 4。

表 13 - 4　　　　　　　　　平稳性检验结果（时间序列）

变量	水平值（含趋势项）	一阶差分	变量	水平值（含趋势项）	一阶差分
zj	- 1.412 (0.5766)	- 3.498 (0.0013) **	zz	- 2.016 (0.2798)	- 3.323 (0.0019) **
jj	- 1.937 (0.3147)	- 3.363 (0.0017) **	xf	- 2.045 (0.2674)	- 3.158 (0.0027) **
gdp	- 0.732 (0.8382)	- 3.740 (0.0008) **	yy	- 1.429 (0.5682)	- 1.349 (0.0970) *
city	- 2.872 (0.0487) **	- 3.131 (0.0029) **	qy	- 0.768 (0.8285)	- 3.595 (0.0010) **
open	- 1.413 (0.5760)	- 4.224 (0.0003) **	ge	- 2.591 (0.0949) *	- 3.724 (0.0008) **
lz	- 1.898 (0.3331)	- 3.374 (0.0017) **	zys	- 1.370 (0.5966)	- 2.685 (0.0076) **

变量	水平值 （含趋势项）	一阶差分	变量	水平值 （含趋势项）	一阶差分
sd	-1.318 (0.6208)	-3.344 (0.0018)**	st	-2.567 (0.0999)*	-2.567 (0.0094)**
xw	-2.775 (0.0619)*	-4.312 (0.0002)**	jyl	-1.395 (0.8623)	-3.320 (0.0630)*
zy	-0.532 (0.8857)	-1.711 (0.0521)*	hdi	-0.517 (0.9827)	-1.604 (0.0631)*

注：括号里为 t 统计量值，*表示10%显著水平下显著，**表示5%显著水平下显著。

由表13-4中 ADF 检验结果可知，各变量中除城镇化率、行为财产税类税收占比、个人所得税税收占比和宏观税负在水平值条件下通过了单位根检验，剩下变量均未在水平值条件下通过单位根检验，说明数据在水平值条件下非平稳。进一步在一阶差分条件下对数据进行单位根检验，得到结果显示全部变量在一阶差分条件下均呈平稳状态，即在一阶差分下全部变量满足同阶单整条件，各变量之间可能存在协整性关系，需继续进行协整性检验。

同理，对省级面板数据模型中的数据进行单位根检验，本部分使用 Fisher-ADF 及 Fish-PP 方法对数据进行单位根检验，具体检验结果见表13-5。

表13-5　　　　　　　　　　平稳性检验结果（面板数据）

变量	水平值（含趋势项）		水平值 （含漂移项）	变量	水平值（含趋势项）		水平值 （含漂移项）
	Fisher-ADF	Fisher-PP	Fisher-ADF		Fisher-ADF	Fisher-PP	Fisher-ADF
zz	116.9060 (0.0000)**	104.9729 (0.0003)**		jj	91.6368 (0.0053)**	13.9382 (1.0000)	
xf	57.3744 (0.5723)	31.5357 (0.9991)	166.2131 (0.0000)**	sd	132.5285 (0.0000)**	46.4689 (0.8998)	
yy	0.6813 (1.0000)	0.0494 (1.0000)	112.8656 (0.0000)**	lz	93.9185 (0.0034)**	13.9388 (1.0000)	
qy	25.6219 (1.0000)	19.0877 (1.0000)	198.1444 (0.0000)**	xw	53.7294 (0.7027)	67.7050 (0.2310)	162.9562 (0.0000)**
ge	185.9612 (0.0000)**	90.5444 (0.0066)**		zy	46.9805 (0.8898)	49.4840 (0.8317)	174.5555 (0.0000)**
zys	21.6977 (1.0000)	13.0693 (1.0000)	150.9614 (0.0000)**	st	123.0060 (0.0000)**	31.7407 (0.9990)	
zj	75.5757 (0.0847)*	41.5256 (0.9669)					

注：括号里为 t 统计量值，*表示10%显著水平下显著，**表示5%显著水平下显著。

依据表13-5中单位根检验结果，变量 xf、yy、qy、zys、xw 和 zy 未能在水平值下通过含趋势项条件的 Fisher-ADF 及 Fisher-PP 检验，所以进一步进行含常数项条件的 ADF 检验。结果表明，省级面板数据模型中各变量在水平值下呈平稳状态，服从同阶单整条件，变量之间可能存在协整关系，需进一步对变量进行协整性检验。

13.2 全国整体视角：税收的社会福利效应

13.2.1 宏观税负的社会福利效应

基于基准模型式（13－1），本节以宏观税负为解释变量，选用经济发展水平、开放水平和就业水平为控制变量，引入不同控制变量，进行实证检验宏观税负的社会福利效应。

13.2.1.1 协整性检验

参考 13.1.3 中平稳性检验的结果，需要对本部分模型中的变量继续进行协整性检验以确保数据的长期稳定性。通过协整性检验是进行回归分析的必要条件。

本节模型中包含变量较多，对多个变量进行协整关系检验时，Johansen 协整检验方法为较为常用的方法。因此，本部分使用 Johansen 协整检验方法对各变量进行协整性检验。具体 Johansen 协整性检验结果见表 13－6。

表 13－6　　　　全国整体视角：税收的社会福利效应实证模型的协整性检验

Maximumrank	Parms	LL	Eigenvalue	Tracestatistic	5% Criticalvalue
0	48	632.9211	——	182.9863	104.94
1	59	670.7866	0.96801	107.2552	77.74
2	68	694.7103	0.88638	59.4079	54.64
3	75	706.8534	0.66843	35.1217	34.55
4	80	716.5671	0.58648	15.6944 *	18.17
5	83	722.4659	0.41507	3.8966	3.74
6	84	724.4142	0.16232		
Maximumrank	Parms	LL	Eigenvalue	Maxstatistic	5% Criticalvalue
0	48	632.9211	——	75.7311	42.48
1	59	670.7866	0.96801	47.8474	36.41
2	68	694.7103	0.88638	24.2862	30.33
3	75	706.8534	0.66843	19.4273	23.78
4	80	716.5671	0.58648	11.7977	16.87
5	83	722.4659	0.41507	3.8966	3.74
6	84	724.4142	0.16232		

注：＊表示变量之间具有协整性关系。

由表 13－6 中协整检验结果可知，在 5% 的显著性水平下，"迹检验" 统计量为15.6944，拒绝 "不存在协整向量" "至多存在一个协整向量" "至多存在两个协整向量"和 "至多存在三个协整向量" 的原假设，而接受 "至多存在四个协整向量" 的原假设。表明变量之间存在四个协整关系，通过协整性检验，可以建立实证模型并继续进行回归分析。

13.2.1.2　实证结果分析

为保证实证结果的稳健性，本节采用逐步增加控制变量的方法，进行逐步回归检验，表 13 - 7 为宏观税负对全国社会福利影响的实证检验结果。模型 1 中仅添加了人均 GDP 作为控制变量，模型 2、模型 3 和模型 4 依次添加了就业率、城镇化率作为控制变量进行回归。

表 13 - 7　　　　全国整体视角：税收的社会福利效应实证模型的回归结果

变量	模型 1	模型 2	模型 3	模型 4
	系数	系数	系数	系数
st	1.93163 (3.22) **	2.100993 (3.49) **	1.631831 (3.83) **	1.389866 (3.22) **
stt	− 14.67803 (− 2.57) **	− 19.18454 (− 2.45) **	− 16.58128 (− 3.08) **	− 13.86862 (− 2.57) **
gdp	0.0622043 (0.78)	0.0584485 (32.94) **	0.0208368 (2.81) **	0.008097 (0.78)
jyl		− 0.5961479 (− 2.46) **		0.4537837 (1.68)
city			0.4798737 (5.59) **	0.6608226 (4.88) **
C	− 0.148505 (− 0.95)	0.4803094 (1.87) *	0.1535105 (2.80) **	− 0.2112558 (− 0.95)
R^2	0.9955	0.9966	0.9983	0.9985
P 值	0	0	0	0

注：括号里为 t 统计量值，* 表示10%显著水平下显著，** 表示5%显著水平下显著。

第一，从解释变量来看，宏观税负对社会福利的影响呈现倒 U 型关系。当宏观税负增加时，社会福利也随之增加，当宏观税负达到一定程度之后继续增加时，社会福利开始下降。这是因为初期当宏观税负水平较低时，提高宏观税负有利于增加政府财政收入，从而加大对公共建设的支出规模，促进经济增长，虽然纳税人税后收益减少，但总体上提高了社会福利。当宏观税负增加到一定程度之后，政府通过增加公共支出提高的社会福利小于纳税人税后收益减少而降低的社会福利，因此，总体社会福利处于下降状态。宏观税负对社会福利的影响取决于这两方面相互作用的结果。除此以外，政府将增加的税收收入全部用于社会性建设支出与一般性建设支出时，宏观税负对社会福利具有正向影响，因此，在当前经济条件下，通过优化宏观税负有利于促进社会福利水平的上升。

第二，从控制变量来看，人均 GDP 和就业率对社会福利影响不显著。城镇化率在5%的显著性水平上，具有社会福利正效应。可能的原因在于，城镇相对于农村地区，教育资源等条件更好，城镇化率越高，越有利于更多人享受优质的教育资源，增加平均受教育年限，提高自身素质，进而提高社会福利水平。

13.2.2 税制结构的社会福利效应

本节主要检验税制结构对全国居民社会福利的影响。实证模型基于基准模型式（13 - 1），控制变量选用经济发展水平、城镇化水平、开放水平以及社会保障支出。通过组合不同控制变量进行实证检验。

13.2.2.1 协整性检验

参考 13.1.3 中平稳性检验结果，本部分多个模型中的变量需要进一步进行协整性检验。同理，与本章 13.2.1.1 中协整性检验方式相同，本部分同样使用 Johansen 检验方法对各变量进行协整性检验。具体协整性检验结果见表 13 - 8 和表 13 - 9。

表 13 - 8　　　全国整体视角：直接税的社会福利效应实证模型的协整性检验

Maximumrank	Parms	LL	Eigenvalue	Tracestatistic	5% Criticalvalue
0	48	446.65063	—	218.0878	104.94
1	59	495.65641	0.98838	120.0763	77.74
2	68	521.74265	0.90666	67.9038	54.64
3	75	538.52661	0.78256	34.3359 *	34.55
4	80	547.03083	0.53843	17.3274	18.17
5	83	552.88119	0.41248	5.6267	3.74
6	84	555.69455	0.22567		
Maximumrank	Parms	LL	Eigenvalue	Maxstatistic	5% Criticalvalue
0	48	446.65063	—	98.0116	42.48
1	59	495.65641	0.98838	52.1725	36.41
2	68	521.74265	0.90666	33.5679	30.33
3	75	538.52661	0.78256	17.0084	23.78
4	80	547.03083	0.53843	11.7007	16.87
5	83	552.88119	0.41248	5.6267	3.74
6	84	555.69455	0.22567		

注：* 表示变量之间具有协整性关系。

表 13 - 9　　　全国整体视角：间接税的社会福利效应实证模型的协整性检验

Maximumrank	Parms	LL	Eigenvalue	Tracestatistic	5% Criticalvalue
0	35	373.99557	—	103.4590	77.74
1	44	397.07326	0.87729	57.3036	54.64
2	51	413.00881	0.76512	25.4325 *	34.55
3	56	420.0241	0.47152	11.4019	18.17
4	59	425.57524	0.39628	0.2996	3.74
5	60	425.72505	0.01353		
Maximumrank	Parms	LL	Eigenvalue	Maxstatistic	5% Criticalvalue
0	35	373.99557	—	46.1554	36.41
1	44	397.07326	0.87729	31.8711	30.33

Maximumrank	Parms	LL	Eigenvalue	Maxstatistic	5% Criticalvalue
2	51	413.00881	0.76512	14.0306	23.78
3	56	420.0241	0.47152	11.1023	16.87
4	59	425.57524	0.39628	0.2996	3.74
5	60	425.72505	0.01353		

注：＊表示变量之间具有协整性关系。

由表 13－8 和表 13－9 中协整性检验结果可知，在 5% 的显著性水平下，全国直接税的"迹检验"统计量为 34.3359，接受"至多存在三个协整向量"的原假设，说明变量之间存在三个协整关系。全国间接税的"迹检验"统计量为 25.4325，则接受"至多存在两个协整向量"的原假设，变量之间同样存在两个协整关系。表明各模型分别通过协整性检验，每个模型中各变量之间存在协整关系，可以继续进行回归分析。

13.2.2.2 实证结果分析

（1）全国整体视角下的直接税社会福利效应实证结果。

为保证实证结果的稳健性，本节采用逐步增加控制变量的方法，进行实证检验，表 13－10 为直接税对全国社会福利影响的实证检验结果。模型 1 中仅添加了人均 GDP 作为控制变量，模型 2、模型 3 和模型 4 依次添加了城镇化率、社会保障支出和对外开放程度作为控制变量进行回归。

表 13－10　　　全国整体视角：直接税的社会福利效应实证模型的回归结果

变量	模型 1 系数	模型 2 系数	模型 3 系数	模型 4 系数
zj	0.923684 (2.34)**	0.57012 (4.93)**	0.4808391 (1.94)*	0.4318349 (2.20)**
gdp	0.0530749 (11.56)**	0.0006203 (0.16)	0.0013749 (0.25)	0.0023335 (0.54)
city		0.6130906 (13.55)**	0.6617097 (11.86)**	0.6177829 (13.48)**
ss		0.089686 (3.58)**		5.0888464 (3.52)**
open			0.0092074 (0.80)	0.007986 (0.88)
C	−0.0373667 (−1.02)	0.3391978 (12.61)**	0.3136117 (7.03)**	0.3193639 (9.05)**
R^2	0.9852	0.9989	0.9982	0.9990
P 值	0	0	0	0

注：括号里为 t 统计量值，＊表示 10% 显著水平下显著，＊＊表示 5% 显著水平下显著。

第一，从解释变量来看，直接税对社会福利具有正向影响。直接税对社会福利的影响主要有以下两个方面：一方面，直接税的增加提高了政府的财政收入，政府用于社会性建设与一般性建设的公共支出额也随之增加，如加大对医疗、教育的投资力度，完善社会保障体制，而且居民转移性收入也会增加，对社会福利水平的提高有促进作用。另一方面，直接税具有累进性，对高收入者多征税，对低收入者少征税甚至不征税，有利于缩小贫富差距，增加社会公平，提高人们的社会满意度与工作积极性，从而促进经济的发展，提高社会福利水平。因此，在当前经济条件下，通过优化直接税有利于促进经济的发展，从而提高社会福利水平。

第二，从控制变量来看，人均 GDP 和对外开放程度对社会福利的影响不显著。社会保障支出及对外开放程度均与社会福利水平显著正相关。当社会保障支出增加时，越来越多的人可以享受到城市的社会保障，因此，社会福利水平逐渐提高。对外开放程度变量有显著的社会福利正效应，原因在于对外开放程度提高时，资源在各部门间的配置效率随之提高，促进规模经济效应的产生，进而提高经济发展速度，提高居民收入水平，带来社会福利正效应。

（2）全国整体视角下的间接税社会福利效应实证结果。

为保证实证结果的稳健性，本节采用逐步增加控制变量的方法，进行逐步回归检验，表 13 - 11 为间接税对全国社会福利影响的实证检验结果。模型 1 中仅添加了人均 GDP 作为控制变量，模型 2、模型 3 和模型 4 依次添加了城镇化率、对外开放程度作为控制变量进行回归。

表 13 - 11　　　　全国整体视角：间接税的社会福利效应实证模型的回归结果

变量	模型 1	模型 2	模型 3	模型 4
	系数	系数	系数	系数
jj	0.5351603 (9.09) **	0.2981879 (4.75) **	0.5492355 (8.24) **	0.217559 (2.94) **
gdp	0.0685725 (65.52) **	0.0314171 (4.16) **	0.0683356 (58.24) **	0.0253952 (3.22) **
city		0.4018085 (4.94) **		0.47387 (5.48) **
open			− 0.0051489 (− 0.48)	0.0139484 (1.82) *
C	− 0.2355768 (− 13.57) **	0.0627063 (1.02)	− 0.2313842 (− 11.75) **	0.1048434 (1.67)
R^2	0.9962	0.9983	0.9963	0.9986
P 值	0	0	0	0

注：括号里为 t 统计量值，* 表示 10% 显著水平下显著，** 表示 5% 显著水平下显著。

第一，从解释变量来看，间接税对全国社会福利具有正向影响。间接税对社会福利的影响主要有以下两个方面：一方面，间接税收入的提高增加了政府的财政收入，用于社会性建设支出与一般性建设支出等的公共投资就会增加，政府的转移性支出持续增加，社会福利水平不断提高。另一方面，间接税具有累退性，对不同收入者征收相同的税，在保证税收效率的同时缺失了公平，不利于缩小贫富差距、提高居民的社会满意度，因此会降低社会福利水平。间接税对全国社会福利的实际影响取决于上述两个方面相互作用的结果，当提高间接税增加的社会福利大于因贫富差距扩大而减少的社会福利时，间接税对社会福利具有正向影响，反之具有负向影响。因此，在当前经济条件下，通过优化间接税有利于提高社会福利水平。

第二，从控制变量来看，人均GDP、城镇化率和对外开放程度对社会福利均具有正向影响。人均GDP作为衡量经济发展的重要标准，经济发展水平越高，越能为居民提供足量的公共产品和服务，满足人民日益增长的需求，进而提高居民的社会福利，对社会福利的增加具有正向促进作用。随着城镇化进程的不断推进，就业结构也在不断发生改变，人们的就业选择呈现多元化，逐渐从第一产业向第二和第三产业转移，而且第二和第三产业的人均可支配收入大于第一产业，因此，居民收入水平整体上升，有利于增加消费，促进经济的发展，因此社会福利水平逐渐提高。对外开放程度促进了我国东南沿海出口产业的快速发展，经济发达程度进一步提升，提高了我国的整体经济水平，从而社会福利也随之上升。

13.2.3 税类结构的社会福利效应

本节主要检验税类结构对全国居民社会福利的影响。基于基准模型式（13-1），考察流转税、所得税、行为财产税和资源税类的社会福利效应。控制变量选用经济发展水平、城镇化水平、开放水平以及社会保障支出。通过组合不同控制变量进行实证检验。

13.2.3.1 协整性检验

参考13.1.3中平稳性检验结果，本部分多个模型中的变量需要进一步进行协整性检验。同理，与本章13.2.1.1中协整性检验方式相似，本部分同样使用Johansen检验方法对各变量进行协整性检验。具体协整性检验结果见表13-12至表3-15。

表13-12　　　全国整体视角：流转税的社会福利效应实证模型的协整性检验

Maximumrank	Parms	LL	Eigenvalue	Tracestatistic	5% Criticalvalue
0	35	374.78494	—	102.1481	77.74
1	44	397.90116	0.87772	55.9157	54.64
2	51	413.30905	0.75358	25.0999 *	34.55
3	56	420.30856	0.47076	11.1009	18.17
4	59	425.79069	0.39248	0.1366	3.74
5	60	425.859	0.00619		
Maximumrank	Parms	LL	Eigenvalue	Maxstatistic	5% Criticalvalue
0	35	374.78494	—	46.2324	36.41
1	44	397.90116	0.87772	30.8158	30.33
2	51	413.30905	0.75358	13.9990	23.78
3	56	420.30856	0.47076	10.9643	16.87
4	59	425.79069	0.39248	0.1366	3.74
5	60	425.859	0.00619		

注：*表示变量之间具有协整性关系。

表 13 - 13 全国整体视角：所得税的社会福利效应实证模型的协整性检验

Maximumrank	Parms	LL	Eigenvalue	Tracestatistic	5% Criticalvalue
0	35	378. 511	—	113. 8361	77. 74
1	44	406. 64917	0. 92254	57. 5597	54. 64
2	51	421. 21993	0. 73409	28. 4182 *	34. 55
3	56	430. 15702	0. 55624	10. 5440	18. 17
4	59	435. 13594	0. 36405	0. 5862	3. 74
5	60	435. 42904	0. 02629		
Maximumrank	Parms	LL	Eigenvalue	Maxstatistic	5% Criticalvalue
0	35	378. 511	—	56. 2763	36. 41
1	44	406. 64917	0. 92254	29. 1415	30. 33
2	51	421. 21993	0. 73409	17. 8742	23. 78
3	56	430. 15702	0. 55624	9. 9578	16. 87
4	59	435. 13594	0. 36405	0. 5862	3. 74
5	60	435. 42904	0. 02629		

注：＊表示变量之间具有协整性关系。

表 13 - 14 全国整体视角：行为财产税的社会福利效应实证模型的协整性检验

Maximumrank	Parms	LL	Eigenvalue	Tracestatistic	5% Criticalvalue
0	35	382. 61426	—	121. 0829	77. 74
1	44	410. 62484	0. 92164	65. 0618	54. 64
2	51	427. 96405	0. 79326	30. 3834 *	34. 55
3	56	436. 21539	0. 52769	13. 8807	18. 17
4	59	442. 49573	0. 43501	1. 3200	3. 74
5	60	443. 15572	0. 05823		
Maximumrank	Parms	LL	Eigenvalue	Maxstatistic	5% Criticalvalue
0	35	382. 61426	—	56. 0212	36. 41
1	44	410. 62484	0. 92164	34. 6784	30. 33
2	51	427. 96405	0. 79326	16. 5027	23. 78
3	56	436. 21539	0. 52769	12. 5607	16. 87
4	59	442. 49573	0. 43501	1. 3200	3. 74
5	60	443. 15572	0. 05823		

注：＊表示变量之间具有协整性关系。

表 13 - 15 全国整体视角：资源税类的社会福利效应实证模型的协整性检验

Maximumrank	Parms	LL	Eigenvalue	Tracestatistic	5% Criticalvalue
0	35	396. 97367	—	122. 4040	77. 74
1	44	429. 74677	0. 94918	56. 8578	54. 64
2	51	440. 81085	0. 63426	34. 7296	34. 55
3	56	449. 34653	0. 53974	17. 6583 *	18. 17
4	59	455. 13554	0. 40920	6. 0802	3. 74
5	60	458. 17566	0. 24147		

Maximumrank	Parms	LL	Eigenvalue	Maxstatistic	5% Criticalvalue
0	35	396.97367	—	65.5462	36.41
1	44	429.74677	0.94918	22.1282	30.33
2	51	440.81085	0.63426	17.0714	23.78
3	56	449.34653	0.53974	11.5780	16.87
4	59	455.13554	0.40920	6.0802	3.74
5	60	458.17566	0.24147		

注：＊表示变量之间具有协整性关系。

由表 13-12 至表 13-15 中协整性检验结果可知，在 5% 显著性水平下。变量流转税、所得税和行为财产税税收收入占比的"迹检验"统计量分别为 25.0999、28.4182 和 30.3834，均接受"至多存在两个协整向量"的原假设。资源税类税收收入占比的"迹检验"统计量为 17.6583，接受"至多存在三个协整向量"的原假设，变量之间存在三个协整关系。因此，本部分各模型分别通过协整性检验，同一模型中各变量之间存在协整关系，可以建立实证模型并继续进行回归分析。

13.2.3.2 实证结果分析

（1）全国整体视角下的流转税社会福利效应实证结果。

为保证实证结果的稳健性，本节采用逐步增加控制变量的方法，进行逐步回归检验，表 13-16 为流转税对全国社会福利影响的实证检验结果。模型 1 中仅添加了人均 GDP 作为控制变量，模型 2、模型 3 和模型 4 依次添加了对外开放程度和城镇化率作为控制变量进行回归。

表 13-16　　　全国整体视角：流转税的社会福利效应实证模型的回归结果

变量	模型 1	模型 2	模型 3	模型 4
	系数	系数	系数	系数
lz	0.5754349 (9.10)**	0.5999423 (8.33)**	0.3223886 (4.94)**	0.2405416 (2.98)**
gdp	0.0689549 (64.44)**	0.0686196 (58.50)**	0.0315712 (4.30)**	0.0258218 (3.27)**
open		-0.007906 (-0.74)		0.0126879 (1.62)
city			0.4026997 (5.12)**	0.4703602 (5.44)**
C	-0.2407544 (-13.53)**	-0.2348176 (-11.92)**	0.0599537 (1.00)	0.1009501 (1.60)
R^2	0.9962	0.9963	0.9984	0.9986
P 值	0	0	0	0

注：括号里为 t 统计量值，＊表示 10% 显著水平下显著，＊＊表示 5% 显著水平下显著。

第一，从解释变量来看，流转税对全国社会福利具有正向影响。流转税对社会福利可能存在两个方面的影响：一方面，流转税的增加有利于提高政府的财政收入，扩大社会性支出规模与一般性支出规模，从而增加政府的公共支出与转移性支出，提高社会福利。另一方面，由于流转税本身的累退性，对不同收入的纳税人征收相同的税，增加税收收入的同时缺失了社会公平，不利于提高居民工作积极性，从而抑制经济的发展，降低社会福利水平。流转税对全国社会福利的实际影响取决于这两个方面相互作用的结果，当提高流转税增加的社会福利大于因贫富差距扩大而减少的社会福利时，流转税对社会福利具有正向影响，反之，具有负向影响。因此，在当前经济条件下，优化流转税有利于提高社会福利水平。

第二，从控制变量来看，人均GDP和城镇化率对社会福利具有显著的正向影响。人均GDP作为衡量经济发展的重要标准，经济发展水平越高，越能为居民提供足量的公共产品和服务，满足人民日益增长的需求，进而提高居民的社会福利。城镇化率的提高不仅能够增加居民的收入水平，而且能优化产业结构与就业结构，随着城镇社会保障制度的不断完善，覆盖面越来越广，受益居民也越来越多，因此社会福利水平持续提高。对外开放程度对社会福利的影响不太显著。

（2）全国整体视角下的所得税社会福利效应实证结果。

为保证实证结果的稳健性，本节采用逐步增加控制变量的方法，进行逐步回归检验，表13-17为所得税对全国社会福利影响的实证检验结果。模型1中仅添加了城镇化率作为控制变量，模型2、模型3和模型4依次添加了社会保障支出和对外开放程度作为控制变量进行回归。

表13-17　　　全国整体视角：所得税的社会福利效应实证模型的回归结果

变量	模型1	模型2	模型3	模型4
	系数	系数	系数	系数
sd	0.6521996 (4.17)**	0.5901636 (4.71)**	0.4550742 (2.19)**	0.4374681 (2.65)**
city	0.6645739 (38.87)**	0.6309109 (38.41)**	0.6946737 (25.59)**	0.6559245 (27.15)**
ss		0.0929243 (3.64)**		0.0892664 (3.56)**
open			0.0125975 (1.41)	0.0099142 (1.39)
C	0.3295429 (102.79)**	0.34167 (81.55)**	0.3182983 (37.07)**	0.3323431 (42.18)**
R^2	0.9980	0.9988	0.9982	0.9989
P值	0	0	0	0

注：括号里为t统计量值，*表示10%显著水平下显著，**表示5%显著水平下显著。

第一，从解释变量来看，所得税对全国社会福利具有正向影响。所得税对社会福利的影响主要有以下两个方面：一方面，所得税的增加提高了政府的财政收入，用于社会性建设与一般性建设的公共支出也会增加，居民的转移性收入逐渐提高。除此以外，所得税本身具有累进性，即对高收入者多征税，对低收入者少征税甚至不征税，有利于促进社会公平，缩小贫富差距，提高劳动积极性，推动经济的发展，提高居民的社会福利。另一方面，征收所得税会加重企业经营负担，抑制经济和企业发展，降低居民的可支配收入，从而导致社会福利下降。因此，所得税对全国社会福利的实际影响取决于这两个方面相互作用的结果，如果增加公共支出与转移性支出以及缩小收入分配差距带来的福利增加能够弥补收入水平下降导致的福利损失，那么所得税整体上对社会福利具有正向影响，如果不能弥补，那么所得税对社会福利具有负向影响。因此，在当前经济条件下，优化所得税有利于促进经济的发展，从而提高社会福利水平。

第二，从控制变量来看，社会保障支出及城镇化率对社会福利具有正向影响。当社会保障支出规模不断增加时，随着城镇社会保障制度的不断完善，覆盖面越来越广，受益居民越来越多，因此，社会福利水平持续提高。城镇化率的提高不仅增加了居民的收入水平，而且改善了就业结构，促进经济转型，有利于增加社会福利。对外开放程度则对社会福利影响不显著。

（3）全国整体视角下的行为财产税社会福利效应实证结果。

为保证实证结果的稳健性，本节采用逐步增加控制变量的方法，进行逐步回归检验，表13-18为行为财产税对全国社会福利影响的实证检验结果。模型1中仅添加了人均GDP作为控制变量，模型2、模型3和模型4依次添加了对外开放程度和社会保障支出作为控制变量进行回归。

表13-18　　　　　全国整体视角：行为财产税的社会福利效应实证模型的回归结果

变量	模型1	模型2	模型3	模型4
	系数	系数	系数	系数
xw	2.341512 (5.74)**	2.266687 (5.07)**	2.108354 (4.53)**	2.031817 (4.04)**
gdp	0.0589381 (42.59)**	0.0595517 (30.51)**	0.0568298 (23.04)**	0.057446 (20.16)**
open		0.0064981 (0.46)		0.0065888 (0.46)
ss			0.0683205 (1.03)	0.068516 (1.01)
C	-0.0848582 (-5.71)**	-0.0951229 (-3.50)**	-0.0609165 (-2.21)**	-0.0712559 (-1.98)*
R^2	0.9928	0.9928	0.9931	0.9932
P值	0	0	0	0

注：括号里为t统计量值，*表示10%显著水平下显著，**表示5%显著水平下显著。

第一，从解释变量来看，行为财产税对全国社会福利具有正向影响。增加行为财产税能够提高政府的财政收入，从而扩大社会性建设与一般性建设等公共支出的规模，如增加对教育、医疗事业的投资，同时加大转移性支出的份额，增加居民的幸福指数，从而提高社会福利水平。除此之外，行为财产税可以影响财产所有者和特定行为人的可支配收入，增加行为财产税可以减少居民收入不平等的问题，对社会福利起到积极作用。因此，在当前经济条件下，优化行为财产税有助于促进经济的发展，从而提高社会福利水平。

第二，从控制变量来看，人均 GDP 对社会福利有正向影响。人均 GDP 作为衡量经济发展的重要标准，经济发展水平越高，越能为居民提供足量的公共产品和服务，满足人民日益增长的需求，进而提高居民的社会福利。对外开放程度及社会保障支出对社会福利的影响则不太显著。

（4）全国整体视角下的资源税类社会福利效应实证结果。

为保证实证结果的稳健性，本节采用逐步增加控制变量的方法，进行逐步回归检验，表 13－19 为资源税类对全国社会福利影响的实证检验结果。模型 1 中仅添加了人均 GDP 作为控制变量，模型 2、模型 3 和模型 4 依次添加了对外开放程度和城镇化率作为控制变量进行回归。

表 13－19　　　全国整体视角：资源税类的社会福利效应实证模型的回归结果

变量	模型 1	模型 2	模型 3	模型 4
	系数	系数	系数	系数
zy	1.941079	2.071124	0.3997727	0.6000501
	(3.26) **	(3.89) **	(1.04)	(2.12) **
gdp	0.0557141	0.0580974	0.005759	0.0108501
	(20.39) **	(22.30) **	(0.81)	(2.07) *
open		0.0387892		0.0296523
		(2.55) **		(4.40) **
city			0.6457336	0.603476
			(7.21) **	(9.23) **
C	－0.0339191	－0.0856834	0.2957903	0.2346425
	(－1.15)	(－2.58) **	(6.11) **	(6.24) **
R^2	0.9876	0.9907	0.9966	0.9983
P 值	0	0	0	0

注：括号里为 t 统计量值，＊表示 10% 显著水平下显著，＊＊表示 5% 显著水平下显著。

第一，从解释变量来看，资源税类对全国社会福利具有正向影响。资源税类对社会福利的影响主要有以下两个方面：一方面，增加资源税类有利于提高政府的财政收入，进而扩大公共支出与转移性支出的规模，提高社会福利，而且资源税类能够优化资源配置，促进资源合理有效地利用，从而提高社会福利。另一方面，当资源税类税负过重时，企业的经营成本增加，用于扩大生产规模的资金减少，抑制企业经济发展，同时，这部分资源税类税负由消费者承担，减少可支配收入，降低社会福利水平。资源税类对全国社会福利的实际影响取决于这两个方面相互作用的结果。在当前经济条件下，增加资源税类税收收入，扩大公共支出的作用强于减少可支配收入的作用，因此，优化资源税类有利于提高社会福利水平。

第二，从控制变量来看，人均 GDP、城镇化率以及对外开放程度对社会福利具有正向影响。人均 GDP 在 10% 的显著性水平上对社会福利影响显著。人均 GDP 作为衡量经济发展的重要标准，经济发展水平越高，越能为居民提供足量的公共产品和服务，满足人民日益增长的需求，进而提高居民的社会福利。城镇化率提高可增加社会福利，城镇化率的提高在一定程度上提高了就业率，个体福利也因此增加，而且城镇社会保障体制不断完善，教育、医疗的覆盖面越来越广，整体社会福利不断提高。对外开放程度提高能够促进我国经济的发展，只有不断发展，让对外开放的成果惠及民众，居民收入水平提高，社会福利才会随之增加。

13.2.4　主要税种的社会福利效应

进一步，本节检验主要税种对全国居民社会福利的影响，主要包括增值税、营业税、消费税、企业所得税和个人所得税。以上述税种为解释变量，控制变量选用经济发展水平、城镇化水平和开放水平，基于基准模型式(13-1)，通过引入不同控制变量进行实证检验。

13.2.4.1　协整性检验

参考13.1.3中平稳性检验结果，本部分多个模型中的变量需要进一步进行协整性检验。同理，与本章13.2.1.1中协整性检验方式相似，本部分同样使用 Johansen 检验方法对各变量进行协整性检验。具体协整性检验结果见表13-20至表13-24。

表13-20　　　全国整体视角：增值税的社会福利效应实证模型的协整性检验

Maximumrank	Parms	LL	Eigenvalue	Tracestatistic	5% Criticalvalue
0	35	368. 75112	—	101. 8637	77. 74
1	44	396. 49278	0. 91970	46. 3803 *	54. 64
2	51	405. 99202	0. 57834	27. 3819	34. 55
3	56	412. 87268	0. 46501	13. 6206	18. 17
4	59	418. 76372	0. 41465	1. 8385	3. 74
5	60	419. 68295	0. 08017		
Maximumrank	Parms	LL	Eigenvalue	Maxstatistic	5% Criticalvalue
0	35	368. 75112	—	55. 4833	36. 41
1	44	396. 49278	0. 91970	18. 9985	30. 33
2	51	405. 99202	0. 57834	13. 7613	23. 78
3	56	412. 87268	0. 46501	11. 7821	16. 87
4	59	418. 76372	0. 41465	1. 8385	3. 74
5	60	419. 68295	0. 08017		

注：＊表示变量之间具有协整性关系。

表13-21　　　全国整体视角：消费税的社会福利效应实证模型的协整性检验

Maximumrank	Parms	LL	Eigenvalue	Tracestatistic	5% Criticalvalue
0	35	390. 30236	—	103. 3478	77. 74
1	44	415. 61764	0. 89988	52. 7172 *	54. 64
2	51	426. 51433	0. 62865	30. 9239	34. 55
3	56	434. 05821	0. 49632	15. 8361	18. 17
4	59	441. 29027	0. 48183	1. 3720	3. 74
5	60	441. 97626	0. 06046		

续表

Maximumrank	Parms	LL	Eigenvalue	Maxstatistic	5% Criticalvalue
0	35	390.30236	—	50.6306	36.41
1	44	415.61764	0.89988	21.7934	30.33
2	51	426.51433	0.62865	15.0878	23.78
3	56	434.05821	0.49632	14.4641	16.87
4	59	441.29027	0.48183	1.3720	3.74
5	60	441.97626	0.06046		

注：＊表示变量之间具有协整性关系。

表 13 - 22　　全国整体视角：营业税的社会福利效应实证模型的协整性检验

Maximumrank	Parms	LL	Eigenvalue	Tracestatistic	5% Criticalvalue
0	35	377.49413	—	108.4019	77.74
1	44	398.13003	0.84680	67.1301	54.64
2	51	417.81861	0.83302	27.7529＊	34.55
3	56	424.6694	0.46356	14.0513	18.17
4	59	430.53069	0.41307	2.3288	3.74
5	60	431.69507	0.10044		

Maximumrank	Parms	LL	Eigenvalue	Maxstatistic	5% Criticalvalue
0	35	377.49413	—	41.2718	36.41
1	44	398.13003	0.84680	39.3771	30.33
2	51	417.81861	0.83302	13.7016	23.78
3	56	424.6694	0.46356	11.7226	16.87
4	59	430.53069	0.41307	2.3288	3.74
5	60	431.69507	0.10044		

注：＊表示变量之间具有协整性关系。

表 13 - 23　　全国整体视角：企业所得税的社会福利效应实证模型的协整性检验

Maximumrank	Parms	LL	Eigenvalue	Tracestatistic	5% Criticalvalue
0	35	380.34566	—	92.1189	77.74
1	44	404.22519	0.88592	44.3599＊	54.64
2	51	413.48732	0.56916	25.8356	34.55
3	56	420.79497	0.48538	11.2203	18.17
4	59	426.40151	0.39932	0.0072	3.74
5	60	426.40513	0.00033		

Maximumrank	Parms	LL	Eigenvalue	Maxstatistic	5% Criticalvalue
0	35	380.34566	—	47.7591	36.41
1	44	404.22519	0.88592	18.5242	30.33
2	51	413.48732	0.56916	14.6153	23.78
3	56	420.79497	0.48538	11.2131	16.87
4	59	426.40151	0.39932	0.0072	3.74
5	60	426.40513	0.00033		

注：＊表示变量之间具有协整性关系。

表 13 - 24 **全国整体视角：个人所得税的社会福利效应实证模型的协整性检验**

Maximumrank	Parms	LL	Eigenvalue	Tracestatistic	5% Criticalvalue
0	35	409. 57072	—	112. 9112	77. 74
1	44	438. 35103	0. 92693	55. 3506	54. 64
2	51	452. 54159	0. 72474	26. 9695 *	34. 55
3	56	460. 20235	0. 50164	11. 6480	18. 17
4	59	465. 52772	0. 38376	0. 9972	3. 74
5	60	466. 02634	0. 04432		
Maximumrank	Parms	LL	Eigenvalue	Maxstatistic	5% Criticalvalue
0	35	409. 57072	—	57. 5606	36. 41
1	44	438. 35103	0. 92693	28. 3811	30. 33
2	51	452. 54159	0. 72474	15. 3215	23. 78
3	56	460. 20235	0. 50164	10. 6507	16. 87
4	59	465. 52772	0. 38376	0. 9972	3. 74
5	60	466. 02634	0. 04432		

注：＊表示变量之间具有协整性关系。

由表 13 - 20 至表 13 - 24 中协整性检验结果可知，在 5% 显著性水平下。增值税、消费税和企业所得税税收收入占比的"迹检验"统计量分别为 46. 3803、52. 7172 和 44. 3599，接受"至多存在一个协整向量"的原假设。营业税和个人所得税税收收入占比的"迹检验"统计量分别为 27. 7529 和 26. 9695，接受"至多存在两个协整向量"的原假设。因此，本部分各模型均分别通过协整性检验，同一模型中各变量之间存在协整关系，可以建立实证模型并继续进行回归分析。

13. 2. 4. 2 实证结果分析

（1）全国整体视角下的增值税社会福利效应实证结果。

为保证实证结果的稳健性，本节采用逐步增加控制变量的方法，进行逐步回归检验，表 13 - 25 为增值税对全国社会福利影响的实证检验结果。模型 1 中仅添加了人均 GDP 作为控制变量，模型 2、模型 3 和模型 4 依次添加了对外开放程度和城镇化率作为控制变量进行回归。

表 13 - 25 **全国整体视角：增值税的社会福利效应实证模型的回归结果**

变量	模型 1	模型 2	模型 3	模型 4
	系数	系数	系数	系数
zz	0. 9602683	0. 959262	0. 4459243	0. 2337506
	(7. 57) **	(6. 76) **	(3. 06) **	(1. 48)
gdp	0. 0706442	0. 070652	0. 0271288	0. 0180611
	(50. 39) **	(46. 97) **	(2. 81) **	(1. 91) *
open		0. 0002132		0. 0203617
		(0. 02)		(2. 41) **
city			0. 4566584	0. 5596971
			(4. 53) **	(5. 59) **

变量	模型 1	模型 2	模型 3	模型 4
	系数	系数	系数	系数
C	− 0. 2626424 (− 11. 15) **	− 0. 2627929 (− 10. 27) **	0. 0949691 (1. 18)	0. 1612914 (2. 08) *
R^2	0. 9950	0. 9950	0. 9975	0. 9981
P 值	0	0	0	0

注：括号里为 t 统计量值，＊表示 10% 显著水平下显著，＊＊表示 5% 显著水平下显著。

第一，从解释变量来看，增值税对全国社会福利具有正向影响。增值税对社会福利可能存在两个方面的影响：一方面，增加增值税收入有利于提高政府的财政收入水平，扩大社会性建设支出与一般性建设支出等公共支出规模，提高政府的转移性支出，从而增加社会福利。另一方面，增值税是间接税，最终税款由消费者承担，居民的实际可支配收入减少，而且增值税具有累退性，征收增值税扩大了居民收入差距，导致收入分配不公平，降低了居民的工作积极性与社会幸福感，从而导致社会整体福利水平下降。增值税对全国社会福利的作用取决于这两个方面相互作用的结果。在当前经济条件下，增加增值税税收收入，扩大公共支出的作用强于扩大收入差距的作用，优化增值税有利于促进经济发展，从而提高社会福利水平。

第二，从控制变量来看，人均 GDP、对外开放程度以及城镇化率对社会福利具有正向影响。人均 GDP 是衡量居民生活水平与质量的经济标准，也是社会福利的重要组成部分，因此，人均 GDP 的提高会增加社会福利。对外开放程度能够促进我国经济的发展，只有不断发展，让对外开放的成果惠及民众，居民收入水平提高，社会福利才会随之增加。城镇化率提高可增加社会福利，城镇化率的提高在一定程度上提高了就业率，个体福利也因此增加，而且城镇社会保障体制不断完善，教育、医疗的覆盖面越来越广，整体社会福利不断提高。

（2）全国整体视角下的消费税社会福利效应实证结果。

为保证实证结果的稳健性，本节采用逐步增加控制变量的方法，进行逐步回归检验，表 13 - 26 为消费税对全国社会福利影响的实证检验结果。模型 1 中仅添加了人均 GDP 作为控制变量，模型 2、模型 3 和模型 4 依次添加了对外开放程度和城镇化率作为控制变量进行回归。

表 13 - 26　　　　**全国整体视角：消费税的社会福利效应实证模型的回归结果**

变量	模型 1	模型 2	模型 3	模型 4
	系数	系数	系数	系数
xf	1. 853343 (4. 47) **	1. 888405 (5. 19) **	0. 4130997 (1. 19)	0. 5386266 (2. 11) **
gdp	0. 0639519 (46. 63) **	0. 0666034 (42. 99) **	0. 0101986 (1. 14)	0. 0159779 (2. 40) **
open		0. 0355383 (2. 71) **		0. 0289591 (4. 32) **

变量	模型 1	模型 2	模型 3	模型 4
	系数	系数	系数	系数
city			0.61416 (6.04) **	0.5728153 (7.67) **
C	−0.1451502 (−7.93) **	−0.1978479 (−7.85) **	0.2532438 (3.79) **	0.1834824 (3.57) **
R^2	0.9905	0.9930	0.9966	0.9983
P 值	0	0	0	0

注：括号里为 t 统计量值，* 表示 10% 显著水平下显著，** 表示 5% 显著水平下显著。

第一，从解释变量来看，消费税对全国社会福利具有正向影响。消费税对社会福利可能存在两个方面的影响：一方面，征收消费税能够提高政府财政收入，增加公共支出与转移性支出的规模，为各项民生财政支出提供经济基础，提高社会福利。此外消费税能够发挥纠正负外部性的政策导向作用，减少居民对烟、酒以及成品油的消费，提高居民身体健康水平，减少对环境的污染，提高居民的社会福利。另一方面，消费税大多数是对非生活必需品征税，会明显提高高收入者的税负，从而减少其可支配收入，而低收入者对这类非生活必需品的消费较少，所承担的消费税税负也较轻，从而缩小了居民的收入差距，进而促进社会福利的提高。消费税可以调节收入分配，消费税税负增长时，居民贫富差距进一步缩小，社会福利增加。因此，在当前经济条件下，优化消费税有助于促进经济发展，进而提高社会福利水平。

第二，从控制变量来看，人均 GDP、城镇化率以及对外开放程度对社会福利具有正向影响。人均 GDP 是居民生活质量的衡量标准之一，也是社会福利的组成部分，因此对社会福利具有正向影响。城镇化率的提高伴随着就业率的增加，居民收入水平上升，社会福利因此增加。对外开放程度为我国发展经济创造了和平稳定的环境和新的发展机遇，有利于更加充分地利用国际资源发展经济，加快改革进程，提高居民的收入水平，为基础设施建设提供经济基础，增加社会福利。

（3）全国整体视角下的营业税社会福利效应实证结果。

为保证实证结果的稳健性，本节采用逐步增加控制变量的方法，进行逐步回归检验，表 13 − 27 为营业税对全国社会福利影响的实证检验结果。模型 1 中仅添加了人均 GDP 作为控制变量，模型 2、模型 3 和模型 4 依次添加了对外开放程度和城镇化率作为控制变量进行回归。

表 13 − 27　　　　全国整体视角：营业税的社会福利效应实证模型的回归结果

变量	模型 1	模型 2	模型 3	模型 4
	系数	系数	系数	系数
yy	0.5238578 (2.21) **	0.4219452 (1.59)	0.0788595 (0.76)	0.1164013 (1.12)
gdp	0.0640413 (36.33) **	0.0652005 (29.29) **		0.0076561 (1.45)

变量	模型 1	模型 2	模型 3	模型 4
	系数	系数	系数	系数
open		0.018198 (0.86)	0.022947 (2.80)**	0.023382 (2.92)**
city			0.7499723 (76.21)**	0.6638736 (11.00)**
C	−0.1344597 (−5.68)**	−0.156041 (−4.51)**	0.307108 (40.43)**	0.2513722 (6.40)**
R^2	0.9849	0.9854	0.9978	0.9980
P 值	0	0	0	0

注：括号里为 t 统计量值，* 表示 10% 显著水平下显著，** 表示 5% 显著水平下显著。

第一，从解释变量来看，营业税对全国社会福利具有正向影响。营业税对社会福利可能存在两个方面的影响：一方面，征收营业税能够提高政府的财政收入，增加社会性建设与一般性建设等公共支出与转移性支出的规模，让对外开放的成果惠及民众，提高社会福利水平。另一方面，营业税存在重复征税问题，其累退性容易扩大居民的收入差距，降低居民的社会满意度与社会福利水平。营业税对全国社会福利的作用效应取决于这两个方面相互作用的结果，但影响比较微弱。

第二，从控制变量来看，城镇化率及对外开放程度对社会福利均有正向影响，且在5%的水平上对社会福利影响显著。城镇化率具有显著的社会福利正效应，可能的原因在于，城镇相对于农村地区，教育资源等条件更好，城镇化率越高，越有利于更多人享受优质的教育资源，增加平均受教育年限，提高自身素质，进而提高社会福利水平。对外开放程度有显著的社会福利正效应，原因在于，对外开放程度提高时，资源在各部门间的配置效率随之提高，促进规模经济效应的产生，进而提高经济发展速度，提高居民收入水平，带来社会福利正效应。

（4）全国整体视角下的企业所得税社会福利效应实证结果。

为保证实证结果的稳健性，本节采用逐步增加控制变量的方法，进行逐步回归检验，表 13－28 为企业所得税对全国社会福利影响的实证检验结果。模型 1 中仅添加了人均GDP 作为控制变量，模型 2、模型 3 和模型 4 依次添加了对外开放程度和城镇化率作为控制变量进行回归。

表 13－28　　全国整体视角：企业所得税的社会福利效应实证模型的回归结果

变量	模型 1	模型 2	模型 3	模型 4
	系数	系数	系数	系数
qy	0.7106601 (1.42)	0.4622528 (0.87)	0.6266381 (4.99)**	0.6717343 (5.23)**
gdp	0.0578941 (14.28)**	0.0616352 (12.23)**		0.0006636 (0.18)

变量	模型1	模型2	模型3	模型4
	系数	系数	系数	系数
city			0.6924329 （51.42）**	0.6854035 （47.66）**
open		0.0260833 （1.22）	0.0177605 （3.43）**	0.0171209 （3.07）**
C	−0.0692371 （−1.97）*	−0.1211329 （−2.21）**	0.3171415 （57.44）**	0.3191896 （50.57）**
R^2	0.9830	0.9842	0.9990	0.9990
P值	0	0	0	0

注：括号里为 t 统计量值，* 表示10%显著水平下显著，** 表示5%显著水平下显著。

第一，从解释变量来看，企业所得税对全国社会福利具有正向影响。企业所得税对社会福利可能存在两个方面的影响：一方面，当企业所得税税率增加时，政府财政收入增长，政府财政支出得到了保障，用于公共投资性支出与公共消费性支出的数额增加，刺激经济增长的同时提高了居民的生活水平，增加了社会福利。另一方面，企业所得税税率增加，会加重企业经营负担，抑制企业发展，降低居民的收入水平甚至会增加失业率，从而减少了社会福利。企业所得税对全国社会福利的实际影响取决于这两个方面相互作用的结果。在当前经济条件下，增加企业所得税税收收入，扩大公共支出的作用强于加重企业负担的作用，因此，优化企业所得税有利于提高社会福利水平。

第二，从控制变量来看，城镇化率及对外开放程度对社会福利均有正向影响，且在5%的水平上对社会福利影响显著。城镇化率具有显著的社会福利正效应，可能的原因在于，城镇相对于农村地区，教育资源等条件更好，城镇化率越高，越有利于更多人享受优质的教育资源，增加平均受教育年限，提高自身素质，进而提高社会福利水平。对外开放程度有显著的社会福利正效应，原因在于，对外开放程度提高时，资源在各部门间的配置效率随之提高，促进规模经济效应的产生，进而提高经济发展速度，提高居民收入水平，带来社会福利正效应。

（5）全国整体视角下的个人所得税社会福利效应实证结果。

为保证实证结果的稳健性，本节采用逐步增加控制变量的方法，进行逐步回归检验，表13－29 为个人所得税对全国社会福利影响的实证检验结果。模型1中添加了人均 GDP 和对外开放程度作为控制变量，模型2、模型3和模型4在模型1的基础上添加了城镇化率作为控制变量进行回归。

表 13－29　　全国整体视角：个人所得税的社会福利效应实证模型的回归结果

变量	模型1	模型2	模型3	模型4
	系数	系数	系数	系数
ge	1.132013 '（0.99）	−0.6854587 （−1.57）	0.2137184 （0.42）	−0.6531265 （−1.50）
gdp	0.0616065 （13.45）**		0.0032277 （0.48）	0.0056884 （1.13）

变量	模型1	模型2	模型3	模型4
	系数	系数	系数	系数
city		0.7783519 (39.27)**	0.6856868 (8.47)**	0.7134405 (11.78)**
open	0.0227103 (1.02)	0.0320153 (4.02)**		0.0330828 (4.15)**
C	−0.1164713 (−2.14)**	0.2992449 (33.82)**	0.3092638 (6.54)**	0.2582181 (6.93)**
R^2	0.9844	0.9980	0.9964	0.9981
P值	0	0	0	0

注：括号里为 t 统计量值，∗表示 10% 显著水平下显著，∗∗表示 5% 显著水平下显著。

第一，从解释变量来看，个人所得税对全国社会福利具有负向影响。个人所得税对社会福利的影响主要有以下两个方面：一方面，征收个人所得税会减少居民的实际可支配收入，减少消费需求，抑制经济增长，从而降低社会福利水平。另一方面，征收个人所得税能够增加政府的财政收入，进而扩大公共支出与转移性支出额规模，为各项民生建设提供经济基础，而且由于个人所得税自身的累进性，征收个人所得税有利于缩小贫富差距，促进社会公平，提高劳动积极性，从而增加社会福利。个人所得税对全国社会福利的实际影响取决于这两个方面相互作用的结果。在当前阶段，增加个人所得税税收收入，减少居民可支配收入的作用强于增加财政收入，扩大公共支出规模的作用，通过优化个人所得税有利于提高社会福利水平。

第二，从控制变量来看，城镇化率以及对外开放程度对社会福利均有正向影响。城镇化率具有显著的社会福利正效应，可能的原因在于，城镇相对于农村地区，教育资源等条件更好，城镇化率越高，越有利于更多人享受优质的教育资源，增加平均受教育年限，提高自身素质，进而提高社会福利水平。对外开放程度的系数为正，提高开放度有利于提高社会福利。

13.3 省际结构视角：税收的社会福利效应

在 13.2 节中，从全国整体视角实证检验了税收的社会福利效应。由于省际之间的差异性，本节从省际居民的视角，实证分析税收的社会福利效应，以期得出税收对省际居民社会福利效应的规律。

13.3.1 宏观税负的社会福利效应

本节主要检验宏观税负对省际居民社会福利的影响。解释变量为宏观税负，控制变量选用经济发展水平、教育水平和健康水平。结合宏观税负与社会福利对应关系的规律，发现二者之间可能存在非线性关系，于是在构建宏观税负对省际居民社会福利影响的模型时，基于基准模型式（13 - 2），在实证分析时逐步引入控制变量，并采用固定效应进行实证研究，更好地反映宏观税负对省际居民社会福利的影响。

13.3.1.1 协整性检验

参考 13.1.3 中对于面板数据的平稳性检验结果，本部分模型中多个变量需继续进行协整性检验，以确保数据的长期稳定性。在对面板数据模型中多个变量进行协整性检验的方法中，一般以 westerlund 方法较为有效。因此，本部分采用 westerlund 协整检验方法对模型中各变量进行协整性检验。具体检验结果见表 13 - 30。

表 13 - 30　　　省际结构视角：宏观税负社会福利效应实证模型的协整性检验（面板数据）

	Statistic	p-value
Varianceratio	2. 2914	0. 0110

根据表 13 - 30 中协整性检验结果，检验统计量为 2. 2914，在 5% 显著性水平下，拒绝"不存在协整向量"的原假设，模型中各变量之间存在协整关系，通过协整性检验，可以建立实证模型并继续进行回归分析。

13.3.1.2 实证结果分析

为保证实证结果的稳健性，本节采用逐步增加控制变量的方法，进行逐步回归检验，表 13 - 31 为宏观税负对各省份社会福利影响的实证检验结果。模型 1 中仅添加了人均 GDP 作为控制变量，模型 2、模型 3 和模型 4 依次添加了平均受教育年限和平均寿命作为控制变量进行回归。

表 13 - 31　　　省际结构视角：宏观税负社会福利效应实证模型的回归结果（面板数据）

变量	模型 1	模型 2	模型 3	模型 4
	系数	系数	系数	系数
st	0. 1137186 (2. 54) **	0. 0957117 (2. 13) **	0. 0645323 (2. 02) **	0. 0572619 (1. 79) *
stt	- 0. 1246174 (- 1. 86) *	- 0. 1102758 (- 1. 62)	- 0. 1309123 (- 2. 70) **	- 0. 12493 (- 2. 55) **
gdp	0. 0864948 (81. 38) **	0. 0877569 (43. 56) **	0. 0654692 (49. 41) **	0. 0665227 (37. 27) **
jy		- 0. 0090782 (- 0. 60)		- 0. 0094741 (- 0. 88)
sm			0. 4178562 (19. 91) **	0. 4191959 (19. 95) **
C	- 0. 0332312 (- 3. 41) **	- 0. 0240807 (- 1. 33)	- 0. 1460168 (- 16. 22) **	- 0. 1364831 (- 9. 69) **
时间项	N	N	N	N
个体项	Y	Y	Y	Y
R^2	0. 9631	0. 9631	0. 9808	0. 9808
P 值	0	0	0	0

注：括号里为 t 统计量值，* 表示 10% 显著水平下显著，** 表示 5% 显著水平下显著。

第一，从解释变量来看，宏观税负对社会福利的影响呈倒 U 型关系。当宏观税负增加时，社会福利也随之增加，但当宏观税负达到一定程度之后继续增加时，社会福利开始下降。这是因为初期宏观税负水平不高时，提高宏观税负有利于增加政府财政收入，从而加大对公共建设的支出规模，虽然纳税人税后收益减少，但总体上提高了社会福利。但是当宏观税负增加到一定程度之后继续增加时，政府通过提高公共支出增加的社会福利小于纳税人税后收益减少而降低的社会福利，因此，总体社会福利处于下降状态。在当前经济条件下，优化宏观税负有利于促进社会福利水平的上升。

第二，从控制变量来看，人均 GDP 和平均寿命对社会福利均有显著的正向影响。人均 GDP 作为衡量经济发展的重要标准，经济发展水平越高，越能为居民提供足量的公共产品和服务，满足人民日益增长的需求，进而提高居民的社会福利。平均寿命具有显著的社会福利正效应，原因在于，健康是社会福利的一个重要方面，健康水平能够提高居民的幸福感，进而促进社会福利的提高。平均受教育年限对社会福利影响较小。

13.3.2　税制结构的社会福利效应

本节主要检验税制结构对省际居民社会福利的影响。由前面对税制结构的界定，这里主要考察直接税和间接税的社会福利效应。结合直接税和间接税与社会福利数据的对应关系，发现可能存在非线性关系，于是在构建直接税和间接税对省际居民社会福利影响的模型时，基于基准模型式（13-2），考虑建立非线性的面板数据模型，分别引入直接税和间接税的二次项，控制变量均选用经济发展水平、教育水平和健康水平，通过组合不同控制变量采用固定效应进行实证检验。

13.3.2.1　协整性检验

参考 13.1.3 中平稳性检验结果，本部分模型中多个变量需要进一步进行协整性检验。同理，与本章 13.3.1.1 中协整性检验方式相同，本部分同样使用 westerlund 检验方法对各变量进行协整性检验。具体协整性检验结果见表 13-32。

表 13-32　　　　　　省际结构视角：税制结构的社会福利效应实证模型的协整性检验

类型	Statistic	p-value
省际直接税	3.5459	0.0002
省际间接税	2.8849	0.0020

根据表 13-32 中协整性检验结果，检验统计量分别为 3.5459 和 2.8849，在 5% 显著性水平下，均拒绝"不存在协整向量"的原假设。因此，各模型分别通过协整性检验，同一模型中的各变量之间存在协整关系，可以建立实证模型并继续进行回归分析。

13.3.2.2　实证结果分析

（1）省际结构视角下的直接税社会福利效应实证结果。

为保证实证结果的稳健性，本节采用逐步增加控制变量的方法，进行逐步回归检验，

表 13-33 为直接税对各省份社会福利影响的实证检验结果。模型 1 中仅添加了人均 GDP 作为控制变量，模型 2、模型 3 和模型 4 依次添加了平均寿命和平均受教育年限作为控制变量进行回归。

表 13-33　　　　省际结构视角：直接税社会福利效应实证模型的回归结果（面板数据）

变量	模型 1	模型 2	模型 3	模型 4
	系数	系数	系数	系数
zj	0.1571491 (1.63)	0.1403729 (2.05)**	0.8814178 (6.63)**	0.1804058 (2.49)**
zjj	-0.2475438 (-1.17)	-0.2719035 (-1.81)*	-1.776715 (-6.04)**	-0.2972321 (-1.90)*
gdp	0.087147 (80.74)**	0.0654801 (48.38)**		0.0645716 (44.07)**
sm		0.4166015 (19.45)**	0.8760268 (25.74)**	0.4222273 (19.40)**
jy			0.2692678 (16.75)**	0.0147 (1.48)
C	-0.316972 (-3.33)**	-0.1446575 (-16.22)**	-0.4524664 (-19.38)**	-0.1418921 (-16.04)**
时间项	N	N	N	N
个体项	Y	Y	Y	Y
R^2	0.9622	0.9809	0.9219	0.9794
P 值	0	0	0	0

注：括号里为 t 统计量值，* 表示 10% 显著水平下显著，** 表示 5% 显著水平下显著。

第一，从解释变量来看，直接税对社会福利的影响呈倒 U 型关系。当直接税增加时，社会福利也随之增加，当直接税增加到一定程度以后继续增加时，社会福利开始下降，这是因为初期直接税不高，增加直接税有利于提高财政收入，进而扩大公共支出与转移性支出规模，而且直接税具有累进性，征收直接税能够缩小贫富差距，虽然减少了纳税人收益，但总体上提高了社会福利。当直接税增加到一定程度继续增加时，政府通过提高公共支出以及缩小贫富差距所增加的社会福利小于纳税人税收利益减少而降低的社会福利，因此，总体社会福利处于下降状态。在当前经济条件下，通过优化直接税有利于促进经济的发展，为各项民生财政支出提供经济基础，从而提高各省份的社会福利水平。

第二，从控制变量来看，人均 GDP 和平均寿命对社会福利均有显著的正向影响。经济发展水平越高，越能为居民提供足量的公共产品和服务，满足人民日益增长的需求，进而提高居民的社会福利。平均寿命具有显著的社会福利正效应，原因在于，健康是社会福利的一个重要方面，健康水平能够提高居民的幸福感，进而促进社会福利的提高。

（2）省际结构视角下的间接税社会福利效应实证结果。

为保证实证结果的稳健性，本节采用逐步增加控制变量的方法，进行逐步回归检验，表 13-34 为间接税对各省份社会福利影响的实证检验结果。模型 1 中仅添加了人均 GDP 作为控制变量，模型 2、模型 3 和模型 4 依次添加了平均寿命和平均受教育年限作为控制变量进行回归。

表 13 - 34   省际结构视角：间接税社会福利效应实证模型的回归结果（面板数据）

变量	模型 1	模型 2	模型 3	模型 4
	系数	系数	系数	系数
jj	0.3399101 （4.04）**	0.2509226 （4.13）**	0.3364007 （2.53）**	0.2934924 （4.59）**
jjj	− 0.5251244 （− 1.91）*	− 0.5006531 （− 2.53）**	− 0.730502 （− 1.70）*	− 0.5546397 （− 2.76）**
gdp	0.0884659 （103.38）**	0.0673175 （52.84）**		0.0676177 （46.73）**
sm		0.401004 （18.97）**	0.9149897 （26.03）**	0.3972933 （18.36）**
jy			0.2936091 （17.01）**	0.0092529 （0.96）
C	− 0.687975 （− 6.37）**	− 0.1658936 （− 17.82）**	− 0.5279776 （− 20.06）**	− 0.1701071 （− 17.72）**
时间项	N	N	N	N
个体项	Y	Y	Y	Y
R^2	0.9651	0.9819	0.9149	0.9807
P 值	0	0	0	0

注：括号里为 t 统计量值，* 表示 10% 显著水平下显著，** 表示 5% 显著水平下显著。

第一，从解释变量来看，间接税对社会福利的影响呈倒 U 型关系。当间接税增加时，社会福利也随之增加，但是当间接税增加到一定程度之后继续增加时，社会福利就会下降，这是因为起初间接税不高，增加间接税有利于提高政府的财政收入，从而加大对公共建设的支出规模，虽然间接税具有累退性，容易导致贫富差距扩大，但总体上社会福利是增加的。当间接税增加到一定程度之后继续增加时，社会福利就会下降，这是因为政府通过提高公共支出所增加的社会福利小于人们因贫富差距过大而减少的社会福利，因此，总体社会福利处于下降状态。在当前经济条件下，通过优化间接税有利于促进经济的发展，从而惠及民生，提高社会福利水平。

第二，从控制变量来看，人均 GDP 和平均寿命对社会福利均有显著的正向影响。经济发展水平越高，越能为居民提供足量的公共产品和服务，满足人民日益增长的需求，进而提高居民的社会福利。平均寿命具有显著的社会福利正效应，原因在于，健康是社会福利的一个重要方面，健康水平能够提高居民的幸福感，进而促进社会福利的提高。

13.3.3　税类结构的社会福利效应

本节主要检验税类结构对省际居民社会福利的影响。基于基准模型式（13 - 2），考察流转税、所得税、行为财产税和资源税类的社会福利效应。对比各税类结构与社会福利的对应关系，发现各税类结构与社会福利之间可能存在非线性关系，于是在构建模型时，考虑建立非线性的面板数据模型，分别引入各税类结构的二次项，控制变量选择经济发展水平、教育水平和健康水平，通过组合不同控制变量，采用固定效应进行实证检验。

13.3.3.1 协整性检验

参考13.1.3中平稳性检验结果，本部分模型中多个变量需要进一步进行协整性检验。同理，与本章13.3.1.1中协整性检验方式相同，本部分同样使用 westerlund 检验方法对各变量进行协整性检验。具体协整性检验结果见表13-35。

表13-35　　　　省际结构视角：税类结构的社会福利效应实证模型的协整性检验（面板数据）

类型	Statistic	p-value
省际流转税	2.6667	0.0038
省际所得税	3.2937	0.0005
省际行为财产税	3.2955	0.0005
省际资源税类	1.5527	0.0603

根据表13-35中协整性检验结果，检验统计量分别为2.6667、3.2937、3.2955和1.5527，在10%显著性水平下，均拒绝"不存在协整向量"的原假设。因此，各模型分别通过协整性检验，同一模型中的各变量之间存在协整关系，可以建立实证模型并继续进行回归分析。

13.3.3.2 实证结果分析

（1）省际结构视角下的流转税社会福利效应实证结果。

为保证实证结果的稳健性，本节采用逐步增加控制变量的方法，进行逐步回归检验，表13-36为流转税对各省份社会福利影响的实证检验结果。模型1中仅添加了人均GDP作为控制变量，模型2、模型3和模型4依次添加了平均寿命和平均受教育年限控制变量进行回归。

表13-36　　　　省际结构视角：流转税社会福利效应实证模型的回归结果（面板数据）

变量	模型1	模型2	模型3	模型4
	系数	系数	系数	系数
lz	0.357247 (4.25)**	0.2726245 (4.51)**	0.3256534 (2.45)**	0.3193756 (5.05)**
lzz	-0.5916885 (-2.08)**	-0.5527538 (-2.71)**	-0.6954289 (-1.56)	-0.6178768 (-3.01)**
gdp	0.0888548 (103.21)**	0.0675517 (53.18)**		0.0679732 (47.11)**
sm		0.4017654 (19.18)**	0.9182982 (26.33)**	0.3976872 (18.62)**
jy			0.2946221 (17.00)**	0.0085572 (0.89)
C	-0.0722898 (-6.56)**	-0.1696035 (-18.08)**	-0.5310475 (-19.71)**	-0.174864 (-18.04)**

变量	模型 1	模型 2	模型 3	模型 4
	系数	系数	系数	系数
时间项	N	N	N	N
个体项	Y	Y	Y	Y
R^2	0.9651	0.9821	0.9149	0.9810
P 值	0	0	0	0

注：括号里为 t 统计量值，＊表示 10% 显著水平下显著，＊＊表示 5% 显著水平下显著。

第一，从解释变量来看，流转税对社会福利的影响呈 U 型关系。当流转税增加时，社会福利也随之增加，当流转税增加到一定程度继续增加时，社会福利就会下降，这是因为起初流转税不高，增加流转税有利于提高政府的财政收入，从而加大对社会性建设与一般性建设等公共支出以及转移性支出的规模，虽然流转税具有累退性，容易导致贫富差距扩大，但总体上社会福利是增加的。当流转税增加到一定程度之后继续增加时，社会福利就会下降，这是因为政府通过提高公共支出所增加的社会福利小于人们因贫富差距过大而减少的社会福利，因此，总体社会福利处于下降状态。在当前经济条件下，优化流转税有利于促进经济的发展，从而惠及民生，提高社会福利水平。

第二，从控制变量来看，人均 GDP 和平均寿命对社会福利均有显著的正向影响。经济发展水平越高，越能为居民提供足量的公共产品和服务，满足人民日益增长的需求，进而提高居民的社会福利。平均寿命具有显著的社会福利正效应，原因在于，健康是社会福利的一个重要方面，健康水平能够提高居民的幸福感，进而促进社会福利的提高。

（2）省际结构视角下的所得税社会福利效应实证结果。

为保证实证结果的稳健性，本节采用逐步增加控制变量的方法，进行逐步回归检验，表 13－37 为所得税对各省份社会福利影响的实证检验结果。模型 1 中仅添加了人均 GDP 作为控制变量，模型 2、模型 3 和模型 4 依次添加了平均寿命和平均受教育年限控制变量进行回归。

表 13－37　　　　省际结构视角：所得税社会福利效应实证模型的回归结果（面板数据）

变量	模型 1	模型 2	模型 3	模型 4
	系数	系数	系数	系数
sd	0.1450898 （1.49）	0.1645286 （2.38）＊＊	0.8455505 （6.17）＊＊	0.218316 （2.98）＊＊
sdd	－ 0.2374112 （－ 1.04）	－ 0.3370055 （－ 2.09）＊＊	－ 1.821942 （－ 5.66）＊＊	－ 0.3873932 （－ 2.32）＊＊
gdp	0.0874629 （86.98）＊＊	0.065518 （49.24）＊＊		0.0646338 （44.64）＊＊
sm		0.4178398 （19.54）＊＊	0.8925945 （26.44）＊＊	0.4236288 （19.58）＊＊
jy			0.2740957 （17.01）＊＊	0.0140582 （1.42）

变量	模型 1	模型 2	模型 3	模型 4
	系数	系数	系数	系数
C	− 0.033603 （− 3.61）**	− 0.1460923 （− 16.66）**	− 0.4700115 （− 20.48）**	− 0.1439485 （− 16.52）**
时间项	N	N	N	N
个体项	Y	Y	Y	Y
R²	0.9622	0.9810		0.9795
P 值	0	0	0	0

注：括号里为 t 统计量值，* 表示 10% 显著水平下显著，** 表示 5% 显著水平下显著。

从解释变量来看，所得税对社会福利的影响呈倒 U 型关系。当所得税增加时，社会福利也增加，当所得税增加到一定程度后继续增加时，社会福利就会下降。这是因为起初所得税不高，增加所得税一方面可以提高财政收入，为公共支出与转移性支出提供经济基础，另一方面，通过所得税自身的累进性，对高收入者多征税，对低收入者少征税甚至不征税，可以缩小贫富差距，促进社会公平，增加居民幸福感，从而提高社会福利水平。虽然降低了居民的可支配收入，但整体社会福利是增加的。当所得税增加到一定程度后继续增加时，增加公共支出以及缩小贫富差距增加的社会福利无法弥补居民因可支配收入减少的社会福利，因此，整体社会福利是下降的。在当前经济条件下，优化所得税有利于促进经济的发展，为各项民生财政支出提供经济基础，从而提高社会福利水平。从控制变量来看，人均 GDP、平均受教育年限以及平均寿命与前面实证结果保持一致，此处不再赘述。

（3）省际结构视角下的行为财产税社会福利效应实证结果。

为保证实证结果的稳健性，本节采用逐步增加控制变量的方法，进行逐步回归检验，表 13 − 38 为行为财产税对各省份社会福利影响的实证检验结果。模型 1 中仅添加了平均寿命作为控制变量，模型 2、模型 3 和模型 4 依次添加了平均受教育年限和平均 GDP 控制变量进行回归。

表 13 − 38　　　省际结构视角：行为财产税社会福利效应实证模型的回归结果（面板数据）

变量	模型 1	模型 2	模型 3	模型 4
	系数	系数	系数	系数
xw	2.744813 （5.64）**	4.091931 （6.67）**	1.357908 （3.48）**	0.6840336 （1.96）*
xww	− 18.76409 （− 5.03）**	− 30.19494 （− 6.46）**	− 9.708262 （− 3.27）**	− 5.136556 （− 1.94）*
sm	1.265756 （36.80）**		0.9022048 （25.48）**	0.8630701 （27.65）**
jy		0.5508791 （26.08）**	0.2683176 （15.76）**	0.2625349 （15.99）**
gdp				− 0.0029303 （− 0.24）

变量	模型 1	模型 2	模型 3	模型 4
	系数	系数	系数	系数
C	− 0. 1746702 (− 6. 78) **	− 0. 3499492 (− 8. 15) **	− 0. 4476719 (− 16. 87) **	− 0. 3954975 (− 14. 41) **
时间项	N	N	N	N
个体项	Y	Y	Y	Y
R²	0. 8614	0. 7739	0. 9157	0. 9267
P 值	0	0	0	0

注：括号里为 t 统计量值，＊表示 10% 显著水平下显著，＊＊表示 5% 显著水平下显著。

第一，从解释变量来看，行为财产税对社会福利的影响呈倒 U 型曲线。当行为财产税增加时，社会福利随之增加，当行为财产税增加到一定程度后继续增加时，社会福利就会降低。这是因为起初行为财产税不高，对居民的经济行为影响较小，增加行为财产税有助于提高政府的财政收入，进而扩大公共支出与转移性支出的规模，如城市维护建设税的增加有助于加大城市的建设力度，提高社会福利。当行为财产税增加到一定程度后继续增加时，人们的经济行为就会受到影响，可能会减少该类经济行为，降低社会福利。因此，在当前经济条件下，优化行为财产税有助于促进经济的发展，为惠及民生提供经济基础，从而提高社会福利。

第二，从控制变量来看，平均受教育年限对社会福利的影响有促进作用。平均受教育年限代表受教育水平。当受教育水平提高时，一方面，可以提高居民技能及素质，改善居民的文化福利状况，促进居民就业；另一方面，可提高居民的健康意识，有利于居民改善生活方式，提高居民健康水平，进而增加居民的健康福利。总之，受教育水平在改善居民福利水平方面具有重要的促进作用。平均寿命具有显著的社会福利正效应，原因在于，健康是社会福利的一个重要方面，健康水平能够提高居民的幸福感，进而促进社会福利的提高。

（4）省际结构视角下的资源税类社会福利效应实证结果。

为保证实证结果的稳健性，本节采用逐步增加控制变量的方法，进行逐步回归检验，表 13 −39 为资源税类对各省份社会福利影响的实证检验结果。模型 1 中仅添加了平均受教育年限作为控制变量，模型 2、模型 3 和模型 4 依次添加了平均寿命和人均 GDP 控制变量进行回归。

表 13 − 39　　　省际结构视角：资源税类社会福利效应实证模型的回归结果（面板数据）

变量	模型 1	模型 2	模型 3	模型 4
	系数	系数	系数	系数
zy	11. 15186 (20. 11) **	8. 505359 (15. 35) **	5. 94725 (11. 61) **	4. 507025 (8. 81) **
zyy	− 245. 7763 (− 14. 93) **	− 188. 1645 (− 12. 06) **	− 137. 5629 (− 9. 95) **	− 102. 0501 (− 7. 61) **
jy	0. 2708423 (13. 01) **		0. 2003135 (12. 42) **	0. 2171244 (13. 74) **

变量	模型 1	模型 2	模型 3	模型 4
	系数	系数	系数	系数
sm		0.780275 (17.94)**	0.6614994 (17.39)**	0.6816614 (19.19)**
gdp				0.0119335 (1.07)
C	0.2172148 (5.12)**	0.1871337 (5.77)**	−0.1319964 (−3.51)**	−0.1758073 (−4.89)**
时间项	N	N	N	N
个体项	Y	Y	Y	Y
R²	0.8859	0.9104	0.9360	0.9395
P 值	0	0	0	0

注：括号里为 t 统计量值，* 表示 10% 显著水平下显著，** 表示 5% 显著水平下显著。

第一，从解释变量来看，资源税类对社会福利的影响呈倒 U 型关系。当资源税类增加时，社会福利随之增加，但当资源税类增加到一定程度之后继续增加时，社会福利就会下降，这是因为起初资源税类不高，增加资源税类可以提高政府的财政收入，增加公共支出与转移性支出的规模。而且，资源税类是针对利用土地和自然资源进行生产经营的企业和个人进行征税，提升资源税类税负可以缩小居民收入差距，扩大社会福利。当资源税类增加到一定程度后继续增加时，资源成本很高，会增加企业的经营成本，抑制经济的发展，而这部分资源税类最终会以高价产品的形式转移给消费者，因此，社会福利水平降低。在当前经济条件下，优化资源税类有助于促进经济的发展，为惠及民生提供经济基础，从而提高社会福利。

第二，从控制变量来看，平均受教育年限以及平均寿命都是社会福利的重要组成部分，当受教育程度高、身体健康水平高时，对社会的满意度以及幸福指数就会上升，社会福利随之增加。

13.3.4 主要税种的社会福利效应

进一步，本节检验主要税种对省际居民社会福利的影响，主要包括增值税、营业税、消费税、企业所得税和个人所得税。以上述税种为解释变量，控制变量选用经济发展水平、健康水平和教育水平，基于基准模型式（13-2），通过引入不同控制变量，采用固定效应进行实证检验。

13.3.4.1 协整性检验

参考 13.1.3 中平稳性检验结果，本部分模型中多个变量需要进一步进行协整性检验。同理，与本章 13.3.1.1 中协整性检验方式相同，本部分同样使用 westerlund 检验方法对各变量进行协整性检验。具体协整性检验结果见表 13-40。

表 13 - 40 省际结构视角：主要税种的社会福利效应实证模型的协整性检验（面板数据）

类型	Statistic	p-value
省际增值税	2.3223	0.0101
省际营业税	2.3281	0.0100
省际消费税	2.4846	0.0065
省际企业所得税	3.1514	0.0008
省际个人所得税	2.3321	0.0098

根据表 13 - 40 中协整性检验结果，检验统计量分别为 2.3223、2.3281、2.4846、3.1514 和 2.3321，在 10% 显著性水平下，均拒绝"不存在协整向量"的原假设。因此，各模型分别通过协整性检验，同一模型中的各变量之间存在协整关系，可以建立实证模型并继续进行回归分析。

13.3.4.2 实证结果分析

（1）省际结构视角下的增值税社会福利效应实证结果。

为保证实证结果的稳健性，本节采用逐步增加控制变量的方法，进行逐步回归检验，表 13 - 41 为增值税对各省份社会福利影响的实证检验结果。模型 1 中仅添加了人均 GDP 作为控制变量，模型 2、模型 3 和模型 4 依次添加了平均寿命和平均受教育年限控制变量进行回归。

表 13 - 41 省际结构视角：增值税社会福利效应实证模型的回归结果（面板数据）

变量	模型 1	模型 2	模型 3	模型 4
	系数	系数	系数	系数
zz	0.1311274 (2.45)**	0.1249266 (2.33)**	0.18094 (4.84)**	0.1895061 (4.87)**
gdp	0.0893882 (89.30)**	0.0916786 (46.88)**	0.0675601 (52.66)**	0.0673071 (46.15)**
jy		-0.0213099 (-1.36)		0.0103609 (1.06)
sm			0.4239984 (20.28)**	0.4282337 (20.22)**
C	-0.056814 (-4.59)**	-0.0340193 (-1.64)	-0.1783537 (-16.98)**	-0.179884 (-16.36)
时间项	N	N	N	N
个体项	Y	Y	Y	Y
R^2	0.9625	0.9627	0.9818	0.9803
P 值	0	0	0	0

注：括号里为 t 统计量值，* 表示 10% 显著水平下显著，** 表示 5% 显著水平下显著。

第一，从解释变量来看，增值税对各省份社会福利具有正向影响。增值税对社会福利可能存在两个方面的影响：一方面，增加增值税收入有利于提高政府的财政收入水平，从而扩大社会性建设支出与一般性建设支出等公共支出规模，提高政府的转移性支出，增加社会福利。另一方面，增值税是间接税，最终税负由消费者承担，居民的实际可支配收入减少，而且增值税具有累退性，征收增值税扩大了居民收入差距，导致收入分配不公平，降低了居民的工作积极性与社会幸福感，从而导致社会整体福利水平下降。增值税对各省份社会福利的影响取决于这两个方面相互作用的结果。在当前经济条件下，增加增值税税后收入，扩大公共支出的作用强于扩大收入差距的作用，优化增值税有利于促进经济的发展，从而提高社会福利水平。

第二，从控制变量来看，人均 GDP 和平均寿命对社会福利均有显著的正向影响。经济发展水平越高，越能为居民提供足量的公共产品和服务，满足人民日益增长的需求，进而提高居民的社会福利。平均寿命具有显著的社会福利正效应，原因在于，健康是社会福利的一个重要方面，健康水平能够提高居民的幸福感，进而促进社会福利的提高。

（2）省际结构视角下的消费税社会福利效应实证结果。

为保证实证结果的稳健性，本节采用逐步增加控制变量的方法，进行逐步回归检验，表 13－42 为消费税对各省份社会福利影响的实证检验结果。模型 1 中仅添加了人均 GDP 作为控制变量，模型 2、模型 3 和模型 4 依次添加了平均寿命和平均受教育年限控制变量进行回归。

表 13－42　　　　省际结构视角：消费税社会福利效应实证模型的回归结果（面板数据）

变量	模型 1	模型 2	模型 3	模型 4
	系数	系数	系数	系数
xf	0.3024526	0.1618688	0.3927455	0.1412261
	(3.09)**	(1.87)*	(3.85)**	(1.68)*
gdp	0.0867847	0.089448	0.0878745	0.0890097
	(86.86)**	(94.94)**	(77.46)**	(96.95)**
sm		0.297056		0.3346747
		(12.64)**		(13.91)**
jy			0.0046884	0.0578623
			(0.34)	(4.86)**
C	−0.0257979	−0.053059	−0.0388829	−0.0490719
	(−2.66)**	(−5.74)**	(−3.49)**	(−5.45)**
时间项	N	N	N	N
个体项	Y	Y	Y	Y
R^2	0.9628	0.9711	0.9582	0.9729
P 值	0	0	0	0

注：括号里为 t 统计量值，＊表示 10% 显著水平下显著，＊＊表示 5% 显著水平下显著。

第一，从解释变量来看，消费税对各省份社会福利具有正向影响。消费税对社会福利可能存在两个方面的影响：一方面，征收消费税能够提高政府财政收入，增加公共支出与转移性支出的规模，为各项民生财政支出提供经济基础，提高社会福利，而且消费税能够发挥纠正负外部性的政策导向作用，减少居民对烟、酒以及成品油的消费，提高居民身体健康水平，减少对环境的污染，提高居民的社会福利。另一方面，消费税大多数都对非生活必需品征税，会明显提高高收入者的税负，从而减少其可支配收入；而低收入者对这类非生活必需品的消费较少，所承担的消费税税负也较轻，从而缩小了居民的收入差距，进而促进社会福利的提高。消费税可以调节收入分配，消费税税负增长时，居民贫富差距进一步缩小，社会福利增加。因此，在当前经济条件下，优化消费税有助于促进经济的发展，进而提高社会福利水平。

第二，从控制变量来看，人均 GDP 和平均寿命对社会福利均有显著的正向影响。经济发展水平越高，越能为居民提供足量的公共产品和服务，满足人民日益增长的需求，进而提高居民的社会福利。平均寿命具有显著的社会福利正效应，原因在于，健康是社会福利的一个重要方面，健康水平能够提高居民的幸福感，进而促进社会福利的提高。

（3）省际结构视角下的营业税社会福利效应实证结果。

为保证实证结果的稳健性，本节采用逐步增加控制变量的方法，进行逐步回归检验，表 13 - 43 为营业税对各省份社会福利影响的实证检验结果。模型 1 中仅添加了人均 GDP 作为控制变量，模型 2、模型 3 和模型 4 依次添加了平均寿命和平均受教育年限控制变量进行回归。

表 13 - 43　　　省际结构视角：营业税社会福利效应实证模型的回归结果（面板数据）

变量	模型 1	模型 2	模型 3	模型 4
	系数	系数	系数	系数
yy	0. 2441565 (4. 84) **	0. 2078603 (4. 99) **	0. 2374126 (4. 62) **	0. 1049786 (2. 81) **
gdp	0. 0885322 (102. 01) **	0. 090753 (112. 13) **	0. 0897119 (47. 00) **	0. 0665061 (44. 62) **
sm		0. 2923121 (13. 00) **		0. 4110978 (18. 41) **
jy			- 0. 0107959 (- 0. 69)	0. 0143733 (1. 45)
C	- 0. 0449108 (- 4. 93) **	- 0. 0689119 (- 8. 04) **	- 0. 0336164 (- 1. 80) *	- 0. 1476419 (- 16. 98) **
时间项	N	N	N	N
个体项	Y	Y	Y	Y
R^2	0. 9641	0. 9727	0. 9641	0. 9794
P 值	0	0	0	0

注：括号里为 t 统计量值，* 表示 10% 显著水平下显著，** 表示 5% 显著水平下显著。

第一，从解释变量来看，营业税对各省份社会福利具有正向影响。营业税对社会福利可能存在两个方面的影响：一方面，征收营业税能够提高政府的财政收入，增加社会性建设与一般性建设等公共支出与转移性支出的规模，为惠及民生提供经济基础，提高社会福利水平。另一方面，营业税存在重复征税问题，其累退性容易扩大居民的收入差距，降低居民的社会满意度与社会福利水平。营业税对社会福利的影响取决于上述两个方面相互作用的结果，但影响比较微弱。

第二，从控制变量来看，人均 GDP 和平均寿命都是社会福利的重要组成部分，与社会福利存在正相关关系，与前面实证结果保持一致。

（4）省际结构视角下的企业所得税社会福利效应实证结果。

为保证实证结果的稳健性，本节采用逐步增加控制变量的方法，进行逐步回归检验，表 13-44 为企业所得税对各省份社会福利影响的实证检验结果。模型 1 中仅添加了人均 GDP 作为控制变量，模型 2、模型 3 和模型 4 依次添加了平均寿命和平均受教育年限控制变量进行回归。

表 13-44　省际结构视角：企业所得税社会福利效应实证模型的回归结果（面板数据）

变量	模型 1	模型 2	模型 3	模型 4
	系数	系数	系数	系数
qy	0.0482311 （1.24）	0.0105123 （0.38）	0.0965728 （2.05）**	0.0451989 （1.37）
gdp	0.0877307 （89.44）**	0.0662446 （50.47）**	0.0889844 （79.91）**	0.0650449 （44.59）**
sm		0.4167847 （19.36）**		0.424373 （19.39）**
jy			0.0034327 （0.24）	0.0172157 （1.73）*
C	-0.0325898 （-3.37）**	-0.1473364 （-16.20）**	-0.047606 （-4.32）**	-0.1423578 （-15.62）**
时间项	N	N	N	N
个体项	Y	Y	Y	Y
R^2	0.9620	0.9807	0.9570	0.9791
P 值	0	0	0	0

注：括号里为 t 统计量值，* 表示 10% 显著水平下显著，** 表示 5% 显著水平下显著。

第一，从解释变量来看，企业所得税对各省份社会福利具有正向影响。企业所得税对社会福利可能存在两个方面的影响：一方面，当企业所得税税率增加时，政府财政收入增长，政府财政支出得到了保障，用于公共投资性支出与公共消费性支出的数额增加，刺激经济增长的同时提高了居民的生活水平，增加了社会福利。另一方面，企业所得税税率增加会加重企业经营负担，抑制企业发展，降低居民的收入水平甚至会增加失业率，从而减少了社会福利。企业所得税对各省份社会福利的影响取决于这两个方面相互作用的结果。在当前经济条件下，增加企业所得税税收收入，扩大公共支出的作用强于加重企业负担的作用。因此，优化企业所得税有利于提高社会福利水平。

第二，从控制变量来看，人均 GDP、平均受教育年限以及平均寿命都是社会福利的重要组成部分，对社会福利具有正向影响，与前面实证结果保持一致。

（5）省际结构视角下的个人所得税社会福利效应实证结果。

为保证实证结果的稳健性，本节采用逐步增加控制变量的方法，进行逐步回归检验，表 13-45 为个人所得税对各省份社会福利影响的实证检验结果。模型 1 中仅添加了平均寿命作为控制变量，模型 2、模型 3 和模型 4 依次添加了人均 GDP 和平均受教育年限控制变量进行回归。

表 13 - 45 省际结构视角：个人所得税社会福利效应实证模型的回归结果（面板数据）

变量	模型 1	模型 2	模型 3	模型 4
	系数	系数	系数	系数
ge	0.2589655 (0.83)	0.0730132 (0.31)	−0.0427898 (−0.27)	0.0304123 (0.27)
sm	1.375316 (46.83)**	0.936143 (27.14)**		0.4269478 (19.52)**
jy		0.2814069 (16.74)**		0.0172861 (1.74)*
gdp			0.0882559 (98.81)**	0.0653178 (45.09)**
C	−0.2428628 (−10.18)**	−0.4927587 (−20.94)**	−0.0360442 (−3.89)**	−0.1461198 (−16.57)**
时间项	N	N	N	N
个体项	Y	Y	Y	Y
R^2	0.8502	0.9131	0.9619	0.9790
P 值	0	0	0	0

注：括号里为 t 统计量值，＊表示 10% 显著水平下显著，＊＊表示 5% 显著水平下显著。

第一，从解释变量来看，个人所得税对各省份社会福利有负向影响，且影响比较微弱。个人所得税对社会福利可能存在两个方面的影响：一方面，个人所得税具有累进性，对高收入者多征税，对低收入者少征税甚至不征税，有利于缩小贫富差距，促进社会公平，提高居民的工作积极性与社会满意度，从而提高社会福利水平。另一方面，征收个人所得税占用了居民一部分收入，减少了居民的可支配收入，从而降低社会福利。个人所得税对各省份社会福利的影响取决于这两个方面相互作用的结果，如果收入差距缩小带来的福利增加并不能补偿收入水平下降导致的福利损失，那么整体社会福利就会下降，反之，如果收入差距缩小带来的福利增加能够补偿收入水平下降导致的福利损失，那么整体社会福利就会上升。因此，在当前经济条件下，优化个人所得税有利于提高社会福利水平。

第二，从控制变量来看，人均 GDP、平均受教育年限以及平均寿命都是社会福利的重要组成部分。人均 GDP 的上升，从经济层面增加社会福利，平均受教育年限增加，从社会层面提升经济福利，平均寿命延长通过增加个体福利，进而提高整个社会的福利水平，三者对社会福利均有正向影响。

13.4 本章小结

本章通过实证分析，研究税收的社会福利效应，包含全国与省际两个不同视角。第一，利用全国时间序列数据，分别从宏观税负、税制结构、税类结构以及主要税种入手，由浅入深，通过实证检验结果对税收的社会福利效应进行详细分析。第二，利用省级面板数据，采用个体固定效应模型，分别从宏观税负、税制结构、税类结构以及主要税种四个角度对税收的社会福利效应进行分析。实证结果及政策启示如下。

13.4.1 宏观税负实证小结

从宏观税负对社会福利的影响来看，在两个不同视角下，我国宏观税负对社会福利的影响均呈倒 U 型关系，目前，我国处在倒 U 型曲线的左半段，宏观税负对社会福利具有正向影响。当宏观税负增加时，政府财政收入随之增加，可加大购买性支出与转移性支出的规模，如增加对教育、医疗事业的投资力度，继而促进经济增长，虽然纳税人税后收益减少，但总体上提高了社会福利。由拉弗曲线可知，对社会福利的影响存在最优宏观税负，现阶段应对最佳宏观税负进行测算，在提高社会福利的同时，避免宏观税负过高对经济产生抑制作用。因此，在当前经济条件下，优化宏观税负有利于促进社会福利水平的上升。

13.4.2 税制结构实证小结

从税制结构对社会福利的影响来看，在全国视角下，我国直接税和间接税对社会福利均具有正向影响。在省际视角下，我国直接税和间接税对社会福利的影响均呈倒 U 型关系，目前，我国处在倒 U 型曲线的左半段，因此，直接税和间接税对社会福利具有正向影响。对直接税而言，增加直接税能够提高政府财政收入，社会性建设和一般性建设等公共支出就会增加，基础设施得到优化，社会福利水平提高。除此以外，直接税具有累进性，对高收入者多征税，对低收入者少征税甚至不征税，有利于缩小贫富差距，增加社会公平，提高人们的社会满意度与工作积极性，从而促进经济的发展，提高社会福利水平，虽然减少了居民实际可支配收入，但整体来看，直接税对社会福利的正向影响大于负向影响，因此，对社会福利具有促进作用。对间接税而言，增加间接税能够提高政府财政收入，符合税收的财政原则，为基础设施建设以及各项民生财政支出提供经济基础，提高社会福利水平，虽然间接税本身具有累退性，容易扩大贫富差距，减少社会福利，但整体来看，间接税对社会福利的促进作用强于抑制作用。逐步提高直接税比重、不断优化间接税是我国今后税制改革的趋势，在效率与公平的权衡中，应当由"效率优先，兼顾公平"逐渐向"公平优先，兼顾效率"转变，持续优化税制结构。

13.4.3 税类结构实证小结

从税类结构对社会福利的影响来看，在全国视角下，流转税类、所得税类、行为财产税类以及资源税类对社会福利具有正向影响，在省际视角下，流转税类、所得税类、行为财产税类以及资源税类对社会福利的影响呈倒 U 型曲线，目前，我国税类结构与社会福利的关系处在曲线左半段，因此也具有正向影响。对流转税而言，流转税的增加有利于提高政府的财政收入，从而增加政府的公共支出与转移性支出份额，提高社会福利，虽然流转税本身具有累退性，增加税收收入的同时降低了社会公平度，不利于居民工作积极性的提高，抑制经济发展，降低社会福利水平，但整体来看，目前流转税对社会福利的促进作用大于抑制作用。对所得税而言，所得税的增加提高了政府的财政收入，用于社会性建设与一般性建设的公共支出也会增加，居民的转移性收入逐渐提高。除此以外，所得税本身具有累进性，有利于促进社会公平，缩小贫富差距，提高劳动积极性，推动经济的发展，提高居民的社会福利，虽然征收所得税会加重企业经营负担，抑制经济和企业发展，降低居民的可支配收入，从而导致社会福利下降，但整体来看，目前所得税对社会福利具有促进作用。对行为财产税而言，增加行为财产税能够提高政府的财政收入，增加对教育、医疗事业的投资，同时，加大转移性支出的份额，增加居民的幸福指数，从而提高社会福利水平。对资源税类而言，增加资源税类的税收有利于提高政府的财政收入，进而扩大公共支出与转移性支出的规模，提高社会福利，而且征收资源税类税种能够优化资源配置，促进资源合理有效地利用，从而提高社会福利。因此，在当前经济条件下，通过优化税类结构有利于提高社会福利水平。

13.4.4 主要税种实证小结

从主要税种对社会福利的影响来看，增值税、消费税、营业税以及企业所得税在两个不同视角下对社会福利均具有正向影响，而个人所得税对社会福利具有负向影响。对增值税而言，增加增值税收入有利于提高政府的财政收入水平，扩大公共支出规模，提高政府的转移性支出，增加社会福利。虽然增值税具有累退性，征收增值税扩大了居民收入差距，导致收入分配不公平，降低了居民的工作积极性与社会幸福感，导致社会福利水平下降，但整体来看，目前增值税对社会福利的促进作用强于抑制作用。对消费税而言，除了能增加政府收入以外，还能发挥纠正负外部性的政策导向作用，减少居民对烟、酒以及成品油的消费，提高居民身体健康水平，减少对环境的污染，提高居民的社会福利。对营业税而言，增加政府收入能够为社会福利提供经济基础，从而提高社会福利水平。对企业所得税而言，增加企业所得税能够提高政府财政收入，以购买性支出与转移性支出的方式增加社会福利，虽然会加重企业负担，抑制经济发展，降低居民收入水平甚至增加失业率，减少社会福利，但整体来看，企业所得税对社会福利具有促进作用。个人所得税对全国社会福利具有负向影响，这是因为增加个人所得税会减少居民的人均可支配收入，抑制消费需求，不利于经济的发展，从而降低社会福利水平。具体税种应该具体分析，应该继续扩大其对社会福利的正向影响，并继续缩小其对社会福利的负向影响，在实践中实现税收社会福利效应最大化。

13.4.5 税制结构的社会福利效应比较

直接税与间接税对社会福利均有正向影响，但在全国与省际两个不同视角下，其实际效应大小存在差距。

第一，在全国整体视角下，直接税对社会福利的正效应一般大于间接税对社会福利的正效应。增加直接税能够提高政府财政收入，扩大购买性支出与转移性支出的规模，提高社会福利水平，而且直接税具有累进性，对高收入者多征税，对低收入者少征税甚至不征税，有利于缩小贫富差距，促进社会公平，提高居民幸福感，增加社会福利。间接税虽然对社会福利也具有正效应，但由于自身存在累退性，不利于缩小贫富差距，在一定程度上抑制了对社会福利的正向影响。因此，在全国整体视角下，直接税对社会福利的正效应大于间接税对社会福利的正效应。

第二，在省际视角下，直接税对社会福利的正效应小于间接税对社会福利的正效应。直接税虽然能够提高政府财政收入，缩小贫富差距，对社会福利产生正效应，但是减少了居民的实际可支配收入，尤其是高收入者的可支配收入，抑制了消费需求，不利于经济的发展，在一定程度上减小了对社会福利的正向影响。间接税在税制结构中所占比重要大于直接税，通过征收间接税为政府提供了大量的财政收入，继而为各项购买性支出与转移性支出提供经济基础，从而提高社会福利水平。因此，在省际视角下，直接税对社会福利的正效应小于间接税对社会福利的正效应。

13.4.6 税类结构的社会福利效应比较

流转税、所得税、行为财产税与资源税类对社会福利均有正向影响，但在全国与省际两个不同的视角下，各个税类对社会福利的实际效应大小存在差距。在全国整体视角下，行为财产税类对社会福利的实际效应最大，流转税类对社会福利的实际效应最小，资源税类、所得税类位列第二和第三。而在省际视角下，资源税类对社会福利的实际效应最大，所得税类对社会福利的实际效应最小，行为财产税类、流转税类位列第二和第三。

13.4.7 主要税种的社会福利效应比较

增值税、消费税、营业税以及企业所得税在两个不同视角下对社会福利均有正向影响，而个人所得税在不同视角下对社会福利的影响不同。

第一，在全国整体视角下，除了个人所得税对社会福利具有负向影响外，其余税种对社会福利均是正向影响。企业所得税对社会福利的实际效应最大，营业税对社会福利的实际效应最小，其余税种由高到低排列依次是消费税和增值税。增加个人所得税会降低居民的实际可支配收入水平，抑制消费需求，不利于经济的发展，从而降低社会福利水平，但在省际视角下却对社会福利具有促进作用。

第二，在省际视角下，各税种对社会福利均是正向影响。增值税对社会福利的实际效应最大，个人所得税对社会福利的实际效应最小，其余税种由高到低排列依次是消费税、营业税与企业所得税。

13.4.8 各控制变量的社会福利效应比较

人均 GDP、城镇化率、社会保障支出、对外开放程度、平均寿命、平均受教育年限均与社会福利显著正相关。人均 GDP 作为衡量经济发展的重要标准，经济发展水平越高，越能为居民提供足量的公共产品和服务，满足人民日益增长的需求，对社会福利的提高具有正向促进作用。城镇化率具有显著的社会福利正效应，可能的原因在于，城镇相对于农村地区，教育资源等条件更好，城镇化率越高，越有利于更多人享受优质的教育资源，增加平均受教育年限，提高自身素质，进而提高社会福利水平。当社会保障支出增加时，越来越多的人可以享受到城市的社会保障，因此社会福利水平逐渐提高。对外开放程度有显著的社会福利正效应，原因在于，对外开放程度提高时，资源在各部门间的配置效率随之提高，促进规模经济效应的产生，进而提高经济发展速度，增加居民收入水平，带来社会福利正效应。平均寿命具有显著的社会福利正效应，原因在于，健康是社会福利的一个重要方面，健康水平能够提高居民的幸福感，进而促进社会福利的提高。平均受教育年限对社会福利有促进作用但影响较小。平均受教育年限代表受教育水平，当受教育水平提高时，一方面，可以提高居民技能及素质，改善居民的教育福利状况，促进居民就业；另一方面，可提高居民的健康意识，促进居民改善生活方式，提高居民健康水平，进而增加居民的健康福利。总之，受教育水平在改善居民福利水平方面具有重要的促进作用。综上所述，人均GDP、城镇化率、社会保障支出、对外开放程度、平均寿命和平均受教育年限都具有显著的社会福利正效应。

13.4.9　实证结果的政策启示

从本章对税收的社会福利效应实证分析中，可以得出以下几点启示，为今后税收的改革和发展提供建议。

第一，逐步提高直接税比重，不断优化间接税。直接税具有累进性，在增加政府财政收入的同时，能够缩小居民贫富差距，促进社会公平，提高社会满意度，增加社会福利；而间接税在增加财政收入的同时，其自身的累退性容易扩大贫富差距，在一定程度上会抑制社会福利的上升。所以要逐步提高直接税的比重，不断优化间接税，由"效率优先，兼顾公平"向"公平优先，兼顾效率"转化，提高社会福利水平。

第二，扩大行为财产税与资源税类的征收范围。行为财产税与资源税类因其征收对象的特殊性，能够起到调节收入分配差距的作用，收入分配越均等，居民的社会福利越大，而且资源税类的开征能够抑制资源的过度开采和消耗，提高生态福利，进而增加居民的社会福利。

第三，不断优化个人所得税，完善消费税征收范围。征收个人所得税有利于缩小居民贫富差距，但同时也减少了居民的实际可支配收入，抑制了消费需求，扩大内需是发展经济的重要手段，过度依赖出口会给经济发展带来风险，因此，我们需要不断优化个人所得税，在促进经济发展的同时提高居民的社会福利水平。消费税更多地对高收入者产生影响，有利于缩小贫富差距，充分发挥消费税的政策导向作用有助于提高社会福利水平。

14

基于福利视角：财税政策的不足之处

利用实证检验的方法对我国财政支出与税收政策改善居民福利的作用进行了论证，结合目前我国现实情况发现，虽然财政支出与税收政策改善了福利分配差距，提高了经济福利，提升了社会福利水平，但是其效果有待进一步提高，存在一定的问题。本章将着重分析目前我国财政支出与税收政策在改善居民福利方面存在的不足之处，有利于进一步优化财政支出与税收政策，从而为制定提高居民福利的政策建议奠定基础。

14.1 财政支出的不足之处

财政支出是一国福利体系的重要支柱，教育支出、医疗支出、社会保障支出以及农林水支出等民生性财政支出具有福利正效应，直接增加居民的可支配收入，缩小居民收入差距，进而提高居民的福利水平。此外，如经济建设支出、行政管理费等非民生财政支出，属于财政购买性支出，通过其支出影响经济发展水平，进而通过收入机制影响居民收入水平及福利分配状况，最终对居民的整体福利产生影响。

民生财政支出与非民生财政支出对社会福利的影响机制不同，影响效果也存在差异。首先，本节将从民生与非民生的角度，分析目前我国财政支出在提高居民福利方面存在的问题，如民生财政支出比重有待进一步提高等问题。然后，从具体财政支出种类角度，分别分析各种财政支出在改善我国居民福利方面存在的不足。由于目前我国财政支出体系中，教育支出、医疗支出、社会保障支出、农林水支出以及科技支出五大类支出在改善居民福利方面作用较为显著，下面将着重分析上述五类支出存在的问题。

14.1.1 财政支出结构存在的不足

14.1.1.1 民生财政支出规模不足

民生财政支出规模不足，尤其是教育支出、医疗支出及社会保障支出等福利性财政支出偏低，使其在缩小居民福利分配差距与改善居民福利方面的调节作用还不够显著。目前，虽然有些地区民生财政支出的占比已超过80%，但还有部分地区民生财政支出比重偏低，2017年，还有近半的省份民生财政支出不足75%。长期以来，我国地方政府一直存在严重的 GDP 导向，以经济发展为根本宗旨，将大量的财政资金投入基础设施建设领域中，进而用于引进投资，发展当地经济，忽视民生的重要性。在经济新常态发展观念的引导下，大部分地区已充分认识到民生对居民福利的重要性，在逐步扩大民生财政支出规模。然而，某些地方政府形成过度的"民生"导向，脱离本地经济发展现状发展民生，如西部某省份在财力不足的情况下，设定了民生财政支出占比80%的目标，甚至有些地市级高达85%。在超出地方财政实力的情况下盲目发展民生，本末倒置，违反了量入为出的原则，由于无法实现民生财政支出的长效投入，既无法实现改善民生提高居民福利的目的，又会降低经济的发展速度，不利于居民收入水平的提高及人民生活质量的改善。

14.1.1.2　逆向财政问题突出

逆向财政，指的是农村部门和城市部门的税收负担及财政收益的反向配比，即农村部门税收负担高财政收益低，相反，城市部门则税收负担低财政收益高。逆向财政问题突出，恶化了城乡间居民福利分配格局，不利于居民整体福利的改善。一方面，在取消农业税后，农村地区居民承担的消费税、增值税税负较重，而这些税收收入又未形成专项资金，投入农村公共产品供给领域。另一方面，我国的财政资金近年来有一定的"生产性支出偏向"，大量的财政支出投入到基建领域，且相对于农村，更多的财政资金用于促进城市发展，有明显的"城市导向"性。[①] 逆向财政问题已被证实具有较强的城乡福利分配负效应，从短期和长期看，都会恶化城乡居民收入格局，不利于提高居民整体福利。

14.1.2　教育支出政策存在的不足

14.1.2.1　教育支出规模偏低

教育支出规模偏低，不利于财政支出对居民福利分配差距的调节，不能有效增加居民福祉。通过实证研究，我们证实了教育支出对缩小居民福利分配差距有显著的促进作用，且有改善居民福利的功能。我国教育支出规模长期处于偏低状态，虽然每年教育支出在不断增加，但2017年我国教育支出占 GDP 的比重为4.14%，低于全球教育支出占 GDP 比重7%的水平，更低于高福利国家8%的水平，如丹麦在 2015 年就已达到了8.6%。教育支出的规模不足，没有达到很好的促进收入公平的效果，对提高居民福利的作用尚不明显。

14.1.2.2　教育支出结构有待优化

第一，教育支出地区结构不合理，不利于教育资源的有效配置，不能有效促进地区间居民福利分配差距的缩小及居民福利水平的提高。由财政支出与税收的现状分析可知，我国的财政教育支出在各地区间的分配存在较大的差异，1994～2017 年，东部地区的财政教育支出占全国财政教育支出的比重均高于中西部地区，东部地区教育支出几乎达到了中西部地区的总和。不少学者曾实证证明我国教育支出的福利分配效应存在地区差异性，对东部地区的居民福利分配有抑制作用，对中西部地区的居民收入则有促进作用。这种地区结

---

① 胡文骏. 逆向财政机制：城乡收入差距的重要诱因 [J]. 山西财经大学学报，2018，40（03）：1－10.

构的差异性，对教育支出在福利分配调节方面产生了较强的抑制作用，不利于我国居民福利的改善。

第二，教育支出中，各教育层级支出结构不合理，不利于居民平均受教育年限的提高，无法达到提高居民福利的目标。长期以来，我国财政教育支出一直偏向高等教育，2017 年，我国高等教育支出占教育支出的比重超过 40%，而中小学及幼儿教育支出的总和占比不足 60%。2017 年，教育部发布通知，提高博士研究生补贴标准，中央高校博士生补贴标准提高到每人每年 15000 元，地方高校不低于 14000 元。[①] 由于接受高等教育的学生数量占在校生总量的比重较低，仅有少数人能享受到高等教育，更多数人需要接受幼儿园、中小学教育等基础性教育，对少数人的高额补贴，不利于居民福利分配差距的缩小。查显友、丁守海（2006）曾实证证明，高校的低收费高补贴政策并不能促进教育均等化，也不利于福利的改善。[②] 因此，我国目前正在实施的高等教育高补贴的财政政策，不利于居民受教育水平的整体提高，无法有效提高居民收入，改善居民福利。

14.1.3 医疗卫生支出政策的不足

改革开放 40 多年来，我国不断推进医疗卫生体制改革进程，2009 年，深化医药卫生体制改革，改革成效显著。与此同时，不断提高医疗卫生支出水平，已连续 23 年保持医疗卫生支出增速高于 GDP 增速水平，从而降低个人卫生支出在卫生总支出中的比重，2017 年已降低至 28.8%，有专家证明，我国医疗卫生支出已较为充分。但是由于目前医疗卫生支出政策还存在结构不合理，支出效率较低等问题，未能充分发挥医疗卫生支出提高居民健康福利，缩小居民福利分配差距，提高社会福利水平的作用。

14.1.3.1 医疗支出结构不合理

第一，医疗卫生支出功能结构不合理。政府医疗卫生支出主要用于医疗卫生服务、医疗保障、人口与计划生育事务、医疗卫生管理及其他几个方面。在我国近几年的政府医疗卫生支出中，医疗卫生服务方面的支出占医疗卫生支出比重呈逐渐下降的趋势，对公立医院等医疗机构的补助不足，医疗服务的价格逐渐提高，无法快速走出"看病贵"的困境，并降低居民医疗卫生支出负担，不利于社会福利水平的提高。此外，相比医疗卫生服务、医疗保障、计划生育等方面的支出，医疗卫生管理支出增速较快，用于行政管理方面的支出不断提高。由于行政管理支出的居民健康效应并不显著，医疗卫生管理支出的快速增加，不利于提高居民的健康水平，并对改善居民福利产生不利影响。

第二，医疗卫生支出区域结构不合理。医疗卫生支出与其他财政支出项目一样，一直存在较为明显的"城市导向"，城市的医疗卫生支出远高于同期农村地区支出水平。随着城镇化的进程不断推进，农村人口锐减，2014 年，农村人口人均医疗费用首次超过城市水平。由于农村地区医疗卫生支出长期较低，医疗卫生设施、医疗卫生服务人员等医疗资源

---

① 资料来源于财政部、教育部《关于进一步提高博士生国家助学金资助标准的通知》。
② 查显友，丁守海. 低收费政策能改善教育公平和社会福利吗？——兼论高等教育不同收费政策的效应［J］. 清华大学教育研究，2006（01）：65 - 70.

的数量和质量均远远低于城市，这使农村地区的医疗服务水平长期处于偏低的状态，无法为农民提供舒适的就医环境和医疗服务，也无法承接乡村基层医疗机构首诊的功能，无形中增加了农村居民就医的成本，不利于农村居民健康水平及社会福利水平的提高。

14.1.3.2 医疗卫生支出使用效率偏低

医疗卫生支出使用效率偏低，根源在于医疗保障支出监管不严。在各项政府卫生支出中，医疗保障支出的比重逐渐增加，医疗保障体系的覆盖面也越来越广，医疗保障切实降低居民的就医负担，提高了居民的幸福感和社会福利水平。但由于医疗保障支出的监管不严，骗保案件频发，且骗保数额巨大。根据审计署医保基金审计报告统计，2017 年 1 月医保基金抽查结果显示，28 个省份共有 923 家医疗机构及药店参与骗保，骗取的医保基金金额超过 2 亿元。[1] 医疗保障支出监管不严，导致大量医疗保障资金流失，未能保证医疗保险的公平性，不利于降低居民医疗负担及居民健康福利的改善。

14.1.4 社会保障支出政策存在的不足

14.1.4.1 社会保障支出规模不足

社会保障支出规模不足，影响了其缩小福利分配差距的功能及福利分配效应。社会保障支出在民生财政支出中具有重要地位。一方面，社会保障支出具有促进就业的功能，有利于提高居民收入，改善社会整体福利水平。另一方面，社会保障支出具有显著的福利分配正效应，有利于缩小居民福利分配差距，提高居民福利水平。2017 年，我国社会保障支出占财政支出的比重为 12.32%，但是像欧美发达国家及日本，仅社会保险一项占财政支出的比重就超过了 20%。可见，目前我国社会保障支出处于较低的水平，影响了社会保障支出的福利分配效应。

14.1.4.2 社会保障支出结构不合理

合理的社会保障支出结构是保证社会保障支出发挥福利分配效应及促进居民就业的重要保障。目前，我国社会保障支出区域结构及功能结构分配不合理，使社会保障支出未能充分发挥其应有的作用。

第一，区域间分配结构有待优化。首先，我国社会保障支出在各省份间分配存在较大差异，特别是东部、中部及西部间差异较大。东部地区的社会保障支出水平最高，其次是中部地区，最后是西部地区，且东部地区与中西部地区的支出差异呈逐渐扩大的趋势。其次，城镇和农村地区社会保障支出存在较大差距。长期以来，社会保障支出具有显著的"城市偏向"性，使农村地区获得的社会保障支出远远低于城镇。我们通过实证分析，证明社会保障支出的福利分配效应具有地区差异性，相比东部地区，中西部地区的福利分配效应更显著，且农村地区的社会保障支出的福利分配效应强于城镇地区。

第二，功能分配结构不合理。已有研究发现，不同的社会保障支出项目，在缩小居民

---

① 数据来源于审计署《2017 年第 1 号公告：医疗保险基金审计结果》。

收入方面存在显著的差别，如离退休金有显著的扩大居民福利分配差距的效应，离退休金是老年人的主要经济来源，它的存在扩大了有退休金和没有退休金的老年人之间的福利分配差距；而城乡低保，则具有明显的福利分配正效应，可有效缩小居民福利分配差距，可能的原因在于，城乡低保增加了低收入弱势群体的收入，促进了不同收入群体间福利分配差距的缩小，有利于居民福利水平的提高。但是，对比不同种类的社会保障支出不难发现，离退休金在社会保障支出中的占比处于较高水平，而城乡低保则处于较低的水平，这种不合理的功能分配结构，大大减弱了社会保障支出的福利分配效应，不利于居民福利水平的改善。

14.1.5 农林水支出政策存在的不足

农林水支出在促进农民增收脱贫的方面具有重要作用，同时，还具有促进经济发展的功能，因此，农林水支出是政府"精准扶贫"的重要工具。但是，由于目前我国农林水支出还存在着支出规模不足、支出结构不完善等问题，未能充分发挥其增加农民收入、缩小福利分配差距以及提高农民福利的作用。

14.1.5.1 农林水支出规模不足

农林水支出规模不足，影响其增加农民收入、提高农民福利的作用。农林水支出作为一项重要的民生财政支出，肩负着帮助农民增收、减贫的重要使命。2003 年以来，随着政府对"三农"问题重视程度的加深，农林水支出规模有了明显的提高，农林水支出绝对额增长超过 10 倍，农林水支出占财政支出的比重基本处于不断提高的状态，到 2016 年已提高到 9.90%。加拿大、英国等农业发展较为成熟的国家，其对农业的扶持力度远高于我国，最高可达农业自身 GDP 的一倍。相对于农村地区发展对财政扶持资金的需求，我国财政农林水支出还严重不足。

14.1.5.2 农林水支出结构有待完善

农林水支出结构不合理，减弱了财政农林水支出对缩小农村居民福利分配差距与提升农村居民福利的作用效果。分项目来看，不同的农林水支出存在较大福利分配效应差异，如支援农业生产支出和农林水利气象部门事业费存在一定的福利分配负效应，会恶化农村居民的福利分配差距，而农业基本建设支出和农村救济费则有福利分配正效应，有助于改善农村居民的福利分配差距。从目前的我国财政农林水支出的分配状况来看，支援农业生产支出和农林水利气象部门事业费在整个农林水支出中一直处于较高的状态，大约在50% ~80% 之间，而农业基本建设支出和农村救济费处于较低的状态，农业基础设施建设支出在 20% ~40% 之间，农业救济费一般不低于 10%，这大大降低了财政农林水支出的福利分配效应，不利于农民收入的增加和福利的提高。

14.1.6 科技支出政策存在的不足

科技支出的作用在于加强技术创新，促进生产力提高，提高经济发展水平，为改善居民福利提供必要的物质保障。科技支出对居民福利并没有直接的影响，但是可以通过对经济发展的影响，为社会福利提供资金保障，间接影响居民福利状况。科技支出在加强技术创新，促进经济发展，间接改善居民福利方面作用还不明显，主要原因在于科技支出存在总量不足、支出结构不合理等问题。

14.1.6.1 科技支出总量不足

科技支出总量偏低，影响了其促进科技创新、推动经济发展、保障居民福利的作用。如目前我国财政科技支出在 GDP 中的占比一直处于较低水平，甚至不足 2%，远低于像美、韩、日、德等发达国家财政科技支出占 GDP 的比重。此外，科技支出未能充分发挥杠杆作用，未能吸引更多资金进入科技创新领域，促进我国的科技事业发展。

14.1.6.2 科技支出结构不合理

科技支出机构不合理，未充分发挥其促进技术创新的功能，在促进经济发展、改善居民福利方面的作用不明显。基础科研在科技创新领域具有重要作用，对科技创新至关重要，但是相比基础研究和应用研究，我国将更多的资金投入试验阶段，试验阶段的科研支出占比超过 80%，而基础科研及应用研究阶段不足 20%，甚至基础科研的支出占比不足美国同期的 1/4，对我国的科技创新产生了不利影响。

14.2 税收的不足之处

税收是政府改善社会经济福利的重要手段之一，一方面，它是政府通过财政支出调节福利分配的主要资金来源，有利于刺激经济增长，提高居民收入，增加公共品供给等；另一方面，主要通过税制结构、税负、税种等税收因素的调整，调节居民收入差距，改变福利分配格局，最终引起居民总体福利水平的变动。

具体来说，首先，税制结构对税收与居民福利的关系有重要影响。比例税率的间接税具有累退性，从而导致居民福利损失具有累进性，而比例税率的所得税具有累进性，从而造成居民福利损失具有累退性。其次，税负是税收对居民福利影响的关键。流转税的福利损失具有累退性且易于税负转嫁，因此，流转税税负的高低决定了福利损失累退的多少。最后，不同的税种对居民福利的影响存在较大差异。如政府向居民征收个人所得税，具有福利分配正效应，促进了福利分配的公平性，可提高整个社会的经济福利，而征收增值税，则具有福利分配负效应，导致居民福利差距扩大，恶化了居民的福利水平。因此，本书从税制结构、税率以及税种角度分别阐述税收改善居民福利的不足之处。由于现有税种中个人所得税、消费税、增值税以及企业所得税四大税种对居民福利影响较为显著，而印花税、城市维护建设税等小税种虽然对居民福利也存在一定的影响，本书不作具体考虑，下面仅从个人所得税、消费税、增值税以及企业所得税角度分别进行具体分析。

14.2.1　税制结构存在的不足

14.2.1.1　流转税比重偏高

流转税比重偏高，影响居民福利分配差距，不利于税收福利分配效应的发挥及居民福利的提高。截至 2017 年，我国流转税占总税收收入的比重仍接近 50%，远远高于发达国家水平，发达国家商品税占比一般不超过 20%。通过实证结果可知，虽然流转税和所得税都具有福利分配负效应，但流转税福利分配负效应更为明显，且所得税具有收入分配正效应，而流转税具有收入分配负效应，流转税在收入分配方面的调节功能较弱。一般来说，流转税具有累退性，所得税具有累进性，但近年来的经验研究发现，流转税的累退性在一定程度上会抵消所得税的累进性。因此，流转税占比越高，税收的累进性就越弱，税收的收入分配调节功能越难以发挥。此外，流转税具有隐蔽性特征，其税负易于转嫁，一方面，会减少居民的可支配收入，进而扭曲价格机制，影响居民的消费水平，最终降低居民的福利水平，另一方面，税负转嫁也不利于社会公平。因此，目前，我国以流转税为主体的税制，不仅不能有效地调节居民收入差距，而且不利于居民总体福利水平的提高。

14.2.1.2　所得税内部结构不合理

个人所得税比重偏低，减弱了直接税的福利分配正效应，不利于税收对福利分配的调节，影响居民福利的改善。2017 年，我国个人所得税占税收总收入的比重为 8.28%，企业所得税占比为 22.24%，个税占比水平远低于以直接税为主体的发达国家。2015 年 9 月，我国新发布的《关于上市公司股息红利差别化个人所得税政策有关问题的通知》规定，因持有境内上市公司股票取得的股息红利所得，持股不满一个月全额征收个人所得税，对于持股超过一个月不满一年的减半征收个人所得税，持股一年以上的免征个人所得税。[①] 目前，我国对于股息所得采用"部分计征"制度，即持股满一年的纳税人收到的股息分红则不需再缴纳个人所得税。对于持股满一年的纳税人的税收优惠政策，减弱了个人所得税的收入分配调节作用，不利于我国居民社会福利的增进。

14.2.1.3　财产税税种缺失

我国财产税制度不健全，财产税税种缺失，减弱了税收对福利分配差距的正向调节作用，影响居民福利的改善。实证结果表明，财产税具有福利分配正效应，但是相对于流转税来说，财产税的福利分配负效应相对较弱。但是，财产税并没有很好地发挥其调节收入分配的作用及促进居民福利改善的作用。原因主要包括以下三个方面：其一，财产税税种单一。目前，我国财产税仅包含了房产税、契税、车船税和车辆购置税四个税种，税种较少，且上述税种税收收入较低，弱化了税收在收入分配环节的调控功能。其二，房产税收入规模不足。作为财产税主力之一的房产税，主要对城镇经营用房征税，对个人非经营用

---

① 资料来源于财政部、国家税务总局、证监会《关于上市公司股息红利差别化个人所得税政策有关问题的通知》。

房不征或免征，虽然 2011 年在上海和重庆试点征收个人居住用房房产税，但房产税收入规模仍不足，2017 年占总税收比重仅为 1.8%。其三，尚未开征遗产税。遗产税既能筹集财政收入，又可有效调节财产存量以及财产代际转移。目前，全世界已有近百个国家开征了遗产税，充分证明了遗产税不容忽视。

14.2.2 税负存在的不足

税负偏高，不利于经济福利的改善。与发达国家相比，我国的宏观税负并不高，以 2017 年为例，我国税收收入及社会保障基金收入占 GDP 比重仅为 24.52%[①]，而 OECD 国家同口径平均收入占 GDP 的比重高达 34.2%[②]，比我国高出近 10 个百分点。但从微观企业的角度来看，近年来，我国企业的平均税负率达到 36.76%[③]，且呈逐年上升的趋势。可能的原因在于，我国个人所得税占比不足 10%，剩余超过 90% 的税收由企业承担，故我国企业税负偏高，"税感"强烈，尤其是中小企业。此外，虽然近年来我国出台了不少针对中小企业的税收优惠政策，但是由于这些政策一般具有期限性，且大多是针对金融企业而非直接针对中小企业，对降低中小企业税负效果并不显著。这不但不能引导税收调节我国的收入差距，也使我国资本大量流失，不利于我国经济福利的改善及社会总福利水平的提高。

14.2.3 个人所得税存在的不足

2018 年 10 月，我国掀起了个税改革新浪潮，我国的个人所得税正在由分类征收模式向综合与分类相结合模式逐步转变。新个税的改革虽然已迈出了关键的一步，但在缩小居民收入差距、改善居民福利方面还存在以下几个方面的问题。

14.2.3.1 税收抵扣标准不合理

第一，房贷利息扣除标准不合理，削弱了个人所得税的福利分配正效应，不利于调节收入差距，改善居民福利的功能。新个税规定，纳税人可在实际发生贷款利息的年度，按照每月 1000 元的标准定额扣除。由于各地区房价不同，如 2018 年一线城市房价均价在 50000 元/平方米以上，贷款额度及贷款产生的利息费用则较高，而三四线城市房价较低，均价不足 10000 元/平方米，贷款额度及贷款产生的利息费用则较低。因此，房贷利息扣除标准"一刀切"不合理，不利于社会公平，违背了个人所得税促进收入公平的原则。

第二，子女教育抵扣标准偏低。新个税规定，纳税人的子女接受全日制学历教育的相关支出，按照每个子女每月 1000 元的标准定额扣除。一方面，对于不同教育阶段的子女教育支出不同，如义务教育阶段的支出较少，而大学、研究生阶段的支出可能会较多。据

---

① 数据来源于国家统计局网站。
② 数据来源于 OECD 网站。
③ 钱金保，常汝用. "死亡税率"还是言过其实——中国企业微观税负测度 [J]. 地方财政研究，2018（01）：62 – 70，81.

有关统计，我国幼儿教育阶段支出每年学费为 2000～14000 元，义务教育阶段学费和住宿费每年不超过 5000 元，大学本科每年学费支出在 4000～20000 元，研究生阶段学费每年为 8000～14000 元。另一方面，3 岁以下婴幼儿抚养费不在个人所得税抵扣范围内。近年来，月嫂、保姆费用逐年提高，3 岁以下婴幼儿抚养费用也不断攀升，成为众多家庭的重要负担。婴幼儿抚养费不得税前扣除，既打消了人们生育的积极性，也不符合个人所得税促进收入公平的根本原则。

第三，赡养老人抵扣标准有待完善。新个税规定，纳税人按照每月 2000 元的标准定额扣除，多子女家庭可分摊扣除。对赡养老人费用的扣除，是个税改革的一大趋势，但是赡养不同的老人，费用标准存在较大差别，如对于赡养有养老保险、退休金的老人，子女仅需陪伴，基本不需要其他花费，其支出较低，甚至还能得到老人的经济支持；而对于赡养农村地区老人、无养老保险及退休年金的老人的纳税人，不仅需要陪伴，还需要为老人提供生活费及看病等支出，则其支出较高。此外，对于赡养老人，无论是父母双方还是一方，均每月扣除 2000 元，对于赡养一位老人与两位老人，支出上也存在较大差异。因此，统一的赡养老人扣除标准，违反了个人所得税促进收入公平、改善社会福利的思想。

14.2.3.2 捐赠的税收优惠范围较窄

捐赠的税收优惠范围较窄，不利于我国慈善事业的发展，限制了居民福利水平的改善。我国个人所得税法规定：通过国家机关、社会团体、公益机构向受灾及贫困地区的捐赠可限额扣除，对于通过非营利组织以及国家机关对义务教育的捐赠可全额扣除。首先，由于符合要求的公益机构较少，通过个人所得税法规定的机构捐赠存在一定难度。其次，对于捐赠物品款项，以及款项用途存在诸多限制。不但降低了捐赠者的积极性，也不利于我国慈善体系的完善和发展，限制了个人所得税缩小收入差距的作用，阻碍了改善居民福利的进程。

14.2.4 企业所得税存在的不足

14.2.4.1 企业所得税税率偏高

企业所得税税率偏高，影响低收入者收入，不利于居民福利水平的改善。2017 年，美国将企业所得税税率降至 15%，引发了全球减税浪潮。企业所得税属于直接税，具有累进性，且税负不易转嫁，有一定的收入分配调节作用。经研究发现，企业所得税对不同收入群体的影响存在一定的差异性，征收企业所得税会降低城镇居民的收入，但可提高农村居民的收入水平，且企业所得税对不同收入组的居民收入影响大致呈倒 U 型关系，提高企业所得税，可提高中等收入群体在国民收入中的份额，但不利于低收入群体收入的增加。[①] 基于庇古的福利经济学理论，社会的福利水平取决于低收入者的福利水平，因此，企业所得税税负偏高，会对低收入者收入产生影响，不利于社会整体福利水平的提高。

---

① 田志伟. 企业所得税税负归宿与收入分配 [J]. 财经论丛, 2018（07）: 27-36.

14.2.4.2 促进弱势群体就业的税收优惠政策不足

促进弱势群体就业的税收优惠政策不足，未能有效促进弱势群体就业，不利于低收入群体收入水平的提高及福利水平的改善。近年来，我国出台了一些税收优惠政策，鼓励弱势群体创业就业，如对于安置残疾人就业的企业可享受残疾人工资 100% 税前加计扣除。但是，由于税收优惠政策存在数量少、时效性短、税收优惠政策覆盖面窄等问题，未能达到有效促进弱势群体就业的效果，不利于低收入阶层提高收入水平，改善社会整体福利水平。

14.2.5 消费税存在的不足

14.2.5.1 消费税征税范围有待完善

消费税征税范围有待完善，不利于消费税对收入分配的调节以及居民福利的改善。目前，我国消费税的征税对象主要是高档消费品、不可再生资源消费品以及损害人体健康的消费品，征税目的是引导居民消费，并有效调节居民收入。征税范围主要存在以下两个问题：其一，消费税征税范围较窄，仅包含 15 个税目，尚有大量高档奢侈消费品以及高档场所的消费行为未纳入消费税征税范围。其二，某些普通消费品，如小汽车、摩托车、金银首饰等仍在征税范围内。征税范围不合理，使消费税对居民收入的调节作用有限，不利于居民福利的改善。

14.2.5.2 消费税税率不合理

消费税税率不合理，某些消费品税率偏低，未能充分发挥其收入分配效应及居民福利改善。消费税对不同的税目采用不同的税率。高档手表税率为 20%，高尔夫球及球具、游艇的税率为 10%，而实木地板及木质一次性筷子的税率为 5%。高尔夫球及球具、游艇与高档手表一样，属于高档消费品，10% 的税率偏低，对限制消费作用不明显；实木地板及木质一次性筷子均属于资源型消费品，征收消费税的目的是保护环境，随着我国餐饮业及装饰行业的迅速发展，仅征收 5% 的消费税对生产者及消费者的影响较小，抑制消费的作用不够显著，不利于消费税调节收入分配及改善居民福利。

14.2.5.3 消费税价内征收，隐蔽性强

消费税为价内税，隐蔽性强，居民"税感"不强，不利于消费税对收入分配的调节及居民福利的改善。目前，我国消费税采用价内征收的模式，在税款未明码标价的情况下，消费者在消费时并不清楚自己缴纳了多少消费税，造成"税感"不强，如购买一包价格为 116 元的甲类卷烟，则其中包含了 $116/(1+16\%) \times 16\% = 16$ 元的增值税，以及 $116/(1+16\%) \times 56\% + 0.06 = 56.06$ 元的消费税。此外，消费税价内征收与增值税存在部分重复征收，扭曲了消费税的征收目的，既不利于消费税对消费的调节，也无法有效发挥消费税收入分配效应。

14.2.6 增值税存在的不足

14.2.6.1 增值税比重偏高

增值税在整个税制体系中占比过高，有碍税收对居民收入分配的调节，不利于我国居民福利水平的提高。2018 年，我国税收收入总额 15.64 万亿元，增值税收入 6.15 万亿元，占税收总收入的 39.32%，是我国现行税制体系中占比最高的税种。因此，增值税占比较高的以流转税为主体的税制体系，无法有效调节居民收入分配，不利于居民福利的改善。

14.2.6.2 生活必需品税率不合理

生活必需品的增值税税率偏高，不利于居民收入差距的缩小，以及社会福利的公平分配。2018 年 5 月 1 日起，我国居民生活必需品的增值税率由 11% 下调至 10%，基本税率由 17% 下调至 16%。与基本税率变动幅度相比，生活必需品优惠税率变动幅度仍偏低，不同商品的税率差别不够大，优惠税率还有下调空间。由于生活必需品支出在低收入群体收入中占比较高，税率偏高的情况下，不能有效降低低收入群体消费支出，不利于税收对收入分配的调节及居民福利改善。

15

提高居民福利的财税政策建议

从我国当前的现实来看，财税政策还存在着税制结构不合理、税负偏高、财政支出结构有待优化等问题，限制了其改善居民福利作用的发挥。为加快解决人民日益增长的美好生活需要同不平衡不充分的发展之间的矛盾，缩小福利分配差距，提高居民幸福感和满意度及经济福利，充分改善居民福利水平，迫切需要改善现有的财税政策。

15.1 财政支出的政策建议

财政支出可通过政府购买和转移支付来有效提高居民收入水平，缩小居民收入差距，提高社会总福利水平。为充分发挥财政支出改善福利分配及提高社会福利的功能，需要对财政支出在规模和结构等方面进行改革。

15.1.1 适度提高财政支出规模

适度提高财政支出规模，充分发挥财政支出在缩小福利分配差距、增加经济福利、提高社会福利水平方面的作用。从实证结果来看，民生财政支出对缩小福利分配差距、增加经济福利、提高社会福利均有促进作用，增加民生财政支出对提高居民福利有利。但是非民生财政支出与经济福利之间呈倒 U 型关系，非民生财政支出在合理范围内，有助于促进经济增长，增加居民福利，但非民生财政支出提高到一定程度，福利分配差距扩大，反而会抑制经济福利的提高。因此，应在合理范围内，适度提高财政支出规模，保证民生财政支出社会福利正效应，避免非民生财政支出社会福利负效应，提升人民的生活质量。

15.1.2 优化财政支出结构

15.1.2.1 保障民生财政支出规模

保障民生财政支出规模，保证民生财政支出，尤其是教育、医疗及社保等福利性财政支出的长期投入，缩小居民收入差距水平，有利于提高居民的福利水平。地方政府长期的

GDP 导向，是各地区民生财政支出规模提高的一大障碍，在人民对幸福感、美好生活及社会福利需求逐步提高的情况下，需要进一步消除地方政府经济至上的错误观念，提高其对民生理念的重视程度。根据各地经济发展的实际状况及财政支出能力，合理增加民生投入，保障民生财政支出的长期投入。为对地方政府绩效观进行正确引导，可考虑在各地政府绩效考核的过程中，适当降低对 GDP 的发展要求，加入居民幸福感、居民福利水平等指标，提高其对民生理念的重视程度。值得注意的是，经济发展是居民福利的重要前提，经济的快速发展能为社会提供更多的产品和服务，有利于居民福利的改善，同时，居民福利的改善，可为经济发展提供必要的保障，二者相互促进，相辅相成。因此，在积极改善居民福利的同时也不能忽略经济发展的重要性，当前尤其要不断提高经济发展质量，更好地促进我国经济福利和社会福利的改善。

15.1.2.2 扩大农村地区民生财政支出

扩大农村地区民生财政支出占比，将更多民生财政支出投向农村，缩小城乡居民收入差距，促进居民福利水平的改善。财政支出包括民生财政支出的"城市导向"，促进了城市的发展，降低了农村地区居民收入的提高，损害了农民的利益。

在未来的财政政策改革过程中，一方面，可把农村地区缴纳的增值税、消费税等各种税款设为专项基金，规定专门用途，用于农村地区建设，如用于农村水电改造，乡镇学校幼儿园建设，乡镇卫生所、村卫生室医疗设备更新等，优化农村地区生活环境；另一方面，应逐步消除财政支出，尤其是民生财政支出的"城市导向"以及"生产性支出偏向"，将更多的民生财政支出投向农村地区，改善农村地区的生活环境，提高农民的收入水平及生活质量，发挥财政支出的福利分配调节作用，增加居民的幸福感，提高居民整体的福利水平。

15.1.3 调整教育支出政策

15.1.3.1 扩大教育支出规模

扩大教育支出规模，提高居民受教育程度，增加居民收入，同时，缩小居民收入差距，提高居民福利。首先，增加财政教育支出。由于教育属于公共物品，具有正外部性，政府必须在教育领域投入财政资金，弥补其外部性。虽然目前我国财政教育支出规模不断提高，占 GDP 的比重已经连续 6 年超过 4%，但是仍低于世界平均水平。我国需进一步扩大财政教育支出的规模，提高学生平均财政补贴标准，使更多的孩子能够接受更高质量的教育。其次，应拓宽教育融资渠道，多方面筹资，促进我国教育体系的完善。国外已有很多国家通过多渠道融资的方式筹集教育资金。如美国采用发行教育彩票的方式获得教育资金，并将每年通过发行教育彩票筹集的大量资金投向中小学教育；美国还通过校企联合的方式，从企业获取一定的资金支持，这些资金一般用于高等教育。日本则鼓励通过捐赠方式获取教育资金，捐赠者包括企业、个人、团体等，1982 年，日本某高校通过捐赠获得的资金已达到其支出总额的 7% 以上。

15.1.3.2　优化教育支出结构

第一，调整教育支出在地区间的分配结构，降低教育支出对缩小福利分配差距的抑制作用，改善居民福利水平。财政教育支出的地区分配一直存在较强的"发达地区偏向"，即重点投向经济发达的地区，较少投入欠发达地区，如2016年，我国东部地区财政教育支出占全国财政教育支出的35.97%，中部地区为17.27%，西部为22.66%，东部地区几乎达到了中西部地区的支出总和。在这种状况下，应尽快调整教育支出在各地区间的分配，降低发达地区的教育支出，适当提高欠发达地区的教育支出水平，有效提高经济欠发达地区的居民受教育水平，增加欠发达地区居民的收入水平，以促进不同地区间居民收入差距的缩小，改善社会整体福利水平。

第二，优化教育支出在不同层次间的分配，帮助更多人提高受教育水平，提高居民的收入水平，促进教育的公平化及居民福利水平的提高。提高中小学教育支出，适当缩减高等教育支出。首先，可考虑扩展义务教育年限。如借鉴日本的经验，将义务教育扩展为12年，义务教育年限内，教育支出由中央及地方政府合理分摊。其次，可考虑为中小学提供营养午餐。日本80%以上的中小学为学生提供营养午餐，且贫困学生可免费享用营养午餐，费用由中央和地方政府平均分摊。在保证营养的同时，为学生提供方便，提高学生学习效率和积极性，让更多的贫困学生可以享受优质的教育，提高居民收入水平，促进居民福利水平的改善。

15.1.4　完善医疗卫生支出政策

15.1.4.1　优化医疗卫生支出结构

第一，优化医疗卫生支出功能结构。由于医疗卫生服务支出有显著的居民健康效应，医疗卫生管理支出健康效应不明显，而医疗卫生服务支出增长缓慢，医疗管理支出迅速增加，对改善居民健康福利产生了不利影响。我们应该从以下两个方面着手：其一，保障医疗卫生服务支出的快速增加，尽快改善"看病贵"的现状，降低居民的看病负担；其二，尽量缩减医疗卫生管理及人口与计划生育等相关健康效应较弱的支出项目，深化医药卫生体制改革，提高医疗保障水平，为居民提供更高水平的医疗保障，以期更好地改善居民生活水平，提高社会福利水平。

第二，改进医疗卫生支出区域结构。很多学者曾通过实证证明，农村地区的医疗卫生支出健康福利效应明显强于城镇的医疗卫生支出。[①] 农村地区医疗卫生支出的长期不足，严重降低了我国居民整体健康福利水平的提高速度。因此，在未来的医疗卫生支出政策改革中，应坚定不移地提高对农村地区的卫生支出，改善农村地区的医疗设施及医疗服务资源的质量，使农村地区的医疗机构尽快承接基层首诊的功能，同时，加大健康扶贫的力度，制定更有效的健康扶贫政策，降低农村地区居民尤其是低收入农民的医疗负担。此

---

① 黄秀女，郭圣莉. 城乡差异视角下医疗保险的隐性福利估值及机制研究——基于CGSS主观幸福感数据的实证分析［J］. 华中农业大学学报（社会科学版），2018（06）：93－103，156.

外，可适当引导农村居民在医疗、保健等行业的合理消费，提高农民劳动能力，更有效地提高农民健康福利水平。

15.1.4.2　提高医疗卫生支出使用效率

提高医疗卫生支出使用效率，关键在于完善医疗保障支出监管体系。医疗卫生支出的使用效率是保障其降低居民就医负担及改善居民福利的根本前提。在医疗保险骗保屡禁不止的情况下，我们需要不断提高医疗保障支出的监管水平。首先，应建立严格的医疗保险监督机制，可考虑引入第三方监管制度，如江苏省的医保基金采取第三方监管方式，在预防骗保方面取得了良好的效果，其他地区也可借鉴其模式，提高医保基金监管效率。其次，加大骗保相关人员惩戒力度，如可建立医保失信"黑名单"，对于骗保行为相关人员纳入失信体系，终身不得参加医疗保险。最后，完善医保定点机构退出机制。一旦医疗机构参与骗保，则使其退出定点，且不得再次参与医保定点。

15.1.5　改善社会保障支出政策

15.1.5.1　提高社会保障支出规模

提高社会保障支出规模，是更好地发挥其福利分配效应、提高居民福利水平的根本前提。基于社会保障支出在民生财政支出中的重要地位，在我国居民收入差距逐步扩大的情况下，我们需要保证社会保障支出的规模，确保社会保障支出的高速增长，逐步提高社会保障支出占财政支出及 GDP 的比重，如欧、美等高福利国家，将社会保障支出提高到GDP 的 25% 以上，以促进社会保障支出福利分配效应的发挥，提高居民就业率，改善我国居民的整体福利水平。

15.1.5.2　完善社会保障支出结构

第一，优化社会保障支出地区分配。基于目前我国东、中、西部及城乡间社会保障支出规模存在的明显差别，且社会保障支出在不同区域间的福利分配效应显著不同，我们迫切地需要完善社会保障支出的地区分配结构。完善转移支付制度，加大中央对地方的转移支付，特别是增加对经济欠发达地区的转移支付，包括中西部地区以及农村地区，更好地发挥社会保障支出的福利分配效应，缩小区域间因经济发展水平差异而造成的收入水平差异，促进更多居民就业，提高收入水平，改善居民整体的福利水平。

第二，完善社会保障支出功能分配。基于目前我国社会保障支出中离退休金及城乡低保的错位分配及二者的功能差异，我们应该加速完善社会保障支出的功能分配结构。一方面，尽量压缩离退休金等福利分配效应较弱或者有福利分配负效应的社会保障支出项目。另一方面，在扩大社会保障支出总规模的同时，不断提高城乡低保等福利分配效应较强的支出项目。在促进居民就业、增加居民收入的同时，尽可能地发挥社会保障支出的福利分配效用，缩小居民收入差距水平，促进我国居民福利水平的提高。

15.1.6 优化农林水支出政策

15.1.6.1 提高农林水支出规模

提高财政农林水支出规模，保障对农村发展的经济扶持，促进农民增收，提高居民福利水平。长期以来，工业的发展过度依赖农业的扶持，农业将资金"输血"给工业，促进了工业的发展，但是在工业发展壮大后，其"反哺"农业的力度远远不够，导致农业长期处于资金缺乏的状态。这种情况下，需要政府承担更多扶持农业发展的责任，给予农业足够的资金扶持，促进农业的现代化发展。我们需要适度增加对农业的扶持力度，完善财政资金稳定增长制度，提高农业的发展速度，增加农民收入，缩小农民收入差距，提高农民福利水平。

15.1.6.2 完善农林水支出分配结构

完善农林水支出的分配结构，提高福利分配正效应，抵消福利分配负效应，促进农村居民福利的改善。首先，尽量压缩支援农业生产支出和农林水利气象部门事业费支出，尤其是农林水利气象部门事业费。提高农林水务部门工作效率，裁减冗员，加强绩效考核，尽可能减少行政事业支出，将更多资金用于农业生产，如农业现代化方面，提高资金使用效率。其次，增加农业基础建设费，提高农村硬件条件，如用于农村水改、电路铺设、网络联通等，也可用于修路、改善农业灌溉设施。最后，提高农业救济资金在支农资金中的比重，更多扶持农业低收入、失地、受灾农民，为其提供最低生活保障，增加其收入水平，有效缩小农村收入差距，提高农村居民的福利状况。

15.1.7 调节科技支出政策

15.1.7.1 提高科技支出总量

扩大科技支出规模，为科技创新提供充足的资金保障，促进科技创新，更好地推动经济发展，为我国居民福利提高提供经济支持。科技是第一生产力，对经济发展有着至关重要的作用。因此，在未来的科技支出政策改革中，首先应逐步增加财政科技支出的总量，尽快达到科技发达国家水平。此外，科学研发需要大量的资金支持，仅仅依靠财政支出远远不够，应考虑建立科技创新发展基金，发挥财政资金的杠杆调节作用，引导企业、社会团体等主体参与到科技发展的筹资中，拓展科技创新资金的筹资渠道，为我国科技创新事业提供充足的资金保障，提高我国科技创新能力，推动我国经济快速发展，为居民福利提供强有力的资金支持。

15.1.7.2 优化科技支出结构

优化科技支出结构，提高科技支出的使用效率，是推动我国技术创新，促进经济快速发展，改善居民福利的重要前提。从发达国家科技创新发展的经验来看，基础研究在科技创新中具有重要的基础作用。因此,在未来的科技支出制度改革中,我国有必要在逐步增加科技支出的同时,不断提高在基础科研阶段的投入占比,巩固我国的基础科研能力,为我国科技创新发展做好铺垫,更好地发挥科技创新促进经济发展及福利改善的作用。

15.2　税收政策的建议

税收收入是社会福利资金的重要来源之一。充分发挥税收作为社会福利筹资工具的作用,促进税收的福利分配效应,改善社会总福利水平需要从以下几方面着手。

15.2.1　优化税制结构

15.2.1.1　降低流转税比重

降低流转税比重,是目前税制改革、改善居民福利的关键。目前,我国以流转税为主体的税制结构,虽然在筹集财政收入方面发挥了重要作用,但是流转税的累退性以及税负易于转嫁,导致税收的收入调节功能弱,不利于社会公平以及居民福利水平的提高。在收入差距逐步扩大、经济发展趋于稳定的情况下,应建立流转与所得双主体的税制体系,适当降低流转税比重,逐步增加所得税比重,提高对财产税的重视程度,提高税收的累进性,充分发挥税收的收入分配调节功能,以更好地改善居民福利。

15.2.1.2　提高个人所得税比重

提高个人所得税比重,更好地发挥税收的收入分配调节功能,并改善居民福利水平。个人所得税在收入再分配环节有着举足轻重的地位,因此,增加个人所得税收入、提高个人所得税在总税收收入中的比重是我国未来进行税制改革、缩小居民收入差距、提高居民福利的重要手段。一方面,需要提高我国个人税源监控的能力,减少个人所得税偷税漏税的问题;另一方面,减少个人所得税税收优惠,如取消股息利息所得"部分计征"制。

15.2.1.3　健全财产税体系

健全财产税体系、逐步壮大财产税,是调节居民收入分配、实现社会公平和谐、改善居民福利的必然需求。财产税属于直接税,可有效调节财产存量,提高税收的累进性,促进税收对收入分配的调节。在目前财产税体系税种单一、房产税调节乏力、遗产税空白的情况下,为响应党的十九大缩小居民收入差距、促进社会公平正义的收入分配新目标,需要从以下两个方面着手。

第一,逐步完善房产税制度。目前,房产税的扩征处于试点阶段,应逐步完善房产税制度,对存量及增量房产在住房保有环节征税。进一步实现房产税"劫富济贫"的作用,使更多的拥有大量房产的富人贡献更多的税收收入,同时,以此来帮助更多贫困的弱势群体,加强住房保障,加快社会福利的改善。值得注意的是,任何税种的征收都需依法,故应充分征求群众意见，加快房产税的立法进程；设置合理的税率，可依据各地房价的现实情况，给予地方政府更多的权限，设置不同的税率。

第二，设计开征遗产税和赠与税。遗产税和赠与税一般共同设置，在财产的代际转移环节配套征收，起到改善收入分配状况、促进公益事业发展以及实现社会先富共富目标等作用。遗产税与赠与税的征收对税务部门的税源监控能力提出了较高要求，同时，需要完善个人财产评估与财产实名制登记制度。因此，在遗产税与赠与税的设置环节，需要不断完善税收部门税源监控体系，同时，加快我国个人财产评估行业的发展，尽快落实个人财产实名登记制度。

15.2.2 推进结构性降负

推进企业所得税改革，结构性降负，降低各部门税费负担，提高居民收入水平及居民福利水平。改善社会福利，需要经济发展及资本作为支撑，必须为企业降负。当前，结构性降负可以从以下两个方面着手：第一，完善税制结构，切实提高直接税，尤其是个人所得税在整个税种收入中的比重。以直接税为主体的税收制度有着较强的弹性，当企业利润减少时，自动减少税收收入降低企业负担，可以起到自动稳定器的作用。第二，制定更多针对中小企业的税收优惠政策。一方面，目前中小企业普遍面临融资难、融资贵问题，需要完善促进中小企业融资的税收政策，规范金融机构的管理，为中小企业创造良好的融资环境。另一方面，可考虑扩大小微企业相关税收优惠的范围，使更多中小企业享受到税收优惠政策，切实降低中小企业税收负担。通过上述政策，为我国企业尤其是小微企业创造良好的营商环境，促进我国企业发展，为改善我国居民福利提供良好的经济基础。

15.2.3 改进个人所得税

15.2.3.1 调整个人所得税抵扣标准

第一，制定地区差异化的房贷利息扣除标准。由于我国各地区经济发展水平不同，房价和房贷存在一定的差异性。目前，为更好地发挥个人所得税收入分配调节功能，建议由国家制定扣除标准的最高和最低限额，由各级地方政府根据本地的房价及房贷水平、房租水平、经济发展水平，制定地区房贷利息扣除标准，以保证个税政策的统一，并充分体现个税的灵活性和公平性。此外，由于每年的租金水平、房价等都会变动，可由地方政府根据实际情况动态调整，使个人所得税专项扣除更加人性化，促进税收的福利分配效应的发挥和居民福利的改善。

第二，调整子女养育扣除标准。首先，可以考虑对子女处于不同教育阶段的纳税人设置不同的扣除标准。处于义务教育阶段与处于非义务教育阶段的教育费用差别较大，建议对子女处于义务教育阶段与非义务教育阶段的纳税人设置两档不同的税率，以体现个人所得税的公平性原则。其次，扩大子女养育扣除范围。鉴于3岁以下婴幼儿抚养费费用较高，建议将3岁以下婴幼儿抚养费纳入扣除范围内，在鼓励国民生育的情况下，促进个人所得税调节收入分配，提高税收的福利分配正效应，改善居民福利。

第三，制定灵活化的赡养老人扣除标准。一方面，可考虑根据老人自身的情况，对子女设置不同的赡养老人抵扣标准，对于有养老保险、退休金的纳税人设置较低的扣除标准，对于赡养无退休金及养老保险的老人的纳税人设置稍高的抵扣标准。另一方面，考虑到赡养老人的边际成本递减，可对赡养不同数量的老人设置累进的扣除标准，如赡养一位老人每月可抵扣 2000 元，赡养两位老人每月可抵扣 3000 元。通过上述措施使个人所得税扣除标准更为科学合理，促进收入公平，提高社会福利。

15.2.3.2 完善捐赠税收优惠制度

完善捐赠税收优惠制度，促进我国慈善体系的完善，提高我国社会福利水平。扩展捐赠税收优惠制度，一方面，有必要让更多的慈善机构能够加入慈善竞争体系，为我国贫困地区及受灾地区贡献力量，促进我国慈善体系的发展；另一方面，放松对捐赠税前抵扣的限制，简化捐赠流程，加快捐赠审批程序，使捐赠简单化、方便化，提高居民捐赠的积极性，进一步缩小收入差距，改善贫困及受灾地区居民的生活水平，促进社会总福利的提高。

15.2.4 完善企业所得税

15.2.4.1 适当降低企业所得税税率

适当降低企业所得税税率，增加劳动要素供给，提高低收入群体收入，改善居民福利水平。随着美国减税计划的实施，世界各国相继减税，如柬埔寨已将企业所得税税率降至 20%，英国将企业所得税税率降至 19%。在全球性的减税冲击下，我国如果不能减税，则会降低我国对资本的吸引力，削弱我国企业在全球的竞争力。因此，我国也应找准时机，在保证财政收入不受严重影响的前提下，适当降低企业所得税税率。既能保证我国对资本的吸引力，又能增加劳动要素的供给，提高低收入群体的收入水平，最终改善我国居民整体的福利水平。

15.2.4.2 完善促进弱势群体就业的税收优惠政策

完善促进弱势群体就业的税收优惠政策，帮助弱势群体创业就业走出困境，优化我国福利政策体系，让居民享受到更好的社会福利。首先，完善鼓励残疾人就业税收优惠政策，如针对残疾人伤残等级，设置不同的企业所得税加计扣除标准。其次，扩大促进弱势群体就业的税收优惠政策覆盖面，如将失地农民、未在社会保障部门登记的失业人员、技校毕业生等群体纳入促进就业优惠政策范围内。最后，建立促进弱势群体就业税收优惠政策长效机制，从长远发展角度，制定促进上述群体就业的优惠政策，并根据政策的实施情况以及弱势群体就业的现实状况，及时调整优惠政策标准。通过完善促进弱势群体就业的税收优惠政策，切实帮助更多人创业就业，提高居民收入水平，促进经济福利及社会福利的提升。

15.2.5 优化消费税

15.2.5.1 完善消费税征税范围

完善消费税征税范围，进一步发挥消费税调节收入分配及改善居民福利的作用。目前，全世界已有超过80%的国家对奢侈品征收消费税，如印度尼西亚对皮革服饰和古董征收消费税，越南对飞机及高档迪厅、赌场、按摩场所征收高档服务消费税。在我国消费税征税范围调整过程中，一方面，可考虑将如高档包、高档皮革服饰、私人飞机等高档奢侈消费品以及如高档酒吧、高档 SPA、高档洗浴、高档会所等高档场所消费行为纳入消费税征税范围；另一方面，可考虑取消对如小汽车、摩托车以及金银首饰等普通消费品的消费税。根据我国市场消费现实情况及时调整消费税的征税范围，以更好地发挥消费税对收入的调节作用，进一步改善我国居民社会福利水平。

15.2.5.2 调整部分商品消费税税率

调整部分商品消费税税率，进一步促进消费税调节收入分配，改善居民福利。首先，可考虑提高游艇、高尔夫球及球具的税率，如提高至20%，更有效地限制对此类高档消费品的消费。其次，可提高实木地板以及木质一次性筷子的消费税税率，如提高至15%，在进一步提高居民保护环境资源意识的同时，提高消费税收入分配调节功能，筹集更多的税收收入，为我国居民提供更好的社会福利制度，提高居民福利水平。

15.2.5.3 将消费税改为价外税

将消费税由价内改为价外征收，强化消费税对消费及收入分配的调节作用，改善居民福利。由于消费税为间接税，在价内征收的情况下，更易发生税负转嫁。将消费税改为价外征收，借鉴西方国家的经验，在消费者的账单上将价款和税款分别列明，提高消费税的透明度，提高消费者的"税感"，增强国民纳税意识，在充分发挥消费税引导消费的基础上，促进消费税对收入分配的调节，进一步改善居民福利。

15.2.6 调整增值税

15.2.6.1 降低增值税占比

降低增值税在税收体系中的占比，构建流转税、所得税双主体的税制体系，更有效地调节居民收入差距，改善居民总体福利水平。因增值税具有收入分配负效应，且不利于社会福利水平提高，借鉴发达国家经验，降低增值税等流转税在税收总收入的比重，逐步提高直接税尤其是个人所得税在税制体系中的比重，构建流转税、所得税双主体的税制体系，是当前进行税制改革，以有效扭转居民收入差距逐渐扩大的局面，促进我国居民福利水平提高的关键。

15.2.6.2　下调生活必需品税率

进一步下调生活必需品增值税优惠税率，减弱增值税的收入分配负效应，促进我国社会公平及居民福利水平的提高。降低价格弹性较低的生活必需品的增值税优惠税率，进一步扩大与价格弹性较高的商品间的税率差异，可有效降低低收入弱势群体的税收负担，完善我国社会福利制度体系，更好地发挥税收对居民收入差距的调节作用，尽快实现新时代社会公平目标，促进我国居民福利水平的提高。

参考文献

[1] 安体富, 任强. 税收在收入分配中的功能与机制研究 [J]. 税务研究, 2007 (10): 22 - 27.

[2] 白景明. 更应关注宏观税负与公共福利的关系 [N]. 中国税务报, 2016 - 02 - 29 (A01).

[3] 白李. 我国个人所得税的税源分析 [D]. 东北财经大学, 2005.

[4] 毕洪. 个人所得税起征点现状及上调效应分析 [J]. 商业经济, 2016 (09): 108 - 110, 113.

[5] 庇古. 福利经济学 [J]. 社会福利 (理论版), 2015 (06): 2.

[6] 蔡萌, 岳希明. 中国社会保障支出的收入分配效应研究 [J]. 经济社会体制比较 (双月刊), 2018 (01): 36 - 44.

[7] 曹久庆. 我国税收的经济增长效应与社会福利损失分析 [J]. 法制博览, 2016 (19): 313, 312.

[8] 查显友, 丁守海. 低收费政策能改善教育公平和社会福利吗? ——兼论高等教育不同收费政策的效应 [J]. 清华大学教育研究, 2006 (01): 65 - 70.

[9] 柴武常. 价格机制与税收机制联动问题的探讨 [J]. 税务研究, 1986 (10): 10 - 14.

[10] 常晓素, 何辉. 流转税和所得税的福利效应研究 [J]. 统计研究, 2012 (01): 80 - 86.

[11] 常晓素. 税收政策对劳动要素收入分配份额的影响——基于省级面板数据的实证分析 [J]. 税务研究, 2017 (07): 107 - 112.

[12] 陈斌. 东道国税收激励政策的福利效应分析 [J]. 财贸研究, 2006 (06): 49 - 53.

[13] 陈贺鸿. 我国个人所得税课税模式研究 [J]. 财会学习, 2018 (21): 146, 148.

[14] 陈红霞. 社会福利思想 [M]. 北京: 社会科学文献出版社, 2002: 244 - 248.

[15] 陈建东, 孙克雅, 马骁, 冯瑛, 成树磊. 直接税和间接税对城乡居民收入差距的影响分析 [J]. 税务研究, 2015 (07): 43 - 53.

[16] 陈建东, 赵艾凤. 个人所得税对省际间城镇居民收入差距和社会福利的影响 [J]. 财政研究, 2013 (07): 63 - 66.

[17] 陈利锋. 政府支出的构成、宏观经济波动与社会福利——基于动态随机一般均

衡的视角 [J]. 工业技术经济, 2016, 35 (05): 74-83.

[18] 陈太明, 逄博, 张彦波. 中国通货膨胀对社会福利影响的实证分析 [J]. 财经问题研究, 2008 (08): 77-83.

[19] 陈旭东. 国际比较视角下中国宏观税负水平客观分析 [J]. 现代财经 (天津财经大学学报), 2012, 32 (03): 28-34.

[20] 陈阳, 郑立民, 逯进. 西北省域社会福利与经济增长差异的实证研究 [J]. 青岛大学学报 (自然科学版), 2012, 25 (02): 94-100.

[21] 陈卓珺. 浅析企业所得税调整对外资企业的影响 [J]. 中国外资, 2012 (10): 85.

[22] 成新轩, 裴朝阳. 从 "谁负" 看税负痛苦指数 [J]. 中国财政, 2012 (13): 72-73.

[23] 程开明, 李金昌. 城市偏向、城市化与城乡收入差距的作用机制及动态分析 [J]. 数量经济技术经济研究, 2007 (07): 116-125.

[24] 程莉. 1978-2011 年中国产业结构变迁对城乡收入差距的影响研究 [D]. 西南财经大学, 2014.

[25] 程凌. 统一内外资企业所得税率对税收及社会福利的影响——基于 CGE 的分析 [J]. 数量经济技术经济研究, 2007 (10): 67-80.

[26] 程岩, 管泽锋, 石泽龙. 税负痛感指数的影响因素及对策研究——基于省级面板数据的实证检验 [J]. 南华大学学报 (社会科学版), 2018, 19 (02): 76-84.

[27] 程智勇, 王钲翔. 个人所得税引入分类征收制的分析 [J]. 现代经济信息, 2018 (08): 180-181.

[28] 储德银, 闫伟. 财政支出的民生化进程与城乡居民消费——基于 1995-2007 年省级面板数据的经验分析 [J]. 山西财经大学学报, 2010, 32 (01): 10-16.

[29] 储德银. 财政政策促进居民消费的作用机理与影响效应研究 [D]. 东北财经大学, 2011.

[30] 褚睿刚. 环境创新税收政策解构与重构: 由单一工具转向组合工具 [J]. 科技进步与对策, 2018 (10): 107-114.

[31] 戴悦, 朱为群. G20 代表性国家提升企业所得税制竞争力的改革及对我国的政策启示 [J]. 财政研究, 2018 (04): 108-118.

[32] 邓力平, 王智烜. 增值税的效应理论及实证研究: 前沿与启示 [J]. 税务研究, 2013 (10): 3-8.

[33] 高鸿业. 西方经济学 [M]. 北京: 中国人民大学出版社, 2007.

[34] 高金平. 资本个税税率有待提高 [J]. 新理财, 2018 (08): 19.

[35] 龚六堂. 政府政策评价的改变: 从增长极大到社会福利极大 [J]. 经济学动态, 2005 (10): 9-12.

[36] 谷成. 从理论研究到制度优化: 现实约束下的中国个人所得税改革 [J]. 经济社会体制比较, 2014 (01): 16-23.

[37] 郭宏宝. 我国综合个人所得税改革的福利效应及其动态影响 [J]. 财贸研究,

2017，28（04）：72 – 79.

［38］郭明丽．缩小我国居民收入差距的税收政策探究［J］．纳税，2018，12（24）：38.

［39］何代欣．"营改增"的政府间收入分配效应——基于税收收入弹性变动的测算与评估［J］．经济社会体制比较，2016（03）：84 – 93.

［40］何辉，樊丽卓．房产税的收入再分配效应研究［J］．税务研究，2016（12）：48 – 52.

［41］何辉，李玲，张清．个人所得税的收入再分配效应研究——基于 1995 – 2011 年中国城镇居民调查数据［J］．财经论丛，2014（02）：36 – 43.

［42］何辉．财税政策与居民收入差距：实证检验及应对策略［M］．北京：经济科学出版社，2019.

［43］何辉．我国消费税的收入分配效应与福利效应实证分析［J］．税务研究，2016（03）：20 – 24.

［44］何辉．营业税的收入分配与福利效应实证研究［J］．常州大学学报，2016（06）：51 – 56.

［45］何辉．增值税的收入分配效应与福利效应研究［J］．税务研究，2015（01）：62 – 66.

［46］何宗樾，宋旭光．公共教育投入如何促进包容性增长［J］．河海大学学报（哲学社会科学版），2018，20（05）：42 – 49，91.

［47］贺俊，王戴伟．最优宏观税负、政府支出结构和消费增长——基于内生增长模型的分析［J］．天津大学学报（社会科学版），2018，20（02）：105 – 109.

［48］洪源，杨司键，秦玉奇．民生财政能否有效缩小城乡居民收入差距［J］．数量经济技术经济研究，2014（07）：3 – 20.

［49］胡芳．我国个人所得税改革对其收入分配效应的影响分析［J］．会计之友，2019（05）：65 – 69.

［50］胡华．个人所得税四要素与收入差距关系研究［J］．中央财经大学学报，2015（08）：3 – 11.

［51］胡世文．缓解居民收入差距与税制累进性升级［J］．税务研究，2012（08）：58 – 60.

［52］胡文骏．逆向财政机制：城乡收入差距的重要诱因［J］．山西财经大学学报，2018，40（03）：1 – 10.

［53］胡怡建．市场机制对资源配置起决定作用下如何更好发挥税收作用的思考［J］．税务研究，2018（07）：3 – 8.

［54］胡元聪，闫晴．低收入家庭税法保障的中国方案：理论证成、制度检视及优化路径［J］．中央财经大学学报，2018（10）：14 – 23.

［55］黄桂兰．税收制度调节收入分配差距的效果研究——基于中国数据的理论与经验［J］．税收经济研究，2013，18（06）：77 – 86.

［56］黄琳．促进我国居民收入分配公平的税收政策分析［J］．中国商论，2016

（09）：173-176.

[57] 黄秀女，郭圣莉.城乡差异视角下医疗保险的隐性福利估值及机制研究——基于 CGSS 主观幸福感数据的实证分析 [J]. 华中农业大学学报（社会科学版），2018（06）：93-103，156.

[58] 黄迎.个人所得税对于收入分配差异程度的影响——基于个税改革并以基尼系数为度量 [J]. 全国流通经济，2018（31）：127-128.

[59] 计金标，庞淑芬.关于发挥税收促进社会公平功能的思考 [J]. 税务研究，2017（04）：3-8.

[60] 贾康，王敏.社会福利筹资与公共财政支持 [J]. 首都经济贸易大学学报，2009（01）：82-94.

[61] 贾康，张晓云.中国消费税的三大功能：效果评价与政策调整 [J]. 当代财经，2014（04）：24-34.

[62] 贾康.合理促进消费的财税政策与机制创新 [J]. 税务研究，2010（01）：32-35.

[63] 贾康.政府应加大国民收入分配调整力度 [J]. 群言，2010（09）：8-10.

[64] 贾康.中国供给侧结构性改革中创新制度供给的思考 [J]. 区域经济评论，2016（03）：5-7.

[65] 江亮演.社会福利导论 [M]. 台北：洪叶文化事业有限公司，2004：6-7.

[66] 蒋晓蕙，张京萍.论税收制度对收入分配调节的效应 [J]. 税务研究，2006（09）：8-12.

[67] 蒋玉杰.我国个人所得税的社会福利效应研究 [J]. 商学研究，2018，25（04）：90-96.

[68] 蒋震，安体富，杨金亮.从经济增长阶段性看收入分配和税收调控的关系 [J]. 税务研究，2016（04）：14-19.

[69] 揭莹，肖梅峻，李亚斌.关于税收对要素收入分配的影响研究 [J]. 现代国企研究，2017（02）：156.

[70] 靳东升.中国40年税制改革基本经验的思考 [N]. 中国经济时报，2018-12-14（005）.

[71] 李彪.试论价格机制与税收机制的关系 [J]. 内蒙古大学学报（哲学社会科学版），1993（02）：95-98.

[72] 李郝峰，张蕾.税收与福利的关系探讨 [J]. 现代商贸工业，2017（19）：114-115.

[73] 李娟.统一内外资所得税率对我国企业所得税收入的影响 [J]. 经济问题，2013（04）：43-47.

[74] 李俊霖，桂诗珊.中国税收福利模式的国际比较 [J]. 江南大学学报（人文社会科学版），2018，17（06）：99-105，112.

[75] 李绍荣，耿莹.中国的税收结构、经济增长与收入分配 [J]. 经济研究，2005（05）：118-126.

［76］李士梅，李安．我国个人所得税收入分配调节效应分析［J］．税务与经济，2017（05）：92－99．

［77］李文婧，孔庆．我国公民个人税负不公平的问题分析［J］．商，2016（28）：180．

［78］李香菊，贺娜．跨越"中等收入陷阱"的税制研究——基于扩大中等收入群体比重的视角［J］．华东经济管理，2019（03）：1－9．

［79］李一花，沈海顺．增长还是福利？——财政支出结构效应的实证分析［J］．经济与管理评论，2012，28（05）：97－105．

［80］李英伟．构建有利于调节居民收入分配的间接税体系［J］．地方治理研究，2018（03）：42－51．

［81］李颖．中国农村居民收入差距及其影响因素分析［D］．中国农业大学，2004．

［82］李真男．政府支出结构与税收分配比例的经济增长效应研究——财政分权体制下政府最大化社会福利机制推演［J］．财经研究，2009，35（09）：14－25．

［83］刘成龙，王周飞．基于收入分配效应视角的税制结构优化研究［J］．税务研究，2014（06）：15－22．

［84］刘国平，朱远．碳排放福利绩效研究：基于 G20 数据［J］．科学学研究，2011，29（10）：1504－1510．

［85］刘建民，毛军，吴金光．我国税收政策对居民消费的非线性效应——基于城乡收入差距视角的实证分析［J］．税务研究，2016（12）：76－79．

［86］刘乐山．基于财政视角的中国收入分配差距调节研究［D］．西北大学，2006．

［87］刘盼，罗楚亮．向企业征税还是向劳动者征税？——基于增长效应和福利效应的税收结构分析［J］．经济科学，2018（01）：69－82．

［88］刘怡，聂海峰．间接税负担对收入分配的影响分析［J］．经济研究，2004（05）：22－30．

［89］刘怡，聂海峰．增值税和营业税对收入分配的不同影响研究［J］．财贸经济，2009（06）：63－68．

［90］刘元生，陈凌霜，刘蓉，王文甫．增值税抵扣链条扩大对税收中性和经济增长的冲击效应研究［J］．财政研究，2018（02）：107－120．

［91］刘铮．社会福利要向税负水平看齐［J］．经济研究参考，2010（66）：13．

［92］刘佐．中国直接税与间接税比重变化趋势研究［J］．财贸经济，2010（07）：40－43，137．

［93］陆铭，陈钊．城市化、城市倾向的经济政策与城乡收入差距［J］．经济研究，2004（06）：50－58．

［94］罗尔斯．何怀宏译．正义论［M］．北京：中国社会科学出版社，1998．

［95］罗涛．公平正义视阈下税收调节居民收入分配机制探析［J］．税务研究，2010（03）：96－97．

［96］罗影，汪毅霖．"中国梦"实现程度的测度：规范框架与实证检验［J］．东北财经大学学报，2015（02）：18－24．

[97] 吕凯波，刘小兵．公众收入再分配偏好及其影响因素分析——基于世界价值观调查的数据 [J]．财政研究，2017（01）：49-63．

[98] 马德．中国城镇养老保险制度的收入分配效应研究 [D]．西北大学，2014．

[99] 马广海，许英．论社会福利：概念和视角 [J]．山东大学学报（哲学社会科学版），2008（05）：141-146．

[100] 马国强，王椿元．收入再分配与税收调节 [J]．税务研究，2002（02）：7-11．

[101] 马旭东．幸福感、收入分配差距与税收社会福利——基于行为经济学的探讨 [J]．税务与经济，2015（05）：70-77．

[102] 马雪彬，胡建光．区域金融发展、财政支出与经济福利——基于省级动态面板数据的实证检验 [J]．经济经纬，2012（01）：37-41．

[103] 马永斌，闫佳．不同收入分配层次的税收调节机制 [J]．税务与经济，2017（02）：64-69．

[104] 孟莹莹．消费税收入再分配效应的实证分析 [J]．统计与决策，2014（08）：95-98．

[105] 聂海峰，岳希明．间接税归宿对城乡居民收入分配影响研究 [J]．经济学（季刊），2013，12（01）：287-312．

[106] 潘常刚．营改增的居民福利和公平效应研究——基于可计算一般均衡模型的实证分析 [J]．税务研究，2018（03）：51-57．

[107] 潘梅，宋小宁．工薪所得个人所得税负变化及提高费用扣除标准的福利效应 [J]．税务研究，2010（03）：49-51．

[108] 潘文轩．税收如何影响中国的国民收入分配格局——基于资金流量表的实证研究 [J]．当代财经，2019（01）：36-46．

[109] 潘文轩．直接税对居民收入分配影响的实证分析 [J]．技术经济与管理研究，2015（03）：60-63．

[110] 庞军，高笑默，石嫒昌．能源资源税改革对我国城镇居民的收入分配效应——基于投入产出模型的分析 [J]．中国环境科学，2019，39（01）：402-411．

[111] 彭妮娅．居民收入差距的测度、影响因素及经济效应研究 [D]．湖南大学，2013．

[112] 平新乔，梁爽，郝朝艳，张海洋，毛亮．增值税与营业税的福利效应研究 [J]．经济研究，2009（09）：66-80．

[113] 钱金保，常汝用．"死亡税率"还是言过其实——中国企业微观税负测度 [J]．地方财政研究，2018（01）：62-70，81．

[114] 饶晓辉．政府支出融资方式的增长效应与福利效应 [J]．当代财经，2017（08）：14-25．

[115] 尚晓媛．AD 银行山东省分行信用风险管理研究 [D]．山东大学，2012．

[116] 沈娅莉，李小梦，杨国军．税制结构研究演进脉络及对我国税制结构改革的启示 [J]．税务研究，2018（10）：97-101．

[117] 宋冬林，姜扬，郑国强．民生财政支出的幸福评价——基于 CGSS（2012）调

查数据的实证研究 [J]. 吉林大学社会科学学报, 2016, 56 (06): 96 - 104, 189 - 190.

[118] 宋丽萍, 王建聪. 财政支出、税收收入与收入分配——基于 1991 - 2015 年数据的格兰杰因果关系检验 [J]. 现代经济信息, 2018 (06): 3 - 4.

[119] 宋英杰, 曲静雅. 财政职业教育支出对城乡收入差距的影响 [J]. 公共财政研究, 2018 (03): 27 - 38.

[120] 苏国灿, 童锦治, 黄克珑. 我国消费税税率与征税环节的改革及其福利效应分析——以烟、酒和成品油为例 [J]. 财政研究, 2016 (09): 19 - 29.

[121] 孙钢. 试析税收对我国收入分配的调节 [J]. 税务研究, 2011 (03): 8 - 14.

[122] 孙明华. 我国内外资企业所得税合并研究分析 [J]. 中国外资, 2011 (13): 133.

[123] 孙荣, 辛方坤. 财政支出规模、结构与社会福利的动态均衡研究 [J]. 经济问题探索, 2011 (08): 95 - 100.

[124] 孙思燕. 个人所得税最高边际税率应降至35% [N]. 财会信报, 2018 - 07 - 09 (B02).

[125] 孙文祥, 张志超. 财政支出结构对经济增长与社会公平的影响 [J]. 上海财经大学学报, 2004 (06): 3 - 9.

[126] 孙亦军, 梁云凤. 我国个人所得税改革效果评析及对策建议 [J]. 中央财经大学学报, 2013 (01): 13 - 19.

[127] 唐文倩. 完善税收体制机制, 促进优化国民收入分配格局 [J]. 中国财政, 2016 (13): 44 - 46.

[128] 陶一桃. 庇古与福利经济学的产生 [J]. 特区经济, 2000 (08): 51 - 52.

[129] 田志伟. 企业所得税税负归宿与收入分配 [J]. 财经论丛, 2018 (07): 27 - 36.

[130] 田志伟. 中国增值税与营业税对城镇居民收入分配影响演变的分析 [A]. 中国财政学会. 中国财政学会 2015 年年会暨第二十次全国财政理论讨论会交流材料汇编之二 [C]. 中国财政学会: 中国财政学会, 2015: 9.

[131] 童锦治, 苏国灿, 刘欣陶. 我国消费税的收入再分配效应分析 [J]. 税务研究, 2017 (01): 15 - 21.

[132] 万莹. 个人所得税对收入分配的影响: 由税收累进性和平均税率观察 [J]. 改革, 2011 (03): 53 - 59.

[133] 万莹. 我国流转税收入分配效应的实证分析 [J]. 当代财经, 2012 (07): 21 - 30.

[134] 汪雄剑, 邹恒甫. 公共投资政策的社会福利成本 [J]. 北京大学学报 (哲学社会科学版), 2005 (05): 178 - 190.

[135] 王冰. 从客观效用到主观幸福——经济福利衡量方法论转型评析 [J]. 外国经济与管理, 2008 (05): 1 - 7.

[136] 王春林, 刘昶, 陆逸超. 基于调节收入分配视角的房产税改革方案构想与数据检验——以江苏省为例 [J]. 金融纵横, 2018 (05): 19 - 28.

[137] 王德祥，赵婷. 我国间接税对城乡居民收入分配的效应分析 [J]. 审计与经济研究，2016，31（02）：100 - 110.

[138] 王芳瑜. 从税收公平原则解读我国《个人所得税法》中以工薪阶层为主要纳税主体的不足 [J]. 赤峰学院学报（科学教育版），2011，3（07）：11 - 12.

[139] 王桂胜. 福利经济学 [M]. 北京：中国劳动社会保障出版社，2007.

[140] 王慧洁，田金玲. 从效率与公平角度浅析税收对于增进社会福利的意义 [J]. 哈尔滨商业大学学报（社会科学版），2006（05）：24 - 26.

[141] 王丽芝. 如何看待税收对收入分配的调控作用 [J]. 中小企业管理与科技（中旬刊），2018（08）：55 - 56.

[142] 王茂福，谢勇才. 关于我国社会保障对收入分配存在逆调节的研究 [J]. 毛泽东邓小平理论研究，2012（06）：46 - 50，103，115.

[143] 王乔，汪柱旺. 我国现行税制结构影响居民收入分配差距的实证分析 [J]. 当代财经，2008（02）：37 - 38，125.

[144] 王俭. 以家庭为申报单位的个人所得税改革研究 [J]. 特区经济，2018（07）：50 - 51.

[145] 王韬，吕碧君. 从税收公平角度看纳税人的"税负痛苦" [J]. 财会通讯，2018（29）：119 - 122.

[146] 王维国，李秀军，李宏. 我国社会福利总体水平测度与评价研究 [J]. 财经问题研究，2018（09）：28 - 34.

[147] 王小鲁，樊纲. 中国收入差距的走势和影响因素分析 [J]. 经济研究，2005（10）：24 - 36.

[148] 王延辉. 中国产业经济福利水平测度及提升策略研究 [D]. 辽宁大学，2016.

[149] 王延中，龙玉其，江翠萍，徐强. 中国社会保障收入再分配效应研究——以社会保险为例 [J]. 经济研究，2016（02）：4 - 15.

[150] 王禹力. 税收不公正对于收入分配效应的影响 [J]. 新经济，2015（35）：71.

[151] 王志刚. 中国税制的累进性分析 [J]. 税务研究，2008（09）：16 - 20.

[152] 温桂荣. 税收制度影响城乡收入差距的实证研究 [J]. 商学研究，2017，24（04）：94 - 103.

[153] 乌力吉图，张凤滢. 燃油税改革：环境、经济、社会的影响 [J]. 中国人口·资源与环境，2015（25）：508 - 510.

[154] 吴远霖. 中国城乡居民医疗服务的消费行为及福利效应分析——基于QUAIDS模型 [J]. 哈尔滨商业大学学报（社会科学版），2016（02）：79 - 89.

[155] 武康平，张国胜，周伟. 民生福利评价的理论与实践 [J]. 南京社会科学，2012（07）：1 - 7.

[156] 武亚琳. 财政支出结构对城乡居民收入差距的影响分析 [J]. 现代营销（下旬刊），2018（06）：232 - 233.

[157] 谢乔昕，孔刘柳. 社会公平、经济增长与财政支出关系探析——基于社会福利

函数的角度 [J]. 山东财政学院学报, 2011 (03): 59-62.

[158] 谢贞发. 税收竞争、中央税收征管集权及社会福利——1994 年后企业所得税制改革的理论解析 [J]. 财政研究, 2014 (09): 21-23.

[159] 徐建炜, 马光荣, 李实. 个人所得税改善中国收入分配了吗——基于对 1997-2011 年微观数据的动态评估 [J]. 中国社会科学, 2013 (06): 53-71, 205.

[160] 徐倩, 李放. 财政社会保障支出与中国城乡收入差距——理论分析与计量检验 [J]. 上海经济研究, 2012, 24 (11): 81-88, 111.

[161] 徐润, 陈斌开. 个人所得税改革可以刺激居民消费吗?——来自 2011 年所得税改革的证据 [J]. 金融研究, 2015 (11): 80-97.

[162] 许志伟, 吴化斌, 周晶. 个人所得税改革的宏观福利分析 [J]. 管理世界, 2013 (12): 32-42.

[163] 闫晶晶, 易宇, 王伟尧. 税收与转移支付的再分配效应分析——基于欧元区国家和中国的经验证据 [J]. 投资研究, 2018, 37 (04): 20-37.

[164] 严成樑, 龚六堂. 我国税收的经济增长效应与社会福利损失分析 [J]. 经济科学, 2010 (02): 69-79.

[165] 严成樑, 龚六堂. 最优财政政策选择: 从增长极大化到福利极大化 [J]. 财政研究, 2012 (10): 16-19.

[166] 杨缅昆. 论国民福利核算框架下的福利概念 [J]. 统计研究, 2008 (06): 72-77.

[167] 杨默如, 黄婷婷. 我国上市公司现金股利政策个人所得税效应研究及其启示 [J]. 东南学术, 2018 (06): 137-149.

[168] 杨森平, 刘树鑫. 间接税对我国城乡居民收入的调节: "正向" 还是 "逆向"? [J]. 财政研究, 2019 (01): 116-129.

[169] 杨森平, 周敏. 调节城乡收入差距的税收政策研究——基于我国间接税视角 [J]. 财政研究, 2001 (07): 72-74.

[170] 杨天宇, 张品一. 食品价格上涨对我国城镇各阶层居民社会福利的不同影响 [J]. 产经评论, 2015, 6 (03): 125-139.

[171] 杨晓荣. 分阶段灵活运用多指标衡量经济福利——从 GNH 与 GDP 的关系出发浅谈经济福利指标的选用 [J]. 时代金融, 2012 (06): 76.

[172] 姚明霞. 中国政府财政支出的福利评价 [J]. 财政研究, 2009 (11): 27-30.

[173] 叶满城. 经济转轨背景下统一内、外资企业所得税率的社会福利分析 [J]. 辽宁工业大学学报 (自然科学版), 2009, 29 (02): 129-132.

[174] 叶提芳, 龚六堂, 葛翔宇. 资本流动、地方政府支出效率与社会福利 [J]. 中南财经政法大学学报, 2017 (02): 59-67.

[175] 叶至诚. 社会福利服务 [M]. 台北市: 扬智文化, 2002: 397.

[176] 蚁佳纯. OECD 降税改革与中国制造业企业所得税税率结构的完善 [J]. 华南师范大学学报 (社会科学版), 2018 (01): 155-160, 192.

[177] 尹音频, 闫胜利. 我国间接税的归宿与收入再分配效应 [J]. 税务研究, 2017 (04): 20-26.

[178] 于海峰. 中央政府在地方横向税收竞争中的作用机制分析 [J]. 税务研究, 2008 (10): 38 - 41.

[179] 余菊, 刘新. 城市化、社会保障支出与城乡收入差距——来自中国省级面板数据的经验证据 [J]. 经济地理, 2014, 34 (03): 79 - 84, 120.

[180] 余菊. 政府民生支出对城乡收入差距的动态影响 [J]. 统计与决策, 2015 (05): 143 - 146.

[181] 俞杰. 税制累进设计与收入分配调节 [J]. 税务与经济, 2019 (02): 70 - 76.

[182] 袁晓宁. 关于我国个人所得税税制改革的思考——以按家庭为单位征收个人所得税为视角 [J]. 法制博览, 2016 (19): 299.

[183] 袁迎. 基于我国企业所得税改革方向的探析 [J]. 现代商业, 2018 (24): 140 - 141.

[184] 岳希明, 徐静, 刘谦等. 2011 年个人所得税改革的收入再分配效应 [J]. 经济研究, 2012 (09): 113 - 124.

[185] 岳希明, 张斌, 徐静. 中国税制的收入分配效应测度 [J]. 中国社会科学, 2014 (06): 96 - 117, 208.

[186] 张斌. 经济转型背景下提高直接税比重的必然性与策略 [J]. 河北大学学报 (哲学社会科学版), 2019, 44 (01): 16 - 25.

[187] 张楠, 邹甘娜. 个人所得税的累进性与再分配效应测算——基于微观数据的分析 [J]. 税务研究, 2018 (01): 53 - 58.

[188] 张世雄. 社会福利的理念与社会安全制度 [M]. 台北: 唐山出版社, 1996: 50 - 52.

[189] 张帅, 史清华. 应用人类发展指数和生态足迹的可持续发展研究——基于强可持续的研究范式 [J]. 上海交通大学学报 (哲学社会科学版), 2017, 25 (03): 99 - 108.

[190] 张顺明, 余军. 国有企业所得税与绩效目标的福利效应——基于数值模拟的分析 [J]. 数量经济技术经济研究, 2013, 30 (05): 3 - 17.

[191] 张晓旭. 税制结构对城乡居民收入差距的影响研究 [J]. 金融经济, 2019 (02): 119 - 120.

[192] 张奕. 家庭征收模式个税改革中家庭结构的设计研究 [J]. 商业会计, 2017 (06): 102 - 105.

[193] 张运峰, 叶林祥. 中国就业波动的福利效应分析 [J]. 财经研究, 2007 (09): 69 - 78.

[194] 赵艾凤, 马晓. 消费税对城镇居民收入差距的调节效果分析 [J]. 税务研究, 2017 (05): 23 - 28.

[195] 赵桂芝, 郭丽英. 中国财政转移支付福利效应评估与改进对策分析——基于农村居民收入分配福利的视角 [J]. 经济经纬, 2018, 35 (05): 158 - 164.

[196] 赵桂芝. 中国税收对居民收入分配调控研究 [D]. 辽宁大学, 2006.

［197］赵海利．公共财政视角下政府在学前教育中的责任［J］．教育发展研究，2012，32（20）：12－17．

［198］赵娜，崔玉平．新一轮税制改革下消费税调整的社会福利效应分析［J］．经济论坛，2007（05）：48－49．

［199］赵人伟，李实．中国居民收入差距的扩大及其原因［J］．经济研究，1997（09）：10．

［200］赵昕东，汪勇．食品价格上涨对不同收入等级城镇居民消费行为与福利的影响——基于 QUAIDS 模型的研究［J］．中国软科学，2013（08）：154－162．

［201］郑宝红，张兆国．企业所得税率降低会影响全要素生产率吗？——来自我国上市公司的经验证据［J］．会计研究，2018（05）：13－20．

［202］郑尚植．中国式财政分权、公共支出结构与收入分配［J］．财经问题研究，2016（04）：76－82．

［203］钟春平，李礼．税收显著性、税收归宿及社会福利［J］．经济与管理评论，2016，32（04）：5－13．

［204］周春艳．缩小山西省居民收入分配差距的税收政策探析［J］．山西财税，2017（04）：13－16．

［205］周克清，毛锐．税制结构对收入分配的影响机制研究［J］．税务研究，2014（07）：24－29．

［206］周强．新税负痛苦指数分析及启示——基于中国宏观税负加权［J］．人民论坛，2015（05）：82－85．

［207］周艳．税收促进贫困地区发展的作用机理及建议［J］．税务研究，2018（03）：96－98．

［208］朱为群，陆施予．我国奢侈品消费税改革探讨［J］．税务研究，2018（07）：28－34．

［209］朱迎春．我国财政农林水资金的收入分配效应研究［J］．当代财经，2013（09）：39－48．

［210］朱跃序，陈平路，马成．个人所得税改革福利效应的 CGE 分析［J］．统计与决策，2015（13）：165－169．

［211］Aaberge R．, Colombino U. & Strom S. Labor Supply Responses and Welfare Effects from Replacing Current Tax Rules by a Flat Tax：Empirical Evidence from Italy，Norway and Sweden［J］. Journal of Population Economics，2000，13（04）：595－621．

［212］Adam A．, Kammas P. & Lapatinas A. Income Inequality and the Tax Structure：Evidence from Developed and Developing Countries［J］. Journal of Comparative Economics，2014，43（01）：138－154．

［213］Andersson R. & Soderberg B. Financing Roads and Railways with Decentralized Real Estate Taxes：The Case of Sweden［J］. Annals of Regional Science，2012，48（03）：839－853．

［214］Bejakovic Predrag & Mrnjavac Zeljko. The Role of the Tax System and Social Security Transfers in Reducing Income Inequality: The Case of the Republic of Croatia [J]. Ekonomski Pregled, 2016, 67 (05): 399 - 417.

[215] Buettner T. & Erbe K. Revenue and Welfare Effects of Financial Sector VAT Exemption, International Tax and Public Finance [J]. 2014, 21 (06): 1028 - 1050.

[216] Caminada K. et al. Has the Redistributive Effect of Social Transfers and Taxes Changed over Time across Countries? [J]. International Social Security Review, 2019, 72 (01): 3 - 31.

[217] Chen Dihong, Xiao Chunv, Zang Jiaheng & Liu Zilan. Old-age Social Insurance and Household Consumption: Evidence from China [J]. Emerging Markets Finance and Trade, 2018, 54 (13): 2948 - 2964.

[218] Choi K. & Lee S. -K. Tax-Welfare Churning and Its Reduction [J]. Korean Journal of Public Finance, 2011 (04): 67 - 109.

[219] Cok M., Urban I. & Verbic M. Income Redistribution through Taxes and Social Benefits: The Case of Slovenia and Croatia [J]. Panoeconomicus, 2013, 60 (05): 667 - 686.

[220] Cold Ronald B. Fiscal Capacities and Welfare Expenditures of States [J]. National Tax Journal, 1969, 22 (04): 496 - 505.

[221] Cremer H. & Thisse J. -F. On the Taxation of Polluting Products in a Differentiated Industry [J]. European Economic Review, 1999, 43 (03): 575 - 594.

[222] Dagsvik J. K., Locatelli M. & Strom S. Tax Reform, Sector-Specific Labor Supply and Welfare Effects [J]. Scandinavian Journal of Economics, 2009, 111 (02): 299 - 321.

[223] De Jager N. E. M., Graafland J. J. & Gelauff G. M. M. A Negative Income Tax in a Mini-Welfare State: A Simulation Exercise with MIMIC [J]. Journal of Policy Modeling, 1996, 18 (02): 223 - 231.

[224] Decoster A. & Haan P. Welfare Effects of a Shift of Joint to Individual Taxation in the German Personal Income Tax [J]. FinanzArchiv, 2014, 70 (04): 599 - 624.

[225] Defina R. & Thanawala K. International Evidence on the Impact of Transfers and Taxeson Alternative Poverty Measures. Luxembourg Income Study [R]. Working Paper, 2002.

[226] Devereux M. B. & Love D. R. F. The Effects of Factor Taxation in a Two-sector Model of Endogenous Growth, Canadian Journal of Economics, 1994, 27 (03): 509 - 536.

[227] Díaz Caro C. & Crespo Cebada E. Taxation of Capital Gains and Lock-in Effect in the Spanish Dual Income Tax [J]. European Journal of Management & Business Economics, 2016, 25 (01): 15 - 21.

[228] Duncan D. & Peter K. S. Unequal inequalities: Do Progressive Taxes Reduce Income Inequality? [J]. International Tax and Public Finance, 2016, 23 (04): 762 - 783.

[229] Fitzroy Felix & Nolan Michael. Welfare Policies, Relative Income and Majority Choice [J]. Manchester School, 2016, 84 (01): 81 - 94.

[230] Fos Elmer B., Thompson Michael E., Elnitsky Christine A. & Platonova Elena A. Community Benefit Spending among North Carolina's Tax-exempt Hospitals after Performing Com-

munity Health Needs Assessments［J］. Journal of Public Health Management and Practice, 2019 (18)：124 – 153.

［231］Freire Tiago. Wage Subsidies and the Labor Supply of Older People：Evidence from Singapore's Workfare Income Supplement Scheme［J］. Singapore Economic Review, 2018, 63 (05)：1101 – 1139.

［232］Funke M. & Strulik H. Taxation, Growth and Welfare：Dynamic Effects of Estonia's 2000 Income Tax Act［J］. Finnish Economic Papers, 2006, 19 (01)：25 – 38.

［233］Gene P. & Eisaku I. The Tax-welfare Mix：Explaining Japan's Weak Extractive Capacity［J］. The Pacific Review, 2014, 27 (05)：675 – 702.

［234］George V. & Page R. M. Modern Thinkers on Welfare［M］. Prentice Hall, 1995.

［235］Gobetti S. W & Orair R. O. Taxation and Distribution of Income in Brazil：New Evidence from Personal Income Tax Data［J］. Revista de Economia Politica, 2017, 37 (02)：267 – 286.

［236］Greenstein Anat, Burman Erica, Kalambouka Afroditi & Sapin Kate. Construction and Deconstruction of 'Family' by the Bedroom Tax［J］. British Politics, 2016 (11)：508 – 525.

［237］Guzzetta C. The Social Work Dictionary (2nd Edition)［M］. Social Work, 1993.

［238］Handel G. Social Welfare in Western Society［M］. Social welfare in Western society, 1982.

［239］Harkanen T. et al. The Welfare Effects of Health-Based Food Tax Policy［J］. Food Policy, 2014 (49)：196 – 206.

［240］Hener Timo. Unconditional Child Benefits, Mothers'Labor Supply, and Family Well-being：Evidence from a Policy Reform［J］. Cesifo Economic Studies, 2016, 62 (04)：624 – 649.

［241］Hoynes H. W. & Patel A. J. Effective Policy for Reducing Poverty and Inequality? The Earned Income Tax Credit and the Distribution of Income［J］. Journal of Human Resources, 2018, 53 (04)：859 – 890.

［242］Jiao Y. The Impacts of the Earned Income Tax Credit and Welfare Reform on the Low-Skilled Labor Market［D］. University of Illinois, Chicago, 2017.

［243］Joumard I., Pisu M. & Bloch D. Tackling Income Inequality：The Role of Taxes and Transfers［J］. OECD Journal：Economic Studies, 2012 (01)：37 – 70.

［244］Koskela E. & Ollikainen M. A Behavioral and Welfare Analysis of Progressive Forest Taxation［J］. Canadian Journal of Forest Research, 2003, 33 (12)：2352 – 2361.

［245］Li Shuai, Cai Jiannan, Feng Zhuo, Xu Yifang & Cai Hubo. Government Contracting with Monopoly in Infrastructure Provision：Regulation or Deregulation?［J］. Transportation Research Part E-logistics and Transportation, 2019 (122)：506 – 523.

［246］Liu, Liqun, Rettenmaier, Andrew J, Saving & Thomas R. International Journal of Health Care Finance and Economics［J］. Dordrecht, 2011 (11)：101 – 113.

［247］Llamas L., Araar A. & Huesca L. Income Redistribution and Inequality in the Mexican Tax-Benefit System ［J］. Cuadernos de Economia（National University of Colombia），2017，36（72）：301 – 325.

［248］Lombardini-Riipinen C. Optimal Tax Policy under Environmental Quality Competition ［J］. Environmental and Resource Economics，2005，32（03）：317 – 336.

［249］Lustig N.，Pessino C. & Scott J. The Impact of Taxes and Social Spending on Inequality and Poverty in Argentina，Bolivia，Brazil，Mexico，Peru，and Uruguay：Introduction to the Special Issue ［J］. Public Finance Review，2014，42（03）：287 – 303.

［250］Matsukawa I. The Welfare Effects of Environmental Taxation on a Green Market Where Consumers Emit a Pollutant ［J］. Environmental and Resource Economics，2012，52（01）：87 – 107.

［251］Mattos E. & Politi R. Pro-poor Tax Policy and Yardstick Competition：A SpatialInvestigation for VAT Relief on Food in Brazil ［J］. Annals of Regional Science，2014，52（01）：279 – 307.

［252］Michael Keen. Welfare Effects of Commodity Tax Harmonization ［J］. Journal of Public Economics，1987（33）：107 – 114.

［253］Miguel Ferguson，Jessica Ritter，Diana M. DiNitto，Jinseok Kim A. & James Schwab. Mentoring as a Strategy for Welfare Reform ［J］. Journal of Human Behavior in the Social Environment，2005（12）：2 – 3.

［254］Morley B. & Perdikis N. Trade Liberalisation，Government Expenditure and Economic Growth in Egypt ［J］. The Journal of Development Studies，2000，36（04）：38 – 54.

［255］Muennig Peter A.，Mohit Babak，Wu Jinjing，Jia Haomiao & Rosen Zohn. Cost Effectiveness of the Earned Income Tax Credit as a Health Policy Investment ［J］. American Journal of Preventive Medicine，2016，51（06）：874 – 881.

［256］Mwamba S. Behavioral Responses to Taxation and Welfare Effects of Tax ［D］. University of Nebraska，2017.

［257］Ng Y. -K. Environmentally Responsible Happy Nation Index：Towards an Internationally Acceptable National Success Indicator ［J］. Social Indicators Research，2008，85（03）：425 – 446.

［258］Ochmann R. Distributional and Welfare Effects of Germany's Year 2000 Tax Reform：The Context of Savings and Portfolio Choice ［J］. Empirical Economics，2016，51（01）：93 – 123.

［259］Ram R. Government Size and Economic Growth：A New Framework and Some Evidence from Cross-section and Time-series Data ［J］. The American Economic Review，1986（128）：191 – 203.

［260］Saez E. & Stantcheva S. Generalized Social Marginal Welfare Weights for Optimal Tax Theory ［J］. American Economic Review，2016，106（01）：24 – 45.

［261］Sajal Lahiri，Pascalis Raimondos-Møller. Public Good Provision and the Welfare Effects of Indirect Tax Harmonization ［J］. Journal of Public Economics，1998（67）：253 – 267.

［262］ Schmeiser M. D. Expanding New York State's Earned Income Tax Credit Programme：The Effect on Work，Income and Poverty ［J］. Applied Economics，2012，44（16 – 18）：2035 – 2050.

［263］ Schmitt N. ，Tuinstra J. & Westerhoff F. Stability and Welfare Effects of Profit Taxes within an Evolutionary Market Interaction Model ［J］. Review of International Economics，2018，26（03）：691 – 708.

［264］ Schofield D. et al. Economic Costs of Informal Care for People with Chronic Diseases in the Community：Lost Income，Extra Welfare Payments，and Reduced Taxes in Australia in 2015 – 2030 ［J］. Health & Social Care in the Community，2019，27（02）：493 – 501.

［265］ Sen A. Informational Bases of Alternative Welfare Approaches：Aggregation and Income Distribution ［J］. Journal of Public Economics，1974，3（04）：387 – 403.

［266］ Shan P. & Liutang G. The Welfare Cost of Fiscal Policy in China：A Quantitative Analysis in a Two-Sector Structural Change Model.（In Chinese With English summary） ［J］. Jingji Yanjiu/Economic Research Journal，2015，50（09）：44 – 57.

［267］ Sharma Rishi R. Taxing and Subsidizing Foreign Investors ［J］. Finanzarchiv，2017，73（04）：402 – 423.

［268］ Skinner J. S. Taxation and Output Growth：Evidence from African Countries ［R］.

［269］ Tan J. ，Xiao J. & Zhou X. Market Equilibrium and Welfare Effects of a Fuel Tax in China：The Impact of Consumers' Response through Driving Patterns ［J］. Journal of Environmental Economics and Management，2019（93）：20 – 43.

［270］ Thomas Piketty & Emmanuel Saez. How Progressive is the U. S. Federal Tax System？A Historical and International Persepetive ［J］. the Journal of Economic Perspectives，2007，21（01）：3 – 24.

［271］ Tiezzi S. The Welfare Effects and the Distributive Impact of Carbon Taxation on Italian Households ［J］. Energy Policy，2005，33（12）：1597 – 1612.

［272］ Urban I. Impact of Taxes and Benefits on Inequality among Groups of Income Units ［J］. Review of Income and Wealth，2016，62（01）：120 – 144.

［273］ Van Baalen Brigitte & Mueller Tobias. Social Welfare Effects of Tax-benefit Reform under Endogenous Participation and Unemployment：An Ordinal Approach ［J］. International Tax and Public Finance，2014，21（02）：198 – 227.

［274］ Vasilev A. Welfare Effect of Flat Income Tax Reform：The Case of Bulgaria ［J］. Eastern European Economics，2015，53（03）：205 – 220.

［275］ Wilson Shaun. The limits of Low-tax Social Democracy？Welfare，Tax and Fiscal Dilemmas for Labor in Government ［J］. Australian Journal of Political Science，2013，48（03）：286 – 306.